爱尔兰金属制品，10世纪克卢西非松青铜板。克罗马克诺塞废品公司收集。

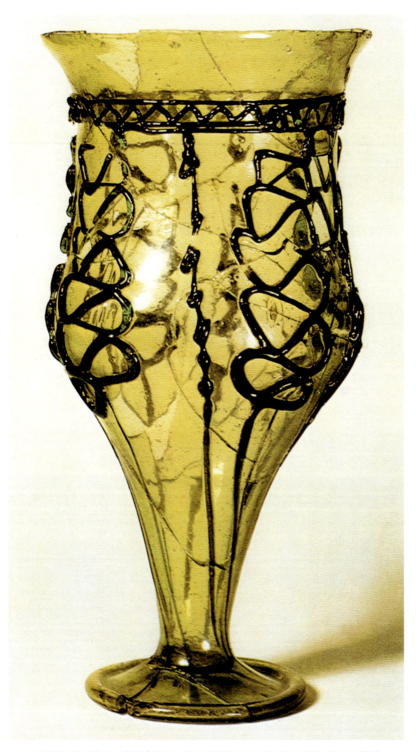

日耳曼的帝国艺术。高脚玻璃杯，出土于5世纪初比利时维吕克斯-莫尔汗墓地。

高卢的帝国艺术。"港口"镀金装饰银盘,来自4世纪中期恺撒奥古斯都宝藏(藏于罗马博物馆)。

伦巴第人的艺术。约制作于600年的镀金青铜头盔的正面饰板。展示的是登基国王阿吉卢尔夫（藏于佛罗伦萨，巴格罗博物馆）。

负水罐儿的妇女。这幅5世纪创作的镶嵌画，取自君士坦丁堡大王宫的镶嵌画地板。

男子头像。塞萨洛尼基圣乔治教堂（建于5世纪）穹顶镶嵌画细部。

皇后塞奥多拉。意大利拉文纳圣维塔利安教堂（建于6世纪）唱诗班镶嵌画细部。

圣母圣子像。这幅9世纪创作的金色背景的镶嵌画，位于君士坦丁堡圣索非亚教堂半圆形后殿穹顶上。

岩顶圆顶寺，耶路撒冷，穆斯林最古老的标准建筑，建于688年至691年。

建于9世纪中期的凯万大清真寺喊塔。

建于859年至861年的伊拉克撒马克的阿布・杜拉夫大清真寺著名的喊塔。

科尔多瓦大清真寺祈祷礼堂的柱子。西班牙，8世纪晚期至10世纪。

圣西蒙长老苦修者修道院正面的主要拱顶，建于5世纪。

建造于6世纪的君士坦丁堡圣索非亚教堂，中央穹顶、支撑墙和拱壁外观。

6世纪建造的卡尔比·洛泽教堂的单一半圆形后殿和西面墙。

卡帕多西亚的洞穴教堂（大约建于9世纪或10世纪）。

拜占庭金器：查士丁二世的
十字架（梵蒂冈，圣彼得教堂收
藏）。

由黄金、珐琅画、珍珠装饰的9世纪和10世纪的保加尔人项链（藏于普里斯拉夫考古博物馆）。

1世纪罗马圣餐杯，由磨光的宝石为杯体，镶嵌在10世纪拜占庭人制作的珐琅镶嵌的黄金基座上（藏于威尼斯圣马克宝库）。

镶嵌瓷釉的福音书，描绘的是圣米哈伊尔，作于10世纪（藏于威尼斯圣马克宝库）。

约840年的加洛林手稿，发现于蒙代尔−格兰多尔（藏于大英图书馆）。

690年前后的爱尔兰手稿，摘自《圣威利布罗德福音书》（藏于巴黎国家图书馆）。

698年前后耶稣化身的缩写，摘自《林迪斯法内福音书》（藏于大英图书馆）。

870年前后的加洛林手稿插图，《圣保罗圣经》，约870年成书。

THE CAMBRIDGE ILLUSTRATED HISTORY OF THE MIDDLE AGES

剑桥插图中世纪史

上册（350～950年）

主编 〔法〕罗伯特·福西耶（Robert Fossier）
译者 陈志强 崔艳红 郭云艳 金彩云
罗春梅 吕丽蓉 马 巍 吴舒屏
于 红 张春杰 张振海 赵康英
李秀玲
译校 陈志强

山东画报出版社

山东省版权局著作权合同登记章
图字 15-2017-158号

图书在版编目（CIP）数据

剑桥插图中世纪史. 350-1520 /（法）罗伯特·福西耶
主编；陈志强，李增洪，李桂芝等译. —济南：山东画报
出版社，2018.1
ISBN 978-7-5474-2532-9

Ⅰ.①剑… Ⅱ.①罗… ②陈… ③李… ④李… Ⅲ.①世界
史－中世纪史－350-1520－图集 Ⅳ.K13-64

中国版本图书馆CIP数据核字（2017）第188203号

Originally published in France as:

*Le Moyen Age (volume1): Les mondes nouveaux 350-950, second edition by Robert FOSSIER©
Armand Colin, Paris, 1990*

Le Moyen Age (volume2): L'éveil de l'Europe 950-1250, third edition by Robert FOSSIER© Armand Colin, Paris, 1997

Le Moyen Age (volume3): Le temps des crises 1250-1520, third edition by Robert FOSSIER© Armand Colin, Paris, 1997

ARMAND COLIN is a trademark of DUNOD Editeur – 11, rue Paul Bert – 92240 MALAKOFF.
Current Chinese translation rights arranged through Diva International, Paris 巴黎迪法国际版权
代理（www.divas-books.com）

策划统筹 傅光中　杨　森
责任编辑 于建成　怀志霄
装帧设计 李海峰　杨建明
主管部门 山东出版传媒股份有限公司
出版发行 山东画报出版社
　　　社　　址　济南市胜利大街39号　邮编 250001
　　　电　　话　总编室（0531）82098470
　　　　　　　　市场部（0531）82098479　82098476（传真）
　　　网　　址　http://www.hbcbs.com.cn
　　　电子信箱　hbcb@sdpress.com.cn
印　刷　北京荣宝燕泰印务有限公司
规　格　185×245毫米
　　　　108.5印张　630幅图　1955千字
版　次　2018年1月第1版
印　次　2018年1月第1次印刷
定　价　516.00元（上中下）

目　录

Acknowledgements

Photographic agencies

ANA pp. 192, 234
Atlas Photo pp. 183, 217, 338
Boudot-Lamotte p. 138
Bresc H p. 215
Gerard Degeorge pp. 159, 213, 247, 324, 359
Gerard Dufresne pp. 289, 329
Giraudon pp. 4, 9, 44, 65, 75, 82, 157, 238, 311, 327, 340
Alinari-Giraudon pp. 13, 390
Lauros-Giraudon p. 72
Hassia p. 177
Kirmer Fotoarchiv p. 365
Kutschera Ch. pp. 224, 322, 374
Magnum p. 157
Mas pp. 296, 347, 362
Photothèque Armand-Colin pp. 18, 81, 92, 97, 99, 105, 188, 257, 300, 354, 414, 424, 451, 484
Jean-Claude Poulain pp. 178, 266
J. Powell pp. 112, 131, 163
Rapho pp. 3, 168, 274, 288, 521
Roger-Viollet p. 114
Yan p. 41
Zodiaque pp. 2, 88, 403, 454, 527

Scholarly institutions

Avignon, Musée Calvet p. 45
Bamberg, Staatsbibliothek p. 459
Berlin, Staatliche Museen Preussicher Kulturbesitz p. 456
Berne, Burgerbibliothek p. 436

Acknowledgements

Bonn, Rheinisches Landesmuseum p. 382
Brescia, Civici Istuti Culturali p. 143
Cologne, Rheinisches Bildarchiv pp. 25, 469
Douai, Bibliotheque municipale p. 49
Dublin, Trinity College Library p. 463
Heidelberg, Universitatsbibliothek p. 435
London, The British Library p. 404
London, The British Museum pp. 6, 60, 480
London, The School of Oriental and African Studies p. 196
Madrid, Biblioteca Nacional pp. 296, 347, 362
Madrid, Museo Archeologico Nacional p. 479
Nantes, Musées départementaux de Loire-Atlantique p. 79
New York, Metropolitan Museum of Arts p. 119
Nuremberg, Germanisches Nationalmuseum p. 456
Oslo, Universitets Oldsaksamling p. 407
Paris, Bibliothèque nationale pp. 162, 204, 208, 269, 311, 320, 327, 343, 489
Paris, collection de l'Ecole de Hautes Etudes en sciences sociales pp. 135, 302, 303, 318
Paris Réunion des Musées nationaux pp. 28, 32, 38, 110, 122, 149, 174, 229, 238, 255, 265, 378
Reims, Bibliothèque municipale p. 524
Rome, Biblioteca Apostolica Vaticana pp. 101, 210, 303, 340, 370, 395, 493
Rome, Musei du Vatican p. 322
Treves, Rheinisches Landesmuseum pp. 23, 517
Troyes, Trésor de la cathédrale p. 300
Utrecht, Bibliothek der Rijksuniversiteit pp. 433, 446, 509
Venice, Biblioteca Nazionale Marciana p. 340
Vienna, Kunsthistorisches Museum p. 105
Vienna, Osterreischiche Nationalbibliothek pp. 499, 501
Zurich, Musée national suisse p. 470

COLOUR PLATES (between pages 72 and 73, 144 and 145, 216 and 217, 312 and 313, 384 and 385 and 456 and 457)

ANA
Gerard Degeorge
Gerard Dufresne
Giraudon
Lauros-Giraudon
Ch. Kutschera
Photothèque Armand-Colin
Réunion des Musées nationaux
Scala Istituto Fotografico Editoriale S.P.A.

3

术 语 表

　　由于本书只在第一次出现专业术语时提供相关解释，所以为免去读者寻找解释的烦恼，在此列出专业术语表，凡在辞书中易于找到解释的术语此处均加以省略。

ADAERATIO：货币税，以货币形式交纳税收，通常为金币。

ADVOCATUS, VOGT：监护人，代表教会处理军事或司法事务的宗教机构监护者，通常该官职受最有权势的地方领主委任和管辖。

AEDELINGI, AETHELINGS, EDELINGI：埃德林，可能当选为国王的撒克逊或哥特贵族家庭成员。

AGER：耕地，被人开垦的土地，一般处于私人手中。

AKKER：（可能由耕地引申而来）已清理的地块，或耕种过一段时间的土地，其部分产品归地主人所有，其他产品归耕种者。

AKRITAÏ：边防军，在东部边境巡逻的拜占庭军队。

ALLOD：个人财产，其主人除了负有统治者对其自由臣民的义务外不受任何约束。

AMIL：阿米勒，征税官，哈里发任命的税收官。

AMMA：市民，穆斯林城镇中的工匠、店主、闲汉和失业者，与权贵者（KHASSA）相对立。

AMSAR：阿姆萨，新城，伊斯兰新城镇，通常以军队巡逻兵为核心的兵营城市。

ANNONA：口粮给养，为军队提供的谷物给养。

ANSANGE：份地，小块土地，通常由地主租赁给农民，授权庄园管家或定居奴隶或以家务服役为代价的自由人经营。参见"DEMESNE"和"CASATUS"。

ANTRUSTION：亲兵，御林军，封臣，自由人，社会上层，通过效忠宣誓成为墨洛温王朝国王或其代表的亲随。参见TRUSTIS。

APRISIO：均分制租佃，允许拥有土地30年所有权，主要提供给从西班牙逃往塞普提马尼亚（Septimania）的哥特人。

ARATRUM：拜占庭帝国实行的耕种方式。

ARCHONTES COMETES：拜占庭海军指挥官或管理机构总长。

ARIMANNI：伦巴弟自由战士（字面意思为"军队士兵"），被授予小块土地，对国王或其官员负责。

ATA：为居住在城镇的退休穆斯林战士支付开销的人。

ATRIUM：教堂周围的救济院地区，有时包括墓地、客栈；公共聚会场所，被看做农村自由人的公共土地。

BACAUDAE：巴考底帮，塔拉戈纳、比利牛斯山、阿尔卑斯山地区以及卢瓦尔河和塞纳河之间地区的农民团伙。

BANNUM：当局命令和惩罚的权力。

BARID：波斯帝国的信使邮驿机构，也被伊斯兰国家继承；传递统治者的财政和军事命令的公路网络。

BASILICA：仿照罗马或波斯统治者接见大厅模式建造的建筑物，用于法庭和宗教崇拜。另外一种意思是指查士丁尼以后的拜占庭皇帝颁布的法律、成文法典。

BASTARNAE：辎重，为法兰克军队提供粮草、马匹和武器后援的车队，一般没有战斗人员。

BEHETRIA：恩赐，西班牙统治者赏赐给忠诚战士的土地或实物。

BENEFICIUM：恩赏，最初为各种形式的无回报礼物，后来普遍采取以服兵役为回报的形式，可能是授予拥有全部所有权的土地。

BRETWALDA：不列颠的大领主；许多盎格鲁－撒克逊君王用来表明其君临其他地方领主的最高权力。

BROILUM：未耕地，包括树林、牧场和草地等在内的未进行耕种的土地，通常由附近的地主或国王圈占，用于狩猎和体育活动。

BUCCELARII：书面意思为"吃军粮的人"，指来自社会下层的士兵，组成达官贵人的护卫，并适于从事各种任务。

BURH：伯赫，阿尔弗莱德国王统治时期威塞克斯地区建筑的一种复杂的要塞群。

BYRNIE：铠甲，带有金属甲片的皮质马甲，多为加洛林军队有能力自备这类重装铠甲的士兵穿戴。

CABALLARII：租赁人，常常租赁多块土地，被其领主要求提供包括马匹（送信、护卫、放哨、运输、耕地）在内的服役，他们多来自于奴隶。

CAPITULARY：章节文书，用于概括加洛林军队每年出征前在"牧野誓师"大会上通过并发布的命令。

CARAT：源自"keratia"一词，为美索不达米亚地区的重量单位，用于称商品的重量，后用于衡量黄金的品质，1单位等于24克拉（carats）。

CASATUS：用来指被安置在一块土地上进行耕作以换取其效忠和服役的人。

CENTENA：百人区，指日耳曼地区由100名士兵驻守执行命令的区域；广义上指郡县以下的

5

区划，相当于英国的"百夫区"。

CEORL：盎格鲁-撒克逊的自由人。

CHAMBERLAIN：初为家内奴仆，后为官职，负责日耳曼宫廷的皇家"华盖"，广义上负责国王的私人财物和服装。

CHANCELLOR：负责确定和鉴定宫廷颁布的信件和文件的官员；熟知外交礼节的教会人士。

CHRYSOBOULLOΪ：拜占庭帝国加盖金印颁布的法令。

CODEX：汇编书，许多单页一边装订成现代书籍的样子，与古代的"Rotulus"相对。

COLLATIO LUSTRALIS：对独立经商的商人征收的税收。

COLLEGIA：古代世界城市手工业或贸易协会，通常由国家权力控制。

COLONUS：租佃农民，原则上为自由人，但负有经济或军事义务；在拜占庭世界，租佃农蜕变到依附权势阶层的地位。

COLONICA：租佃农民占据的租佃土地；后来可被用来指对多块分散土地的占据。

COMITATENSES：拜占庭陆军。

COMITATUS：伯爵担任的官职；广义上指伯爵的特权和收入以及控制和经营的领地；另一个意思是指拜占庭攻击部队。

CONDAMINA：若干可耕地，通常位置相邻，由土地主人直接开垦。

CONSTABLE：初为仆人，后为官职，在日耳曼宫廷中负责照料马匹；高级别军官。

CONVENIENTIA：罗马法中相互承诺的成文合同；后指任何具有法律约束力的成文协议，承诺效忠、佃租等，双方在合同中表述为同等地位。

CURIA：罗马国家的城市议会。

CURIALES：古代晚期的城市议员，也称为"十人长"。

CURSUS PUBLICUS：罗马信使机构，用于军事或皇帝及行省总督发出的其他命令的速递。

CURTIS：庄园中的农业建筑群。

DANEGELD：9世纪交纳给诺曼人的黄金或白银贡赋。

DANELAW：10世纪"丹麦法"管辖下的英格兰东北部。

DAY'A，DIY'A：穆斯林世界中拥有收益权的大庄园。

DECURION：见"CURIALES"。

DEMESNE：该词并非产生于中世纪，学术界用来表示地主直接控制下、由佃农或奴隶进行耕作的大庄园的一部分，有时类似英国的"家庭农场"。

DENIER：迪纳尔，西部的银币。

DHIMMI：迪米，"倒霉蛋"，伊斯兰教社会中的非穆斯林臣民。

DIHQANS：迪赫干，穆斯林世界中自愿征集税收并保留部分税收的土地所有者。

DINAR：第纳尔，穆斯林金币。

DIRHAM：第尔汉，穆斯林银币，来源于希腊语"*drachma*"（银币）。

DIWAN：迪万，册子或登记簿，广义上指穆斯林世界任何管理机构，如军队和财政管理部门等。

DROMON：拜占庭人沿袭古代有桨帆船式样的战舰。

DROMOS：拜占庭信使机构，也负责治安和外交关系事务，该机构首脑邮政部长在拜占庭宫廷
　　　中发挥关键作用。

DRONGARIOS：拜占庭海军军区司令，后成为帝国舰队司令。

DUNATOI：9世纪至10世纪拜占庭世界中的权势阶层、富有阶层、领袖人物。

EALDORMAN：统治州、郡的盎格鲁—撒克逊权贵家族成员或地主。

ELGENKIRCHE：由任命助手的大地主设立委任的教会和广义上的教区，他们为自己要求头衔，
　　　开垦相邻土地，常有限制，刻意设立。

EMPHYTEUSIS：永佃权，罗马时期一种出租土地的形式，租期为18年以上，99年以下，承
　　　租人支付土地租金，土地则在合同到期时转移给承租人。

EREMOS：沙漠、荒地、空地。

EXARCH：拜占庭帝国前哨地区总督，因此具有极大的独立性。

EXCUBITORES：宫廷禁军团，由色雷斯人、伊里利亚人和伊苏里亚人组成。

EXILARCH：东部帝国犹太社区的代表和保护人。

FADDAN：费丹，阿拉伯度量衡术语（约合1英亩或6368平方米）。

FAIDA：日耳曼习惯法中的血亲复仇。

FAQIH：教法学家，按照伊斯兰教教义，虔诚而有学问的人，独居而好沉思。

FARA：伦巴底部落的下属分支。

FEDERATES：与罗马军队作战的蛮族部落。

FEO, FEUM, FEVUM：10世纪末以前的薪俸、赏赐，一般具有完全的所有权，但以提供兵
　　　役为回报；像罗马时代的薪俸一样可以重新颁发；它更接近薪俸而非恩赏。

FEORM：来自拉丁语"*firma*"，盎格鲁—撒克逊时代英格兰以实物形式支付的岁收；广义上
　　　指以实物和住房形式提供给统治者及其随从的苛捐杂税。

FIQH：教法，伊斯兰教司法和宗教知识。

FISC：国有财产及对之进行管理的部门，逐渐演变为罗马帝国及其后续国家国有土地的同义词。

FODRUM：为日耳曼军队强制征收的粮草。

FOLLIS：西欧和拜占庭流行的低值铜币。类似的"*Fals*"，"*fullus*"为伊斯兰铜币。

FOSSATUM：特别指西班牙地区穆斯林和基督教徒之间的边界地带。

FREDA：日耳曼国家中的司法罚款。

FUNDUQ：伊斯兰城镇的封闭市场，在某些条件下被允许整体转移地点，广义上指专为外国商人设立的市场或后来的集市（原意指旅馆）。

FUNDUS：由具有中心住宅区的大土地地产构成的领地和司法实体，庄园全体劳动者常居住在该住宅区。

FUQAHA：穆斯林法律专家。

FUTUAWA：其成员必须履行入会仪式的伊斯兰城镇协会，一种政治力量，它也支持常被称为"Shi'ite"的宗教运动。

FYRD：盎格鲁-撒克逊时代英格兰的自由人军队以及它强制推行的多种义务。

GAFFOLAND：盎格鲁-撒克逊时代英格兰交纳赋税的可耕地。

GARDINGI：西班牙基督教地区向国王宣誓效忠的扈从，或有义务提供特殊形式军役的哥特国王的亲兵。

GARUM：一种粘稠的鱼酱，古代人极为喜好用作菜肴的调料。

GASINDI：来源于奴隶的伦巴弟仆人。

GASTALDS：王家的伦巴弟管家，他们也可以出任公职。

GAU：具有某些种族或地理共性的日耳曼地区，也是公共管理的单位，因此类似于行政区和伯爵领地。

GEBUR：盎格鲁-撒克逊人中的定居奴隶。

GENIZA：犹太教堂的档案文献，特别指开罗的犹太文献。

GESITHS：撒克逊人亲兵，如同伦巴弟人亲兵，但是多数定居，类似于租佃农民；他们耕种的土地被称为"gesithland"。

GHILDE：自由人、手工工匠、商人结成的联盟，他们宣誓相互支援帮助。

GNOSIS：公元后1世纪人们采取的哲学方法，旨在将异教思想和基督教教义统一为一个教派。

GRAFIO：负责边境地区防务的日耳曼伯爵。

GROD：斯拉夫城镇；附近设有商人和手工工匠居住区的军事要塞区。

GUALDI PUBLICI：伦巴弟人的国有财产。

GYROVAGUS：行游僧侣，他们离群隐居，从不加入僧团，四海为家，宣道乞讨。

HACKSILVER：被维京海盗按照一定重量砸碎的金、银装饰物，或金属币。

HADITH：圣训，被认为是穆罕默德发布，但不包含在《古兰经》、背诵功课中的命令和言论；也指《古兰经》的注释。

HAIA：树林，通常指公共土地，但是也可以指用于防御目的建立的树枝墙。

HAJJ：朝觐，到麦加朝拜。

HANIF：哈尼夫，虔诚者，住在社区里，为伊斯兰教信徒做榜样。

HEGIRA：见"HIJRE"。

HENOTIKON：调解正统信徒和一性论信徒的方案。

HERIBANNUM：未能服从法兰克军队召唤而被课以沉重的罚款。

HERISLIZ：军队大溃逃，战争中大溃败，处以死刑。

HIDE：见"Mansus"。

HIJRA：徙志，穆罕默德为免遭迫害逃往麦地那。

HIMAYA：伊斯兰国家中，强大的主人为弱势群体提供的保护，为保证他们的忠诚，主人有时代之交纳税收。

HONOR：领取额外临时薪俸和获得职务土地收益的公职，广义上也指产业本身。

HOSPITALITAS：古代晚期驻扎军营中士兵的义务，后成为强制罗马地主们为蛮族巡逻部队提供其部分产业（如住房、土地、收入或奴隶）的义务。

HOST：来自拉丁语"hostis"，日耳曼自由人组成的军队，见"FYRD"。

HULK：乘果壳形木舟航海的弗里西亚人。

HUFE：见"MANSUS"。

HUNDRED：见"CENTENA"。

IMAM：向安拉表示赞美的领袖，可能只是祈祷领导人；广义上指宗教变革时期的精神领袖。

IMMIXTIO MANUUM：两个人手挽手；更广泛的意思是指一个人将手放在上级手中的行为，象征着服从。

IMMUNITY：土地的法律地位，该土地通常属于教会，中央政府的官员既不能对其征税检测，也不能未经教会当局同意提出任何要求；最初仅用于税收。

INDICTION：罗马或拜占庭税收更新注册登记的15年时间间隔；后也指编年纪事的时间单位。

INFIELD：撂荒地，与"原荒地"相对，指开垦耕种过的土地，后因没有耕种的必要而弃耕。

IQTA：伊克塔，伊斯兰国家统治者授予家臣、战士或大地主的财产，原则上有条件限制。

IRDABB：阿拉伯度量衡单位（16.5浦式耳）。

ISMA'ILIAN：伊斯马仪，来源于亚伯拉罕之子"Isma'il"（以实玛利）的名字，指阿拉伯人的保护者，圣经世界与伊斯兰教之间的联系者；伊斯兰教各个对立派别特别是什叶派均接受该名；在某些情况下，个别宗教领袖用这一名称代替其家族名称。

JARID：波斯谷物称量单位，用于征收"倒霉蛋"交纳的税。

JIHAD：圣战，千方百计扩大伊斯兰教信仰的义务，特别通过圣战，尽管没有必要用语言表示要使用暴力。

JIZIYA："倒霉蛋"交纳的人头税，字面上为"neck-tax"。

JUGATIO、JUGUM：古代晚期和拜占庭时期构成财政单位的土地面积，广义上指由此征收的税收；按照一组耕牛一年能够犁耕的土地面积计算。

JUND：最初为阿拉伯人部落军团，中央集权政府招募为雇佣兵；广义上指军区。

KA'BA：克尔白，以实玛利最初的驻地，前穆斯林宗教仪式的中心，被祭司们选择和神化为最受欢迎的朝拜中心。

KALAM：理性、思想自由，与宗教教义的约束相对。

KARAITE：犹太持不同政见者，坚持大部分摩西法典的成文读本，希伯来语为"qara"。

KATIB：伊斯兰用语中指书记或抄写人。

KHAN：可汗，亚洲土耳其——蒙古部落联盟的领袖。另指伊斯兰国家中的钱币兑换中心。

KHARAJ：伊斯兰国家的赋税和土地税。

KHARIJITES："分离者"，哈瓦立及派，指那些坚持严格地、近乎呆板僵化地遵循穆斯林立法的信徒，成为什叶派产生的基础。

KHASSA：伊斯兰城镇中那些富有而有组织的阶层，由贵族、朝廷官吏和管理者构成，与普通市民相对。

KHITTA：穆斯林城镇中为部落或其分支居民定居而设立的城区。

KHUTBA：呼图白，穆斯林礼拜五祈祷期间设立的信仰神圣情感的宣告者和信徒领袖的称呼。

KLASMATA：拜占庭时代允许耕种30年并被收回重新分配的小块土地。

KÖNIGSFREI：租佃农的前身，他们"定居"某地并交纳日耳曼伯爵征收的赋税。

KUFIC：来源于美索不达米亚南部城镇库法，草书体手抄本，和《古兰经》铭文宗教手抄本多少有些区别。

KUTTER：来源于拉丁语"cultura"，北欧地区租佃给租佃农民耕种并附带有原始共产主义性质的各种义务的小块土地。

LAETI, LETI：通常指日耳曼雇佣兵，但也可能指爱尔兰或凯尔特人雇佣兵，由罗马人招募，其大规模兵团驻扎露天营地。

LATIFUNDIA：大土地地产，通常多用于奴隶看管的大群牲畜放牧，或指地中海国家土地产业集中的结果。

LAVBRA, LAURA：持宗教信仰的男女信徒，追随东正教信仰并过着与世隔绝的生活，但在周末集中起来进行共同祈祷礼拜活动。

LAZZI：撒克逊或斯堪的纳维亚地区的奴隶。

LEIBEIGNE：具有迁徙自由或"拥有人身权"的农民。

LIBELLUM，LIVELLO：意大利语，指不负有繁重义务的29年租佃约定。

LIMITANEI：拱卫边疆的士兵，上古的边防军，或地方防御力量，相当于"RIPARIENSES"。

LOGOTHETE：拜占庭官府衙门首脑。

MACHTIERN：布立吞人部落首领，具有对贱民或贱民社会及其财产的权力。

MAGISTER：罗马军队总司令。

MAHDI：马赫迪，"被引上正道的人"，即预言返璞归真、世界末日的先知；马赫迪的引申和公认含义表现在所有伊斯兰教反抗运动中，特别为什叶派所接受。

MALLUS：日耳曼自由人大会；广义上指任何公共法庭。

MANCIPIA：奴隶。

MANSIO：希腊罗马时代的驿站，同"CURSUS PUBLICUS"。

MANSUS：足够养活一户农民家庭的耕地面积，可能是一整块也可能是分散的几块，大小不等；用于财政和军事目的的估税单位。相当于盎格鲁-撒克逊的"HIDE"和日耳曼的"HUFE"。

MAQSURA：私室，清真寺里用屏风隔挡的部分，用于宗教祈祷领袖伊玛目引领祈祷。

MARTYRIA：圣墓，宗教崇拜的场所。

MASSA：意大利北部地区的大片庄园，一般散布于广泛的地区。

MATRICULA：古代晚期领取市政当局发放的面包救济者名单，后由主教发放救济；应接受救济者的名单。

MAWALI：伊斯兰语中的客户、主顾、委托人，来自"mawla"一词，意为"值得信赖的人"。

MENSA：教会地产的一部分，用以提供修道院或教团的膳食，由土地或土地收益构成。

MIHRAB：清真寺中祈祷墙上的壁龛，指示祈祷膜拜的方向。

MINBAR：讲坛，穆罕默德住房里先知的座位；清真寺里阿訇进行讲道或祈祷的讲道坛。

MINISTERIUM，MINISTERIALES：官职、机构或交易以及其从业者；逐渐演化为任何地方官员的一般称呼。

MISAHA：东方伊斯兰国家作为赋税计算基础的土地丈量单位。

MISSUS：特使。

MONOPHYSITISM：一性论派，基督教的一个派别，主张基督的人性和神性融合为一性，并只有神性。

MONOTHELITISM：一志论派，拜占庭时代形成的基督教派别，认为基督的神、人两性虽然有区别，但受一个行动意志，即神的意志和作用指挥。

MONTANISTS：孟他努派，基督教幻想者，坚信通过圣徒的介入使新耶路撒冷加速临近；世界末日将临。

MOZARABS：穆扎拉卜人，生活在穆斯林中的基督教教徒，特别是在西班牙地区。

MUDEJARS：穆迪扎尔人，生活在基督教徒中的穆斯林，特别是在西班牙地区。

MUFTI：教法说明人，职业法学家，多为伊斯兰教统治者的顾问。

MUHAJIRUN：迁士，信仰的辅助者，圣战信仰的狂热战士。

MUHTASIB：管理员，如市场管理员；广义上指负责公共秩序的所有人。

MUKHAHENAH：伊斯兰商人合作事业，由为了建立联合商业企业而汇集大量商品构成。

MUND, MUNDEBURDIUM：魔力，某些日耳曼部落及其领袖因神圣祖先而具有的力量；他们因此为族人和依赖者提供的保护；广义上指强者对弱者的保护。

MUQASAMA：伊斯兰教在打谷场上举行的确定部分农业收获物归于统治者和地主的仪式。

MUSAQAH：伊斯兰教国家分成制收获庄稼。

MU'TAZILITE：穆阿台齐里特派，严格的穆斯林信仰，主要包括正义的伊玛目创建无阶级社会、实行社会正义的期望。

MUWALLAD：穆瓦拉德，西班牙和马格里布地区新近皈依伊斯兰教的当地人。

NESTORIANISM：聂斯脱利派，基督教边缘教派，主张基督两性两位说，认为基督只是上帝旨的临时"殿堂"。

NEUM：用来指导单声圣歌音调，标注重音和长音，但无旋律含义。

NOMISMA：广义上指带有统治者胸像的希腊钱币，又指正面像。

NORIA：用于灌溉的提水轮，以水流驱动，或在提升地下水情况下由一组奴隶和动物驱动。

NOVELS：法律决定，查士丁尼以后司法活动中对法律的解释。

OBOLE：硬币，相当于半个第纳尔。

OBSEQUIUM：一个自由人对其以前的主人的尊重和服从；广义上指弱者对强者道德上的义务。

OUTFIELD：荒地，未经人类开垦的土地。

PAGUS, PAGENSES：地区及其居民，不一定是农村；源自古代晚期或可能更早的地界，具有某些体貌、民族、语言或其他方面的特征。

PALLIUM：装饰黑色十字架的白色树枝，由教皇佩带，或由他在教区大主教来到罗马城门接受对其任命的批准时授予他们。

PATRIARCH：大教长头衔，原则上只用于那些对发展基督教信仰发挥了重要作用的城市。

PATRONOATE：保护人或主人提供的庇护，可以用于一座教堂、一个人或一块土地。

PAULICIANS：保罗派，基督教持不同意见的派别，特别是在亚美尼亚地区，敌视圣像、基督教教阶制度、圣事和婚姻等的派别。

PAUPERES：弱势群体。

PENITENTIALS：记述肉体和精神惩罚的书籍，以排列罪名和对应犯罪者社会地位的惩罚的形式记述。

PENNY：盎格鲁-撒克逊银币。

PIEVE：见"PLEBS"。

PLACITUM：听取辩解抗辩的自由人大会；日益频繁地用于地方法庭。

PLEBS, PLOU, PIEVE：意大利语，指中世纪早期的教区。

PLUM：不太清楚是否指日耳曼重犁或其他犁具。

POLITIKOÏ：拜占庭公共权力当局分发给城市民众的大块烤过的食物。

POLYPTYCH：字面含义为书页的汇编；在外交领域，该词更明确专指6世纪至10世纪期间，地主，特别是教会和修道院起草的财产清单和税额。

PORPHYROGENITOS：字面含义为出生在拜占庭皇家的"紫色寝宫"中；指出生于其父在时期的合法皇帝。

POUND WEIGHT：罗马重量单位"libra"，约327克，在西欧增加到406克，后到491克，用于计量商品的重量；特别用于黄金和白银的重量，但只是用来评估相当于一定重量贵金属的商品数量。

PRAEDIUM：相当于庄园的意思。

PREBEND：由土地收益或非土地收益构成的综合薪俸，特指大教堂教职人员的俸禄，也包括何保证生活的粮食或钱财，此种情况下的"领薪俸者"多为包饭委托人。

PRECARIA：转让的教会产业，以换取支付给世俗经手受益人或国王等"祈祷人"的替代租金。

PRESTAMO：西班牙地区授予亲兵侍从的土地。

PROTONOTARY：拜占庭帝国负责特派和官方通讯的官员。

QADI：卡迪，伊斯兰教世界中城市或农村的长官。

QARMATIANS：卡尔马特派，主张平等思想的穆斯林教派，精神上接近伊斯玛仪派（Ismai-Lism）。

QIBLA：朝向，清真寺中信徒顶礼膜拜的墙壁。最初朝向东方，后朝向麦加，可当做神秘象征。

QUAESTOR：皇帝的发言人。

RACHIMBURGII：日耳曼社会负责在公民大会上宣读法律的自由人。

RAQIQ：字面上的意思是"缺乏信誉"，指伊斯兰世界依附农。

REFERENDARY：负责校核日耳曼宫廷起草的信件的国家官吏。

RIGA：字面上的意思为"垅沟、犁畦"，特指耕种管理领地内一定数量垅畦田地劳役者的名称。

RIPARIENSES：见"LIMITANEI"。

ROTULUS：首尾相接缝起来的羊皮纸文件，卷为一轴或两轴，作为古代的"书籍"。该形式的书籍继续用于某些礼拜仪式文件或法律文书。

SACELLARII：负责管理教廷金库钱币收入的教皇财产管理长官的助手。

SACREMENTARY：包括祈祷词和用于教会仪式用语的书籍。

SAKKA：相当于允诺满期终结支付的信用票据，即支票。

SAIONES：西哥特人中可以用做任何劳役的奴仆。

SALTUS：罗马时代未开垦的处女地，如林地、荒原、被清理的土地；广义上指名义上主人为统治者的未开垦的土地。

SAWAFI：萨瓦菲，主要指波斯穆斯林没收被征服国家的贵族或教会的土地。

SCABINI：作为日耳曼自由人法庭陪审员的终身专职法官，最初出现在使用成文法的国家中，后遍及西欧各国。

SCEATTAS：盎格鲁-撒克逊银币。

SCHOLAI：拜占庭守备部队。

SCRIPTORIUM：世俗或教会的抄写房间。

SCULDHAIS：意大利伦巴弟地区，负责城市地区管理的王家官员。

SENSCHAL：来源于"Sinisskalk"，指年纪最大的管家，也指各个日耳曼王国宫廷中负责粮食供给的官员。

SETICI：围绕住宅区附近的小块耕地，由佃农耕种以为家用，或指鸡舍果园。

SHARIKA：伊斯兰世界具有股份投资的商业伙伴，以便合伙资助一次商业输送。

SHI'A：什叶，字面含义为"党派"，指"合法的"伊斯兰教派；阿里派被驱逐后，逐渐成为他们期待回报的救世运动，即什叶派。

SILENTION, SILENTIARIES：拜占庭皇帝的顾问会议，或其成员。

SKLAVINIAI：斯拉韦内斯（Sklavenes）地区人口相对稠密的地域， 斯拉夫人一般的称呼。

SNEKKJA：斯堪的纳维亚地区的舟船，一度指战舰和货船，手工制造，以桨橹推进。

SOLIDUS：索里德，拜占庭金币，最初铸造用来支付士兵的军饷，故名。在西欧用来表示商品的价值或罚款，尽管实际的支付手段包括迪纳尔、实物、金条等。

STÄMME：具有共同民族、语言和文化特征的日耳曼各个族群；后仅用来指土地单位。

STÄPL：建筑在水上的木质哨所；广义上指河边或海岸的码头。

STIPENDIUM：工资或薪俸，可以用土地支付。

STRATIOTE：拜占庭农兵。

STYLITE：居住在石柱上的苦修者，终生冥思苦想。

SUFTADJA：可能是在异地使用的延期结算信用信；也许是兑换钞票的前身。

SULH：两个穆斯林部落之间的条约或和约。

SUQ：穆斯林城镇中的零售市场。

TABELLIONES：罗马公证书记员，因其在桌子上记录合同、买卖和医嘱条款，故以桌子为其
    命名。

TA'DIL：伊斯兰国家中政府为税收目的进行的个人财产评估。

TADJIR：派遣商差或代理人代表自己去其他地方进行商业活动的伊斯兰本地商贾。

TAGMATA：拜占庭帝国组成中央政府军队的团级编制，参见"COMITATUS"。

TALDJIA：领主对具有良好社会地位的附庸提供的道义和政治保护，参见"HIMAYA"。

TERPS：高于海平面的护堤，可能是人工沿着尼德兰海岸堆砌的。

THEGN，THANE：盎格鲁-撒克逊贵族、地主。

THEME，THEMATA：拜占庭军区；驻扎在军区拱卫边疆的军队。

THING：斯堪的纳维亚地区自由人大会。

TIBAZ：伊斯兰世界加盖在纺织品上的政府印章；广义上指在政府监管下制造布匹和其他商品
    的作坊。

TIRONIAN NOTES：来源于西塞罗的自由人秘书之名"Tiro"，官员和大法官通讯中用于加
    快联系的缩略语。

TRACTUS：等同于荒地的含义。

TREMISSES：相当于三分之一索里德金币的小金币。

TREUWA：休战或司法审判。

TRIENTES：等同于"TREMISSES"的含义。

TRUSTIS：效忠宣誓，参见"ANTRUSTION"；也可以指受此宣誓束缚的一群亲随。

TSAR：沙皇，来源于"Caesar"一词，保加利亚统治者使用的头衔。

ULAMA：乌里玛，穆斯林法律教师。

VASSUS：来源于凯尔特语"gwass"（年轻男孩），贵族的附庸。

VERBUM REGIS：王家命令，特指在"牧野誓师"大会上发布的命令。

VICARIA：伯爵代理人，伯爵公职的管辖权和后来的领地的分划。通常代理人负责较小的司法
    判决、梳理道路交通、赋税征收，其军事作用尚不清晰。

VICECOMITATUS：伯爵的代表，副伯爵。理论上在伯爵不在的情况下可以行使伯爵的权力，

但在实践上却一直是副手。

VICUS：村镇，指宗教中心或宫殿周围集聚的商店、店铺地区；斯堪的纳维亚语词汇"vik"（意为"海湾"）可能接近这个词的翻译意思。

VILLA：原则上指由两部分组成的大地产，后逐渐指定居地，再后指"村庄"。

VIZIR，WAZIR："承受负担者"，帮助人；广义上指哈里发的重臣。

WAQF：免税土地，一般指慈善机关救济贫困使用的土地；在西欧被称为"永久管业的土地"；在伊斯兰世界指奖赏忠诚服役的手段。

WAZIR：见"VIZIR"。

WERGELD："血钱"，指受害者及其家属被许可得到与其社会地位和身份相应的财政补偿。

WESTWORK：加洛林式教堂西端宏伟的建筑结构，通常包括第二道十字式教堂交叉通道和两个塔楼作为教堂正面。

WIDH：见"VICUS"。

WILAYAT：特指对市场的监管，或指伊斯兰世界实行这类控制的地区。

WITENAGEMOT：盎格鲁-撒克逊国王主持下的智者会议。

XENIA：拜占庭帝国对佃农征收的实物物品，佃农的地租奇高。

XENODOCHIA：爱尔兰人常对朝圣者、乞丐和病人提供的保护和救济。

ZAKAT，SADAQUA，USH：西班牙语，伊斯兰土地上信徒自愿提供的施舍救济。

ZINDIQS：精迪格，穆斯林异端派别，主张两元论思潮，对圣典持怀疑态度，主张自由批评。

前 言

　　"中世纪开始于地中海古代文明趋于消亡之时"这类枯燥的说教一个多世纪以来一直被灌输给孩子们，使他们牢记在心。我们开始追溯这段历史时，不可避免地要对此有个说法。瓦莱里（Valéry）①赞成所有的文明都要消失这样的观点，皮加格诺（Pigagnol）声称，"罗马帝国被杀死了"的论调实在不可取。文明并没有消亡：当文明成长老迈时，也成熟起来，并转变为另一种文明。从秘鲁到里奥格兰德②，西班牙火枪屠杀的美洲人的文明还在，其证据仍然顾盼着我们。无论是在路易斯安那或桑比西河③，尽管其人民被残暴地卖身为奴，其文化资源被大肆破坏，但不能说黑非洲文明已经从现代世界消失了。近东、印度和远东文明尽管惨遭征服者的蹂躏破坏、抢劫压制，也都同样没有消失。我们自己的文明虽然被定性为西欧文明，但是中世纪的人或法国大革命或维多利亚时代的人对这个文明目前的样子一定会感到惊讶。17世纪那些将克洛维（Clovis）④和查理曼划入上古历史的学者比其19世纪的后人持有更清晰的历史连续性的观念。

从一个世界向另一个世界转变？

　　问题是要了解转变从何时开始。350年到450年间可以被视为从一个世界向另一个世界转变的时期，那么这个时期是否有某个转折点，即我们跨过中世纪门槛的转折点？我们最好以提出当时人是否意识到他们生活在转变时期这样的问题来开始讨论。当时人的作品（并非所有作家都那么出色）使人产生两个被反复谈论过的印象。首先，他们无意中透露出一种惰性和无所作为的观念，这种根深蒂固的观念使他们一直处于被统治机器压制的方面，抱怨罪恶横行、滥用权力、人世不公，叹息命运无常、世事难料。他们幻想迷恋于抗争甚至起义，以为这是悬壶济世拯救社会"危机"的良方。我们根本不必怀疑，他们始终抱定一种一贯的凝聚力意识，这种凝聚力把自不列颠到叙利亚的那些最富有的人结合在一种共同文化，即利益相近、有着共同生活方式和共同文字的群体中。而在我们几乎确信他们坚持这一思想的同时，他们又像主教或演说家一样，始终强化"革新"的紧迫性和必要性。其次，尽管这一点不是其主要抱怨的内容，但他们始终感到处于

---

① 保罗·瓦莱里（1871～1945），法国诗人、文学家和批评家。——译注
② 巴西海港。——译注
③ 非洲河流。——译注
④ 法兰克王国第一任国王，墨洛温王朝创立者。——译注

发现于米克雷博斯塔德的挪威人墓葬，8世纪末制作的青铜珐琅人像（藏于比利时历史博物馆）。

外族包围之中。那些外族人从他们那里得到金钱、住房和雇佣劳动的机会。但是他们对那些人的习俗和饮食感到陌生和厌恶，克莱蒙特主教西杜尼乌斯（Sidonius）就把其门前台阶上的哥特人说成身上发着葱臭和油脂腐臭气味并常来打搅他的人。任何人都不能确定入侵是从何时开始的，可能在250年或最晚在300年前后，但是一直存在着一种意见，认为入侵一定能很快结束。这些清楚表示出来的情绪极为深刻地影响了某些20世纪的观点，使得人们把自己面临的局势等同于处于"入侵"时代的罗马人所面临的局势。这种说法显得相当有诱惑力，只不过当下的入侵是从南向北，而不是从北向南。

当我们意识到自己对古人做了很多分析后，可能会比那时的人对两种进一步的现象更加注意，先人们对此可是很少提及或根本不相信发生了变化。那时上古统治机构不断丧失其控制力，国家的车轮在前进中逐渐变得步履沉重，公众权力正在让位给另一种形式的权力，这些对我们来说是明显的。只要我们想到高卢、不列颠或西班牙，甚或伊里利亚或非洲，这些地区分界的标志被认为都还处于"帝国权力"的保护伞之下，上

　　墨洛温时期的石棺，发现于法国维埃纳地区的西沃，其古墓陪葬品（如武器、珠宝和纺织品）反映了日常生活、手工业制作、生活品位，乃至信仰。古物的来源还提供了商业网络的信息。

述结论就是明显的。进而打动我们的是罗马人传统的目标也已经改变了，此时很少有人再谈论守住边界，即保卫文明的界限和公民参加军队的限制，甚至出现了对蜂拥进帝国的新民族高声喝彩的声音，那是被自由往来跨越莱茵河、多瑙河、幼发拉底河和阿特拉斯海峡[①]的新居民带来的。对罗马人感到受外族围困的陈旧心态最不屑一顾的人是基督徒，因为他们认为所有人皆为兄弟。更贫穷的民众和抱着"革新"愿望且富有远见的知识分子，此时正在通过这些没有出身背景的外族人转变为士兵、农夫、工匠或"佣人"。当然，外族人的"入侵"有时具有大规模的暴力性，这一点深刻地影响了编年史学家们，至今仍然混杂在我们的教科书中。但是事实上，那只不过是开始于3世纪中期的一两次小族群的入侵，"人口迁徙"这个术语倒是更为接近历史事实。另一方面，主张社会性质变化论者提出的第三种观念也是我坚决不能接受的，他们用这种观念诠释的完全是别的东西：即是说文化的、政治的——有的人甚至大胆地提出所谓经济的——"倒退"在

---

① 直布罗陀海峡的古代称呼。——译注

　　罗马化的"野蛮人"：汪达尔酋长之子斯提里克成为皇帝塞奥多西（379～395年在位）手下的罗马军队总司令，在打击意大利的西哥特人领袖阿提拉的战争中获胜（藏于意大利蒙扎教堂，象牙制品）。

　　这些"外族人"即"野蛮人"（这个称呼早就被认为是个贬义词了）入侵之前就出现了。一些寻求凯尔特人复兴的法国狂人仍旧认为罗马衰亡是值得庆祝的；而意大利和西班牙人可能对罗马的衰亡深感悲哀，但是也更加注意转变的渐进性；德国人当然对此表示认可。也许我们应该专注于更为纯粹的历史事实，这样就不至于落入那些众所周知充满了道德和价值判断的陷阱和错误。诸如使用共同墓地、允许通婚和修改法典这些事实都是逐渐地不可避免地相互渗透的结果，可能仅仅是潜移默化而不是刻意设计的结果。只有认为两个世界的居民在所有层面和所有领域都处于平等的基础上，这些事实才可能得到解释。有人会反驳说这类事情在东欧没有发生，但史实的不同之处只在发生的时间不同。稍后，随着斯拉夫人、阿拉伯人和柏柏尔人的入侵，东欧也出现了同样的情况。无论如何，谁会争辩说西伯利亚大草原的艺术可以与希腊文化相媲美呢？最后应该提到，抵抗一方已经囊中羞涩，无论他们是否还存在，他们已无任何固守的能力；而此后我们要说到的人，无论他们是否了解这一点，他们都是感受到中世纪新生活的多数人。

选择起点的难题

由于这个问题无论如何都必须解决，我们最重要的工作是彻底调查人类活动的所有领域，以便从中找到可能存在的断点。例如，我们关于人口数量知道些什么？其变化的幅度是完全不可能精确估计出来的。但是，依据逻辑推理，即"印象"和天气的种种可能性，学者们越来越相信这一时期地中海地区受到长期严重的干旱影响，伴随着同时出现的饥荒、疟疾和瘟疫，疾病严重地影响了南部沿海各民族、各地方的活力和生产能力。另一方面，再往北，温暖的天气使居住在原始森林和大草原的民族向南迁徙。边境劫掠者曾是自由劳动力的来源，停止劫掠和开始征服就导致从莱茵河以东和多瑙河以北地区招募吸收了许多移民劳动力，这也为"入侵"的正当性做了辩护，并提供了关于其特点的许多记述。但是，这些类似的事件是否同样出现在东欧却无法确定，或者所有的事情还远不明朗。另外，在这些讨论中，到底在哪里可以划下一条线？还是让我们关注"入侵"的原因和背景，而不要试图确定精确的年代吧。

我们也把文化变异问题先放在一旁。这并不意味着我们忽视使学界精英备感悲伤的拉丁文化衰亡和希腊文明败落，因为确实有充足的证据表明希腊古代艺术的衰败和古代纪念物的毁坏。然而我们必须牢记在心的是这种衰落的趋势和哀叹并不是后来新出现的，至少倒退到2世纪时就产生了。价值判断在艺术和文学领域比在其他领域更不值得相信，因为它们主要依赖于个人的口味和观点。人们究竟如何确定那个诸多作品和思想源流不断从3世纪的乌尔班（Ulpian）[①]时代传到6世纪的《民法大全》的时代呢？

宗教问题会使我们暂时停下来谈一谈。从罗马世界产生的两个世界，后来又有伊斯兰教构成的第三个世界，都是一神教的，并在伟大的上古东方宗教礼仪中有其根源，这一点难道不重要吗？3世纪的新柏拉图主义者也推动了这一持续了相当长时期的变革。就让我们关注一下基督教吧。上古晚期的历史学家们对它可是看法不佳，其博爱仁慈非暴力的训诫说教和对人世的藐视肯定败坏了当时人的公民观、爱国主义和尊重法律等观念，并作为行政司法的对立面，以普世的名

---

① 3世纪罗马法学家，其法学作品对查士丁尼主持编纂的《罗马民法大全》影响极大。——译注

赫鲁尔·奥多亚克（约434～493年），帝国军队指挥，476年废黜罗穆洛皇帝，并将帝国权标送交皇帝泽诺；西部帝国因此终结（藏于大英博物馆）。

义向野蛮人打开了大门。假定不管会引起多大争论，我们都接受这种断代的观点，我们仍然没有确定这种新宗教何时取得了最终胜利？不同意识形态何时完全融合在一起？如果这样断代，我们将会看到东欧陷入大量地方性神学教义的争论，这些争论后来大体上演变为造反和叛乱，而伊斯兰教在大多数情况下因此获得发展。在西欧，我们还必须在更晚近的，至少要等到在8世纪或9世纪时的公墓里才能找到历史的见证，因为这时天平才倾斜到这一正统信仰方面来。那么，我们能追溯到一开始，例如325年君士坦丁皇帝（Constantine）①在尼西亚正式举行的第一次基督教主教大公会议之时吗？这完全可能，那时罗马帝国已经令人惊奇地从"三世纪大危机"中恢复过来，呈现出繁荣昌盛、元气未伤的样子，但是这不是中世纪。这正好像是追溯到3世纪末戴克里先（Diocletian）②统治时期对基督教徒的大迫害一样。

政治事件曾极大地吸引了前几代学者的注意力。他们过去确信现在仍然确信政治事件才是编年史不可更改的标志，这是公认的，而我们现在对此只是给予次要的关注。对政治事件的选择相当宽泛，因为它们被刻意地当做象征的而非政治的年代标志。这样做丝毫没有降低我们面临的困难程度。我们如果以395年塞奥多西（Theodosius）③之死作为中世纪的起点，依据的理由就是因为它标志了罗马帝国作为单一实体的结束，并因为这是帝国由单一皇帝进行的最后一段统治。那么谁能预言这种局面再也不会出现？尤其是当时的蛮族领袖在476年将西部末代皇帝赶出罗马城后，立即遣使节把帝国权力的标志物权杖送给在君士坦丁堡的泽诺（Zeno）皇帝④，正确地说，罗马帝国的统一重新恢复了。那么，是否存在着把476年当做中世纪起点如此关键日期的可能？当时真的没有任何人注意这件事情，东部的"罗马"皇帝查士丁尼（Justinian）还在50年后派遣其大军占领了罗马，当做本人亲自到访的陪都。往前追溯到337年皇帝君士坦丁去世，或向后追溯到西部帝国最后一位合法皇帝马尔左利安（Marjorian，457～461年在位）统治时期，或两者中间的378年最后一支自我标榜为"罗马的"军队在多瑙河南部地区的亚得里亚堡被彻底

① 罗马帝国皇帝，324年至337年在位，统治期间大力推行支持基督教的政策。——译注
② 罗马帝国皇帝，284年至305年在位，统治期间实行多项改革，并迫害基督教徒。——译注
③ 罗马帝国皇帝，379年至395年在位，去世前将帝国一分为二，分由两子统治。——译注
④ 东罗马帝国皇帝，474年至491年在位。——译注

摧毁，难道这些事件随便可以抓来当做中世纪起点吗？当然，人们可以任意选择其他一些标志性事件：如410年阿拉里克（Alaric）对罗马的洗劫引起整个帝国痛苦的叹息，使得圣杰罗姆（St Jerome）①在遥远的东部帝国其隐居小屋里痛惜流泪；425年圣奥古斯丁（St Augustine）②编纂了《上帝城》一书，他在该书中开始蔑视人世间的"城"；510年克洛维实行王权"统治"法兰克人，等等一些其他年代。由于这些事件的确不是新奇的事件，也不是决定性的标志，所以很难把它们作为中世纪起点。如果以"入侵"为起点，人们也可以或多或少随意地从大量事件里挑出一件来。自270年狄修斯（Decius）③批准法兰克人定居莱茵河南部地区开始，到600年前后斯拉夫人逐渐定居巴尔干半岛为止，其间出现了诸如406年蛮族偶然越过冰冻的莱茵河和453年阿提拉（Attila）④死亡这类事件，如此一来选择面就变得更为宽广了。

我们还有一些显然非常重要的经济和社会变革的事件要讨论：奴隶制的衰退、农村"庇护制"的加强、城乡联系的中断、"中等阶级"的消失、疆界的变动、贸易重新转向东方、东西欧发展日益不平衡、国家权力与统治者世袭制的混合。这些是更贴近我们研究主题的重要方面。然而，我最初提出的问题还没有得到回答：中世纪是上古时代自然发展的结果，在330年至360年间的4世纪中期中世纪尚未开始，而在460年以后中世纪已经明确地来临了。

持久的特点

通过一系列问题的讨论，我们弄清了或至少显示出一条连贯的线索，在任何方面都不存在突发的、界定分明的或彻底的变革。我们在这个充满迷雾的领域进一步深入探讨问题时，就能够区分持续保持下来的特征、已经变得模糊不清的特征和几近消失的特征以及那些新出现和料想不到的特征了。

暴力以及对暴力长期的崇拜表现出最惊人的持久性特征，它们一直伴随着人类道德观念而存在，成为政治控制的手段。罗马时代关于充满公众精神的公民军队的理想很久以来一直习惯性地受到赞扬。这个军队是由倡导罗马和平的农民组成，与以无视国家、聚众成势、割据独霸一方为解决争端手段的军阀匪帮恰成鲜明对比。这种观念深刻地植入人们集体主义的意识中，那些崇尚上古时代的人对此大加鼓吹：而像斯西比奥（Scipio）、恺撒（Ceasar）和图拉真（Trajan）⑤这样的

① 347年生，419年或420年卒，对圣经翻译和修道制度建立多有贡献，被尊称为"教父"。——译注
② 354年生，430年卒，基督教神学体系奠基人，著述甚多，《上帝城》为其代表作。——译注
③ 罗马帝国皇帝，249年至251年在位，统治期间以主要精力处理外族入侵问题。——译注
④ 匈奴王，434年至453年在位，率部入侵欧洲的巴尔干半岛、希腊、高卢和意大利等地。——译注
⑤ 斯西比奥（公元前185/184～前129年）为罗马著名将领，指挥第三次布匿战争，占领西班牙。恺撒（公元前100～前44年）原为罗马将领，征服高卢，后任执政官和终身独裁官，控制罗马权力。图拉真为罗马帝国皇帝，98年至117年在位期间大举扩张，发动长期的东方战争。——译注

一些声名远扬的英雄其实就是可怕的抢掠和大屠杀的制造者，这一点却很快被遗忘了。人们竟让塞涅卡（Seneca）①的哲学演说蒙蔽而无视他使用奴隶。人们还故意忽视角斗士、竞技场上的"比赛"、暗杀造成麻烦的对手、禁卫队兵变、雇佣兵拥立其同行里的一个文盲登上皇位，正像人们无视军事叛乱和策划阴谋的卑鄙行径一样，这些就是整个罗马史，或确实也是希腊史的重点。那些在图尔主教格列高利（Gregory of Tours）②时代以战斗到死为消遣的人，或是那些伊拉克略（Herakleios）③以前时代以宗教的名义割断他人喉咙的人，都被认为是"罗马人"而非"野蛮人"。崇尚暴力和赞赏勇武并非是随着沃坦（Wotan）和米柏隆（Mibelungs）信徒④而出现的。人们也许会说，这些特征在那些不得不与南方沙漠严酷环境斗争的民族和那些辛劳地耕种土地的北方民族中都是可原谅、可理解的，而这些新来者因生存需求而成为战士。然而，谁能判断大碗豪饮新鲜马血和把奴隶发配到古典战船上去，或把基督徒扔给狮子到底哪一行为更好些呢？

这个社会还有另一方面与上述问题有些关联，尽管这里不产生道德问题，但似乎强调的还不够：即人的流动范围问题。这一看问题的方法可能显得令人奇怪。我们世界的图画就是由城市、与土地相关的"农村"和永远存在的道路构成的。像马尔左利安晚到460年时颁布的法律仍力图把人们束缚在他们的村庄里和职业中。日益严重的混乱将不可避免地导致人们更紧密地聚集在一家之长、主人或军阀周围，这与众所周知的普遍现象一样。法律条文将当时边疆两侧的居民分为各自的部落或其家族。就此而言，几乎没有什么争议的问题，但是有两个因素被忽略了。其一是紧急事态和危机关头，如战争、经济压榨和官僚机构极度盘剥所造成的类似动乱，迫使人们逃亡。他们一旦离开家乡就将沦落到流浪和没有安全保证的境地，这在几个世纪里都是每一个人面临的命运。为了逃避正在临近的阿拉曼人（Alamans）、撒克逊人（Saxons）、波斯人（Persians）和汪达尔人（Vandals），人们从贝尔吉卡（Belgica）逃往普罗旺斯，从威尔士逃亡到阿莫利卡（Armorica），从叙利亚远逃到滂都斯，从阿非利加逃到西西里⑤。人们沿着公路发现的许多埋在地下的3世纪或4世纪的珍宝窖藏就证明了这些仓促出逃并且一去不复返的事实。另一方面，饥肠辘辘的劫匪强盗大肆洗劫农村甚至威胁城镇，非洲地区的"马匪帮"和高卢的"古巴达匪帮"似乎也引发强烈的社会不满和抵抗的风气。在人们认为的所谓统一罗马帝国的表面之下，不断积聚着社会瓦解的力量。

---

① 罗马哲学家、演说家，生卒年为公元前4年至公元后65年，其大量作品流传后世。——译注
② 都尔主教，538或539年生，卒于594或595年，多有著作传世，《法兰克人史》为其代表作。——译注
③ 东罗马帝国皇帝，610年至641年在位。——译注
④ 均为接受基督教以前的日耳曼人早期原始信仰中的神祇。——译注
⑤ 贝尔吉卡地区位于今天意大利北部。普罗旺斯地区位于今天法国南部。威尔士位于今天英格兰境内。滂都斯为黑海东南岸地区的古称，位于今天土耳其东北地区。西西里为地中海西部岛屿。——译注

高卢－罗马式镶嵌画
"长工"，两个奴隶正在
设法抬起榨油机（藏于法
国国家古代博物馆）。

直到相当晚近时，普遍的看法还是认为，相对而言，由普通的农夫和城市商人构成的世界，与游牧民和游耕农定居的边界以外的世界之间有非常明显的差别，游耕农们开垦耕种土地，过一段时间再迁徙到别处去。农业考古学家取得的突出成就已经表明，揭示这一传统历史图景的必要性。不仅在像弗里西亚（Frisia）和德意志中部这些处于原始自然状态的非罗马化地区，而且在莱茵河和多瑙河西部、英格兰、高卢和雷蒂亚（Rhaetia）等地区，这些定居区刚刚形成或尚未形成，开垦耕作的形态经常变换，农田也难以辨别，尚未形成随后本应出现的耕作田地的形式。我们自然而然会注意到某些定居点：农村，人们在那里保存了墓地，如果可能的话，他们至今还在使用。当然还有人口集聚的城镇，无论田地是否曾经划分为棋格样式，这种现象越往南部和东部越明显。由于我们对紧紧环绕地中海的这个地区无论在深度和广度上还缺乏足够的研究，因此采用传统描述是比较明智的。

显然，奴隶制还是基本的生产模式。尽管这一说法常常遭到反驳，但这种制度也同样在撒克逊人、哥特人和斯拉夫人中流行，在更南部的地区也没有被放弃，虽然那里喂养家畜困难重重。教会虽然提出了一些不满，但是由于它把劳动当做一种惩罚，因此没有采取什么建设性的措施。奴隶经济因而持续不绝，并产生了众所周知的结果：技术停滞、专门技能缺乏、劳动无差异、效率低下、暴乱威胁和杀戮。所以，这种在上古时代长期保存的生产模式一直存在着。

人们很容易将城市和其辖区，即上古城市，比做典型的希腊罗马社会，并据此得出上古城市的消失标志着中世纪开端这样的结论，特别是如果接受了城市、城市生活方式和目的不能为新来者所适应这种观点，就更容易赞同这样的看法。下面我们还要提到对这后一种观点的不同看法，但是史学界最近一再表明城市消亡的说法是不能成立的。尽管城市持续衰败缩小，在城市控制的周围农村郊区出现抢劫，但是城市仍设法生存下来并保持繁荣，甚至在高卢和不列颠或德意志边缘地区、阿拉伯或柏柏尔人的世界里也是如此。这些城市，除了东欧的城市外，就其功能、市容和政治及经济重要性而言，毫无疑问都很少能与其古代的前身相媲美，然而我们这里要探讨的是变革而非继承。我们应该完全同样地强调，税收系统很难在农村有效地运行。农村限制了城市的活力，驱散了其中的居民，缩小了它们的权力；城市除了动乱骚扰就是居民逃亡，在中世纪早期的地图上还继续保留着一些城市确实令人生疑。

　　如果把希尔佩里克（Chilperic）或里卡雷德（Reccared）说得与伊拉克略没有根本区别的话，那么侯斯罗伊斯（Chosroes）或瓦伦提安（Valentian）[①]就将使所有罗马文明真正的追随者感到震动。是的，区别只在于规模和范围——其权力的性质仍然相同。国家很久前早已不属于全体居民所有，此时它只为君主们所有。的确，他们甚至没有像墨洛温君主利用教会弥撒圣别式，或像西哥特人一样，利用神灵的预兆来提高自己凌驾于其野蛮同胞之上的地位。无论权力来源于太阳神、琐罗亚斯德[②]或基督教的上帝，权力都依赖于神灵和神祇以保证其管辖权和立法权。权力就是领袖魅力和人格结合的武力。它是世俗和宗教力量的结合，举凡公共土地和国库以及士兵和被保护人等所有隶属于君主的事物都变为其个人所有。在罗马人没有接触过的撒克逊人或其威信介乎于可恶和怪诞之间的墨洛温人中，确实存在着一种对民众的强烈感情，存在着尊崇法律的情感，比波斯君主和有幸登上拜占庭皇位的士兵们表现得更强烈，因此如果权威的基本含义没有改变，那么谈论西方政治贫血病似乎是不大合适的。伊涅（Ine）、达格伯特（Dagobert）、塞奥多里克（Theodoric）能够与查士丁尼相提并论，更不用说莫里斯（Maurice）了[③]，因为他们抱有对现存道德秩序同样的偏见，他们同样依靠其周围的亲兵，也的的确确同样依赖于武力。只有一个基本的区别，即在东部长期存在的埃及各省份存在庞大的官僚机构，混杂着呆板僵化残酷暴虐的统治方式，制约或摧毁了任何创新的努力，这的确是没有什么好炫耀的。

消失的标志

　　这样，我们就获得了一两个深入考察中世纪的坚实立足点。同时，由于这些立足点存在不足而使其他标志凸显出来。最明显但也产生了许多细微差别和变化的标志是，已经分裂为两半且

---

① 希尔佩里克为法兰克墨洛温朝国王，539年生，584年卒，561年至584年在位。里卡雷德为西哥特国王，587年放弃阿里乌派信仰，接受基督教正统信仰。侯斯罗伊斯为波斯国王。瓦伦提安为罗马帝国皇帝。——译注
② 琐罗亚斯德教神话传说人物，为神的使者，拯救人类。——译注
③ 伊涅为威塞克斯的盎格鲁－撒克逊国王，688年至726年在位。达格伯特为法兰克国王，629年至639年在位。塞奥多里克为东哥特国王，489年至526年在位。查士丁尼和莫里斯均为拜占庭帝国皇帝，分别于527年至565年和582年至602年在位。——译注

残破不全的罗马帝国。人们很快就不能从克莱蒙特（Clermont）往尼西亚寄信了，或者不能从约克旅行到希波（Hippo）了①。　毫无疑问，一直存在着共同历史的观念，在帝国西部，笃信自己是"罗马人"的"蛮族"也欢迎这个观念，但是社会的上层，即那些富有和有文化的人正在丧失其统一连贯性，他们的产业如同其友谊和追随者一样一度遍布地中海世界，此时被迫更关注各个地区的利益。由于与我们直接对话的实际上只是这个阶层，我们对他们的悲哀必然深表同情。罗马的世界主义确实蜕变萎缩为概念范畴或社会上层的回忆。这种观念把征服教会的全部努力变为承认其教徒团体的存在，其影响扩展到罗马帝国自身以外，并被视为一场精神上的胜利，实际上是智力残缺的失败。

　　关于这个被马克·布洛赫（Marc Bloch）②比喻为"上帝出血点"的巨大历史创伤的物质方面实在没有什么好说的了。这可能有些夸张，但是确实存在着帝国西部需求扩大和其贸易供应缩小之间矛盾的证据。甚至在那些保存了大部分城市中心的地区，如高卢南部、西班牙和意大利，与帝国东部的联系也不太密切，因为城市居民因为需要保障其不可或缺的粮食供应，显然更依赖于大地主而不是依赖于来自叙利亚的商人。无论是元老贵族还是蛮族贵族继续保持他们喜好奢侈的饮食和豪华的生活传统。人们可以断言贸易平衡和收支平衡的情况发生了不利的变化。帝国西部的贸易平衡此时变得更不利，而且在可以预见的将来还将继续发展，更加严重。人们也许对农村地区也抱有同样的看法，可以确信那种开垦而后弃耕的定居形式此后成为规律，而未经开垦的荒地、罗马人的牧场、公共或非公共林地，此时都被开发成为另一种初始生态环境的样子，但是考古学尚未就此提供出充足的证据：它只能证明在2世纪大部分被耕种的大地产和甚至在3世纪危机后重新恢复的土地，在400年至600年的时间里被弃耕了。那么它们是被什么取代的？是扩大的村落？还是遍布这些土地上、采取集体耕种的小村庄？或是分布在人数众多的有地公民中的农舍（茅屋）？或是这三种形态的混合形式？当生存空间被迫留给入侵的新来者时，国家强迫这些土地主人接待新来者共同生存的确切性质是什么？是分区？还是分裂？对于这个基本问题，还存在相当多的未知，但是大体的轮廓还是相当清晰的：城镇在萎缩，反映在农业结构的重建。可能农村社区其他方面也在重建，显示出农村变得更加重要。

　　最后，在另一个层面上看，这个立足点也几乎不存在了，特别是在帝国西部，这更加剧了上面已经提到的多种矛盾冲突。罗马帝国各个行省是否真的制定和推行了土地注册簿和税收计划，这主要还是个学术问题，但是毫无疑问可以确定的是，西部帝国分裂为小君主统治下的诸多实体及其通常同时出现的地方领主，而东部帝国在理论上形成集权政府对原有的和刚被征服的省

---

① 克莱蒙特位于今法国境内，尼西亚位于今土耳其境内，约克位于今英国境内，西伯位于地中海东岸。——译注
② 法国历史学家，年鉴学派创始人之一，生卒年月为1886年至1944年。——译注

份强制实行其统治，并面临多种困难。其结果，维持最高权力的两种基本权力正在被削弱：一是征召公民参军的权力，二是征税的权力。长期以来就存在着对雇佣兵的依赖，这里没有必要详细分析这些雇佣兵移民在罗马帝国其他方面对于淡化公民意识价值观上的影响。与此相关，在此动荡时期，西部帝国更侧重依赖于征召和武装自由民（他们后来逐渐与君主扈从亲兵队的职业士兵相结合），从而也更接近于古典时代军团幕兵制，而不像拜占庭或波斯泰西封（Ctesiphon）统治者乐于雇佣的外国军队①，也不像由纳税人为履行其义务而参军构成的军队，后者的士兵贫穷而厌战。至于税收，形势似乎也已经发展成另外一副样子：虽然有征收方面的困难，东部帝国的财政体制在理论上还存在着。由于在输送税收财物途中盗匪的抢劫和官员的贪污腐败，税收总量总是在减少，只有税收的一小部分还可以送达国库，尽管我们还不能确定使用的是何种流通方式。将纳税人束缚在耕地上是4世纪推行并完善的方法，或者规定邻居负责交纳其邻居税收份额的方法，只能导致纳税人由于不堪强征暴敛、税收沉重和强制征召入伍而仓促出逃。西部帝国税收机构管理体制破败不堪，即使在意大利和西班牙，国王们也发现只有通过任命包税人的方式才能摆脱麻烦，而后他们很少再去关心税收事务。非常奇怪的是，盎格鲁－撒克逊人是个例外，他们虽然从未密切接触过罗马人，但是却成为坚持物质利益应归属于君主这样理念的民族。

未来的预言家

西欧用了五个世纪得到恢复，而用了另外十个世纪主宰了世界。我们可以说这五百年左右时间里西欧发生了更多变化，远比历史遗留的传统和"遗产"要多。

由于我们拥有的史料给人的印象是它们都非常特殊，所以人们也很容易重视罗马人对新居民主动欢迎的事实，就像人们很容易痛心地看到相当多的古代基督教中心最后都皈依了伊斯兰教一样。这类事情按照西塞罗（Cicero）或马库斯·奥雷利乌斯（Marcus Aurelius）②的看法被视做越轨、叛逆或精神堕落。问题不在于与占人口多数的穷人有何关系，事实上这种主动欢迎是从罗马人那里产生的，这可以提醒我们如果十分之九的人民反对的话，任何事情都不可能持久或根本不可能存在，然而任何事情只要符合他们深层次的迫切愿望，就一定可能实现。这一点诚如5世纪基督教士萨尔万（Salvian）对局势总结的那样："贫穷的、被掠夺的和遭受殴打的人已经丧失了作为罗马人的尊严，因此也丧失了得到解放的权力，他们将在野蛮人中间重新发现其罗马人的本性。"更加老于世故的人轻易地嘲笑讥讽这是"高贵的野蛮人神话"，也许真是这样。但

---

① 泰西封为波斯王国陪都，位于今天伊拉克巴格达附近底格里斯河畔。——译注

② 西塞罗为罗马政治家和演说家，生卒年月为公元前106年至前43年。马库斯·奥雷利乌斯又称康茂德，罗马皇帝，177年至192年在位，180年实行独立统治。——译注

帝国边防：罗马骑兵和蛮族俘虏。晚期罗马斑岩石棺（藏于罗马梵蒂冈博物馆）。

是，当教会对此表示赞成时，当许多元老们发现他们的利益得到了保护时，人们就在不知不觉中
进入了"墨洛温王朝"的高卢社会。这是一种证明合理而笃定成功的投入吗？我认为是，如同后
来对伊斯兰教的投入。曾经感到自己被出卖的人们会变得更加笃信一个坚定而简单易懂的宗教，
以实现其愿望。笃信一种有形而可见的权力，一个缩小的但有保证的信念。我们能把所有这一切
仅仅看做是倒退吗？

　　另外，向农村发展的潮流还伴随着很多方面的复兴，语言的、精神思想的和家族的复兴，
这一切都促使遍及高卢、伊里利亚、埃及、非洲和西班牙的希腊罗马外壳裂开的缝隙中，钻出了
新萌芽。新居民在多方面有价值的贡献改变了罗马人对他们持有的藐视，这一点几乎难以看到。

表面上看，高卢本身从罗马征服中没有得到什么东西。5世纪以后发现的墓葬没有一处不揭示出"野蛮人"高超的手工业技艺，相比之下地中海技术显得极为平庸，这如同由于电弧技术的帮助使工具和武器得到改进一样。那些木质建筑艺术，饲养家猪和家畜以及骑兵作战等，还有至今仍然引人入胜的抽象动物艺术一样，都能够与希腊罗马文化遗产相媲美。他们那些家务法规和农业技术丝毫也不比罗马法或南欧枯竭的农业逊色。如果人们重视这一时期像是否定了旧世界的人口统计学，那么公正的意见就可能被接受了。

　　但是，还存在另外一个发展壮大的文化区，由于其确定无疑并容易分析而没有争辩的余地：世界正在变得越来越大。这种现象的重要性无论怎样估计都不会过分，它可能就是被正确确定为古代和中世纪之间的惟一标志，恰好就是我们打算确定的中世纪的开端。直到大约公元300年或350年之前，"历史"只限于从直布罗陀海峡到日本之间和北回归线到北纬50度之间的大片区域。在这个"文明地带"，历史上曾存在过四个地中海的或亚热带的大帝国，文字记载十分充分但是发展却十分缓慢。在这个地带以南，存在着独立的文化地区，例如前伊斯兰教的阿拉伯文化区、黑肤色民族联盟的文化区或印度支那文化区。他们被"各帝国"利用当做奴隶、贵金属和原材料物质的产地。但是一些新文化区域正在发展，特别是在北方，考古学家每年都有新发现，不断发掘出它们更多的财富。问题涉及的达吉亚（Dacians）、撒尔马提亚（Sarmatians）①、日耳曼、凯尔特和土耳其等民族目前还保持着沉默，但是他们的墓葬、习俗、英雄行为的传说向南传播，这证明了其活力、特征和多样性。北方和南方这两个地带从此以后就成为"历史"的一部分：自此，西方世界就从波罗的海扩展到几内亚（Guinea），从乌拉尔山扩展到桑给巴尔（Zanzibar）②。无论人们如此看待问题的原因是什么，这确实是人类历史的转折点，一个使各种可能性和前景突然展现出来的开端，它是发生在16世纪的第二次世界大扩展的自然而然的序幕。这个重大变革的出现并非没有预兆，其前兆能够在"入侵"以前的"中间"地带非常明显地感受到。结果，经济和智力活动的中枢区逐渐转移到新世界，好像是走出旧世界去接触它们似的。从罗马迁移到米兰，后来再迁移到特利尔，从雅典迁移到君士坦丁堡或亚历山大，不久又迁移到巴格达、开罗、凯鲁万（Kairouan）、约克和科隆③。恰好在阿拉里克包围之前，罗马已经不再是罗马，地中海也不再是西方文明的所在地，而只是南北方那些强大势力争夺的对象。这些势力兴起于沿河地区，但其实力植根于遥远的内陆，且长期被轻视而默默无闻。像奥古斯丁这样的思想家面对古代文明中心被遗弃，冥思苦想人世之城死亡的痛苦，并千方百计设法将人们的思想转向上帝之城，还有什么值得惊讶的吗？

---

① 达吉亚位于今天罗马尼亚境内，撒尔马提亚位于今天俄罗斯东部草原地区。——译注

② 几内亚今天为非洲独立国家。乌拉尔山位于今天俄罗斯中部，为欧亚两洲分界线。桑给巴尔即今天非洲的坦桑尼亚。——译注

③ 凯鲁万位于今天突尼斯境内，约克位于今天英格兰北部，科隆位于今天德国西部。——译注

第一编

旧世界的断裂：
395年至700年

第一章　剖析西部帝国：5世纪初期

在西欧，有一种从西欧而非东欧开始描述中世纪历史的传统。其原因显而易见，因为相关学者都是法国人、伊比利亚人、英国人或德国人，他们理所当然地从罗马废墟直接进入"蛮族"统治，至于在遥远的东欧发生了些什么似乎与其毫无关联、无足轻重。如果各种长时段的趋势都成为需要讨论的内容，那么这种观点并非完全错误，结果这些书和其他书一样必定会忽略拜占庭的内容。这种观点将会更有理由地把通常的描述过程倒过来看待，首先着眼于囊括着从那不勒斯（Naples）到尼罗河，从亚得里亚海到仍然充满活力的幼发拉底河广袤地域的罗马帝国。从这一观点出发，似乎很容易强调 "中世纪初期"反映出的连贯性，以便假定提出一个恰好包罗各种意见的关键断裂年代，并将颓废的西欧放回到其应有的次要地位上去。我们仍然再度按照传统叙事，亦即首先从西欧的发展谈起的原因在于，直接进入人们不太熟悉的东欧世界会给一般读者造成混乱，那样一来对同一时期的拜占庭历史将产生一种最初的同时也更为复杂的印象，这段历史将在稍后章节里谈到。应该特别强调，这样做的主要原因是为了读者的方便。

388年，波尔多（Bordeaux）的修辞学家帕卡图斯·德雷潘努斯（Pacatus Drepanius）对皇帝塞奥多西说过以下这段话："我们知道任何革命都不能颠覆国家，因为罗马帝国注定要与你和你的后人同在。"但是，到了406年，日耳曼人已经越过莱茵河；塞奥多西王朝的末代皇帝瓦伦提安三世在455年被杀；西罗马帝国末代皇帝罗穆洛（Romulus Augustulus）则在476年被废黜。然而，曾被罗穆洛篡夺了皇位的朱利乌斯·奈波斯（Julius Nepos）①作为公认的流亡皇帝在达尔马提亚地区统治到480年。罗马帝国分裂为许多日耳曼人小王国。

帕卡图斯对罗马帝国那种几乎是盲目崇拜式的赞赏可以得到解释，那只是试图为未来驱邪，是在面对罗马文明气数已尽的所有征兆时，以盲目乐观的情绪宣扬罗马不朽文明的努力。但是，帕卡图斯只是众多希腊罗马文明和文化崇拜者中的一个，他们早已自愿迷恋于罗马帝国即开化的罗马世界的魅力，并对其普世性也早已情有独钟。因此，对我们来说十分重要的是，在深入探讨了解罗马灭亡那缓慢而似乎持续不断的过程以前，要很好地分析把握残存在分裂为蛮族小王国过程中的晚期罗马古代世界的基本结构，而在这一过程中罗马一直不断激发起人们的尚古之心和怀旧情感。接下来，我们在明了罗马和日耳曼对立双方的明显特征后，应该做好准备去正视各日耳曼小王国的危机，以及他们在放弃陈旧且被废弃的方法和创造更能适应其需求的社会或经济方法

---

① 朱利乌斯·奈波斯为西罗马帝国皇帝，474年至475年在位。——译注

古典艺术的残留品：异教和基督教的命题。这是亚当和圣保罗的象牙板折褶双连雕刻品。这里我们看到亚当在地上的伊甸园里：他那无忧无虑的姿势，他与动物之间信任和支配的地位。人和动物形体雕刻的优美反映出一种完全异教风格的生活享乐（意大利北部，4世纪晚期作品，佛罗伦萨，巴尔奇罗收藏）。

之间，是如何艰难地进行选择的。至于所谓的蛮族王国时代，在一个稳定化的时期后，事实上目睹了人类历史上的一些最伟大的变化。

由于"晚期帝国"这个词在语意上具有贬低的含义，所以我们在此不使用它来描述4世纪和5世纪的罗马文明，而代之以更恰当的"古代晚期"这个词。在这两个世纪中，罗马帝国确实被君士坦丁王朝和瓦伦提安——塞奥多西王朝的皇帝们深刻地改变了，但还不能说社会已经转型，他们在此期间主要应付日耳曼人入侵的威胁。一度曾相当灵活的政治制度也被赋予了一种极其僵化的东西，使它在此期间变成官僚机构并基督教化了。社会逐渐被几个重要的元老家族所主宰，他们的权力不断增强。最后，相对繁荣的经济越来越不依赖奴隶劳动，从而有利于推行保证稳定的措施，并维系着罗马在帝国内外大批民众中的威望。这样，这个文明一旦难以摆脱成为对野蛮人具有吸引力的战利品和诱饵时，它也就成为恐惧和羡慕交织在一起的混合物了。

僵化和贪婪的国家

人们于395年目睹了罗马帝国被分裂，由两位皇帝控制，西部归属霍诺留（Honorius），都城在拉文纳；东部则归属阿卡迪乌斯（Arcadi-us），他从首都君士坦丁堡，即新罗马，推行其统治。他们治下的帝国领土广大——包括意大利及其岛屿、北非、西班牙、莱茵河以西的高卢、苏格兰以南的不列颠、伊里利亚各地、潘诺尼亚、多瑙河以南的诺利库（Noricum）

和利底亚（Raetia）地区——罗马人早已将这些地区结合为一个政治体，但是如今它们大多为蛮族占领。无论在理论上如何看待，自405年以后把帝国两部分以友谊结合起来的愿望也许真的越来越强烈。然而在实际上，它们各自发生的变革所具有的截然不同的性质却使它们越来越分离，东部帝国灵巧地将蛮族驱赶到西部帝国，这个事实就很说明问题。

帝国官吏虚幻的威严

那个时代进行歌功颂德的人和宣传家们，和前引帕卡图斯那段话所表现的一样，极力寻找各种机会使皇帝个人得到神化。而且，"神圣"这个称号被用于所有与皇帝个人有关的一切方面，如其重臣和宫殿。但是，这种将皇帝置于权力顶点的愿望并没有使他成为集权君主，因为尽管这一趋势在东部帝国表现得相当明显，但在西部帝国却并不突出，因而在罗马统治传统中表现不明显。皇帝颁布诸多法令但也带头尊崇法令。一位最早对皇帝绝对权力进行限制的人士圣安布洛斯（St Ambrose）如是说："皇帝颁布法令，但他是第一位尊崇法令的人。"①正是这种对法令的崇敬赋予《塞奥多西法典》以极大的权威。该法典于438年在东部帝国颁布，自439年1月1日生效，并为西部帝国接受为权威法典。此后许多世纪，它在西部帝国成为所有罗马司法的惟一基础。皇帝的法律法规自然也被视为是神圣的，此后就成为定制，特别是当法庭做出判决时必须按照法律颁布的准确日期严格执行，使得法律的神圣性更加突出。

成文法的这种优越性成为文明人和野蛮人的基本分野，后者保持口传法律的习俗。皇帝制定法律授权公民可以援引法律反对皇帝本人；罗马公民还得到罗马法进一步的保护，这源于该法律对公共事务和私人事务做出的基本区分，这就产生了在同一法律名义下分立的两个法律。公法和私法本质上是对立的，国家的范畴一直被严格地区分于私人个体的范畴。这些区分赋予罗马法自身具有灵活性，但首先具有精确性，而这些区分的逻辑推理使罗马法成为政府的基本工具。确实，我们还可以举出与公法与私法相对应的一对例子：军事服役和行政服务。这样，罗马社会的一切基本内容都被纳入法律框架内，公民私人将行政服务的功能视为管理，而将军事服役视为防务。由于皇帝是罗马法的来源，因此它被认为是极其威严的。

皇帝的权力还可以从教会获得灵感。异教自392年就被取缔了，基督教从此成为国教。但是，即便神殿被关闭，对异教神灵的公开崇拜被禁止，崇拜仪式和信仰仍然伴随先前的宗教继续存在。对温泉健康神灵敬奉钱币的仪式可能在400年至450年间已经消失。各地的情况当时也不尽相同，但是对新宗教基督教的无知仍是普遍现象，特别是在农村地区和西部帝国的偏远地

---

① 圣安布洛斯为4世纪米兰主教，生卒年月为339年至397年。——译注

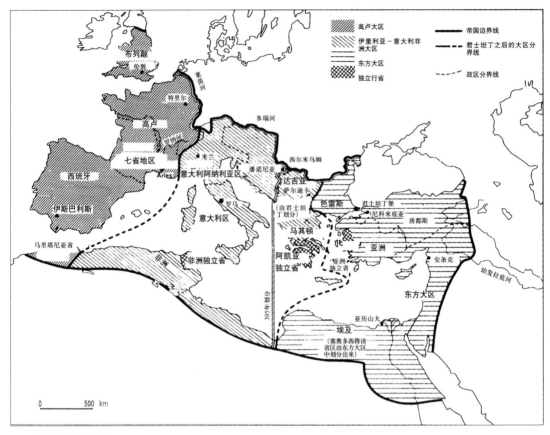

4世纪的罗马帝国。

区，诸如毛里塔尼亚、加里西亚（Galicia）、阿莫里卡、不列颠、海峡沿岸或北海沿岸地区。
为了改变这种无知状况，几乎所有城镇都基督教化了，每个城镇均设立自己的驻节主教。所有
主教都被召集参加宗教大会，其职责是保证信仰的正统性。皇帝主持和参加会议和争辩，以其
维护神圣和平的权能干预争论。皇帝凭借其人格魅力和掌控力，决定遵守哪些教义信条，并确
定是否迫使主教们服从自己。他不会总是与到会各方进行磋商，但皇帝并不是惟一一个对宗教
事务进行裁决的仲裁者。如果皇帝不得不逮捕和惩罚了异端教徒，那么他迁都到拉文纳这件事
就使另外一个人物——教皇——主宰罗马变得更容易了。这座罗穆洛和雷穆斯（Remus）兄弟[1]
建立的城市早就显露出成为新都城的征兆。它第二次成为都城也是由一对兄弟，即彼得（Pe-
ter）和保罗（Paul）这两位信仰的殉难者完成的[2]。4世纪和5世纪的罗马主们完全继承了罗马

---

[1]　罗穆洛和雷穆斯兄弟为传说中的罗马城建立者。——译注
[2]　彼得和保罗均为基督的门徒。彼得又名西蒙，为基督的大弟子，长期在罗马传教，64年死于罗马。保罗曾为基督
教领袖，在地中海沿岸传教，多次到罗马，约67年死于罗马。——译注

的遗产，并通过扩大其司法权遍及所有教区来确立其领袖的地位。这座光荣的城市已经通过洗礼得到救赎，罗马主教们也得以把罗马看做基督教王国，并将罗马当做永恒不朽的象征。这样，基督教通过教皇权这一途径强化了皇权，同时在监督基督教世界的道德问题上，默默地屈从于皇帝。因此，基督教不再对罗马帝国发难，相反成为帝国的中坚力量，并认为把新宗教等同于"罗马人"的宗教是合理的。

现在我们必须抛弃这些意识形态的高调，探讨皇权的真正内涵。被称为塞奥多西的王朝多少有些勉强地控制着权力。源自帝国初期的罗马古老传统是军队拥立皇帝，这一传统仍然流行。一个将领被其部下拥立为皇帝的可能性非常大，特别是在受到威胁的边境地区更是如此。如果他失败了，他就遭到抛弃、淡忘，无路可走，并受到子孙后代的唾骂；但如果先前是个恶霸，却获得成功，那么他就变为圣人并受到尊重。在多事之秋，这类篡位的可能性自然就会增加。由于皇帝不再亲自指挥军队，他周围的将领就都变得愈加危险，他们的活动受到密切监视。这些潜在对手中最危险的总是军队总司令，他常常荣膺执政官或贵族称号。军队总司令笃信其身后军队的忠诚，故能够扮演具有全权的副皇帝的角色。他只是让其允许占据皇帝宝座的那个傀儡保持表面上的权力，或者干脆取而代之登上帝位。他头戴黄金皇冠这样明显的标志，成为具有"共治"统治者称号的人物，但是也同样始终身处被刺杀的危险之中，也是遭人憎恨的可怜虫。因此，尽管皇帝享有令人印象深刻的礼仪并拥有大量的簇拥者，但是其权力包含着内在的缺陷：即缺乏非战争领袖皇帝的合法性。

渴求人力和金钱的公共管理

如果说人们对帝国政府留下深刻印象的话，那是因为它拥有当时那个时代极为完善的公共管理机构。帝国的首都被确定在米兰、特里尔或407年以后的阿雷斯（Arles）[①]。皇帝的命令通过国家驿站系统，从这些城市及时发送到驻扎各地的最高官员手中：包括大区长（西部帝国有3位）、负责各政区的政区长（隶属于大区长）以及省区总督。只有官僚机构最低级别的官员还继续受制于地方贵族大会，或称"库里亚"大会以及库里亚大会成员。这个机构相当于城市元老院，只是讨论如何执行皇帝的命令。公共管理体系的中心是由皇帝重臣组成的"咨政会议"。在他们周围簇拥着大批具有最高级头衔的官员，其薪俸用黄金支付。然而，我们看到，就是这些高级官员包括中央政府的最高级官僚逐渐淡出政府，在5世纪期间完全消失了。因为这一原因，政府中幸存下的其他管理机构，即省区的司法、财政和军事组织就显得更加重要。

---

① 阿雷斯位于今天的法国境内。——译注

　　重要的地方官员首先是指他有权主持司法审判的法庭，这意味着一份诉讼能够从他那里逐一向上呈送给大区长和皇帝本人，但是由于这些法庭很快就堆满了诉讼，而且不能及时做出判决，这个体制逐渐显得不适用了。很明显，为保护最贫穷者的利益，小型诉讼的司法审理权还是留给"保护人"，他们是由一些公民从城镇选举出来的，每个城区设一名。经控辩双方同意，主教也可以旁听审理，这一做法也被逐渐接受，他们的司法活动形式不久变得越来越受欢迎。但是，由于没有专职法官，负责这些法庭的官员还是感到审理工作超过预料，多的难以应付，即便那些本人即是律师的官员也有同感。最终，为了使司法审判处于所有法官的参与之下，瓦伦提安三世（Valentinian III）或也可能是马尔左利安皇帝在各个城区首府分别设立了一种具有司法职能的"法庭"，这样一来也防止城市自治倾向的发展。十分荒谬的是，这个中央集权化的最终措施在西部帝国竟成为最持久的制度。还应提及的是"公证人"（notarii），他们是总督周围的人，或是被雇佣来登记法庭决定的无足轻重的官员。以我们现代人的眼光看，他们更像是速记员而非公证员，他们做会议记录和各种政策决定，先用速记符号记录然后进行整理。尽管他们只有这样的职能，但是却成为许多重大秘密事件的见证人。他们常常因此而继续在仕途上获得更好的发展。"书记员"（tabelliones，大体上相当于现代的公证员）则很少能有这类仕途发展的希望，他们的职务名称来自其书写合同、买卖契约和遗嘱的写字台。书记员因其职务起源卑微，仍处于罗马法律文化的最低层，其专业知识来自其严格誊写的那些法规，他们极为谨慎地对待每一条款。除此之外，他们所要做的就是在法规留出的空白处填写上有关各方的地名和人名。所有城镇甚至大的农村集镇都有书记员，这样就使罗马法逐渐深入到农村中。

　　财政管理也保持着完善的控制力，虽然其机构遭到破坏，但在各地仍然控制着佃户和纳税人。国家岁入中相当大的部分来自于公共土地，这些土地包括从叛国者和异教神庙没收的土地、无遗嘱或未开发的地产、战争蹂躏地区或当地居民弃耕的土地。这些土地由地方官租赁给农民，并可以得到可观的收入。在这些土地上可能存在多个不具有所有权的居民群体。帝国其他税收中，矿藏税、集市税、磨房税也带来相当可观的收入。

　　西部帝国只有六个官办铸币场：即特里尔、高卢的里昂和阿雷斯、意大利的阿奎利亚（Aquileia）和罗马以及潘诺尼亚省的塞尔米乌姆（Sirmium，或称Sremask Mitrovica）[①]等城市。君士坦丁曾成功地发行了重4.55克的金币索里德，确定了金币的标准。这些发行的货币大量流通，迅速发展，原因是国家拒绝接收纳税人支付其他货币。银币的流通范围极小，铜币被用来支付所有小额交易和普通士兵的军饷。这种罗马货币的发行使国家获利丰厚并刺激了贸易，其极高的成色也极大地促进了货币经济的发展。

---

① 潘诺尼亚省位于多瑙河中游地区。——译注

纳税。新奥马古斯出土的3世纪浮雕（德国，特利尔，新马艮，国家博物馆收藏）。

最明显的证据是5世纪期间使用金币纳税的范围迅速扩展，当时的税收还主要是实物税。罗马的公共管理机构一直擅长进行复杂的财政管理，其在各地的情况不尽相同。在理论上同时并存着两种税收，即对土地的税收和对人头的税收，或称土地税和人头税。为了税收目的而确定的税收单位是抽象的，即达到一定数量的一大片各类土地或一定数量的人口。这就要求定期进行土地清查注册，这种重新进行的土地注册据说每15年进行一次，这期间被称为"罗马财产评价公告期"。每一税收单位应交纳的税收比率，由政府在每个财政年度的开端（即9月7日）之前加以确定。而后，城市政务会任命他们中的一位成员为收税人。他与税收机构中掌握税收册的注册官商定，并通知纳税人应缴纳的税额。税收分三期交纳，以防止纳税现场交通拥挤造成混乱和市场商品大幅度降价。虽然官府雇佣大量书记员及时登记账目，但罗马政府似乎从来没有形成使用国家行政官员收税的观念。元老或政区长官在税收方面的活动继续保持私人的个体性，收税人必须以其个人的财产弥补任何缺损和不足。结果，一些非官方的政府代理人在其收税中常常表现出傲慢专横、残酷无情，极易使公众对其感到厌恶。另一方面，假定他们不能足额完成税收，他们就会因担心家财破败而被迫放弃其职责，设法逃离所在的城镇，远走他乡。当税收出现部分短缺需要以实物弥补时，政府会强制征收，以补充不足，当然，也锲而不舍地追讨拖欠的税额。

假定就因为没有系统地进行，调整土地注册和人口调查的话，那么这种税收体制就会促成滥用权力。滥用权力可以表现为上层官员挪用税款和下层官员对个体农民进行敲诈勒索，其形式多样，不一而足。大地产主经常出面干涉，设法降低对其税额的评估。尽管如此，虽然农业税十分沉重，但是国家仍能够征收到其需要的税收。一种向手工业和工商业者专门征收的捐税，即"五年涤罪税"①，大约只占全部土地税收的5%。5世纪反对财政制度的呼声日益高涨，人们有必要提出疑问，这种征税制度是否压垮了纳税人。首先要注意的是，这个制度惩罚大家族，并且对肥沃土地和贫瘠土地不加区分，有些地方例外。其次，根据这类计算得出的结论可能是可接受的，例如在意大利，农作物税可能大约占总收成的三分之二，还没有计算承租人为其土地支付的地租。大体可以肯定的是，帝国西部推行的税率高于帝国东部，因为埃及的土地税相当于田地种植农作物总收成的五分之二。我们也还了解到，在东部所有省份中埃及承担了大部分税收。而在西部帝国，非洲名列榜首，其财税总收入仅相当于埃及财税总收入的三分之一！因此，毫无疑问，西部比东部更贫穷，因而在筹集防务经费中遇到了更大困难，进而征收更沉重的赋税。

支离破碎且毫无效果的军事负担

与军事有关的开销的确是西部资源的主要支出。确实，还有其他许多项目：如行政官吏的薪俸、帝国宫廷的开销以及罗马城12万户公民免费得到的配给食品的开支。然而，在帝国西部，行政官吏的总数相当少，大概从没超过15，000人。面包、猪肉和配给分发给罗马人的食油能够在皇帝私人或公共土地上生产，或者由国家控制的船主公司"航海贸易协会"进口。因此，征收实物税对供养西部帝国25万常备军队具有极为重要的作用。急迫的财税需求来源于边境地区持续不断的入侵压力。

关于罗马军队，有两个要点必需掌握。第一是保持军事和行政职能完全分离的形式，从而使最高司法权由充分发挥其全部行政管理作用的官吏所控制，以减少军事政变的机会。其次，军队组织编制单位大体有两种：即驻守边疆地区的军队（边防军）和驻扎在内地的机动部队（野战军），皇帝可以在最危急时刻及时调动派遣内地的机动部队到边境地区。在西部帝国，边防军大约有13.5万人的作战力量，而野战军有11.5万人。

这两种部队中的边防军缺乏战斗力。多瑙河和苏格兰边境地区的边防军人数相对多些，而驻守莱茵河的边防军大约只有6000人。这些士兵一般守卫在小型要塞里，其生活包括两方面，他们花一些时间履行巡逻职责和训练，花另一些时间耕种小块土地，或者尽可能地从事一些贸易活动。这些部队的许多士兵不是在册士兵。非洲和西班牙各军团几乎都是由这类部队构成，其组织类型实在不能令人满意。

只有3个地区部署的野战军人数比较适当：在意大利和高卢各有3万人的军队，不列颠有5000人。如果像英国人口统计学家估算的那样，西欧和非洲在当地的总人口数为2600万的话，

---

① 来源于古罗马每五年举行的涤罪仪式，相当于以牲畜为牺牲的太牢之祭，后来其费用演变为税收。——译注

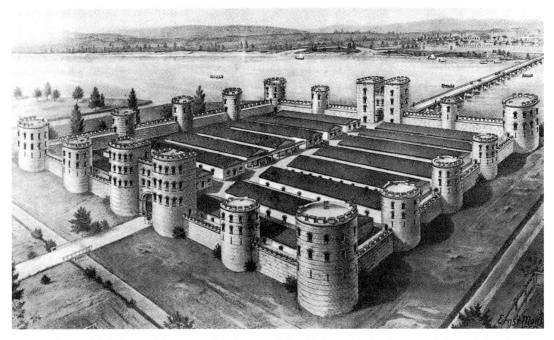

科隆是德国最古老的罗马城市，战略地位极为重要。底维提亚（或称底维兹）要塞建筑在莱茵河东岸面向该城，其营房足以容纳900士兵的部队（说明图为重建物）。

那么，即便按照理论数字，25万人的军队对于罗马防务而言就太薄弱了。实际上，某些特殊时期，罗马军队只有6.5万人。

兵员不足的主要原因是征募新兵时应征者太少。征兵活动每年进行，理论上所有罗马帝国公民都可以应征。每位地主都必须提供与其被评估测定的税收单位数量相符合的一定数量的自由农民。而其个人产业未被评定为完整的纳税单位的小土地主人则被组织在一个联合体内，以便他们能够选派其中的一个人服役，并支付其服役的各项开销。所有士兵都享有免税权，而教士则享有官方认可的免除服役权。服役期时间很长，士兵需完成至少25年服役期后，才能够要求退伍军人应有的特权，包括免税权、被分配土地权和荣誉特权。实际上，地主不愿意减少自己的劳动人手，因此他们对征兵不予支持，或拖拖拉拉，或支付相应于征兵要求的钱款。那些无法躲避征兵的人常常逃亡。这就解释了为何服兵役后来实际上变为世袭制，特别是在边防军部队中更是如此。在这些地区，战事经常爆发，征兵相对容易些，但是在非洲、西班牙、高卢南部和意大利，征兵活动困难重重，进而导致了军队长期缺乏战斗力。这些战事较少的帝国心腹地区因此也比靠近边境的地区在受到攻击时显得更脆弱。

正是由于罗马帝国缺乏大量常备军，才使罗马将军们被迫征召蛮族人。其中一些蛮族人是自愿者，他们一旦应征并富有起来，就返回其在莱茵河对岸的老家去。目前人们已经在那里发掘出他们奢侈豪华的坟墓。另外一些蛮族人原本都是战俘，如塞维鲁人（sueves）、撒尔马提亚人和勃艮弟人（burgundians）等。他们后来定居在帝国内地荒芜的土地上，并履行服役的义务，他们被称为"富有者"。法兰克人或哥特人军团有时就组成野战军的攻击部队。他们的军官也逐渐罗马化了，其军阶升迁得相当高，以至于可以直接接触皇帝的亲随。罗马人特意与蛮族部落结盟，这一政策在多数情况下导致缔结协议，要求蛮族与罗马军队并肩作战。这样，用不了多久，这些同盟者的整个部落就定居在罗马领土上。在西部帝国，法兰克人就是最突出的例子。自从君士坦丁时代，莱茵河流域征召来的法兰克人军团就被用来在莱茵河左岸执行巡逻，称为"河岸兵"，后来他们的称谓也因此变为"河岸法兰克人"。同时，第二支法兰克人，即萨利安（Salian）法兰克人被皇帝朱利安（4世纪中期）部署在今天比利时北部的托克山德利亚（Toxandria）地区。他们在此定居的地区，以从通格里斯（Tongres）经巴韦（Bavay）到奥底联堡（Odilienberg）的一连串巡逻部队要塞作为边境界线。这两个例子说明，早在"大入侵"开始以前，野蛮人就已经进入帝国领土了。但是，他们的忠诚、他们要变为罗马人的愿望，以及最重要的，日耳曼军团已经率先成功地合并进罗马军队，都减少了对这些同盟者的疑虑。他们继续按照自己的法律生活，这方面和那些一直构成罗马常备军重要力量的自愿者不同。如果比利时境内4世纪末和5世纪初的罗马要塞墓地考古墓葬发掘统计是可信的话，那么圣昆廷（Saint-Quentin）附近的沃尔曼（Vermand）周围每100个士兵坟墓中就有10到12个属于日耳曼人，而在比利时南部的福尔富兹（Furfooz），这一比率高达70%。然而，应该指出，个别墓葬出土的日耳曼陪葬品不能证明坟墓主人的族源。很明显，帝国以这种方法增加军队数量造成的风险会造成意想不到并极为危险的后果。而且，罗马军队采取的是由国家提供全部供给的管理体制，这本身就对日耳曼人有极大的吸引力，原因是从军可以得到额外的岗位津贴。同时，这也特别刺激了市场经济，但是对一般民众也造成了极大的负担。将士们能得到印有皇帝登基标志的金币礼物，获得固定军饷、政府纺织作坊制作的军服、给军官们提供政府武器作坊生产的带有装饰物的武器。军队还配备了国家提供给骑兵的坐骑，这些马匹都圈养在国家马厩农场里（骑兵正好构成了军队总数的十分之一强）。国家为每个士兵发放面包、酒、肉和油等配给食品，并没有忘掉马匹的草料。士兵每日的配给食物大体上包括1公斤面包、600余克肉、1升酒和7厘升食油，配给物品通过政府的驿站系统进行分发。最后，按照政府的"接待法"，在野战军服役的每个士兵都享有在地方百姓家住宿的权利。百姓有义务让其占用自家三分之一的房屋。上述这些情况反映出文明化和消费水平相对较高的罗马民众的习俗，这对欧洲那些半游牧的日耳曼人和斯拉夫人来说简直就是极乐天堂。他们一定相信为罗马帝国服役是更加舒适惬意的事，远比他们在罗马边境对面地区的生活更有诱惑力。

　　但是，日耳曼各民族肯定完全不了解，为满足服役士兵的需求并提前为军队筹集准备所有

前线军队的头盔，其中只有银外壳保存完好，发现于多伊尔内泥煤沼泽。该文物主人为罗马军官，一定是从其坐骑上坠蹬。近来发现其钱袋中的铸币表明，事件发生的年代大约在319年至320年间（莱顿，奥德黑顿博物馆收藏）。

食物必需付出辛劳。非洲和"意大利粮仓"生产的大部分谷物，都用船队和车队护送给罗马、多瑙河和半岛地区的巡逻部队。"意大利谷仓"指肥沃的波河平原地区，因生产极为重要的谷物而赢得了"谷仓"之名。驻扎在莱茵河或内地的军队同样由产自阿奎丹平原、巴黎盆地和泰晤士河谷的粮食供养，因此统治当局必须确保稳定的税收。我们已经看到，这必须借助大规模强制征收才能完成。在年景不佳的时候，还必须弥补意想不到的歉收造成的重大缺口，调整普遍流行的以低价强制征收食品的估价方法。而低价购粮一直为农民深感不满和痛恨。为及时了解情况，政府雇佣了许多巡视官员，允许他们免费使用官方驿站到处巡查。这些驿站因而成为更大的劳役负担，因为要为其准备马匹和其他物品。总之，作为统治工具的罗马军队是相当笨拙且难于调度的，这就迫使行政管理系统经常超负荷工作。军队的低效率高消费，使它成为一个活生生的矛盾体。它依靠着大批谁也无法肯定是否忠诚的蛮族军团拱卫着帝国。它好像是罗马两面神伊阿诺斯，因为它的需求产生了两个对立的后果，一方面刺激了内地农业生产，但另一方面加重了财政压力。其技术和效率水平越高，它就会变得越脆弱，就会吸引更多的敌人。

从国家逃逸的社会

因此，问题是要发现罗马政府是否调动了其全部力量对付持续不断的战争威胁，而不是确定它是否过度贪婪或虚弱无能，毕竟其目的还是达到了，尽管也受到古代公共管理体系的制约。事实上已经发生的事情，恰恰是罗马社会千方百计逃避国家的职责而退缩躲进其硬壳中，同时还享受着国家带来的诸多好处，好像霍诺留（395～423年）和瓦伦提安三世（425～455年）这些把自己禁闭在拉文纳的皇帝们一样。如果一些果敢干练的将领、独断专行的主教和挑剔苛刻的僧侣们坚持不懈地应付处理某些棘手的难题，并指责普遍表现出来冷漠世态，那么他们就形成了杰出的少数人群体；而多数人只是逃避公众责任，寻求能为自身提供更大保护和安全的政治组织的庇护，而这种庇护通常大多是由高级元老即"大贵族"或教会慈善组织提供的。

劳动力的异化或压抑

我们已经看到，除了罗马家庭的公民户主外，那些从国家获得好处的人还包括官吏和士兵，他们得到的金币俸禄使他们具有最大的购买力。同样，属于享受特权的奴隶也是如此，因为在那些逃避征兵和税收的人看来，这些奴隶也享有完全免除这些负担的特殊利益。奴隶的确不是公民，他们在理论上仍然只是具有说话能力的工具。家庭奴仆多数是奴隶，特别是在士兵家庭里，一般至少有两个奴隶，可能还有的更多些。而在富有的元老庄园里，奴隶的数量可能上百。除了那些使用奴仆出了麻烦的家庭之外，也没有别的什么人愿意干每日的零工。奴隶劳动逐渐成为自由劳动力的竞争对手。奴隶劳动者因缺乏个人劳动收入的激励，一般都消极怠工，生产率只相当于与其竞争的自由劳动者的一半。这在所有使用奴隶劳动的地方都一样，例如在矿山、采石场、国有纺织工场和铸造场，尤其是在农场，因此农业奴隶不能为其地产主带来与其投资相应的利润。结果，自瓦伦提安一世后，出台了禁止出售奴隶而不同时出售其耕地的规定。这项措施的目的就在于防止农作物的损失以及其后的税收损失，同时也在于保护奴隶在耕种土地时个人有得到好处的机会，并禁止向业主支付地租。这就给了奴隶改善经济地位的机会，这个诱惑使他们定居在劳作的田地上。这种地被称为"定居地"，进而提高了他们的生产效率。从琼斯（A.H.M.Jones）[①]

---

① 琼斯是英国罗马史专家，著有《晚期罗马帝国，230～603年》等名著。——译注

收集的少量统计材料可以看出，这些农村中的奴隶实际上似乎数量不多。从帝国东、西部社会结构相似性上看，小亚细亚一些地产提供的证据能够表明，奴隶大约占农业劳动力的10%～12%。因此，古代晚期社会除了在司法观念上以外，不再是奴隶社会。

难道这是因为奴隶数量已经减少了吗？的确，出生即为奴隶的人数一直比较少，但是战俘奴隶的供应一直没有出现下降的趋势。实际上，4世纪末时，奴隶的价格下降了，但那恰恰表明奴隶数量很多。奴隶来自边境地区，特别是潘诺尼亚（今匈牙利西部）和毛里塔尼亚（摩洛哥）。蛮族自身也在向罗马人出售其同胞和战俘。如果日耳曼人或其他战俘被释放为自由人，他们也许不一定转变为农业奴隶。他们可能定居在荒芜的土地上成为农兵，或者有时甚至成为有产业的佃农。大群奴隶集中居住在大庄园的大农舍里这种传统的说法已经不再正确。

奴隶状况的改善同时伴随着"克罗尼"佃农景况的恶化。佃农这个名称是指所有自由农民，无论是小土地所有者还是租佃农民，他们都有义务纳税和服兵役，特别是租佃农民一定羡慕和嫉妒奴隶享有的免税权利。一直承担过度赋税的自由小土地主长期处于部分歉收的危机压力下，债务或在子女中分割财产都可能造成他们迅速破产。租佃农民要交纳以金币支付的最高限额的税收地租，可能眼睁睁地看着其一半甚至三分之二的庄稼被提前侵吞了。像君士坦丁皇帝颁布的法令中提到的冻结地租，也几乎全然无用，因为大地主以造假或要求农民交纳实物礼品的方法规避法律。通常实物礼品包括家养动物，如猪、家禽、鸡蛋等。为了使征税更容易进行，国家要求所有农民都定居在其出生地，但是他们为了逃避沉重的债务还是随时准备逃亡，即便这意味着要放弃其土地。结果，国家采取更加严厉的措施，将"克罗尼"佃农固定于田地上，而无视他们在法律上的自由地位。然而，由于国家一再重复颁布法令，坚持推行刻意为大地主提供永久劳动力的政策，情况必然持续恶化，而这些政策得到大地主们的支持。至于自由农民，他们除了把自己的土地卖给大地主外就找不到更好的方法了，因为他们以此换取大地主代其偿还债务或向收税人代交以金币支付的税收；或者最好的情况是，将其以前的土地变为承租地，而后就只负责交纳其税收和实物地租。他们以此方法将自己固定在田地上，丧失了地产所有权和自由人地位。从法律上说，他们仍然被视为是自由的，但是从其生活方式和经济地位上看，他们实际上与"家内"奴隶没有什么区别。在西部帝国，情况进一步恶化。自451年以后，普通农民在同一块田地上耕种了30年后，即被认为已经变成附着在土地上的"克罗尼"佃农。自由人因此可能先变为"克罗尼"佃农，而后变为奴隶。这个蜕变过程曾在教士萨尔万笔下得到生动的总结："土匪抢掠卑微百姓的住房和份地，收税人则把他们驱赶到富人的土地上寻求庇护，并成为后者的'克罗尼'佃农……土地上生长的所有庄稼都归富人所有，一切都变了。尽管他们一直喝着'喀尔刻杯'饮料，但是他们已经成为奴隶了。"

自由农民千方百计地避免成为"克罗尼"佃农，他们还会采取其他方法，例如贿赂地方官吏，或者寻求一个具有相当影响力的保护人，来帮助他赢得官司或隐瞒其欠税行为。这里涉及的不是经济的而是政治的权力。身居高位的高级军官或元老，事实上只是希望而不能恢复罗马传统的庇护习俗。庇护人只保护那些成为其随从的自由人，他们的基础是互惠互助。大部分情况下，被保护人提供多种形式的劳役或者甚至以土地为代价，以换得免除或隐瞒债务和捐税等。这种双方平等的契约，由于其中一方认为待遇不公就可能被撕毁，但是其家眷因为居住在同一村庄或分地居住，所以他们常常不愿意放弃这种保护及其相关的好处，这是可以理解的。各种类型的个体农民和整个农村社区，就是以这样的方式程度不同地逐渐纳入权势阶层隐蔽的庇护下。事实上，在西部帝国，这一摆脱国家控制的第三种途径从来没有被禁止过，庇护活动在财大权重阶层中越来越普遍。

由此还不能得出结论说中小土地主已经完全消失，或者说所有"克罗尼"佃农陷入了贫困。虽然佃农人数多少还不可能确定，但是很多佃农都摆脱了这一过程，我们甚至还发现一些佃农千方百计地出租附属于其份地的土地，或者降低评估价格。虽然如此，情势依然严峻，因为这不仅导致出现经济萧条，而且促使那些与国家不再发生联系的社会团体迅速发展。武装扈从就提供了极好的例证。有些大地主和军队将领使用私人贴身保镖保护自己，以防备无法忍耐其暴虐而采用武力的军官。如我们所知，每个罗马军团都对皇帝宣誓效忠。同样，帝国的所有公民都发誓不伤害皇帝本人，但是5世纪初出现的被称为"亲兵"的私人扈从队不仅对皇帝宣誓效忠，而且对一些杰出的军事将领或重要的元老宣誓效忠。事实上，他们更愿意服从将领，因为后者给他们提供质量更好的称为"军粮"的面包（后来的名称就是军粮），这就远比极少离开拉文纳的皇帝来得实惠。当时，这些私人扈从队规模还很小，可能每队只有一百人左右，但是他们的出现标志着军队从此出现严重的私人化危险倾向。

教会是惟一的避难所吗？

同样，最贫穷的人也千方百计地从其他方面即教会寻求庇护。根据325年第一次尼西亚基督教大公会议确定生效的规定，教士不得成为世俗保护人的门客，但是没有任何力量能阻止事态朝相反的方向发展。参加圣骑士团有许多实际好处，因为即便是教会的土地也必须交纳捐税，但是教士则可以免除纳税和服役义务。因此，人们发现4世纪和5世纪期间，教士数量猛增，这实在没有什么可奇怪的。这个时代的确是基督教在罗马国家框架内最终形成其教会组织的时期。其等级制刻意模仿行政管理机构的区划和编制，以至于每个省都设有教会的大主教，每个区都设有主教。此期，教会中出现了与军官和官吏相对应的基督教神职人员，而士兵则由大量的基督的战士，即教士组成。虽然主教是各地方民众和教士选举出来的，但是同省区的大主教和两名主教仍然掌握督察当地教务的大权。在确定新主教的神职以前，他们必须保证选举符合教会法。最后，还有形式相同的基督教世界大会。来自各省区和整个帝国各地的主教，在权威日盛的罗马主教或其特使的指导下，集中解决重要的教义信仰或教会纪律问题。教士领取薪俸，他们从所在地方教会的土地捐赠中得到与其教职相符的薪水。这意味着，教士像士兵和行政官吏一样，成为特权阶层的一员。他们中的上层人物也会像士兵和官吏一样，堕落腐败，干下种种邪恶的勾当：腐败行为屡见不鲜。买卖圣职的活动（即出售教会的官职）直到被谴责了半个世纪以后才被察尔西顿大会（451年）所禁止，这是教会社会影响不断增大并扩大范围的显著迹象。

按照习惯，西班牙教会收入分三部分支出，其一用于教士，其二用于主教，其三用于建筑工程。在高卢和意大利，还要多分一份，这第四份用于寡妇和穷人。这些受助者的名字如同教士一样被登记在册，但问题是，教会的收入能否完全满足自己的需要。5世纪的人还目睹了整个慈善救济机构制度兴起的情况：医院照料病人，招待所接待朝圣者和旅行者，孤儿院收养孤儿，等等。在罗马，由于存在大量的流民，教会设立了更为复杂的制度以确定该救济哪些穷人。这个城市还划分出六个助祭区，助祭之职是照顾穷人。因此，基本上可以说教会是穷人的庇护者。

教会这个真正的国中之国在发展其独特的庇护制方面并没有落在大地主和军事将领后面。对于农民而言，成为教会地产的"克罗尼"佃农比他们保持独立性好处更多。主教法庭审理诉讼当事人呈交的问题比行政官吏主持的法庭更快捷方便。主教成为自由人接受遗嘱赠与的保护者，或同样地成为前领主土地上的"克罗尼"佃农的保护人，这些都是很普遍的事情。主教以这种方式逐渐成为替代的庇护人，他们也拥有自己的随从。另外，主教小心谨慎地保护其教堂周围邻近的地区，也把这些地方变为庇护地和收容所，收留遭受虐待的奴隶或受到法庭追查而没有办法保护自己的人。教士承担着行政和其他一些管理职责，因此逐渐深深地卷入世俗事务，并与其他庇护人越来越没有区别了。

然而，还是有另外一些基督教徒持有这样的意见，他们斥责主教和牧师变得过分世俗化。事实上，生活在世俗社会的基督徒常常受到普通修道士的猛烈攻击。后者一直认为现世本来是不纯洁的，因而甘愿守贫乐困。至于在罗马世界，此时正统的基督教徒如同其他公开的或名义上的基督教徒一样，将其同胞分为两类人：俗人和皈依者或圣徒。前者只是沉湎于现实社会那些愚蠢荒唐和不重要的世事的名义上的基督徒，而后者才是被激情燃烧、远离已经变得过分奢华的现世邪恶的真正皈依者。当保林努斯（Paulinus）这位波尔多的贵族元老和他的妻子塞拉西亚（Therasia）于4世纪末宣布其皈依基督教时，产生了极大的社会震动，甚至对基督教徒也是如此。保林努斯辞去了所有的官职，变卖了全部家当并散发给穷人，而后隐退到意大利南部诺拉地区的圣非利克斯圣堂。同样，当迈拉尼亚（Melania）这位极为富有的家庭主妇放弃其遍布西班牙、意大利、非洲和不列颠各地的全部家产时，也引起极大的震动。然而，对

僧侣，基督军，追溯其祖先为基督的12门徒，这里可见5世纪象牙板上的基督（第戎，艺术博物馆收藏）。

许多人来说，穿着黑色衣服戴着黑色头巾、游荡在道路上向过往行人乞讨怜悯的人，并不比寄生虫、愤世嫉俗和厌恶人类的人或叛徒、逃亡者好多少，因为他们都同样远离城市以逃避自己的责任。当有人提议破例任命这些人中的一个名叫马丁（Martin）的人为图尔（Tours）主教时，他那身破烂不堪的长袍和污秽肮脏的头发引来其他主教的一阵大笑。在迦太基，僧侣们无论出现在街道的什么地方都会遭到一片嘘声，并被轰走。

在西部帝国构成罗马社会的各色人群中，修道士肯定显得最不重要、最危险和最不顺从。5世纪初进入修道生活的人数激增，他们采取了很多不同的形式。当时普遍缺乏一定之规，甚至出现了越来越放纵的趋势。修道的处女们在精神上笃守禁欲生活，却招来许多恶意刻毒的闲话。大批隐士不停地流浪，他们确信流浪意味着超脱。这些埃及类型的僧侣被称为"云游僧"，与其他隐士和叙利亚类型的禁欲苦行者不同，以在悔罪祈祷中言行放肆而著称。按照圣帕赫米乌斯（Pachomius）[①]制定的法规，集中居住的修道院与那些修士居室分散各处的修道院不同，后者

[①] 圣帕赫米乌斯为上埃及地区基督教修道士，制订了最初的修道制度，生卒年月为290年至346年。——译注

遵守圣瓦西里（Basil）①制订的规则。最后，我们在一些主教的产业中发现，教士社团初期的发展都致力于教会的事务和宗教生活。总之，在农村的穷乡僻壤、在城市集镇和私人住宅里，新型的修道生活到处兴起，它们遭到了世俗人士和修道士一致猛烈的批评。最苛刻的批评来自类似约翰·卡西安（John Cassian）②这样的人，当他于405年来到罗马时，注意到修道士的数量不多（他根据与东部帝国比较推测而言），但他们大多懒惰闲散并毫无修养。

城市政府、元老及其随从

由于教士吸引着自由人成为教士，而修道士招致批评时，城市开始逐渐空荡起来。正常情况下，各个地区首府城市都是自治的。城市议会批准通过由库里亚大会（或市政会）向它提交市政官吏名单，而城市是由市内小区组成的，市政会的实际活动是处理城市事务。每年3月1日，市政会成员选举出负责征税、征兵、督察矿场、管理皇产和分段驿站、在官方文书中登记私人合法交易（如买卖、赠礼和遗嘱等）的官员。另外，还有维护城市导水管，采办公共浴池取暖的木材，维修城墙和建筑物等职责。市政会还控制物价。最后，市政会成员还有义务组织公共竞赛，或者是角斗格杀，或者是狩猎。为了狩猎需要从遥远的地方进口异国他乡的野兽，然而在西部帝国，行政收入极少。到5世纪初时，可能几乎就没有公民土地捐赠的事情了。因此，一切都逐渐依赖于市政会成员个人的财产，以确保交纳城市税收，或按照古代传统，担负市政名义范围中的公共开支。因此，无论市政会成员是穷是富，其地产或大或小，他们一旦无法完成其承担的市政职责时，就设法放弃其被称为"尊贵者"的市区代表地位，或者更简单地逃避其职责。他们时刻担心会被搞得家业败落，故千方百计应征入伍，或加入圣骑士团或进入修道院。如果他们没能获准进入任何一个特权群体，他们中的一些市政会成员就会不顾身份，与奴隶缔结一段婚姻，以便中止他们传承的世袭义务，放弃本应由他们这些地方官为穷人提供的保护权。我们所见之处，都会发现同样的现象：放弃身份以摆脱国家控制。至458年时，帝国西部市政会各个等级成员的位置大都空缺无人，以至马尔左利安皇帝颁布法律极力进行强制补缺。但是，导致城市市政会成员消失的原因主要还不是贪婪或贫困，而是他们不愿意承担职责，并摆脱被各种事务缠身，以从事正常活动。

市政会成员最大的愿望是设法获准成为元老贵族。元老阶层按照严格的阶层制度分为多种等级，其各种称号是与皇帝授予的特殊官职或尊贵名义头衔相一致的。5世纪初，元老阶层的晋升制度发生了彻底变化，结果那些血统可以追溯到罗马共和国时期的古代家族就与来自城市小区

---

① 圣瓦西里为小亚细亚卡帕多西亚地区的著名基督教学者，生卒年月为329年至379年。——译注
② 约翰·卡西安也称圣约翰·卡西安，高卢地区的修道士领袖，生卒年月为360年至435年。——译注

的新贵族家族比肩而立。新贵中甚至还有从一般士兵、蛮族军官或公正人上来的家族。变动和继承因此就成为元老晋升制度的两个对立特征。法学家和教师也能够成为元老。有些元老几乎没有足够的财产维持其身份，而另外一些正相反，他们非常富有，特别是那些等级最高的元老。他们享有免除交纳特殊税收和承担议员义务的特权。他们的确还有义务慷慨大方地提供组织公共竞赛活动的经费，而这在以前是由国库伯爵、大区长和执政官负责的。虽然元老们没有得到什么政治上的好处，但是他们对这些公开典礼活动的职能感到自豪。事实上，元老享有大土地产业，能够自己从事一些始终有利于增加其祖传产业的小规模管理活动。他们拥有财富和文化，过得轻松自在舒适惬意。半圆竞技场里的斗兽狩猎、赛马和战车比赛、浴池的奢侈逸乐、安逸舒适，这些就是他们真正感到愉悦的理想生活。他们还希望其所在城市的市民一起分享自己的快乐。我们几乎毫不惊讶，所有向上爬的野心和愿望都集中在这个社会群体中，并吸引着一大群小人物。这个元老阶层逐渐控制了政治权力，而这一权力被伊里利亚皇帝们以各种目的有意扭曲了。由于最高等级的元老尊贵的地位和在正式典礼仪式中的位置，他能够直接接触高级官吏，或者对付搪塞向他提出支付税收请求的议员。其影响力的特殊作用使他们无形中扩大了声誉和威信，结果那些胡搅蛮缠硬向元老谋职的人就成为其门客。贵族在高级元老家族强大的影响下因此而稳定地发展起来。元老已成为政府和公民之间不可缺少的中间人，他反过来夺走了国家权力当局的纳税人。当元老最终隐退到自己的庄园时，仍然保持着与朝廷或与高官显贵关系密切的家庭联系，因此成为地方上有权势的人。在将近二百年期间，这类事情人们闻所未闻，而后在5世纪，元老家族的头领就完全有可能通过篡位的方式夺取皇位。元老阶层进入政治舞台，这一明显转变标志着跨越历史发展的新时代。

总之，晚期古代社会目睹了强大有力并享有特权的新阶级的诞生，包括官吏、士兵、教士和元老，同时还出现了家奴和束缚于土地上的"克罗尼"佃农，这样说可不是似是而非自相矛盾。我们在这两类社会阶层之间还看到了自由农民、市民、库里亚成员和修道士。他们摇摆不定，时上时下，其社会等级不断变动。在所有这些社会阶层内部运动中，总目标即是摆脱国家机器的有力控制，居民变为保护人或被保护人，庇护者或被庇护者。人们普遍逃避责任，拒绝分担因进行战争所必需的财政和军事开支。这种现象有其恢复罗马和平时期确立其生活方式的思想根源。因此，国家试图强迫每个人尽其义务必然徒劳无益，恰如教会的道德说教，一定是对牛弹琴。这样说并非无视大量还生效的禁止社会地位变动的法律。法律早就确定，任何奴隶不可成为教士或修道士；"克罗尼"佃农不得离开其田地；手工业行会成员不许辞工退会；市政会成员不得应招入伍，也不许加入骑士团或成为修道士；娶库里亚阶层女人为妻者必须接受她的身份；一旦接受了主教的职位，就不能再委任他人；元老的女儿不得与自由人或奴隶结婚。一句话，这些法律的目的是使社会地位世袭化。它们注重细节和一再被重复颁布这个事实说明，罗马社会仍然是流动的，各阶层是可改变的，并正在逐渐地以强大的庇护者为中心结合为一体，由此就导致国家不可能充分调动利用其能量和活力。基督教行为准则也是如此，长期以来它被忽视或被指责为不适用而遭到拒绝。许多人一再拖延接受洗礼，直到临终时才确定能得到赦罪和豁免。法律也认可批准离婚，基督教徒也不回避离婚，除非是那种不得解除的永续性婚姻。结婚以后，家族的组织结构通常是通过堕胎行为进行调节的。普遍看来，不遵守国家和教会命令和训诫的现象说明，它们主张的政治和宗教价值已经不为人们所重视。其结果是，人们纷纷转向人与人之间的关系，或者逃亡到国家不能控制的蛮荒之地。

发展中的农村

从外部看，罗马帝国西部的经济似乎很繁荣，尽管比东部略差些。从内部看，它正好处于转变的关头。我们无论考察哪个方面，诸如人口规模、大地产的发展和货币经济的发展，或新型的城市等，都会发现种种远远超出社会自身控制能力的畸变状态。这不是否认军事、财政和货币政策在帝国西部的经济变革中发挥了重要作用，而是说这些政策远未产生增加开支刺激经济复苏的效果，却成为经济已经成熟准备发展阶段出现严重混乱的原因。

极少的人口，大量的空地

2世纪，当帝国东部人口持续增长时，西部人口可能维持在极低的水平；3世纪的人口损失也没能恢复。虽然人口统计学家提出的估算各不相同（一些人估计高卢人口约250万，而其他人估计600万左右），但稳妥一些的说法是，为理论上推算出的25万罗马军队提供服役士兵的军需，看起来对于200多万居民来说可能是过于沉重的负担。然而，这意味着每100人中只有1人服役，而在人口相对少的日耳曼各民族中，相应的这一数字竟高达4个人中有1人服役！这种人力短缺毫无疑问是由于对服兵役的厌恶，但是它也可以提示我们，还是存在一些巨大的反差。另外，我们还了解到国家和大土地主设法把"克罗尼"佃农固定在田地上，防止他们入伍参军。农业劳动力的短缺和军队不断增长的需求意味着对人力的争夺。引进蛮族军队和把日耳曼同盟者安置在荒芜土地上的政策使我们可以确切地指出那些人口最稀少的地区。首先最突出的地区是边防要塞拱守的边境地区：如伊里利亚（Illyricum）、潘诺尼亚（Pannonia）、诺里库、意大利北部地区、高卢和不列颠以及毛里塔尼亚。同样，城市的分布也确切指明人口缺乏的地区：即塞纳河和卢瓦尔河之间的高卢、努米底亚（Numidia）西部和伊比利亚半岛的大部分。这里，整个地区除了最边缘的加里西亚外，中央高地、比利牛斯山区和坎塔布连（Cantabrian）地区以及葡萄牙北部，全都人烟稀少。一些历史学家肯定地估计整个半岛的人口在600万至900万之间。地中海各个国家肯定比上述这个估计的人口更加稠密，但是一般说来，人们必须满足于用假定和模糊的方法解释古代的数据。

官方文件用语中"空地"或"荒地"的一再出现证明，存在人口极为稀少甚至渺无人烟的地区的情况，这些词是指所有未开垦的土地、林地、沼泽地、草原、牧场，等等。按照法律，这类土地属于无主地，国家把它们视为皇家产业。同样，土地以下的资源即采石场和矿藏也属于皇家。这里，我们还几乎没有谈到，罗马人在征服自然、清理土地方面取得的进展始终只限于地中海沿海附近地区，而灌溉和排水系统的进步也只限于西班牙沿海和意大利海滨地区。罗马人的农田分划方式过去是矩形网格，右侧向着公路，此时也发生了重大变化，特别是在西西里和非洲沿海平原（尤其是今天的突尼斯地区），以后又扩展到波河（Po）、瓜达尔基维尔河（Guadalquivir）和埃布罗河（Ebro）两岸[①]。这种田地分划模式从郎格多克（Languedoc）和普罗旺斯（Provence）沿罗纳河（Rhône）扩展到香槟和皮卡迪（Picardy），甚至泰晤士河流域。但是，农村的绝大部分土地远未得到开发，国家"控制"的土地因此相当广袤。欧洲各平原和山区当时都覆盖着大片森林，估计在我们谈论的这些世纪里约有四分之三的土地是树林。当地船坞里大量使用产自科西嘉岛（Corsica）、撒丁岛（Sardinia）、亚平宁（Apennines）半岛、内华达（Sierra Nevada）山脉和科斯（Causses）山脉的原木和树脂松香（用来制作沥青），但是森林资源总的看来仍未得到开发。西班牙高地生长的一种长而粗大的金雀花草（俗称"西班牙扫把"）被用来编织成绳索。

然而，早在旧石器时代，未开发区域的早期人类活动就包括了食物采集、自由放牧家畜和狩猎。所有人都外出采集水果和生长于矮树丛中的浆果，或者捕捉附近树林里橡树下树丛中的野猪。剩余的食品足以出口到其他地方：布鲁提（Bruttium）的野猪一直是罗马配给食物肉食的主要来源，而高卢北部的野猪肉则运销莱茵河和罗纳河沿河各地。乳酪和毛织物是放养牲畜主要的副产品，在伊里利亚、达尔马提亚（Dalmatia）、高卢、不列颠等地大量出产。非洲、努米底亚、西班牙和潘诺尼亚出产马匹。腌肉是冬季的肉食，而在秋季狩猎季节，特别是在大庄园，可以出产从鹿到野兔和松鼠等各种动物的鲜肉。野猪是所有被猎野兽中最大的动物，也成为当地的特产。河流、湖泊和大海里的任何食物资源都没有被放过。捕鱼使用各种类型的渔网，收获回报极高，因为从事渔业的少数人还缺乏耗尽这种自然资源的手段。

食盐和调味品的个案研究可以证明出现了食品过剩的现象。在帝国几乎所有沿海地区都大量生产食盐。地中海沿岸凡是日照充足的地方都设立盐场，还建立许多"腌制工厂"，将捕捞

---

① 瓜达尔基维尔河和埃布罗河均为西班牙境内的河流。——译注

　　狩猎中的野猪，其肉被腌制，以备冬季消费，为狩猎中最多的大型动物。该文物为卡奥尔的青铜出土物（圣日耳曼拉耶，国家古代博物馆收藏）。

到的金枪鱼、鲱鲤、鲭鱼和牡蛎收集起来制作成鱼子酱。当时的"鱼子酱"这种作料和今天的"鱼子酱"一样。装在特殊形状的双耳细颈椭圆土罐里的鱼子酱沿河由货船出口各地，连同食盐一同辗转出现在所有人的餐桌上。鱼子酱在地中海、毛里塔尼亚、贝提卡（Baetica）、西班牙东海岸从卡塔赫纳（Cartagena）到巴塞罗纳（Barcelona）以及阿奎丹（Aquitaine）等地被大量生产。

　　山区还有另外两种物产对国家特别有用，即矿石和建筑用石。当国家本身不利用以世袭方式与本行业组织保持联系的矿工和采石匠采矿时，就征收10%的开采物，并许可矿藏所在地的主人收取同样的开采物。这些有利的征收项目可以证明，这些采矿活动十分活跃。一直在开采的最重要的铁矿在厄尔巴岛（Elba）、诺里库地区〔今巴伐利亚（Bavaria）和奥地利〕和伊里利亚以及法国中部的贝里（Berry）和西班牙。金矿主要集中在加里西亚和塞文山脉（Cévennes）。加里西亚和康沃尔（Cornwall）山脉一直出产锡，而铅和白银常常同时被发现。大量地产自内华达山脉和伊里利亚省的迪纳拉（Dinaric）山区以及彭奈恩（Pennies）山脉地区。白色大理石产自意大利卡拉拉（Carrara）附近的卢尼（Luni）。多彩大理石产自比利牛斯山脉（Pyrennees）和非洲，其价格昂贵，可以用来建造纪念碑、石柱、柱头和石棺，但这些都是奢侈物品，一般用于建筑材料的石头几乎到处都可以开采到。总之，当山区仍然呈现着完全未被开发的荒凉景象时，带有木炭火炉的小屋、木制割刀、猎人和牧人成为山区的风景线。山区仍然被开发着，并对罗马人的日常生活和饮食，同样还有他们的艺术和手工业做出重大而有价值的贡献。

大庄园向何处去？

　　大庄园的作用十分重要，这也说明了为何仅有少量的林地被清理出来。而且，我们还看到，尽管国家采取了一些措施，与山地相对的可耕地，即相对于山地的农田，还缺乏劳动力，因此国家颁布一整套法律制度力图使荒地或弃耕土地的所有权纳入法律中。自从2世纪起，罗马法律就承认了同一种土地的两种名称：所有权产业，即享有完全所有权的土地以及使用权产业，即享有耕种权的土地，这种土地是农民为其主人开垦耕种而永久占用的土地。罗马帝国各地都使用土地的这两种名称。5世纪时，任何人都可以将其开发改造的湿地、沼泽、河滩或冲积泥潭地变为永久的所有产业，并免交赋税。同样，任何弃耕土地一旦被某人从他人那里接管耕种经营两年后即成为他的产业。最后，424年颁布的法律允许任何清理了一块公共土地的人，无论清理的是山地还是属于国家的荒芜田地，在其辛勤经营占用30年并缴纳了相应的地租和税收后，都变为他的正式地产。这样，使用权产业就通过这种方式转变为所有权产业了。

　　这个未来社会基础性的重要原则正如法律本身一样，首次被应用于国家经营的土地。正如我们看到的那样，这类土地通过没收征用、剥夺继承权或弃耕等途径不断增加。弃耕农民逃亡的原因一般是因为不对肥沃和贫瘠田地进行区别而强制征收不合理的捐税造成的，这种情况可能早就在高卢南部的坎帕格那（Campagna）和瓦郎斯（Valence）地区发生了，但是尤为突出地发生在突尼斯南部地区。其他大量租地人抛弃的土地则集中在莱茵河或多瑙河边境附近地区，弃耕的原因是环境不安全。当然其他争夺公共土地十分激烈的地区也是如此。由于地租需要用金币支付，因此许多大地主就设法成为土地的买主，并将此视为增加祖先产业最方便的方法。这也解释了晚期罗马世界很突出的古怪现象：即大地产呈现出不断增长的趋势，而没有引起中小地主消亡，耕地总面积也没有增加。公共土地在这方面充分发挥了调节作用，使土地对人力的要求在劳动力规模没有重大变动的情况下得到满足。

　　土地就是这样以各种各样的方式被使用。但是，罗马私法公平地要求丈夫和妻子要清晰而严格地同样保有各自的财产，遗嘱不得废除，并应把这些财产平等地遗留传承给子女。结果大小不等的地产都被兼并起来，合并在最初购置的大土地单位"百亩区"中，这个土地单位当时已经变得更小更零散。为了重新整合土地，就必须经常交换甚至租佃或购置其他土地。我们还应记住，土地只是一种商人和贸易者可以用来投资生息的商品。这样，对土地持续增长的需求就成为

（上加龙地区）蒙莫林的高卢——罗马村庄，建立于2世纪至4世纪之间。建筑物占地约18公顷，其主人的住宅占上部4院，总计200间房屋，不算村庄外的房屋。半圆进口的庭院以柱廊的门廊和神庙为界。柱廊护卫着开阔的内院（600平方米）。建筑群还包括温泉浴池和树林。

一个过程最后阶段的现象，这个过程是在同一块土地被弃耕以后开始的。换言之，农业为帝国提供了其主要的收入来源。

广而言之，尽管土地不断被转手，对土地的开发利用大体有两种方式：农民土地经营者、束缚在土地上的"克罗尼"佃农和自由小农。他们或者集中（在农庄）或者分散在一个地区的不同份地里进行耕种。有多份文献保留着有关这些中小地产和独立份地的记录，即使这些少量的证据都与拥有这些土地所有权的大地主有关联，我们确实还是了解到这类土地是真实存在的。大地主的名字通常使用在他们主要的地产上：如家族产业，下朗格多克（Bas-Languedoc）地区的科奈尔罕（Corneilhan）家族即借此地产发达崛起。当时的家族产业或家族地产很少全都连成一片，甚至被刻意细分为小块，还要通过异想天开的遗嘱或买卖进一步分做两三块甚至八块。而从小土地到大地产的集中几乎是在不知不觉中悄然进行的。在社会的最高等级中，家族产业集中为大片土地，如同大量中小块土地构成的多岛海洋。元老配拉（Pella）人保林努斯虽然是波尔多地方人，但是却在阿亥亚（Achaea）地区的纪龙德（Gironde）河上游、下游、非洲和伊庇鲁斯各地拥有地产。非洲连绵不断的山区农村被一位大地主占有经营，其面积超过了当地省区的总面积。但是，这种情况只会发生在山区，其他地方的大地产仍然或大或小地分散各地。

这也解释了为什么高级元老都设法通过其本身的保护人身份，把自己庄园附近的小土地所有者转变为租地农民。如果这样行不通，就以低廉的价格收购土地，或以出租无主荒地的方式增加其产业，扩大其影响。对土地进行的这两方面侵占包括侵吞邻近土地和建立新种植区或重建原有种植区。这样的侵占随着大地主的兴起而达到高潮。他们既是产业的所有者也是公共土地的租用者。无论是否耕种，只要按照法律占有30年就成为实际上的土地所有者了。到4世纪末，米兰主教圣安布洛斯就已严厉批评那些身为官吏、保护人和法官的地主们贪得无厌地一窝蜂般地兼并土地。这些地主依赖其副手管家和租地主管人的苦心管理，搜刮了大量货币和实物地租。在土地共有的情况下，即国家或教会拥有地产的情况下，采取管家制度就几乎是绝对必要的了，而在地主离开自己土地的情况下，私人地产采取的类似管理形式也必定同样复杂多样。至5世纪初，富有的元老仍然习惯生活在城市里，通过各地的管家管理遥远的庄园。他们随时了解市场行情，这也是非常必要的。必须记住，"意大利粮仓"为罗马公民和军队提供着配发给他们的粮食和酒。非洲或更确切地说贝提卡地区，定期向意大利运送谷物粮食。阿奎丹和香槟（Champagne）地区则为高卢和莱茵河的军队提供给养。因此，这种稳定的需求刺激了大地主扩大其地产。他们可以比小生产者更快地获得当时的价格信息，利用其雇佣临时工收获庄稼和摘收葡萄的优势地位，开始逐渐垄断市场。

持续繁荣的农业

庄稼产量因此成为他们考虑问题的核心内容。我们已经讨论了劳动力的发展和束缚于土地上的"克罗尼"佃农何以逐步发展成为农业奴隶的原因，以及农业奴隶何以同样定居在某块份地上的原因。尽管奴隶只占总劳动力的一小部分，但是我们发现其数量仍然相当多，例如在409年，塞奥多西皇帝的一个异性亲戚，从其奴隶劳动力中召集起一支人数相当多的军队，以抵抗蛮族入侵，这虽然是紧急措施，但却是违法行为。事实上，由于劳动力极为短缺，急需进行改革。根据农学家科鲁麦拉（Columella）、瓦罗（Varro）和帕拉底乌斯（Palladius）[1]的记载，大地主也发生了转变，他们的书一再被后人转抄。帕拉底乌斯撰写的农业论文提到一位名叫阿奎丹尼安（Aquitanian）的人。此人是458年罗马城的市长，他充分说明元老对农业活动的兴趣日益增加。为了经营谷物庄稼，推行两年休耕地制度，同时需要经常锄耕和犁耕管理。春季小麦只需要

---

[1]　科鲁米拉和瓦罗均为罗马农学家。科鲁米拉为1世纪中期西班牙人，著有《论农业》。瓦罗为意大利人，生卒年月为公元前116年至前27年，著有《农业志》。帕拉底乌斯为5世纪小亚细亚阿斯普纳主教，著述多传世。——译注

三个月即可成熟，种植春小麦可以弥补收成很少的冬季作物的不足。

种植豆科植物如豌豆、黄豆和扁豆，以及某些时候的施肥肯定能够提高产量。人们使用两种农具翻耕草皮，即一种叫轻犁的小轮犁和锄头。菜园、果园和葡萄园需要更多的照料。菜园种植和收获大量的卷心菜、葱头和带根茎的蔬菜，而葡萄因其高产并为酒类交易提供了特别机会而受到青睐。"家庭"奴隶劳动可能就是从葡萄园种植开始的，因为他们的兴趣很明显就是尽可能多地种植，以便能从经营的利润中为自己保留下一部分，以此增加他们少得可怜的积蓄。橄榄种植遍布非洲、西班牙和伊斯特里亚（Istria）地区。

谷物的产量很难估计。科鲁麦拉认为，只有当每平方公里土地有16个农民耕种时才能计算出平均产量。到4世纪末时，由于劳动力短缺，大部分地区的劳动力构成比例可能只是这个理想数字的一半。因此，重要的是用其他的方法增加产量。科鲁麦拉建议，每公顷收成以播种种子的4倍计算，而帕拉底乌斯则倾向于种子的6倍。按后者的计算相当于每公顷产量2000升，这是一般肥力土地的标准产量。根据科鲁麦拉的计算，歉收年的产量只有4与1之比，也就是说每公顷产量只有5至7英担[①]（相当于112磅）。这个数字可能比瓦罗对伊特鲁里亚（Etruria）地区的估计更为准确。他说这个地区的单产相当于收成与种子在10或11比1之间，即每公顷产量在13至20英担上下。

罗马农学家为了尽最大努力克服劳动力不足的困难，大力倡导使用机械。帕拉底乌斯大力推荐使用水磨，"以便不使用畜力和人力磨面"。我们知道，事实上在罗马台伯河上有许多河水驱动的磨房，在罗纳河阿雷斯附近的巴贝加尔（Barbegal）也有复杂的水力设施，其能量就是其工业组成部分。在意大利北部，使用一种锯齿轮车，即一种带有齿轮的打谷车。而在高卢北部，一种前部装设刮刀以便切下麦秆头上麦穗的收割机是用骡子驱动的，只需要一个人在前面牵引：它可以取代多名收割者。多瑙河和波河平原以及高卢北部地区的人们很可能掌握了双轮犁。这些就是那些人口稀少而又要为军队提供大量粮食的地区的全部情况，因此这些地区必须有所发明创造。

4世纪末出现的因生产率提高带来的繁荣景象，就主要得益于上述努力。首先就是帕拉底乌斯提出的"业主在就会使庄园兴隆"，他劝告业主要保持"完整的铁匠、木匠和陶工辅助设置，以便农民没有借口和理由离开正常的工作到城里闲逛"。自给自足的发展趋势即是庄园努力提高生产率而付出的代价。大批元老离开城市前往乡村，正像他们拒绝公共职务一样，这并不意味着他们放弃职务和责任，而是清楚地表明他们对恢复农耕技术和发展农业事业的极大兴趣。考古学和航拍图片向我们揭示出，4世纪的农村大地产无论就其规模还是组织结构，与帝国古典时代的

---

① 1英担等于[英]112磅或[美]100磅。1磅等于0.4536公斤。1公顷等于15亩。——译注

农村相比，都获得了极大的恢复。

衰落的城市

相反，这个时期的城市建设使人印象淡薄。异教的神殿早被摧毁，一些公共建筑物也任其破败。如果我们先把非洲和帝国东部的城市放在一边，这个时期，在罗马这个曾经拥有80万居民的城市以及拉文纳、米兰、阿雷斯和特里尔等城市里，几乎没有任何一个可以看到新建的教堂或公共纪念碑。在395年初，意大利和高卢的大区长不得不采取措施，禁止市政会成员擅自离开他们在城市市政厅里担任的职位。上述动向连同他们在元老院的同行一起，产生了把城市变做消费中心的效果。由于城市现在成了少数自由民、主教、修道院教士、商人和手工业者的常住地，因此其功用就退化为农民交易的集市、从事作战士兵的临时兵营、地方法庭和动乱时期避难的要塞了。

城镇风光不再，只有通向使人印象深刻的宏大公共建筑物的道路还在。除了非洲以及西班牙和意大利的少数城市外，大部分城市此时都建立在要塞堡垒的基础上。这种重新形成的城市沿袭着城市集中管理的功能，也为其周围农村的居民提供了与教士、官吏和手工工匠们打交道的场所。在和平时期，城市附近的郊区人口一定相当稠密，特别是5世纪修建了大量基督教墓地和教堂以后更是如此：教士卢西安（Lucian）在415年发现了第一位基督教殉道者圣斯蒂芬（St Stephen）的圣骨后，人们建立了多座用来保护其遗骨的教堂。在米兰，商业区位于城市围墙之外。确实，很难确定这些城市人口的近似数字，原因只有一个，就是城市周围的郊区覆盖的面积是无法确定的。有些要塞相当大，足以容纳菜园和没有建筑物的空地：如图卢兹（Toulouse）、维切利（Vercelli）、波洛尼亚（Bologna）、摩德纳（Modena）和皮亚琴察（Piacenze）等[①]，甚至罗马也是如此。另外，在动荡或外敌入侵期间，只有一部分居民躲避进要塞，其他人只能逃亡到周围的农村去。晚期罗马帝国的城市人口似乎是有伸缩性，不确定的。像波尔多这个城市一般情况下大约有16,000居民，而巴黎有20,000居民。这些城市在战争期间受到打击时，可能成为空城。在这里我们简单地谈到了城乡之间关系最严重的畸变，即生产和经济力量从城市中心向农村地区的移动。

事实上，我们只了解很少几个首府城市仍然保留着手工工匠并继续出售其手工制品。如我们已经谈到，金属币的铸造被限定在六个大城市里。科隆（Cologne）可能是惟一有重要意义的城市加工地，那里一直存在着玻璃制造业，亚眠（Amiens）和布尔日（Bourges）的布匹工场

---

① 图卢兹为法国城市。维切利、波洛尼亚、摩德纳、皮亚琴察均为意大利城市。——译注

是官营企业，运输实物税收粮食的船主联合会也受国家控制，无论他们临时停泊的港口是在奥斯蒂亚（Ostia）、迦太基（Carthage）、阿奎利亚，还是在巴塞罗纳。特别有启迪作用的是大型制陶工场的情况，它们都设立在空旷的农村，极为靠近其主要消费者的军队驻地，或建立在大港口的腹地。一句话，城市日益代表国家和教会。即使当城市产生了地方市场的功能，它还是受到大村镇的竞争抗衡，因为农民们通常更愿意到村镇集市出售其产品。

随着城市经济活动日益减少，帝国西部城市因此逐渐萧条，显得不景气。其手工工匠和常住地主也越来越少，但是它仍然发挥着其政府和宗教事务方面的权威作用。在商业和货币交换方面也同样可以发现失衡和失调现象。在边境地区，与各蛮族国家、伊朗和远东的对外贸易活动被课以沉重的税收，法定关税达到进口货物的12.5%。而罗马人更愿意与中欧地区进行贸易，因为那些地方需要各类手工制品。另一方面，进口也门香料、印度调味香料和中国丝绸造成的赤字尚不严重，不足于扰乱帝国的贸易平衡。这类奢侈品贸易与帝国内部进行的贸易活动，情况完全不同。

如果政府鼓励国内贸易的话，那肯定是由于财政和军事的需要。此时，罗马的道路系统建设得最发达完善。公路已经相当完整地覆盖了帝国西部各地，使军队和公共邮驿的快递信差能够以惊人的速度到达遥远的地区：例如从米兰到罗马的行程6天即可完成。然而，我们不得不说商业目的的陆路运输几乎无利可图，不值得一做。运货车的运载能力为600公斤，使用一对牛牵引，其花费远比使用双峰驼运送同样的货物昂贵得多，因此帝国各地都使用骆驼，而骆驼队是运送军队辎重行李的惟一工具。

从阿让到卡奥尔之间罗马大道上的里程碑。这些路标间隔1000罗马步测距离，相当于1481米。

迪朗斯河上被用力拖拉的运酒驳船。尽管船的容量有限，水上船只运输货物仍比陆地更容易更经济（阿维尼翁，卡尔维博物馆收藏）。

如果可以通过水路运输，那就既更为方便又更为经济。运送谷物船只的平均运载量为150吨。然而，运输船队为了逃避法定税收，更愿意使用20吨的小船，这样他们就可以少交船税，从中得利，且获利更丰。台伯河、波河和罗纳河上的舢板船主也同样受到政府的控制。

因此河、海航运十分经济，且规模相当大，其主要原因在于，政府当局是航运的最大主顾。航运季节相当短暂，一般从3月31日到10月10日（有时直到11月11日），而且航程缓慢，从纳尔榜（Narbonne）到迦太基需要5天，从亚历山大到马赛（Marseilles）需要30天。即便如此，海路航线仍然一直十分繁忙，特别是因为运输粮食、酒和食油这些必需品。船只定期停泊在所有大港口。这种航运贸易经济主要集中在地中海，只有两个例外：一是从不列颠进口的货物要绕道伊比利亚半岛，一是从泰晤士河地区运输谷物的粮食船队定期来回往返于伦敦和美因茨之间。但是，后者仍然由国家控制，一直处于贸易规定约束中。事实上，私人船运数量一直很少，原因是他们必须缴纳的税收过多。除了来自高卢、西班牙和非洲的定期航运人外，我们还特别发现有叙利亚和犹太商人参与活动。但是，正如人们可以想象到的那样，生产者渴望亲自进行其谷物或酒类产品的交易。在意大利北部地区，供应用于发放配给食品的粮食的人都是大地主元老们，他们根据年景好坏、谷物供应充足或缺乏来确定市场价格的高低：在六个月期间，价格可能上涨三倍或下降三分之二。自由小农仍然有能力储存他们自己剩余的产品。所有实力更强的人抵御不住投机的诱惑，他们以提供贷款或利用丰收的机会放贷进行投机，这是完全可以理解的。在意大利北部地区的庄园，回报的纯利润一直维持在10%。由于正式的利息为12%，民间通常更高一些，而国家财政上的急需也刺激了私人货币借贷市场的发展，并产生了大量异常高息的贷款，无疑，这成为时任主教圣安布罗斯猛烈抨击高利贷的原因。

这类贷款对海上冒险运输投资的利息高达33%，同时要使用质量可靠信誉更好的金属货币现金支付。5世纪初发行金币索里德后，这些货币非常充足。索里德成为普遍接受、购买力和信誉极高的货币。根据格雷沙姆（Gresham）法"劣币排挤好钱"的定律[1]，铜币弗雷斯持续贬值，国家及其各级官员和士兵以及商人均坚持使用金币作为支付手段。把税收金折算为金币索里德的折算方式逐渐普及，但是纳税人，特别是收入很少的"克罗尼"佃农没有能力搞到这些金币。从383年开始，皇帝们便发行小金币"三分之一币"（重1.51克的金币，相当于三分之一索里德），以设法满足需求。支付给莱茵河军团的军饷是糟糕得不像样的小银币，也许这点不太可信。严重的金币通货紧缩使自由农民更加转变为束缚于土地的"克罗尼"佃农。他们成为依附农民，向地主或庇护人交纳实物税，地主再向国库交纳金属货币。相对于当时的生产力而言，金币的购买力太高，因此其流通困难，产生消极作用，促使经济倒退到自然经济。此时稳定的货币体制或早或晚不可避免地会导致帝国单一经济的倒退，这种倒退又因不同省区经济上的优劣不同而有所区别。富庶地区如非洲、意大利半岛、地中海岛屿、西班牙南部和东部地区、高卢南部等，并没有受到不利影响。而帝国政府无视基本的货币法则必然造成的毁灭性不利影响，逐渐加重了贫困地区的负担。这里还有另外一种情况，一方面是国家和城市，另一方面是农村地区，两者之间的差异播撒下帝国最终垮台的种子。帝国东部通过498年的铜币改革逃过了这一劫，而在帝国西部却没有出现这种改革。

盛名之下其实难副

一种特殊现象使当时人对现实视而不见、不加思考。这就是赋予罗马极高声誉的罗马文明模式，它使罗马这个城市在罗马化过程中的种种缺陷无人问津或进行反思。罗马文明是按照希腊模式形成的城市文明，它从来没有对希腊文明提出过质疑，一直笃信该文化具有普世性，适用于全天下，并把希腊文明传播到整个帝国西部。只有野蛮人和斯拉夫人才对其一无所知，也只有这两种人以外的人才把自己视为真正自由的人。

一种精英的、人文的、过时的文化

人文主义的希腊罗马文明使人们从野蛮状态转变为文明状态，显然上述那些文明人肯定从

---

[1] 格雷沙姆为女王伊丽莎白一世的财政顾问，以其诸多货币经济理论而闻名。——译注

中获益匪浅。人们一旦被教会了阅读写作和计算的能力，使用两种语言即拉丁语和希腊语的最终目标就在于，培养他们高超的演说术（即修辞学）和使他们反省思考人类的命运（即哲学）问题。然而，在一种特别强调口齿发音正确且口头表述清晰的文化中，只有教授演讲术的教师，即修辞学家，才能获得值得骄傲的地位，而日益壮大起来的公共管理官吏和文职人员则受到轻视，更不用说那些只是记录下讨论内容的书记员了。因此，在城市学校里，一般只设两名教师，一为语法学教师，一为修辞学教师，因为再不需要其他更多的东西了。其他科目如哲学、法律和医学的教授几乎都被限制在罗马城。还要注意的是，始终使用拉丁语讲授法律，而教授哲学和医学则使用希腊语。

皇帝深知这种教育奠定了罗马爱国精神的基础，因而颁发资助津贴，扶持教育，培养社会精英。人们普遍赞赏精妙机智而风趣幽默的文学文化，轻视科学。理想的生活方式不能与买卖生意有关，或相提并论，而要与求知好学的闲暇相联系。学校是国家教育的基础机构设置，在此培养法学家、官吏和主教（当然他还要经过相应的课程训练）。然而，该文化也同样提倡对机械呆板的艺术抱轻蔑鄙弃的态度，厌恶体力劳动。在这一方面，罗马的学校教育对社会毫无裨益，即便也曾培养出雄辩的演说家和流利的语言学家，而修辞学家和帝国宪法的作者就是凭借这些迷惑了野蛮人，使之瞠目结舌。越来越多的作家参加到教学大纲和课程教案的编写工作中，促使4世纪、5世纪成为编纂教材的黄金时代。其中多纳图斯（Donatus）和普里斯先（Priscian）[①]的语法教材堪称经典之作。另外，马尔提安努斯·卡配拉（Martianus Capella）[②]也正是在这一时期完成了其大部头的教材纲要《语言学与精神的结合》（410～429年）。这部用多学科寓意处理的教材构成了七门“文科”，其中五门为雄辩术、算术、几何、天文和音乐，从而填补了各学校只强调语法和修辞学留下的空白。为了支持随着这些增补而几乎接近完善的希腊罗马学术大厦，就需要进行一些技术上的调整。如同在农业中一样，一些发明初露端倪：例如用手指翻页并加注释的书籍开始取代卷轴文献；羊皮纸则受到埃及纸草纸的竞争；鹅羽毛笔虽然没有取代芦苇笔，却使抄写员能够用草书体书写得更快。但是，这些技术变革并没有改变教育处于危机状态的事实：学生拒绝学习希腊语言，因为那成为一种负担。奥古斯丁实际上根本不认识任何其他像他一样的迦太基修辞学教授。配拉人保林努斯（Paulinus of Pella）就谈到，学习希腊语和拉丁语令他过度疲劳，觉得很难接受，以致病倒。最终他转而热衷于狩猎。当学习变成了一件苦差事，元老贵族子弟的突出反应就是转向自然美景和乡村娱乐。

教育危机因修道士接二连三地撰文抨击而进一步加剧。普通基督徒对古典人文主义语法钦佩得五体投地，不希望对它进行任何修改。但是在修道士圈子里，仍然迫切希望了解整个希腊罗

---

① 多纳图斯和普里斯先为4世纪中期罗马语法学家、修辞学家，因其传世的语法教材而著称。——译注
② 马尔提安努斯·卡配拉为4世纪末5世纪初北非迦太基著名学者，作家。——译注

中世纪最受欢迎的作家：圣奥古斯丁。该袖珍画像出自建于6世纪斯卡派地区的马尔歇奈修道院的手抄本，显示他坐在主教位上，外框圆形装饰内描绘的是修道院的赞助人（杜埃，大都会图书馆收藏）。

马文化是如何成为异教载体的。415年建立于马赛的圣维克多（St Victor）教团的创立者约翰·卡西安呼吁发展以圣经为基础的智慧文化。多为下等人出身的埃及修道士则强调，由于人本教育缺乏道德和道义，不能加以利用。正是面对这些批评，主教们也发生了深刻的分歧，越来越多的重要元老家族成员成为主教，例如奥古斯丁在其写于396年至427年的《基督教信仰》中就是这样谈到他自己的。他认为，古典文化的基础是培养理解《圣经》的基本训练。基督教学者必需首先是语法学家和修辞学家，而后才有希望成为布道者履行职责，或成为出类拔萃的杰出传道者。奥古斯丁因此大力提倡恢复整个古代文化，并使之为《福音书》服务。然而与此同时，需要使用明确简洁通俗易懂的语言布道说教，以使人们理解《圣经》，这就是说多数传道教士不得不放弃艰深的修辞学训练。这种更为缓和的态度和放弃责任，反对使用拉丁语的作法，事实上是克服危机的惟一途径。但是，在当时的西部帝国没有任何人意识到应该引进这种方法，或者欣赏其独特的创造性。

　　普世主义的理想因此保持着它的纯洁性，而所有社会精英又都笃信他们的崇拜和信仰，与他们一样的人还有罗马不朽神庙里的致颂词者帕卡图斯·德雷潘努斯。文化的同一性，接受文明精华的一致性，帝国东、西部生活方式的相似性以及几乎完全忽视希腊和拉丁文化之间的区别，这些都使有教养阶级的成员们对各色罗马人所在各地区的情况失去了判断力。帝国所有地区可能都被说成半罗马化了：很巧的是它们都是缺乏文化资源的地区。罗马文明在从迦太基到汤吉尔（Tangier）的广大非洲地区逐渐失去了其立足之地。山峦起伏的地区几乎完全没有受到罗马文化的影响。西班牙西南部各首府城市根本称不上是城市，而是些部落聚会地。在坎塔布连山脉和巴斯克（Basque）[1]农村地区，罗马化一直毫无进展。在高卢地区，特别是在阿莫利卡地区，高卢残存文化表现得极富生命力。在不列颠，凯尔特人血统依然相当强大。在威尔士则占绝对优势地位，在哈德良（Hadrian）长城以北的苏格兰也占多数。在那些只是表面上罗马化的地区，如塔拉戈纳（Tarragona）地区、比利牛斯山区[2]、阿尔卑斯山区和卢瓦尔河（Loire）与塞纳河（Seine）之间地区[3]，农民团伙，或如某些人称做土匪盗贼，定期爆发反对税收的起义。其最常见的名称是"团伙"，这个高卢语词源的名字是指聚集为团伙的人。我们也不能忘记法兰克人对比利时北部地区的日耳曼化。因此，罗马人共同视野中存在着他们看不到的暗区，他们对其杰出的文学艺术成就的重视就容易自欺欺人。

　　在这幅相当自相矛盾的众生图中，我们还是看到，自信傲慢的罗马人对其社会内在的裂痕茫然无知。在一个被围困的世界中罗马人却自以为平安无事，他们创造出三种工具设法维持其安

---

① 坎塔布连山脉和巴斯克地区均位于今天的西班牙境内。——译注
② 塔拉戈纳和比利牛斯山区均位于今天的西班牙境内。——译注
③ 卢瓦尔河与塞纳河均位于今天的法国境内。——译注

定：一是对公共和私人事务做出明确区分的法律；二是具有双重特征的，即野战和边防军特征的军队；三是负责司法和财政的行政管理机构。但是，罗马为了保持其文化并坚持其都市风格的生活方式，却创造出一种具有腐蚀性的财政制度。为了弥补人力资源的不足，它招募蛮族人加入军队。为了最大限度地增加利润，它将佃农束缚于农田上，并发展货币经济。它利用教育制度和对教会的支持，来提高人们对罗马的热爱。但是，在强加给社会这种文化倾向而又不牺牲任何古代遗产的过程中，却形成了多种特权群体。社会两极分化，并产生了明显严重的分裂：一方面是下级官员和农民，另一方面是国家；一方面是僧侣，另一方面是高级教士；一方面是城市，另一方面是农村。将领、元老、主教们等新兴的权势人物不断扩大庇护制的影响，社会因此找到了摆脱国家责任的途径。农村经济以精简城市并挖空其生产者的方法使自己占据了优势。国家这个惟一大规模的消费者在不能满足自己需求的世界里，使用具有超强购买力的货币阻碍着中世纪初期的发展。

这样我们就能将5世纪初的罗马帝国比做正在精心蜕皮活动的蜥蜴：它仍然为旧皮困扰，但又裸露出新皮的柔弱。变革与抵制变革、拟古主义与革新观念相互斗争，争夺实体政治的控制权。野蛮人在这一过程完成前登上了舞台，注定要遭后人的恶意诋毁。他挥舞着刀剑，砍掉了蜥蜴的尾部附肢，行当此时，拜占庭的生活却保存下来，并开始发展。也正是在这个转折点上，蛮族介入这一过程的破坏性自我展露出来。因此，我们下面就要看一看通过这一战争和文明建设交错的方式，哪些东西被保留下来，哪些东西被彻底摧毁了。

第二章 西罗马的解体与蜕变：5世纪至7世纪

日耳曼人长期入侵的后果对当代人而言并非显而易见。占人口大多数的被征服者更倾向于贬低这些事件的重要性，他们把新来的入侵者与罗马士兵一样看待，当然，除非入侵者偶尔将他们赶离自己的家园时才另眼相看。特别是诸如西班牙、南高卢和意大利这样的地区，在那里罗马帝国的影响仍居于主流，并在这样的势头下继续演变。我们看到罗马文明正如接力赛跑一样传递给教会，在教会的手中被保存和改造。由于教会传教士的影响，罗马文明即使在罗马陷落之后仍在继续发展。因此，在这些地区蛮族的特殊贡献很容易被贬低甚至被完全否定。相反，在英格兰、北高卢、德意志和意大利北部，这些贡献显然无可辩驳。人们也许会因此期待着在持续的罗马文明与日耳曼人的革新之间产生基于地理因素的冲突，地区之间相互斗争直至一方以胜利者的姿态控制整个区域。然而这类现象并未发生，教会认为既然统一是罗马文明的一个重要方面，就应不惜任何代价也要保持它的不朽，因而将胜利者和被征服者联合起来以寻求一种新统一，并声称新的统一与旧的统一完全相同。于是，便产生了一种混合的文明，由于没有一个更好的名称而被称之为"蛮族王国的文明"，尽管将其描述成"罗马－日耳曼文明"也许更为恰当。我们可以轻易得出这样的结论，即教会所进行的文化传播工作教会了日耳曼人如何去保存他们的特性，因为他们能够在与先前的罗马人与传教士的较量中占据上风。

从帝国到王国

从375年来自于中亚草原的游牧民族匈奴人穿过顿河开始，一系列连锁反应导致了从东向西整个地区各民族部落的迁徙以及他们对罗马帝国的入侵。由于东部帝国通过驱逐入侵者，并将其引向西部而躲过了最初的动荡，西部帝国却因此被注定经历缓慢的灭亡，直到后来重新恢复力量后再度征服君士坦丁堡。西部帝国不得不自求生路，但却无法在已经瓜分其领土的各蛮族王国之间找到平衡。所有这些王国都经历了严重危机，其中只有法兰克王国异军突起企图称霸。罗马的陷落以一种奇怪的进程又导致了它自身的恢复。

缓慢而痛苦的死亡

匈奴部落以征服阿兰人、东哥特人和西哥特人为目的跨过顿河。被打败的西哥特人企图在罗马帝国边境作为同盟者定居下来，但是他们同罗马人的正式结盟只维持了短暂的时间。378年，在亚得里亚堡（Adrianople），西哥特骑兵袭击了罗马军队的侧翼并将其击溃。结果，这支日耳曼军队及其后的整个日耳曼人同罗马人重新结盟的计划注定归于失败。为了寻求一块安居之地，西哥特人在阿拉里克的带领下流窜于东部帝国。他们在劫掠了伊里利亚之后，又向意大利进军。尽管他们在意大利被顽强抵抗日耳曼人入侵的拉文那朝廷所击败，却仍然于410年占领了罗马。罗马这座不朽之城的陷落，在整个西方世界激起了巨大震荡。

与此同时，汪达尔人发现莱茵河不仅没有军队防卫，而且河面结冰，便联合部分苏维汇人和阿拉曼人，在406年12月31日穿越莱茵河，进而劫掠了整个高卢北部。在这种紧急情况下，驻扎于不列颠的罗马军队拥戴他们的将领君士坦丁为皇帝。君士坦丁穿过布洛涅（Boulogne）地区，联合法兰克人以巩固莱茵河边界。汪达尔人和苏维汇人因此转向西班牙，从而逃脱了包围圈。他们在西班牙同样未遇任何抵抗，并大肆劫掠。同时，巴考底部落（the bacaudae）再度起义反抗强加于他们的重税，而阿莫利卡部落（Americans）眼见自己被遗弃，而支持篡位者。另一位罗马将领君士坦提乌斯（Constantius）以更长的时间和更大的努力化解这一难缠的问题。君士坦提乌斯在西班牙完成攻击汪达尔人的部署后，终于平息了西哥特人，将他们安置在图卢兹与大西洋之间地区，并授予他们帝国同盟者的身份。上述事件发生在418年，自那以后，西欧开始出现第一个蛮族王国，稳定局面也在一定程度上逐渐显现。但是，损失是巨大的，包括三分之二的罗马作战部队被消灭，运作有效的税收制度也被废除。

令人惊奇的是，帝国仍然生存下来，这得归功于它的同盟制度。例如苏维汇人，就被安顿在加里西亚南部杜罗河（Douro）河口布拉加（Braga）附近。但是，已在贝提卡长久定居的汪达尔人却在429年离开西班牙（将其名称留赠给安达卢西亚地区Andalusia），八万多精壮的汪达尔人渡海进入非洲。他们从北非西部缓慢地向东迁徙，430年夺取了希波城（Hippo Regis，圣奥古斯丁刚于此城去世），435年获得了同盟者的身份，但因439年洗劫迦太基而失去这一称号。尽管汪达尔国作为罗马人的同盟国，但在其领袖盖萨里克（Gaiseric）统治下，却由于主张独立而有别于其他蛮族王国。汪达尔人控制着对罗马的谷物供应，故成为当时罗马人最感恐惧的敌人，尤其当汪达尔人成功占领了所有西地中海岛屿之后。

的确，盖萨里克就致力于达成其所谓的钳制策略，使罗马处于420年到达多瑙河的匈奴人与其统辖的汪达尔人的军事夹击中。但是，他却不得不与当时罗马最骁勇善战的将领阿提乌斯（Aetius）进行斗争，后者曾经作为人质在匈奴人宫廷之中度过其青年时代。阿提乌斯在匈奴宫廷中所建立的友好关系使他能够利用匈奴同盟者来巩固罗马人在高卢的局势。443年他征服了曾定居于沃尔姆斯（Worms）的勃艮第人，并将他们迁移至汝拉（Jura）南部和被称之为萨保底亚德（Sapaudiad）的日内瓦湖附近地区〔后来被称为萨瓦（Savoy）〕。这样，罗马同

　　盎格鲁-撒克逊人的船只。发现于波罗的海沿岸的丹麦，据推测为5世纪的船只。由橡木制成，规格为22.84米×3.26米。其船舵更像是一只船桨，既无桅杆也无龙骨。由30个桨手划桨作为动力，但是它无法在开阔的海面航行。这种紧靠北海沿岸航行的船只载着盎格鲁和撒克逊人登上不列颠领土。

　　盟国的数量就增加至三个。由于西哥特人已在掌控之中，同法兰克人同盟关系也依然稳固，所以阿提乌斯能够抵抗来自于匈奴王阿提拉与汪达尔王盖萨里克的两面夹击。阿提拉从今天的匈牙利中部平原的营地出发，发动了一次以夺取定居于罗马帝国日耳曼人的贡物为目标的袭击。在此之前，阿提拉便因其令人恐怖和贪婪而臭名昭著，他摧毁了梅斯（Metz）并包围了奥尔良（Orleans），但是当他一听到阿提乌斯带领罗马军队到来的消息便撤退到香槟地区。而阿提乌斯的士兵并非孤军奋战，与他们并肩作战的还有西哥特人、阿兰人、勃艮第人、来自于阿莫利卡部落的布立吞人、巴考底部落、定居于布洛涅与贝辛（Bessin）地区的撒克逊人以及所有的法兰克人部落。这种大联盟的特征表明当时的情况发生了深刻变化。正是这支绝大多数由日耳曼人所组成的军队在莫伊雷（Moirey）截击了匈奴人，并于451年6月20日在特鲁瓦（Troyes）附近发动了著名的卡塔劳尼安平原（Catalaunian fields）战役。当阿提拉于第二年撤退到意大利时，罗马主教利奥（Pope Leo）劝阻其不要攻击罗马。453年随着这位大汗的突然死亡，其控制下的各部落联盟便迅即分崩离析。显然，罗马帝国西部又一次幸免于难。但是，当瓦伦提尼安三世因妒忌其将军的成功并担忧其皇位受到威胁于454年谋杀了阿提乌斯时，缓慢且致命的大崩溃又重新开始。阿提乌斯的追随者以割断皇帝的喉咙作为报复。在拉文那，蛮族贵族雷西莫尔（Recimer）企图任意兴废皇帝，于是帝国又开始继续分裂。

在大不列颠，不列颠人此时已失去了罗马军队的保护，没有人能抵抗皮克特人（Pictish）和苏格兰（即爱尔兰）海盗的袭击。他们徒劳无助地四处求救，最后与来自于日德兰半岛与易北河（Elbe）和威悉河的盎格鲁人和撒克逊人结盟。大体上是由从莱茵河三角洲聚集而来的弗里西亚人（Frisians）与其在布隆奈斯（Boulonnais）所遇到的法兰克人所组成的这些军队，在450年至455年前后，首先完成了他们的使命。但是不久之前，他们即利用其优势地位控制了不列颠人，使他们自己大部分定居在肯特郡（Kent）、沃什（Wash）周围与亨伯（Humber）河口地区。然而，不列颠人以向欧洲大陆迁移的方式，更加顽强地抵抗，并有效地阻止住盎格鲁－撒克逊人的进军，直至5世纪末。同时，爱尔兰人在凯尔特人居住的喀里多尼亚（Caledonia）确立了统治地位，并为自己命名为苏格兰：即苏格兰人的土地。

正当帝国边界土崩瓦解之时，帝国心脏地区又遭到另一次重创。455年，盖萨里克在罗马附近登陆，大肆劫掠这个城市达月余。虽然人们普遍漠然处之，各地仍有一些罗马人组织起来反抗蛮族人，在奥弗涅山脉（Auvergne）、西西里和伊里利亚地区时有抵抗，但是这些反抗由于缺乏合作与外部力量的支持都归于失败。保罗、埃吉狄乌斯（Aegidius）与斯亚格里乌斯（Syagrius）这三位罗马将领在卢瓦尔河与索姆河两河之间，继续依靠布立吞人（Bretons）把各"同盟者"王国维持在帝国边界之内。然而，我们发现西哥特人向卢瓦尔、比利牛斯、地中海和罗纳河地区展开扇形攻势。476年，他们夺取了普洛旺斯。西哥特人被里西莫尔（Ricimer）调集回兵征服当时遍布西班牙各地的苏维汇人，他们将苏维汇人驱逐回山区并占据其定居地。勃艮第人则夺取了里昂，并由此北上，远至朗格勒高原（Langres Plateau）的索恩（Saône），而后南下到达罗纳河与迪朗斯河（Durance）的交汇点。

至于意大利地区，以日耳曼部落酋长奥多亚克（Odoacer）为首的最后的"罗马"军队，最终也起义要求获得同盟者身份。年轻的皇帝罗穆洛·奥古斯都（Romulus Augustulus）被夺了皇帝大印，并于476年9月4日被流放。西罗马帝国灭亡了，但是当时的人们都未注意到它的灭亡。在当时人看来，罗马帝国再次恢复在一位皇帝的统治下，他居住在君士坦丁堡，但是当时的人们都未注意到它的灭亡。在当时人看来，罗马帝国再次恢复在一位皇帝的统治下，再次承担起管辖西部的责任，而且芝诺皇帝也拒绝承认奥多亚克为王。由于后者无法占领多瑙河右岸地区，因此准许伦巴第人（Lombards）占领了今天的下奥地利地区。当东哥特人于471年作为同盟者定居在潘诺尼亚地区，大肆耗尽该地区的资源，并威胁要袭击君士坦丁堡时，芝诺行使其作为西部帝国皇帝的权利，任命其国王塞奥多里克带领其军队进军意大利，以皇帝的名义驱逐奥多亚克。经

过激烈的战斗，东哥特人最终在493年以正式的"罗马"军队身份清剿了奥多亚克，东哥特王国
也因此成为帝国西部出现的最后一个同盟王国。塞奥多里克作为帝国权力的代表，寻求扩大其霸
权，直到多瑙河地区。他还积极推行包括西哥特、勃艮第、苏维汇、汪达尔，乃至刚刚出现的法
兰克等所有蛮族王国在内的联姻政策。

法兰克人惊人的崛起：486年至535年

　　事实上，这种以君士坦丁堡为中心，通过哥特人这一中介力量来实施的对西部帝国的虚幻
权力是不稳定的，这种新的平衡注定要被法兰克人所打破。这支日耳曼人作为罗马同盟者，其与
罗马人的联盟仅在465年至468年间维持着。通常，人们将当时的法兰克人至少视为两部分：防卫
多瑙河左岸的里普埃尔人（Ripuarians），或更为正确的称呼是莱茵河人（Rhenish），以及最
初来自于莱茵河下游的萨兰德地区（Salland），即现在荷兰地区的萨利人（Saliens）。

　　正如我们所看到的，萨利人最初定居于比利时。然而，目前，学术界常有人怀疑，过去认
为的不同群体的法兰克人之间是否存在如此明显的族群区别。他们从萨兰德地区逐渐向图尔内
（Tournai）和康布雷（Cambrai）地区迁徙，并于430年至440年间定居在这一地区。他们当中
有一位国王希尔德里克（Childeric）曾试图进攻巴黎，但最终失败。他大约在481年之前去世，
埋葬在图尔内，其坟墓于17世纪被发现。其子克洛德维格（Chlodweg），即后人所熟知的克洛
维，担任掌控荒废领土的罗马将领的角色，于486年推翻了斯亚格里乌斯，夺取了其首都苏瓦松
（Soissons）。接着，克洛维着手统一整个法兰克王国，通过谋杀或陷阱，逐一灭掉周边小国，并
通过承认他们事实上的独立安抚了阿莫利卡的布立吞人。最后，大概是由于祖尔匹克（Zulpich）
战争（即更为人们熟悉的托尔白战争Tolbiac），克洛维将阿拉曼人驱逐到上莱茵河地区，其确切
年代（496年或500年）至今仍在争论之中。

　　但是，克洛维在攻击勃艮第与西哥特王国时，意识到他需要这些高卢－罗马居民的支持。
这些当地居民抵制其大主教所接受的异端阿里乌派教义，即众所周知的阿里乌派学说。克洛
维因而同意接受兰斯（Rheims）大主教雷米吉乌斯（Remigius）宣传的正统信仰和洗礼（大
约在496～506年间或498～499年间的12月25日）。西哥特王国信仰正统教义的主教们非
常高兴地发现他们拥有一位正教国王，并向克洛维提起诉讼。克洛维遂以一场胜利的战役来
回应他们的请求，这场战役从507年的沃维勒（Vouillé）战斗开始，到图卢兹战役结束，阿
奎丹人（Aquitanians）把它看做是一次解放战争而热烈欢迎。战役也得到了皇帝阿纳斯塔修斯
（Anastasius）的支持。皇帝当时与东哥特国王塞奥多里克发生了争执，因为后者曾抵制拜占庭
人要在意大利登陆的威胁，而派遣军队协助其哥特同胞，使西哥特王国免于全面崩溃。塞奥多

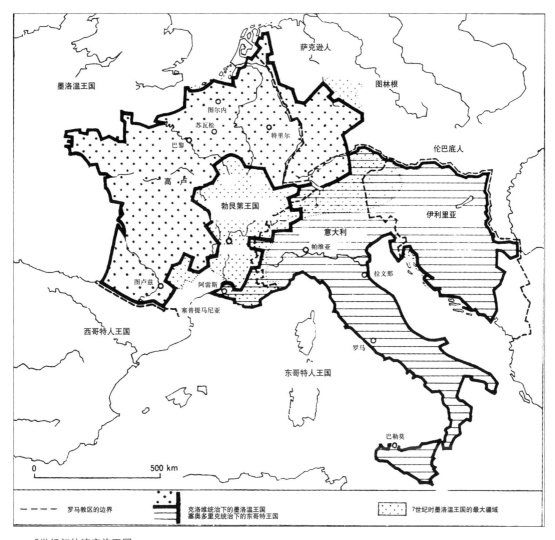

6世纪初的诸蛮族王国。

里克抵挡住法兰克人的进军，重新夺取普洛旺斯与塞普提马尼亚〔Septimania，即下朗格多克 (Lower Languedoc)〕地区，遏止住克洛维与法兰克部落首领们夺取地中海的势头。

　　然而，当克洛维在其新"都城"巴黎去世以前，就曾于511年11月27日在奥尔良召集"高卢"会议，为其后人留下新型的日耳曼王国，这个王国的征服者与被征服者形成前所未有的、更有凝聚力的关系。这一点有事实为证，他赋予法兰克王国的力量使其王国在他去世后幸存下来，其四个儿子以传统方式对王国进行了瓜分。勃艮第王国则在国王宫多巴德（Gundobad,485～516年）统治时，达到势力的顶峰，而后在523年和534年的两次战役中被击溃解体，随后被瓜分。即使是普洛旺斯地区最终也向东哥特人投降，帝国再一次落入艰难处境。

但是法兰克人在莱茵河东部地区曾获得的巨大胜利，此时又被新来者所占据，那里曾因人口迁移而土地荒芜，人烟稀少。阿拉曼人（alle Männer，"所有人"）这个名字显示出他们是由不同血统的部落组成的。他们早在406年就在今天的帕拉坦特（Palatinate）与阿尔萨斯（Alsace）地区获得了立足点，并且没有放弃他们对莱茵河与多瑙河之间土地的占领。他们从定居地向弗朗什孔泰（Franche Comté）领地与瑞士〔即我们今天所知的瑞士德语区（la Suisse alémanique）〕扩张，至多瑙河右岸的伊尔（Iller）河口。同时，巴伐利亚人（Bavarians）已于488年至539年间定居于伊尔河与恩斯河（Enns）之间的多瑙河右岸地区，其势力远至阿尔卑斯山。最后，在北方萨勒河（Saale R.）两岸的是图林根人（Thuringians）。所有这些人或多或少都处于法兰克王国的控制下。图林根人在531年和阿拉曼人在536年被塞乌德伯特（Theudebert）控制，巴伐利亚人在555年被克洛萨尔（Chlothar）所控制。整个德意志南部就是这样屈服于法兰克人的实力并向其进贡。高卢与德意志也因此在历史上首次被纳入一个共同的政治框架之中。克洛萨尔一世在其兄弟们死后成为法兰克人惟一的国王，在558年至561年间统治着西部帝国庞大的政治实体。从那时起，法兰克王国在西方世界就享有无敌的霸权。

幸存下来的三个信奉阿里乌派的日耳曼王国与法兰克王国相比大为逊色。在非洲，盖萨里克的继任者们施行暴虐统治，对正统基督教信徒大肆迫害，极为残暴专制。这种迫害在洪内里克（Huneric，477～484年在位）统治下变本加厉，在塞拉萨蒙德（Thrasamund，496～523在位）时期就更为严苛。汪达尔人的统治渐渐失去了内部支持。西哥特人在失败后撤退到西班牙地区，东哥特人的保护并没有为他们重建统治的使命提供帮助。阿萨纳吉尔德（Athanagild）在551年军事斗争中被推上王位时，西哥特人已经到了崩溃的边缘，因为他们既不能做到由一个国王统治全体民众，也不能平息南部地区反阿里乌派的正教民众。最后，在东哥特人统治的意大利，塞奥多里克一度辉煌干练的统治同样结局悲惨。他对阿里乌派哥特人和信仰正统基督教的罗马人实施的严厉的隔离政策最终害了自己。在去世之前，他已无法阻止宗教冲突的爆发。愤怒的哥特人将塞奥达特（Theodahad）推上了王位。而塞奥达特恢复了日耳曼专制统治的政策。

"罗马人"的回归：533年至610年

罗马帝国东部摆脱了日耳曼人入侵的威胁后，逐渐恢复了力量。查士丁尼（527～565年在位）意识到地中海边境的三个日耳曼王国造成的威胁，决定重建罗马帝国西部，认为恢复罗马世界统一的时刻已然到来。他的将军贝利撒留，于533年在非洲突袭登陆后，彻底消灭了汪达尔王国，以致这一种族在历史上没有留下任何遗迹。535年，拜占庭人夺取了西西里岛立足点后，帝国军队继续袭击意大利，但是东哥特人开始进行顽固抵抗。在将近二十年的时间里，这两大对手互有胜负，使亚平宁半岛在胜负交错中受尽了蹂躏。罗马城也曾四易其手。直到554年前后，意大利才真正重新回归罗马帝国。而且在那一年，查士丁尼收复了西班牙行省东南部地区，把那里奖赏给阿萨纳吉尔德统治，作为他支持拜占庭军队的报偿。至此，帝国已经收复了地中海盆地的绝大部分地区。然而，重新恢复的罗马帝国如果不包括法兰克人占据的高卢地区，就是不完整的。最终，查士丁尼的继任者们既缺乏维持扩张势头的能力，又无法利用561年到613年间墨洛温王朝频繁的内战获得好处。

此外，意大利瘟疫肆虐，对568年入侵的伦巴第人也无力反抗。伦巴第人只用了四年时间就夺取了波河平原，并在托斯卡纳（Tuscany）、斯波莱托（Spoleto）和贝内文托（Benevento）地区建立起独立诸侯国。拜占庭人在威尼斯到罗马的狭长地带成功抵抗住伦巴第人的进攻，其抵抗活动渗透到拉文那和佩鲁贾（Perugia）附近，而那布勒斯、卡拉布里亚（Calabria）、布鲁提地区和西西里没有受到入侵的影响。意大利，尤其是南意大利因此成为东地中海继续对西欧施加影响的一个通道。这种环境对欧洲其后历史的发展具有重要意义，同时也是查士丁尼留给后人的遗产。如果说它决定了直至19世纪的梅佐吉奥诺（Mezzogiorno）的特殊命运，那也决非夸张。伦巴第人撤离出多瑙河中部平原地区后，很快这里就被来自亚欧大陆中部大草原的游牧民族阿瓦尔人（Avars）所占据。他们建立基地并由此向日耳曼世界发动无数次劫掠式的袭击。日耳曼人则为保护自己，被迫不断向法兰克人的势力范围内挺进。从此以后，蛮族控制的西欧形势大致稳定了两个世纪。

尽管查士丁尼曾一度恢复了帝国的元气，但罗马帝国西部仍然在两个多世纪里逐渐消亡了，这毫无疑问是推行招募日耳曼军队作为同盟者这一政策的后果。西罗马即将到来的灭亡相当漫长，即便最初的日耳曼诸王国由于信仰阿里乌派和重新定居而与罗马文明有所疏远，但该文明缓慢的灭亡这一事实使它有可能得以保存下来。罗马文明作为一种政治形式在意大利幸存下来，恰好是除西班牙的西哥特人之外所有第一批日耳曼定居者消失的结果。相反，第二代日耳曼人，如盎格鲁－撒克逊人、法兰克人、阿拉曼人、巴伐利亚人以及伦巴第人所建立的王国，则由于来自日耳曼腹地的支持而保存了其生命力。

不稳定的平衡：610年至687年

7世纪的显著特征是日耳曼诸王国之间出现了新的稳定的政治关系，这种稳定进而赋予前罗马帝国西部战略地图以新的面貌。

当拜占庭人占据非洲的时候，西哥特人控制的西班牙成为第一个统一其内部分裂领土的地区：阿萨纳吉尔德建都于托莱多（Toledo），并控制着塞普提马尼亚地区。利奥维吉尔德

鲸骨制成的诺森布里亚首饰盒。右边是被围攻的城堡防御者，传说中的弓箭手埃吉尔（Egil，即斯堪的纳维亚神话中的Orvandill）。这件文物发现于圣朱利安坟墓，日期可追溯到7世纪（藏于伦敦大英博物馆）。

（Leovigild，569～586年在位）发动了针对苏维汇王国的猛烈攻势，并在585年成功地剿灭了该王国，尽管他对巴斯克人（Basques）发动的战役只是使他们的劫掠式袭击转向比利牛斯山的北坡。里卡雷德（Reccared，586～601年在位）通过在587年改宗信奉正统基督教和在589年强迫几乎所有西哥特人照此仿效，从内部统一了整个国家，但是却无法将拜占庭军队完全驱逐出贝提卡和卡塔赫纳地区：一直到624年，拜占庭帝国军队和船只才最后撤出这里。仍旧十分突出的惟一问题是，长期存在的巴斯克国家和塞普提马尼亚这两个地区都未完全接受来自托莱多的统治。

　　如果说西哥特人占据的西班牙保持着孤立状态，那么墨洛温王朝统治的高卢却非如此。法兰克王国在内战中崛起后，于613年进入克洛萨尔二世（Chlothar II，584～629年在位）与达格伯特（Dagobert，629～638年在位）统治下重要的稳定时期。像西哥特国王一样，他们平定了边远地区，但是在与巴斯克人和布立吞人划分势力范围后，他们不得不在通往这些地区的道路上建立军事区。尤其重要的是，他们成功地遏制住阿奎丹与勃艮第地区出现的分裂主义倾向。在东部边界，达格伯特与法兰克人萨莫（Samo）控制下的斯拉夫王国保持密切联系，并每年从其领地已延伸至易北河和莱茵河的撒克逊人那里获得贡物。然而在此之后，除了希尔德里克二世（Childeric II，673～675年）短暂的统治外，这种统一权力控制下的局面不复存在。两大集团作为明确的实体开始形成：以梅斯为首都从莱茵河延伸至墨兹（Meuse）的奥斯特利亚西亚（Austriasia）集团和以巴黎为首都从墨兹延伸至卢瓦尔的诺伊斯特里亚（Neustria）集团。勃艮第、阿奎丹与普洛旺斯则坚持在一位国王统治下，在这两者之间维持着一种微妙的平衡。大部分墨洛温朝王家领土所在地诺伊斯特里亚集团设法保持其优势地位，直至687年。但是，正当各敌对王国之间的斗争久拖不决时，被统治的日耳曼人抓住了这一机遇颠覆了法兰克人的统治。从6世纪起，尤其是650年之后，曾经占据西兰岛（Zealand）并参与盎格鲁－撒克逊人入侵不列颠的沿海弗里西亚人，开始向丹麦海岸和莱茵河三角洲地区扩张，占领了那里的乌特勒支（Utrecht）与多雷斯塔德（Dorestad）港。我们发现从641年起图林根即获得了独立。此后不久，在加伦河（Garonne R.）地区，与巴斯克人之间频繁的战争使卢普斯（Lupus）公爵在671年或672年间建立了阿奎丹独立公国。这些就是统治仍未完全稳固的墨洛温王国不断爆发危机的所有表现。

盎格鲁－撒克逊人经历了相同的过程，他们从未试图统一，也未为此做出认真努力。他们自490年以来，就一直受不列颠岛东侧不列颠人的制衡。大约在550年至560年间，他们利用与欧洲大陆法兰克人冲突的机会获得发展。以各自军事领袖为首的不同帮派，将不列颠人一步一步地向西挤压，很快便只剩下了康沃尔、威尔士（Wales）与史特拉斯克来德（Strathclyde）三个不列颠小王国的残余势力。与此同时，盎格鲁－撒克逊人从两处进入爱尔兰海域。不列颠人则离开一无所有的贫瘠荒山，开始向阿莫利卡，即所谓的"不列颠"大陆，即后来所知的布列塔尼（Brittany）地区迁移。至于那些盎格鲁－撒克逊王国——肯特、埃塞克斯（Essex）、苏塞克斯（Sussex）、威塞克斯（Wessex）、诺森布里亚（Northumbria）、麦西亚（Mercia）以及英吉利东部地区——都被一些部落酋长以武力变为殖民地，他们当时正在为称霸而相互争斗，但大多没有什么结果。到了7世纪末期，这些王国几乎都已稳定下来，其后的一段时期中，肯特、诺森布里亚与麦西亚都曾先后占据当地短暂的优势地位。

意大利是否也曾经历了同样的分裂？在十年内部危机后复位的伦巴第国王企图使那些独立的公爵们屈服。为了达到这一目的，最好的办法就是与拜占庭帝国开战。随着帝国军队的彻底撤出和拜占庭帝国在意大利领地的不断丧失，罗马主教趁机使自己成为罗马的真正主人，早在格列高利一世（Gregory the Great，590～604在位）时期就控制了罗马，极力与各独立公爵们结盟，并设法使伦巴第人放弃阿里乌派而皈依正统教义信仰，以便遏止伦巴第人扩张的势头。伦巴第王国因此在607年跟随着其国王阿吉卢尔夫（Agilulf）皈依并成为罗马教会的信徒。该王国最终于671年彻底放弃阿里乌派信仰。680年，拜占庭皇帝承认伦巴第人对意大利的征服，结果仅剩下半岛南端、罗马大区（Romagna）和拉齐奥（Latium）正式隶属罗马，其间通过一条战略走廊相连。罗马主教变得越来越孤立了。

罗马：遗留下什么？

从政治上讲，罗马帝国已不存在，罗马的中央管理机构也相应消逝了，然而罗马文明就像一只被砍头的鹅一样，还继续蹒跚向前。日耳曼国王们自身除了承担其先前罗马大区长官的责任墨洛温王朝世系表。

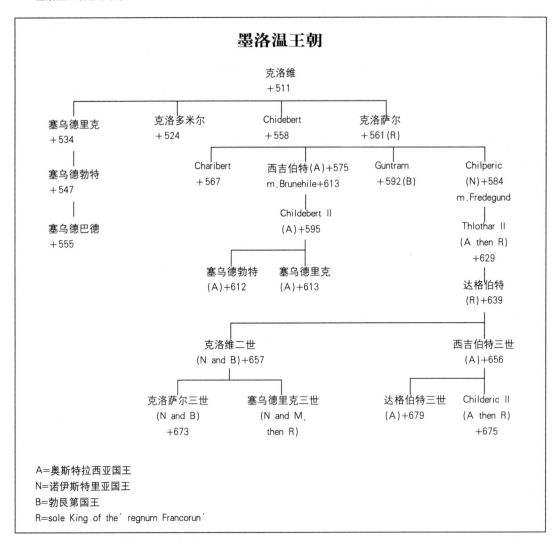

墨洛温王朝

克洛维
+511

塞乌德里克　克洛多米尔　Chidebert　克洛萨尔
+534　　　　+524　　　　+558　　　+561(R)

　　　　　　　　Charibert　西吉伯特(A)+575　Guntram　Chilperic
　　　　　　　　+567　　m.Brunehile+613　+592(B)　(N)+584
　　　　　　　　　　　　　　　　　　　　　　　m.Fredegund

塞乌德勃特　　　　　　　Childebert II
+547　　　　　　　　　(A)+595　　　　　　　　　　Thlothar II
　　　　　　　　　　　　　　　　　　　　　　　　(A then R)
　　　　　　　　　　　　　　　　　　　　　　　　+629

塞乌德巴德　　塞乌德勃特　塞乌德里克　　　　　　达格伯特
+555　　　　　(A)+612　　(A)+613　　　　　　　(R)+639

　　　　克洛维二世　　　　　　　西吉伯特三世
　　　　(N and B)+657　　　　　(A)+656

克洛萨尔三世　塞乌德里克三世　达格伯特三世　Childeric II
(N and B)　　(N and M,　　　(A)+679　　　(A then R)
+673　　　　then R)　　　　　　　　　　　+675

A=奥斯特拉西亚国王
N=诺伊斯特里亚国王
B=勃艮第国王
R=sole King of the´regnum Francorun´

外再无其他选择。这种连续性首先在西哥特、东哥特、勃艮第与法兰克等最开化的日耳曼人当中表现明显，他们在移居罗马帝国之前就已同帝国保持着密切的联系。一提到晚期罗马文明最主要的特征，就会让我们想起其法律与行政管理体制、税制、军队、奴隶制、元老等级、地产制度、城市生活、货币与商业。我们将会看到，绘制这张适宜的图画是一件相当复杂的任务。

法律与行政的延续

　　无论在何处，只要征服者像"罗马"军队那样，打着同盟条约的合法条款定居下来，并继续遵守协议，他们就会在事实上承担起保护占领地居民的义务，维持现存的政治与社会结构。这一点对于以罗马法为基础而建立的法律体系来说尤为真实。同盟者是遵照罗马民政与军政官员全力推行的义务法而定居的。我们已经看到君士坦提乌斯由于缺少金钱与人力，不得不在418年招募西哥特人作为其同盟者，但是他没有像往常那样给他们发放薪水并进行安置，而是把以前实行的军队配给法令改变为彻底赋予他们土地所有权。的确，如果想要组建一支常备军，稳定是必不可少的，而且由于哥特人早在二百多年前就已经了解了私有财产，因此给予他们三分之二罗马地产所有权要比将其安顿在这块地产三分之一的面积上更为有利。当西哥特人定居于波尔多、图卢兹与圣高登斯（Saint-Gaudens）之间地区时，也引进采用了这种比例上的调整。当其在西班牙与卡拉塔尤（Calatayud）、托莱多及布尔戈斯（Burgos）接壤的地区定居下来后也采取同样做法。勃艮第人为其在日内瓦与里昂之间的定居地获得了同样的比例条件。另一方面，在意大利，仍坚持着三分之一比例的老规矩，奥多亚克的斯西里亚人（Scirian）军队和被安置于帕维亚（Pavia）周边地区的塞奥多里克的东哥特军队按旧制行事。看来，契约条件因人而异。在勃艮第人中，所有罗马地产所有者都被剥夺了土地所有权。于是在大土地所有者与小土地所有者之间出现了一种平衡。大家族的每个族长都会得到三分之二的可耕地，三分之一的奴隶及二分之一的林地、建筑物和果园。另一方面，在西哥特人中，公共土地并未在新老所有者之间进行分配。一般而言，义务法立约的目的是使新入住者与罗马人能够并肩生存，但是这一目的却常常难以达到。在阿奎丹，未经批准的非法侵占引发了剧烈冲突；在别处，当两类居民根据日耳曼土地分配制度通过继承或买卖转移土地所有权，并混杂定居时，蛮族公社仍然保持其原有特性。接纳蛮族制度可以在任何推行它的地方尽最大可能地保护罗马文明，并对保存罗马农业结构起着有益的作用。

在保护罗马文明方面起着更大作用的是罗马法典。为了使自身受到接纳，日耳曼人允许被征服者永久使用其法律制度。为了在勃艮第领土上为罗马人提供他们自己的法律（即罗马勃艮第法），勃艮第国王宫多巴德很可能就曾有一本塞奥多西法典及其他古代法律汇编的摘录概要。西哥特国王阿拉里克二世在506年也曾有一部为阿奎丹人所编的塞奥多西法典的节本。西哥特国王塞奥多里克二世在此前颁布法令的过程中也曾同样概括了塞奥多西二世460年法典中最重要的法规，尽管有人认为它是由东哥特国王于500年在意大利颁布的。在维护罗马法律方面，意大利在任何时期都处于领先地位，在拜占庭人征服时期，它接受了以查士丁尼名字命名的著名法典（颁布于529～534年）和在其统治末期到去世期间颁布的新法《新律》。从那时起，意大利半岛（或至少处于拜占庭人影响下的地区）一直维护着罗马公法和私法的中心地位，没有中断过。非洲与拜占庭人占领下的西班牙地区当然也进入推行罗马民法的范围。罗马法的通行与实践无疑有助于扩大被征服者的影响。由此，只要国家利益与公共安全不受危及，个人权利就不应受到侵犯的人文主义者的社会理想得以永存。在那些罗马影响处于优势的国家中，代表个人、家庭或社会或宗教团体施以公正，同时作为交换又要求普遍服从的关于政府的概念一直保持生机，并获得发展。无论何地，人们为了解决争端求助于法律而非诉诸于战争，这一点与日耳曼人的根本区别十分明显。最后，我们必须牢记，即使是在日耳曼人领土上，罗马法仍然是基督教士掌握的法律，它通过主教的司法审判得到传播。因此，在凯尔特人、法兰克人、哥特人甚至伦巴第人的法典中都能找到其影响的痕迹。除此之外，罗马法还以少见的袖珍本形式被保存下来，例如在今天瑞士格里松斯的坎顿山区（Swiss Canton of Grisons），有制定于18世纪晚期的"袖珍罗马法"（Lex Romana Curiensis）。

　　日耳曼国王们同样设法使其实际做法与罗马关于国家政府的概念，即由食俸官员组成的政府机构相适应。通过签订条约就任的国王们尤其严格认真地执行罗马制度，其中尤以塞奥多里克为甚。这位由君士坦丁堡正式任命，前往意大利维持秩序的国王，事实上是作为副皇帝登上王位的。他被指定为"奥古斯都"，获得了罗马贵族称号，并在每年的执政官选举活动中，由其本人从二者中选择其一。帝国西部最后一位国王是541年任命的瓦西里西尔（Basil）。塞奥多里克直接插手在拉文那仍然发挥作用的各行政部门的工作，这些部门由"总理大臣"（magister officiorum）控制。他还继续使用"司法大臣"（the quaestor palatii）主管官方邮驿通信，使用"圣库伯爵"（comes sacrarum largitionum）管理财政与政府作坊，等等。地方行政仍然掌控在两位执政官手中，一位驻在拉文那负责意大利事务，另一位驻在阿雷斯负责高卢地区事务，各自都配备官吏随从。每个省仍拥有总督，每座城市也都有自己的伯爵。罗马依旧保留着古老的地方行政官职位，元老院仍然地位显赫，即使后者当时已经不再发挥任何实质性的作用，并且在其于6世纪晚期最终消失前，已被降至城市议会的级别。查士丁尼发动征服战争后，意大利半岛于554年再次被拜占庭帝国吞并，但是在伦巴第人入侵时期，无所作为的意大利罗马行政管理机构使皇帝莫里斯（582～602年在位）被迫对之进行改革。他虽然没有对民事等级制度做任何调整，但还是任命了一位拉文那总督，并赋予其广泛的民事与军事权力，包括凌驾于行省督军及伯爵之上并使他们成为其军事下署的权威。这些改革与部署一直维持到8世纪。

　　拜占庭人对非洲与西班牙也进行了相同的改革。在这里，可以说汪达尔人与西哥特人并未削弱罗马人的行政管理体制。汪达尔国王们依靠罗马驻非洲总督的官僚班子，保留着省总督制度。西哥特人，不论是在图卢兹还是在托莱多，同样都依靠罗马的行省行政管理机构，他们也有一种所谓的"司法大臣"：由纳尔榜的利奥（Leo of Narbonne）担任，他在厄里克（Euric）统治时期曾担任过这一职务，似乎是日耳曼国王的主要政治与法律顾问。然而，显而易见的是，汪达尔人与西哥特人，更不必说拥有众多小王国的勃艮第人，并没有把能够动用政府一切管理手段的权力赋予一般的大区长官。他们必须创设一种特殊形式的"宗教法庭"，从被没收的地产与

阿拉曼人国王罗达利正主持世俗和宗教权贵会议，用拉丁文制定阿拉曼尼人法律。其法律为口传法。正是由于他的介入，罗马法遗产才得以保存下来（引自9世纪早期布累瓦林·阿拉里克的手稿，藏于巴黎国家图书馆）。

先前由帝国管理的公共土地的适当比例中，为他们自己确定"王室继承物"。塞奥多里克严格区分这两种土地，他维持这种区分的做法十分独特，并将其扩大到整个西班牙。因此，总的说来，这些占领者尊崇沿袭被征服者的文明，甚至采用拉丁语言和罗马的头衔以及罗马用于政府管理的方法，这些"两种因素的王国"显然有助于维持西地中海边界地区各国中罗马帝国的政治传统。即使是法兰克王国，虽然其控制的领土在更大程度上是通过征服行动而非与罗马的外交关系获得的，也有罗马总理大臣和高级书吏级别的官员为之提供服务，而高级书吏一直担负着保管国玺与官方通信的职责。然而，给我们印象最为深刻的是，在这些王国领土上，一直有伯爵出现，这些"行政长官"（comes civitatis）都毫无例外地持续保存下来。在墨洛温王国，这一制度直至7世纪才深入到日耳曼化地区。

反抗财税压迫的长期斗争

在财税制度方面也同样可以观察到试图维持传统的努力。哥特人、汪达尔人、勃艮第人以及法兰克人，即罗马先前众多同盟者的核心部分，因被视做帝国军队的士兵而被正式豁免纳税。而罗马公民都因其身份被要求承担纳税义务，只有教士除外，在义务法规定的地产税收部分则用来保证税收的灵活性。

事实是，遍及意大利、非洲、西班牙与高卢的日耳曼国王们纷纷采取措施，借助地籍图、多联图籍、人口普查记录和个人应付款的登记簿，组织和保存强制征收的土地税与人头税。布立吞人联合长期进行抗税起义的部分高卢人，尤其是通过阿莫利卡人和名为"巴考底"的农民团伙与法兰克人结盟，明确表示结盟的条件是他们免交任何赋税。即便如此，这也未能阻止布立吞国王们为了自身利益进行征税，正如我们从6世纪至8世纪晚期期间制定的法典中所了解到的，他们保留了"收税官"（tributarius）这一官职以组织征税。这样，我们发现不论是帝国政府中央还是其各级官府都没有发生任何实质性的变化。在意大利，塞奥多里克以黄金的形式继续强制征收上述所有税款，并只收取黄金税款。在西哥特人治下的西班牙，同样定期征收商人税和进出口贸易过境税。东哥特国王特别精心地维持着配给罗马市民的食品救济，只在某些情况下才强行征税。官僚机构因而并未被编入预算，因为这一原因，元老院与普通市民发出的抱怨不绝于耳。例如在东哥特人统治的意大利，通常在兑换成黄金之前以实物估量税收的官方计量方法高达标准计量的一半，税收相当沉重。在墨洛温人统治的高卢，税收登记簿每15年（古罗马财产评价周期）到期时也不重新测定。总之，几乎各处都有抗税起义，尤其是在瘟疫流行、战争及饥荒时期。584年，帕塞尼乌斯（Parthenius）之所以在特里尔受私刑处死，就因为他曾经提高税率；584年，奥多（Audo）在诺伊斯特里亚增税，只是因为在教堂避难才逃脱了同样的死刑。从国库财产中向应归属国王的收入征税被认为应判处死刑，正如604年，伯塔尔德（Bertald）在塞纳河西部地区完成使命时遭遇的情况一样。暴乱每天都发生，其必然结果通常是纳税人逃亡，或遗弃土地。这类事件在579年曾发生于利摩日（Limoges），595年发生于科西嘉、撒丁及西西里（Sicily）诸岛。格列高利一世曾一再请求拜占庭女皇降低这些岛屿的税收。而且，罗马口粮给养和为军队提供的谷物给养制度，随着塞奥多里克的去世而废除。但是，国家财税需求显然已经加剧了乡间甚至城镇的混乱。534年，为满足对驿马的需求，科莫（Como）当地居民的马厩到了无马可养的地步。在西班牙，国王辛达斯文德（Chindaswind，642~653年在位）决定将征税的责任由市议会议员转给拥有领地的伯爵，在阿奎丹，尤多（Eudo）王公们则委托犹太人进行征税。所有这些努力在全体居民面前已无任何用处，因为他们更加坚定地下决心破坏这一制度，尤其是当他们成功地使税收比例标准化，即使税收固定后，税收事实上仍在逐年递减。这些居民还把纳税视为被奴役的标志。的确，随着农奴地位下降为奴隶，这两类人几乎成了惟一遭受不利影响的群体。在西班牙，国王埃吉卡（Egica）于702年颁布法律，对逃亡奴隶处以极刑，但是该法律的效果甚微。到8世纪，罗马土地税依然存在，但那只是遵照设法从君主那里获得的豁免权而只能零零星星征收到的一点，这不免显得可笑。或者只要在穆斯林占领的西班牙征收罗马土地税，每一次收税都有灾难性的社会后果，尤其是在722年至756年间，征税后出现了可怕的饥荒。总之，在民众与牧师们的联合反对下，罗马国家的主要支柱之一，即财政税收体制逐渐削弱，尽管日耳曼国王们曾有意继续维持这一制度。它仅仅在那些直接受拜占庭管辖的国家，或诸如西班牙与阿奎丹这类已被彻底拉丁化的地区被保存下来。这一制度的痕迹在阿斯图里亚斯（Asturias）与高卢-罗马地区南部逐渐消失。

在军队中，罗马的政治原则也同样出现了淡化的趋势。最为神圣不可侵犯的便是关于战争的原则，即战争被当做日耳曼同盟者的职责，而以前的罗马公民则尽可能少地考虑战争问题。8世纪之前拜占庭军队一直将拉丁语而非希腊语作为命令语言。在意大利、非洲与西班牙他们继续坚持并强调这些传统，他们还继续增加招募同盟者进入军队的数量。塞奥多里克曾明确地将罗马人排除于军队之外，汪达尔人与伦巴第人也是如此。但是，在西哥特人统治的西班牙及高卢南部地区，原则上仍然坚持所有自由人，包括拥有同样法律地位的"克罗尼"佃农，都有义务应征军队服役。而且，在8世纪日耳曼王国的全盛时期，除了伦巴第人与盎格鲁-撒克逊人这两个明显的例外，其军队仍容纳了很高比例的土著成分。"蛮族同盟者"包括巴斯克人、布立吞人、阿瓦尔人或撒克逊人，他们事实上很可能大多担任簇拥在其首领周围的贴身亲兵。贝利撒留总是在其身边保留着大约七千名个亲信作为贴身随从，这也成为他以后一些总督们纷纷效仿的榜样。东哥特与西哥特国王也模仿罗马人维持私人扈从的习俗，后来变得相当普遍，以至于许多位高权重的元老，更不必说主教们，都纷纷效仿。士兵的报酬也出现了新的变化。在意大利，拜占庭政府从共有土地上划拨给士兵土地，授予他们土地所有权，作为其军饷。这一兵农结合的制度对西部地区的发展不无影响。同样，拜占庭军队在边防军驻扎的边境地区密布强大的要塞堡垒，并派遣前线巡逻部队长期驻守边疆的做法也被西哥特人与法兰克人的模仿。最典型的例子是，为抵御阿奎丹人与布立吞人而设立的"岗楼"（guerches）至今仍然是法兰西西部许多村庄名称的后缀。这种防卫措施有助于维持原有的野蛮地区，同时更强化曾实现统一的罗马帝国西部的内部分裂，特别是在意大利半岛。总之，在日耳曼人占据绝对优势地位的地区内，某些罗马帝国的特征仍被完整地或稍加修改地保存下来。

奴隶与庇护者：一个两极分化的社会

正如我们曾提到的，在古代晚期，奴隶与元老都属于"享受法律特权的人"。前者的数量随着入侵与战争更为频繁而大为增加。即使有些主教愿意交纳金币作为赎金以赎回其教区大群被俘获的民众，但征服者们仍坚持将这些劳动力集合起来押送到他们自己的定居地。作为汪达尔人、盎格鲁－撒克逊人与法兰克人袭击的后果，意大利人、高卢－罗马人与西班牙－罗马人也许就是这样在非洲、不列颠或奥斯特拉西亚（Austrasia）地区消失了。同样，奴隶贸易也从未停止过，摩尔人、撒克逊人以及斯拉夫人（最后从萨莫时期，即7世纪早期开始）为这一贸易提供货源。在保持着罗马传统的国家中，他们的身份一直没有改变，其地位也因农奴的存在而逐渐提高，因为他们同农奴一样被束缚于土地上。自由与奴役之间的鸿沟如此之大，以致于在西哥特人控制的西班牙一个与奴隶发生性关系的自由人妇女会被认为是堕落的典型：遭到鞭笞之后被活活烧死，这就是她们的命运。相反，法律允许一个拥有众多奴隶的地主与女奴生养其农业经营所需的子女。奥古斯都颁布的罗马禁令规定，每次释放奴隶的人数不得超过100人。人们仍然小心谨慎地遵守这一法令，以避免生产水平的大幅度下降。对于被释放者，他们有两种可能的后果：其一是获得罗马法所规定的全部自由，其二是更为普遍采用的方式，即获得"受监护"（obsequium）的自由，也就是仍服从于其先前的主人或现在的保护人，除非后者是教堂或修道院的神圣庇护人（这是公开的说法）。因此，事实上被准许获得自由的人知道，哪怕最小的不端行为也会导致其恢复先前的身份。简单地说，当奴隶世界的经济条件还能够允许的时候，其法律地位却很难与之相适应。如果奴隶夫妇不再被强行拆散，如果渴望神圣释奴命令的奴隶获得应有的解放的话，那也是因为教会在所有与婚姻及颁布法令相关的事务上毫不妥协斗争的结果。

在罗马社会，此时在日耳曼国王们面前出现的是一种更深的新分裂，即"卑贱者"（humiliors）与"权贵者"（potentiores）之间、下层人与掌权者之间，或者常常被称为穷人与富人之间的严重分化。下层人或穷人事实上包括所有其他各类自由人，如中小地主、各行各业的手艺人、地位不高受庇护者保护的人。同时，大元老家族的社会地位不断提高，尤其是帝国统治时代曾为他们保留的花费昂贵的公共职位逐渐消失，更促使其地位上升。这些元老们退居到其在乡村的农庄里，恢复着他们近期企图推翻帝国〔阿维图斯（Avitus），455～456年在位〕失败后造成的损伤，或恢复着因强烈反对东日耳曼人波提乌（Boethius）524年信奉阿里乌教义而大受损伤的元气。此外，"元老"这种描述性称呼此时已被应用于任何富有高贵的，或具有古代或当代罗马贵族血统的家庭。这些先前的暴发户曾被汪达尔人和伦巴第人所驱逐，又受到塞奥多里克保护而成为西哥特人与法兰克人的合作者，他们在意大利中部、高卢南部和西班牙扎根立足。然而，在7世纪期间，他们放弃罗马的三权分立制度，以迎合日耳曼人的时尚。他们在自己的群体中分配重要职务，一些人担任世俗职务，另一些人则承担主教职务。格列高利一世的身世便是鲜为人知的例子：他的一位曾曾祖父曾经是罗马主教，其家庭是戈尔迪尼家族（the Gordiani）的后裔。迟至 10 世纪，奥里亚克的杰拉尔德伯爵（count Garald of Aurillac）声称其祖先当中有两位是 6 世纪的元老：阿雷斯的凯撒留斯（Caesarius of Arles）与利摩日的阿利迪乌斯（Aridius of Limoges），其中一位是勃艮第人，另一位来自阿奎丹。日耳曼贵族的内部通婚使这些家族逐渐消失，其数量最初曾达到 3000 至 4000 个。在意大利，东哥特国王特亚斯（Teias）曾残杀过作为人质的元老。在西班牙，元老血统在 8 世纪初期就已经灭绝了，然而他们毫无疑问成为传递罗马－基督教文化遗产过程中一个连续不断的因素。

　　他们行使的权力是政治、社会以及经济方面的。不论其是否愿意，也不论其是否忠诚于国家，元老们作为必不可少的官员，通过其扩大的庇护权而成为穷人的主要保护者，他们发展了逐渐导致公共权力私有化的关系。在意大利，即使是在塞奥多里克统治时期，这些地主们也在设法摆脱市政官员的控制，并通过给大批自由农民提供庇护将他们变为自己的农奴。罗马教会在其西西里与意大利领地上也是这样做的，例如，一位谷物商就通过其管家为代表主动与圣彼得教会拉关系。有些文献提到过为拜占庭官员服务的意大利武装侍从和在高卢南部的重要人物。在西哥特人控制的西班牙，农夫们(bucellarii)将他们自己的土地交给一位贵族以获得保护，而后再从保护人那里将土地租回来耕种。与此同时，他们从贵族那里获得武器以为其服役之用。作为自由人，只要他们返还其土地与武器，他们就有权单方面解除原有的庇护契约而投入另一权贵保护之下。他们有权将这些财产遗赠给子孙，只要其继承人，不论男性还是女性，能够对其庇护人提供同样的服从与忠诚。其次，保护人对其奴隶、自由人与自由佃农拥有这样的权力，这意味着他们必须对这些附庸遵从其命令所犯的罪行负法律责任。我们又一次发现罗马习惯法与国家相冲突。由于经济与政治权力使许多贵族能够削弱国王的权威，因此他们在此后就设法规避法律，或者甚至建立新的王朝，如同在阿奎丹发生的事情。在罗马法中，书面合同或地位相同的人所签订的契约，表明了人与人之间按照罗马方式建立的关系完全建立在社会关系的抽象概念上，法律是行动之父……出于同样的原因，社会被分成各种各样的众多强制性集团。教会决不涉足其中，因为教士们对穷人进行保护，尽管他们被禁止成为被庇护者。的确，教会通过允许与鼓励穷人向圣徒遗骨宣誓而加强了效忠宣誓的庄严性。

重获土地

　　财政税收下降和包税人的兴起对军队和国家都产生了不利影响，发生了一些变化。在此背景下，土地所有制却依然如故，并没有发生变化。战争造成的破坏与沉重的税收压力必然导致大量土地财产被遗弃。在拜占庭人占领之初，拉文那教会被要求向国库缴纳其农业税收的57%。在租赁土地上耕作的自由农民，需按照其所缴税款的最高额支付租金，他们因此以这种方式失去三分之二的收获物。因此，农民们更倾向于弃耕贫瘠土地，而热衷于耕种最肥沃的土地。弃田现象不可避免地扩大范围，造成弃耕土地不断扩展。尤其最初，仅从其范围来讲，这些弃耕农田就大大增加了日耳曼国王们的王室产业。巴黎盆地以北的法兰克国王、伊比利亚半岛中部的西哥特国王，尤其是意大利与北非的总督们都纷纷将弃耕农田收归国有。一旦动荡局势结束，就在已经改变的环境中重新恢复耕作。由于不再向罗马大量供应粮食，为野战部队和掩护部队征用谷物和草料的活动也逐步结束，即使在那些罗马土地税仍按常规征收的地区，更有利的高额利润也长期维持着良好前景。第二个有利环境是，法律仍维持所有权与占有权的基本区别，这个在非洲保持了30年统治地位（在前一章节中提到）的事实已成为普遍存在的情况。即使土地恢复生产需要5年没有任何回报的投入和10年辛苦的劳作，农业在任何时候都会重新恢复扩展势头。首要的基本因素是重新集合大量的工具和奴隶劳动力。正如我们所看到的，这不成问题，因为劳动力数量并未减少，庇护制度又允许将越来越多的农奴随同定居的奴隶束缚于土地之上。其次，在那些很快恢复和平的地区，如努米底亚、拜扎西纳（Byzacena）、巴埃提卡、西西里、罗马涅（Romagna）、翁布里亚（Umbria）、坎帕格那、普洛旺斯、阿奎丹、香槟等地，大地产的基本结构被划分为分散而相邻的大量小土地，小块土地和众多长期租赁的土地使用权（99年契约）也因此保留下来或者重新签署。这可从发现于阿尔及利亚和突尼斯边界的汪达尔时代的阿伯提尼（Albertini）泥板文书得到证实：这些泥板文书证明可追溯至帝国盛期的土地契约仍未逸失，当时许多地主正设法重新买回土地以合并起来加强其产业。6世纪的拉文那手稿也揭示出大地产分裂的情况十分严重，以致于产量下降，比西西里的大土地地产拉提方迪亚还低。在西班牙，所谓的西哥特泥板文书记述了同样的土地分裂，而圣雷米吉乌斯（St Remigius，或称St Remi）和兰斯主教的遗嘱均反映出，他们家庭地产的耕作主要靠自由农奴和佃农来完成。许多世俗地主和教会地主正是通过乐于接受奴隶和农奴以部分实物支付地租以及买进契约或清理大片未经耕作的土地的方式，在6世纪晚期和7世纪才逐渐积聚起大量地产。拉文那大教堂兼并沿海滩涂和河岸沼泽地；图尔斯的圣马丁教堂和利摩日的圣武（St Martial）教堂都拥有大块荒地30年的所有权。但是，与租佃农民占据的租佃土地（colonicae）同时存在的是，中小土地产业数量在不断增长。我们还发现通过大地产遗产管理人的分割，或由于自由农民设法保持其独立性加剧了这种情况。在发生动乱期间，人们更多的是躲避进先前的防御城堡，即凯尔特人地区或伊比利亚半岛上的"堡垒"（oppida）中，但是还可以看到一种常见的做法是离弃大一些的农业中心，即乡镇（the vici），而分散到乡间小村子去。尽管关于这一时期的农业耕作技术和产量我们所知甚少，然而毫无疑问的是，意大利在塞奥多里克时期（493～526年在位，而这种情况却一直持续到534年）出现了繁荣景象。7

世纪意大利半岛处于拜占庭统治下的部分地区又重现繁盛。人们也大多记得西班牙和高卢在这一时期恢复了发展扩张。总体上看，耕作的农田区肯定已经恢复到其受到侵略之前的水平。4世纪期间，几乎在各地都出现了普遍的经济农业化，而且其发展趋势或多或少表现得更为普遍，另一方面教会地产集中制度不受地产继承分割的影响，其土地所有权形式成为一种主要形式，继续保持罗马起源时的特点。

城市并未消亡

这种乡村化也促成了城市的转变，城市不再是消费中心。546年至547年间，东哥特国王托提拉洗劫罗马达40天之久，罗马事实上已成为一座空城。也许，与4世纪末期其800,000人口比较起来，由农村陆续返回的25,000人数目显得相当少。很多大都城（如阿雷斯、特里尔和米兰）都失去了政治中心的重要性。539年，米兰被东哥特人首领乌拉亚（Uraia）重新占领。其居民被屠杀，妇女被当做奴隶卖给勃艮第人或被迁往瓦莱（Valais）和萨瓦。围绕着133平方公顷城区的米兰城墙也被完全摧毁，以致于当拜占庭将军纳尔西斯准备修复它时，再也无法将它与古代的辉煌联系起来。特里尔的城市生活直到克洛维统治后的6世纪才得以复兴。惟独拉文那未受任何损失，起初是在塞奥多里克，其后又在查士丁尼统治下，拉文那被一些至今仍然屹立、令人目眩的巨大教堂所装点。新的政治中心逐渐突显出来，例如，帕维亚、图卢兹、巴塞罗那、托莱多以及在高卢、巴黎、苏瓦松、兰斯和梅斯，这些城市模仿罗马帝国的住宅，也围有城墙，建有宫殿城区和作为国王朋友的皇家扈从的驻地以及一种重新组成的宗教法庭。同样，内务总管相当于负责皇帝服装的"圣装管事"（sacrum cubiculum），而内阁大臣相当于先前的"总理大臣"。作为首府，这些城市由于缺乏通常的中央政府的意义，因此并不具有统治管理职能的重要性，而只是发挥皇家法庭的作用。不过，商业部门还是要详细描述一下。这些首府通常以拥有皇家墓地而自豪，它们多在靠近城墙以外附近的教堂内，例如托莱多的圣利奥卡迪乌拉斯（Lseocadius）教堂、巴黎的圣丹尼斯教堂、梅斯的圣马丁教堂，最后是帕维亚的圣萨尔瓦多教堂和坎特伯雷的圣奥古斯丁教堂。通过这种方式，古老的罗马城市成为一个政治与宗教相互交融的地方，即使缺少一座皇宫，城市仍然是伯爵与主教的驻地。从此以后，仕途生涯便始于法庭，而后才能继续晋升为行政官员，而不是先行政后司法的仕途。但是，即便如此，也没有降低城市作为朝圣者和商人集会地的作用，他们前往参加以某位圣徒名义举办的节日、市集和市场，也不会忘记在伯爵法院中旁听诉讼审理。

总之，除了个别例外情况，在古代与中世纪的城镇中保存着明显的连续性。查士丁尼本人对于那些至今没有设防的非洲、西班牙和意大利城市负有防务责任。更为肯定的是，重新出现的

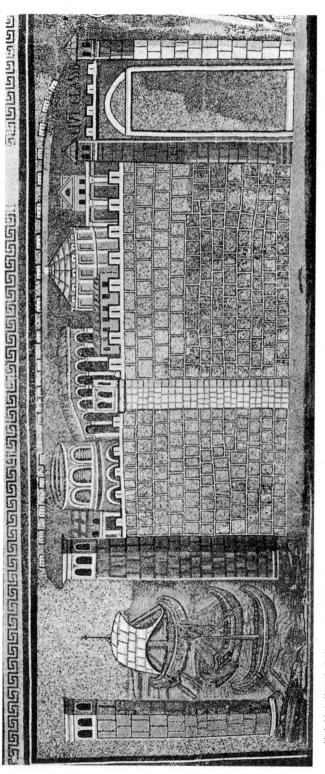

拉文纳坐落于海岸附近几公里的湿地，在克拉西斯设有海港。这块5世纪至阿纳利纳里教堂镶嵌画中描绘了该城的城防塔楼和要塞。

农业繁荣使主教们能够将剩余财物投资于新的工程建筑。当古罗马城市的纪念碑坍塌时，6世纪和7世纪的城镇却目睹了教堂的扩建，这些教堂建有三角形的山墙、木制的屋顶和独立的钟楼。一种新的城市布局渐趋成形。一些位于比利牛斯与加伦河之间的西班牙东南沿海地区和迦太基西部地区，或位于布列塔尼和诺曼底、普洛旺斯、拉齐奥地区，或在波河峡谷与南意大利的城市逐渐衰落消失。而另一些城市则开始发展：如梅里达（Merida）、埃武拉（Evora）、塔拉戈纳、巴塞罗那、那布勒斯、加埃塔（Gaeta）、马赛以及莱茵——摩泽尔轴心沿岸的城市。而奥尔良、图尔内与南特（Nantes）则受到来自利摩日和布尔日的竞争。在那些城市，甚至在郊区也设防自卫。主教城市在其围墙之内特别设立了十余个或更多避难所，这还不包括其城墙外的修道院和墓地教堂。最初的教堂建筑群包括一个用于新入教者的教堂、一个用于洗礼的教堂和为主教与信徒保留的避难所，周围环绕着教会的其他建筑，包括为当地圣徒所设的神龛，为病弱者和旅行者所设的旅客驿站以及为穷人所设的旅店等等。随着人们的来往去留，这些城镇变得更为生气勃勃。正是在城市里，人们签订销售合同和遗嘱并交给公证人书写成文，而那些市政委员会成员完成收税后，除了注册和鉴定此类业务之外便无事可做了。最后，城市以其新的面貌为那些最后保存下来的手艺人行会、泥瓦匠和商人提供了一个栖身之所。

……货币与商业依然存在

确实，在6世纪和7世纪时期，出现了越来越多的铸币者。第一代同盟者国王在接管发行铸币的帝国最高权力时犹豫了一段时间。很明显，这要冒破坏贸易平衡的危险。汪达尔人、苏维汇人和东哥特人只满足于发行银币，以符合君士坦丁堡的垄断统治。法兰克国王塞乌德里克一世（Theuderic，511～534年在位）是第一位将自己的姓名铸于索里德（solidi）和翠米西斯（tremisses）金币上的日耳曼人。这种（假冒的帝国金币）金属铸币用塞文山脉开采出来的黄金所造，但是与拜占庭人发行的金币在重量与成色上相同。在西班牙，利奥维吉德仿效厄里克（Euric，466～484年在位）铸造货币，他可能是第一个将自己的肖像印铸在其发行的翠米西斯金币上的国王。最后，我们不应忽视拜占庭人在重新征服的领土上重建的铸币厂：拉文那、罗马和叙拉古都重建了造币厂。铸有皇帝肖像的拜占庭钱币在米兰消失了，但是在拉文那继续流通到751年，在罗马则流通到775年。帝国东、西部共同保留一种通用的中介货币再次表明当时存在着高度的连续性。当伦巴第人登上历史舞台时，也立刻采用了拜占庭的货币标准。

由于一些至今无法解释的原因，各日耳曼王国一直未能发展出一种购买力较低的银制或铜制铸币。因此，过去的误差除了稍许调整外，都得以保留，尤其是在发行重量为1.3克、价值为

6世纪的第戎和康布雷。

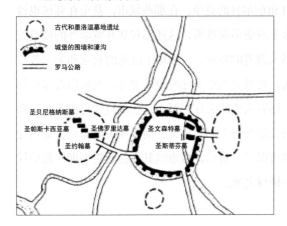

三分之一索里德金币的"翠恩斯"或"翠米西斯"（triens或tremissis）时就是如此。这种降低货币购买力的现象大概是为了保持当地的供需平衡，但在东部却未出现。在预防大笔交易之外重新出现以物易物的情况的同时，还必须采取措施防止金币的通货紧缩，但是结果令人失望。因为，事实上，"翠恩斯"无论在重量还是价值上继续贬值，以此满足了实际的贸易需求。缺乏黄金并非贬值的主要因素，因为西班牙与阿奎丹的金矿还在继续开采。此外，随着钱币铸造的工场比晚期帝国时期的更多，范围更大，货币经济也广泛传播。在西班牙和高卢，几乎每一个行政首府都有自己的造币厂。乡村，甚至修道院和一些大地产都经历了王室铸币垄断权从墨洛温王朝手中失落到私人铸币者手中，铸币者甚至将自己的名字刻在货币上。因此，大量窖藏钱币完全可以成为经济活动频繁进行的可靠指标。

确实是因为人们沿着欧洲主要交通大动脉发现了大量索里德和翠米西斯，特别是在那些把这些货币视为外国钱币的地区的发现，使人们能够重新勾画出这一时代的贸易线路。拜占庭钱币在沿海地区的存在也证明，通过迦太基和拉文那，君士坦丁堡、安条克和亚历山大之间的长途贸易并未消失。拉文那商人能从君士坦丁堡的帝国作坊中购买丝织品，埃及纸草得以销售到马赛，印度和中国的香料也可以推销到纳尔榜。从埃及进口的天然碳酸钠使科隆的玻璃制造商能不断地向盎格鲁－撒克逊人和斯堪的纳维亚人出售其精美的玻璃器皿。其他方向的交通路线

索里德上的西吉伯特三世（Sigibert III），
达格伯特的儿子（7世纪）。

证据也表明西部此时并未将其黄金挥霍于不对等贸易。最近在福斯（Fos）近海锚地发现的7世纪失事沉船的考古工作证实，这只船正装载着大量散装谷物、盛在椭圆土罐里的沥青和盖有图章的陶器准备驶向东部某目的地。比利牛斯山的大理石也出口到君士坦丁堡。撒克逊人奴隶由船只从凡尔登贩卖到西班牙和希腊。而产于科普特的铜制圣餐器皿则从东向西方输送，一些拜占庭船只甚至进入大西洋以寻找康沃尔（Cornish）出产的锡。

　　通过对4世纪的长途贸易所做的比较，说明主要在意大利发生的那些彻底变化。由于塞奥多里克一直要求西班牙和普洛旺斯商人加强贸易，以缓和由于停止从非洲进口谷物所造成的粮食供应紧张局势，还由于国家在贸易活动中不再发挥作用，意大利谷物市场的投机贸易已成过眼烟云。贫弱的罗马居民此时只能依靠日益落入犹太人和叙利亚大商人之手的自由贸易提供粮食供应。这种贸易仅限于连接君士坦丁堡与西西里和罗马的商路。随着568年伦巴第人占领意大利北部，通过阿尔卑斯山口的商路就一直被关闭，直到7世纪末。结果，福斯——马赛——索恩河畔——夏龙——梅斯——特里尔这一主商路重新获得其重要地位。由于墨洛温和西哥特国王们仍维护着罗马的公路网络，纳尔榜港口、巴塞罗那和卡塔赫纳依然保持着与非洲及其腹地以及远至大西洋海岸的联系。产自西班牙的油料与马蠘汁（garum）出口到高卢北部。来自大西洋与地中海盐田的海盐由塞纳河与摩泽尔河顺流而下。来自萨摩斯岛或巴黎盆地希腊口味的葡萄酒在直到河口的莱茵河流域各地都能买到。的确，购买力过高的货币肯定在更大范围阻碍了这种内部贸易而非长途或海运贸易的发展，物物交换肯定也发挥了一定作用。然而，沿河线路往来有所增加。在非洲、西班牙和高卢，作为载重牲畜的单峰骆驼被广泛使用。希腊与犹太商人在大城市中，甚至在比利牛斯山脚的拉克鲁斯（La Cluse）都拥有相当大的商业殖民区，所有这一切都证明，有许多罗马人参与的蛮族王国之间的贸易并未减少，甚至在向多样化发展。

　　总之，那些以日耳曼人作为同盟者或重新将拜占庭帝国作为宗主国的国家与罗马帝国传统的联系是显而易见的：在法律、奴隶制与隶农的密切关系、庇护制度与元老院寡头政治、农业制度以及金币铸造等方面均有所反映。地中海仍然是罗马的内湖。另一方面，罗马的部分遗产渐趋消亡。国家权力受到胜利者或被征服者强烈的抵制，除了地方官员外几乎被完全改变了，其财政税收制度也面临着彻底衰落。即便是那些从古代保留下来或新出现的城市，最终也不再自称为生产中心，它们领先于乡村的地位已经消失。更为肯定的是，拜占庭东方发生的变化深刻影响着蛮族占据的西部，尤其影响着他们的公共官职、军队、教会甚至贸易方式。这种连续性如同重新出现的罗马公众庇护人制度一样是社会退步的产物，也像不断深化的罗马特征一样是社会进步变革的结果。正如我们所看到的，晚期罗马社会努力摆脱国家的控制，最终达到了其目的。

入侵者有何贡献？

与古老的地中海欧洲相对应的是一个正在形成的年轻的欧洲，不论是在大陆还是在岛屿上，罗马文明都不再占据优势。不论是来自于凯尔特人还是日耳曼人，罗马人完全不了解的习俗和态度被引进这个往昔的帝国。我们将回顾这一过程对附属的蛮族居民所产生的人口学与语言学方面的影响，进而继续考察他们对法律、王权、战争组织、人际关系和土地开发方面所做的贡献及其本质与创新。我们可以从他们关于阿里乌派教义的宗教观点上看出，这些蛮族与罗马文化或多或少有所不同。

多民族逐渐融合

我们不应把这些袭击帝国的蛮族想象为在其前进道路上席卷一切的民族旋风。事实上，罗马人与这些带着妇女、儿童和奴隶，后面跟随着行李车、叛离罗马帝国的散兵游勇，或脱离部落的日耳曼人的日耳曼人军队早有接触。在这些民族凝聚力逐渐弱化的核心部队后面，随行的是一些流动人口，他们即使遭受到最微小的挫折也会分崩离析。当汪达尔人越过海峡到达非洲时，其人口总数达84,000人。阿奎丹的西哥特人定居者接近10万人。勃艮第部落的人口肯定少于这个数目。至于东哥特人，一些权威人士认为他们的人数达到了10万人，而伦巴第人口数则不超过2万。然而，所有这些数据仅仅是推测而已。这些部落因孤立于被征服者的海洋中并远离其发源地，故而必然时刻处于被同化的恐惧之中。由此，东哥特人与伦巴第人制定法律，禁止罗马人持有武器，并站在自身立场上采纳了罗马人禁止异族通婚的法律。这种隔离政策足以说明，一些日耳曼王国何以给人以扎营于敌对领土中的军事国家的印象。正如苏维汇人、汪达尔人和东哥特人一样，他们在最终消失时没有留下任何痕迹。而另一方面，那些与其家乡保持联系的民族，如法兰克人、阿拉曼人、巴伐利亚人、盎格鲁－撒克逊人以及凯尔特人（后者是通过海路与本土保持联系的）能够通过不断增派援兵补充人口数量。尽管这些人数难以量化，但一个明显的事实是：与先前的民族相比，他们未被拉丁化恰好是他们使被占领土呈现新气象的原因。

这些看法可以从他们定居的多种模式上得到证明。我们只是了解罗马地主被武力粗暴剥夺了财产的三个案例。汪达尔人在非洲夺取了以迦太基为中心的罗马总督管辖的地产，并且在内地守备部队的保护下，将这些地产用于组织军事占领。伦巴第人在波河平原如法炮制，那里的军事殖民还伴随着对当地居民财产的抢夺和对居民的屠杀。在不列颠，盎格鲁－撒克逊人沿着河谷前进，直到不列颠人被驱赶到群岛西部和北部，或者被迫屈服为止。结果，不列颠人只得迁徙定居于布列塔尼荒地。法兰克人、阿拉曼人与巴伐利亚人对土地的蚕食则属于后一种模式。这些莱茵河与多瑙河附近居民采用相对和平的拓殖方式，其原因在于存在大片弃耕农田和未开垦的土地。当他们放弃最初的定居地时，其他诸如图林根人和撒克逊人紧随其后填补了他们撤离后的空缺。但是，有些地区仍然渺无人烟，以至于7世纪时法兰克人又回到莱茵河右岸进行殖民，弗兰肯尼亚（Franken）即由此得名。弗里西亚人和法兰克人也以类似的方式穿过海峡来到肯特或丹麦海岸，爱尔兰人则移居到苏格兰。

所以，这些渐进的渗透侵占方式与每一步都需要斗争的盎格鲁－撒克逊人和伦巴第人相比较，产生了更加深远的影响。法兰克人与高卢－罗马人的融合必定相当迅速，因为尽管法兰克占领者的人数处于劣势，塞纳河北部的领土到6世纪时就已被统称为法兰西亚（Francia）了。一项对墓地的发掘研究揭示了许多形式迥异的民族融合。事实上，在400年至550年间，从莱茵河至卢瓦尔河的墓地包含着不同的土葬形式，其惟一主要的特征是坟墓被排成长长的一列。在此，罗马人用棺材墓葬的习俗与日耳曼人的埋葬习俗相结合，后者通常将死者穿戴武装得整整齐齐，摆放上食物供品并且将其排成行列埋葬。从北向南，我们发现莱茵河北部信仰异教的撒克逊人和弗里西亚人仍实行火葬、马葬及堆坟丘的做法。索姆河南部，纯粹法兰克式的墓葬消失了，武器和陶器也不再频繁出现，部落首领的坟墓被相互隔开。在莱茵河左岸与阿尔萨斯，长剑形和球形陶器陪葬品证明了阿拉曼人的影响尚存。在巴黎盆地，基督教化进展迅速，一排排坟墓里陪葬的家具越来越少。在勃艮第，武器和饰物陪葬品已经看不到了，但高卢－罗马陶艺品和铭文证明了拉丁化程度相当高，同样的情况也出现于阿奎丹地区，在那里西哥特人的痕迹近乎消失。此外，少数关于人类学的研究表明，古老的新石器时代的种族仍令人惊奇地存在着。的确，在汝拉中部和南部、阿尔卑斯山北部和日内瓦湖周围三三两两存在的勃艮第墓穴，揭示了日耳曼人事实上具有蒙古人种的牙齿特征。但是在其他地方，例如在诺曼底，弗雷姆勒（Frénouville）的坟墓说明，日耳曼人与高卢－罗马人的骨骼有着完整的连续性。身高测量的结果是一致的（男性平均为1.67米，女性为1.55米），而且其头盖骨特征与来自奥尔内－法留瑞（Fleury-sur-Orne）的平均身高1.80米的极少数盎格鲁－撒克逊人样本完全不同。对于法兰克人的人类学研究非常匮乏，但似

于南特圣西米连教堂发掘的凸面墓碑，由花岗岩制成，7世纪至8世纪文物（藏于南特，罗亚尔河－大西洋地区博物馆）。

乎他们当中有极少数的，也许是贵族家庭曾生活于索姆河南部。事实上，法兰克人的统治优势在政治而非种族方面。鉴于他们先前同罗马帝国保持密切联系，也许最好将其当做血统出自于法兰克的高卢－罗马人的后代。

这也许正是他们对语言影响甚微的原因，毕竟，拉丁口语从莱茵河被迫后退了100公里或200公里，但几乎没有放弃更大的范围。日耳曼语区边界早在6世纪就大体稳固了。它从皮卡迪海岸开始，迂回绕行图尔内北部，然后沿着桑布尔河（Sambre R.）与墨兹直至马斯特里赫特（Maastricht）和亚琛。从那里这条边界又绕向南方，只在特里尔和梅斯两地残存下拉丁语的领地，沿着孚日（Vosges）的山脊，在阿文齐斯（Avenches）以东将瑞士一分为二，最后到达阿尔卑斯山脉形成的分水岭。它大体上与我们今天所知的语言边界相同，这仅仅反映了日耳曼人居住密集或影响较大的区域，因为在一些甚至操着浓重拉丁口音的法兰克官员还未征服的地区，语言作为受到保护的重要因素发展得要缓慢得多。的确，在卢瓦尔南部，随着奥克西坦语（Occitan）的出现，另一个语言障碍正在形成，但在本质上，这仍是拉丁语的延续，于是在索姆和卢瓦尔之间出现了一个两种文明交叉融合的区域。类似结果在意大利北部却不大可能出现，在那里，伦巴第语于9世纪就消失了。另一方面，此时的不列颠可以名正言顺地被称之为英格兰了，因为这一区域被划分为两个语言区已成既定的事实。在这一分区的东部，人人都说盎格鲁－撒克逊语，而在苏格兰、威尔士、康沃尔和爱尔兰，如同布列塔尼一样，仍然使用凯尔特口语。总之，拉丁语区只后退了一小步，其发音和拼写则经历了多次变革，为拉丁语系的产生打好了基础。

适应战争的宗族社会

在立法领域也出现了如同日耳曼语所取得的微弱胜利的情况。蛮族入侵罗马帝国期间，尽管各部落民族都使用自己的法律，但也存在着明显的共同特征。这些法律并非以成文的形式出现：相反，它们由审理案件时作为顾问的专家，即法兰克人所说的"宣读法律的自由人"（rachimburgii），凭记忆代代相传。直到同盟者与被征服者开始建立联系后，尤其是要审理"混合"诉讼案件（即诉讼牵扯到生活在不同法律下的各方）时，对成文法的需求才逐渐迫切起来，后来经其他日耳曼统治者协商达成共识。在这方面，首先出现的是西哥特人制定的厄里克法典（the Code of Euric），其后是勃艮第人制定的宫多巴德法典以及 511 年前出现的原版法兰克人的萨利克法典（Salic Law）。所有这些成文法，包括伦巴第国王罗撒里（Rothari，636～643 年在位）为其同胞所颁布的同名法典罗撒里敕令都使用的是拉丁文。拉丁语同样也是 6 世纪至 8 世纪晚期期间不列颠人制定成文法时所用的语言。惟独盎格鲁－撒克逊人用自己的语言制定了埃塞尔伯特（Ethelbert，7 世纪初肯特国王）法典与伊涅法典（Ine，688 年～694 年间的威塞克斯国王）。由于保存了胜利者和被征服者各自法律的独特体系，他们才得以共处。在"混合"诉讼中，各方都要援引各自的法律条文。只有一个王国，即西哥特人统治的西班牙，在里西绥什国王（Reccesuinth，648～727 年在位）统治下结合日耳曼和罗马两种法律传统制定出统一的"自由审判制度"（Liber Judiciorun），最终放弃了根据各自属地援引法律条文的原则。一般说来，上述这些日耳曼法律显然达不到更为完善的罗马法传统的水准。公法观念尚不为日耳曼人所知，公法与私法问题的条款混杂在一起。通常，族长对其族人、家人和奴隶拥有司法权，拥有"魔力"（Mund）——一种信奉异教的祖先的神秘而神圣之力。这种魔力赋予其力量，使其获得胜利。他有权支配其他人的魔力，尤其是其女儿的魔力，并可将她出售给她未来的丈夫。如果妻子在婚前保持童贞，婚礼后的早晨，这位丈夫就会出于答谢而给她一份嫁妆（Morgengabe），否则就会将她送回娘家。由于缺乏公诉程序，被告就有责任不得证明自己的清白，她可以请求其族人作为"共同陪审员"代表她发誓作证。就像通常那样，当法官无法在双方相互矛盾的证词中做出裁决时，惟一的解决方法就是让被告经受严酷的考验，这意味着要将其双手浸入沸水，或者作为另一种选择，将它们置于通红滚烫的烙铁上。如果经过规定的一段时间，其双手仍保持完好无损，那就证明神灵对她的眷顾。最后是关于刑罚，一个作案时被抓住的小偷会被当场处以绞刑，但是杀害敌对家族成员的犯罪则被视为履行了日耳曼习惯法中血亲复仇的神圣职责（faida），他们甘冒会导致波及几代人私斗的风险。为制止这种永无

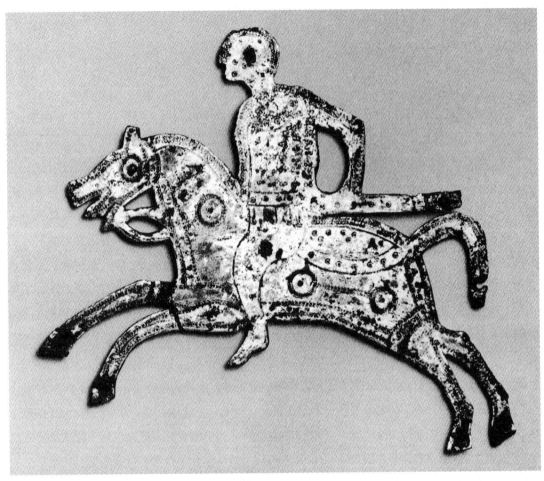

青铜铸造的伦巴第骑兵：手持长矛，骑在没有马鞍和脚蹬的马上。该文物来自一个圆形盾牌的装饰板。发现于斯塔比奥（瑞士的提契诺）附近，属于7世纪的物品（藏于伯尔尼历史博物馆）。

休止的纠纷，杀人者可以用偿付血债的方式，即支付"血钱"（wergild）来了结这种冤冤相报。具体金额由一张对应着各种人身伤害的价目表来确定。由此可见，蛮族的司法审判对小偷的惩罚远比对杀人犯严厉得多，对财产的重视也超过对人身的重视。

这种公私事务的混淆也是导致军民责任混淆不清的原因。部落首领即便升任罗马将军或者后来的国王，其实质仍是一个武士。他是其部落自由人推举出来的战争首领（Heerkönig）。战斗中的胜利证明他具备异教领袖真正的超凡魅力，具有众神后裔血统所象征的神奇力量，称为"魔力"。至于墨洛温时代的人则以其长发为象征。但在多数情况下，除了墨洛温人、哥特人中的巴尔特人（Balts）以外，王室的魔力不能成为抵制选举原则的证据，因为国王只要有一次失败就足以丧失其神性与权势，也不再是战利品的分配者和丰收的保护人。这样，他便被

这是一张7世纪的赤陶饰板，发现于格里森（穹窿细部），描绘了一位拿着武器的步兵。对其男性生殖器和木制蛇状吹奏乐器的描绘使人联想到武士在丰产仪式中的权势（藏于圣日耳曼，国家古代博物馆）。

自动剥夺了"发布命令和惩罚的权力"（bannum），即原本属于他的施行惩罚与发布命令等相关权力以及宣战和媾和的权力。难怪这些政权被恰当地描述成"通过行刺加以缓和的专制主义"。伦巴第、西哥特、盎格鲁-撒克逊，甚至法兰克王权的不稳定性恰恰证明了这一点。日耳曼王权以军事才能为基础，故而必然受制于军事的盛衰胜负，但若没有这一基础，这些蛮族几乎无法取胜。他们把这一侵略本能提升为生存手段，进而构成其整个教育培训体系的基础。这种不惜任何代价以获胜的目标表现为"疯狂作战"（furor teutonicus），即驱使战士们如同着魔般疯狂地投入战斗，因而日耳曼文明建立在被作为最高美德的暴力基础之上。正如"高卢人"是"勇敢的"同义词一样，而"法兰克"一词则来源于古老的高地德语[①]"Frekkr"，意即"无畏而有勇气的"。通常从14岁开始，每个自由人就自动成为一名武士。被征服的罗马人常采用日耳曼人的名字，便反映了其中的心态："Chlod-weg"这个词（被学者们修饰为"克洛维"，即现代"路易"这个名字的来源）是指"通往胜利之路"的意思。当然，我们也不能过分强调现代法语中所有军事词汇均源自于法兰克语。

由于这种军事普及教育，任何一位国王都可随意调遣其部落分支部队中所有的自由人。

---

① 原为德意志南部和中部使用的德语，现为标准德语。——译注

这些人，尤其是哥特人，被具体分为10人、100人、500人，还有"千夫长"统领下的1000人部队（millenarius）。"军需官"（Thiufadus）负责跟随军队提供给养和设备的后勤部队。法兰克人和盎格鲁－撒克逊人作为长矛步兵，其战斗力尤其使人惊骇。每个男子都必须自备武器。在这些武器中，盾和投斧用于投向敌人，以击破敌军阵线；弓、矛、带倒钩的长矛和标枪都是用于远距离作战的武器；有一种单刃猎刀长50厘米，即单刃匕首以及长剑，则用于肉搏战。打造这些刀刃所用的技术使它们更加令人生畏。刀身的中部通过交错熔炼煅接未经锻打的熟铁而被制成大马士革波形花纹，这种刀极有韧性。相反，煅接其上的刀口由极为坚硬的钢制成，有如剃刀一样锋利。持剑者可以把法兰克长剑用做一种挥砍武器（用于直刺则过于柔韧），在头上挥舞几圈之后，砍破敌人身上的盔甲。这种被称为重装铠甲（byrnie）的盔甲是一种覆以铁片的皮制紧身外衣，它非常珍贵，通常只有骑兵才能穿戴。这种日耳曼武器使其持有者可以获得确定无疑的优势，这也足以说明，铁匠为何在这些尚武社会中享有非常显赫的威望。

骑兵的重要性仍次于步兵，但哥特人、阿拉曼人、伦巴第人和阿瓦尔人却较为普遍地使用骑兵。阿瓦尔人是游牧骑兵，装备了弓、装满箭的箭囊和刀剑。其基本的战术策略是佯装突袭，然后经过短促格斗后迅速脱离战斗。敌人追击时秩序难免混乱，在他们策马向前疾驰时会遭到阿瓦尔人且战且退、转身后射的大量箭矢的沉重打击。西哥特人和巴斯克人也使用同样的战术策略。这种战术在意大利也被纳尔西斯指挥下的东罗马军队所采用，并被证明在抵抗东哥特重装骑兵中极为有效，后者由于人马皆有盔甲重装，因此更适于挥舞长枪在臂长范围内近距离搏击。发源于俄罗斯南部平原的重装骑兵，后来被泰法尔人（Taifals）、阿兰人和伦巴第人所熟练使用。由于装备昂贵，这些盔甲武装的骑兵数量有限，但他们介入战斗有时可以起到决定胜负的作用。

受劳役与效忠束缚的人们

既然一切都是为了取得战争的胜利，那么凯尔特人和日耳曼人利用奴隶作为士兵就毫不奇怪了，而罗马人原则上拒绝使用奴隶作战。根据布立吞人的法律，主人带领一个奴隶帮忙背负武器完全合乎习惯。在法兰克人中，凯尔特语"gwass"，意为"年轻男孩"，被拉丁化为"vassus"，是指履行可能包括背负武器义务的特殊奴仆。后来，从"Vassus"一词中可能派生出"贵族的附庸"一词，进而产生出更小的"附庸"（vassalus）。在战争中聚集在"老兵"（即拉丁语中的"senior"，意为年长的，后来又衍生出"seigneur"，意为"领主"）周围的"青年"最终发展成为私人亲兵扈从。这种亲兵之间的友好关系相当牢固，以至于亲密到足以打破法律的限制。在战斗危机时刻所体验到的相互同情和温暖，自然而然地将友谊发展为自由。如同我们看到的，在罗马人统治下，法律界定并建立起社会关系，但是在日耳曼人中，是不断变化的社会关系导致对法律做出调整。自由人与奴隶之间的巨大区别因而更易于消除。而且，甚至定居在日耳曼地主土地上的奴隶被允许获得彻底解放。在7世纪期间，这种早期模糊不清的社会差别才逐渐让位于奴隶、自由人和贵族三个等级明确的社会级别。

这种不论是世袭的还是后天获得的自由，事实上代表了围绕在国王、部落首领和其他显贵身边的大多数随员的类型。西哥特和东哥特国王都有其各自的奴仆（saiones），即确保命令得以贯彻执行的忠诚侍从。他们本质上是国王的扈从成员，但能够利用他们自己与王室主人的保护关系，对弱者进行庇护。后来，托莱多宫廷曾提及宣誓效忠的扈从（gardingi），即向国王效忠并提供军役的王室卫兵。伦巴第人也有他们的扈从队（farmanni），最初大概是被设置在类似要塞的设防营地中的单一部族成员，他们听从国王或公爵的指挥。与这些亲兵不同的是"自由战士"（armanni），其字面意思是"军队中的男人"，他们有义务随时应召离开自己定居的土地去服军役。另一个独立的种类是"奴仆"（gasindi，字面意义为"服役的人"），通常为奴隶或自由人。他们为宫廷服杂役或效忠于他们的君主。盎格鲁－撒克逊人也有同一种类型和同样称做亲兵的扈从部队。那些低等级的人从其主人（正如其名称所示"hlaford"，"面包施舍者"，被称做"封建领主"）那里领取食品和衣物，而另一些人则被授予暂时或永久拥有的土地所有权，所有这些人都必须向其庇护者提供军事服役。最后回过头来看看法兰克人，我们发现了同样的现象。国王除了拥有自己的常备军（scara）外，还拥有御林军（antrustiones），即某种意义上的扈从队，他们通过一种特殊仪式使自己效忠于国王。在仪式中，他们双膝下跪，并将双手置于国王手中。他们宣誓表示效忠和恪尽职守（"truste"与古高地德语中"treae"表示相同的意义）。此后，御林军亲兵在维持其生计的主人庇护下，以武力保卫其领主。任何企图杀害御林军亲兵的人都将受到惩罚，被课以600索里德的巨额赔偿金。这反映出，这些御林军亲兵的重要地位以及他们之间相互约束的关系。当然，在此情况下，主人和亲兵是上下级关系。另一个在凯尔特人与日耳曼人中随处可见的做法是收养，即将男童送往另一大家庭中受训为武士和侍从，甚至也可在日后被培养为官员。伴随着青少年被迅速引入成人世界，盎格鲁－撒克逊人称为"寄养"的制度产生出真正的人身依附关系。正如法兰克人和西哥特人通常描述的那样，这些不惧生死忠于其养父的"被精心培育的儿童"是一股不可忽视的力量，尤其是当他们通过宣誓巩固其非同一般的团结时，其势力不可小视。朋友、追随者、青年男人是这些年轻斗士帮派的特点，他们很快就为国王、部族首领和不断壮大的家族首领提供服务了。

界定过程中未定型的定居地

这些得到其首领食物供养的附庸迅速兴起，与一种不同于地中海地区的特殊土地占有方式相对应。在地中海国家，土地边界或农田与未开垦的荒地（saltus）的分划方式多由清晰的直线构成，并以石头为界标。而凯尔特人与日耳曼人则与此相反，他们更愿意以林地或树篱作为划定领地的边界。布立吞人禁止任何人出卖带有篱笆的地产、房屋或果园，因为篱笆内圈护的可耕地和草地必须保持其固有状态。撒克逊人用树篱圈护其村庄，即古高地德语中所说的"Zaun"，"城镇"一词即来源于此。沿着布隆奈斯海岸至今仍有一些村庄的名字以"-thun"的后缀结尾，例如"Baincthun"、"Offrethun"等等，这会使人想到其词源来自撒克逊移民。另一方面，拉丁化领地中的定居者倾向于接受现成的住处，大体上它们可分成两种类型：即包括主人别墅与农奴和奴隶住宅的高卢－罗马风格的残余大地产，或者是一些像考古学家在莱茵河东岸所发现的随意散布的棚屋与大草房。他们会逐渐适应这些已有的住房，而仅仅赋予这些定居地或新开拓的居住地以他们自己的名称。由特有的以"-ingos"作为后缀的名字构成的地名，有助于我们准确地确定这些新移民的拓居地。

在洛林（Lorraine），我们仍会偶然发现诸如杜贝兰格（Dudelange）或哈彦格（Hayange）这样名称的村庄，这可作为法兰克化的证据。勃艮第人曾占领弗朗什孔泰（Franche-comté）和萨瓦，并在诸如巴万斯（Bavans）和塞莫兰斯（Sermorens）等一些地名上留下了痕迹。在阿奎丹，就是西哥特人在不伦斯（Brens）、埃斯卡拉顿斯（Escalatens）等名称上留下自己的踪迹。在弗兰德尔（Flanders），以"-ingue"结尾〔如本宁贵斯（Bonningues）〕的法兰克人占领地的名称也标明其群体拓居的遗迹。在其他地方，那些用相互交错的树枝幼苗做成的树篱笆围起来的寓所，常被称做"宅院"（Le Plouy）。由"ham"词源而来的"hamlet"（意为"村庄"，尤指没有教堂的小村子）一词，便指代寓所分散的定居地。在伦巴第、西班牙的梅塞塔（Meseta）以及英格兰东南部都出现了相同的情况。凯尔特人的地名在后者这里被类似于"黑斯廷斯"（Hastings）这样的以"-ings"结尾的名字所取代。英格兰和高卢北部地区显然是受到这些变化影响最大的地区。

这些初来乍到的居民在建造住宅时所用的主要材料是木材和茅草。在爱尔兰，散布于乡野间不计其数的"环形要塞"保护着周围的耕地。还有其他各种不同形式的防护建筑，有一些是不涂灰泥的石墙，另一些是设有防御土墙或木栅栏的沟渠。"湖上住宅"是一种建在湖上或沼泽上的人工岛屿，通过狭窄的堤坝与陆地相连。这些水上住宅用抹上粘土的交叉横梁建造，其中居住着最富有的家庭及其众多的体力劳动者。盎格鲁－撒克逊人在英格兰的乡间小村大多是一些用篱笆墙围起的住区，包括几处住宅房屋和一些人畜共住的大棚屋，后者多用柱子支撑起来。考古学家发掘出的法兰克人房屋也呈现出类似的情况：带有排水沟的地下一层用以排放雨水，有些还建有炉膛（或者建在屋外）、矮墙。由两到四根柱子支撑的屋顶拖及地面，用茅草搭盖，这些建筑共同构成了一块70平方米到90平方米的巨大居住区。环绕其周围的是在地下挖掘的或由地面支撑物搭盖的谷仓，残留在地下的棚屋曾用做锻铁或编织活动。在这里发现了天平，由此可以证明其用途，还发现了水井绞车用的手柄。最后，还有包围这一切遗迹的篱笆。斯堪的纳维亚的气候条件使人们不得不把动物养在屋内，因此农村建筑物更为宽阔，长约三十米。住宅的三分之一供人居住，另三分之一留给牲畜，其余的则作为谷仓。当受到突发危险的威胁时，这些牲畜饲养者可以很容易地撤退进环形堡垒里。他们在以石头为地基的堡垒中能够抵御任何敌人。或者，他们还可以像弗里西亚人一样，在从易北河口至须德海（Zuider Zeed）一线的沙丘后间隔一定距离的地方搭建防御土山，以做避难之用。对这些土山的考古挖掘揭示出同样类型的木建农宅，长约20米，宽5米，多用于饲养牲畜。总之，凯尔特人和日耳曼人拓居者对乡村的影响最大，而他们熟悉并占优势的畜牧和林地经济仍然接近于铁器时代。

不过，我们不应仅根据在诸如布洛涅和坎特伯雷等城市遗址上发现的撒克逊人棚屋，便匆匆做出这些入侵者落后于当时本土文明这样的结论，我们研究的重点更应放在两种文明融合的速度上。

林地——畜牧经济，新的贸易投机

由于凯尔特人和日耳曼人的北方栖息地大部分为草木覆盖，他们自然会优先发展林地和牧场：打猎、钓鱼和食物采集是最基本的资源摄取方式。墨洛温国王们尤其热衷于狩猎活动，伦巴第国王的狩猎长同样也是其最有影响的顾问。此外，狩猎是战争直接的延伸活动，实际上也是战争的准备活动。追捕大型动物和追捕人之间的区别仅有一步之遥。因而，盎格鲁-撒克逊、法兰克和伦巴第国王都渴望控制罗马遗产"荒地"，包括过去的公共土地，将它们占为己用。任何丛林密布且湿润松软的未耕土地，或者被遗弃的土地，通常都会被王室没收，归于王室国库。我们必须记住，罗马军团从边境消失后，向前线提供谷物的义务也随之废除。沿着某些罗马帝国的道路，重新生长出绵延的森林，有些地方甚至覆盖了先前的地产：在科隆和朱利齐（Jülich）之间，在巴韦和圣昆廷〔即今天的莫马尔（Mormal森林）〕之间，从配文塞伊（Pevensey）与黑斯廷斯直至伦敦之间都是如此。当然后者是森林地带，一个从北到南长200公里，从东到西宽50公里的广袤猎场将肯特与苏塞克斯分割开来。另一片森林地带从泰晤士河北岸的埃塞克斯沿海延伸到奇尔特恩丘陵（Chilterns），虽然今天难以再见这片森林的痕迹，但它在生长全盛期曾宽达60公里。德意志边界沿线的森林甚至被当做防御屏障，并设法把它们栽种得让人无法通过。肯特的怀特雷德（Wihtred，695年）和威塞克斯的伊涅制定的法律都规定，任何迷路穿越森林但未吹号的陌生人或异乡人均被认定为窃贼，并被处以死刑或罚以赎金，这可是一个战斗训练的绝好良机！整个地区，如阿登（Aedennes）森林，都归属日耳曼国王。这些地方被冠以特殊的名称：禁林（forestis），意为它们位于可耕地之外，在伦巴第语中则称为"gahagio"。对于那些饮食结构更多依赖于肉类而非面包的统治者来说，确保餐桌上的鱼肉和野味有充足供应自然显得尤为重要。为达到这一目的，他们像高卢人一样，也利用通常被圈起来作为狩猎林地的狩猎场（brolium）。这样做的目的在于，根据季节需求，确保鹿肉、野猪肉、斑鸡及野兔的经常性供给。很明显，最适合于提供给国王的菜肴就是野牛肉，即那种身躯庞大的原始公牛，一种名副其实的会走动的肉食保鲜柜。在日耳曼人的法律中，捕获青蛙的猎鹰、鹳，当然还有猎狗，也都像野生动物一样受到保护，违者将受到适当处罚。

因而，这些未耕种的荒地对于日耳曼人而言远比对罗马人重要，因为作为牲畜饲养者，他们更加充分地利用荒地资源。与建立在橄榄基础上的文明相反，有人也许会说他们的文明是建立在黄油的基础之上。由于统治者事实上不可能为自己攫取所有荒地，所以农民们也得以从中分得一份。同样，他们也留下大片土地不进行耕种，因为他们正是在这些荒地上养猪，寻找野蜂蜜，制作木炭，砍伐用做标桩的木材、盖屋的桁条和木板。最后，也是最重要的，他们在湿地上放牛，在石楠丛生的荒地上放羊。据说，水牛是由伦巴第人在6世纪期间引入到波河河谷的。饲养这些家畜更多的是为了从它身上获取黄油、奶酪、牛奶、羊毛和皮革，而非仅仅肉类。马匹的饲养不如猪和羊那样普遍，但因马匹稀缺使其具有更高价值。萨利克与布立吞人的法典中有大量关于偷窃马与牛的条款，这说明这些畜牧产品的重要性。在爱尔兰人中，偷窃牲畜被当做一种贵族的体育运动，因为其中包含着暴力与危险。这并不是说我们忽视谷物种植的重要性，但黑麦、大麦和燕麦只起到补充作用，而绝非生活必需品。通过对莱茵兰（Rhine-land）各地泥炭沼中残存花粉的研究可得出不同的结论。用于制作面包和啤酒的谷物被成堆地储藏于谷仓之中，因而除面包、酒和油这些主要食物外，与之相对应的还有肉、啤酒和黄油。

这时期日耳曼人中，惟一没有发生变化的是斯堪的纳维亚人，他们仍保留着铁器时代的生活方式，这个时期就是人们所说的"文代尔时期"。农民狩猎人和耕作者在北方地区活动，与拉普人（Lapps）①保持联系，并建立了皮毛和盐的贸易关系，双方以手语进行交易。6世纪的墓葬显示，乌普萨拉（Uppsala）国王们积累了巨额财富。事实上，众所周知的是公元400年至700年间，瑞典境内梅拉伦湖畔（Malaren L.）的赫尔戈港（Helgö）与欧洲大陆和不列颠群岛都有往来。这里有一些铸造青铜、铁及其他珍贵金属品的金匠，这表明海运贸易数量相当可观。这一时期的船没有甲板、龙骨和桅杆，船只多以桨为动力，沿着海岸线远航。最勇猛的航海者似乎是撒克逊人和弗里西亚人，他们随时准备在任何条件下进行航运，并实施海盗行为。他们当中的一些人已专门从事商业。当他们登上被征服民族的领土时，这些北方日耳曼人便借用拉丁语"海湾"（vi-

---

① 也称拉普兰人，分布在挪威、瑞典、芬兰和俄罗斯等国北部地区。——译注

斯堪的纳维亚剑鞘金制托板上的装饰品，将几何图形与动物花纹富有特点地结合在一个严格对称的线形图案中。6世纪产于普罗旺斯，安达尔，利斯塔，维斯塔德。

cus）来称呼其新建的港口。以"–wik"或"–wich"为后缀形式的词出现在6世纪中期，例如昆托维克〔（Quentovic），卡什河（Canche）上的港口〕、萨尔配维克（Salperwick）和安德瑞克（Andruicq）等名字。在海峡对面英国一侧的英语中也有相似的后缀出现，如汉维克（Hamvic）或汉维赫（Hamwih，南安普顿的前身）、散德维克（Sandwich，意为"沙港"）、武尔维克（Woolwich，意为"羊毛港"）以及其他一些名字。沿海岸而建，设有用树干建成的木制房屋、码头、船台的新港口，也许无法揭示近一个世纪的不列颠罗马人住宅的天然地基的迭缺。但是，在伦敦和坎特伯雷这些特例中，这种经济发展连贯性的中断只持续了很短时间。

　　的确，肯特是第一个没有与罗马直接接触就开始模仿罗马黄金铸币翠米西斯铸造"先令"的蛮族王国。弗里西亚人为了扩展其贸易，同样也模仿拜占庭或罗马的翠米西斯，但是这并不表明他们已放弃了以货易货贸易，或不再使用以金戒指、被做成首饰装饰品的罗马铸币、手镯碎片等等代替货币。称量这些贵金属的天平秤出现在许多日耳曼人和斯堪的纳维亚人的墓葬品中，这证明即使在根本不知道钱币铸造的蛮族王国中，也存在以金、银为基础的货币经济萌芽，它使人们对新的交换方式做好了准备。此外，例如在布列塔尼和爱尔兰这些国家中，以盎司或镑为单位使用锡，或者以牛的头数作为计算罚金的单位。最后，尽管外国铸币在其铸造国中并未流通起来，但它们仍被所有未发行铸币的王国所接受。这样，自然经济与货币经济就紧密地结合在了一起，正如标示描绘出日耳曼饰针、科普特青铜器皿与拜占庭索里德分布情况的地图所显示的那样。

信仰的统一

　　无论凯尔特人和日耳曼人带来了什么改革，我们还是可以看到，在财产和宗教两个领域并不存在决定性的中断现象。即便仍有许多部落十分看重像珍贵的宝石和牛群的数量这类动产，并继续以公有制为基础利用未开垦土地，但是不断从一处林中空地移居到另一处荒地的原始农业公社早已不复存在了。的确，在入侵帝国的这些部落居民中已经熟悉了拥有私有财产的习惯，他们几乎难以理解原始公有制。因此，就这一点而言，胜利者与被征服者有足够的理由达成共识。

　　也许有人会认为，这些民族先前皈依阿里乌派基督教可能使日耳曼人和罗马人的联合统一变得更容易。事实决非如此，西哥特人、苏维汇人、汪达尔人、勃艮第人、东哥特人和伦巴第人由于其语言不同，且被安置在严格划定的定居区里，加之其尚武军职、其蛮族法和游牧畜牧经济，而被那些被征服民族所厌恶疏远，此时更因为他们接受了阿里乌派异端而受到憎恨，因为这一异端早在4世纪初就被帝国根除了。阿里乌于4世纪初在埃及宣布的这一教义将基督身份降低为神的创造物，由圣父所造但并非不朽。在承认基督作为上帝之子的特殊地位的同时，却否认其神性。因而从阿里乌派教义中可能演绎出一种将领袖等同于基督使者的政治意识形态。哥特教士乌尔非拉（Ulfila）选择阿里乌派是可以理解的，他原本就应该选择这种形式的基督教，因为对那些认为权力本身就是神圣的部队士兵而言，这种形式的信仰更容易接受。这种宗教形式使得他们一视同仁地对待日耳曼文化与基督教，这也因此成为其特征之一。

　　所以，除了在态度上对信仰正统教义的高卢罗马人保持宽容的勃艮第人之外，其国王西吉斯蒙德（Sigismund，516～523年在位）成为基督教的皈依者，而阿里乌教义的多数信仰者则生活在与被征服者或公开或暗中的敌对状态中。例如厄里克与阿拉里克二世统治之下的西哥特人迫害高卢持正统信仰的基督徒，将他们从阿奎丹地区根除，实质上，这是由于信仰正统教义的阿奎丹主教向刚刚接受洗礼的克洛维和法兰克人发出呼吁造成的。在西班牙，西哥特人面临同样的问题。苏维汇人在清除了6世纪中期皈依正统信仰的信徒后，国王利奥维吉尔德就要应付其新改宗的儿子赫门尼吉德（Hermenigild）的反叛。为了防止其他哥特人重蹈覆辙，他大肆镇压反叛者，并流放了塞维利亚（Seville）主教利安德（Leander）及其受他鼓动而改信的人。我们很难想象这一政策取得了成功，因为尽管一些贵族发起暴动，他的二儿子里卡雷德不仅于587年改信正统教义，而且还在589年托莱多会议上宣布，整个西班牙都必须信守正统教义信仰。此外，其继任者统治期间，阿里乌派信仰逐渐消失，这使拜占庭人有可能被从半岛东南角地区驱逐出去。事实上，西班牙人再也不需要拜占庭正统教义。结果，利安德在塞维利亚主教辖区的继任者，其兄弟伊西多（Isidore）完成了当地真正的宗教统一，因为在那一代人的头脑中，宗教统一和国家统一是同一个问题，两者没有区别。

在非洲，汪达尔人在对迦太基强大的正统教会进行残忍迫害的活动中毫不手软。洪内里克设法以武力强制正统教徒改变信仰，并将他们数以千计的信徒驱逐到突尼斯南部地区。塞拉萨蒙德恢复迫害政策，并流放了许多主教。由于非洲人口不足，其最终求助于拜占庭人支援的原因就很容易理解了。汪达尔人对阿里乌派教义的狂热是其最终灭亡的根本原因。在意大利，作为罗马文化的崇拜者，塞奥多里克企图通过严厉的隔离政策避免宗教冲突。每个城市都通过建立双重政体，任命哥特人和罗马人两个伯爵，将阿里乌派与正统教派的住区分离开，并禁止任何形式的亲阿里乌派宣传。塞奥多里克希望通过这些政策解决宗教问题，这在本质上确实是一种彻底的罗马式解决方法。但是，塞奥多里克因下令处死哲学家波提乌及其岳父辛马毫斯（Symmachus）而疏远了正统教派，辛马毫斯是一位为被指控密谋反对皇帝的元老进行辩护的元老院领袖。而当塞奥多里克囚禁了罗马主教并导致其死于狱中，之后又强行任命其继任者时，他与正统教派的隔阂就更加深了。所以，当塞奥达特（534~536年在位）开始强调哥特人的民族自豪感与阿里乌派信仰之间的联系时，就不可避免地激怒了查士丁尼，进而，不久后便导致了其民族的完全毁灭。到此为止，坚持阿里乌派信仰的惟一的日耳曼人部落只剩下伦巴第人了。尽管他们造成的破坏同样令人憎恶，但是拜占庭人无力征服他们，加之拜占庭对罗马主教的政策发生改变，这两个原因使伦巴第人逃脱了汪达尔人与东哥特人的命运。格列高利一世主教为避免罗马城被伦巴第人攻陷，决定不顾他与东罗马帝国驻扎意大利总督之间的联盟，而与蛮族直接谈判，并因此达成了589年与603年的两次休战协议。格列高利一世主教曾希望像克劳提德（Clotilde）影响克洛维那样，利用塞奥德琳达（Theodelinda）王后，即王子的巴伐利亚母亲的影响，按照正教教派的仪式对国王阿吉卢尔夫的儿子进行洗礼，以便使伦巴第人改宗信奉正统教义。但是，这个计划遭到了强烈的反对，特别是伦巴第人的分裂使其希望难以实现。第一位受洗的国王是阿里彼得一世（Aripert I，652~653年在位），但是异教与阿里乌派教义的最后痕迹直到7世纪80年代才从波河平原及其以南的伦巴第人中消失。从此以后，从日耳曼民族征服的领土上将异教与阿里乌派驱逐出去的问题不复存在，因为民族融合的障碍已经消失。

现在，我们可以更为客观地评价凯尔特人和日耳曼人在罗马帝国引起动乱的程度。他们的改革显而易见但却十分有限。由于人数相对较少，他们给先前罗马领土上的语言习惯只留下一个模糊的痕迹，但是其法律的原始特征，即缺乏国家和公共领域的观念，其司法审判体系中对杀人犯比对盗贼更为纵容的条文以及他们对战争领袖的崇拜，都说明了战争在其社会中占据的中心地位，这也是他们得以取胜的关键因素。不论他们是徒步还是骑马进行战斗，他们都携带着令人生畏的长剑作为武器。在他们强制推行的军事社会中，即使是奴隶也可以通过战斗效忠于其主人而成为职业武士。由于士兵与平民之间没有任何明显区别，因此各种武装扈从纷纷出现：哥特扈从、伦巴第仆人、撒克逊人亲兵、法兰克人亲随（antrustiones）等等，他们可以将各王国分划成与其部落首领数目相同的自治集团。由于喜欢村庄中分散并谨慎圈围的房屋，他们形成了一群在农耕地区和非农耕地带中散居的人口。他们更习惯于林地与放牧生活，而不太喜欢农田，他们的活力始终给人留下深刻的印象。由于他们的小集团严密而团结，他们才得以在先前广袤的罗马帝国内迅速统一其领土。他们在北海开拓商业活动并接受了货币经济，再次证明了这一点。总之，一旦阿里乌派造成的隔阂被克服，开始了真正交融的日耳曼人和古罗马化的人群通过某种程度上共同的凯尔特血统已经得到的统一，并根据各地不同的情况因地制宜地进行融合。

基督教世界的诞生

基督教会消除了两个民族间的鸿沟，使他们有可能建立和睦关系。教堂并未在迁徙或权力移交过程中受损。通过灵活的布道和文化的融合，教会不仅体现了文明的连续性，也体现了文明的变化。基督教会通过努力修正蛮族国王们的政治行为，使主教们的政治角色得到强化，进而赋予修士们与上帝沟通的特权。基督教试图建立一个统一的国度，其中每个行动都受到这个新宗教的影响。在北欧，从爱尔兰到高卢北部地区，从大不列颠到弗里西亚，基督教逐渐发展壮大。在每个国家中，主教和牧师都参与了政治制度的巩固与新文化的创造。正如马罗（H.-I. Marrou）所说，这种"对西方灵魂的艰苦改造"为基督教进入欧洲历史舞台扫清了障碍。

教会的热情

基督教徒们追随着圣奥古斯丁的引导，并迅速将蛮族对罗马帝国的入侵解释成基督教对这些异教徒进行洗礼的一次机会。凯尔特人居住的爱尔兰地区在5世纪首先接受了大主教帕拉底乌斯传播的福音，而后又接受了曾被爱尔兰海盗俘虏的不列颠人帕特里克（Patrick，死于461年）的传道。圣徒埃林（Erin）受到埃及地区和马丁尼派（Martinian）修道生活方式，即具有强烈避世隐居修道方式的影响，创建了不同于以往活动方式的教会。由于没有城镇，他只能任命农村修道院主教，即修道院院长。爱尔兰众多修道院中最有影响的是阿马夫（Armagh）修道院，它所在的辖区后来变成了大城市。这些修道院由许多石头堆砌的小屋组成，它们围绕小教堂零散分布在院内，每个小屋中住着一名修士。通常，修士们尽量住在远离当地居民的岛上。爱尔兰基督教徒与罗马基督教有着千丝万缕的联系，他们始终坚持独特的礼拜方式和极端的偏见，保持着高度的禁欲生活和个人主义风格。

　　这种态度很快引起了盎格鲁-撒克逊入侵者的注意，他们正在占领其同胞凯尔特人和基督徒的国家。爱尔兰人对异教的英格兰和陷入异教信仰的高卢北部地区（496年法兰克人转变信仰主要是官方性质的而非纯粹精神上的皈依）持有偏见，他们宁愿盎格鲁-撒克逊人继续进行占领和毁灭行动。他们航行至加利西亚或布列塔尼地区，在那里，迅速发展起来的修道院都具备其各自的风格。因此，为了使高卢北部重新皈依基督教，他们便与墨洛温朝国王们建立联系。然而，塞纳河北部的异教信仰无疑仍发挥着强大的影响力。异教的基础仍然是对春天、树木以及其他自然力的崇拜，尽管它尚未在撒克逊人与弗里西亚人中设置教士或建立教堂，但却以万物有灵和魔力的观念扎根于人们的思想中。传播于莱茵地区的异教有众多神灵，其中奥丁（Odin）是宇宙之父，托尔神（Thor）则代表着物质力量，而弗雷亚（Freya）是丰产之神。当圣克隆巴努斯（St Colombanus）于590年开始其欧洲之旅时，他就成为爱尔兰传教士的先驱。他建立的乡村布道基地吕克瑟伊（Luxeuil）迅速发展成禁欲修士的培养地。他被驱逐出勃艮第后，开始在巴黎东部建立其他的修道院，而后又南下摩泽尔（Moselle），北上莱茵河，沿途布道。在布雷根茨（Bregenz），他的影响超过其同伴高尔（Gall）。在现今瑞士高尔隐居的原址上，还保存着以其名字命名的修道院，它建于8世纪。克隆巴努斯在亚平宁利古里亚地区（Ligurian Apennines）结束了其传教生涯，并于612年在那里建立了博比奥（Bobbio）修道院，629年他死于该修道院。另一位爱尔兰传教士追随着这位开拓者的足迹，发展传教事业。615年，来自吕克瑟伊的修士重建巴塞尔（Basel）教区。还有些人在皮卡迪创建了配洛内（Péronne）修道院，在列日（Liège）创建了佛塞斯（Fosses）修道院，在斯特拉斯堡北部莱茵地区的一个岛上创建了赫瑙（Honau）修道院。在多数情况下，人们很少了解这些巡游主教、流浪修士和神秘隐士，但是他们的贡献足以激励其他人踏着他们的足迹前行。

　　自630年开始，在他们的追随者中出现了许多前墨洛温朝的官员，这些世俗信徒后来成为教士和主教。罗马化地区的大多数居民，尤其是阿奎丹人远离家园，进入蛮族领地传教，这一趋势一直延续到730年。他们主要集中在皮卡迪、弗兰德尔和莱茵地区。其中最著名的是641年至660年任努瓦荣-图尔内（Noyon-Tournai）主教的圣埃利吉乌斯（St Eligius）。他不满足于先前在努瓦荣主教区进行的再基督教化工作，而冒险进入日耳曼人地

继续存在的异教信仰：沃丹，日耳曼人战神。在上层日耳曼人中，异教象征很快与基督教理念相结合（霍恩毫森石碑细部，7世纪文物，藏于德国哈雷博物馆）。

区，但在安特卫普（Antwerp）因语言障碍而受阻。正如630年就任圣职却没有固定辖区的伯特文（Poitevin）人圣阿曼德（St Amand）一样，埃利吉乌斯在那里的传教遭到了彻底失败。阿曼德在一座温泉异教祭坛遗址上创建了埃尔农奈（Elnone）修道院，这座修道院现在被称为埃乌克斯圣阿曼德（Saint-Amand-les-Eaux）修道院。他在通加尔－马斯特里赫特（Tongers-Maastricht）地区经历了同样失败的传教工作后，又游历了其他地方，并于675年或676年去世。到此为止，这第二次传教热潮开始褪去。到690年，从根特（Ghent）到科隆的所有地区都已成为基督教世界的一部分。

然而，与此同时，由于不列颠人、威尔士人和爱尔兰人仍不愿为与其敌对的盎格鲁－撒克逊人传教，格列高利一世主教便抓住时机，派遣由教士奥古斯丁率领的传教团前往英格兰。他于597年到达肯特。为了巩固先前的成果，第二个传教团在修道院长迈利图斯（Mellitus）率领下又受派遣，重整伦敦和约克郡已经接受基督教的地区，并且将那些对盎格鲁－撒克逊人仍怀有敌意的凯尔特教士手中的权力移交给罗马教士们。他们在埃塞克斯和诺森布利亚传教的初步胜利于643年被异教徒们的叛乱再次破坏，因而不得不重新回到肯特郡。直到7世纪，只有威塞克斯和东英格兰地区宣布接受罗马基督教。

但是，凯尔特教士们这时最终还是着手转变盎格鲁－撒克逊人的信仰。诺森布里亚国王奥斯瓦德（Oswald，约605～642年在位）向伊奥纳（Iona）岛修士发出呼吁，引导埃丹（Aidan）修建了林迪斯法内（Lindisfarne）修道院。经过这次共同合作，爱尔兰与罗马基督教之间也消除了礼拜方式上的区别。爱尔兰南部的修士们早已采用了罗马教会计算复活节日期的方法。664年，在惠特比（Whitby）举行的宗教大会上，一位叫维尔弗里德（Wilfrid）的盎格鲁－撒克逊修士设法使另一些凯尔特修士开始接受基督教。正是这位维尔弗里德在大约二十年后，为苏塞克斯和怀特岛的异教徒施行洗礼。704年，北爱尔兰人同意放弃其奇异的礼拜方式。紧随其后，伊奥纳岛上的修士们于716年，康沃尔与威尔士的不列颠人于755年都接受了洗礼。通过这一方式，所有凯尔特人和盎格鲁－撒克逊人的教堂均开始承认罗马教会的精神权威。

英格兰人刚皈依了罗马教会，就接过其传教的火炬，开始对他们欧洲大陆上的日耳曼兄弟布道。658年，出生于迪拉（Deira）的怀利布罗德（Whillibrord）受盎格鲁－撒克逊空想家埃格伯特（Egbert）的派遣，于690年到达弗里西亚。他在赫斯塔尔的丕平（Pippin of Herstal）和罗马主教帮助下，于695年被任命为新教区的大主教，驻地在先前罗马军队的营地乌得勒支。其辖区几乎包括整个弗里西亚地区。他还获得了位于卢森堡的埃赫特纳赫（Echternach）地产作为其基地，并在那里建立了修道院。

到739年怀利布罗德去世时，基督教已传播到远至莱茵河流域的所有地区。700年被暗杀的圣兰伯特（St Lambert）由圣休伯特（St Hubert）继任，他将马斯特里赫特辖区驻地移到列日，并彻底改变莱茵河西岸的宗教信仰。晚期罗马帝国由修道院所组成的覆盖了整个地区和所有宗教辖区的系统重新得到恢复。基督教或多或少重新扩大到阿勒曼尼（Alamannia）与巴伐利亚地区，全依赖于这些意大利传教士和西方修士们的努力，如雷根斯堡（Regensburg）的埃默兰（Emmeran）修道院、弗赖辛（Freising）的科宾尼亚（Corbinia）修道院、萨尔茨堡（Salzburg）的鲁珀特（Rupert）修道院。基督教对前罗马帝国以外异教地区的传播始于另一位盎格鲁-撒克逊修士文非利赫（Wynfrith）的到来。719年，罗马主教为他改名为博尼法斯（Boniface），尔后派他去德意志建立由罗马资助的法兰克式教堂。博尼法斯的行动很快像圣马丁在高卢地区一样取得了成功。他重新建立巴伐利亚教区，为黑森（Hessen）和图林根地区数千名异教徒施洗。722年，在被乔治二世封为大主教后，他设法通过扩大主教辖区和在莱茵地区以外建立更多主教辖区的方式建立德意志教会。虽然早在732年博尼法斯就被授予大主教的白羊毛披肩，但是直至747年，他才在美因茨建立其固定辖区。尽管他为重建法兰克教会而召开了多次宗教会议，但是在加洛林王朝眼中，博尼法斯仍过于严厉。最终，他发现自己的建议并未得到重视，便在其有生之年的最后三年中，致力于在弗里西亚的传教工作。754年，他被当地土匪暗杀。博尼法斯的努力使大片地区皈依了基督教，众多主教辖区得以建立。他的坟墓位于富尔达（Fulda）地区其建立的修道院中。那里现在已经成为德国的主要宗教圣地之一。

朴素的信仰、固定的组织、强有力的束缚

这些传教活动的主要后果，就是使罗马教会与圣彼得主教辖区的地位提升到毋庸置疑的至高地位。罗马再次拥有一个帝国，但这次所建立的帝国是精神制度的帝国。克隆巴努斯对罗马主教说："我们爱尔兰人将加入圣彼得的教区。"罗马主教本人则选择穿戴大披肩作为体现这种精神联系的具体象征，他向其任命的每位大主教颁发这种在履行神职时披在肩上的白色羊毛制成的披肩。除此之外，很多传教的主教，如阿曼德、怀利布罗德和博尼法斯，进行多次朝圣旅行，以证明他们信奉罗马教会的正统教义，巩固其权威。

此外，他们的传教方法也同时对信奉基督教者传播罗马基督教哲学与文化。对上帝创世、亚当和夏娃的堕落、大洪水以及耶稣拯救生灵的简单描述，是施洗前进行说教的内容，这也足以引领人们接受洗礼。基督教的精髓在于对一个上帝的信奉和对一种至高无上文化的崇拜。格列高利一世建议坎特伯雷的奥古斯丁摧毁其他一切偶像，将神庙变成教堂。由于教堂主要是石砌而成，因此比木制结构的庙宇更显雄伟，这些木制结构由木料或板条建造，容易为自然力所侵蚀。大约在670年，本尼狄克·比斯科普（Benedict Biscop）从高卢聘请石匠、泥瓦匠和玻璃匠，引进地中海风格的建筑技巧。正是围绕这些新建筑和新教堂，城市重新兴起。与此同时，越来越多

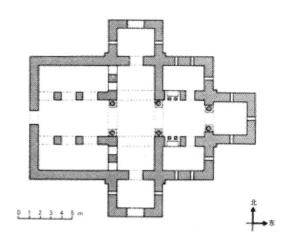

纳维圣天堂教堂底层平面图（参见下一页开头图例说明）。

的小教堂在原本被认为神圣不可侵犯的泉水边如雨后春笋般地出现。这些小教堂为当地圣徒建造，由于其所在的位置原来就是圣地，因此他们不需要从一种礼拜方式向另一种方式过渡。还有一种更有效的传道方法是购买一批奴隶，赋予他们公民权并施以教育，之后任命其圣职，这些人便成了证明新宗教可以使人得到解放的生动证据。这种方法经证实曾被爱尔兰和盎格鲁－撒克逊传教士使用过。对这些新皈依基督教的人来说，如果他们的领袖或国王能够首先接受洗礼，那么其追随者也会转而信奉这一宗教，并且将它作为维系这个组织或国家爱的纽带。至此，宗教已经不仅仅是一个个人的选择问题。

　　这也意味着，由于基督教深入人心以及随其而来的新文明，这些未信教地区需要建立一种社会新体制，但又不能完全摒弃过去。这需要提高人们的道德标准。爱尔兰人当时引进了忏悔礼仪，并模仿日耳曼人和凯尔特人分等级惩罚的法律制度：任何承认自己有罪的人都应主动接受多年惩罚，比如吃很多年的干面包和水，或者坚持一定次数的斋戒。在人们只知狼吞虎咽而不会细嚼慢咽的世界里，斋戒和禁食是对他们最强有力的约束。这样，惩罚和告诫就变成了一种纪律，一种允许或不允许人们做某些事情的准则，这在很大程度上抑止了人们躁动的精力，而不是把它们转移他处。

　　这种对内心世界的严格管制也得到外部教区体制的支持。除了圣诞节、复活节以及耶稣升天节外，每个人都应该参加主教教堂的礼拜，乡村教区成为这些信徒的固定集会场所。从拉丁语通常所说的"平民""plebs"延伸出意大利语"教区""pieve"以及布列塔尼不计其数的以"plé"或"plou"为开头的地名，如普劳加斯特（Plougastel）和普雷兰（Plélan）等等。在意大利半岛，从维特尔博（Viterbo）到基埃蒂（Chieti）一线，教区体制突然消失不见，有人解释说这是因为该地区以南的主教管区没有小教区大。但是在伦巴第、恩加丁（Engadin）、弗留利（Friuli）和那些欧洲古代罗马城市组织并不显著的地区，教区制度却坚持了下来。首先是

萨莫拉纳维圣天堂教堂。建于6世纪西哥特人定居地。该小教堂结合西班牙、罗马和拜占庭风格及某些西哥特特点。其十字交叉甬道上附设塔楼的设计体现了带有中厅和天窗的教堂和希腊十字形教堂之间的融合。

在一些村庄，随后又扩展到大地产上。早期的教堂可分为三类：第一类是为新入教者而建的，第二类是成年人在复活节的礼拜六接受洗礼的地方，第三类则是向所有基督徒开放的教堂。然而，到8世纪初，以浸礼作为洗礼方式的礼仪已经从蛮族王国消失了，其标志就是所有这些国家的成年人都自动被教堂所接受。由于教士们由伯爵授权行使某些司法与财政方面的职能，乡村教区的建立就形成了一种网状的社会组织，人们因宗教及社会目的而共同集结于其中，因为教士还执行着某种君主委派的司法和财政职能。欧洲文明的基本单位开始出现。

由于私人教区的不断扩大，这种基本单位在北欧呈现出一种特殊面貌。传教士们为了得到贵族和国王们更多的资助，同意他们在教区之外，如王室财库或者私人地产上，建立教堂的要求，目的是满足这些地产上农民的精神需求。鉴于这些大人物们自己出钱在自己的地盘上兴建教堂，他们顺其自然地认为这些教堂是其私人财产，并且希望按照自己的意愿，对其随意遗赠、变卖或者交换处理，甚至也许会罢免教会从主教团监管机构派来的教士。这类教堂，在德国被称为"自治教堂"，在英国叫做"私人教堂"。同样，在西班牙、高卢以及意大利北部地区也有这类教堂。这种体制尽管在后期显现出明显的落伍，但作为一种使基督教深入民心的手段仍极为重要，同时它标志着新的基督教文明已经渗入到乡村。

教会为整个世界制定标准：保护、行动、拯救

鉴于这些主教管区仍行使着很大权力，这些私人教堂此时并没有给它们带来不便。我们不应该忘记，在遭受侵略期间，只有主教的地位没有受到威胁，除了在英格兰和高卢北部以及那些被阿里乌派信徒驱逐的主教外。由于多数罗马官员已经不再存在，主教们便成为文明延续的象征。他们运用自己所具备的与新入侵者进行谈判调解的技巧和财务管理的能力，曾赎回众多被入侵者俘虏为奴的教民。在那些皈依基督教的异教徒眼中，这些教士想必被基督赋予了高于一切的神圣，并掌握着使人永生的钥匙。主教不仅在现实社会，而且在精神领域都拥有至高无上的权力。507年，他们向法兰克人打开了阿奎丹的城门，这些人几乎都是元老出身。实际情况上出现了新的趋势，主教一职被当做是为大家族保留的职位，王室或其亲属按照定制授予第一批日耳曼人主教职位。6世纪期间，常可见到来自大家族的人，在担任世俗职位后，于40岁左右主动离开其妻女，接管某一教区。因为按规定30岁之前不能被任命为主教，所以很多主教先前都有一段行政工作经历。另外，由于主教捐赠给大教堂的财产有时可能就是其全部产业，所以在没有继承人的情况下，它们会被纳入教会收入，这些主教的世俗权力因为教会收入的增加也相应增强。按基督教原则，这些收入应属于穷人，这就要求教会必须妥善处理这些收入。正如我们所了解的，晚期罗马帝国的主教通过多种方式成为穷人的庇护者。6世纪至7世纪期间，由于扩大了对被救济者（matricularii）、朝圣者、乞丐和病人等被保护人（xenodochia）的救济范围，并开展了在灾荒或瘟疫后收养孤儿和被遗弃儿童等其他慈善活动，主教的角色不断强化。然而，这些慈善活动与主教的审判法庭以及在其教区内，或更准确地说，从天主教教区中心扩展出去的地区内所建的庇护所相比，则显得无足轻重。不论对希望自己依附于教区保护者的农民还是自由身份的农民来说，他们都必须按照一定的仪式办事，或者按照罗马方式触摸祭坛法带，或者像法兰克人那样投一枚银币。最后还有一些主教以建筑大师的身份名垂青史，例如尼西提乌斯（Nicetius）和马格内利克（Magneric），他们于527年至596年在特里尔大兴土木。总而言之，主教已经成为蛮族王国中最为显赫的人物，以至于一些国王千方百计掌握任命主教的权力，并不再满足于批准本地首府大主教和其他主教选派的主教候选人，特别是在经常召开宗教会议的西班牙和高卢地区，国王们显然都热切希望主教管区处于自己的权力掌控之下。

与此同时，修士们的地位和身份也发生了改变。5世纪期间，修士们还是身份卑微的一群人，但到6世纪，他们因不与世俗社会妥协，反而变成了非常激进的人。6世纪期间，众多修士又回复了瓦西里和帕赫米乌斯时代的生活方式，甚至成为圣安东尼（St Antony）式的隐士。他

热衷于抄写手稿的爱尔兰修士圣马修，正在抄写规模庞大的圣经抄本，出自7世纪晚期埃德夫利塞抄写和装饰的林迪斯法内福音书。

们在地中海地区的城市和乡村修建了许多马木提（Marmoutiers）和雷林斯（Lérins）式的修道院。在那里，苦行主义与各种文化活动得以相互结合。修士们将时间都花费在祈祷和学习上，一时间涌现出许多顾问和预言家，他们成了富人精神活动的保护者和穷人物质利益的卫士。勃艮第国王西吉斯蒙德修建了圣莫里斯·德·阿考内（St Maurice d'Agaune）修道院，并举行"长颂歌"仪式，由三队修士每天轮流不间断地吟唱赞美上帝的颂歌。这一时期的修士并没有很多财产，而且修道院的建筑规模也远不及教堂的规模。修士们只分别在修道院里的小屋和工作室里，制作毯子、篮子，或者把加工过的羊皮制成书写用的羊皮纸。修道院的菜园和附近农田则为社区和过路人提供食物。修士们在未开垦的处女地或荒地上清出一小块土地自己使用，很快他们就会找到很多伙伴。的确，由于新伙伴数量增多，他们常常被迫将自己最初的定居地遗弃留给世俗信徒，然后搬到更远的地方，并注意与原来的定居地保持一定距离，但不会和其追随者完全失去联系。修士和修女不论是集中生活的修道士，还是隐士或遁世居士，无论采取何种修道方式，仍然保持着与普通信徒相同的身份。事实上，这一时期任命的教士非常少。修道士生活的精髓就在于祈祷和禁欲。公众祈祷活动每天从早到晚按照至今仍保持的方式进行：首先是晨祷，其后是早祷，之后是日出时的主祷，而后是在3点、6点、9点举行的祈祷，夜晚来临时（或是掌灯时分）的晚祷和睡觉前的晚祷。这些远离尘世的男女们不再被视为叛世者，而被视为在困苦生活中拯救和指引人们走向幸福的领路人。他们对时事进行坦率的批评并远离世俗生活，这赋予他们一种非凡的领袖气质。修道院这种宁静的生活吸引了众多门徒，使他们真正脱离了主教的控制。同时，与罗马官僚机构一起消失的是，要求有野心和抱负的人必须征得行政当局许可方能投身修道院生活的规定也在消失。

集中在修道院修炼的修士和隐士的神职，因为爱尔兰人的出现得到很大发展，因为修道生活赋予他们更多的自由与尊重。大概来自吕克瑟伊的圣克隆巴努斯制订的规则就十分强调贞洁的誓言和守贫，强调自我彻底忏悔、鞭挞，但是这种磨炼实际上却得到了补偿，他们得以经常进行传教活动，或前往遥远的国度朝圣，以及与政治和精神上的权贵自由交往。有时，那些徒步游历的传教士、获得神灵启示的预言家、非凡的学者、凯尔特修士及其模仿者死后被奉为殉教者，更常见的是被奉为圣徒，尤其是当他们拥有以自己名誉建立的教堂或修道院时。在最为极端的修道士中，有一种被称做"行游僧侣"（gyrovagus），即没有修道院院长作为其上级、没有家庭渊源的流浪修士，他们因其独特的连接两耳的马蹄铁状发型而容易识别；他们自由自在地由一处漫游到另一处，传播着以治病救人的奇迹和惩恶扬善为荣的宗教。爱尔兰修道生活成为日耳曼和罗马精神最容易融合的理想交汇点。圣克隆巴努斯与圣本尼狄克所创立的规则最初就相互融合，这就为此提供了证明。人们了解的最早的例子是吕克瑟伊的修士贝桑松的多纳图斯（Donatus of Besançon）在620年左右为尤萨莫铁尔（Jussamoutiers）的修女制定的规则。

圣本尼狄克，"修道士之父"

在此，我们应认真评价对修道方式转变有很大影响的努尔西亚（Nursia）人圣本尼狄克的工作（他生于480年左右，卒于553年或556年）。当时，他在生前最后25年所制定的规则因普遍的动乱在意大利并未受到重视。作为纯粹罗马文化的产物，圣本尼狄克希望在原有混乱的社会制度之上创建新秩序。在经历了修道院修士和隐士的生活之后，他在蒙特卡西诺（Montecassino）建立了修道院。或许是因为其元老出身的缘故，圣本尼狄克认为他所在时代的基督徒都是冥顽不化的异教徒。因此他通过自己的统治组建起新的教士民兵组织，既不是纯民兵，也非纯军队的罗马式部队，当然也不是基督教军队，而是"心灵军队"。本尼狄克的修道士团体，是从与上帝的深厚关系中获得力量的，他们始终遵守着一条简单的教规："祈祷和工作"（ora et labora），而后者是在完成祈祷的基础上进行的。这种教规的要求宽泛且灵活，它规定修士必须绝对服从修道

向圣本尼狄克呈递书籍与财物的修道院院长迪西德留斯。来自蒙特卡西诺修道院彩绘手抄本的袖珍画，1070年（藏于梵蒂冈图书馆，1202年成书的拉丁语圣经抄本）。

院院长，而且还要随时照顾弱小的教友。这些规定直到伦巴第人入侵意大利导致的混乱平息后才得以散布。然而局势平静后，由罗马主教格列高利一世于593年或594年撰写的圣本尼狄克的生平却被广泛流传下来。奇怪的是，受罗马文化影响最大的地区，如意大利、西班牙、普罗旺斯、阿奎丹对其教规最为抵触。如632年由圣埃利吉乌斯建立的索利格纳克（Solignac）修道院，就把克隆巴努斯与圣本尼狄克的规则相混合，这个地区代表着不可或缺的中间地带。一些阿奎丹人、法兰克人、盎格鲁－撒克逊人和凯尔特人，则对圣本尼狄克的规则推崇有加。到8世纪，圣本尼狄克的教规已成为当时最流行的一种教规。

　　这一时期修道院的兴起昌盛伴随着许多新特点。在一些大家族支持和资助克隆巴努斯创建修道院后，一些贵族在修道院中寻求与世隔绝的长期生活，或者干脆成为修道院的主教。另一些人，因为政治动乱和命运无常，希望躲避在修道院里直至时局稳定。因此，这些修道院的资助人主要是贵族、大地主和一些掺杂于其中的虔敬修士。630年之前，由加洛林王朝的先人圣阿尔努夫（St Arnulf）建于梅斯的圣使徒教堂，后来又围绕其坟墓改建成修道院圣堂，这是一个典型的例子，大约在715年至717年，这所教堂更名为圣阿努尔夫教堂。这样，我们就目睹了修道生活与王室的结合，像主教管区一样。在墨洛温王朝统治的高卢，修道院甚至将这种支持与忠诚转移给另一个王朝，这可是与主教的正统教义相违背的。除了博尼法斯外，所有伟大的盎格鲁撒克逊修士都是丕平家族（Pippinids）的同盟者和被保护人。

不论修道制度在各地主教与修士影响下恢复的原因是什么，他们的兴起是不容忽视的。这些新建修道院从真正的乡村，即不论它们是在盎格鲁－撒克逊〔如林迪斯法内、贾罗（Jarrow）、芒克维尔门塞（Monkwearmouth）〕，还是奥斯特拉西亚〔如维森堡（Weissenburgh），约建于600年，或尼维勒斯（Nivelles）〕，或者日耳曼〔如富尔达、里森瑙（Reichenau）〕，发展成传教士活动的基地。在西班牙，布拉加的弗克图沃苏斯（Fructuousus）创建了一系列后来成为西班牙文化最后堡垒的加里西亚式修道院。随着8世纪早期伦巴第腹地诺瓦莱塞（Novalese）、诺南托拉（Nonantola）和法尔法（Farfa）修道院的建立，蒙特卡西诺也于720年从6世纪的废墟中复苏过来。修道院的奇异发展经历了一段由欧洲地中海沿岸到北海的奇怪路线，又回到了其发源地，真是不可思议。

于是，在罗马与日耳曼两种文明的冲突中，有幸存，有失败，也有相互融合。我们看到不朽的罗马人社会在各地变得更加稳定和强大，甚至在其他领域也有发展，一步一步地将自己从旧帝国中解脱出来。他们的领地已经冲破了上古欧洲的束缚，延伸到西班牙、意大利半岛和从南特延伸至贝桑松一线高卢南部地区。这也让我们看到了一个由群岛和北部大陆组成的新的，气候更加恶劣的欧洲，它包括由波河、塞纳河、墨兹河与莱茵河灌溉的平原。凯尔特人和日耳曼人在这里所做的贡献卓著而且影响深远。他们经常与罗马观念发生矛盾，但是一旦宗教隔阂消失，传教运动的势头，尤其是受其鼓舞的盎格鲁－撒克逊人和凯尔特人几乎是强迫其他蛮族人加入教会，在各方面维护着罗马传统。作为胜利者和失败者之外的第三方，基督教通过其教区制度编制建立了一个新的社会。它改变了人们的观念，但同时也引起了政治纷争。然而，当主教开始依附于王权，修道士们则继续着他们保卫神圣信仰的工作，并且不再处于社会边缘而成为新的罗马日耳曼社会的中心成员。当然，并不只有圣本狄克的教义才体现了基督教的精髓。经历了这一时期的和睦状态后，7世纪后期出现的动荡揭示出：日耳曼首领与基督教长老为何不得不选择新的出人意料的解决方法。

第三章 东部历史的开端：5世纪初期

395年1月17日，塞奥多西一世去世。皇位由其子霍诺留和阿卡迪乌斯共同继承，他们分别统治帝国的西部和东部。这已经不是第一次尝试分划帝国最高权力，的确这个庞大帝国对于古老的交通工具而言是过于辽阔了。此后，也没有哪位皇帝能够在从幼发拉底河到莱茵河，从多瑙河到马格里布这样广阔的领土上行使权力。从此，东罗马帝国的历史顺理成章地开始了。这段历史如同历史书籍提到的被冠之以"罗马人的"，或者被称做"拜占庭的"，这后一个名称是人们对那个偏居一隅的古城的称谓，它曾在2世纪末的战争中衰落，而后又在324年被君士坦丁皇帝选为新都君士坦丁堡的城址。与其他地方的历史相似，东部帝国的历史一开始就表现出既新又旧的特点。就此而言，其特点远比人们通常了解的更丰富，其原因有二：首先，这段历史过去一直确定无疑地建立在永恒的基础之上——永恒的罗马城、永恒的帝国、永恒的皇室，而此后则开始了以基督徒和有序世界为基础的历史，这意味着政治和文化体制凭借法律排斥着时代的变迁，在一种无法改变同时也无需改变的信念作用下，被一再强化。其次，我们在此讨论的还是一段发展缓慢的历史，期间，历史惯性起主要作用，长达一个世纪的或者更长时间的发展趋势极少受到细微波动的影响，只有大的灾难才能中断其发展。这使我们更加重视对一般特征的概要介绍，可能要超过其后对主要事件内容的介绍。395年以前的世纪极其富于变化，尽管那段历史就生长在永恒的古代历史之根上。因此，如果读者正在追寻拜占庭史以及中世纪基督教史，那么一开始大概会产生原地踏步之感。

395年这个常用的年代不是一段历史的开端，而是代表着某种特定历史的场景。它所展现的画面是新近的或更远的历史事件的结果，并且将在下一个世纪前半叶时变得更为清晰。460年以后，历史发展进程在一连串事件和多种内在力量的交互作用下，加速发展，直至7世纪的最后十年，这一历史画面才最终被南部疆域——叙利亚、巴勒斯坦、埃及和昔兰尼加[①]（Cyrenaica）的沦陷所中断。

还有一种观点认为，任何历史的整体概念都只能从疆域地图上推导出来，因为任何其他事件都不如地图上的线条网络更持久、更具决定意义。历史层层叠叠地嵌入疆域图中，拜占庭史就是在这个疆域上开始的。那上面有希腊人在小亚细西亚沿岸建立的独立城邦，有古代东方的专制统治，有亚历山大部将们为维持其令人目眩的庞大征服地区所建立的王国，这些王国后来又沦为罗

---

① 位于利比亚东部地区。——译注。

这幅5世纪晚期的象牙双折画，以象征主义的手法刻画了帝国的旧都罗马和新都君士坦丁堡的形象。君士坦丁堡（位于左侧）所佩戴的王冠上绘有城墙图案，而罗马（位于右侧）所佩戴的面纱和手持花卉的形象则是婚姻的象征（维也纳，昆西斯特里彻博物馆）。

马的行省。但是，在这个疆域图上还有更重要的，即拜占庭历史的先人提供了某种特殊的连续性。

拜占庭的疆域

　　早期拜占庭的版图界定于以希腊语为主要语言的区域。它沿着东地中海，从非洲海岸的黎波里（Tripoli）和托勒密（Ptolemais）开始，绕过亚得里亚海（Adriatic）后伸展至都拉左（Durazzo）西部，并与希腊语和拉丁语的分界线重合。这条界线在395年以后也被视为伊里利亚大区的行政分界线，该行政大区当时包括罗马帝国在多瑙河地区的大片领土。拜占庭帝国所辖地中海包括塞浦路斯、罗德岛、克里特和爱琴海诸岛。从亚历山大到贝鲁特、安条克、达达尔海峡以及沿岸地区的航线都从这里穿过。拜占庭帝国靠海的另一侧，面临黑海南岸，一端为海峡扼制，另一端背靠高加索山脉的丘陵地带。在西海岸，拜占庭权力深入到多瑙河三角洲地带；而在北海岸则拥有自古以来为人熟知且利益丰厚的桥头堡，拜占庭帝国对此十分重视。拜占庭帝国在陆路的疆界不容易确定。广义而言，这些疆界以考古学家在的黎波里、巴勒斯坦、叙利亚和多瑙河沿岸发掘出的一系列边界要塞（Limes）为标志。关税站点也标明出边境地区，它们的位置可以通过刻有税则的石头以及后来发掘出主管官员封印的地点得以探明。虽然如此，将拜占庭的边界想象为一条清晰的线，仍然是不合适的，其边界更应被看做一种对历史变动极端敏感的边缘地带。由于商人和军队通道的存在，帝国的每个重要边区都拥有一块超出版图以外的土地。或者说，也许最好将东罗马帝国描述为一个鲜活的生命有机体，既有内在的联系和边界，也有更长远的远途贸易的网络。

帝国的主体

在遥远的西南部，昔兰尼加边境要塞保护着帝国免遭游牧民族的进攻。游牧民族再度兴起是当时白非洲东部和西部的共同特征。埃及这个帝国的东方谷仓，作为从地中海及亚历山大港的一条航海通道也同样至关重要。它控制着前往红海的通道，该海域的两侧沿岸地区分别为阿克苏姆（Aksum，即埃塞俄比亚）和伊姆亚里特王国（Himyarite Kingdom，即也门）所占据，红海一直延展至波斯湾。此外，如果选择沿尼罗河而上，还可能进入苏丹非洲并探得其黄金。帝国的另一端还有一个盛产谷物与黄金的地方叫色雷斯，它坐落于东部帝国惟一的内河航线，即多瑙河到爱琴海之间，经由塞萨洛尼基或君士坦丁堡可以抵达海区。4世纪之初，入侵者从两个方向横扫色雷斯。他们尤其习惯使用从菲里波利（Philippolis／Plovdiv）经过梅里奇河谷到亚得里亚堡（Aderianople／Edirne）的路线，而沿河右岸的西北路线则一直是与西部帝国陆路联系的通道。

坐落于非洲和巴尔干半岛之间的是东方行省，之所以谓之为"东方"，主要因为希腊半岛当时仍然陷于罗马人占领所导致的粗鄙和半开化状态，只有雅典的学术活动还闪烁着文明之光，像磁石一般吸引着远近学子们。"东方"就是由那些在地理、气候和文化上与西部迥异的区域所构成的地区。从巴勒斯坦到埃及的地理变化几乎令人察觉不出来，这是由于那些连绵不断的沙漠和海岸线：从培琉喜阿姆（Pelusium）前往加沙（Gaza）和巴勒斯坦边境地区的其他市集城镇，在5世纪至6世纪期间，各地在大型活动的场面、计时和度量衡方面都十分相似。商队从埃及东部的沙漠穿行，而后向南远达西奈半岛。从阿什克伦（Ascalon）经由提尔（Tyre）、贝鲁特和劳狄卡（Laodicea）通往安条克的航线，将古代巴勒斯坦和叙利亚的港口连为一体。从霍姆斯（Homs）和大马士革至埃拉特（Eilath／Aïla）的另一条平行的商路促使一些城市兴起，点缀着叙利亚沙漠的边缘地区，它们标明游牧民族进行商业远征和军事袭击的西部界限。游牧民族的行进路线改变以后，巴尔米拉（Palmyra）和彼特拉（Petra）的鼎盛时期已经一去不返，而波斯拉（Bosra）、杰拉什（Gerasa）和莱萨法（Resafa）则正处于繁荣之际，并一直存续至7世纪初。

在这两条南北要道之间，我们不得不提及早在4世纪因耶路撒冷而兴起的第三条交通要路。在北叙利亚，尽管从霍姆斯至安条克的路线在阿帕梅亚（Apamea）附近经过，但是它在抵达安条克之后即分出一个岔路口。在沿海岸一侧，安条克地处树木繁茂的陶鲁斯山脉（Taurus）隘口，伊苏里亚盗匪经常出没于此，阻碍了通往小亚细亚的道路。实际上，在抵达劳狄卡之后，沿海要道就转向内陆以便前往安条克，前者距欧朗提斯（Orontes）河口不远，并在塔尔苏斯（Tarsus）北部某地重新折返通往岸边的路。安条克不仅是叙利亚北部的交通枢纽和盛产橄榄油的丘陵河谷之地，而且也是通往埃德萨（Edessa/Urfa）和尼斯比斯（Nisibis）以及美索不达米亚的交通要道的西部终端。因此，安条克人在历史上频繁出现并不令人惊奇。

小亚细亚是拜占庭帝国东方各领地版图中的第二部分，其本身亦十分复杂。粗糙的海岸线上分布着繁华的城市，一直伸延到君士坦丁堡，诸如阿塔利亚（Attalia/Antalya）这样的城市兴起于拜占庭时代，但另外一些则自古以来就闻名遐迩，例如以弗所和士麦拿（Smyrna）。与之相对，黑海海岸只是在帝国后期完全不同于从前的背景下，因锡诺普（Sinope）和特拉布宗（Trebizond）才开始扮演重要角色。小亚细亚在拜占庭帝国早期历史舞台上引人注目之处在于，这里因特殊的地理环境而突显出它的内在重要性。树木繁茂的潘菲利亚（Pamphylia）和皮西迪亚（Pisidia）地区到处是一望无际的平原，和卡帕多西亚（Cappadocia）高原共同构成了一片不间断的军事和商业地带。从首都——或者更确切地说，是从尼科米迪亚（Nicomedia）和尼西亚（Nicaea）——到亚美尼亚的高加索丘陵以及阿拉克斯（Araxes）河谷的通道，可以被视为该地区历史的中枢地带。这条路在塞巴斯特（Sebaste）一分为二，一条经由卡帕多西亚的凯撒里亚（Caesarea）通向大海，另一条则经由梅里特纳（Melitene）和埃德萨深入美索不达米亚平原。这样，我们就到达了东罗马帝国始终争议不断的边界地区。直到7世纪波斯帝国衰亡为止，这里一直是双方争夺的对象。在边界一侧有高加索、亚美尼亚和伊比利亚诸国，它们是通向大草原或里海（Caspian）、阿塞拜疆（Azerbaijan）以及远东要道的门户。在其另一边则是伸延到幼发拉底河和底格里斯河之间肥沃的亘古平原以及平原上散布的卡林尼库姆（Callinicum）、爱德萨、阿米达（Amida）和尼斯比斯，它们在几个世纪中一直都是罗马和波斯两国之间争夺的重要对象。但是，这些横向的交通路线尚不足以界定这个地区，我们必须使用另一种方法来描绘这幅图画，即必须考虑到民族及其语言和文化因素。

希腊语此前一直局限于希腊本土、色雷斯和马其顿军队所到之处、诸岛屿以及小亚细亚沿岸的大城市。这种语言随着亚历山大远征而植根于东方。亚历山大扩张战争最突出的结果就是建立了安条克和亚历山大。从那时起，越从海岸进入内陆，或从城市前往乡村，人们对希腊语和希腊文化的了解就越少，这似乎成为了规律。正如大量铭文所证明的，罗马人的军事征服强化了拉丁语的地位。但是，罗马帝国一分为二又注定拉丁语必将消失的命运，而且它在东部帝国消失的速度明显比在伊里利亚地区更快。至6世纪时，希腊语已经是拜占庭帝国和东正教世界的基本语言。虽然如此，正是希腊语担负着"罗马帝国"诸多方面的交流职能，尽管在法律和行政体系中仍普遍使用拉丁语。此外，在拜占庭历史之初，东方地区还因其书面语言的多样化而闻名。

　　科普特语是古代埃及语言的当代形式，其字母源于希腊语。希伯来语作为一种文化语言，存在于犹太民族居住的巴勒斯坦地区，在某种程度上受希腊语表达方式的影响，是任何熟悉阿拉米语（Aramaic）的人都很容易理解的语言。而阿拉米语是与希腊语关系密切的当地土语，这就使巴勒斯坦地区和伊朗地区的犹太社团之间非常易于交往，伊朗的犹太社团人数众多。从这里向北是广阔的叙利亚和美索不达米亚地区，至少自3世纪末以来，当地的书面语就是叙利亚语。叙利亚语是居住在政治边境地区两侧的基督徒圈子里都在使用的一种阿拉米语方言，与边境两侧各地犹太人社区都使用阿拉米语的情况如出一辙。这个时期的阿拉伯语，作为一种书面语言，被当做一种成文语言，只是当时在今天约旦和也门地区出现的土著王国里，发生了一两个不同字母的变化。最后，要谈到最东部的古代王国亚美尼亚，这里一直为罗马和波斯帝国所觊觎。到3世纪末时，卡波多亚传教团在此地的活动使其皈依了基督教，此后在近四百年时间里，形成了与其语言相应的字母。总之，叙利亚语和科普特语构成了帝国内部两大蓬勃发展的文化实体，它们不仅是语言，同时也是文化的实体，它们与政治边境并不一致，但是却在东方扩大希腊文化的影响。与此同时，这些实体也代表着持不同政见的地区，或者至少代表具有某种思想倾向的地区，它们之间的分歧当时大多都与宗教信仰有关的重要争议问题相联系。例如在这方面，叙利亚基督教与其他最重要地区一样，几个世纪以来就坚持自451年察尔西顿会议以来的宗教观念是正确的。此外，一种闭塞的地方语言或方言在文字上的成熟，确实与基督教的发展存在着明显联系。这种联系在亚美尼亚地区的传教活动中表现得特别突出，而且此后在对斯拉夫人传教活动中再度出现。但以社会和文化观点来看，这些语言都相当混杂，以致其流行区域的界限十分模糊。叙利亚语原本只在安条克城区外使用，但4世纪时，人们已经可以在城中听到这一语言：讲希腊语的约翰·克里索斯托（John Chrysostom）曾谈及，在一次宗教节日教徒聚会中有一些农村来的信徒听不懂他的话；而该城的官方发言人、修辞学家利班尼乌斯（Libanius）则在所有演讲中都毫无愧色地使用希腊语。在耶路撒冷，人们使用东方当地的地方语做祈祷。在巴勒斯坦，犹太宣教师们用希伯来语进行辩论，却用阿拉米语交谈，而且他们也懂希腊语。此外，在巴勒斯坦发掘的犹太铭文中，希腊语和希伯来语也混杂使用。另一方面，4世纪萨狄斯（Sadis）犹太会堂的铭文也全部用希腊语写成，而且许多犹太社区在举行礼拜仪式时都使用希腊文本的七十士于本《圣经》（Septuagint），查士丁尼甚至曾试图普及这种做法。

图为一位波斯萨珊王朝（Sassanid）统治者。这座5世纪至6世纪的半身铜像，头戴有翼的王冠，簇状胡须，颈部佩有饰品，展现了皇族特征。波斯帝国是君士坦丁堡的邻邦，其文化引人入胜，是当时拜占庭帝国的危险对手（巴黎，卢浮宫）。

对语言多样性的讨论使人联想到，我们正面对着一个成文语的世界。这些文字所采取的形式与其功能一样多种多样。直至7世纪初，城市社会仍然一丝不苟地遵行古典时代的习惯，即在石头或马赛克上记录法律决定、村落界线，甚至税收评估。在所使用的多种语言中，希腊语最为通用，不仅城镇如此，即便偏远的乡村也是如此。虽然尚不清楚究竟谁将从这些成文通告中获益，但其众多的数量就说明了文化素养已经提高到了一定程度。我们可以推测，8世纪初铭文数量的锐减及其内容的差异，反映了仍然处于拜占庭帝国控制下的地区，人们对这些铭文的文化观念发生了变化。接下来要谈及纸草纸，这是一种从名为纸草的水生阔叶植物中制取的纤维物质，曾被行政部门、公证人、普通人和修道院用于商务、通信和记事活动。它产于纸草分布广泛的埃及，其生产权在希腊化时代即为王族所垄断。埃及一地在拜占庭时代就已书写了数千张纸草文书，并且因气候干燥而幸运地保存下来。君士坦丁堡和巴勒斯坦南部村庄奈萨那（Nessana）也发现了另外几张保存下来的纸草文书。它们记录了日常商业活动、契约、度量衡以及计算方法的细节，每一地区都因地习惯不同而有所区别。不幸的是，纸草文书极易破碎，东部帝国其他地方的纸草文献都没有保存下来。无论如何，纸草纸被羊皮纸所代替。成卷制造的羊皮纸是用帕加玛（pergamenum）方法制作的羊皮。此外，也正是在4世纪和5世纪，这种羊皮纸制成的书开始问世，这就是被装订成册的羊皮纸"古抄本"（codex）。但是，手写体还不适合制作字体清晰的副本，因而我们很少能够得到这一时期的手稿。这种形式的著作只能少量发行，那些史学著作或教义论文就在权势阶层和知识精英中传阅，因为他们很容易理解这些书籍。如果是《圣经》文本，就在教会中宣读。然而，对于那些类似于令人肃然起敬的圣徒传一样广为赞颂的作品，无论成文或未成文的作品，我们又如何去鉴定它们在传播上的重要性呢？我们对此尚无定论。

也许我们可以假设，公共演讲不能反映日常用语，因为它追求修辞原则和华丽的辞藻，只有供学校阅读的古典作品中才使用这样的语言。我们自然只能保存这种语言形式的成文文献，时代赋予其在行政生活中的重要性一直保持到我们这一时代的前夕。公共演讲依然十分重要，演讲家被任命充当城市的发言人和修辞学教师，这是当时各城市的传统。这一公职在4世纪时仍然广泛存在，安条克的利班尼乌斯大约在393年逝世，他就是最好的例证。5世纪时，尽管这一公职尚未完全消失，但它已经变得不那么重要了，例如阿纳斯塔修斯时代的作家、加沙的普罗柯比（Procopius）和查士丁尼时代加沙城的演讲家克罗尼库斯（Chronicus）就是这样。公共演讲的作用到4世纪已逐渐在地方主教身上发挥出来，他们都是在相同的社会背景下成长起来的，并且同样受过古典教育。但是，即使有这层包装，公共演讲还是在5世纪时趋于衰落了。

罗马国门之外

395年，东罗马帝国的历史正处于变幻莫测之际，其政治发展在各个层面都遭遇到咄咄逼人的合作伙伴。这最初群星灿烂放射出的绚丽光芒，可以在后来7世纪发生的地缘政治变化中看出来，但它可以直接追溯到460年。

我们首先注意到当时的几个帝国。因为东罗马帝国不仅要应付其亲密伙伴——西罗马帝国，而且还要与幅员广阔的波斯帝国相抗衡，后者的疆域从美索不达米亚平原东延至印度，从里海南展至波斯湾，是拜占庭人在外交和战争领域承认与其地位平等的蛮族国家。首先，波斯帝国拥有一位神化的君主，有琐罗亚斯德教僧侣管理的国家教会，它在那里存在了几个世纪，还有一种建立于文字、城市居民和大土地所有者基础之上的行政管理系统和文化以及一种跨国界的货币流通体系。美索不达米亚诸城在两大帝国的拉锯战中几度易手，亚美尼亚王国的情形也是如此，其疆界与交流活动都随着战争的形势变化而变动，其维持政治统一的愿望也建立在国家教会基础之上。在拜占庭帝国和红海进入印度洋的出口之间还有另外一些国家：地处非洲之角的是埃塞俄比亚人，4世纪亚历山大城传教士使他们皈依了基督教。地处阿拉伯半岛西南角的是也门，这里的城市生活活跃、贸易兴隆，4世纪时，从埃塞俄比亚的基督教也传入此地。最后，当我们浏览叙利亚大草原边缘时，还可以发现两个由阿拉伯人组成的松散部落联盟，其中一方由莱赫米兹（Lakhmids）领导，受雇于波斯人，另一方则由哈萨尼兹（Ghassanids）领导，受雇于拜占庭人。

第一次移民扩张运动始于4世纪，而在巴尔干地区甚至早在3世纪就已经开始了。拜占庭帝国与西部帝国的联系以多瑙河及其沿岸为重点地区，而且令人非常惊奇的是，它与日耳曼人的

正在从君士坦丁堡（建于5世纪）大王宫镶嵌地板画的涡旋图案中向外窥视的，是一幅男子的头像。他留着长长的卷发，没有蓄须，极好地展现了蛮族的形象。

冲突也集中于此。哥特人于376年跨过决定其命运的多瑙河天险，迅速逃离乌克兰，躲过匈奴人的追杀。他们迫于饥饿，又受到拜占庭帝国各行省的富庶生活的诱惑，入侵横扫色雷斯。他们在此地区曾得到一些本族叛逃者和以前被带到此地做奴隶的同胞的帮助，特别是他们发现色雷斯是个潜在的大粮仓。378年，哥特人进军亚得里亚堡，并赢得战争，致使东罗马帝国皇帝瓦伦斯（Valens）战死沙场。在以后的20年里，包括君士坦丁堡在内的整个东部帝国各地到处都是哥特人和其他日耳曼人，他们亦兵、亦盗、抑或入侵者，这些名称都任凭世人随意称呼。400年时，盖纳斯（Gainas）统领下守备京都的哥特人惨遭屠杀。次年，帝国当权者成功地将哥特酋长阿拉里克的进攻重点引向意大利，从而缓解了拜占庭伊里利亚地区的压力。然而，这个地区在5世纪期间一直饱受攻击，最后还是通过允许日耳曼武士加入罗马军队，甚至进入皇帝近卫军才使问题得以解决。

匈奴移民由于其他原因，对拜占庭帝国来说也相当重要。关于匈奴人的起源有争论，不可否认的是，他们来自中亚地区。几个世纪以来，中亚地区的游牧部落迁徙浪潮持续不绝，阿瓦尔人、保加尔人（Bulgars）、马扎尔人（Magyars）、土耳其人以及蒙古人都曾沿着不同的路线西迁，其各自的结果不尽相同。考古学家提出的揭示物质文化内涵的观点使人们了解到西伯利亚、伊朗和希腊文化影响的线索。370年，匈奴人定居于伏尔加河（Volga）流域，而后又于375年越过伏尔加河西进，侵入乌克兰和多瑙河下游地区，取代了哥特人。其扩张主要沿以下几个方向进行：405年向西进入潘诺尼亚①地区；向南进入高加索地区，这里同时也是波斯人、拜占庭人，更不用说还有他们之间的亚美尼亚人都颇为关注的地区；最后，匈奴人还向远东进军，赫弗塔利特

① 现今的匈牙利。——译注

（Hephtalites）在波斯和印度交界处建立新王国，我们通过其铸币知道这个王国曾经存在过。与这一时期其他正在迁徙的蛮族相似，匈奴武士有时也充当雇佣兵，在拜占庭、波斯，甚至亚美尼亚等地服役，但他们更常见的活动是到处掠夺。他们对拜占庭帝国小亚细亚行省的侵袭始于4纪末，并一直持续到5世纪上半叶。期间，他们得到了殷实的回报，主要是通过获取战俘赎金和强迫拜占庭人自430年起交纳贡赋的方式。结果，他们的生活方式逐渐不那么原始了。其统治，尤其是对多瑙河中游地区的统治，早在420年时就已被强化，并在强制征收赋税的基础上建立起富有特色的国家体制。435年至453年阿提拉统治时期，匈奴国家进入鼎盛时代。我们应该感谢普里斯库斯（Priscus）留下了记载，他是449年出使阿提拉王国的拜占庭外交使团的一名成员，记述了阿提拉那用原木搭建的王宫、王家餐饮的习俗以及他本人对匈奴王治下诸国的游历，字里行间充满了好奇心，并时不时地变为赞美之词。在波斯王国势力范围内，另一支匈奴人于452年受雇成为亚美尼亚王国的雇佣军。尽管匈奴人在该世纪末，再次像从前一样表现得默默无闻，似乎缓解了"罗马人"的压力，但这些罗马人却没有意识到在远方的地平线上，正在逐渐形成更可怕的风暴。

古老而稳定的构架

这个地域如此广阔的多民族帝国，一直被认为是个理想的国度，其经济、政治及社会组织都与三种古老的生活方式相联系，即城市（Polis）、城镇与乡村地区连为一体，前者主宰和吸引着后者。乡村（komè）像城市一样由一个中心居住区和周边农地组成，但是规模要小得多，而且人们的那种不同的农村感不会发生错觉，最后还有沙漠，那是一种空旷的生存空间（eremos）。从我们所关心的460年直至产生了深刻变化的7世纪，拜占庭社会历史发展似乎都是由上述生活方式相互作用构成的，但是我们仍然不得不决定应该首先考察哪一方面。我们应该像以前一样倾向于从对经济的探究开始，还是考察生产动力和方式、生产与交换的本质、经济危机及其环境变化之类的问题开始呢？无论答案是什么，对了解年代久远的社会及其发展而言，这些内容至少是我们所熟悉并且最有效的一种考察手段。或许我们应该首先考察政治和文化体制，探究权力结构和意识形态以及交流方式和日常生活。很明显，无论选择哪一种都不可能不去考虑其他方面而单独考察，然而第二种选择似乎更为可取，因为在这种情况下，可以考察帝国的权力和行政体系、已经演变为行省省会的古代城市、乡村以及很快就被修道士占据的沙漠。所有这一切因素都表现出它们具有突出的历史永久性，以至于在拜占庭时代之初就形成了这样一种社会结构：其历史只能在这些年代久远的持续背景下加以解读。

帝国首脑

　　就整个帝国及其在最相近的历史时期而言，居住在首都的皇帝执掌权力。他是军队的统帅、行政机构的最高长官和法理学家作为其助手的立法者。这些对我们来说也许不需要特别加以说明的权力，事实上是关于皇帝职责基本含义的一种实践性表述。自奥古斯丁时代以来，它早就建立在希腊人多种思想理论和东方皇帝崇拜方式基础上，在苏拉和恺撒的政治生涯促进下，被斯多葛学派理论所丰富，最终在4世纪帝国基督教化过程中确定了其最终形态。皇帝是帝国现在和未来万世永存的标志，进而也是宇宙秩序的象征，因为帝国在法律上与世界密不可分。因此，正是他能带来战争的胜利。他主持召开宗教会议，并惩罚任何背离东正教信仰和教会规范的犯罪行为，因为自君士坦丁时代以来，帝国的秩序在实践中就与基督教秩序具有相同含义。他是法律之源，其亲随官吏大臣中的法理学家帮他制定法律。5世纪期间，立法领域中突出的成就是438年颁布的《塞奥多西法典》（Theodosian Code）。这是一部重新修订的法律汇编，它包括3世纪以来，尤其是4世纪的帝国法律，全部以拉丁文写成，后来在东部帝国为《查士丁尼法典》所替代。总之，皇帝是维系世界秩序的活生生的象征。象牙、圆形盾牌、金币以及雕像，所有这一切都突出皇帝的形象。这些物质形象部分运用古代风格，部分采取了帝国邻近的波斯风格，最后则融入了基督教的成分。

　　皇帝的个人生活及其婚姻和家庭生活是由宦官管理的，他们也是政治斗争和宫廷矛盾的产物。皇权承继以血缘为基础，同时又有赖于在战争中获胜，这两种不可避免相互冲突的原则贯穿于拜占庭历史始终。此外，军队和元老院等中央政府部门表现出的偏爱也对皇位继承发生影响。但是，这一切都在5世纪上半叶之后才逐渐表现出来，因为自408年阿卡狄乌斯死后直至450年，整个帝国都由其子塞奥多西二世（Theodosius II）进行统治，东、西罗马帝国之间的家族关系还明显存在。这个时期的一个突出现象是皇后发挥着重要作用：阿卡狄乌斯的妻子尤多西亚和塞奥多西的妻子尤多西亚（Eudocia），都分别以母后的身份发挥了很大作用。另一方面，塞奥多西二世的姐姐普尔凯丽雅（Pulcheria）曾发誓在宫廷里过清苦生活，以便在她的弟弟在位期间她能牢牢地执掌国政。由于与弟媳不和，她终止了原有的传承顺序而将帝位传给她后来的丈夫马尔西安（Marcian，450~457年）将军。马尔西安的继承人利奥一世（Leo I）是第一位由君士坦丁堡大教长加冕的皇帝。这种仪式的出现，显然是由于缺乏因出生或婚姻而产生的继承合法性所致。但是，它完全符合帝国的理论，故而演变为登基典礼的重要组成部分。

　　在此基础上，人们很难不产生这样的结论：君士坦丁堡成为首都这个事件本身就是一种象征。历史证明选择这个城为都城极为明智，首先是基于战略上的考虑，同时也考虑到其在南北和东西海路和陆路交通中的地位。前文曾经指出，帝国的地理分界与文明的分界相一致，罗马的军

君士坦丁堡城墙的遗址。早在4世纪这里就已经建立起防御性的城墙，一道接着一道，与城市的扩展同步进行。最后建立的塞奥多西城墙要塞的遗址尽管已经面目全非，但依然可以到处展现出平行的城墙以及居中塔楼的痕迹。

事征服也不能破坏这种分野。另外，前文还曾提出，帝国政府过去通常因军事上的考虑而在米兰（Milan）、特里尔（Trier）、阿雷斯和安条克设立军事据点，此时也并非不愿意放弃旧罗马，尽管那里是圣彼得的教区，但同时也是具有更强烈城市历史遗产的元老贵族政治的区域。这些观点都是有据可查的，但最应该强调指出的是，新罗马完全产生于对旧罗马的模仿照搬。君士坦丁堡通过细枝末节之处复制旧首都的所有特征——例如，七星山、城区划分以及主要建筑，将罗马帝国之永恒不朽在博斯普鲁斯海峡变为新帝国的根基，如同战争中的皇帝攻无不克战无不胜。在这样一个社会里，首都不仅是帝国最重要的城市，而且还是皇权永恒不朽的象征。然而，既然新罗马地处东方，又信仰基督教，那么它注定有所不同。其元老院在增补了各自治行省的贵族成员以后，已无法与旧罗马那杰出的贵族政治和文化同日而语，这个时期的元老院也不再拥有过去的权力和意志。君士坦丁堡不存在处于皇帝和臣民之间的政治中介。皇帝居住在皇宫里，那里越来越成为礼仪的中心。他在竞技场的包厢里主持由白、红、蓝、绿四队赛车比赛时与臣民们见面，但这个时期的史料使我们现在只了解蓝队和绿队的情况。竞技场本身也是世界秩序的象征，因为竞技胜利被视为命运的标志。皇帝可以亲耳聆听民众的呼声，他甚至可能还要做些需要其当场裁定或显现其正义的事。至于教堂，首先是埋葬着君士坦丁大帝尸骨的使徒教堂，采取一系列奉献措施显示其基督教世界都城的地位。平民，或者任何城市有产者都承继了自古传下来的免费获得廉价面包的权利。君士坦丁堡也有一些特别富有的家庭，其奢华一直是约翰·克里索斯托等人布道或各行省旅行者游记津津乐道的话题。因此，该城迅速人满为患，继而塞奥多西二世又修建了一圈外城墙。然而，两道城墙之间的区域仍然人口稀少。最后，新罗马也像旧罗马一样演化为以首都市长为首的行政管理及财政机构中心。

财　富

帝国在各行省行使的权力首先是征税。297年前后，帝国的行政体系实行了一项财政税收改革，可能吸收了以前希腊化王国统治时期强制实行的各种措施。拜占庭国家的财政收入主要来源于土地，其税额依据不同土地类型的价值而定：一定面积的葡萄园、无花果园、可耕地、牧场以及灌木丛，其价值逐渐递减。每一个家庭成员，年龄在青春期和65岁之间的任何成员，都需交纳人头税（capitatio）。土地和人头两种计算的结果是以每5年重新申报一次的资料为基础，表明纳税人被估算出来的义务。尽管这项制度变动不定，但它仍一直存续了几个世纪，因为税收的稳定性与农村生产过程的重要性恰好吻合。这个制度本身虽然毫无新意，但政府却以此对全帝国的土地仍有最高权力。这项权力的实施有时采取向纳税人征收赋税的方式，有时采取对"财政土地"收取地租的方式，最后，有时还可能采取向皇室直辖土地征收地租的方式：当时，这些不同形式的税收相互间并非分得很清楚。向手工业和服务业部门直接征收的赋税不是很多。498年，皇帝阿纳斯塔修斯废除了自君士坦丁大帝时代就开始向城市手工业者和服务人员征收的"金银制品税"（chrysarggyron）。这项措施得到了教会演讲人的支持，他们曾因政府通过这种方式获得好处，从其他行业，甚至妓女的收入中获利而感到恼怒。为了取代这种一般税收，政府对专门从事贸易或其他受过专业训练的职业人员征收各种特别税。

行政组织井然有序的拜占庭帝国还不能制定出全面的收支预算。各种形式的财政记录只是为了满足公共的需要，而且原则上要依据不同的时间和地点环境而定。乡村纳税者是这一财政税

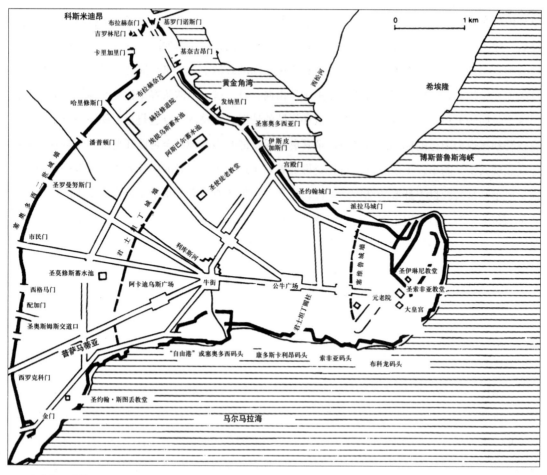

君士坦丁堡地图。

收制度的关键，他们被要求交纳谷物或其他食品以及类似军服等实物形式的赋税。实物形式的赋税不得不频繁征收，以便满足军费开支、宫廷人员和其他官员的薪俸，这其中不仅包括定量配给物品，而且还包括武器装备在内，还要确保供养君士坦丁堡和亚历山大所需的谷物。但重要的是要将对新兵的供应，如战马的供给，也列入税收范围之内，而不能再另外确定一种单独的公共义务。因此，必须在详细计算出的税收数量基础上将这些实物需求分摊开。要求支付货币的税收还可以兑换成金币（adaeratio），其量化数额不用说也只能由当局来确定，并由他们批准实行。5世纪末，阿纳斯塔修斯曾征收以金币支付的谷物税，但在实践中与惯例并没有什么不同，因为无论在这项措施实行之前还是之后，实物税收的需求和缺乏真正自由交换的支付方式，以及官方以可笑的价格进行采购，这些因素都导致官方征收所有赋税时，随意扩大加重了税收负担。尽管法律多次严禁接收规定费用以外的金钱，但是法官们依然认为这样做十分正常。在这种情形下，以各种形式征收的赋税都保持在尽可能达到的最高水平上。与此同时，税收官员公开受贿，但却在财政上对国家负责——这真是一种合乎逻辑的完美安排。

缺乏现代意义上的财政预算也是当时出现的一种很好理解的现象：纳税人按照其相应的纳税等级提供国家必需的劳役以履行其纳税义务。在乡村，这一点体现在农民身上，他们被迫承担维护修缮公路之类的公共建设工程，当做完成纳税任务的一部分。但是，劳役税收制度主要针对生活在城市的行会（guild）或称同业工会（collegia），后文将对此有更多的论及。引用一个经典例证，即维持罗马（同样也适用于君士坦丁堡）日常生计的船员、搬运工、核秤员以及烤面包的师傅们，他们每人都要为履行税收义务而各司其职，并且不得讨价还价。行业纳税制度规定其行会成员要共同担负集体责任，更重要的是其资源共享，这就使得个体很难自我独立发展。另一方面，它也形成了分担专门任务的结果，使得每一项负担同时也就有其相应的特权，以至于一些承担特别义务的人被免除了某些公共义务。例如，君士坦丁堡大教堂所属的1100座店铺的情形就是如此，它们被要求支付在首都举行的葬礼费用。从此以后，这种豁免权是体现教会与帝国关系的重要方面之一。

实际上，行政制度和军队进一步保证了主权的行使。奥古斯都开创了个人行使统治权力的先河，将一种完全没有摆脱私人庄园，或者原本就是私人产业的行政管理方式强加在元老院官员们构成的共和国体系之上。这种行政和官僚体制显然出现于公元1世纪晚期，在3世纪时经历了意义深远的改革，并在进入4世纪时继续发展。它一直残留着早期历史的痕迹。该制度给人的最初印象是，一方面由皇帝的近卫军和中央各部组成，另一方面则由以行政区划为基础的各行省组成。这不仅使人注意到作为古典遗产的公路网络，而且也使人注意到帝国的邮驿体系，那些按照一定规律分布的驿站主要为文职官员、以官方身份游历的主教以及帝国信使所使用，但也为其他非官方的人员使用，因此公路的养护以及驿马的供应也构成了十分沉重的财政负担。

皇帝由政务会辅佐，政务会也是帝国法庭。其成员包括皇帝的发言人（quaestor）、两位财政大臣(一位负责国库，另一位管理皇帝家产)、宰相以及中央各部的负责人，每一位成员都有其专门职能，但他们又共同组成了帝国法庭，这说明在帝国与最高权力之间存在着双向沟通的渠道。这里的工作人员需要具备大量技巧和知识，这是有志于从事文职生涯的青年所必须掌握的，例如贝鲁特法律学校所教授的法律、行政规则、会计学程序以及专业书法等等。但是，由于这一制度过分追求表面的统一和效率，所以它始终没有完全实现其目标。官员虽然领取薪金，但仍然惟利是图，结果在税收领域产生了深远的负面影响。此外，属于皇帝与属于国家的事物之间并没有区别。我们对这两方面事物的考察足以表明，我们正在研究一种历史制度，更重要的是，它是一种贯穿整个拜占庭历史持续不断的制度。

5世纪初期，东部帝国的军队包括两种形式：即中央权力直接控制的机动部队（the com-

4世纪或5世纪的铠甲骑兵铜像。这位笨重的骑兵是拜占庭先锋部队的一员（纽约，都会艺术博物馆）。

itatus) 和驻守边塞的行省卫戍部队。埃及和巴勒斯坦的纸草文件以及昔兰尼加和叙利亚的铭文都反映出这些长期驻扎某地的卫戍部队的生活。他们通常占有并耕种数块土地，长期驻留一处，甚至于父死子继。这些材料也证明，5世纪时东部帝国的卫戍部队 (limitanei) 数量不断增长，其中军功土地被免除了一般性税收，因为军役被当成特殊义务。另一方面，机动部队既从交纳农业税的农民中同时也从蛮族中征收新兵，而蛮族士兵作为雇佣军也由相同的财税资源支付军饷。长久以来，蛮族对帝国军队的贡献一直十分突出，从普通士兵到皇帝近卫军的司令官莫不如此。他们以自己的方式作战，而且更重要的是帝国军事装备也有开始受到敌方影响的迹象，尤其是4世纪发展起来的重装甲骑兵，因其突出的战斗力，同时也因其高昂的费用，而对拜占庭历史产生了重要影响。

自君士坦丁时代以来，拜占庭帝国皇帝的权力一直同其金币索里德的购买力相一致。这种金币的稳定性一直保持到11世纪，标示出帝国基本的政治功能。索里德以及多种相关面值的金币，如镑（等于72索里德）和百镑（等于100 镑），被打包分装在铅印密封的皮口袋里，用作贡金上缴给蛮族，或为购买丝绸及其他进口商品（因为它是国际流通的硬通货）付账，或为大规模土木建设和宫廷礼物支付大笔资金，或为日益增加的平民和军队日常用度提供开支，在理论上军队的开支也包括提供食物配给和各种装备等实物。黄金对于拜占庭帝国相当重要，这也说明为了争夺金矿控制权爆发的战争何以相当惨烈。虽然波斯王国内部的财税体制更为依赖白银，但亚美尼亚金矿依然是5世纪和6世纪拜占庭与波斯两国战争不断的原因。6世纪以后，拜占庭人由于种种原因而难于得到巴尔干半岛日见枯竭的黄金，他们与波斯人的战争就越发激烈。如果商人"去过印度的水手"哥斯马斯（Cosmas Indicopleustes）记载不错而可信的话，那么苏丹的黄金在6世纪时也进入了拜占庭人的货币流通领域。但是，黄金作为最受欢迎的私人储蓄方式，首先成为重要的赋税征收内容。索里德和其他面值的拜占庭金币在所有薪俸报酬、付款、奉献物以及超越了日常小面值货币可支付水准的其他货币中最为重要。其次，排在它后面的是铜币或铜银合金币，但是铜币可能一直不像金币那样稳定，而是随经济的变化而变动。各种小额币值货币的不断衍生，尤其5世纪最初十年偶尔出现的二分之一索里德，表明出现了小额交易的高峰。铜币相当脆弱，只具有信用价值，但却是拜占庭经济体系中有伸缩性的灵活因素。政府与消费大众之间存在着利益冲突，民众是不能发行货币的。因此，政府为了减轻金币流通的压力而定期发行相对坚挺的铜币。在金币与铜币两极之间，银币在5世纪期间一度发挥的作用也最终消失了。

教会的决定性影响

君士坦丁使帝国政府皈依了基督教。直至4世纪末为止，教会权力所及如下：教会可以拥有地产；一种新的社会阶层——教士阶层——的存在已得到世人承认；教会承担起提供慈善帮助这种特殊的新型公共职责；教会在道德规范尤其是教义解释方面的权威性一直得到皇帝权力的承认。因此，尊崇教会教义也成为一种国民义务，而对教义的背离则是对国家的冒犯。

哪一种基督教？

前文曾经提及，5世纪初期，基督教在社会各个层面的影响都十分明显。首先我们从基督教信仰的传播说起。古老的多神教与罗马永恒性相关的历史价值一度得到重视，但是作为一种媒介，此时它被抛弃了。392年，它最终被禁止，其残留下的神庙亦被充公。到4世纪时，甚至在3世纪期间，东部帝国的基督教化就已经在城镇和乡村取得了明显进步。然而，异教群体依然存在。例如，加沙城此前就有一个著名的马尔农神庙（the Marneion）。所以，当加沙主教鲍菲利

（Porphyry，420年逝世）走马上任时，就遭到一些拒绝向教堂交纳什一税的村民的激烈攻击。北叙利亚的希尔城（Cyr）主教塞奥多利（约393～约466年）所著的《教会史》也曾提到附近某一村庄在此之后皈依了基督教。叙利亚边界的阿拉伯人只是在430年才接纳了第一位基督教主教。另一方面，即使宫廷和政府官员这些社会上层此后很快皈依了基督教，这也仍然不能阻止新柏拉图哲学在受教育阶层中的扩散。查士丁尼认为有必要镇压社会各阶层中拥护旧教的人，但直到580年，负责"希腊文化"事务的职位并不比首都大教长的地位低。事实上，这个问题在实践中不能像在官方报告中那样被生硬而轻率地简单归类，而是应该从其历史连贯性上，把它视为意义深远的问题，这一点是很难观察到的。作为对基督教化的一种抗衡，以毫无节制的狂欢来庆祝的各种旧宗教节日，尤其是狂欢节，在首都和乡村延续了数世纪。拜占庭人在艰难岁月，继续念诵含有古代神祇名称的魔咒箴言。然而，拜占庭人逐渐开始转而虔诚崇拜圣徒，例如日益深入人心的圣乔治（St George）和圣迪米特里（St Demetrius），他们超凡脱俗的形象由于拜占庭人和斯拉夫皈依者的笃信虔诚而提升，逐渐脱离了他们原来所处的地区。这些圣徒的象征性标志、描绘他们的圣像以及随时祭奠他们的圣地，虽然唤起人们对先前古代神祇的强烈尊崇情感，可是也决不意味着这些基督教崇拜原型被贬低了：这个问题并不像本世纪初学者们对此想象的那么简单，完全有必要对其做进一步的探讨。然而，逐渐驱逐帝国集体生活中那些持不同政见者，或将其导入正途的运动日益推进，即用正统教义对"罗马人"进行更为严格的规范。这个运动不可避免地驱逐所有进行抵制的多神教，同时也影响到犹太人，使他们意识到自己丧失了公民资格，并与基督徒的日常关系极为紧张，迅速恶化。最后，这一运动还对"异端"基督徒产生影响，无论如何，其中一些人在伊斯兰教的进攻下放弃了与帝国的联系。

拜占庭基督徒关于世界及人类现状的构想在5世纪初逐步形成。它是漫长演变的结果，演化的过程此后也停止了。这种思想认识的主要特征表现在各大城市主教于4世纪晚期所写的布道词中，同时还受到大量圣徒传记和笃信虔诚信徒记述的影响，这类记述大部分是有关修道起源的作品，往往是为了帮助普通信徒及修道士陶冶情操、或表达对修道院及圣地的虔诚而作，对此我们将进一步追溯。这些特征来源于2世纪与3世纪的一场意义深远的文化转型，这次转变因此与基督教的第一次大发展同属一个时期，但它并不是基督教大发展的必然结果。引人注目的首要特征是对人类救赎问题的深切关注。2世纪以来，基督徒盼望来世的有关记述都被收录在伪经作品《圣彼得启示录》中。4世纪末流传于叙利亚僧侣中的一部阐释更为详尽的作品《圣保罗启示录》，虽然最初受到教士阶层的怀疑，但是却逐渐变成拜占庭基督教传统的基本典籍。然而，当时冥世观尚未成为拜占庭宗教思想的主题。人死后的世界还由魔鬼主宰着，其变幻莫测的存在形式是早期历史的另一项遗产。有时，魔鬼是看不到的，只是让人们感觉到其存在，或听到其声音；有时，它们会以虚构的形象出现，例如一条黑狗、一只老鼠、一名埃塞俄比亚巨人，或者一种只可意会不

被铁钉穿身的小型妇女雕像。官方对基督教的扶持掩盖了异教群体的存在，后者在这个科普特雕塑中所表现的魔法活动，对我们纯粹是一种消遣，制作于4世纪（巴黎，卢浮宫）。

可言传的事物，它们可以引发意外事故或病痛，使人犯罪，并陷入魔鬼附体的异常状态。这些都成了那个时代人们的借口，以此为由，咄咄逼人地攻击他人，或舒缓内心的焦虑。即使没有出现魔鬼的干预，人们仍然感到生存环境不稳定：恶劣的气候或者蝗灾威胁着庄稼，瘟疫流行使人大量死亡，未来暗淡一片黑暗，通常还因为某些有待于大白于天下的集体罪恶而必定遭受上帝的惩罚，威胁无时不在。

圣徒的出现恰逢其时，他们顺理成章地来到人间，治愈疾病、扶助羸弱、给饥者以饱食、赐田地以生长，并且能够预测未来，简而言之，他们恰好依照《福音书》中记载的基督显圣的方式在行使神迹。这种神奇力量虽显现于些微之事，却是圣徒们在荒野中与世隔绝修炼出来的。修炼中他们迫使自己按照与常人生存习惯悖逆的苦行制度，如禁食、不眠、受冻，以与魔鬼搏斗，尤其要保持性贞操纯洁。在前文曾经提及的文化转型中，保持性纯洁的禁欲是另一种但也是最重要的因素。自此以后，拯救与圣洁，即日常人们认为高尚的道德品质，都是与自愿且持续的禁欲相联系的。我们在这里要探讨的不是这种变化所隐含的原因，而是探讨其重要的文化和社会后果。无论其原因是什么，5世纪至7世纪都是这些"圣徒"声名显赫的岁月。他们在这个转型期以及其后的动荡时代，都发挥着重要的社会作用，虽然尚未形成稳定的制度，但却非常重要。这些苦行隐修者随时将他们对事物的判断从乡村或隐修地自由地扩散至全社会。社会各阶层人士对苦行隐修派趋之若鹜，他们争先恐后地来到距安条克不远的石柱隐修者大西蒙（Symeon the elder）身边，来到首都郊区的丹尼尔（Daniel）身旁朝拜。即使圣徒死后，他们依然可以通过其下葬的坟墓产生强烈影响，这也是证明建立修道院制度具有合理性的一个依据，就如同证明他们在沙漠中隐修正常合理一样。可以设想，现实生活中的隐居苦修是一种非常复杂的运动，而且与前文简单提及的某一方面的社会历史以及组织形式有密切联系。

　　这一时期，宗教限制不断扩大，为信仰殉难的人受到广泛尊敬，人们希望从真实的埋葬其尸骨的坟墓中得到好处，有些坟墓则完全是推测出来的。人们还利用纪念他们的节日举行规模大小不等的社会庆祝活动。后来，这种公众虔诚的情结与其他圣徒崇拜结合，特别是在6世纪末，转向对圣母玛利亚的崇拜。所有这一切，都将拜占庭历史时代以前世人的注意力吸引到遍及整个社会集体意识中的那些至关重要的永久因素上。当皇帝阿纳斯塔修斯向隐修者丹尼尔（Daniel the Stylite）咨询时，当6世纪伟大的历史学家普罗柯比在其《秘史》中写下了指控其君主查士丁尼的起诉书，并认为他具有魔鬼的本质和力量时，当时的情况就更清楚地表明上述拜占庭信仰体系对社会限制，或者也可以说文化限制一无所知，而我们现代人的文化限制是在理性引导下实现的。

　　还有观念变化，可以追溯到数世纪以前人们生活态度的转变，这通常与社会基督教化相关，在对信仰产生影响的同时，也对两性、婚姻以及家庭生活有所影响。早在2世纪时，这些变化在社会生活中就十分引人注目。使徒保罗在评估通过禁欲保持童贞和通过禁婚保持两性纯洁时，就反映出他那个时代帝国文化中已经有所发展但却为希伯来的犹太教所摒弃的趋向。至2世纪，这一趋向就占据了主导地位。自愿保持童贞、拒绝第二次婚姻、双方协议终止婚姻关系以及从一开始就被当做虚幻的精神婚姻，所有这一切似乎都隐约表明，4世纪与5世纪期间人们特别喜好选择禁欲生活，但是这并不要求必须放弃与社会甚至与家庭的联系。尽管如此，教会仍是忧心忡忡地看待这一趋向，宁可选择隐居，而不要婚姻，因为前者在几个世纪里一直对基督徒产生循序渐进的影响，使他们离群索居。所以，教会激烈地反对精神婚姻，并设法将处女、寡妇们组成互助团体，除了那些已经达到教会法规定的60岁高龄的老妇人外，这把年纪的人大概就不会再结婚了。独居隐修士和修道院僧侣数量增加也反映出性禁欲主义的盛行，但是这也引发出性禁欲本身特有的问题。我们来详细谈论一下，这是一个教会的时代，一个朝着自愿节欲方向发展但同时又在强化家庭联系的时代。就后一层面而言，罗马相对松散的家庭联系和东部帝国的重视家庭的风俗一直存在差别。无论如何，教会当时的情况表明如下两点：关于婚姻关系有规定，对婚姻本身有限制。直至8世纪末以后，婚礼祝福才成为拜占庭法律规定中必不可少的程序。《罗马法》赋予的离婚自由逐渐消失在社会大背景中，但从未完全绝迹。然而，赋予婚姻以合法性的习惯不

　　隐修者圣西蒙殉难地，现称卡拉特塞门，是叙利亚最重要的一个拜占庭时期圣地。该建筑是围绕着藏有圣徒苦修石柱的八角形石室而建的十字架形设计图形，为5世纪建筑。

119

断强化，以及儿童特别是女童幼年订婚，都证明婚姻具有重要的社会意义，而婚姻关系的法制化也揭示出东方尤其是犹太人的影响仍然存在。禁止近亲结婚的限制不断扩大，通过婚姻或洗礼形成的亲缘关系不断增加，这都表明当时出现了相同的发展趋向。在拜占庭时代早期，东部帝国似乎倾向于通过婚姻，尤其是直系表兄妹之间的联姻强化社会亲缘联系。教会在这方面的规定也已经愈来愈超越了《旧约》的限制，帝国法学家们也逐渐适应了形势变化。直至10世纪末，限制的范围一直在不断扩大，但是无论法律究竟是否被遵从，隐含于其后的发展趋势都是相同的——即作为基本社会单位的亲缘关系在强化。婚姻道德观念在4世纪社会转型期间发生的些许变化表现得并不明显。在此要指出的是，其转折点早在2世纪即已出现，并影响到整个帝国；同时还要指出，在希腊和希腊化社会，妇女的情形有所不同，她们从未拥有像罗马妇女一样的地位，无论像约翰·克里索斯托之类的人所做的布道词是否有完全不同的说法。

何种教会？

基督教化一方面意味着教会就是一个复杂而独特的社会群体，另一方面意味着在作为社会组织的教会与帝国权威之间存在一种公共法律联系。在5世纪初期，拜占庭教会组织已经笼统地表现出其确定的特征。其行政划分依帝国的行政区划而定，在各大城市由主教主持，而在各行省首府则由都主教来主持。381年的君士坦丁堡大公会议创立了牧首制，而后罗马、君士坦丁堡、亚历山大、安条克和耶路撒冷主教区，凭借它们在基督教史上的显赫地位被推到突出位置上，至于君士坦丁堡教区则由于与皇帝的关系而迅速崛起。每一位大主教都在帝国的特定地域行使管辖权。451年的察尔西顿会议再次认同了该制度，并将君士坦丁堡教区和罗马教区置于平等地位。牧首制在6世纪逐渐完善成熟。君士坦丁堡大教长自称为"普世牧首"，并在日后的政治和外交事务中扮演了至关重要的角色。教区主教以城市为驻节地，管辖控制乡村主教（chorepiscopi），让他们负责管理乡村教区，尤其是较大的村庄设立的教区。主教之下，有神父专门为城市和乡村的教堂服务。在碑文以及其他文献中，主教的名字经常出现在乡村贵族中。即使游牧民族也没有被忽略，正如430年的一封主教任命书所表明的，这位主教被委派去主持位于沙漠边缘的萨拉森教区（Saracens）的教务。教士的身份在法律层面上，逐渐扩展到辅祭、助祭和诵经士。前文提及的童贞女和寡妇被视同为一类。从行省墓葬的碑文中可以了解到，女执事可以由育有成年子女的寡妇来担任。

所有这些人组成了教会的教士阶层，既包括城市的又包括乡村的神职人员。就维持教会生活的方式而言，教会财产、教士个人财产以及二者之间的关系问题，自君士坦丁大帝承认教会的合法地位以来一直不断显示出其重要性。有一些理想主义者告诫教士们不要陷入雇佣的泥沼，而要听从神的召唤并为之生存，一如古代犹太教士一样服务于神庙。5世纪的一部乌托邦作品《使徒传》就浸透着这种观念。然而，我们从4世纪的立法和行省墓葬碑文中得知，神职人员在实践中从商的情况十分普遍，对教堂辅祭等级而言尤为如此。此外，自从4世纪以来，各教会本身已经拥有产业和固定收入：这无疑包括被征用的小亚细亚神庙土地，而更重要的是来自于信徒们，即从皇帝到最底层的农民不断捐赠的财产、现金和税收。教会只是默默地希望信徒接受其信仰上的指导，作为一种谢恩报偿或一种供品，捐赠一直就是为了已得到的赐福和被救赎的渴望而做的贡献。与约翰·克里索斯托通信的一位名叫奥林匹娅（Olympias）的妇女，自愿选择独身不嫁，并成为一名女执事。有关她的《传记》一书就曾高度赞美其遗赠给首都教会的巨额财富。后者的财产，举例而言，包括数百家手工艺店铺、耶路撒冷的"复活教堂"，还有在城市中作为一份收入的房租。6世纪时，亚历山大大主教拥有教会自己的商船队。乡村教堂则在较小的范围内，同样拥有自己的产业，生活在舒适的环境中，除非是像在埃及普遍存在的情形，村庄可能不属于教会产业的一部分。

教会拥有财产所有权的主要原因早在君士坦丁时代就已阐明，即为了使教会有实力帮助由穷人、无家可归者、老弱病患组成的新社会群体，向他们进行慈善救济，这一点我们还要论及。这一重要原则也反映在教会遗产的管理体制中，其首要原则是教会财产不可剥夺或转让。依据该原则，只有在极特殊的环境中官方才能占有教产。例如，莫埃西亚教会（the Church of Moesia）就曾为了支付囚徒的赎金而获准卖地筹款，而这种做法乃是为教会所承认的一种慈善形式。在通常情况下，教会以长期租赁合同将房地产租赁出去。其次，教会和教士在本质上也从属于国家财政税收的范围。在这一体系中，教士因为行使特殊职责而拥有免税权，进而构成了特殊的纳税群体。关于教会行使慈善职责地位也十分明确，但法学家依然围绕着教会的免税权问题长期议而不决，显然是受到教会财产和教士手中私有财产重要性的影响。修道院的财产很快也引发了相同的问题，由于这些财产的来源和后来的变化各不相同，教会资产的存在直至451年的察尔西顿大公会议才被承认。从此以后，国家财政税收和遗产处置原则，或者与前文相关的捐赠安排都同样适用于修道院和修士主持的慈善产业，当时这类产业开始激增。5世纪早期，修士发展成一支相当重要的社会文化力量，其原因主要涉及大批农民和热衷于修身养性的知识分子投身于修道生活，但如果认为此时修道活动已经发展为一种组织尚为时过早。正如我们所看到的，修士们在其后的年代才成为拜占庭社会的重要因素。

可能的危害与明确的背离

教会的正式管辖权逐步扩展到教会自身的内部纪律、基督徒普遍的行为准则以及教义解释问题。教会在皇帝主持的地区性和全国性宗教会议上达成决议。与会主教被要求行使帝国宫廷礼仪以突出会议的官方特征。另一方面，以凯撒里亚的瓦西里（Basil of Caesarea，379年去世）为首的一些受人尊敬的教会人士，已经在答复某些实践中产生的具体问题并阐明其意见主张时，奠定了拜占庭教会法的基础。教会拥有自己特有的思想犯罪惩戒法典，其中最严重的惩罚就是根据犯法者所犯错误的轻重相应地开除其一段时间的教籍。然而，教会是由世俗军队来维护的，或者更应该说教会只具有一种权威，它既是精神的，也是政治的，阐释并惩罚在世俗生活中出现的犯罪行为（例如不断施行魔法、婚姻中的不检点行为、变态性嗜好）和基督教信仰中的犯罪行为。无论如何，这就是拜占庭政府的原则。然而，正如人们能想象到的，现实情况有时却与此完全不同。

首先，世俗权威与教会权力在某些场合发生冲突。法学家在教会免税特权问题上长期议而不决就表明这种情形一直存在。教堂在其管辖区内行使庇护权是明显有力的例证，它在理论上一直被承认，但相关限定条件也是明确的；同时，皇帝还以维护社会秩序的名义，行使权力对其竭力加以限制，正如在奴隶问题上所表现的那样，教会反对奴隶制的一般性说教实为纸上空谈。其次，俗人接受圣职或进入修道院也可以被解释为规避元老院或同业公会责任的一种手段。4世纪的法学家已经试图堵塞这一漏洞，规定个人遗赠在这种情形下应属于集体而非教会，因为集体责任被提及得更早。

最后，教会在讨论通过为世俗权力认可的教义时远未达成统一。事实上，分裂教会的异端处于两种不同的状况。一些异端将自己界定为全帝国的代表，希望全体居民都不再支持拥护首都教区提出的信条；另一些异端则以不同的名称出现，大概可以总结为是以基督教激进派别为名，对基督教社会秩序进行的一种有力的单独挑战。

在整个5世纪期间进行的神学大辩论，转向了三位一体中的位格关系之争，换言之，转向了基督救赎的本质问题。根据4世纪传播的阿里乌派教义的说法，圣子是圣父的创造物；而根据《圣经》，上帝随后又创造了圣灵。阿里乌派得名于亚历山大神父阿里乌（Arius），他被325年举行的第一次大公会议——尼西亚会议斥为异端，而后又于381年为第二次大公会议——君士坦丁堡会议所排斥。我们今天面临的困难不是了解这一争论，而是了解它所引发的大规模混乱。以下两种考察也许对我们有所助益。首先，基督受到相当热诚的尊崇，普通基督徒都想寻找一种教义，以便使其神性力量和人类品性都同样高贵。其次，5世纪的辩论呈现出显著的大范围区域特征，这一点早在阿里乌神学辩论中就已表现得十分突出：安条克大主教区与亚历山大大主教区，首都君士坦丁堡、叙利亚以及科普特的修士，还有跟随尊崇他们的民众，在这次大辩论中形成了一种完全忠于某一种根深蒂固理论的教会网络，并一直存续到阿拉伯征服时期。此外，我们还不应忘记占据西部世界的日耳曼人曾经皈依了阿里乌派基督教。在哥特人与君士坦丁堡居民于400

年发生冲突时，信仰差异也演变为一种对立因素。

我们通过辩论檄文、宗教会议教令和教会史得以了解这场神学辩论发展的过程，希尔城主教塞奥多利所编著的教会史特别重要，其下限至428年。这场辩论一直延续到5世纪以后，其争论的核心内容是 "本质" (physis) 和"本体" (hypostatis) 等词汇。安条克派提出，神性与人性共同存在于基督的本体之中，二者完全分离，因此基督的人性本质使他由玛利亚所生，并受难于十字架。该思想的主要倡导者聂斯脱利 (Nestorius) 于428年继任君士坦丁堡大教长之职，并得到皇帝权力的支持。与之相对，亚历山大派则坚持神、人两种性质在基督本体中的统一。大主教西里尔 (Cyril) 在罗马和科普特僧侣的支持下对聂斯脱利进行猛烈抨击，其支持者中尤以提拜德 (Thebaid) 的阿特里普 (Atripe) 修道院院长塞诺特 (Shenoute) 最为突出。431年，在以弗所召开的第三次基督教大公会议上，通过了亚历山大派的观点，而将聂斯脱利斥为异端。其后的20年见证了亚历山大派在政治和神学上的胜利，这不仅指444年去世的西里尔，而且也包括后来声名鹊起的那位埃及人大教长。亚历山大派的观点变得越来越极端，甚至达到只提倡基督的单一神性的程度。他们承认基督既有神性又有人性，但认为其神性多于人性。因此，一性论便应运而生。在基督教第四次大公会议——即451年召开的察尔西顿会议上，一性论被斥为异端，而采用了罗马主教利奥一世提出的一种折中意见。察尔西顿会议通过的信仰既保留了君士坦丁堡的，同时也保留了罗马基督教世界的正统信条标准，两大教区此时联合起来共同反对正在迅速崛起的亚历山大教区。从此以后，叙利亚、美索不达米亚和埃及等行省，逐渐放弃彼此间的社会差异，形成了一个与上述正统信仰相对的持不同政见的一性论信仰群体，而中立的亚美尼亚则成为这个群体的信仰附庸。几个世纪以来，一性论信仰一直活跃在基督教世界的东部，而且更直接地存在于为伊斯兰教所占领的地区。至于聂斯脱利派，它甚至通过叙利亚发源地所派遣的传教团深入到伊朗和中亚地区。

我们对这些 "社会危险分子" 的异端有些了解，根据则来源于正统信徒对他们的谴责文章、辩论檄文、宗教会议通过的法规、调解令和某些直接的证词。1945年，在上埃及的一处遗址发现了一个完整的异端著作图书馆，其中新约外传《托马斯福音》使用科普特语，也许是3世纪的作品。叙利亚语的《托马斯行传》（已知是4世纪的作品）和《等级书》（350年以前的作品）构成了同一异端信仰传统的一部分。最后，还有一些已为希腊教会收入圣徒传的叙述性作品也浸透着这种信仰。自2世纪的诺斯提派开始，他们一直发出激进的旋律，其渊博的思想汲取了多神教哲学、犹太教信仰和基督教的精华，从而在信仰上陷入神力和创世者的二元化论神学，结果便意味着灵魂与创造物的分离。以这些信仰原则为基础的行为举止与现存社会秩序的基本规范格格不入。因此，我们了解到一些男女信徒信马由缰漫游世界，任意组合同居在一起，女信徒们蓄短发、着男装，完全断绝了家庭联系。奴隶们逃离主人，修士们也远离修道院院长及其隐居地。婚姻遭到谴责，已婚教士被排斥。私人庆典取代了教会的规范礼仪和节日。《等级书》描绘了他们中的等级，其中"正义者"等级的任务是传达神意，只有"完美者"等级能见到上帝。不难想象，这种运动如何能够跨越数世纪，后文将对此进行探讨。但是，4世纪时，萨拉米的厄皮法努斯（Epiphanius of Salamis）已经在有关异端的论文中对此进行过评论，认为该运动只是将《福音书》中的禁令极端化，以便放弃尘世中的一切，换言之，其主张与正统的禁欲主义并没有差别。

坚实的乡村基础

我们已经了解了中央权力的本质和文化的主体特征，现在可以从更近处观察与之相适应的社会。总督管辖着无数相对较小的行省。行省则组成主教教区，由副主教管理，他们是大区长官的代理人。大区长官一般设有数名，一名管理东部大区，另一名管理伊里利亚大区。他们是行省制的最高层官员。我们在此不是讨论这些安排后来如何被调整，我们的目的是探讨罗马和东部的拜占庭社会存在的最古老的社会组织形式：城市在古典时代遗留下来的活力一直保持到7世纪，期间社会发生了深刻的变迁；乡村中固定的农业劳动可以追溯到更久远的年代，而且在罗马帝国和其后的拜占庭帝国都没有经受任何冲击；还有大量无人居住的区域，这里所揭示的历史变化也极为丰富。

食品的生产和消费

连续性不应被用来暗示同一性，因为在如此广袤的土地上几乎不可能出现同一性。然而，对某些方面加以概括还不至于引起争议，首先要谈的是具有普遍需求的农产品。由小麦制成的面包是每个人日常饮食的一部分，从最贫穷的农夫或奴隶到皇帝无一例外：社会上层提高了新鲜面包的消费量，而穷人、士兵和荒漠中的隐修士则只能以面饼或燕麦粥果腹。大麦质次，售价一直相当于其价格的三分之二，在粮食紧缺时也会用来做面包。各种质量的葡萄酒往往被混以大量或少量的水，是相当普遍的饮品。甜品主要有蜂蜜、干果和椰枣，这在埃及或巴勒斯坦是普遍的消费品。反之，新鲜水果似乎成为奢侈消费品。每个人都吃绿色蔬菜或根茎蔬菜，但从蛋白质和脂肪消费方面看，就开始反映出社会的分化。用于烹饪和调味的油脂，主要是质量不等的橄榄油，但赤贫者不得不使用从各种植物种子中榨取的油。奶酪极少，与其他数量较少的奶制品一样，多是供草原居民消费的。鲜鱼或咸鱼、马蠓汁（garum，鱼沙司，前一章曾提及）、少量蛋类和家禽以及肉类都已经上了餐桌，而肉类可能不只以香肠的形式加工生产。值得注意的是，拜占庭世

这幅君士坦丁堡大王宫的镶嵌画（6世纪作品）真实地描绘了农业劳作的场面。在此，两个农夫正使用二齿锄翻整土地。

界的居民，与意大利人和高卢人截然不同，至少在南部的埃及、叙利亚和巴勒斯坦，人们不吃猪肉。而在同一时期的小亚细亚和巴尔干，人们或许并不拒绝吃肉。近海岸地区的鱼类消费量一直非常大，而且河鱼也包括在内。城镇居民比乡村居民更容易获得鱼类和其他肉类。对士兵而言，肉类是其部分配给食品。城市和乡村都有买不起肉的人，他们多以豆类为生，正如为联合国工作的两位专家所言，豆类是"穷人的肉食品"。

至此为止，我们论及的情况似乎都显示出乡村经济的繁荣活跃，但在这样描述的同时，还有三个方面需要考察。首先，人们要与重大自然灾害做斗争。人们可以按照规律预测谷物产量相当于种子的四倍或五倍，但在季节性灾害面前却仍然无能为力，这些灾害在同时代人的编年史上都有记载。一场秋旱或春旱都能使农作物绝收，蝗灾则会使庄稼颗粒无收。401年的冬季异常寒冷，进一步摧毁了各地被蛮族多次洗劫的地区。饥荒、疫情以及野生动物大量繁殖无疑都是环境的产物。443年，在一场广泛波及人与牲畜的大瘟疫后，君士坦丁堡周围地区经历了严酷的寒冬。谷物、小麦或大麦缺乏，导致普遍饥荒，使乡村遭到比城市更严重的打击，因为城镇居民较少依赖当地的农产品供应，其境遇相对而言要好些。其次，必须指出的是，人们需要付出巨大的努力来维持首都和各大行省城市以及军队的供应。最后，由于长途运输产品过程中困难重重并需要很多时间，特别是要遵守首先保证国家财政税收的规定，结果各地农民被迫为自己和居住区的地方市场生产各种必需的农作物。农民也会为自己、为城市市场，或为了依法纳税而生产食物以外的物品。在埃及和巴勒斯坦南部，人们用棕榈纤维编织成凉鞋、席子、篮子以及各种大小容器。在小亚细亚山林中，人们用一种木料雕刻木雕，而阿纳托利亚高原的情形则恰好相反，那里物资匮乏，至今仍用干牛粪取暖。乡村的其他制品还有皮草，畜牧业发达地区出产羊毛，各地农村还用植物纤维制成编织品，例如埃及出产上好的亚麻布。当然，埃及还出产整个地中海地区、包括西欧都使用的纸草。

由此我们能够形成关于乡村地区生产能力的概念，同时产生对于由经济社会组织及其与城市之间的关系引发的诸多问题的看法。在此，还有某些具有地缘差异性的情况，可以显示出普遍的特征。我们从税收申报和法律中了解到，生产的基本单位是农民家庭，男人们就是我们在镶嵌画中所看到的那种劳动者。税收人口普查中也出现了妇女的名字，滂都斯（Pontus）地区于386年颁布的一项法律规定，在结算人头税时妇女以半个人计算，但是我们对她们劳动的具体情形仍然一无所知。一个或两个奴隶，再加上少数帮工，构成了农民家庭全部的劳动力。公牛常常被用来犁田、拉车，或脱粒，它们拖着沉重的钉板架在打谷场的谷物上来回走动。毛驴也偶尔用做拖曳牲畜，但更多地被用来负重。马匹留给军队和公共驿使征用，而骡子则成为主要的交通工具。农具极少用金属制造，犁耕用具的形状就像罗马的"牛耕犁"。此外，还有斧头、修剪刀以及各种各样的锄头，大多为金属制造。只有当我们逐渐注意更多种类的大型农用具时，才能真正了解乡村社会的面貌。在可以修建较大型农用设备的地方，打谷场、榨汁或榨油作坊、畜力磨坊和水力磨坊等，有时属于某位农夫屋主，在另一些地方则属于某一村庄或某位地产主。

虽然某些文献曾提及村庄以外的居住者，但是乡村居民点通常人口密集。其周围是多种"园林"，如葡萄园、可耕地和矮树丛。个人占用的份地分布于整个地区，不存在任何集体农庄——虽然在一个巴勒斯坦地区流行的故事中曾暗示，有一个男孩把全村的牛都带到了一个牧场。但是，也确实存在各种各样的村庄形式，如伊苏里亚山贼的藏匿处，或配有浴室和教堂的叙利亚大型村落，约翰·克里索斯托在流放中临终前留下的文字表明，还有一些冬季与世隔离的偏远村落。如果考古学家迄今为止尚未在色雷斯以外发现乡村制造业的遗迹，那么这些文献还是可以表明，在一定程度上存在农村商业活动。一些叙利亚村落因特产胡桃而闻名，另一些村落则建立了市场，或者在交通要道和圣徒定居点及其修道院附近修建小型客栈。此外，农民还去最近的城镇出售其产品。他们可以在那里获得金币和铜币，用以购物、纳税或交租金。他们也可以在城镇里受雇于人，通过帮人修建房屋赚取佣金，此时有驴子的雇工往往能比单凭自身体力劳作的人获得更高的报酬。

繁荣的农村公社

　　有关拜占庭社会农村公社是否存在及其范围的争论，一直比对一般其他问题的争论更激烈，争议更多，因为相关问题首先由19世纪的俄国学者提出，当时俄国拜占庭学研究的兴起恰好与关于农业问题的辩论结合在一起。为了对这个问题有清晰的理解，我们不得不在物质层面、社会层面以及制度层面对其逐一加以分析。

　　我们讨论的起点必须是居民点的核心特征，在忽略区域性差异的前提下，我们考察的对象越多就越能对这个问题有全面的了解。迄今为止，我们所得到的结论以及相关文献都表明，村社首先是通过自发建设的方式形成的，叙利亚大草原的瞭望塔、前文提及的农用工具以及浴室和教堂都是这样出现的。其次，我们有理由相信存在某些公共产业，如空地、林地以及区域边界等。然而当我们转向乡村社会层面时，就发现村庄不仅有农民，而且还包括地主、教士、士兵和少数工匠。换言之，这是一个不平等的社会，其间财富的多寡无疑包含着与土地的关系以及开发土地的方式，例如，可以在乡村找到没有任何土地的劳动者，士兵和教士作为小贵族也只能出点儿风头而已，而大地主则拥有整座宅邸。这种不平等可以在乡村政府里表现得更清晰明确。乡村政府通常由"最小的到最大的""各家户主"组成，由教士充当其村长和发言人。乡村也通过决定修建一座建筑物显示出自身的团结，这要树碑纪念，刻石记载。他们或集体隐瞒被诱拐的少女，或共同坚持异端教义，或结帮抢劫。个体家庭与农村公社之间也存在一种"邻里"间的友好关系，5世纪的法律特别强调邻里关系的重要性，它赋予邻里之间相互拥有购买邻居出售农地的优先权。从保留下来的遗产分割案例判断，邻里通常也有姻亲关系，所以当法律谈及"最邻近"时，该词的确拥有多层面的意义，这表明我们所面对的是一个非常复杂的群体。但是，在集体意识情结之上也还存在一些真正掌管村社的人。

　　这样，我们就触及到了一些古老的社会制度。在这种社会里，它们发挥着基本的作用，而土地是其最重要的资源，是农村社区的税收来源和农民们赖以生存的物质条件。首先应该说明的是，乡村的状况与村内居民的状况并非必然一致，村民们也并非都必然处于相同的境遇。个体农民中既有可能是独立小农，又有可能是依附农民。一些农民拥有自己的份地，而另一些则完全没有土地。最后，乡村可能是完全独立的，也就是说，它完全是由自由小农土地所有者组成，或者完全是由依赖于一个主人或几个主人的依附农组成。简而言之，农民的独立性意味着其土地和人身不再承担任何来自公共权力以外的义务和税收，独立小农将其土地税直接上缴给国库。而依附农的土地则意味着他们耕种土地并需要向地主交纳租税，而且在财税登记时也被列于地主的名下，地主则相当于交纳地税的中介人。然而在法律上，被称为"克罗尼"的依附农民对公共事业的义务和遵守行政管辖的责任并没有丝毫减少。如果他认为地租超出了惯例，甚至可以将地主诉诸法庭。依据393年颁布的法律所阐明的规定，依附农不是依附于主人而是依附于土地。其人身自由的下降只表现为统治当局不允许他们自由迁徙，以便在技术资源落后、劳动力匮乏的时候，能够耗尽他们的劳动力。同时，这个时期也不实行强制性劳役，因为东部的拜占庭帝国在这方面保持了古典时代的传统，它只实行公共义务。地主因此只能分享其拥有所有权的土地上的产品，以这种方式从农民劳动中获益。他们可以征收各种产品，或者收取现金，而收取现金就迫使农民与市场建立直接联系。此外，在另一领域还存在着表现乡村本身整体性的形式，尤其是那些具有完全独立性的乡村更是如此。原因之一是，国库事实上认可乡村集体对土地税收负有责任，另一原因则是由于前文曾提及的邻居具有优先购买本村土地权。正是作为一个集体，完全独立的乡村才寻求一位保护人，让他在对付国家税收事务过程中扮演保护者的角色。

事实上，人们不能通过对农民情形的静态观察来理解拜占庭早期农业史，而应该通过观察影响地主阶层社会集团的变化因素来理解。在传统意义上，这一社会集团由下文将论及的市民、以皇帝为代表的大地主以及教会和其他宗教机构组成。有损于城市市民根本利益的行为是从推行庇护活动开始的，这个活动鼓励农民寻求对抗财政税收的有力保护。正如我们所知，这对依附农民而言是至关重要的，因为他们就像自由土地所有者一样要交纳财政税收。而庇护人提供的保护范围也扩大到了宫廷人员。事实上，庇护人作为当时社会活动的关键人物，其重要性怎么强调都不过分。庇护人通过各种方式行使其影响，例如通过宗教特权，就像听命于塞奥多利的圣徒曾以保卫叙利亚北部一座持异教信仰的村庄作为对捐助人的回报；或者通过武力，如同4世纪末的富豪们一样，这些人早就成为旨在废除私人军队和监狱，或废除庇护逃亡者的法律所限制的目标，但这些法律都徒劳无效；庇护人同时也成为409年从埃及引进的自治征税制度（autopragia）最初的获益者，因为该体制促使不动产向特殊税收类别转化，当局依据自然界限划定税收单位。庇护人也动用其社会信誉和官方关系对司法诉讼施加压力，在此之前，"克罗尼"佃农总是这一类诉讼的输家。毋庸赘述，这些庇护方法也可以在那些不想被保护的地方强制推行。然而，对农田产品有效权力进行再分配的情况确实正在出现，而且通常是以损害土地合法主人的利益为代价，这或许给人留下了深刻印象。总之，拜占庭社会农民生存环境的真正特点，就如同该社会的其他人一样，趋向于将地租和赋税合并为单一税。

荒　野

我们至今尚未获得足够的考古学资料，使我们就拜占庭境内荒地占用及其变化的情况得出合理结论，这也许永远无法做到，但我们可能会提出某些简要的假说，这将在下一章论及。

当一些修士在祈祷的时候，其他修士正在进行体力劳动。许多描绘4世纪以后从埃及和小亚细亚发展起来的修道院生活模式的插图，都刻画了这两种生活（梵蒂冈图书馆，11世纪梵蒂冈馆藏希腊手抄本）。

然而，我们还是有可能现在就对其结构性特征进行积极的评述：荒地占用并不是连贯的，当然，在某些地区这一点表现得尤为突出。但是，本文确定的观察目标是随处可见的荒地："荒漠"一词适用于野兽出没、隐修者率先居住的丛林山谷，那里的强盗随意劫掠商旅，甚至在春季袭击周围村落；这个词也同样适用于荒芜的草原，无论在叙利亚北部边界，还是在深入西奈半岛的商路沿线或埃及沙漠，那里的游牧骆驼手担任商旅护卫，间或充当猎人和抢匪，这就是他们赖以为生的活动；最后，这个词也适用于未开发地区，无论在哪里，这样的地区大多成为乡村附近恶棍潜伏，歹徒自由出没之地。它们也是村民迫于蛮族入侵压力而临时疏散的空地，色雷斯平原的一些地方就是这样。历史学家更乐于调查清楚这类边缘地带，以之作为人口流动的标记。当时人对"荒野"的看法也在发生根本转变，其转变的方式是那个时代文化及社会的重大因素之一。这种变化首先出现在3世纪晚期的埃及，最初表现在安东尼萦绕心间的孤独感上，还表现在帕赫米乌斯修士（Pachomian monks）集体外出种地，遵守永恒的道德规范，每时每刻都生活在严格的规定之下的军营般的修道制度中。4世纪时，埃及西部沙漠出现了众多苦行隐修者，其生活方式、神迹和名言通过圣徒传记广泛传播，渐为人知，但是正如这些传记所表明的，他们的孤独感只是相对的。苦行隐修者或与其门徒合居一个石窟，或住在另一位隐修者附近，而且他们还在附近村庄里出售诸如绳子和篮子等手工制品。另一些人则按照拉乌拉（Lavra）制度集体生活，这一制度揭示出典型的半集体式正统修道模式的出现。依据该制度，修道者分散居住，只是在礼拜六和礼拜日聚集一处领取配给食物，并一起举行圣餐礼。最后，被称为"基诺比"（Koinobia，即"共同生活之地"）的修道团体也已形成，例如瓦迪·纳特鲁修道院（Wadi Natrun）以及圣凯瑟琳修道院（St Catherine）就属于此类，后者于4世纪建于西奈山麓。4世纪时，修道运动也首次传入叙利亚和巴勒斯坦，而后进入小亚细亚，由卡帕多西亚人最早进行实践。西方旅行者，例如阿奎丹的埃特里亚（Etheria）和马塞的僧侣约翰·卡西安，也对这些生活方式满怀热忱，回到西部后立即在其同胞中加以传播，而杰罗姆则成功地将一些女性悔罪者吸引到伯利恒的修道定居点。无论修道是采取单独隐修或集体隐修生活模式，修道避世远离人间生活都是对乡村和城镇的一种重大挑战。即使修道避世在直观理解上并不远离这两者，而城镇最初也愿意为一种特殊的城市修道生活提供膳宿，但是避世生活事实上首先就是对家庭生活的否定，而家庭是当时社会的基本细胞，而且有些因亲缘关系早已结婚的人也加入了修道士行列。

事实上，由于修道运动灵活多变和缺乏统一制度，它在发展初期就衍生出一系列问题，这些问题在几代人之后仍无确切答案。争论不休的问题包括：对避世修道意义的理解相互冲突，到荒野修道与在城市里修道以获得拯救之间的冲突，修道生活的诱惑和其固有的缺陷以及许多罪犯通过修道是否能被拯救的争论。还包括关于单独修道和与同行修道士集体生活之间的对立，关于体力劳作与精神冥思间的对立。还有一方面是信念和精神上的内在自发性，另一方面是教会权威与教义和教士规定的约束之间的对立。伴随着修道运动的发展，拜占庭修道生活一直面临这些问题，因为提出问题的前提已随着时代的变迁而改变，所以这些问题一直没有完全解决。450年至7世纪初得到的答案显然为以后的历史留下了特殊的痕迹。

市民价值和城市现实的坚韧性

希腊地中海世界的文化和政治价值在过去几个世纪里一直体现在城市生活中，包括：社交活动，即男士们所青睐的那种惬意的社会交往；以政治和文学为主题的辩论；类似以管道供应饮用水和洗浴用水那样安逸的物质生活；还有市场，用马车运输来满足城市对小麦面包及面包干、橄榄油、葡萄酒、新鲜蔬菜、肉或鱼的需求。因此，我们一开始就把直到7世纪初还能维持这种舒适生活的地方界定为城镇。我们的依据包含在史料中，包含在由专业修辞学者所撰写的城镇颂词中，还包含在大量的碑文和热衷于城镇基督教化的主教教区所颁布的教令和训诫以及各种圣徒故事之中。此外，还有一些镶嵌画以及某些城市遗址发掘出来的考古成果也是我们的依据。

我们对这些遗址城市，类似萨尔迪斯（Sardis）、以弗所、阿帕梅亚和安条克等地，远比首都更熟悉，因为君士坦丁堡一直有人居住，这使任何真正的考古探索都无法进行。然而，我们很难为5世纪的城镇写出一份排位顺序名单，既是因为缺乏统计标准，同时也由于随着城市的繁荣和发展，文献资料来源的特点不断改变。从文化和商业角度看，安条克和亚历山大是同等重要的城市，而耶路撒冷的吸引力只存在于宗教方面，尽管它经常被提及。像西里西亚（Cilicia）地区的克斯鲁斯（Corcyrus）一样的小城镇也曾被同时代的墓地碑文所记载。碑文还隐约地揭示出业已停顿的贸易活动，这些活动一度相当频繁。然而，那种认为这个时代是"大城市"时代的意见也多少符合真实情况，但在最初的一段时间里，城市生活呈现出完全不同的特征。这一点首先体现在君士坦丁堡，它不是普通城镇，甚至不是诸多城镇中的大城市，而是首都，因而它在各个方面都无可比拟。

现存的古代城镇

由于有这些古代遗存城市，我们还真的可以谈论一下这些古代行省城市的传统情况。这一传统情况确实来自于我们所掌握的材料：这里有不断供应热水的恒温浴室，也就是无人监督的男孩们进行浪漫爱情冒险的地方；有温泉；有广场，这里遍布着颂扬皇帝或其他名士的雕塑与铭文；有拱廊街道，廊柱之间建有木制或帆布制的防火性极差的临时售货亭；有可以享用膳食和女人的酒馆；有廉价的小客栈和外卖商店，那里谣言不断，间或发生骚乱；有剧院，其色情而滑稽的表演激荡着平民的热情，也引发出对有教养者的蔑视和对教会的敌视，行省总督在此可能会受到欢迎，但也可能受到民众的嘘声，因为民众没有机会表述自己的心声；在某些地方，例如巴勒斯坦的凯撒里亚，有时也模仿首都举行赛车比赛；最后，还有长方形会堂，这种直角大厅的建筑形式最早曾为基督教所采用，现在主要用来办理商务和举行法律听证，而且中央政府的代表，即行省总督通常会在大厅中设有自己的席位。一些城镇的教堂建在城里，另一些则设在郊区，它们鼓励一种新型的社会交往，尽管这只是某种旧式社交活动的延续；人们聚集于此参加宗教仪式和聆听布道，从这里出发举行游行，或者在这里发起暴乱。乞丐就露宿于教堂门口。5世纪时，出现了第一座城市修道院，而且自前一个世纪末开始出现的慈善机构也建立得越来越普遍。

罗马政府发现，将城市贵族议会转变为行省市政议会非常容易，因为城市贵族议会是由地主组成并负责税收。城市有自己的收入来源，主要来源于城区内房地产租金，或来自城区小块土地租金，例如，将一个摊位租赁给小商贩。此外，还有过路费。然而，市政官员要依据惯例自行满足城市最重要的需求，因此他们担任公职非但没有薪水，也不能贪污受贿，反而要凭借其

这幅5世纪创作的镶嵌画描绘了安条克一条街道的景象。场景取自行省城市的日常生活：两位在廉价的小食店就餐的食客正在进行争论（安条克，古代遗物博物馆）。

财富和慷慨。他们珍惜并追求名誉。人们通过在中央广场上竖立雕像的方式，颂扬诸如修建浴池或赈济饥荒的行为，或者立即在铭文上把受欢迎的市政官员称为"城市之父"或"捐助者"（euergetes）。罗马接管并继续实行这一制度，向市政议会派驻代表，并向他们分派任务，诸如维修公路、供给军队和征集税收，让议会成员个人或集体负责这些任务。在塞维鲁王朝皇帝们（Severan emperors）统治下，这一制度变得更为严格，同时市政议会成员也逐渐成为世袭，这两种趋势与3世纪前30年所表现出来的军事压力以及中央集权的趋势相一致。这一政策还是产生了一些社会效果，其影响在4世纪期间就表现得比较清晰了。

　　事实上，市政议会能够通过传统的团结力量来对抗中央集权，中央政府最终不再从元老院成员中招收新的被任命为监督指导议会事务的官员。各城市议会都通过大体相似的方式受到捐助行为的影响。捐助人的角色模棱两可，尽管他们已经完全合法，却设法规避正常的司法和财政程序原则。他们可以从职务中获取收益，或者至少能获得声誉。皇帝本人也有可能成为某一市政议会的捐助人。然而，更常见的是，这个角色是从议会自身负责人中间产生出来的，他们的存在表明，当时议会内部的社会分化越来越严重。市政议员责任十分沉重，使财力最小的富人陷入贫因，他们或者竭尽所有履行职务，或者托庇于大地主，为其管理地产或提供服务。在这个等级的另一端，则出现了"上层"精英集团——"杰出十人团"。最终，最富有的成员或许感到轮流履行市政官员的责任太过单调，因此力图打破所在地方的局限性，进入君士坦丁堡议会或获得更高的官职。同时，城市市民阶层则不愿进入市政议会，因为市政议员大多不是靠土地而是靠经商发迹的。由此，可以清楚地看出市政机构衰落的原因。然而，应该强调的是，这种变化的最初迹象虽然在4世纪末就已出现，但该过程仍然是一个渐变的过程。

在最大的城市中，行省总督象征着中央权力，而在次一级城市中则至少由税务官来代表这一权力。总督的权力在本质上由司法权和行政权构成。总督通常不是本行省人，法律也不允许他们在辖区内拥有财产。他们似乎一直希望遵守这套陈规陋习，因为在东部帝国有无数碑文都证明，他们慷慨资助建筑活动。有一系列法律禁止他们从其他建筑上拆卸大理石柱用来装饰自己的建筑物，或禁止他们把自己的名字附加在前人已经开工的工程上，这些法律揭示出他们这类举动也有其不太光彩的一面。但是，他们仍然热衷于此，而不追求传统的名誉。总督们如果谨慎小心地解决食品供应问题，那只能说明他们一直担心发生暴乱。然而，他们迅速加入到行省社会真正的统治阶层中。他们与后来出现的以主教为主的权势人物过从甚密，因为这些人在行省中拥有重要地位。

城市主教区的出现

最初，主教区不一定必须以城镇为依托，但不可否认的是，4世纪至6世纪是城市主教区发展的黄金时代。这一时期，甚至比较小的城镇也有主教提供服务，他们大多由行省贵族或高级官员的子弟充任，因此他们也分享那个时代颇为普及的古典文化。非常有趣的是，无论主教们完成的大量文学成果是否只是昙花一现，4世纪和5世纪上半叶的历史确实见证了其辉煌阶段。他们撰写了大量有关行政管理或宗教事务的书信，也撰写了充分体现出其古典文学和哲学素养的辩论文章和神学论文，尽管从中还是可以看出一些修道色彩：凯撒里亚的瓦西里因其在教会法方面的巨大贡献而成为拜占庭教会最重要的人物；纳西昂的格列高利（Gegory of Nazianzus，约330~395）曾一度出任君士坦丁堡大教长（380~381年），他也是瓦西里的兄弟；而尼萨的格列高利（Gregory of Nyssa，约335~394年）则是基督教柏拉图哲学的诠释者，他们都生活在整个4世纪期间，并一直是未来历史永久的里程碑。他们不仅在拜占庭帝国精英荟萃的卡帕多西亚行省放射出夺目光辉，而且还将其投射到那个转瞬即逝的特殊时刻。那时的希腊文化已经基督教化，但尚未完全丧失其古典特征。其同时代人，来自安条克的约翰·克里索斯托（或称"金口"，John Chrysostom，344或354~407年），其父亲曾在安条克出任最高军职，为安条克教会说话，在386

年至397年间一直同主教弗拉维安（Flavian）并肩而战。那时他已经是首都的大主教，并卷入首都教会与宫廷的斗争，特别是他与皇后尤多西娅的矛盾激化。他于407年死于流放卡帕多西亚内陆地区的途中。约翰·克里索斯托代表着这种古典文化与基督教相结合的特征的一个侧面，他以最具说服力的华丽辞藻为教士最明显的特性做辩护。在这方面，他赢得了"安条克人捍卫者"、"基督徒典型的布道者"和"公众法官"的称号，后者是在他与皇家斗争的意义上说的。在这方面，西兰尼主教斯内修（Snesius，约370～约413年）在遥远的利比亚潘塔波里城（Pentapolis）成为像约翰这位他的卡帕多西亚同胞一样的政治和文化人物。这一群体还包括另一位安条克人，即希尔城主教塞奥多利（Theodore of Cyr，约393～约466年）。但是，塞奥多利在其《教会史》和反对异端异教的文章里以及他在贫穷的北叙利亚主教区所编著的圣徒故事集中，给人留下的印象是一个闭门潜心从事研究的人，而不是活跃在公共舞台上的人，因此要透过这个主教角色的表面去洞察古典文化就变得更难了。

　　这个时期的主教因民众拥护而被选出，并经历了诸多尘世事务，因此他们自然在市政体制中占有一定的地位，并以一种新奇的方式与某些市政功能联系起来。一方面，他们是成功的修辞学家，是城镇的传统发言人，尤其在小一点的城镇中，他们越来越多地参与城镇事务，维持食品供应、维修城墙、从教士或主教教区的立场干预征收财税以及仲裁司法案件，后者从查士丁尼时代就已合法化，所有这一切都需要主教们给予关注。主教们与其他贵族相似，也热衷于兴修建筑，以适应其特殊需要。正如我们在铭文中所看到的，这些活动在进入6世纪以后依然继续进行，城市越大，工程规模也越大。甚至在610年至619年出任亚历山大主教的"救苦救难者"约翰（John the Almoner）的《传记》中，也逼真地描述了教会生气勃勃的活动情况，包括从事海外贸易在内。该书由其门徒尼亚坡里（Neapolis）主教利昂提奥斯（Leontios）所著。在叙利亚和柯普特世界里，杰出的修道士领袖们早就出尽风头，远比希腊城市中的修道士更为玄妙。最后，在希腊城市里，其主教权力是否能发挥作用最终还要取决于他们是否能成功地适应新社会的需要，因为他们是在一个明显缺少变化的社会环境中传播自己的信仰。

城市人，古代生活的反映

　　上述有关拜占庭早期社会主要权力的一切论述似乎都显示出：城市控制着乡村，乡村是城市的食物来源。换言之，城市是权力所在地，而其征收的贡赋则由土地产出。在拜占庭帝国初期，政治权力的核心内容就表现在这些方面。然而，当我们试图具体考察这一社会经济生活实际发挥的作用时，情况就会变得更为复杂。

　　我们将再次从古代城市组织开始谈起。当城市的地主共同组成市政议会时，城市的商品和服务业生产者以及从事海外贸易者，就根据其所属行业或贸易种类组织了各种同业行会。这些行会有久远的历史，因为其联合原则可以被视为古典时期地中海社会的基本组成部分。在此，它足以使塞维鲁统治时期（the Severi）的历史重新崛起。当时各种公共劳役被当做税收义务的制度逐步确定，呈现出上述已经描述过的方式。本世纪初期，历史学家对这个制度重新开始研究，他们连篇累牍地探讨了帝国晚期那种将社会成员固定于他们原有职业的残酷规定，而后，倾向于相信这种没有限制的机会是面向所有私人企业的。事实上，这种制度远不像表面那么严格。首先，我们绝对不能肯定在行会注册是强制性的，因为正如我们所看到的，每一种限制都有一种相对应的特权。其次，儿子完全无法脱离父辈或其自己的同业行会。无论如何，正如在市政议会中一样，集体责任的规则更适用于产业而不适用于人。由国家开办的作坊，例如铸币厂、军械厂以及生产军服和皇家专用紫色丝绸的纺织厂，都被迫排列在不同的类别中。在这些作坊中工作的工匠，无论是在君士坦丁堡、安条克、库齐库斯（Cyzicus），还是其他地方，工作条件都极为艰苦，其景况近乎奴隶。

但在另一方面，各种文献资料都表明存在着一种独立的城市工匠，有些墓志铭文就是以一对父子或兄弟的名字出现的。据这些文字判断，他们活动的方式是家庭而非个人的形式。这些工匠的活动对于拜占庭帝国输往世界各地的产品究竟有多大贡献，至今仍然是一个问题。值得注意的是，诸如工具之类的消费货物很容易控制，这必定进一步促进生产。由此可以得出结论，大多数农业用具都制造于乡村，因而其生产数量普遍很低。尽管工匠们都可以生产多种日常用具，但他们每一个人的产品都非常专业化：糖果师傅专门生产一种蛋糕，鞋匠也专门制造一种鞋子。奢侈品生产，例如打算用做婚礼赠品的豪华手工牙雕首饰盒，同样具有极高的专业水准。事实上，为了获得城镇经济活动的证据，甚至为了获得更小范围内乡村经济活动的证据，我们都需要考察建筑物部分。正如在450年以后历史中表现出来的那样，建筑物是认识这类同业行会所具有的特殊价值的精确指标。

在亚历山大、安条克，特别是君士坦丁堡这类最大的城市中，商人赚取巨额商业财富是千真万确的事情，尤其是那些从事远方贸易的船主和商人，香料和原丝进口商们更是如此。经红海和波斯湾的航线，与经中亚和伊朗将丝绸从中国运往地中海的陆路一样，早已为人所知。远程贸易特别是海上远程贸易，其利润与经营者冒的风险成正比。还有一种经营贵金属的"银商"，他们集黄金鉴定家、钱币兑换者和贵金属制品工匠诸种身份于一身，他们的产品印着国家的纯度检验标记，被收藏在私人金库和修道院里，这两者没什么区别。但是，政治权力的对比并不受这些财富的影响，而黄金制品也不能进入主要商品的流通渠道。

古代城市结构的主体一直是普通人，希腊语称为"吉莫"（demos）的社团。其字面上最明确的作用就是表达自我意愿，赞同或反对，提出要求，选举或至少起哄欢呼。总之，他们的吼声具有法律力量。所有非市议会成员的市民都属于这种政治团体，他们从大商人、最杰出的工匠到依据312年法律被豁免交通税义务的穷人都包容在内。从5世纪至7世纪，东部帝国的城市平民史就是在政治和社会两个层面上继续发展的，历史学家很难对它们做出区分。人们在专门设置的城市背景下扮演着传统的政治角色，安条克的剧院、君士坦丁堡的竞技场或其他地方以及公共广场都是他们的舞台。此外，还必须添加上教堂这种新兴的特殊建筑物，虔诚的信徒团体与传道者在这里咏唱应答，也是在这里有可能会突然爆发示威游行。这些民众示威活动，尽管野蛮，但事实上大多是做做样子的表演，实际上就是一种象征暴力的习惯：大肆破坏公共雕塑，投掷石块，以及反复高呼带有韵律感的口号。450年至460年以后，这种骚乱爆发得越来越严重，暴力对抗集中表现了蓝党和绿党的冲突，双方在赛马场、街道和邻里间不断爆发武力争斗。

为了将上述对抗看得更清晰，我们必须暂时离开主题，转而谈论君士坦丁堡的竞技场。它具有普遍的象征意义，在此举行比赛的情况我们在前面曾略微谈及。最初，四种比赛用色彩是从罗马继承来的，由竞技各方分别佩带，后来，只有蓝色和绿色继续保留下来。事实上，我们并不了解这些色彩对那个时代的人而言有何含意，因此也不大可能说清楚为什么一些人效忠于某个竞技党派而不是其他派别。某种色彩的党徒作为一个群体，一般只是一群乌合之众。他们当然主要从竞技动物饲养场的工作人员、喜欢围观看比赛和凑热闹的人和驾车的驭手中吸纳新成员，但同时也从舞蹈者和演员中汲取新鲜血液。所有这一切都会刺激产生出对公共秩序极为危险的失控状态。暴乱通常由一些徒劳无益的政策措施引发，人们在竞技场上不断地恶语相加，还有那些写满诅咒字母的标语板，以此施魔法迷惑骚扰某一对手。另一方面，蓝党和绿党也可能与某种公众意见分歧或者社会阶层相对应。但是，如果真的如此，它们又与谁对应呢？即便我们花所有笔墨来描述这个主题，还是难以给出一个准确的答案。蓝党一般支持或代表宫廷贵族、高级官吏和察尔西顿派信徒，而绿党则代表普通市民和持异端信仰的信徒，他们带有明显的反犹太人倾向。

在460年至610年之间，这两大竞技党派，或者更可能是它们的党徒追随者在街头相互责骂，而且自530年以后，他们举止行为堕落，公开犯罪。但是，爆发骚乱的原因则应该从6世纪的社会历史，更准确地说是从城市史中去寻找。

历史文献描述的有关5世纪上半叶城市动乱的起因，提示我们不要太过简单地看待这个问题。无可辩驳的是，在首都的确发生过一些因食品而起的骚乱。这些骚乱爆发于409年、412年和431年，其矛头直指应对此事负责的官吏：412年，暴民烧毁了城市长官莫纳西乌斯（Monaxius）的官邸；431年，如当时文献资料所载，皇帝本人也"遭到饥饿暴民投掷石块的攻击"。但是，那些为暴民所拥戴的人似乎也同样可能是骚乱的原因。例如，约翰·克里索斯托针对皇后进行公

开的道德批评，最终为此付出代价，于
403年被橡树园宗教会议斥为异端，而
首都市民为了维护其大教长的地位发生
暴乱；404年，当约翰·克里索斯托被
驱逐踏上流放之路时，其支持者放火烧
了圣索菲亚教堂。因此，宗教暴乱突然
爆发的原因似乎除了神学情结外还有其
他动机，历史学家常常认为神学情结就
是没有任何明显原因的情况下在普通拜
占庭人中产生出来的。阿里乌派和正统
派之间，或基督徒和犹太教徒之间的争
吵（有时以死人为结局），是信仰因素
在统一意识形态过程中越来越重要的标
志，早期拜占庭社会如同其他社会一样
努力形成这种统一。这种信仰因素后来
逐渐占据了主导地位。

　　很容易看出，这些偶尔成功并一直
令人担忧的骚乱示威活动，在公共生活
与城镇生活被视为一体的古代习惯尚未
被放弃的社会中，具有一种实在的政治
作用。这使得城市平民的社会构成演变
为一种更令人好奇的观察对象。我们将
其视为一个有明确界限的统一体，或者
更确切地说，是两个统一体，一个是古
代的，另一个是基督教的，因为这种差
异在5世纪上半叶还依稀可见。古代的平
民是那些仍然领取君士坦丁堡和亚历山

这幅5世纪创作的象牙双折画残片，表现了竞
技场比赛的场景以及象征首都社会政治生活的竞技
党斗争。方形碑置于中央，赛车是莱姆佩狄家族的
赠礼（布里西亚，基督教博物馆）。

大等城市分发的定量面包配给的人和仍然领取传统的慷慨布施的人，他们继续受惠于尚未完全消失的古代传统。然而，他们也是城市民兵的成员，是登高守卫城墙的"青年"，是在君士坦丁堡帮助建设塞奥多西城墙要塞的人，最后他们还是竞技党派系斗争中的激进分子——可能同时还控制着民兵。城市的下层阶级也许包括小商贩和流浪儿在内，他们显然并不是一点能量都没有的人。他们活动广泛，不断扩展，甚至超过了他们特定的社会角色应有的作用。在4世纪末的文献中，利班尼乌斯描绘了安条克暴乱中的煽动者，其中名为"三百条剧院之狼"的城市渣滓和流浪汉最为著名，他们本不属于这个城市。然而，"市民"这个古典式名称还是有某种实际内容，当我们以后考察到460年后城镇膨胀并伴随着频繁暴乱时，一定会想起这一名称。在字面意思上，市民指"城市人"，他们实际上仍然是"情绪激动的乌合之众"。

贫穷的折磨与修士的干预

从4世纪晚期的基督教布道集中，人们已经越来越明显地感到城市需要慈善救助、穷人需要帮助，同时，这个时期的立法也委派教会负责普遍的慈善救济，将这一责任和教士及教会财产享有财政豁免权联系起来。当时的理解和我们现代人的关注点完全不同。穷人、流浪汉、病弱者、乞丐及老人都一起被汇总纳入"贫穷"之列，这是一种初始的和可以理解的概念，被说成没有能力自我供养的人。为了满足其日常所需，最初也只是设立了一种可以为贫困者提供庇护的机构，附有必要的医疗设施。古典社会对此可是一无所知，尽管那时医学技术已经十分发达，而济贫院和与其相关的医院都是4世纪出现的，因此也是这以后的一项主要创新。私人家庭创办的类似机构也于4世纪时出现，大概是出于个人愿望。由教会创办的第一所慈善机构是由亚美尼亚的塞巴斯特教区主教尤斯塔修斯（Eustathius）创办的医院，他从356年任职一直到380年去世。尤斯塔修斯在这方面也像在其他方面一样为凯撒里亚人瓦西里树立了榜样，后者于370年就任所在城市的主教，并在城门附近创办了瓦西里修会，这或许可以被描述成为一种医疗性综合机构。每个慈善机构都委派修士负责管理各项安排，这一特点逐渐演变成城市慈善救济活动的主要内容。而后，由修士提供服务的慈善机构开始增多，尤其是5世纪上半叶的君士坦丁堡更为突出。人们完全不应该忽视这种发展在文化层面上的意义，基督教团体为何能向那些贫穷卑微的人敞开大门，难道只因为他们在当时社会分层中毫无地位？这令人回想起，教会早在2世纪和3世纪时就已经向基督教团体中的贫弱者——例如童贞女和寡妇——提供过这种帮助，但是环境所起到的作用也不能低估。大约从360年开始，需要帮助的贫困者数量似乎一直呈上升趋势，因为伴随着城镇规模的扩大，其吸引力超过了从前，尤其是大城市更是如此。人们逃进城市多是为躲避官府的敲诈勒索、地主的残酷压迫、行省总督不公正的判决以及大饥荒中的饥饿，或者是希望能接受贵族按传统的布施或基督教慈善机构的救济，以此来弥补生活不足。应该说，君士坦丁堡、耶路撒冷、安条克和亚历山大仍然是具有吸引力的主要中心，尽管它们的具体情况存在着明显的差别。由于人口缓慢而稳定的增长并没有伴随相应的资源增加，或许在某种程度上一直存在着健康状况恶化的趋势。某些来源不明的疾病按照其自身规律传播开来：到这个时期为止一直潜伏的麻风病于4世纪最后30年再次爆发。那些患病者被认为身心着魔，染病者日见增多，而得了这种病的人就此变成真正的"废人"，无法从事任何正常工作。令人惊奇的是，400年至450年之间相关资料中没有发现任何记载表明犯罪行为有所增加的信息。大量犯罪是后来的事，可能是在查士丁尼时代。我们只了解禁止"身体健全的乞丐"留住首都，但是不清楚这条禁令的成效如何。重要的是，受助或值得慈善救济的穷人遭受的痛苦，使城市人具有了崭新的特征。

在前文中已经提到苦行修道生活与城市生活观念之间存在冲突。但是，现实生活在此再次压倒了修道生活。在安条克和亚历山大的教义冲突中，修道士们像散兵游勇一样涌入城镇。438年，"四十人团"结成巴尔沙玛（Barsauma）扈从队，从萨莫萨塔（Samosata）侵袭圣地耶路撒冷时，按十分之一的比例大肆杀戮聚集在耶路撒冷庆祝圣幕节的犹太教人群。在此之前，他们摧毁了沿途城镇中的犹太会堂。"无眠者"亚历山大从安条克被驱逐后，于425年抵达首都。在此之前他曾听说有一种单纯以慈善救济为主的修道活动。另一方面，修道院关心对穷人的保护，修道院认为社会上的贫弱者、逃跑的奴隶和无力偿债的债务人应得到庇护，例如431年以弗所大公会议规定，修道院设立的庇护场所应建在修道士建筑物与外墙之间的地方。国家在原则上对此予以承认，但却极力保持自身的权力。相反，异端破坏者坚持开展活动，毫无妥协。5世纪，修道生活与城市生活之间的对立仍然存在，并与法律规则和自由生活之间的对立同时发生。根据虔诚信徒的记述，修道士是为了自我牺牲而来到城市的。与他们相反的另一面，异端破坏活动则在流浪乞丐帮伙中找到了自己的位置。流浪者既有男性也有女性，他们与尘世，或者说与城市融为一体。最初，修道生活并不是都以正统面目出现在君士坦丁堡，但无论如何，他们表现出独立不羁和非正规的特点。除了起源于瓦西里制定的修道院苦行修道规范外，由于缺乏西欧人观念上的修道原则，这些城市修道士的纪律甚至比某些沙漠修会更为松弛。僧侣对尘世事物的干预很少或者根本没有。如同在城镇和沙漠中一样，修道士都游离在正常的政府管理和社会归属之外。这也解释了修道士势力干预神学争论时何以充满了活力，解释了与冲突相伴的暴力行为，说明了他们为何与穷人结盟，以及他们为何对主教采取进攻姿态，例如他们对首都的约翰·克里索斯托大肆攻击。此外，无论从文化意义还是从社会意义上看，修道士们通常都来自乡村。正是通过他们，科普特或叙利亚世界才变为亚历山大或安条克这样的文明社会。

在这一意义上，可以说5世纪早期的修道士就像穷人一样被引进了一种全新的因素，它不可避免地改变了构成城市秩序的"人民"的古老概念。这个时期的修道士不再受规定的禁锢，他们更开放和更容易接近。修道士们有时组成两三人的小群体，以一种与4世纪的家庭隐修士以及沙漠修道小组相似的方式居住在一起。其中，家庭隐修士继续与其家庭一起生活，或者更准确地说，他们是身在家庭中却同时漠视家庭结构的人，犹如沙漠中的修道士群体。所有这一切都解释了法律为何越来越严格地禁止这些修道士在城市之间自由流浪。451年召开的察尔西顿会议禁止他们流浪，并将其慈善机构的活动置于地方主教的监管之下——显然，这没有成功，因为查士丁尼时代的法律还在努力将其完全排斥于城市之外。同时，5世纪上半叶的历史也清晰地揭示出，当时确实存在着面对兴起于沙漠中的修道院教堂的城市，并且不甚清晰地揭示出这种教堂与主教教堂之间的对抗。这一问题只能以前者的胜利得到解决，而此时已经到了9世纪。

第四章 帝国的繁荣时期：5世纪中期至7世纪中期

从457年利奥一世即位到565年查士丁尼去世这段时期之所以被称为伟大的时代，并非因为此间的皇帝们保持了统治的连续性。这是一个异常兴盛的时期，重大事件和变革层出不穷，几乎所有的社会和文化潜力都或多或少地爆发出来，结出硕果。总之一句话，我们涉及的这个社会人力物力资源似乎前所未有地丰富，这大概符合人们对其特征的描述。繁荣时代的第一阶段一直持续到518年查士丁（Justin）即位，事实上，他的统治不过是527年接替其皇位的查士丁尼统治的伟大时代的一种过渡。在此期间，最引人注目的是帝国皇位继承制度的变化，它以自己的方式更明确地确定了至高无上权力的定义，此外还有自利奥一世以来拜占庭帝国表现出来的新面貌。我们看到，此时西方已经成为边疆地带，是对外政策中的潜在目标。而波斯帝国也依然强大，仍是拜占庭帝国在东方海陆两方的主要对手，但是帝国的皇帝们，如过去几个世纪一样，一直把其注意力放在北方的巴尔干地区，或是南方的叙利亚、巴勒斯坦和埃及行省。这里值得注意的是，此时拜占庭帝国的最南端位于小亚细亚南部边界的伊苏里亚（Isauria）的群山中。"君主之城"君士坦丁堡就坐落在这南北方之间的中心地带，它的政治作用在前面的章节中已做过介绍。

东方的吸引

在利奥一世和他的继承人、即他的女婿泽诺统治时期，日耳曼军队给东部帝国，尤其是首都的皇宫和色雷斯地区造成的威胁逐渐被消除，结果，另一个难题却在拜占庭帝国和西部帝国之间悄然兴起。

伊苏里亚动乱

457年，当帝国必须选出一位继承人接替马尔西安的皇位时，帝国内最有势力的人当属军队总司令阿斯巴尔（Aspar），一个信奉阿里乌教义的阿兰人。他的父亲阿达布里乌斯（Ardaburius）于427年任执政官，而阿斯巴尔自己也在434年当选为执政官，父子二人都曾是塞奥多西二世的主要将领。尽管阿兰人是来自大草原的民族，父子俩还是成功地促使皇帝将日耳曼同盟军队改编为职业雇佣军，并像他们自己一样成为阿里乌派的信徒。正是阿斯巴尔最终决定推举

141

6世纪的大理石半身雕像，很可能是阿里娅德妮皇后。帽子上镶嵌的两排珍珠显然是典型的王室头饰。阿里娅德妮是利奥一世的女儿，她曾先后将自己的两任丈夫，泽诺和阿纳斯塔修斯扶上皇帝宝座（巴黎，卢浮宫收藏）。

他的随从、色雷斯人利奥为皇帝。为了抗衡帝国军队内的日耳曼人，利奥开始在国内的蛮族伊苏里亚人中招募士兵。他还组建了一支新的皇宫卫队——御林军（excubitores，本意为在门边睡觉的士兵），由色雷斯人、伊里利亚人和伊苏里亚人组成，这支军队在其后的几个世纪中发挥了重要作用。466年或467年，利奥的女儿阿里娅德妮（Ariadne）嫁给了一个伊苏里亚人首领，他后来取了个希腊名字泽诺。471年，阿斯巴尔和他的儿子（也叫阿达布里乌斯）在皇宫中被暗杀，而同时，色雷斯也再次遭到劫掠，为首的是他们的亲戚斜眼塞奥多里克·斯特拉波（Theodoric Strabo）。塞奥多里克在东哥特联军的支持下从454年就已经在色雷斯地区建立起自己的势力，473年时，他成为当地的军队司令（magister militum）。但是泽诺通过分化瓦解的方法，挑起东哥特军队将领之间的不和，而后成功地促使他们将矛头转向意大利。

　　由于利奥与皇族没有任何姻亲关系，于是他采用了一种新的方式确保自己的地位得到承认。他在即位典礼上，除了接受军队与人民的列队欢呼外，还请君士坦丁堡大教长亲自为自己加冕。在451年的察尔西顿宗教会议上，君士坦丁堡大教长已经取得了与罗马大主教同等的地位。此后，一种宗族式的王位继承制开始逐步形成，其中也包括通过女性宗亲继承皇位的方式。阿斯巴尔的一个儿子成为利奥的女婿，而后，泽诺又娶了利奥的长女阿里娅德妮，并且在474年继承了利奥的皇位，但是泽诺未能稳坐皇位。475年，利奥的遗孀维利娜（Verina）先是唆使她的情人发动政变，而后又鼓动她的哥哥瓦西里斯克斯（Basiliscus）篡位夺权。虽然瓦西里斯克斯取得了帝位，却不得不面对先后来自他的妻子和他的侄子，也是他妻子的情人的叛乱。于是泽诺乘乱于476年重新取得皇位，直到491年去世。

随着巴尔干地区东哥特问题的消除和476年西罗马帝国的灭亡，在东部地区逐渐出现一种新的力量平衡。其中伊苏里亚高地人是一支至关重要的势力，泽诺及其随从的崛起就是最好的证明，但他们也不是惟一的力量。伊苏里亚人桀骜不驯，早在2世纪就开始不断发动骚乱，5世纪下半叶时他们引发的动乱达到了顶峰。在467年至470年间，也就是泽诺继位之前，就有记载说伊苏里亚人在罗得岛地区频繁制造绑架和暗杀事件，因此首都的普通民众经常用石头袭击他们，造成多人伤亡。

教义纷争

泽诺继位后，首先在解决东方行省中一性论信仰问题上取得成功。察尔西顿会议开始的宗教争端此时已明显表现为首都与东方行省之间的纷争。君士坦丁堡民众是察尔西顿信条的支持者。信奉一性论教义的瓦西里斯克斯上台后，立即引发首都与行省之间的教派冲突。君士坦丁堡人民聚集在大教长阿卡西乌斯（Acacius）的领导下，军队士兵则团结在亚历山大主教提莫西·埃卢鲁斯（Timothy Aelurus）周围，毋庸置疑，士兵们也都成了僧侣。同时，一性论信条在东方行省广泛传播，首先是在其诞生地埃及，此外还有叙利亚等地。482年，泽诺与大教长阿卡西乌斯提出一个统一法案（henotikon），但是这个法案既没有获得罗马的支持（却导致了484年东、西派教会的分裂），也没有得到帝国内察尔西顿派的肯定，甚至连一性论信徒也拒绝接受。然而，统一法案的提出至少说明了皇帝在处理教义问题时必须依靠君士坦丁堡大教长的支持。同时，它也用一种比以往更加严酷的方式暴露了皇帝与主教以及各主教之间的权力关系问题，这个问题远未得到解决。成千上万埃及一性论派僧侣起而反对帝国的统一法案。亚历山大主教彼得·蒙古斯（Peter Mongus）起先试图调解这种纷争，而他本人的信仰则更倾向于后者。482年以后，作为埃及真正具有影响力的人物，他开始公开表明自己的信仰，与帝国代表、毫无实权的埃及总督对抗。490年前后，君士坦丁堡教区断绝了与亚历山大教区之间的关系，而安条克教区随着485年漂洗工出身的彼得（Peter the Fuller，死于488年）第三次当选主教也表明了其一性论的立场。另一方面，泽诺成功地关闭了聂斯脱利派（Nestorian）传教中心的埃德萨学院[①]，所有教师都逃亡到波斯。至此，宗教纷争开始逐渐变得有些残酷。

---

① 5世纪出现的基督教小教派，因其首创者聂斯脱利得名，主张基督二性二位说，后被正统基督教会议判为异端，流亡波斯，东山再起，并传入我国。——译注

　　巴勒斯坦中心地区的骚乱起源于撒马利亚人（Samaritans）的一次暴动。撒马利亚人作为一个民族几个世纪以来一直信奉摩西五经。他们和犹太人有些相似，只是使用不同的字母，盖里济姆（Gerizim）山是他们的圣地。456年到457年间，在耶路撒冷主教的唆使下，他们的一个主要中心那不勒斯（Neapolis）发生了一次撒马利亚人和察尔西顿派对一性论僧侣的大屠杀。484年，凯撒里亚和那不勒斯都爆发了撒马利亚人的暴动，甚至企图篡位夺权。529年，此类事件再次发生。于是，帝国在该年制定法令禁止撒马利亚人的宗教信仰。法令一颁布立即激起了农村起义，并且得到广大撒马利亚人的支持，他们还一度将一个叫朱利安（Julianus）的人推举上台。起义还波及到两个城市中心：那不勒斯和塞设波利斯〔Scythopolis，即伯什安（Bethshean）〕，这两地混杂着各色民族的居民和起义者烧毁了许多财产和教堂。根据普罗柯比的记载，大约有十万人在这次起义中丧生。当地的地主，包括基督教会，在事件中都失去了自己的农民，只能独自负担王室的税收。巴勒斯坦地区大量的犹太人都支持撒马利里亚人的起义。555年，双方在凯撒里亚聚合。在那里，他们迫害基督徒，杀害帝国在当地的总督，并毁坏教堂。

　　491年，泽诺病逝。他的遗孀阿里娅德妮又嫁给了沉默寡言的皇宫长官阿纳斯塔修斯，并推举他为帝国皇帝，此时的阿纳斯塔修斯已年逾60。他继位后的第一个重大举措就是对伊苏里亚人开战，战争一直持续到498年。表面上，伊苏里亚人的辉煌已成过眼云烟，但事实上他们正在卷土重来。阿纳斯塔修斯出生在迪拉修姆〔也称都拉左（Durazzo）〕地区[①]，那里位于拉丁语世界的边缘地带，但这一点人们似乎很少提及，相反记载更多的是他曾任帝国行政长官以及他在埃及任职的经历。阿纳斯塔修斯公开表明自己在有关一性论教义争论中对他们的同情。在宗教事务上，他主要依靠非罗克山努斯（Philoxenus）和塞维鲁斯（Severus）。非罗克山努斯是安条克教区赫拉波利斯（Hierapolis）的主教，叙利亚人，一性论学说的重要代表人物之一。皇帝更器重的塞维鲁斯则来自皮西地亚[②]的索左伯利斯（Sozopolis），512年时出任安条克教长，精通希腊语言和文化，在基督教教义史上具有卓越贡献和巨大影响。总之，阿纳斯塔修斯特别青睐叙利亚。508年，他邀请了大量塞维鲁斯派僧侣来到君士坦丁堡。512年，他又任命来自阿帕梅亚的叙利亚人马林努斯（Marinus）为大区长官。皇帝与首都大教长之间的关系也与此相似。大教长尤非米乌斯（Euphemius）因为强迫皇帝批准尊奉察尔西顿认可的信仰，并要挟拒绝为其加冕，结果在496年被罢免。他的继任者马其多努斯（Macedonius）则由于坚持皇帝理论上应该遵守泽诺时期颁布的统一法案而最终遭到同样命运：511年，马其多努斯被流放。阿纳斯塔修斯的这些举措招致首都民众公开的反对和强烈不满，他们信奉察尔西顿信条，坚决

---

① 迪拉修姆为今天阿尔巴尼亚境内的一个地区。——译注
② 皮西地亚为今天土耳其的一个地区。——译注

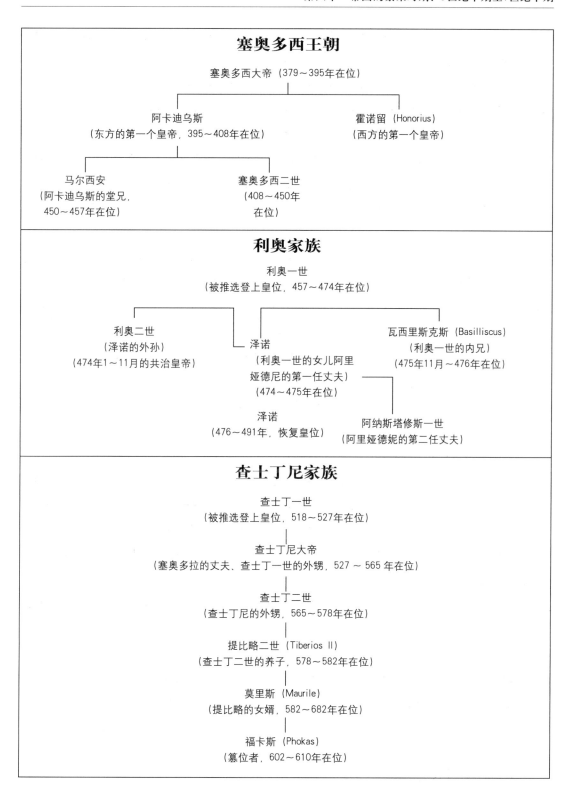

塞奥多西王朝

塞奥多西大帝（379～395年在位）

阿卡迪乌斯
（东方的第一个皇帝，395～408年在位）

霍诺留（Honorius）
（西方的第一个皇帝）

马尔西安
（阿卡迪乌斯的堂兄，
450～457年在位）

塞奥多西二世
（408～450年
在位）

利奥家族

利奥一世
（被推选登上皇位，457～474年在位）

利奥二世
（泽诺的外孙）
（474年1～11月的共治皇帝）

泽诺
（利奥一世的女儿阿里
娅德尼的第一任丈夫）
（474～475年在位）

瓦西里斯克斯（Basilliscus）
（利奥一世的内兄）
（475年11月～476年在位）

泽诺
（476～491年，恢复皇位）

阿纳斯塔修斯一世
（阿里娅德妮的第二任丈夫）

查士丁尼家族

查士丁一世
（被推选登上皇位，518～527年在位）

查士丁尼大帝
（塞奥多拉的丈夫、查士丁一世的外甥，527～565年在位）

查士丁二世
（查士丁尼的外甥，565～578年在位）

提比略二世（Tiberios II）
（查士丁二世的养子，578～582年在位）

莫里斯（Maurile）
（提比略的女婿，582～682年在位）

福卡斯（Phokas）
（篡位者，602～610年在位）

拥护君士坦丁堡大教长。而在帝国东部地区，虽然他大力保护一性论，却仍无法赢得足够的支持。512年，首都人民发动起义，反对在圣餐礼中加入一性论派的方式。起义者还劫掠了大区长官马林努斯的住所，伊利里亚地区的察尔西顿派主教被迫向教皇求助。513年，帝国的另一个敏感地区色雷斯又发生了维塔利安（Vitalian）暴动。维塔利安是同盟军伯爵和马其多努斯大教长的族人，他将大量对帝国不满的蛮族士兵招至麾下，当地许多农民的加入也极大地扩充了起义队伍，他们还与罗马建立起联系。起义军曾三度挺进首都。起义之初，维塔利安取得了很大胜利，并在514年，迫使帝国政府接受他们的条件，可是第二年起义便遭受了挫败。这次失败导致起义最终被镇压下去，而巴尔干的一部分教区仍然坚持反对一性论的斗争，并且得到了远在西方的罗马的支持。

饶有趣味的问题是，阿纳斯塔修斯支持一性论学说究竟是出于何种原因？是在非罗克山努斯和塞维鲁斯等神学家的学术争论中，他自己确实成为一性论教义的忠实信仰者，还是仅仅因为他把东方行省的作用看得比首都还重要，而一性论信仰在东方是主流，所以要大力保护？在那个遥远的年代，皇帝们的内心世界对我们来说也许比穷人的内心世界更难以了解，这个问题似乎永远也无法找到答案。不管怎样，在阿纳斯塔修斯统治末期，东方教区最终联合为一体，形成了与罗马分离的教派。然而，他们在维护东方统一教派上也不能掉以轻心，因为亚历山大仍有很强的反一性论倾向。在叙利亚，一性论信仰也未取得最后胜利。而一性论学说在巴勒斯坦的传播也没有取得任何进展，因为那里的主要居民是犹太人和撒马利亚人，而非基督徒。结果，巴勒斯坦地区的隐修士非常容易就支持了察尔西顿派，他们最初也许更像是一种异端。不论何处发生混乱，僧侣们都是首当其冲的骨干领导者。在叙利亚，他们甚至参与对立两派的斗争。除了巴勒斯坦地区的特殊情况以及像塞维鲁斯等个别人之外，帝国内部各地的教义纷争恰巧与语言的种类相对应，进而在一定程度上与社会种族成分相对应。这种分野的精确性还有待日后观察：一性论成为科普特（Coptic）[①]或叙利亚文化的信仰，而希腊文化则奉察尔西顿派为正宗，未来世界的分化图此时已基本确定。

518年，阿纳斯塔修斯先于皇后阿里娅德妮去世。我们发现，皇位继承者再次从宫廷内部选出，而后得到元老院的正式承认，在接受军队和人民的列队欢呼之后，由首都大教长为其加冕。登上皇位的是前御林军队长查士丁。他出生在讲拉丁语的伊里利亚地区的斯科普杰（Skoplje），当时已60岁。他的妻子鲁皮西娜（Lupicina）加冕皇后即改名为尤非米亚（Eu-phemia），他们没有子女，因此查士丁就立即任命自己的外甥查士丁尼（生于482年）为共治皇帝。这一场景在若干年后又重新上演：565年，查士丁尼去世，但无子嗣，于是他的外甥继承了

---

① 科普特为埃及古语，察尔西顿会议后，埃及各教会在宗教仪式上拒绝使用希腊语，开始使用科普特语。——译注

皇位，称为查士丁二世。此时的皇位虽然是由旁系亲属继承，但仍保证了在家族内部世袭。十分巧合，查士丁尼的皇后如其前人再度扮演了重要的角色，这并非由于她像阿里娅德妮那样决定皇位由谁来继承，而是因为她参与帝国政治事务，在平衡国内各种力量中起到了关键作用。她因病于548年去世，比查士丁尼死的还早。她叫塞奥多拉（Theodora），出生在君士坦丁堡，父亲是一名竞技场的驯兽师。她本人似乎曾经做过艺妓，换句话说就是妓女，因此按传统定制，她根本没有资格嫁给像查士丁尼这样因其官职而拥有杰出者（illustres）阶级地位的人。520年至524年间，皇帝颁布的法律解除了这种限制，好像专门就是要为查士丁尼与塞奥多拉终于得以结合而设计的。塞奥多拉早年卖艺时浪迹天涯曾走遍东方诸省，这种经历使她在情感上更倾向于东方，她甚至支持一性论信仰。但是，此时帝国的统治者查士丁一世和查士丁尼舅甥二人却是坚定的察尔西顿派信徒，究竟是何原因不得而知。

查士丁尼：杰出的皇帝

随着查士丁尼的继位，伟大时代的第二幕开始上演，它比第一阶段更富有戏剧性、更加辉煌，而且毫无疑问更加著名。从装饰在拉文纳圣维塔利（St Vitalis）教堂墙壁上的镶嵌画中，人们可以看到那些尽人皆知的皇帝出行画面。其中有一列行进的队伍，两侧簇拥着宫廷显贵，同样也还带着些许与塞奥多拉名字有关的丑闻。然而需要指出的是，在重新恢复皇帝对整个帝国最高统治权力恢复昔日荣耀的过程中，她并未起到突出作用。事实上，准确地说，由于查士丁尼统治范围相当广，这一时期留下了很多关于皇帝夫妇的故事和绘画资料，但是这些说法往往都只是些不太可信的记载。真正的记述是从官方史家凯撒里亚人普罗柯比开始的。他是一个尖刻又充满激情的批评家，用了很多年时间去记载查士丁尼的对外战争和他创建的丰功伟绩。而后在550年前后，由于某些原因，普罗柯比开始撰写《秘史》，其中还详细描写了塞奥多拉童年和青少年时代的生活。这部著作也涉及当时其他一些重要人物，如伟大的将领贝利撒留（Belisarius）和531年至541年间出任大区长官的卡帕多西亚的约翰（John of Cappadocia）。同样，在吕底亚的约翰（John the Lydian）的专著《罗马人民的地方行政长官》第三卷中也对大区长官做过详细记述。吕底亚的约翰大约出生在490年前后，曾在君士坦丁堡大区长官府任职多年，其书中描写了许多暴力淫秽的场面，以抨击德高望重但权力不大的官员。

查士丁尼的世纪

各种资料显示，查士丁尼和塞奥多拉周围都是些知名人士。此外，这一时期还有一个明显特征，即留传下来的大量文学作品，除使徒传外，基本上都源自帝国统治阶级内部的高级官员，而4世纪末期创作的文学作品却主要出自修辞学家和城市主教之手。因此，这些文献不仅记载历史事件、政府政策，还展现出帝国统治模式的结构，其基本特征在君士坦丁时期就已开始逐步形成，此时就完全确定下来，并确定了其未来的发展。从两方面发展前景看，查士丁尼立法这个具有里程碑意义的重要历史文件起了原动力的作用，它也同时造就了这个世纪的另一位伟大人物——法学家特里波尼安（Tribonian）。他是529年颁布的《查士丁尼法典》的主编，而后又组织修订了古代罗马法，完成了《法理概要》，于533年出版，该法典颁布后即宣布禁止对其进行修改。此后帝国皇帝分别颁布的法律单独收录在《新律》中，表达了这位立法者的意旨。援引这些法律而判定的各种案例决定着帝国首都以及各行省，乃至所有征服地区的发展。除了450年后制定的一小部分法律外，我们看到的《查士丁尼法典》基本上是拉丁文本，而《新律》则用希腊语完成，只有少部分拉丁文本在西方的意大利、非洲、伊里利亚地区通用。此外，查士丁尼在位时间很长，完全可以在帝国内确立一种政治标准，或者至少能够使自君士坦丁时期以来就已逐渐形成的政治模式固定下来。这种模式是在制订法律的框架内发展起来的，查士丁尼声称自己是在"对全人类的爱心"鼓舞下，受上帝委托，根据神意以及他自己对人类如何能够幸福生活的预见，制定各种法律的。因此，《法理概要》的序言对查士丁尼夜以继日、从不睡眠的断言就变得极具渲染性。在普罗柯比的《秘史》中，查士丁尼也被描写成这种奇异的形象，而他之所以夜不成眠则正是他恶魔般的天性所致。

　　查士丁尼的权威还进一步体现于他在建筑及其装饰方面的辉煌业绩。他的建筑成就遍布帝国各个行省，但首先是在首都君士坦丁堡，因为这里有最能代表查士丁尼成绩的两大建筑：帝国宫殿和圣索非亚大教堂。正如君士坦丁皇宫和9世纪与10世纪的宫殿一样，建成于6世纪的查士丁尼大皇宫留给我们的也只是些残垣断壁。考古发掘出土了一些精致的、希腊风格的乡村镶嵌画。其中一幅描绘了一架坐落在河上的水车，水车是这一时期的新事物。根据查士丁尼的授意，帝国总理大臣彼得·巴特利基安（Peter the Patrician）将5世纪与6世纪以后皇帝颁布的有关宫廷礼节的命令加以整理，并制定成一套相当繁复而完整的能够充分体现皇帝威严的礼仪体系。其中一部分被收录在四个世纪后皇帝君士坦丁七世编辑的《礼仪书》中，保存至今。

　　被誉为"神圣智慧之堂"的圣索非亚教堂于532年开始兴建，537年被定为献祭的圣地。由于其半圆形穹顶的坍塌，558年时教堂进行了重新修建。562年，圣索非亚教堂再次被定为圣地。为了完成这一惊人的伟大建筑，查士丁尼毫不吝惜任何财富，最终使它成为保持拜占庭帝国权力的宗教中心，不仅皇帝本人和首都人民把它看做是帝国权力的象征，就连帝国周围的外邦人——各斯拉夫民族，也将圣索非亚教堂视为他们自己的首都。教堂高耸的穹顶距离地面55米，其惊人的跨度也有77米之广，以至于可以轻松容纳博韦（Beauvais）[①]教堂的唱诗班。圣索非亚大教堂因此成为几个世纪以来拜占庭教堂建筑仿造的蓝本：规模庞大、无与伦比，厚重的建筑，从外观上看似乎是很不雅观地蜷伏在地面上，但内部却装饰着光彩夺目的镶嵌画。上帝被安排在醒目的位置，使帝王君主随时可以感受到他的权力与威严。如果说意大利拉文纳的圣维塔利教堂还保持着小巧玲珑的风格，而圣阿伯利纳雷（St Apollinare）教堂也沿用着长方形"瓦西里卡"教堂的建筑模式，这仅仅能说明在不同地方，教堂建筑有些细微的差别，但是教堂里的壁画却与圣索非亚一样。皇帝被大臣们簇拥着，他的威严与来自上帝至高无上的权力密不可分。

查士丁尼的目标也许可以概括为重新统一罗马帝国，但禁止任何形式的改变。因此，在这个基督教国家中，消除各种异端与混乱就成为皇帝权力的主要任务。拜占庭帝国把自己看做传统的继承者，但这种传统不包括自由变革。于是，它只关注过去，却无法放眼未来，它寻求永恒，却对前途视若无睹。它采取了一种现代人几乎无法理解的维护帝国统治的方式，但却极好地说明了此后拜占庭帝国许多政策的指导思想。比如，在立法领域里就明显体现了这种精神：《法理概要》和《查士丁尼法典》编纂颁布后，一切有益于修订法典的材料都被损毁，而且禁止对这两部法典进行新的注释和评论。但实际上，随着查士丁尼迫于现实压力颁布《新律》，在实践领域里开创了新的先例后，关于《新律》的很多注释和拉丁译本还是打破了禁令。尽管从《新律》以后，制定各种法律政策都使用希腊语，拉丁语失去了其官方语言的地位，但是东西方的文化交流从未间断过，因为在希腊化世界和拉丁世界之间还保持着一条政治纽带，例如，当时的罗马显贵安尼奇（Anicii）家族在其间发挥着重要作用，教皇格列高利一世很可能就是这个家族的后代。但是，查士丁尼对西部帝国的重新征服使帝国的发展超越了他既定的历史或文化目标。

"罗马再征服"的范围和局限

在这一伟大时代刚刚拉开帷幕之际，利奥一世凭借强大的物质实力重新推行世界统一政策，侵入非洲，并非因为在那里出现了直接威胁，而是为了应对在西部帝国出现的蛮族入侵压力，这次蛮族入侵恰巧出现在西部帝国衰亡之际。阿纳斯塔修斯统治时期，帝国战争主要是防御性的：为了对抗好战的扎尼（Tzani）部落，拜占庭在高加索山区修建堡垒；在两河流域前线，阿纳斯塔修斯也展开了庞大的防御工事修筑计划；在巴尔干半岛，自泽诺统治以来就不断出现的斯拉夫民族安泰人（Antae）和斯克拉文尼人（Sklavenes）以及带着各种突厥部队的保加利亚人入侵的威胁，日甚一日不断的入侵压力使阿纳斯塔修斯在位期间忙得焦头烂额。但

[①]　法国北部城市，曾是中世纪法国红衣主教的驻节地，其哥特式教堂举世闻名。——译注

是，另一方面，阿纳斯塔修斯却积极地对叙利亚-巴勒斯坦草原地区的阿拉伯部落施加压力，使帝国的边疆行省免受他们的频繁劫掠，同时极力将阿拉伯人的侵袭挤压到波斯方向去。他还通过同样的方式支持埃塞俄比亚人征服伊姆亚（Himyar）地区。这一政策更由于埃塞俄比亚人通过大量来自亚历山大的基督徒皈依基督教信仰而得到强化，因此埃塞俄比亚人也大多信奉一性论学说。这一举措对拜占庭海上航运来说获益巨大，它打通了从埃拉特港口①到波斯湾，甚至到印度的重要海上通道。然而，查士丁一世统治时期双方的冲突再起，因为伊姆亚国王皈依了犹太教，这就意味着他拒绝埃塞俄比亚的保护，脱离亚历山大教区的管辖，转而寻求西拉（Hira）地区阿拉伯公国的支持，因为伊姆亚的部分地区仍然忠于传统的异教崇拜仪式。但是，一支新的埃塞俄比亚人军队主动镇压了伊姆亚的叛乱，给拜占庭帝国带来极大好处。查士丁一世同样也极力加强帝国在高加索地区的势力。然而，帝国此后采取进攻性战略和防御性措施全依据本身的人力资源条件。在伊苏里亚人的势力还没有威胁到君士坦丁堡或罗得岛地区的居民时，也就是在他们向帝国中心权力挑战之前，伊苏里亚人似乎经常根据不同季节，大量受雇于叙利亚北部的修道院建筑工地。后来，随着山区防御要塞被攻陷，他们不得不到色雷斯地区重新构筑、加强防御工事。从利奥一世统治时期起，伊苏里亚人开始作为私人武装的武士受雇于一些大地产主，为他们看家护院，保卫其庄园地产，而且大地产主们还可以根据需要，经常招募军队，逐渐将私人武装发展成常备正规军。这些褐色兵（bucellarii，字面上的意思是"军队中招募的浅褐肤色的士兵"）在查士丁尼的战争中发挥了重要作用，当然我们不仅指的是伊苏里亚人，而且还指像色雷斯人一样的其他行省人。查士丁尼继位时就掌控着这样一支由各行省士兵而不是蛮族士兵组成的军队，尽管后者在军队中从未彻底消失。这些行省军队在意大利征服战争中是作战主力，正如540年后在帝国所有战争中的作用一样，这一点根本不足为奇。

查士丁尼为拜占庭帝国传统确立了一种模式、一个目标，这就是重新征服西部世界，复兴罗马帝国的统一与荣耀。于是，他发动了一系列王朝战争：533年，查士丁尼入侵非洲，而此前，他的得力大将贝利撒留已经为他打开了通往非洲的一切道路。535年，他又入侵意大利，同样，贝利撒留为他成功地征服了西西里，并横穿墨西拿（Messina）海峡，于536年进入罗马，540年又占领了拉文纳。

我们应该避免一般认识上的错误，即认为这些武力成就不过是昙花一现，不足挂齿。贝利撒留在旧罗马城取得的"巨大胜利"，在甚至远至波河流域以北地区再现罗马人的影响，这难道不能说明罗马又重新回到了君士坦丁时代吗？当然，此时高卢和西班牙地区还未被征服，但是这并不意味着未来也会如此！在这一系列战争中，充分显示了褐色兵的重要作用，他们被大批招募

---

① 埃拉特港在今天的以色列境内。——译注

圣索非亚大教堂内部的壮丽景观。建于6世纪查士丁尼皇帝统治时期。其原址是一座显示上帝智慧与威严的教堂，也叫做圣索非亚教堂。查士丁尼耗费上万人力将其重新修建，希望它能超越以往所有的建筑。

到帝国军队中，在贝利撒留、查士丁尼的堂弟日耳曼努斯（Germanus）等将军的带领下四处征战，他们的加入使帝国的人力资源极大丰富起来，但同时也使将军的私人权力快速增长，就此人们将在农村地区看得更清楚。

尽管拜占庭帝国长期保存的历史记忆大多集中在西部帝国，但实际上，从此以后，帝国的活动范围主要是在巴尔干半岛和东部边界地区。从查士丁尼统治初期，拜占庭人就发动了对波斯的战争，在美索不达米亚平原、拉齐卡（Lazica），特别是在亚美尼亚（Armenia）地区也取得了一些胜利，但是波斯军队也时常占据优势，不时发起大规模入侵。529年，波斯军队深入到安条克附近。540年，他们更背弃了533年与拜占庭帝国签订的合约，一度占领安条克。此时的波斯国王是侯斯罗埃斯一世（Chosroes I），从他531年即位到579年去世这段时期，在波斯历史上被看做是一个伟大的政治文化时代，即著名的萨珊波斯王朝，正如查士丁尼开创了拜占庭帝国新时代一样。虽然萨珊波斯后来被穆斯林所征服，但是它的影响却极为深远。波斯是否也得益于充足的人力和财力呢，比如说大量丰富的银币？回答似乎是肯定的。两个帝国周边都是桀骜不驯的蛮族势力。在北方，查士丁尼最终制服了高加索地区的扎尼人。在小亚细亚，帝国遭受到匈奴侵扰的麻烦，例如在阿纳斯塔修斯统治时期遭到匈奴入侵，正是由于他们占据着从中国发端的陆上丝绸之路的咽喉地带，便可以凭借这一优势对拜占庭和波斯两国同时施加压力，当时他们尚未成为这一方或那一方的雇佣军。保加利亚人则不断地向巴尔干半岛逼进。540年，他们洗劫了色雷斯和马其顿地区（Macedonia）。另一方面，由于阿拉伯国家莱赫米兹王朝投靠了波斯帝国，拜占庭人就通过和哈萨尼兹王朝建立联盟，加强自己在与波斯竞争中的优势地位。哈萨尼兹人是以叙利亚草原的塞尔吉奥伯利斯（Sergiopolis），即圣塞尔吉乌斯（St Sergius）城市（也叫莱萨法）为其首府的一个小王国。最后，在南方，查士丁尼则继续采用拜占庭一贯的对外手段，通过外交、传道以及军事威胁等方法一方面对努比亚，另一方面像以前一样对埃塞俄比亚和伊姆亚人地区施加压力，因为这里是进入红海地区的必经之路。

查士丁尼统治末期，军事上的衰落似乎比财政危机和社会混乱出现得更早一些，这可能说明，前者是直接导致后者的重要原因。重新征服西部世界的伟大计划早在540年就开始放慢了脚步。在非洲，拜占庭人取得的文化成就也遭受到来自柏柏尔人（Berber）叛乱的威胁。这次叛乱从544年开始，一直到548年才被镇压下去。在意大利，东哥特新国王托提拉（Totila）在541年至555年间率领东哥特人不断地发动起义和叛乱。尽管如此，由于王朝和宗教冲突，查士丁尼又在552年发动了对西班牙的战争。这一次，拜占庭帝国取得一定的胜利，占领了伊比利亚半岛的部分地区。561年，帝国军队攻入阿尔卑斯山脉附近的威尼斯，对意大利的征服战争也就此结束。同年，拜占庭人与波斯订立十年和约。544年以后，巴尔干半岛的入侵压力越来越大，蛮族入侵一浪高过一浪，不断改变着帝国的政治边界：库特利古（Kutrigur）匈奴人领导着保加利亚人和

叙利亚雷萨法圣塞尔吉乌斯圣堂（5世纪建筑）。用一系列的小拱门支撑加强一个大拱门是这一时期拜占庭建筑广泛采用的风格。

斯克拉文尼人，在色雷斯地区的骚动比以往更甚，进而威胁着首都的安全，匈奴人甚至已经挺进到君士坦丁堡郊区。558年，帝国政府接见了第一个阿瓦尔人外交使团，他们属于突厥人的一支，于561年开始定居于多瑙河流域。在查士丁尼统治的最后十年里，这一系列骚动、战争与谈判实际上意味着巴尔干半岛开始进入一个新的历史时代。

查士丁尼：阴暗的一面

457年至565年这段时期的帝国历史并非只有光明的一面。518年以前的几十年可以看做是这一时代的开端。此时，虽然在帝国的周围以及远方战争不断，城市动乱频起，帝国内部修道隐修制度迅猛兴起，各种类型的建筑工程蜂拥而上，这一切都伴随着社会和生产基本结构的改变。5世纪以来，帝国人口的持续增长也许可以很好地说明整个社会的发展状况。我们可以假设，人口的缓慢增长在450年至460年间达到了危险程度，也许这反映了拜占庭货币储备充足，尤其是金币，并采取了有效的内政外交手段。但从历史角度来看，这一系列变动带来的是社会僵化进一步加剧。不可否认，这种僵化的预兆在查士丁一世和查士丁尼统治时期变得日益明显，尤其是550年后达到了顶点。

人口和黄金的权重

当然，并不是说我们没有当时人口统计的可靠数字，或者是比较准确的全面估计，就不能从各种文献的零星记载中帮助我们得出一些正确的信息，比如一个修道院有多少修士，一个村庄有多少纳税人，或者一支军队中究竟有多少士兵，等等。考古学家可以为我们提供一些特定地区人口统计变化情况的思路，但是有关这一问题的全面考察却远未完成，因此下面的观点仅仅是推测而已，惟一的目的是希望能够找出大量已知事实的最合理解释。可以肯定的是在4世纪和5世纪初，拜占庭帝国没有发生过大规模的天灾人祸。尽管此间不时出现婴幼儿夭折和季节性死亡、饥荒频繁、食物短缺，而且卫生条件也很差，但是帝国的人口还是在相对平静的环境中得以增长。在一些家庭墓碑铭文上可以发现，当时行省的家庭通常可以把四到六个孩子养育成人。当一个社会的生产能力既缺乏弹性，又主要依靠人力才得以发展时，这个社会必定极易发生波动，人口数量，假定我们知道有多少，事实上可能已经变得毫无价值了。突发的灾难因而成为一个不利的因素，它不一定是惟一的祸根，但是却导致发生第二个严重后果，即能够养育儿童的父母数量锐减。

人口数量的减少应该包括很多人口学方面的原因，一个至关重要的因素就是瘟疫的流行。在很多医药书籍中都提到过淋巴腺鼠疫，但是并不能说明在罗马帝国早期的历史上就出现过这种疾病，2世纪末和3世纪中叶出现的两次大规模的传染病究竟是何种疾病仍未得到证实，很有可能是天花，而非淋巴腺鼠疫。相反，普罗柯比和其他一些学者详细记载了这种疾病在541年首次爆发的情形，它最早出现在埃塞俄比亚，后经埃及传入拜占庭帝国境内。根据他们的描述，可以看出淋巴腺鼠疫在当时还是一个新疾病。542年春天，这种瘟疫传入君士坦丁堡，并经由拜占庭帝国传入西部世界。544年3月，帝国政府颁布了一项法律，宣布国家薪酬恢复到从前的水平，这一法律的发布标志着官方公开表示帝国的疫情已经结束，但事实上鼠疫的威胁依然存在。据记载，557年至558年、572年至574年、590年、599年瘟疫又先后多次爆发，而且在7世纪也时有鼠疫的出现。毫无疑问，541年至544年的瘟疫造成了极大破坏，由瘟疫带来的社会分裂则加剧了破坏程度。瘟疫引起大批儿童的死亡，进而影响了此后几代人的繁衍，而且随着鼠疫的流行，拜占庭帝国还遭受了许多其他灾难的打击，尤其是547年至548年帝国出现了大范围严重的动物流行性瘟疫。在查士丁尼整个统治时期，饥荒始终不断。这很可能预示着一个漫长干旱时期的到来，而且也可以说明为何此后游牧部落对帝国东部边界的侵犯日益激烈频繁。即便如此，我们依然可以确信，不管瘟疫与饥荒是何等严重，正如我们前面假设的，此时的人口在整个社会资源的带动下，依然缓慢增长，直到550年后才开始减弱。当然，衰落也是一个渐进过程，因为在所有导致衰落的因素中，人口失衡是最主要的社会决定因素。社会生育能力从450年至460年间开始明显表现出衰退趋势，到查士丁尼时期达到了顶峰，而且它的影响具有中长期的持续性。如果我们可以忽略此时的军事活动和各地由于蛮族进攻带来的问题，那么这些影响作为原因就可以被写入我们关于帝国三种地区及其相互间内部关系的历史中。帝国领土大体分为三种类型——沙漠地区、乡村和城市。在我们讨论这一时期的社会问题时，也要考虑这些关系。

如果没有大量充足的金币储备作为支持，帝国的军事活动、城市的内部发展、修道士的大量增加以及帝国的建筑工程都不可能正常进行。利奥一世对汪达尔人的战争、泽诺时期在安条克西部米拉乌罗斯（Miraculous）山上大规模复杂的修道院建筑工程都显示了此时帝国的经济实力。但是，随着政府支出的日益增加，阿纳斯塔修斯在财政金融方面的改革成为一个重要转折点。498年，阿纳斯塔修斯废除对产品和劳役包括卖淫活动征收金银货币税，但是坚持征收金币形式的土地税。此外，他还发行了一种笨重的铜币弗里斯（follis），提高铜币的价值，以便在小规模的商品交易中大量使用，缓和金币流通的压力。最后，他规范了关税征收体系，并规定海关官员在退休后可以领到一笔退休金，或许如以后的许多皇帝一样，他是想以此方式在最大限度内防止海关官员随意征收关税。尽管查士丁尼在539年时对货币又重新进行了定值估价，但事实上，与金币相比，铜币佛里斯并没有停止贬值。行省地区新娘的嫁妆、修道院积累的大量财富以及移交给他们的租金和他们收到的大量礼物使用的都是黄金，其数量甚至超过以往任何时期，而普通劳动者的积蓄则是他们每天工作得到的报酬——铜币。

通常认为，尽管拜占庭官方也禁止金属出口，但是由于不断地向蛮族交纳贡物，同时大量购买外国商品，如通过波斯获取印度的香料、中国的丝绸等，再加上雇佣大量斯堪的纳维亚士兵，帝国的黄金储备在5世纪和6世纪时期正在逐渐耗尽。根据考古发现，在瑞典和乌克兰之间的广阔地区都出土过金币索里德，这似乎证明了上述假设，而且根据商人哥斯马斯（绰号"去过印度的水手"）的描述，拜占庭金币索里德在市场交易中的信誉比波斯银币还要高，甚至远达锡兰①境内，哥斯马斯记载的准确性已被证实。但是，纳贡给蛮族和交给外国商人的金币很可能又通过商品交易的形式重新流通回拜占庭帝国。向中国购买丝绸的问题随着553年或554年拜占庭人

---

① 锡兰即今天的斯里兰卡。——译注

拜占庭金币索里德和铜币弗里斯的背面（分别铸造于6世纪早期和中期）；铸造铜币弗里斯是为了调节金本位的货币体系（藏于巴黎国家图书馆，钱币馆）。

引进养蚕技术而得到解决。而且，帝国可以通过很多方式重新补充黄金储量，比如在苏丹开采矿藏，但是首先最有可能的还是将宫廷、达官显贵以及宗教建筑中的各种金制物品熔化重新铸成金币。最后，查士丁尼政府采取了过去所有的传统做法：出售官职，实行对首都行会组织的垄断，确立国家薪俸制度；在帝国还是通过进口方式取得丝绸的时候就对天然原丝材料的交易实行帝国垄断政策；没收各地，尤其是小亚细亚地区异教徒和异端派别的财产；通过各种上述提到的方式加重地方的财政负担；拖欠士兵们的津贴——尽管实际上有很多军官没把已经死去的士兵的名字从名册中删去，以此欺骗政府以获得更多的军饷。这一切压力在540年后，也就是鼠疫以及各种灾难对帝国百姓肆意蹂躏之际，达到了顶点，危机一触即发。

动乱中的城市

　　从450年开始，尤其是在查士丁尼统治期间，帝国的许多城市内部的冲突再度明显激化，这给史学家们在记录人口、社会、政治状况时造成了很多问题。似乎毫无疑问地，城市的相对人口在不断增长。考古学家们在阿勒颇（Aleppo）①到耶路撒冷之间地区的考古发掘调查已经证实了这一点，但是大量文献资料清楚地表明，城市的人口增长并非良性的。许多人为了躲避社会困难而从乡村逃避进城市，从行省省会逃往大都市。这种迁移浪潮在530年后已演变成一股洪流。查士丁尼颁布的《新律》有很大一部分是为了制止这种迁徙活动，也从另一方面说明了这一问题的严重性。城市的新移民多数是受大地产主剥削的人，而且他们还同时遭受着国家税收的压榨和行省长官腐败的司法活动的迫害。毋庸置疑，对于纯粹普通的流浪者、无家可归的穷苦人、睡在街道和公路上居无定所的贫民以及那些为教会法规所谴责但却屡教不改的云游僧们，政府是给予一定补贴的，同时对于那些愿意收容这些人的圣地，如米拉乌罗斯圣山和耶路撒冷圣地等，国家也会给予补助。城市接收这些流动人口的能力非常有限。对于新移民中无技术的劳动力来说，除

---

① 阿勒颇为叙利亚境内城市。——译注

了在建筑工地上或是贮水工程、城墙修建等一些公共建设工程中做雇工外，城市中实际上并没有适合他们的工作。另一方面，高超的手工艺技术越来越缺乏，也许是因为面对日益增长的需求，手工业者们并没有及时拓展其技能的缘故。事实上，手工业者行会呈现出实行行业垄断控制的封闭性的发展趋势，或者至少要保住自己已经确立的地位。在萨尔迪斯①发现的一块石刻碑文显示，早在459年，政府就颁布过条例，解决建筑工人、手工业行会成员与他们的雇主之间因破坏了业已达成的协议而起的纷争。538年颁布的一项法律给予那些向市场提供蔬菜的种植园菜农以特权，允许他们在首都周围开辟种植蔬菜的菜园。同时，查士丁尼还授予或者更确切地说是出售给首都各行会不同的垄断权，这恰好就在鼠疫结束前。帝国544年颁布的法律使各行业的薪酬快速增长。539年，查士丁尼在城市中设置了一个特殊官职——司法总监（quaesitor）以控制城市的新移民。如果新移民没有合法证明，不是被立即驱逐，就是被送到各种公共建设工地去劳动，或者去面包房中做工。设置司法总监的官职主要是为了控制日益频繁的犯罪活动，而另一方面也是为了废止那些将农民中未成年的女孩卖为妓女的罪恶行径。当无工可做时，新移民就只能靠施舍度日。如果说在君士坦丁堡和亚历山大习惯上在保持着免费分发"国家面包"的权利，那么从某种程度上讲，从此以后帝国的慈善事业就主要由教会来承担了。逃亡奴隶和逃亡克罗尼

拜占庭的乞丐。鼠疫、动物流行性疾病和严重的社会动荡导致大量农民离开农村。教会试图给这些首都无法接纳的人提供社会救济（摘自佛罗伦萨劳伦提安图书馆所藏6世纪末《叙利亚福音书》插图）。

① 萨尔迪斯为巴尔干半岛北部古城，位于今天的保加利亚境内。——译注

佃农、无力完税的债务人、司法审判中的败诉者都到教会中寻求避难，在那里他们无所事事憧憬着美好的明天。农民、流浪汉、贫弱者也转而投向在大城市中兴起的慈善机构，僧侣们在那里为他们服务。这些慈善机构在越来越大的程度上由皇帝资助得以建立和运转，有些慈善机构还发展成为医院。所有慈善团体都会向穷人提供救济，至少在宗教节日时一定会分发食物。一些虔诚的信徒协会也收容贫困者，不管是活着的，还是已经死去的，以此帮助那些需要救济的人。

此种形式的人口迁移势必会产生很多政治问题，传统的市政建设无法容纳日益增多的人口，从而也不可避免地带来社会动荡。当然，社会动乱并非全由对物质的需求而引起，这一事实也具有一定的重要意义。可以肯定，食物的缺乏、政治的衰退、不得人心的政策都可以导致激烈骚动的发生，如纵火、向政府官员投掷石头、某些暴死事件等等。在干旱时期，人们也有可能为了争夺水源而互相残杀。但是，类似553年君士坦丁堡穷人发动的反对"干涉小额铸币"的起义始终是比较罕见的。当我们看到安条克平民于540年在波斯军队逼近时，发出"改变世道"的呼声，我们可以确信在这些参与者的头脑中，任何社会积极面实际上都已经被期盼末世来临的思想所淹没了。与此相反，另一个颇具代表性的例子是发生在不同教派信徒之间的小规模流血冲突以及对伊苏里亚人的攻击。值得注意的是，在安条克和帝国其他地方，与犹太人之间的街头斗殴也在不断升级。机构和制度建设导致的惟一后果便是竞技党作用的提高及逐渐系统化。

根据迄今发现的历史资料来看，在拜占庭首都竞技场中以四种颜色作为划分不同派别标志的做法，可以追溯到我们涉及的公元4世纪的历史，尽管它应该产生得更早些。它们分别象征着不同的世界形象和被崇拜的君主，四派后来重新组合成两个党派，即蓝党和绿党。这些党派的作用在公元5世纪时已经明显表现出来，更确切地说是从阿纳斯塔修斯时期开始日益增强的，直到公元7世纪时其影响才逐渐消失，其势力减弱到再也无法同皇帝权力的象征进行竞争。在竞技党派发展的全盛时期，其成员控制着保卫和巡查城墙安全的民兵力量，他们也在竞技场中皇帝与其臣民程序化的对话仪式之间起着主导作用。这些竞技党可能都是有组织的团体，他们有指挥者、管理人员、议事会、发言人以及活动基金。绿党中还有一些颇具名望的赞助者。而且，竞技党的活动不仅仅局限于首都，他们既不满足于公开进行宣传，也不安于在竞技场中发挥作用，相反，他们把自己塑造成古代平民的形象，与皇帝面对面地争取权力。蓝党和绿党之间的群殴遍及大街小巷，在不同场合下都会激起动乱，有时斗争的矛头也会指向皇帝本人。最具代表性的事件就是532年爆发的尼卡①起义，这次起义使查士丁尼处于极其危险的境地。尼卡起义由两党共同发起，最后由于绿党的过激行为而受到查士丁尼的无情镇压。如果我们可以相信普罗柯比《秘史》的准确性，那么根据他的记载，当时帝国的各党派及其"青年帮"经常公开进行犯罪活动，如敲诈

---

① 希腊语Nika，意为"胜利"。——译注

勒索、抢劫、杀人等等，而且查士丁尼在继位前很可能曾经秘密支持鼓励过这种行为。竞技党的发展决非依靠穷人和流浪汉的增加而壮大，相反，他们大量吸收大家族有势力、有地位的人。这里，我们也许可以通过所有对抗力量的弱化、通过城市生活环境中长期存在的潜在暴力倾向而引起的阶级对立，了解古代世界后期城市的基本状况。

农村的萧条

当城市，尤其是大都市的人口开始日益膨胀时，农村也并未成为空旷地区。如果说农村社区依然保持着几个世纪以来长期形成的传统生活的话，那么依附地产的发展以及在某些地区，如叙利亚北部、美索不达米亚平原、伯利恒（Bethlehem）周围等地修道院农业经济的快速增长，都说明了此时农村地区已发生了一些明显的变化。增加地产的方式事实上已不再是直接开发土地，而是靠收取各种租金，或者更大程度上有赖于公共权力的私有化，也就是说，地产主们通常会为保护自己的利益承担公共权力。的确，他们一般会通过自己的代表实现自己的政治和财税要求。已经可以证实，公元450年后，私人武装、警察和监狱的数量都有显著增长。有时他们会组建一个所有地产主都可以参加的合法机构。在某些地方，该机构的权力还借助大地产主行使的保护权。有些人可能被迫接受此种保护，而另一些人相反则是自愿的。埃及阿匹昂（Apion）家族的财产资料被很好地保存下来，为我们展示了6世纪时拜占庭帝国内的一个国中之国的状况。从最新分析看，中央权力对这种小型政权的态度是含混不清的，因为帝国政府处于一种进退两难的境地，它需要解决国库需求紧张的问题，但又要与大地产主以及像亚历山大教会一样的教会地产主之间保持一种本应团结一致的联系。毫无疑问，皇帝本人是大地产主中的魁首，更为重要的是这些地区的财富在当时被看做是政治和社会权力的基础。因此，在查士丁尼530年后颁布的《新律》中才会指责说，山区乡村的大地产是公共权力的耻辱，因为大地产在某些地方保护者庇护之下，这就意味着它们是靠武力力量保护的。在这种情况下，中央政府在山区着手强化公共秩序，打破过去军政分立的传统，把军政大权集于一人手中，这种体制在后来被广泛采用。另一方面，在查士丁尼和查士丁二世统治时期，政府在财政自主权方面的让步日益增多。帝国将很多地产以石头界标划为特定区域，禁止国库税收代理人进入这些地区。而该地地产主本人则可以自由征收和交纳地产税，这些政策相当于赋予地产主非常大的公共权力，使他们拥有不受任何外部约束随意减少向帝国交纳税收数额的权利。向教会交纳贡品也加重了农民的负担。教会同样是一个强权组织，它强迫农民要定期或不定期地向教会提供捐助。同时，各地不少乡村神父还经常以禁止农民参加圣礼活动为要挟对他们进行敲诈勒索。教会税收得到了信仰体系的支持。而且，在一些有私人教堂的地区，如埃及，农民交纳的贡物极大地增加了其财产收益。

　　我们可以想象，从此开始，生活在不同地区、不同时期的农民，都出现了不同程度的窘迫与困境。小亚细亚地区的农民在545年后，因鼠疫造成的人口锐减、国家财政剥削日益加重以及一系列坏年景的歉收，终于被击垮。色雷斯地区农民的生活也在抵抗蛮族日渐猛烈的进攻中变得越来越艰难。中央政府则开始着手镇压各个地区的宗教异端，如巴勒斯坦的撒玛利亚人、小亚细亚地区的各种异教和异端学说，希望实现整个帝国的信仰统一，同时也通过没收异教的财产补充国库需求。这些异教信仰在农村地区有着广泛影响，然而，尽管政府的政策激起了撒玛利亚人的激烈反抗，也导致了异教徒之间的相互屠杀和许多自杀行为。色雷斯地区的部分农民还是加入到维塔利安的起义队伍中，增强了起义力量。但是，真正由农民自己组织的起义或暴动却似乎从未发生过。结果，农民社会最终瓦解了，这并非由于抢劫的盛行，像在伊苏里亚等地，抢劫是一种非常普通的生活方式，其主要原因还是由于农民的不断逃亡。不管究竟是何种势力加重了农民的负担，总之这些负担超过了农民的承受能力，最终导致农村社会的分崩离析。农民们妻离子散、远走他乡。农村不断地将其子弟驱赶到城市，或是到一些贵族高官的私人武装中去充军，但是他们无疑首先会选择去修道院和沙漠地区过隐修生活。

僧侣的世界

　　前面已经介绍过荒芜地区的性质以及为何修道士们会远离尘世，独自或者在一个同伴的陪同下来到荒野地区，依靠手工艺技术过着隐修生活；又者与其他修士联合起来，组成一个共同生活的团体。我们也提到过伴随着分发慈善救济物资而兴起的城市修道院。但是，仔细考察会发现，这一时代最独特的特征却是城市以外的修道院的快速增长，他们或以拉乌拉的形式建立，或以基诺维翁（koinobion）①的方式存在。拉乌拉是一种半集中性的团体，也就是说，修士们都有各自单独的住所，但是却共同拥有一份教会财产。他们会在星期六和星期天聚集到一起举行礼拜仪式，在物质和精神事务中，服从于"首领"（hegoumenos）一人的领导。巴勒斯坦地区最著名的修道士萨巴斯（Sabas）在他的作品《传记》中，对拉乌拉这种修道院的活动情况作了详细描述。他死于532年，但是他建立的修道院却一直延续至今。因为拉乌拉修道院多建在穷乡僻壤和朱迪亚（Judaean）沙漠地区这样贫瘠的地区，所以只能生产一些人工制品，但即使如此，修道院里也"别有洞天"，例如在死海沿岸地区也会见到这类修道院。修道院的生活资源主要靠各界捐赠得以补充，例如这可以使修道士们购买商品，或者建立长期居住的建筑物。萨巴斯就是通过各种捐赠，才在耶路撒冷地区，为追随他的修道士们建立起拉乌拉修道院，使他们有

---

① 基诺维翁原意为"集中居住"，这里指集中居住的修道院。——译注

安居的住所。埃及和巴勒斯坦干旱地区的修道院建设也采取了同样的模式。在比较适宜耕作的地区，如埃及的肥沃之地、伯利恒周围的乡村、美索不达米亚平原和叙利亚的北部地区，修道士团体迅速增加。他们在那里种植谷物，生产葡萄酒和橄榄油。考古资料可以清楚地说明存在这类集中居住的修道院。此外，这些修道院还履行着慈善救济和医疗的职能，如果是坐落在重要的、繁忙的路线上，那么修道院的此种作用就会更加突出。在巴勒斯坦和安条克地区，修道士们是察尔西顿派的中坚力量，而在埃及和美索不达米亚地区，修道士们则主要是一性论学说的忠实信徒。他们通过吸引一次性大笔赞助或定期捐赠，使自己有足够资金维持和发展修道院的活动。像所有教会地产一样，修道院的土地也是不能转让的，有时则通过许可证批准获得。叙利亚或潘菲利亚的乡村地区安置了很多界石，作为救济区范围的标志，也许可以说明修道院为何如此具有吸引力。教士西蒙·小斯提利底斯（Simeon Stylites the Younger）死于592年，他在作品《传记》中记载了一些当时的情况。他书中讲到很多工匠们会从遥远的地方来到修道院，还说人们通过很多天的劳动消除其烦恼，因为在这里不需要交纳金钱。他又谈到这里建筑工程施工不断，在安条克附近圣山的考古发掘证实当时的建筑规模十分庞大。但此时，也有一些修道院采取了其他地产主的经营模式，收取租金。

在457年至565年这个"伟大的世纪"中，修道院的大批建立无疑在历史记载中占有一席之地。542年至543年间，一性论派主教以弗所的约翰（John of Ephesus）领导了一场圣战，没收了很多小亚细亚地区异教徒的地产，使之成为修道士的领地。修道院的建立在550年后开始衰落，大概是因为人们的压力逐渐得到缓解，而修道院的财政资源却日见减少的缘故。尽管如此，一些修道院要过很多世纪后才最终消失，而且更有一些一直延续到今天，比如马尔萨巴（Mar Saba）修道院、556年左右建成的西奈山的圣凯瑟琳修道院，还有其他许多修道院。它们在那些涉及东正教和伊斯兰教的国家中保存了拜占庭时代希腊文化的历史画面。

解决宗教问题的失败

在拜占庭帝国重新征服西方世界的目标中，并不包括要赋予罗马大主教以古罗马曾经在世界舞台上具有的那种卓越地位，相反，新罗马现在是世界的主人。从查士丁一世时期开始，经过不断调停，罗马大主教还是基本上保持了其潜在主宰者的重要性，他也是查士丁尼为解决一性论之争，提高自己在教义方面的权威，费尽心思谋求宗教和解的见证人。查士丁尼围绕着一个帝国的信念在统一宗教信仰方面的努力，最终获得了一种调和混杂的成功。一性论派表现出一种非常协调一致的文化力量，而且他们与叙利亚和科普特这两种极其强烈的民族情感紧密联系在一起，因此从各种实际意义上讲，它都不会成为正统信仰的一部分。然而，在埃及，由于教义纷争而分化成两派，一派以来埃及寻求避难的安条克的塞维鲁斯为首，另一派以推崇极端观点的哈利卡纳苏斯的朱利安（Julian of Halicarnassus）为首，他提倡要像耶稣一样忍受肉体上的苦难，吸引了一大批修道士追随他。首先，查士丁尼在教会内部设立了一种在教义上完全服从于自己的等级制度，即便在当时也称做迈尔基特（Melkite，意为"皇帝的人"）。例如，527年开始任安条克主教的埃佛利姆（Ephraem），此时成为帝国的高级官员——东方伯爵；又如阿颇林纳留斯（Apollinarius），551年至570年间任亚历山大皇帝派大教长，同时拥有军事总督（dux军事指挥官）的头衔。由于他们都有很强的能力，中央政府也逐渐给予他们统治其所辖行省的全部权力。同时，一性论派教会在绰号"衣衫褴褛者"的雅各布（Jacob Baradaeus，衣着褴褛的人）的影响下也采用了一种新的、持久的组织形式，他于528年来到君士坦丁堡，其一性论信仰受到皇后塞奥多拉的保护，并且在她的支持下于541年成为埃德萨主教，直到578年去世。雅各布利用他的职位使正在消亡的教士群体得以复兴，从此以后，这些教士便被称做雅各布派，并一直沿用到今天。叙利亚地区阿拉伯部落的联盟以及他们深入尼罗河腹地，甚至远至苏丹的传教活动也提高了一性论派的政治地位。在叙利亚地区一性论派的学术活动尤为繁荣，比如以弗所的约翰撰写了很多史学作品和圣徒斯蒂芬传（Stephen bar Sudaile），在神秘主义哲学方面也颇有造诣，此外，一性论派在其他方面也创造了很多成就。在这种情况下，查士丁尼在543年至544年间，通过否定察尔西顿大公会议确定的"三篇论文"[1]来调和宗教纷争，无论如何也不可能取得成功。虽然在帝国的征服战争正如火如荼地进行着的时候，罗马教皇维吉留斯（Vigilius）还特别为此应召于547年来到君士坦丁堡，结果却是任何一方对查士丁尼的做法都不满意。因此，在解决一性论争端的问题上，中央政府没有取得任何成果。的确，亚历山大主教的位置在阿颇林纳留斯去世后依然掌握在察尔西顿派手中，但是尽管阿颇林纳留斯采取了软硬兼施的策略，结果却是既没有争取到农民的支持，也没能吸引僧侣的追随。安条克和叙利亚的情况也极其相似，而首都的一性论派在查士丁尼统治的末期却取得了一些进展。这一切也许已经预示了伊斯兰教的胜利，或者更准确地说是拜占庭帝国在叙利亚和埃及的失败。

犹太人的情况也是如此，他们虽然被剥夺了公民权，与犹太人通婚和皈依犹太教也遭到禁止，但是政府并没有取缔他们的宗教信仰。按照皇帝权力至高无上的原则，查士丁尼介入了一场导致犹太教内部分裂的纷争，并对其进行调停，事实上这对于他们与帝国的关系有着重要意义。因为当时犹太人分成两个支派，一支犹太人沿袭亚历山大的犹太教，继承了希腊传统；另一支是信奉希伯来语和阿拉米语[2]注释传统的犹太祭司派系，6世纪时他们主要从属于波斯最著

---

① 由4世纪和5世纪安条克教派学者塞奥多利、伊巴斯和塞奥多利完成的神学论文，受到一性论教徒的攻击，并在察尔西顿大公会议上受到批判。——译注
② 公元前1000年以前流行在中东地区的一种文字体系，由22个字母组成，属于北闪米特语分支。——译注

沙漠地区的一所修道院：位于巴勒斯坦的圣萨巴斯修道院。由修士萨巴斯在公元5世纪建成。该修道院遵循一种严格的、规则化的集中社区生活。与那些在洞穴中独自生活的隐修方式完全不同。

名的犹太教社团。巴比伦的犹太教法典《塔木德》（*Talmud*）在500年前后基本编撰完成，但是对它的注释工作一直在继续。换言之，一部分犹太人接受着古典文化，尤其是希腊哲学的熏陶；而另一部分犹太人则坚持着大量传承下来的传统思想，他们也受帝国文化的影响，尽管学术成分要少一些，但是他们却有更为强烈的法律意识和宗教观念，其影响广泛，更为强烈，最终导致犹太人逐渐从社会中分离出来。553年颁布的《新律》允许在犹太教堂内使用希腊语阅读《律法书》，或者更多地使用被称做"七十士子希腊文本圣经"的译本[1]，但是禁止使用犹太教祭司的评论和注释。这一法律明确显示出帝国要将犹太教势力削减到古代犹太人时期的规模，同时使其与帝国的基督教文化日益趋同，从而使帝国的宗教实现最大限度的互相融合。但是，犹太人在东部向波斯以及阿拉伯地区的重要扩张，如在其他地方一样，表明他们的历史并非朝着这个方向发展。

查士丁尼统治初期开始就对摩尼教（Manichaeans）实行残酷镇压，同时对弗利吉亚地区的孟他努派（Phrygian Montanist）异端[2]进行无情迫害，对于多神论也采取严厉措施，这一切都表明帝国政府希望永远清除这些文化传统的影响，但是现实情况又一次说明了这一政策的失败。摩尼教和孟他努派都有着悠久的历史传统，根本不可能通过这种方式使其灭绝，关于这一问题我们后面还会提及。异端信仰问题存在于不同的社会阶层中。529年，帝国政府颁布法令禁止教授异端学说，接着关闭了新柏拉图主义的重要中心——雅典哲学学院，给学术活动以沉重打击，致使哲学研究此后一直被排斥在教会的权威教义之外。一些受牵连的哲学家最终移居到波斯地区，波斯国王侯斯罗埃斯友好地接纳了他们。相反，542年左右以弗所的约翰向小亚细亚地区高地异教徒派出的使团，却在那里进行修道隐修制度的草创工作。无论如何，这些古老的宗教崇拜仪式仍然集中地保存了历史遗产的主要组成部分，而且在一些具有轰动效应的事件中还会重新显现出来，如发生在580年前后的一次起义。安条克主教被认为与这件事有着莫大的关系，这个说法对错难辨。

一个时代的转折点：565年至610年

拜占庭帝国历史上一个重要的时期随着查士丁尼在565年11月中旬的去世而结束，另一个重要时代是在610年伊拉克略取得政治权力之后开始的。在这两个日期之间，没有出现任何可以改变社会发展惯性的动力。帝国的历史按照此前的方向发展着。事实上，在波斯帝国和巴尔干半岛蛮族入侵的压力下，帝国正裹挟着其皇帝及其教会、首都与行省朝着另一个新的拜占庭帝国快速发展。政治、文化、军事上的变化从565年开始，这个阶段实际上一直持续到615年至620年间，

---

① 《圣经·旧约》原为犹太教经典，七十士子希腊文本圣经是指其从希伯来语翻译的希腊语版本。——译注
② 2世纪至8世纪活动于小亚细亚弗利吉亚地区的基督教派别，因创始人孟他努而得名。——译注

这些变化是巨大的，而且也是非常重要的，但与统治者们的个性没有什么联系。谈论它们的惟一原因首先是要阐明一系列事件的后果。

注定失败的王朝政策

正如查士丁尼继承了舅舅查士丁一世的皇位一样，查士丁二世也继承了自己舅舅查士丁尼的皇位。他的妻子索菲亚（Sophia）同时拥有一部分皇帝权力，这可以从拜占庭钱币上对其形象的刻画中清楚地看到。从574年开始，查士丁二世由于精神疾患的原因无法正常行使权力，于是就任命御林军长官色雷斯人提比略（Tiberios）为恺撒，后又将其收为养子，就像阿纳斯塔修斯任命查士丁一世为接任人一样，这一职位主要在宫廷内部选出。578年，查士丁二世去世，提比略继承了王位。在提比略于582年去世之前，他任命卡帕多西亚人莫里斯为御林军长官，同时作为自己的继承人，而莫里斯后来在东方前线对波斯的战争中又升至东方军队最高指挥官职位。莫里斯与提比略的女儿君士坦丁娜（Constantina）结婚，并且生育了很多子女。他们结束了6世纪拜占庭王室长期没有后代的局面，成为此后几个世纪帝国王室家庭结构的典型代表。然而，莫里斯并没有开创一个新的王朝，在他统治时期，帝国内部的派系斗争十分激烈，并最终引发了内战，而且莫里斯本人很可能是一个异端教徒。尽管莫里斯有着非凡的军事才能，他的统治最终还是在602年被一个叫福卡斯的非现役军官给推翻了，而且莫里斯全家也惨遭屠杀。福卡斯被当时的编年史家称为"僭主"（意为"觊觎王位者"）。由于国内局势的混乱，加上福卡斯本人的暴虐，他的统治并没有维持多久。福卡斯的女婿、贵族克里斯普斯（Crispus）向迦太基总督伊拉克略求助。但是，就是这个伊拉克略的儿子，同名的伊拉克略在各党派的盛大欢迎式中，于610年进入君士坦丁堡登基。在接下来的一个世纪中，年轻的伊拉克略和他的后继者们成为拜占庭历史舞台上最主要的角色。

我们有足够的资料去了解这一系列皇帝们的情况。除埃瓦格留斯（Evagrios）、塞奥菲拉克特·西蒙卡塔（Theophylaktos Simocatta）以及其他史学家的记述外，还有很多值得注意的圣徒传，都对此时帝国的情况做了详细记载。那不勒斯主教莱昂提乌斯（Leontius）撰写的《施赈者约翰主教传》（*life of the Patriarch John the Almoner*，约翰死于620年）为我们再现了亚历山大教会大量的财政、商业活动情况。610年后不久，塞萨洛尼基的一个主教搜集整理出有关该城守护神圣迪米特里的传记《圣迪米特里的奇迹》。在第一卷中，他描绘了阿瓦尔人和斯拉夫人（拜占庭史料称之为"斯克拉文尼人"）可能从597年开始对拜占庭帝国不断侵扰的情况。在一个雅各布派基督教化的犹太人自传中，叙述了他在7世纪初卷入党派纷争的情况，而在皮西迪亚的乔治（George of Pisidia）描写614年波斯人攻占耶路撒冷的诗作中，也提到了拜占庭帝国由于党派之争而引起的混乱局面，同时，他还暗示犹太人曾经帮助波斯人进攻拜占庭帝国。大量的考古发现，尽管仍是局部的、不完全的，也为这段历史提供了丰富的材料。

　　查士丁尼晚年时，帝国已开始呈现衰退之势，因此查士丁二世毫无疑问要努力整顿混乱的局面。他筹划大量建筑工程，恢复和慷慨赠予执政官职位①，都说明他试图稳定帝国局势的良好愿望。但是，此时的拜占庭帝国比以往任何时期都要混乱，尤其是在莫里斯统治期间。由于不能按时发放军饷，加上其他一些不安定因素，使军队经常处于骚动之中。588年，东线军队士兵因为没有拿到薪俸，便自动解散，大肆袭击劫掠乡村地区。福卡斯正是在602年的巴尔干军队叛乱中登上皇帝宝座的。拜占庭局势变得日益紧张，大城市已经饱和，甚至出现人口过剩的现象。在莫里斯和福卡斯的统治被推翻的过程中，首都的党派起了重要作用。圣徒圣迪米特里的传记作者指责，在福卡斯统治期间，各个党派在恶魔的驱使下，到处煽动暴乱和犯罪活动，使整个帝国处于混乱之中。宗教争端也构成了混乱局势的一部分。莫里斯积极推行察尔西顿大公会议确定的宗教政策，也许是希望使日益分裂的教会重新实现统一。他在591年征服亚美尼亚地区后，强迫该地执行帝国确定的教义体系。他还让自己的堂兄、梅里特内主教多米提安（Domitian）在美索不达米亚平原地区实行残酷的宗教迫害，但并未取得任何成果。580年时，异教运动出现高涨势头，安条克和君士坦丁堡大教长被认为暗中参与了这次运动，异教徒们在赫利奥波利斯（Heliopolis）②发动了起义，在埃德萨地区也举行各种异教的祭祀活动。594年，撒玛利亚人又举行了一次暴动。更糟糕的是，在6世纪末，拜占庭帝国还遭受了一系列的自然灾害：573年至574年鼠疫再次袭击帝国，而599年的鼠疫则更加严重，582年以及600年至603年间，又出现了严重的饥荒。然而，这一时期最大的威胁却首先是来自蛮族入侵的压力。他们不断侵扰乡村地区和公路沿线，使城市和军队深感紧张不安。蛮族的入侵也加剧了帝国内部民众之间的纷争，激化了中央政府与那些地区分裂势力之间的矛盾。在当时的一部作品《战略》中，作者经过严密仔细的观察，详细地记述了进攻拜占庭帝国的各方敌人使用的武器和战术。这本著作几个世纪以来一直被误以为是莫里斯的作品。当然，在保卫帝国的雇佣军和进攻拜占庭人的蛮族中也分为很多不同的种族。在帝国的边疆地区，似乎不存在人力资源匮乏的现象，这只是相对而言，因为我们并没有准确的数字来说明当时边疆地区人口流动的规模。

再征服事业的结束

　　查士丁尼重新征服的地区，包括意大利、非洲以及最远的西班牙，并不是我们接下来主要

---

① 542年，查士丁尼曾经立法取缔执政官一职。——译注
② 赫利奥波利斯位于今天埃及境内。——译注

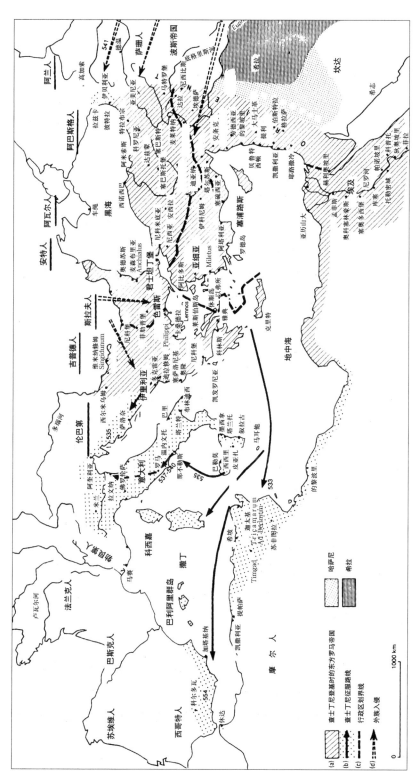

查士丁尼去世时的罗马帝国地图。

探讨的问题。西班牙是帝国最后征服的地区，也是帝国统治最脆弱的地区，因此它在西哥特人的反击下最先崩溃脱离帝国。非洲一直处于摩尔人持续不断的威胁下。568年，伦巴弟人又轻而易举地劫掠了意大利，但是其他一些仍由拜占庭人分散掌控的地区如拉文纳、佩鲁贾、罗马、那不勒斯、卡拉布里亚、亚得里亚海地区以及西西里，仍是帝国军事活动的基本重心，其政治作用更为明显。莫里斯统治时期，帝国政府进行了重要改革。意大利和非洲先后在584年和591年被提升为总督区，其总督同时执掌军政大权，对西西里地区也实行单独统治。军政合一的统治方式是查士丁尼开创的，但当时主要是在那些比较棘手的山区行省推行。莫里斯在帝国的边远地区再次采用了这种体制。但是在意大利却出现了一种新的局势，6世纪末，尤其是格列高利一世担任罗马主教期间，罗马主教开始极力要求教会在古罗马拥有单独统治权，而拜占庭总督的统治则应限制在拉文纳地区。这种二元体制最终势必导致总督区的衰落，代之而起的是教皇国在8世纪的诞生。在帝国南部地区，柏柏尔人于583年至584年间蹂躏了斯塞提斯（Scetis）地区（即今天的瓦迪·纳特鲁）摧毁了一个对于埃及，乃至整个东部帝国都十分重要的修道院制度中心。

在巴尔干半岛前线地区，突厥人控制之下的斯拉夫人从6世纪初开始就不断涌入该地，到6世纪下半期，他们在巴尔干地区的数量已经超过了以往任何一个时期。突厥势力的影响主要是指阿瓦尔人，他们在一个酋长，也是一位杰出的武士率领下，从东方向西方迁徙，最终于570年定居在匈牙利平原。在那里，阿瓦尔人建立起一个颇具威胁力、但也非常脆弱的政治权力，最后被查理曼（Charlemagne）所征服。查士丁尼和他的继承者们都曾接见过阿瓦尔人的使者。由于无法打败阿瓦尔人，拜占庭帝国只得向他们交纳大量的贡款，582年，还被迫将战略重镇塞尔米乌姆割让给阿瓦尔人。在此期间，斯拉夫人也在巴尔干半岛大肆扩张，人数迅速增加，到578年，他们已经占据了从多瑙河河口到科林斯①之间的广阔地区。塞萨洛尼基在586年和597年先后两次遭受围攻，战争曾经一度推进到多瑙河以北地区，但是多瑙河流域最终还是在602年陷落了。为了增强色雷斯地区的防御能力，提比略和莫里斯曾经从小亚细亚地区向该地移民，因为这里由于常年的混乱人口锐减。如果说此时的阿瓦尔人以及他们建立的军事、政治组织仅仅是突厥人向西扩张历程中的一个阶段，那么斯拉夫人在巴尔干半岛的扩张却是一个长期持续发展的过程，对于东欧来说，它成为7世纪欧洲的重大历史事件。

在帝国东部边界，6世纪以来确立的体系也走向崩溃。580年，拜占庭人解除了与阿拉伯王国哈萨尼兹王朝的联盟，主要原因是这个王朝不是一个可靠的同盟者。572年，波斯人开始发动大规模的军事行动，其首要目标就是亚美尼亚，因为亚美尼亚在拜占庭帝国的支持下发动了反抗波斯人的起义。战争的结果是双方在591年签订和约，拜占庭获得亚美尼亚大部分土地。莫里斯

---

① 科林斯位于今天的希腊境内。——译注

圣迪米特里（St Demetrios）像，塞萨洛尼基抵抗斯拉夫人进攻的保护者，一直被看做是该城市的守护神，也是拜占庭历史上最著名的圣斗士之一（金制珐琅质瓷器，11世纪制作，藏于巴黎克吕尼博物馆）。

统治被推翻后，埃德萨地区驻军指挥官掀起了反抗福卡斯统治的叛乱活动，波斯帝国也借这一有利时机再次进攻拜占庭帝国。这一次，波斯军队长驱直入拜占庭东部行省。609年，他们到达察尔西顿，直接威胁君士坦丁堡。波斯帝国取得的军事胜利超过了以往任何一个时期，这也是伊拉克略统治初期所面临的主要局势。我们已经看到，拜占庭中央政府与基督教一性论派以及犹太人的矛盾是何等激化，裂痕相当深。相比几十年后的阿拉伯人而言，波斯人在拜占庭帝国宗教争端中受益更大，因为一性论派和犹太教徒长期以来一直将波斯人看做是可以解放自己的一个重要力量。609年，安条克地区发生了犹太人反抗基督教的流血暴动，这正是他们热切期望波斯人前来拯救自己的生动写照。

我们看到，560年至570年后，拜占庭帝国各民族开始重新分布，帝国主权也被重新分割。随着穆斯林的扩张和保加利亚第一王国的诞生，这种新的分化组合在7世纪时达到了顶点。文献中一再记载了色雷斯地区遭受的严重破坏。除了文献以外，考古发现也许是我们了解拜占庭社会组织究竟分裂至何种程度的惟一途径了。从考古发掘来看，一个和安条克规模同样大小的城市在540年遭受过波斯侵略后再也没有完全复兴起来，阿勒颇也是一样。以弗所、萨尔迪斯、杰拉什①6世纪下半叶的建筑物都十分破败。遗址中零星出土的硬币大致勾画出当地货币流通的情况，表明到伊拉克略统治初期帝国已经衰退。的确，7世纪是一个大城市在经济和社会方面的黑暗时期。有些城市是突然衰落的，像萨尔迪斯就是在614年被波斯军队侵袭后一蹶不振的，但是各地其他城市则更是发生了根本性的改变，比如说在公共广场上建造私人建筑物，或者从古代纪念碑式历史遗迹上拆下一些石头构筑防御堡垒等等，从而改变了整个古代城市的结构。最后，此时主教的地位也远远超过了元老院的元老，长期以来，他们就与帝国政府官员保持着密切关系，这是地方议事会成员远不能及的。当然，我们的分析仅仅是地区性的，而且所涉及的时间跨度也很大。比如说，安条克内地的橄榄生产基地在7世纪时已经开始衰落了，同时，以安条克为首的负责橄榄出口和海上贸易的那些城市市场也随之出现萧条。但是，与之相反，巴勒斯坦南部的一些小城市，或者圣地耶路撒冷的修道院，却保持着缓慢平稳的发展，甚至经受住了阿拉伯人入侵的年月。这个问题的答案并不是显而易见的，而且我们不能指望用一个最后的结论来解释这一切。无论如何，这里至少包含着两方面：我们是要探讨领土和社会组织的变化，还是要研究局势的各种变化？

　　文化的作用在这一时期也是非常重要的。前面我们已经介绍过，在各个地区之间的宗教纷争中，产生了大量的文学作品。察尔西顿派基督徒用希腊语创作了许多非常重要的通俗作品，其中以《牧场》为代表。《牧场》的作者是绰号为"羊羔"的约翰·摩斯克斯（John Moschos, the Lamb），他于619年死于罗马。他将自己在四处游历中的见闻整理成集，其中有真实的历史事件，也有一些虚构的想象。这本小册子在整个中世纪文学领域里流传了几个世纪。基督教崇拜的圣像及其各种奇迹也是这一时期文学创作的题材，最初以描写耶稣的业绩为主，后来圣母和其他圣徒渐渐成为人们尊崇和宣扬的主要内容。这些圣像的象征意义都是固定的，镶嵌画经常会引用这些形象，而更多的是用上釉材料烧成的染料画在那些纤细的、质地较软的木头表面，通常使用的是椵木。此前在葬礼上经常被使用的画像，如人们通常使用的受难时基督尸体的图像，在殉教者墓穴上的一些画像以及在法庭、竞技场和皇帝赏赐的丝制长袍上、作为皇帝统治象征的编织物上的图像，现在也被当做圣像来崇拜。从6世纪末开始，人们已经相信耶稣的圣像"并非出自凡人之手"。先是544年在埃德萨城，后来又有一支在586年抵抗波斯帝国的军队，都曾经将自己的解放归功于圣像的保护。同时，对圣母的狂热崇拜也迅速普及，查士丁二世在首都建造了两座圣母教堂：即"圣母堂"（Blachernae）和"圣母衣带教堂"（Chalkoprateia），并在后者中设置了一个专门供奉圣母腰带的小礼拜堂。

　　这些圣像在首都的宗教生活中占有重要地位，而且从未降低过。对于圣母的肖像研究也同

---

① 这些古代城市遗址分别位于今天叙利亚、土耳其、保加利亚等东地中海国家境内。——译注

时展开，据说圣母的形象是源自圣路可（St Luke）的一幅肖像画。对圣徒的狂热崇拜，无论是活着的，还是已经死去的，同样都使圣像崇拜进一步升温。6世纪末和7世纪流传的一些极具教化意义的传说使人们相信圣像具有超凡的能力，不仅能够保护人类，而且可以直接干涉人类的一切公私事务。圣像崇拜运动的发展使查士丁二世的地位大大提高，此时，他被说成是耶稣在人间真正的代表，人们用圣经的语言去附会他的登基大典。查士丁二世的加冕礼是在自己的皇宫举行的，整个加冕仪式都是在强调他与君士坦丁堡大教长之间密不可分的关系。而到了莫里斯时期，首都大教长则突出宣称自己拥有"普世"（oikoumenikos）的称号。9世纪时充分发展的教会理论在这个称号中初露端倪。查士丁二世还建造了一个"上帝礼拜堂"，专供皇帝出席庆典仪式时使用。值得注意的是，耶稣的圣像被置于皇帝御座之上，象征着天国和人世两种权力的统一。竞技党在经过激烈斗争后，最终被招抚，在宫廷庆典仪式和皇帝的公共活动中承担重要职能。这些党派的成员曾经是领导城市叛乱的骨干，现在则成为展现皇帝威严的先锋，而且一直到8世纪初期，他们都担负着保卫首都安全的职责。

　　总之，能够代表伊拉克略和查士丁尼二世时代特征的那些历史事件，此时都已经明确显现出来，它们是从意味着查士丁尼大帝时代结束的那些岁月中产生的。但是，在这个新旧时代转换的过程中，一个重要的因素却不为人们重视，它很可能加速时代转换的进程，甚至可以使这一进程极具野蛮性，这就是穆斯林的兴起。正当罗马和波斯帝国试图恢复他们之间的势力均衡时，一个新的灾难悄然而至：伊斯兰战士正从他们的沙漠家园向帝国突袭而来，这仿佛是个晴天霹雳。

6世纪或7世纪的画像保存下来的很少，这幅在木板上完成的圣像画就是其中最古老的一部作品，分别描绘了圣查里顿和圣塞奥多修斯的形象。现保存在西奈山的圣凯瑟琳修道院中。

171

"填满神的广大天地，依赖神的眷顾。"（《古兰经》）

第二编

东部新世界的建立：
7世纪至10世纪

第五章　从徙志模式到阿拉伯王国：
　　　7世纪至8世纪中期

对中世纪早期伊斯兰世界的解释远非用贯穿其经济、社会或者技术组织的套路能说清楚，也不能用某一个具绝对优势的价值体系、政治和文化模式来说明。这种模式瓦解了以前东方和地中海沿岸地区的社会组织，消除了它们的记忆，限制和孤立了它们的残存者。然而，当它逐渐发展并日益复杂时，这个新世界显示出了与它所取代的拜占庭和萨珊世界一样的普遍特征。它的多种经济，实际上是多种团体——尽可能在追溯和理解其发展的范围内——并没有发展成或多或少真实反映其政治和文化体系的自治组织。穆斯林的征服超出了向其所致力统一的世界强加一种共同语言，或者作为有效征服象征的财政法典的范围。正如在古代一样，阿拉伯国家立刻成为一面不平等的镜子，一种镇压工具，而且将不平等编撰成法律，并保留了不平等。国家也是隐藏在商品和价值流通背后的推动力。正是由于阿拉伯国家，一个领取俸禄的特权阶层形成，他们最初由参加征服的所有穆斯林组成，后来由各教派成员和特殊统治集团的随从组成。正是国家控制了货币经济，这种货币金属除了以剥削小农剩余产品的方式巩固特权阶层外，没有其他功能。

伊斯兰（the Dar al-Islam）保存下来的古代世界的主要特征，有时候体现在最微小的细节方面。如同古代世界一样，新世界作为一个整体展示自身，其中的任何事物都紧密联系在一起，归属感是基本的、必要的，主要的敌人是缺乏信任感，它会导致社会混乱和社会成员分裂的可怕后果。社会发展的推动力是权力、宗派主义、家庭和宗教信仰。生产工具的所有权或者某个人在经济循环中的地位微不足道，因为它们从属于政府权力的运作，这就使意识形态必须支持统治王朝、司法保证、社会和谐及灵魂拯救。先知阐述的神权政治体系对后来无论是革命的，还是保守的运动都产生了同样强烈的影响，但它是通过利用古代的，尤其是灵知（gnosis）的思想，对统一和灵魂拯救的渴望以及对实现启示的愿望体现在政治纲要中。按照中世纪城市市民的说法，对8世纪到11世纪伊斯兰世界变化的分析——"封建"冲突，显示出其运转良好的某些真实的方面，但是在别的方面，它使得那些令人叹为观止的创造力的成就和不朽黯然失色。

分裂的近东面临着宗教革命

当610年伊斯兰预言开始时，两大帝国分割了近东。这两个君主社会拥有为国家服务的贵族阶层和一批集中的教士，但是缺乏意识形态或者宗教上的统一。在任何一个帝国里，君主都得到最有势力的那部分人和主流文化的认同。拜占庭帝国在近东地区的领地臣服于希腊人的权威，

175

服从于451年在察尔西顿大公会议上确定的正统信仰，这一正统信仰是连接古代半希腊化民族的纽带。后者的宗教倾向，也就是其异端，促使他们从宗教辩论的武库中寻求任何能增强他们作为民族群体的武器。正如我们所见，"皇帝派"（melkit）①迫害运动可能并不统一，异端倾向也不仅仅是语言特性与民族传统的反映。在埃及，皇帝派信徒人数很少，他们坚定地支持一性派教会。科普特语是联合信众有效的粘合剂，是反抗希腊人的象征。此外在610年左右，随着大教长本杰明（Benjamin）的流放和主教、教士和修士们被迫放弃信仰，一种恐怖气氛弥漫开来，他们被迫接受皇帝希拉克略（638年）为解决基督教问题而制定的"两性一意论"②解决方案。讲叙利亚语和阿拉米语的叙利亚人和美索不达米亚人分裂为对立的三派：皇帝派、一性论派和伊拉克或者伊朗的基督徒。皇帝派包括许多在耶路撒冷服务的贵族，在这个地区，只有一个大主教支持希腊正教的地位。一性论派的信徒支持安条克的塞维鲁斯确定的雅各布派，它由云游四方的传教士雅各布所传播。雅各布希望得到安条克大主教的支持，并集中其信徒的力量来加固修道院的基础建筑。最后一派是伊拉克或者伊朗的基督徒，他们的主教自484年后就信奉莫普苏埃斯提亚人塞奥多利（Theodore of Mopsuestia）的神学思想，485年还在泰西封建立了聂斯脱利派教会（Nestorian catholicus）。大约491年，皇帝泽诺将聂斯脱利派信徒驱逐出帝国，这一行动加强了该派半官方教会的地位，使所有生活在波斯帝国境内的基督徒对之笃信无疑。如果叙利亚的雅各布派与埃及的科普特派持同一信仰，那么他们就必定与美索不达米亚的叙利亚正统派相分离，就像他们与亚美尼亚人分离一样，因为大部分亚美尼亚人支持官方教派——就像安条克的一性派一样，他们以圣马罗（St Maro）修道院为中心。

　　萨珊帝国的统一似乎同样缺少物质基础，更有甚者，波斯贵族与被征服的伊拉克和亚美尼亚臣民之间存在着横向的障碍，因为伊朗世界仅仅是表面上皈依了正统的琐罗亚斯德教信仰。如果阿维斯塔（the Avesta）古代教义的其他支派圣火已经灭绝，它们仍然聚积在潜意识或公众的热情之中，这种热情在左凡教义（Zorvanism）和其他一些异端活动中表现出来，这些异端活动在宫廷中扎根并吸引了民众。公元3世纪，摩尼（Mani）王子提倡一种宗教和道德相结合的宗教，它以真理的绝对性和完全分离的善恶原则为基础，将禁忌扩大到禁止吃肉、情欲和所有让人堕落的东西。　276年摩尼被处死，他留下了众多的信徒，然而这些信徒发现自己在压迫面前缺乏防御能力。大约500年，库巴德汗（Shah Kubadh）时代，哲学家马兹达（Mazdak）使帝国陷入一场灾难性的战争。年长的王位继承人是他主要的支

---

① "皇帝派"是指支持拜占庭皇帝主持召开的察尔西顿大公会议确定的基督两性说的信徒，因叙利亚语称皇帝或国王为"梅基特"（melk）而得名。——译注

② 所谓"两性一意论"是皇帝希拉克略为调解基督神、人两性说和一性说争论，提出的神学方案，即神、人两性均服从于单一的意志。这一主张遭到争论双方的反对，最终破产。——译注

在泰西封皇宫（现在伊拉克境内）的断壁残垣中，辉煌的砖制拱顶显示了阿拉伯人占领首都时已处于衰败的强国萨珊帝国的魅力。

持者，这位王子遭受失败的事实激励弟弟侯斯罗伊斯一世争夺王位。结果，整个帝国东北部脱离了琐罗亚斯德教的控制范围：巴尔克〔（Balkh），或称巴克特利亚（Bactra）〕、巴克特利亚那（Bactriana）和阿穆河（Amu-Darya或Oxus）以外的伊朗旧地、费尔干地区（Ferghana）和乌什鲁亚那山（Ushruana）以及索格迪亚那（Sogdian）侯国都经历了一场浩大的皈依佛教运动。巴尔克因100多座佛塔和3000名僧侣而闻名遐迩，尤其是新佛塔纳乌比世尔（Nawbibar）非常有名，新佛塔的住持出身于势力强大的巴尔马基德宰相（Barmakid vi-ziers）家族，这个家族在阿拔斯哈里发时期显赫一时。

所以，这里存在着结构次序上的缺陷：在农民大众中有一批潜在的反对者，他们通过寺庙网络和巡回布道的僧侣团结在一起；整个行省将信仰和财政税收上的抵抗结合到一起；最重要的是在宫廷内部的政治和宗教精英中普遍存在着神学上的分歧，他们总是在寻找普世的解决方法，总是准备迫害新的"异端分子"。此外，在600年至610年的十年间，两大帝国举全国之力的战争耗尽了双方的力量。这场战争主要在两个阿拉伯附属国提供的士兵帮助下进行，即叙利亚边境的哈萨尼兹王朝和幼发拉底河沿岸的莱赫米兹王朝，这两个附属国的士兵都是基督徒。以这种方式，迄今为止，被隔离在沙漠的阿拉伯人——传统价值观的守护者和自由的象征——逐渐卷入了这场东方神学和政治的大冲突。

我们这里涉及的阿拉伯人，天生就是游牧民族，从语源上看也是如此：南方的纯阿拉伯人和北方阿拉伯化的部落。这些阿拉伯人在古莱西（Quraysh）部落的监护下，通过商队和宗教中心麦加（Mecca）以一种松散的联盟结合到一起。我们看到北方是一个游牧社会，保守、忠诚于天然的独立价值观，部落生活方式和持续不断的征战强化了这一独立的价值观；南方则是一个城市社会，被阿拉伯沙漠阻隔而与其他闪米特（Semitic）民族地区的文化和宗教潮流隔绝，南方以独立传统为骄傲（实际上它是惟一保持自治的闪米特民族），以古风犹存的社会和文化结构为特色（如城邦、地方神殿）。由于伊姆亚里特王国在对也门的战争中投入了更多的军事力量，因而抑制了它向军事帝国和一神的犹太教方向发展。另一方面，这段历史有助于加强南北阿拉伯人的团结。525年，在拜占庭帝国的煽动下，阿克苏姆君主控制下的埃塞俄比亚人入侵也门，结束了伊姆亚里特君主的统治。但是，幸存者联合北方部落，在麦加周围建立了新的联盟，该联盟在571年已经相当强大，足以推翻埃塞俄比亚人的占领。以特有的语言和文化为荣的阿拉伯文化无疑是埃塞俄比亚人抵抗占领的一个因素，但是如果它利用以荣誉、独立和男子气概为基础的道德价值的"部落人文主义"资源，它也强调这种价值观和一神论之间的矛盾。

穆罕默德

如果阿拉伯人的弱点或危机状况可视为一种后果，还不足以解释近东帝国的崩溃，那么至少可以说是伊斯兰教革命爆发的原因。不过，这不是一场社会革命，因为伊斯兰教并不重视贫困问题，即使各种血亲复仇和陈规陋习在各地泛滥，也不是一场由受大帝国奴役少数民族发动的"民族"革命。这是一场宗教革命，也就是说，它一度是政治的、理性的和哲学的，转向对上帝独一的"召唤"，并且刻上了先知与上帝直接接触这一不可磨灭的经历的烙印。麦加需要一次价值观的转变，在将价值观制度化的过程中必须与多神教决裂，释放出一神教的强大力量，而在麦地那（Medina）时期，先知的思想被容忍，进而导致国家的建立，但它是一个始终没有建立起来的国家，是一种合法性不确定的理想模式。它被响应先知号召而释放和激发出的爆发性力量所震撼。在20年时间里，在关于国家的长期争论中，一套原则在一种文化、一种信仰和一种法律的基础上形成。

在亚洲和非洲基督教世界，或者是在琐罗亚斯德教控制下的整个萨珊王国疆域里，普遍信奉一种由经历希贾兹（Hijaz）的少数阿拉伯人所传播的宗教，这也许有些令人吃惊。这一宗教并没有形成任何不同寻常的哲学思想，与著名文化中心，例如安条克、亚历山大、哈兰（Haran）、泰西封、军迪沙普尔（Djundishapur）也没有联系密切的历史。在这些中心，古典遗产和一神教的强大影响相结合。对伊斯兰教诞生在信奉一神教之外的地区的知识上的诽谤，实际上就是多数宗教在初创时期遭受的破坏和排斥的再现。伊斯兰教再次经历了原始犹太教或者原始基督教初创时的激烈反应，当时这两种宗教都面对多神崇拜和那个时代复杂的哲学体系。在伊斯兰教中，希腊－闪米特文化第一次发出了真正的声音，它自身摆脱了僵化的外族表达方式，至少一度摆脱了哲学神学的表达方式。

当穆罕默德开始在麦加传教时，阿拉伯中部地区仍然处于信仰基督教的埃塞俄比亚人入侵也门形成的敌对状态中，当时信仰犹太教的也门人对生活在绿洲地带的阿拉伯基督徒进行迫害，这也许是一种报复。阿拉伯联军于"象年"（571年）在麦加取得胜利，我们决不能过高评价这一胜利的象征意义，因为神殿里还供奉着各氏族部落的神像，它们在古莱西部落保护下，被集中在克尔白（Ka'ba）周围的"亚伯拉罕（Abraham）围墙"中。克尔白是一个"立方体"石屋，是亚伯拉罕的儿子伊斯马仪（Isma'il）早期居住的第一个家。这座与一神教最初起源密切相关的建筑物被哈尼夫们用来试图证明：信仰亚伯拉罕后裔惟一真神的虔诚者正在独立地开创一条崭新而独特的阿拉伯道路。同样，为了巩固各部落和古莱西部落的友好关系，作为一个部落联合的、非官方的神殿，麦加也在等待期望一位有资格确立诸神等级的先知。随着商路改道，古莱西部落的影响扩大：由于波斯－拜占庭帝国的战争不断，经由红海的商路衰落，在幼发拉底河河曲地区集散的商贾旅行活动也在衰落，因而促使新商路的发展。这一新商路取道连接叙利亚和也门的希贾兹绿洲，也门是香料的生产地，也是从印度进口香料的进口地。暴富和货币经济的侵蚀打破了氏族之间和氏族内部传统的平衡，金钱至上的价值观代替了一种具有活力、慷慨施舍和父系氏族团结一致的"部落人文主义"价值观，这是发展的必然结果。正是因为这个原因，由穆罕默德传教发起的运动既像一场激进的、致力于建立家庭新道德准则的革命，又像是对一神教基本价值观念的回归，在整个近东历史上一神教的基本信仰似乎不断遭到破坏。创建一种"绝对"信仰的活动就这样与阿拉伯革命相结合，导致独一的真神胜利地回到被逐出的寺庙，也正是由于人们通过偶像崇拜，或者由于神学家试图以复杂的思考解释神的特性，进而忽略了最初与神订立的契约并抛弃了真神。穆罕默德就这样使自己成为犹太教传统的伟大先知和《启示录》中其他先知中最重要的一位先知，书尔布（Shu'ayb）、沙里哈（Salih）、胡德（Hud）、摩阿布（Moab）和北方阿拉伯民族的先知们在《古兰经》里都扮演了必不可少的角色，都宣称真神的万能和末日审判的临近。

从传道到武器

富商穆罕默德打破一夫一妻制，他在穆斯林共同体中备受尊重（因为他组织人力重建克尔白）。人们常把他与其他神秘主义者的命运相比较：在长期的苦思冥想后，孤独的探索者形成了丰富的思想并开始布道。我们无需怀疑这位先知首先寻求的是对他本人的拯救。对他而言，610年的启示是对饥渴灵魂传达出的神旨，是一种精神上的启示，是对正义的召唤，是对古老的部落道德义务尊重的召唤，但同时清除了其中的傲慢与狭隘。他谴责近亲婚姻，诅咒遗弃女婴。借助于人口的极度膨胀或氏族团结的崩溃，穆罕默德大力推进部落社会的瓦解。正是在这最初阶段，这位先知传达的启示与麦加社会内部的发展趋势相结合，既没有努力改造这一趋势，也没有成为其中的一部分：没必要去假设一位预言者（kahin）的借口和作用。然而，当穆罕默德逐渐与其他哈尼夫派（hanif）取得联系时，他实际上已经成为另一个先知马斯拉马（Maslama）的斗争对手，成为"年轻的弱者"的领袖，部落社会已经没有他的容身之地。这时，我们注意到这位先知的影响发生了变化：穆罕默德从宣传上帝拯救的伟大荣耀逐渐转向政治和社会改革。

　　的确，古莱西人最初没有犯错误，他们邀请穆罕默德领导改革运动，建立一座新的神庙，以便将利库尔古神（Lycurgus）和海修德神（Hesiod）合二为一。这位先知实际上同意拟订一份神谱，但是因受到口传神意的谴责和来自最初皈依者的压力，最终他退缩了。尽管他谴责古莱西部落骄傲自大、崇尚暴力，但正是该部落团结一致的传统拯救了他。一神教的传统逐渐被显示出来，在最初"家族成员"追随者的支持下，传达的启示变得更为明确。这些家族成员包括：近亲中有妻子赫底澈（Khadija）、侄子和女婿阿里（Ali），还有释奴宰德（Zaid）。宰德可能是穆罕默德的养子，此外就是他的邻居倭马亚·奥斯曼（Umayyad Othman）和欧默尔·伊本·赫塔卜（Omar ibn al-Khattab），最后还有更卑微的奴隶追随他，如比拉勒（Bilal）。比拉勒是穆罕默德从一位残酷的奴隶主手中买来的黑人。在长期的传道过程中，共同的祈祷仪式不断净化着穆罕默德传达的启示，大约619年，它给这个最初的穆斯林团体带来了人人平等和革命的特征。穆罕默德的叔叔阿布·塔列卜（Abu Talib）尽管不信仰新宗教，但他保护着穆斯林共同体。他的逝世标志着这个团体与整个部落更彻底的决裂：穆罕默德为了躲避迫害不得不出走。许多妇女儿童逃往信仰基督教的埃塞俄比亚，这证实了当时阿拉伯人与基督教世界的联系，在《古兰经》的旁注中，有颂扬圣母和追述圣灵感孕使耶稣诞生的故事。这样，在前代先知中，穆罕默德被赋予了一种特殊的地位。同时，穆罕默德关注哈尼夫派和集中在叶斯里卜（Yathrib，即麦地那）这个最著名"城镇"里的阿拉伯氏族。麦地那是他到来后改的名称，当时一些犹太部落也定居在此地，而他在那里是仲裁者。正是622年9月24日穆罕默德启程来到这个避难地〔徙志（hijra）〕，在这里奠定了伊斯兰教作为世界性教会的基础，这就是"徙志"，也是一次决裂，一次暂时的迁徙，一次自愿的流亡。伊斯兰教就是这样一种宗教，它惟一肯定的就是任何事情都不能摆脱安拉全能的控制，通过这一奠基行动，它自称是一种流亡的、彻底放弃的和完全依赖神意的宗教。

也称为"辅士"（helpers）的麦地那人欢迎通过希吉拉到来的移民，后者又称为"迁士"，他们很快皈依穆斯林信仰，建立"乌玛"（umma）。乌玛是得到全体穆斯林宣誓效忠的社团，是由万能之神庇佑的成员们情同手足的亲密团体。与启示初期相比，在麦地那，安拉通过先知之口颁布的礼仪要少得多。我们如果清楚了这一点，就很容易理解为什么在伊斯兰教历史上，这个"希吉拉"共同体"达尔希吉拉"（dar al-hijia）——"避难之地"，竟会引发如此强烈的怀旧之情。在此后的任何世纪中，人们会发现，新提出的主张，或者甚至分离运动，都试图回归到"希吉拉"时代的人与人、人与安拉之间的纯洁关系，回归国家最单纯的形式。当时，他们的共同财富都来自自愿捐赠，或者从对异教徒战争中得到的战利品。当他们迅速组成人人平等的人民军队参战时，就反映出伊斯兰教徒中最基本的平等关系。正是这种平等关系一直鼓舞着伊斯兰教扩展版图，防护严密的盔甲包裹着向安拉祈祷的灵魂，扩张是通过征服而不是通过改变信仰进行，通过强化捍卫安拉的权益而不是通过传道来实现的。这种平等关系激励所有穆斯林运动都主张回归伊斯兰教的初始状态。在此后的岁月里，从哈瓦立及派（Kharijite）的分离运动到卡尔马特派（Qarmatian）的叛乱和法蒂玛（Fatimid）的独立宣言都是如此。19世纪的马赫迪运动（Mahdism）和现在利比亚的赛努西教团（Sanousiya）运动再次重现这一情形。

在麦地那时期，伊斯兰教和一神教信仰的关系也尝试推行并确定下来。显然，穆罕默德与犹太教的关系卓有成效，因为他坚定地采用犹太教的习俗，如饮食方面的禁忌、每年一次的斋戒（在禁月的第十天）等，他还强调他的教义与以律法为基础的犹太教极为相似。这样，伊斯兰教就脱离了基督教的轨道，因为基督教只是提供了道德原则，对建立国家毫无用处，而犹太教习俗则可以很快用于召集乌玛以投入与信仰多神教的麦加的战争中。犹太教因素的存在证明了穆斯林"战士"团结一致地支持信仰和律法，正如穆斯林共同体祷告者向耶路撒冷朝拜一样，但是这种团结是建立在一种奇怪的错误观念上：穆罕默德把自己视为诺亚（Noah）、亚伯拉罕、摩西（Moses）和耶稣等先知中的一员，他把自己的启示与那些前辈的启示结合到一起，一开始便宣称自己作用的普遍性，因而他与"上帝选民"的观念相对立。在犹太人和麦地那的犹太信徒看来，穆罕默德只不过是阿拉伯人的先知，是神指派给阿拉伯人的先知，用阿拉伯语来说，穆罕默德是犹太教的典型形象。在成功的军事合作后，犹太人开始与穆罕默德分道扬镳，这个过程可分为两个时期：625年犹太部落被驱逐出麦地那，627年卡拉耶泽（Qarayze）部落因被怀疑背叛而集体遭屠杀。此后，穆罕默德的先知生涯更密切地与亚伯拉罕及其儿子伊斯马仪相联系，反过来这重新肯定了麦加克尔白的中心地位：朝拜的方向改向麦加，而斋戒代之以更艰苦严格的磨炼，整个太阴月每天都举行斋戒和节欲，时间定在第一个预言的周年纪念日赖麦丹月（Ramadan）。最后，废除了有关饮食的法律，不过没有放弃禁食猪肉和已死动物的血这些更传统的禁忌，在麦地那留下来的犹太人害怕食用血液的习俗同样成为穆斯林遵守的习惯。

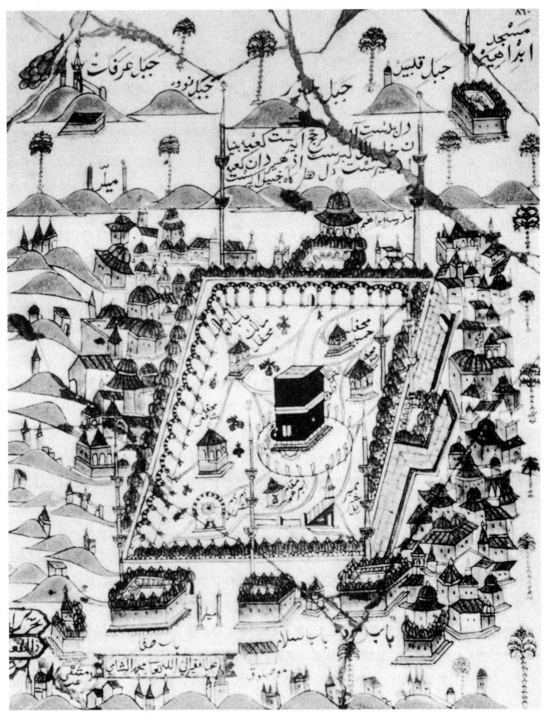

可见麦加神圣的清真寺的心脏、伊斯兰教的中心克尔白在传统的黑色笼罩下。公元7世纪，这个立方体建筑物在穆罕默德的指导下重建（18世纪彩陶片，开罗，伊斯兰教博物馆）。

　　然而，希吉拉最重要的后果是穆斯林共同体的军事化和对战利品的依赖，这些发展促进了好战乌玛的霸权统治。624年1月，穆罕默德不顾为保护克尔白神殿的每年三个月的休战期，对麦加人发动了一场游击战争：伏击麦加商队，从而改变了整个战争的性质，因为它取代了"文雅"的战争，旨在俘获战俘和迫使过去被视为同属一个家族的部落屈服。穆罕默德毫不留情地发动了全面战争，以摧毁麦加世界的政治和宗教结构。结果，627年倭马亚·哈立德（Umayyads Khalid）和阿穆尔（Amr）领导的古莱西（the Qurayshite）军队大败，古莱西部落彻底丧失斗志。没有改变军事化的初衷，麦地那穆斯林共同体强烈要求回到阿拉伯民族的基本价值观。在628年倭马亚将军们皈依伊斯兰教后，麦加和麦地那之间缔结协议，并于第二年重新恢复对克尔白的朝觐。这使穆罕默德可能重新恢复朝觐仪式并使之神圣化，这些仪式都保存在亚伯拉罕的故事里，即围着克尔白步行七圈，并在萨法（Safa）和麦尔卧（Marwat）两山之间来回奔走七次，还要在阿拉法特山（Mount Arafat）停下祈祷，在米纳（Mina）谷向撒旦扔石头，最后进行献祭。这是一个"大型庆典"，与亚伯拉罕提出的犹太教的逾越节和基督教的复活节相比，这一庆典更独特。因而，629年的和平朝觐为古莱西部落提供了摆脱困境的办法，他们成为这个伊斯兰教特殊圣地的守护者，而麦加仍然是阿拉伯半岛的政治和商业中心。此外，麦地那军队的进攻使穆斯林的影响范围从希贾兹部落扩大到南部和叙利亚－巴勒斯坦的广大区域。630年，10,000名士兵的穆斯林军队参加朝觐，并对朝觐凯旋入场式问题进行了协商，禁止偶像崇拜，古莱西部落和其最著名的儿子穆罕默德之间重新建立起和睦关系。次年，非穆斯林被正式排除在朝觐仪式之外，这个此后被视为国家神圣中心的地方完全接受了伊斯兰教。然而，麦加从来也没有成为伊斯兰教国家的首都。在630年和632年先知逝世的两年里，第一批哈里发的首都仍定在麦地那，该城市一直是权力合法性的标志，当然也是多次平息反叛哈里发起义的中心，因为它是先知穆罕默德最亲密的亲属，阿里的后裔，选择的定居地。

希吉拉模式

　　麦地那国家修建了原始伊斯兰教时期最卓越的建筑物，第一座"清真寺"是麦地那的马斯基德（masjid）清真寺（虽然整个大地理所当然是上帝的圣地），但这个特殊"圣地"的形式在穆斯林文化独有的建筑中独树一帜。清真寺及其围墙很快成为宗教和世俗生活的中心，穆斯林共同体在这里聚会，履行公共职能，举行仪式。在一块不太规则的土地上，先知穆罕默德设计了一个巨大的正方形院子，院子有围墙和三个入口。北面的墙极为简洁地用棕榈树树干为柱，支撑着一道门廊，指向耶路撒冷。624年后，门廊调整，指向南面的墙，面朝麦加方向。麦地那的礼拜堂是防御性的堡垒、政治和军事权力的中心，并且——像穆斯林的私人住所——其内部看起来，有先知穆罕默德的圣座、讲坛（minbar）、住宅和靠东面围墙的房间。礼拜时，信众排成与顶礼朝拜墙壁平行的横队，这种做法与所有信众平等的观念相一致。惟一的例外是伊玛目（Imam），他是由赞美和仰慕活动组成的礼拜仪式的领导者。但是，穆罕默德死后，谁能在超自然神和其崇拜者组成的穆斯林共同体之间保持联系呢？在面临新问题时，信徒的团结如何找到答案？当先知在他的圣训（hadiths）和可为楷模的人生中独自享有与神的直接联系并且独自见证神的意愿时，神的启示该如何被阐述和捍卫？

浓缩在清真寺里的国家

　　清真寺的例子既说明了穆斯林特有的社会－国家机构核心功能的统一，也说明了在整个伊斯兰教时期沉闷地重建麦地那模式体系的保守性。穆斯林到处建立礼拜堂，这些礼拜堂的形状都是正方形，具有坚固的封闭的空间、不对称的布局和其独特的内部特征。星期五中午举行的礼拜表达了全民武装斗争的民族团结。在星期五的礼拜仪式上，讲道者全副武装，穿上举行仪式的礼服，站在位于星期五中午举行礼拜中心讲坛前，宣讲统治政府的合法性，这一仪式就是"呼图白"（the khutba），意在将穆斯林共同体团结到一起。中空的壁龛"米赫拉卜"（the mihrab）代表着在"敏巴尔"内部朝拜者的精神方向，这种布置被视为哈里发专用小礼拜堂的遗迹，但是这一假设将被否决，尽管考虑到清真寺和哈里发或总督的宫殿之间有着密切联系。耶路撒冷是一个例外，在那里，岩顶圆顶寺使人想起已被奉为神圣的大卫（所罗门？）寺院的献祭之地。最古老的清真寺阿克萨（Aqsa）标志着末日审判和世界末日。然而，在其他各地，星期五清真寺（jami）与宫殿相邻，它们之间由一条通向"清真寺"的小道相连，围墙将清真寺与公共区域隔开，哈里发或者总督由这条小道前去礼拜。像在麦地那一样，在很长时间里，星期五清真寺具有军队集合地、医院、法庭和公众财政部的功能，正如大马士革，国库隐藏在一个小密室中，这个小密室位于倭马亚清真寺角落里的一个柱子里。

　　632年，当奠基者去世时，穆斯林国家和社会的基本原则已经确定。其中最根本的是"五功"：即一神信仰的表白、礼拜、赖麦丹月的斋戒、朝觐，最后是施舍〔宰卡（zakat）〕。施舍的数目为信徒收入的十分之一，这对国家的平稳运转是必要的。其次是从先知及其言语"圣训"中推断出的"榜样行为"，"圣训"是先知在麦地那治理尘世事务时，在日常事务中体现先知作用的言论。这些言论逐渐融入穆斯林的实践中，然后被第一批律法学家编成大全并重新整理成一部经书——《古兰经》（quran）或者《可兰经》（the Koran）。在《古兰经》中记录启示的章节〔苏拉（suras）〕记录了传播给先知的夹杂着适合于其他部落道德的启示。榜样行为之一，武装反抗异教徒和其他否定上帝权力者的"吉哈德"（"圣战"，the jihad），很快赢得

凯鲁万大清真寺的轮廓和鸟瞰图。836年在一座7世纪的清真寺遗址上重建，但忠实地保留了那时在整个伊斯兰世界流行的麦地那清真寺的模式。

了相当于"五功"的声望。或多或少以伊斯兰教化形式的其他传统融入宗教实践和家庭生活行为中，例如割礼、先知规定自己的妻室和信徒的妻子带面纱，还有同族通婚（尽管受到穆罕默德的谴责）。在氏族社会里，同族通婚保证了贵族血统，防止分散世袭财产，麦地那遗产法（每个儿子一份遗产，每个女儿半份遗产）出台后像这种情况接踵而至。此外，一夫多妻制的习俗因穆罕默德的多次婚姻而被认可，它的政治目的与情感目的同样重要，但是一夫多妻制严格限制在四个妻子之内。妻子们的权利平等，都受到尊重，包括伊斯兰教价值观认可的感官享受的权力。

麦加贵族习俗的恢复和它们作为典范在整个伊斯兰教世界的流传反映了在信徒平等的社会与麦加社会之间的妥协，信徒在神权政治结构中依然处于同一水平，完全依赖安拉的启示来指导行政和立法事务，麦加社会的价值观，如家族血统的纯正、部落的等级制度、男系亲属的团结一致，所有这些都扎根于遥远的过去，并承担了重大的责任，但它同样具有不稳定的风险。实际上，部落制度与穆斯林军队结合，继续开展倭马亚时代开始的殖民活动。殖民的成功依赖于一个颇有成效的依附和忠诚网络——"堂兄弟共和国"，但原则上基本上是贵族政治。随着先知的逝世，由倭马亚将军支撑的伊斯兰教成为将大家族引入权力舞台的工具。各地的宗谱模式成为标准，地中海古老的父系谱系习俗始终存在，一夫多妻制在被征服地迫使妇女扮演着有效的融合剂。荒谬的是，而且在精神上与启示极不相同，军事征服和家族的权力创造了一个新社会，这个新社会的政府需要努力地去调整和反思。但是，从这个社会开始的那一刻起，甚至在它完全战胜敌人之前，麦地那伊斯兰教的无缝斗篷就被租给"各个学派"了。这些学派因权力授予、自由意志和安拉权威的联系之间的联系以及信仰和人类理智的联系的原则问题而分裂。

"家族"与"权贵"相冲突

由先知继承引起的"家族秩序"之争充满着悲剧、卑鄙和派系争斗，暴露出此后数世纪里伊斯兰教饱受创伤的基本缺陷，即如何界定权力的合法性。这一问题引起了众多关于政治和宗教教义的阐述，使人们更为深入地探讨这个问题，特别是由于伊斯兰教以外的和接近异端的学者的贡献而使这些问题变得丰富。如果只是从形式上看，伊斯兰教普遍的方式就是"夸张"。先知逝世时，保守而有实效的解决办法就是将权力传给年长、德高望重且与先知有姻亲关系的穆斯林，例如阿布·伯克尔（Abu Bakr）和发动伟大征服的欧默尔（Omar）。这就意味着先知其他更亲近的亲属被忽略：先知的叔叔阿拔斯，他的后裔后来颂扬他的美德并要求恢复他的权利，最重要的是先知的侄子阿里，他是继赫底澈之后的第一个皈依者，一个谨慎而热忱的信徒。在欧默尔去世后权力传给第三任代理（哈里发）奥斯曼（Othman）手中时，在阿里周围形成了一个派别。奥斯曼是一个受到族人支持的倭马亚人，支持者遍及全国。奥斯曼遭到来自信仰者的老卫兵、忠实于最初"乌玛"的信徒、或者启示的见证人即古兰经中的"言者"的反对，在批准启示书惟一的一个版本后，以前对其氏族的诅咒被删掉。656年奥斯曼被暗杀。

在充满阴谋和复仇的环境中，阿里得到了迟来的权力。叙利亚总督穆阿威叶指控阿里教唆谋杀他的族人奥斯曼，但阿里对这一指控的回答含糊其辞，他因此失去了一些支持者。阿里以库法（Kufa）为基础的军队和叙利亚的军队展开了内战，为了避免更大的流血战争，他在苏分（Suffin）屈服了，同意交出他公认的仲裁暗杀的责任，但是这个软弱的决定激怒了质疑在这种事件中人类仲裁的合法性的人。结果，伊斯兰教分裂成三派。穆罕默德的女婿以前的同党组成了以"哈瓦立及派"著称的不妥协的派别。他们中有乌玛最初的"成员"，这个派别观点严格，谴责有罪的伊玛目们和堕落的信仰者，宣扬良知纯洁为惟一的信仰方式。只有部分忠实的追随者继续支持阿里，他们不久也成为一个派别，但是却没能从哈瓦立及派暗杀者手中保护住阿里。被刺杀的哈里发的长子放弃了斗争，但是小儿子侯赛因（Husain）拿起武器武装反抗穆阿威叶和倭马亚人。680年，侯赛因在卡尔巴拉（Karbala）的殉道推动了阿里派〔什叶派（shi'a）〕的形成。什叶派是正统主义的少数，他们陷入一种悲惨、戏剧性的自责之中，而胜利的穆阿威叶聚集了温和派、机会主义者、支持这一军事权力的冷漠者和野心家，这反应了古莱西和古老的部落主义，倭马亚时代已经来临。

然而，总的来说，在穆斯林阶层中形成的哲学和政治学说对倭马亚人不利。苏分丑闻和新兴的阿里派信徒的殉道导致了穆斯林反思伊玛目的合法性、人类责任的范围，甚至关于《古兰

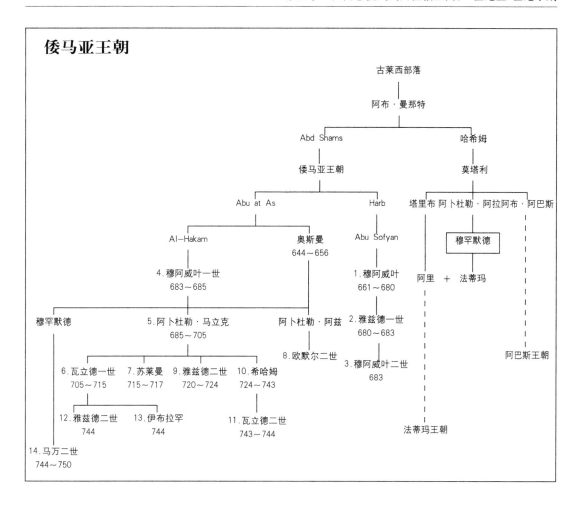

经》的性质和安拉的属性等一系列问题。理性，凯拉姆（kalam），被用于宣扬人类自由，以反对被倭马亚王朝含蓄宣传的"强制"。那些强调安拉不可接近和独一性的人组成了重要的思想学派"穆塔兹主义"（'mu'talzism'），它是反对神人同形同性和倭马亚哈里发道德败坏的秘密组织，它强调"好的政府"的责任，认为抵制不公正、不道德的领袖是他们的义务，从而为进入该组织的阿拔斯后裔的宣传铺平了道路。与哈瓦立及派认为穆斯林有罪不同的是，"穆塔兹主义"一方面具有伊玛目公正和虔诚的思想，另一方面，他们的哲学似乎与什叶派更接近。

　　因此，伊斯兰教的发展主要在于深化了信仰，这是信仰因素中理性的反映。它与其他宗教的接触，借用其他宗教的内容和其辨证思维都十分有限。当然，伊斯兰教的确受到了叙利亚学派的基督教神学家如大马士革的约翰和阿布·奎拉（Abu Qurra）的批判，但是穆斯林思想家主要关注的是伊朗的二元论继承者，扎迪克们（the zadiqas）和"怀疑论者"的激进怀疑主义：他们关注罪恶问题更胜过叙利亚的基督徒提出的希腊的"道"（logos）的问题。"穆塔兹主义"神

拜占庭皇帝、萨珊国王和西班牙西哥特国王这三位被进攻的阿拉伯人彻底击败的君主形象仍能从约旦卡塞尔王宫那幅破坏严重但美观的画中辨认出。

学认为安拉是永不犯错误的，罪恶只是来自于人类的自由意志。关于"古兰经被造"的信条，他们力图驳斥伊斯兰教敌人的论点，认为《古兰经》尽管是安拉的语言，但并不完美。在这种探求真理的环境中，哲学的选择摆脱不了政治的直接影响。在这方面，无论是作为宗教还是国家，伊斯兰教都将责任加在每个穆斯林身上。随着各派别的形成，尤其是阿里派的形成，各种最初使伊斯兰教感到陌生的思想开始渗入伊斯兰教。

　　尽管亲阿里运动一直坚持显示其氏族高级成员领导的家族运动，然而作为"合法派别"，宗派主义因素在其中播下或培育了"夸张"的种子：对导致将先知功能归属于伊玛目的智慧，尤其是对"正义引导者"马赫迪（mahdi）出现的千年期待。当被视为"马赫迪"的伊玛目们没有实现这种期待时，出现了一种来自阿里的救世主－马赫迪在一段时期的隐遁后重新"归来"的新理想。以这一方式，这个团体逐渐认识到，在隐遁的伊玛目序列中肉体被赋予的神性，这使他们接受了希腊的轮回概念，使他们的心智向基督教世界的诺斯替教派敞开。760年左右，在库法的什叶派阶层，笼罩在麦加和麦地那时期的预言崇拜和千年主义演变成易变的派别：阿里党人和相信他很可能就是救世主复活的狂热的信徒；阿里的儿子穆罕默德·伊本·哈纳菲亚（Muhammad ibn al-Hanafiya）党人，阿布·哈希姆（Abu Hashim）党人；侯赛因后裔的信徒；集合在阿里派哈桑支系周围、主张武力镇压的活动家。并没有明显的界限将这个合法的什叶派"派别"与少数群体区别开来，这个合法的什叶派经常发动武装起义，但通常时间都很短，最后注定都销声匿迹。在伊斯兰教完全收获之前，莠草已经成长在麦田中。

伊斯兰教的收获

因此，在阿拉伯民族好战的派系之间，倭马亚政府在冲突不断的气氛中——政治的、意识形态的、家族的——逐步形成。穆斯林共同体内部的权力、征服和被征服者的关系、司法原则的界定这三个问题的解决将使他们有效控制伊斯兰教世界。伊斯兰教世界在征服战争中疆域膨胀，与古代任何帝国一样庞大。我们不应该因王朝最后的覆灭而忽略它的创造力，这种创造力体现在将矛盾因素、在平等普世的启示（Message）和现实的等级结构及阿拉伯人传统的附庸关系结合起来。显然，倭马亚人并不只是来自古莱西贵族的普通军人。他们总是背负着与享有盛誉的阿里派决裂的责任，受到对其生活奢侈和道德败坏的指责。但人们应考虑使他们建立个人权力基础、宫廷和行政机构的必要性，这些使他们远离一支难以驾驭的人民军队。然而，他们意识到他们对穆斯林共同体的责任——建立一套合乎道德、自由和公正的标准，也意识到他们的合法性受到置疑，或者至少意识到这一事实：它被家族的其他支系所分享。在倭马亚王朝统治之下，一旦宿命时期过去，阿里的儿子和继承人侯赛因在卡尔巴拉被杀后，剧烈的起义就没有平息过，这在后来的阿拔斯运动中显现无遗。

从突厥斯坦（Turkestan）到利比亚

麦地那国家的建立和穆罕默德继承问题引起的困难可以被看做是一个世界帝国扩张、征服和建立的背景。各种事件蜂拥而至。如果在先知生前和阿布·伯克尔时期的最初战役刻上了使阿拉伯各部落信奉伊斯兰教的烙印，并与最初的皈依者在共同的军事事业中结盟，那么古莱西将军们的显著成功在先知逝世六年内就成效卓著，他们打破了传统的边界，在近东建立了一个新帝国。

636年，卡迪西亚（Qadisiya）战役标志着萨珊王朝的终结，此后，穆斯林势力很快扩张到扎格罗斯（Zagros）（642年）、法斯（Fars）和呼罗珊（Khurasan，651年）。在肥沃的新月地带的另一角，大马士革（635年）和耶路撒冷（继636年雅姆克胜利后）的被占领使埃及、上美索不达米亚和亚美尼亚（641年）几乎没做抵抗就向征服者敞开了大门。在这里必须强调的是，正是后来信奉伊斯兰教的麦加，尤其是具有强烈部落精神和部落战争传统的古莱西倭马亚人（Qurayshite Umayyads）指挥了这些军事行动，控制了被征服地区；从637年开始，穆阿威叶

（Mu'awiya）担任叙利亚总督，哈立德（Khalid）和阿穆尔控制了伊朗和埃及各省。因而，他们就开了先例，地方总督享有广泛的自治权，通过与当地民众签订各种协议扩大了这种自治权。这些部落军队的存在和分散控制加强了穆斯林国家基本的政治和宗教舆论，意识形态的统一体一直存在，尽管它因激烈争夺权力的合法性而受到损害。

因而，当656年阿里和奥斯曼的继承人爆发大争论时，伊斯兰教帝国的重要核心——埃及、叙利亚、伊拉克和伊朗——已经形成。向呼罗珊和西基斯坦（Sijistan）的扩张继续进行，并向突厥（Turkish）领土和中国前哨接壤的伊朗东北边界强行推进。与好战的部落对峙同时存在的是，逐步征服自古以来就属于伊朗的特兰索克西安纳（Transoxiana）地区，这是琐罗亚斯德教和佛教诸邦混合的地区，它们先是成为附属国，而后被镇压。来自库法和巴士拉的征服部队完全由阿拉伯人组成，他们很快因在军队将士和倭马亚中央机构之间分配战利品而发生争吵，并分裂为许多派系，以至于来自希贾兹的部落巴努·卡伊斯（Banu Qays）站在倭马亚人对手一边，并于619年后转而反对来自也门的阿拉伯人。所以，这些部落很快到处都是被保护者〔麦瓦利（mawali）〕：唯利是图者、以前的伊朗奴隶"仆人"或者战俘。他们的释放是以向今后加入的部落尽忠尽职为条件的，麦瓦利这个词暗示了部下对主人的依附关系，显然他们的地位较低。705年至715年后，麦瓦利的代表，也就是阿拉伯化的伊朗人，参加了对布克哈拉（Bukhara）、撒马尔罕（Samarkand）、花剌子模（Khwarazm）与中国接壤的费拉哈纳（Ferahana）深谷的征服战争。731年，1600名麦瓦利步兵和1000名撒马尔罕叛依者帮助40,000人的阿拉伯正规部队消除了来自图古什（Turgesh）突厥可汗的威胁。至此，边疆稳固。751年，当中国人试图发动一场反击战争以重新控制特兰索克西安纳领地时，他们被迫退回到塔拉斯（Talas）河以东，然而伊斯兰教似乎无力向中国领土进一步施加压力。无论边界划在哪里，领土都很遥远，无论我们是否将突厥国家、高加索、里海山脉、阿富汗或者努比亚视为"战争策源地"，或饱受袭击的地方，这些地方的穆斯林志愿者都与正规部队一起行动。结果，随着阿拉伯人的定居和官方士兵重要性的减弱，这些志愿者，或者从词源学上讲是"抢劫者"的法兹斯（ghazis）越来越重要，并得到越来越多的特权：在阿拔斯时期，来自伊朗边境的法兹斯挺进陶鲁斯山，援助那里与拜占庭军队作战坚守阵地的阿拉伯正规军。

最重要的是对东地中海各岛屿的征服最为持久：最初是怀着建立世界帝国的野心，很快便迷恋上了罗马帝国神圣的角色和占领君士坦丁堡将消除世界末日的黑暗的信仰，并使伊斯兰教的胜利达到了顶峰——因而倭马亚王朝投入巨大的精力。但是，一旦最初半奇迹般的胜利失去势头，战事转移到小亚细亚的希腊边界时，人们就发现穆斯林的装备、战略与拜占庭军队势均力敌。事实已经证明，他们很容易从这些地区被驱逐出去，如叙利亚、埃及，这些地区基督徒较少而且对君士坦丁堡极度仇视。事实是，没有重装骑兵，没有耗资大的剑、矛和盔甲，没有一支

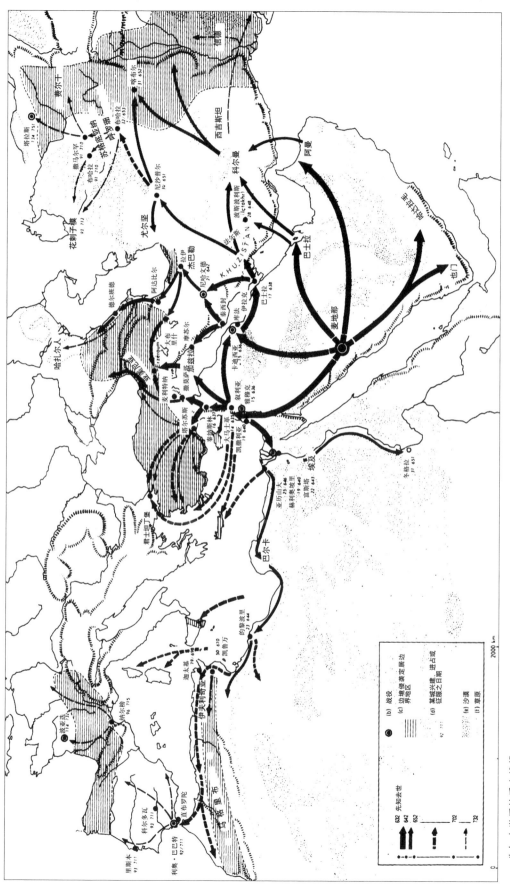

先知去世后的重大战役

合作默契的军队，战争就无法进行：战争消耗大，而收获甚少。为了减少消耗，倭马亚王朝最后被迫解散正规部队的分遣队，将他们从薪俸名单中除名，这招致强烈的反对。然而，在海上，阿拉伯人相对迅速地掌握了造船和海战技术：到648年时，他们已经远征塞浦路斯；655年，他们在"桅杆战役"中取得决定性的胜利；此后，从673年到680年，不到20年，他们出现在君士坦丁堡城下。如果从严格意义上讲，第一次"围城"不能称为围城，此后在717年至718年，阿拉伯人以更认真的态度重新围攻君士坦丁堡，但两次都失败了，因为阿拉伯军人没有应对拜占庭人坚固的防御和杀伤力极强的"希腊火"的策略。希腊火是一种萘的混合物，它能使拜占庭人朝敌舰放火。拜占庭人据此清除了地中海区域的敌人，又重新获得了真正的制海权，并至少一直持续到825年至826年。

从利比亚到阿奎丹

在利比亚沙漠以外地区的扩张可能也许并不是倭马亚王朝最初的目的，的确，阿兹·祖拜尔（Az Zubair）的儿子阿布·阿拉（Abd Allah）在647年远袭迦太基时，拜占庭在伊夫利基亚（Ifrikiya）的驻军不堪一击，衰弱之象已经初露端倪，不过当时很难控制阿特拉斯（Atlas）的柏柏尔人，他们被公认为肆意妄为、无法无天、追求混乱和倾向暴力。即使欧格白·伊本·纳菲（Oqba ibn Nafi）也没有真正经由柏柏尔人地区快速进军到瓦迪·塞布〔（Wadi Sebu），在苏斯（Sus）河畔〕，而是率军到达大西洋沿岸（681年至683? 年），他的确在迦太基兵营后面的凯鲁万（al-Qayrawan，或Kairouan）驻有兵营，尽管遭到邻近柏柏尔部落的反对。692年后，据说一支有40,000人组成的军队开始了系统的征服。就像拜占庭的其他领土一样，迦太基在哈桑·伊本·努尔曼（Hassan ibn al-Nu'man）的进攻下沦陷。尽管现在对这一说法有疑问，但也许在德杰拉马（Djerama）的妇女卡西娜（al-Kahina）带领下在奥里斯（Aures）进行了有组织的抵抗。可以肯定的是，阿拉伯人花了十多年的时间才确保凯鲁万和沃鲁比利斯（Volubi-lis）之间的道路畅通。尽管如此，马格里布的总督们，如穆萨·伊本·努赛尔（Musa ibn Nu-sair）可能相信中央权力鞭长莫及而任意行动。

人们对征服伊比利亚的原因一直猜疑不断。希腊商人和犹太商人是否为反对西哥特人的压迫而寻求帮助？这是商业行为吗？这是穆萨麾下的柏柏尔麦瓦利塔利克·伊本·兹亚德（Tariq ibn Ziyad）的个人冒险吗？罗德里克（Roderick）刚刚在贝提卡篡夺皇位，托莱多宫廷发生了骚乱，这就对机会主义者产生了极大的吸引力。711年夏天，塔利克横渡海峡，以他的名字命名守望北面的大岩山〔杰卜莱·阿尔塔利克（Jebel al-Tariq），直布罗陀（Gibraltar）〕，在利奥·巴白特（Rio Barbate）战役中击溃了罗德里克的军队并杀死指挥官。一年后，穆萨跟随塔利克，带领阿拉伯人占领了塞维利亚、梅里达、托莱多和萨拉哥萨（Saragossa）。他很少遭遇到抵抗，人们惊惶失措，慌乱逃走。这次"闪电式征服"至多只花了两三年时间，是典型的穆斯林谨慎与大胆的进攻方式。约714年，这股征服洪流抵达只有少数战士守护的坎塔布连山山脚下。大约720年，滔天巨浪冲到了鲁西隆（Roussillon），并且到达纳尔榜。然而，这次闪电式"西部革命"和随后漫长的统治谈判胜过了高明的调兵遣将和突袭。

事实上，穆斯林军队在这些地区遭遇动乱，这与仍然盛行在拜占庭非洲和西班牙大部分地区的罗马社会政治基本秩序中更深刻的危机有关。在一些地区——如巴斯克比利牛斯山区（the Basque Pyrenees）、堪塔布罗-阿斯图里亚地区（the Cantabro-Asturian），尤其是在柏柏尔人非洲地区——罗马人强加给它们的制度已经消失殆尽，这为重建部落或与罗马化之前的社会组织形式结合的"社会"团体留下了发展空间。正如在西方的其他地区一样，罗马遗产退化显示出来的最明确征兆就是城镇的衰退，或者消失。值得注意的是，不仅在边缘地区，社会生态因素导致罗马生活方式的衰落，如部落主义重新控制的北非沙漠边缘地区，而且甚至在沿海地区，一度被阿拉伯文献称为"罗马海"（mare nostrum）的地区，在3世纪危机和伊斯兰教入侵期间，衰退如此严重，以致于一些历史悠久、曾经充满生机的城镇如萨贡塔（Sagonta）和卡塔赫纳到8世纪初期已经衰退为不重要的小乡村。西哥特和拜占庭人之间持续到7世纪初的战争可能促成了这种衰败——卡塔阁纳被托莱多的统治者摧毁——但是这并不完全说明这样一种总趋势，包括罗马东部沿海第三大城市塔拉赫纳（Tarragona）的消失，它在穆斯林征服时被毁灭。到12世纪加泰隆人（Catalans）向这个地方再度移民，在这一期间塔拉格纳完全从地图上消失了。除了一些邻近海峡的地方，那里因为拜占庭海外驻军，如汤吉尔和凯乌拉（Ceuta）的驻军而维持了较长时间，非洲沿岸以前的城镇也消失了。

拉丁海临死的剧痛？

实际上，海洋就是一个剧烈且长期冲突的舞台。在伊斯兰教兴起之前，伴随着影响整个西方发展基础的海上正常关系的明显衰退和地中海西部的城市化衰落，以前作为交通枢纽的地中海的这一地区，如今成为经济和政治的真空地区，给海盗活动提供了空间，这种情况一直持续到9世纪正常的交通逐渐恢复，10世纪情况更为好转。由于被吸收到穆斯林世界，这些沿海地区的形势逐渐发生变化，既然伊斯兰教在西方的主要政权——11世纪以前它们中没有一个位于海滨——并不很在意取代这些次要城市的政治和经济重要性。除了南欧和北非之间两个突出的交叉点，即直布罗陀海峡和西西里海峡，自穆斯林征服到10世纪，无论是安达卢西亚还是马格里布都没有名副其实的沿海城市。在纳库尔（Nakur）和突尼斯（Tunis）之间除了古罗马城市的废墟外一无所有。除马拉加（Malaga）之外，伊比利亚海岸的情况稍好。由于与法兰克人有关的战略位置，托尔托萨（Tortosa）成为惟一的例外，但甚至在这里，10世纪之前也没有热门的商业活动的踪迹。跟大城市一样，城镇中心都在内地：图布纳（Tubna）、穆塞拉（Msila）、阿赤尔（Achir）、塔赫特（Tahert）、特勒穆森（Tlemcen）、阿-巴士拉（al-Basra）、西基尔马萨（Sijilmasa）、塞维勒、托莱多、萨拉哥萨等，它们逐渐融入伊斯兰教文化范围，在马格里布中西部及安达鲁斯（汪达尔国家称"al-Andalus"）地区的政治、经济、社会和文化生活中发挥着带头作用。

瓦莱里克群岛（Balearic Isles）的情形可以作为典范来说明这种政治真空及其对城市生活和正常交流的抑制性影响。707年，这一群岛在理论上被新建的突尼斯舰队占领后，在近两个世纪内不受任何外部政治权力的控制。798年，瓦莱里克群岛受到也许来自安达卢西亚海岸的海盗的袭击，通过和平协议休战，它们受到科尔多瓦（Cordoba）政府的保护，848年双方关系破裂导致了一次半官方远征军的征伐。它们仍然不被视为圣战范围，因此直到902年还不是穆斯林世界的组成部分，当时一位富人得到科尔多瓦埃米尔的允许，组建一次以征服为目的的私人"吉哈德"。随之而来的是伊斯兰教化，但此后三十年左右时间里，它们成为一个半自治性的埃米尔国，直到929年哈里发发表声明后，才并入科尔多瓦行政区管辖。它只是在902年征服后，随着帕尔马（Palma）又称马迪纳·马优尔加（Madina Mayurqa）的建立，城市生活在马卓卡（Majorca）恢复。在长途贸易开始复苏的西地中海，帕尔马发展迅速。

在地中海东部的情形也是如此。723年，当威里巴德（Willibald）出发前往利凡特（Levant）时，他发现船只来往于加埃塔、那不勒斯，甚至西西里与爱琴海和塞浦路斯之间。塞浦路斯是倭马亚王朝的附庸国，但与拜占庭人有联系。然而，到叙利亚时，威里巴德及其塞浦路斯船上的全体成员立即被指控为间谍并被逮捕，直到一位老人证明他是朝觐者才被无罪释放。后来威里巴德又被逮捕，由于西班牙叛依者的证词他又被释放。威里巴德等了很长时间才等到船只搭救，将他从提尔带到君士坦丁堡。因此，交通似乎并没有完全中断，但是多种危险和阻碍切断了地中海的统一，以前这里常见的奢侈品贸易中断。看起来只有塞浦路斯人不在意海上交通的艰难。此时，这里还没有出于经济目的的征税，但直到826年希腊人海上霸权的恢复，导致叙利亚海岸城市中心和海上航行的衰退，尽管没有像皮伦奈（Pirenne）曾经声称的航海活动完全停止。因而，阿拉伯帝国的"大陆化"似乎是倭马亚王朝战事损失惨重的结果。

毫无疑问，直到最后扩张停止，陆上战争始终被视为穆斯林社会必不可少的组成部分，但此后与徙志时代有很大不同。虽然那时整个阿拉伯民族发动并参与了这场军事扩张，但是阿拔斯王朝只代表了呼罗珊——"革命的孩子"——的阿拉伯人，原因是部落因素作用的减弱将兵役局限于小部分职业军人，而这些人曾经是部落的代表。这样，不管是出于自发的情感还是受律法学家的鼓动，穆斯林对他们的军事义务的意识——吉哈德，武力捍卫安拉的权力——依然强烈。此外，倭马亚王朝建立了战斗的哈里发模式以做表率。他们找到了一个似乎方便的解决办法，即建立一支由哈里发资助的志愿军（mujahedin），它既符合教义也符合实际需求。首先它节约了政府开支，当受到入侵威胁时，显然它解决了缺乏正常动员程序的麻烦，但是这种实践意味着军队职业士兵有两个相似的来源：由职业军人组成，很快被雇佣军或者军营中的奴隶所代替，或由志愿者组成。因而，除紧急情况下，它远离了穆斯林民众，远离了军事民主制的徙志模式。它增加了旨在恢复"普通"穆斯林不可侵犯的权利并失去了以特权为目的的传统革命的可能性，因此成为哈瓦立及派，或者阿里派分离运动及其衍生物的支持力量。

存在"阿拉伯王国"吗？

通过没收两种代表普世性宗主权的象征性货物，倭马亚王朝明确回应拜占庭帝国提出的挑战。甚至到687年，叙利亚哈里发仍向拜占庭皇帝供应用独特原料制作的纸草纸和埃及工场纺织的、象征荣誉的长袍和官服。几年后，692年阿卜杜勒·马立克（Abd al-Malik）采取了激进的变革，禁止在纸草纸上出现三位一体的祷文和十字架标志，而且在皇家长袍上盖上国家工场的商标特拉兹（tiraz，荣誉丝带）。正是阿卜杜勒·马立克发起了一次货币改革，废除了原来盛行的标准，用新的、纯粹穆斯林的标准代替早期哈里发保留下来的拜占庭的货币标准。阿卜杜勒·马立克在691年到696年发行了第一批印铸哈里发立像的第纳尔（dinar）金币，从696年后则发行纯粹是铭文标准的第纳尔。这仅被拜占庭人视为对依附于皇家权威的特权的冒犯。穆斯林的新第纳尔金币重4.25克，第尔汗（dirham）银币重2.97克，从而统一了长期独自流通的两种体系：拜占庭索里德金币重4.55克，而萨珊银币德拉克马（drachma）重4.10克。

民族的多样性如何被统一？

这些等价物都有价值，但它们传递的主要信息首先是在宗教上表明信仰："除安拉外别无他神；它是独一的，没有任何同伴，穆罕默德是安拉惟一的使者"；"他是独一的，是永恒的，他不能被造，没有人可以与他匹敌"；这是"倭马亚王朝的特点"；或者代替的是"先知"的陈述，"穆罕默德是安拉的使者，得到安拉的指引，所以它可以在宗教中获胜"。这些铭文表明明显的关注宗教宣传与信仰的坚定和阿拉伯化，这些铭文占据了表白的主体，除哈里发的名字外，没有对任何安拉的代理人做出让步，这些铭文还显示了造币厂和日期。纯粹的金-银复本位制被充足的铜币（fels，拜占庭铜币弗里斯的继承者）补充，这表明市场的复杂性、多

早期的伊斯兰货币。左边是一枚7世纪晚期过渡期的货币。它仿拜占庭货币而铸造，上有货币改革发起人阿卜杜勒·马立克的肖像。右边是一枚8世纪刻有铭文、样式经典的拉姆，没有肖像（巴黎，国家图书馆，钱币部）。

重性、乡村性、地区性和内在性，显示了穆斯林对统一大陆经济所做的最初努力，此后与古老的地中海领域中断了联系。

实际上，象征性的统一伴随着对被征服民族——无论是种族还是宗教团体——的严格控制。它们惊人的崩溃证实了在面临世界性意识形态的压力时传统的衰落，甚至伊朗也被彻底分裂了。伊朗传统上是战士的国度，习惯于受到拜火教信仰（Mazdaism）的控制，呼唤平等，习惯于世界性的角色和对邪恶的不懈斗争。的确，在法斯，一些"贵族"世系得以保留，他们对自己的种族怀有自豪感，念念不忘本民族的王朝。但是，邻近里海的山区拥有悠久的独立历史，很晚才被伊斯兰教化，它的自治时间最长。比如大不里士坦（Tabaristan）的"侯爵"（qispah-badhs）是萨珊王朝总督的继承人，或者一两个其他人。他们受到穆斯林反复的袭击，或者被传教士的传教所烦扰，暂时保留了自己的传统。在更远的东方，伊斯兰教宁愿让步以赢得索格迪亚那和巴克特亚里（Bactrian）领地的臣服：在巴尔克，当地王朝一直到736年得以保持独立，甚至占领邻近城镇的阿拉伯军营，后与埃米尔竞争，大约870年灭亡。费尔干（Ferghana）省和乌西鲁桑（Ushrusan）省，或者是加兹纳（Ghazna）的阿富汗（Afghans）都享有同等程度的自治，后者一直延续到995年花刺子模可汗。普遍而言，在伊朗贵族和伊斯兰教政府之间，这些局部的、不稳定的协议并不足以构成一个民族的"避难所"：伊斯兰教全面渗入，波斯语言极大地阿拉伯化。伊朗人留下来的全部就是对他们的光辉诗歌、建筑和过去政治雄风的记忆。一旦倭马亚王朝征募波斯血统的抄写员进入他们的官僚机构，它就反映在舒比亚（shu'ubiyya）的辩论著作中：反对巴士拉的阿拉伯人文主义，波斯人重申——但是是用阿拉伯文！——伊朗过去的文学和英雄价值观。

在伊拉克、叙利亚和埃及等基督教国家，主张宗教自由和拜占庭迫害的结束导致少数派教会的复兴，修道院重建，许多一性派信徒被招募为政府官员，而以塞维鲁斯·塞博克特（Severus Sebokht）为中心的盛大的文化高潮给叙利亚雅各布派教会（Jacobite Church）注入了新的生命力。的确，财政压迫迅速结束了这段"伊斯兰教蜜月期"，导致科普特人多次起义，鼓励了哈里发继续利用少数派的宗派主义，如派遣琐罗亚斯德教（Zoroastrian）收税官到加兹拉（Jazira）。因而，小派别分裂，无力反抗严厉执行欧默尔二世伊本·阿卜杜勒·阿齐兹（Omar Ⅱibn Abd al-Aziz）的命令，反映了伊斯兰教优越地位的法规：必须顺从、谨慎（不能敲钟，没有公共礼拜，采用一个象征卑微的徽章），要戴一个显著的标记。穆斯林法适用于少数派和穆斯林之间，或者各个少数派改宗者之间的诉讼。异教少数派不得拥有穆斯林奴隶，或者不能作为证人反对穆斯林。在这些情形中，财政和司法制度可能是改变信仰的有效工具。但是，哈里发限制这种改宗，因为担心穆斯林共同体依赖的财政来源衰竭。因而，哈里发通常保护迪米人（dimmis），即臣服者，反对不容异说。作为仲裁者，哈里发介入穆斯林教条主义者与少数派传教士关于特权的长期争论中：重建教会和犹太会堂的权利，但不建造新的犹太会堂；瓦克夫（waqf）的权利，也就是说捐赠给宗教机构的不动产的权利；按照远亲甚至穆斯林意愿行使继承权。基督教书记员，尤其是服务于倭马亚王朝的聂斯托利派（Nestorians）教徒，甚至在阿拔斯王朝后的很长时期都致力于扩大这些权利，但希腊教派的叙利亚书记员早期的叛变使得对拜占庭的敌视不可调解，使整个东部教会都被怀疑为希腊人的奸细。

伊斯兰教化部落结构上与传统的阿拉伯社会接近，因而接受阿拉伯社会的思想伴随着接受阿拉伯语。在西部，甚至在已经伊斯兰化的部落外，人们对阿拉伯语在当地伊斯兰教化共同体中的飞速传播感到惊讶，包括那些仍信仰基督教的团体。托莱多因反抗科尔多瓦埃米尔政府（emirate）而名声狼藉，在它的居民中显然少有东方的移民。8世纪末，穆瓦拉德（muwallad，当地改宗者）诗人吉比博（Ghibib）已经用阿拉伯语创作诗句，在他的同乡中遭到了强烈的抵制。同样，9世纪中期，穆扎赖（"生活在阿拉伯中的人"）牧师基督徒优洛吉亚（Eulogia）的哀悼诗表明科尔多瓦的基督徒已经忘了拉丁字母，喜爱上了阿拉伯文化。毫无疑问，半岛已停止使用当地的罗曼方言很长一段时间，它们很可能降为口头语言而不再是书面语，甚至在口头语中，也要与阿拉伯口语竞争，也许到11世纪阿拉伯口语才彻底取代罗曼语。毋庸置疑，语言习惯的闪米特化伴随着习俗、生活方式和精神状态的渗透，安达卢西亚人离他们的民族之根越来越远。例如，我们饶有兴趣地发现，大概模仿阿拉伯习俗的同族通婚是9世纪穆扎赖中一个富有争议的话题。在整个地中海沿岸，显然从9世纪和10世纪开始的部落化的许多地名显示了人类共同体与土地之间东方或马格里布式的关系，与罗马-西哥特来源的地方传统相比，东方或马格里布式的关系假设了在亲属关系结构中的深层变化。

资源问题

倭马亚王朝的"阿拉伯王国"将军队-国家的政治结构和帝国传统的划分结构结合起来：穆斯林民族，基本上是在语言和文化上的阿拉伯人，仍按部落群体的形式组织，从税收和战利品中得到固定的收入满足它的需求。穆斯林民族将全部精力致力于征服，或者确定证明其统治合法性的理性的、哲学的、司法的和政治地位。因而，伊斯兰教社会具有"雅典的"（Athenian）性质，明显依靠对被征服社会的剥削，被征服的社会深受其多样化和次等地位的损害。

最重要的是，定期津贴制度揭示了穆斯林作为整体的优势——不仅仅是军队阶层，部落成员全部都登记在册。公共注册簿，从欧默尔时期由财政大臣保管，这并不精确，但是服务于军队。战士、退伍军人或者应征入伍的自由穆斯林的薪俸（或称"ata"），正逐渐代替最初征服时期可携带的战利品（ghanima），它确定了阿拉伯人的优越地位，降低了抢劫和不合法战争的诱惑。此外，部落津贴登记册成为伊斯兰教起源的一个强有力的回忆，因为在很长时期内它忽略了更加受压制的非改宗者。作为融入"纯洁"穆斯林社会的代价，非改宗者成为附庸——麦瓦利。的确，即使正如我们所见，他们积极参加军事行动，但是却没有领取薪俸的资格，仅仅只分到很少的战利品。

被征服地区的另一倾向在穆斯林社会中加入了不平等因素，并通过大地产半所有权使部落的领导地位和军队的控制永久存在。理论上，土地形式的战利品——"斐伊"（the fay）——应在所有战士中间分享，除五分之一的土地作为宗教基金应上交先知，后来交给穆斯林共同体外。实际上，穆斯林在两种分配形式之间犹豫不决。第一种分配形式遵从分配原则，导致大规模地分配土地，继续由它们的所有者，现在成为臣服者，在法律上处于低一等地位的迪米耕种。迪米按惯例缴纳税收，而穆斯林将收入的十分之一上交国家。第二种分配形式在萨瓦德（sawad）实行。萨瓦德是"黑土地地区"，尤其指巴格达周围特别肥沃的地区，将它捐赠给瓦克夫而保存下来，或者作为整体它的所有权永远归穆斯林社团。居民交双倍的人头税和土地税，这些税收作为"捐赠基金"，用于满足穆斯林的需要。然而，这两种情况下，根据部落法，王公们与酋长一起享有特殊的地位，为自己聚敛了大量地产（sawafi）：这些土地来自于没收的萨珊王朝、基督教教会、拜火教寺庙和被剥夺继承权的贵族家族的地产及被荒弃的土地。最初，这种聚敛并不普遍，在总计1.24亿至1.28亿迪尔罕的年收入中，萨瓦德只占400万迪尔罕，但是由于进一步的没收和哈里发对牧场的所有权增加了萨瓦德的收入。

哈里发将这些聚敛的土地自由地赏赐给他喜欢的穆斯林，这种特许带有耕种赏赐土地的义务，它可以收回，因而没有完全所有权。然而，它很快导致大地产的出现，在大地产中，很难辨别最初赏赐的有使用权的地产和后来购买的地产。无法发展成大地产贵族，因为根据穆斯林法律，遗产在孩子中间分割，这种制度无疑激励了穆斯林土地所有者中间阶层的形成。然而，总的说来，国家财政资源依赖于在征服过程中逐渐发展起来的税收制度。

随着税收制度的发展和律法家（fuqahas）合乎经济原则的努力，这种无政府状态逐渐得到控制，只剩下两种通用税："吉兹亚"是征收于顺民，或者迪米的人头税，作为他们被保护的代价，只限于到成年作战年龄的男性，绝大多数缴纳一至四个第纳尔；土地税（kharaj）征收最为频繁，尤其在伊拉克或者伊朗，根据土地面积（misaha），可以以货币的形式，或者一半货币一半实物的形式交纳。迪米逐渐改信伊斯兰教，显然出现了一个难题，因为不能再对他们征收人头税。正是由于这一原因，律法学家现在将土地税和土地结合起来，而不是根据土地所有者的地位：税收应归穆斯林共同体，既不能减少也不能转让。作为精心思考的提议，土地应该根据最初状态分类，但是律法学家们的观点分歧很大，以致哈里发最终控制了税收。

很长时期里，穆斯林免交税收，是税收收入的受益者。穆斯林的义务只限于自愿的施舍，根据习俗，"宰卡"，或者"赛德格"（sadaqa）是收获的十分之一。对个人而言，这一费用不能低估。狄奥尼西泰勒–迈尔（Dionysius Tell–Marche）的编年史给我们提供了各种宰卡的数据。我们知道，在伊斯兰教的第二个世纪里，在加兹拉，以每份土地两个第纳尔的高比率折算，收获的十分之一等同于邻省伊拉克土地税的负担；对贝杜因牧群征收十分之一的税收，税收不是按收入而是按资本征收，并且以货币形式支付。十分之一的比率很重，以致于不得不降低至三十分之一，或者较少的牧群征收四十分之一。所以，在税收事务上，穆斯林并没有想象中的那样享有特权，穆斯林被赦免的只是人头税。尽管如此，大量的改宗者，伴随着非生产性城镇的增加和来自农村的大批流民降低了倭马亚国家的收入，欧默尔及其继承者统治时期，来自埃及的财政岁入平均每年1200万第纳尔，最高时1400万或者1750万第纳尔。到9世纪哈里发哈伦统治时期已降到400万左右，到法蒂玛王朝统治时期，岁入在300万至400万之间徘徊。在加兹拉，加上雅各布派人口，较晚时才出现收入降低的现象，从哈伦时期的5800万降到870年左右的1730万。同样，来自伊拉克的财政岁入，在被征服时期一直稳定在120,00万第尔汉左右，在哈伦时期依然保持这种状态，9世纪急剧下降，870年已降到7800万第尔汉。国库的衰竭无疑有若干原因，其中包括"萨瓦非"土地的授予和纳税人财政身份的变化。人们知道国家所关心的不是努力降低庞大的财政需求和经济活动或者个人收入的负担，而是杜绝逃税和阻止收入下滑的趋势。

国家的这种关注促进了官僚机构的发展，为了检查纳税登记中的资料，官僚不时做一番名副其实的调查〔称"塔迪尔"（ta'dil）〕；在加兹拉，690年后进行的调查是无情的，每十年一次，大部分针对违法占有的公共土地。没有税收征集官的收据就不能出行，收据可保护人们免于被逮捕和审讯，因为逃税日益普遍，这是为了监督人们缴税。为了更保险，后来要求旅行者在脖子上带一枚用绳子穿上的铅制印章以证明已经缴税。由于中央政府官员在评估纳税数额时独断专行，导致税收重荷有增无减，按照惯例，征税官来自与纳税人不同的少数民族。另一加重的负担是必须用金币或者银币纳税，因为要得到金币或银币，必须在打谷场直接将农作物卖掉，自然收获的农作物的价格要比几个月后的低。因此，用金币或银币纳税对负责缴齐税额的村庄头目来说很有诱惑力，他们本身就是富裕的地主，又是放债者。与这一现象相随的高利贷削弱了乡村社会

为了维持新建的阿拉伯行政部门对被征服人口的控制，中央政府官员经常巡回检查，如在这幅著名的插图中，官员正访问一个村庄（引自哈里里的祈祷布道词，见阿拉伯手稿5847号，13世纪早期，巴黎，国家图书馆）。

的平等，并导致头目们与寻求保护的穷困负债劳动者之间的纵向债务。逃税和高利贷应该同样对农民暴动负责。农民暴动指向投机者，但同样导致产生了"背井离乡的逃税者"，他们被通缉，强制遣回原籍。他们因逃离更加贫困，这是拜占庭的阴影！

西部遵循同样的税收模式

不言而喻，在西部建立起来的最高政府和行政结构都模仿东部模式。一个非常早的例子就是"士兵簿"，或者详细登记在部队的各部落分遣队及其收入的登记册。在税收领域，从一开始就想遵守在东部发展起来的制度，因此我们看到特别为基督教纳税人设置的人头税、土地税或者土地税和针对穆斯林的什一税〔宰卡或"乌什尔"（ushr）〕。例如，早在701年，伊夫利基亚

（Ifriqiya）总督哈桑·伊本·努尔曼就开始为保留基督教信仰的罗曼人（Romans）打造土地税名单册。在安达鲁斯，有一个著名的"突德米尔"（Tudmir），又称塞奥德米尔（Theodemir）的协议。该协议以一位哥特领袖的名字命名，它以奥里胡勒拉（Orihuela）为基础，保护半岛东南部的基督徒继续拥有他们的土地和迪米的地位，反对用货币或实物缴纳的人头税。实际上，这是东部类似文本的翻版。

路途遥远，容易引起虐待和自由泛滥，事实上，大马士革哈里发对第一批总督的控制似乎就像这一时期技术资源允许的那样严密。毫无疑问，无论是帝国的中央政府还是当地政府都想要使新征服的行省组织与伊斯兰教原则一致。以《穆扎拉卜（Mozarab）编年史》闻名的754年拉丁编年史不止一次地强调，科尔多瓦总督力图使征服者土地占有的混乱状态与法律规定一致。例如，据说719年至721年任总督的阿-萨姆（al-Samh）命令重新分配阿拉伯人"个人"（"indivisum"）已经占有、而没有合法分配手续的土地。据说，725年至727年任总督的亚赫亚·伊本·撒拉姆（Yahya ibn Salam）居然强迫阿拉伯人和柏柏尔人将"和平的土地"归还给基督教居民——大概是一份从基督教居民手中夺取土地的证明书，尽管在基督教居民臣服时期，和平协议保证他们继续拥有财产。同一个文献也提到，这些早期总督们建立财产登记册，据说其中几位总督还造了一份纸草文献（descriptio populi），用于使征收土地税合法化。

与西班牙一样，在非洲，作为税收制度的必然结果，很快引进了货币制度。7世纪晚期，实际上，阿卜杜勒·马立克货币改革后在东部实施的货币类型领先于在西部通行的混用的拉丁-阿拉伯货币，但是如果后者的存在表明当局认识到过渡阶段的必要性，传播的短暂（在非洲从703年到716年）就说明他们尽可能向东部体制靠拢的意图。在安达鲁斯，很快彻底地废除了西哥特货币，而仿造非洲样式的拉丁语的或者双语的过渡货币在711年至717年流通。此后人们仅发现第纳尔，第纳尔的铭文和重量都符合阿卜杜勒·马立克规定的标准。然而，仍然不清楚的是8世纪中期在安达鲁斯金币中断的原因。从745年开始，无疑由于8世纪中期的政治危机导致了约15年的间断后，安达卢西亚造币厂开始只发行迪尔罕，与以前大马士革哈里发发行的样式一样，这种情况一直持续到929年哈里发在科尔多瓦登基。在这方面和其他的制度方面，西班牙似乎是倭马亚传统的储藏室。可能正由于他们不敢冒险直接要求得到哈里发头衔一样，科尔多瓦的君主们认为，他们同样无权挑战阿拔斯王朝对金币的垄断。也可能与这一时期整个西部缺少黄金有关，值得注意的是，在安达鲁斯停止发行金币的同时在高卢（Gaul）也停止发行金币。在马格里布，同样在伊德利斯德（Idrisids）也限制金币发行而改发第尔汗，无疑也是出于同样的原因。至于伊夫利基亚的阿格拉比德（Aghlabid）统治者铸造的第纳尔，大概主要是用做哈里发的贡品，内部流通主要以银币为基础。

灌溉问题实际上对农业经济的复兴至关重要，插图中的莫利亚激励了阿拉伯人发展灌溉工具（引自巴亚德和利亚德文书，见阿拉伯手稿368号，13世纪，梵蒂冈图书馆）。

痛苦的经济复苏

那些受伊斯兰教征服影响的近东农村地区不可能马上发生任何转变。必须清楚的是，征服者关心的主要是合适的财政，征服者继承了当地的状况，包括拜占庭和萨珊征收的税收，他依靠农民公社提高税收。即使阿拉伯人的入侵导致为数不多的部落在叙利亚、加兹拉和埃及定居，移入的贝杜因移民数量相当少，也许只有15万。他们在绥芬（siffin）战役中作战，不可能在帝国的农村基础中占据重要地位。更多人没有在农村公社定居，逃亡浪潮产生的原因是由于非生产性城镇的吸引。靠土地上的成果和税收为生，又拥有军事和宗教特权，伊斯兰教化的城市吸引着大批新的皈依者。他们憎恨农村沉重的赋税，在城镇，他们不用缴纳代表他们与臣民迪米相同的土地税，并享受自由与无名的幸福，或者甚至可能享受到某个部落的允许而成为麦瓦利的特权。

更为狭隘的、毫无活力的农村根据地

因而，从土地上逃亡的现象十分普遍，大约790年，阿布·尤素福（Abu Yusuf）在为哈里发哈伦编纂的关于土地税的书中明确提到了逃亡并指明了时间。阿布·尤素福认为，在伊拉克中部，在帝国的财政中心萨瓦德，"逃亡可以追溯到约一百年前"。尤素福的记载得到了现代考古学家的证实，这些考古发现中包括：伊拉克中部与扎格罗斯之间，或者底格里斯河与幼发拉底河之间的大运河的大规模的废弃；在"巴格达后面"的迪亚拉（Diyala）平原和美索不达米亚北部的村庄数量的减少。同样的古代逃亡的迹象也在近东其他地区被发现，主要在巴勒斯坦东部和南部的纳巴提恩（Nabatean）边缘和霍姆斯与巴尔米拉之间的叙利亚东部。在加兹拉的幕达尔（Mudar）、巴克尔（Bakr）和拉比亚（Rabi'a）部落，定居的居民主要来自阿拉伯北部，定居在叙利亚的盖希特（Qaysites）和卡尔比特（Kalbites）部落来自也门，而在埃及的盖希特和几个深入苏丹的也门部落，他们的生活方式和当地居民明显不同。已经强调，这不能解释为游牧者和定居者之间的冲突，这个地区的生态平衡并没有被牧人破坏，相反他们利用互补的资源，促进了沙漠边缘地区和农耕地区的交流。与这些移民相比，乡村的逃亡规模更大，时间更晚。正是滥伐森林和人口危机一起损害了城市市场，而且在国家的压迫下又恢复了部落价值观。对叙利亚而言，750年帝国政治中心转移到伊拉克。在埃及，灌溉面积的减少和三角洲西部的弃耕，尤其在东部，边缘化是10世纪尼罗河入海口长期淤积的结果——尽管这不会因穆斯林国家更为关注或先见之明而避免，因为阿拉伯人第一次出现在埃及时，托勒密王朝时期通航的尼罗河七条主要支流只剩下三条可以使用。出海口分别在培琉喜阿姆、达米耶塔（Damietta）和罗塞塔（Rosetta）。

但是我们不应该把这一情形看得过于严重，在沙漠边缘地区，尤其在叙利亚，倭马亚时期增加了许多宫殿，它们既是狩猎行宫也是大规模的农业中心。这些宫殿依赖精确的供水管理，水贮存在蓄水池里，流向广阔的耕种区，高大的石墙和砖墙将水拦住。意为"东方"的海尔堡（Qasr al Hayr al-Sharki）728年由希哈姆（Hisham）所建。这是一个庞大的防御工事，围墙长71米，中央庭院长45米，宽37米，整座宫殿有12座塔楼防卫。为适合奢侈的生活方式，壁画和葡萄叶式灰泥涂料将宫殿装饰得富丽堂皇，它由一座长7公里、宽1.5公里的果园和花园（hayr）生产的产品提供给养。农业管理中早期的其他成就，例如修沟渠、挖运河，或者建造新宫殿或整个村庄，都应归功于倭马亚的王公萨伊德（Sa'id）和马斯拉马。他们见证了当权者对下伊拉克灌溉地兴趣的变化，这些灌溉地在阿巴斯时期是农业试验区和革命的中心。伊本·瓦西亚（Ibn Washiya）在《纳巴泰（Nabataean）农业》中，给我们描述了这些早期的开发，或称为"达阿亚"（da'aya），它们由师傅和工头管理，由一支没有技术、大部分没有伊斯兰化的劳动大军

位于叙利亚沙漠荒芜之地的卡斯尔——萨克宫殿废墟，给人留下了深刻的印象。很难想象这里曾经是辽阔农业区的中心，该中心主要由菜园和果园组成。

实施。然而，人们一定会认为，挖运河和修建大水车运水需要工程师的帮助。村庄和大农庄合成一体，它们一定包含铁匠行会、陶工行会、木匠行会等等。这些大规模的开发为古代传统的农业管理提供了坚实的基础，尽管已不再依靠奴隶劳动，它们仍保存了前伊斯兰教的阳历和神奇的技术。

农民被视为一个整体的状况体现了一副充满对比的画面：大地产雇佣了一支领取薪水的劳动大军，无论如何以半奴隶的依赖方式被供养和保留着，但这是一个例外。在叙利亚和加兹拉，农村公社仍然是重要的力量，它们共同享有土地所有权，并且定期重新分配。而在埃及，国家每年将重新分配灌溉地和义务耕作的任务交给作为国家中间人的农村公社。正如我们所见，既然大规模的土地所有权根据继承法继承，税收的重荷和财政弊端有利于加强贵族和乡民之间庇护人和被保护民的关系。农民耕作者可能寻求"权贵者"（"taldjia"或"himaya"）的保护，权贵者缴纳赋税并享有被保护人的土地优先权，也许把这种优先权转变为分成租佃，或者更有利可图的抽取全部或一半的捐税作为得到保护的代价。不应假设，这种实践导致了大地产永久使用权的分裂，农民公社通过家庭的团结一致更为有效地抵制；他们仍有可能逃到城镇，其原因与"权贵者"地位不稳定有着密切的关系。强制性的权力和财富伴随着政治上的好运，这是一笔易于消失的财富，土地所有权经常因突如其来的恩赐或者没收而发生变化。难道这就是伊斯兰社会政权保持其自然的控制和平衡的方法？难道这是征服时期对国家中央集权的回忆？难道这是一种阻止能给哈里发施加压力的有权势阶层的出现并体现哈里发对土地的优先权和不可侵犯的权力的方法？迅速集中，迅速分割，大地产只能以宗教基金——瓦克夫的形式存在。用于穷人、清真寺和公共利益（朝觐客栈、浴室、沟渠）的宗教基金数量并不多，但是家族委托的管理方式能够形成一个强大的地产基地，这的确主要是城市财产，乡村的影响微不足道。农民的地位在拜占庭帝国和萨珊王朝时期低下并且不安全，现在总体而言更糟：通常使用的"raqiq"一词有卑微的意思，在一个人不该受到尊敬时使用。在那些土地以保有权的方式占有的地方，也就是实行庇护并扩大的地产或者古老的地产，耕种者所得非常少。在肥沃的土壤上，分成租赁（musaqah）只允许他留下收成的一半到四分之一；在合伙形式下的"mukhabarah"合同——在这里除了土地，地主还提供工具、种子和耕牛——农民合伙人只能得到庄稼收成的五分之一；马格里布的情况也是如此，在马格里布"khamessat"也是同样的模式。无疑，这种萧条的社会和经济状况既不普遍，分布也不均匀，乡村既有富人也有穷人，我们只能观察到其中的无地劳动者和游民。毫无疑问，同样存在着大地产与乡村公社的互补，前者能够吸收农村剩余劳动力在可耕地劳动，或者当公社达到生态和人口极限没有多余的土地时，可以给非长子提供一小块土地耕作并借贷种子和耕牛。

新旧城镇

征服者的穆斯林社会首先是一个城市居民的社会，他们住在有组织的军营里，因为公共祈祷很容易导致喧嚣的集会。穆斯林社会还是一个武装良好的共同体，这一共同体的生活集中在两个必不可少的中心：清真寺和宫殿。在紧随阿拉伯军队的商旅路线的终点、在埃及和伊拉克的大河边，贝杜因人的定居带来了重要的新聚居地：636年建立库法，流经库法的幼发拉底河上的一座浮桥打通了从希拉到伊拉克中部的道路；638年建立巴士拉（Basra），它位于底格里斯河和幼发拉底河的交汇处；640年，建立在拜占庭的要塞埃及巴比伦（Babylon）附近的弗斯塔特（Fustat），从尼罗河三角洲溯流而上的第一座桥便位于此处。这些新的城镇，阿姆萨（amsar，单数为misr），见证了征服者的力量和统一，它们不必有任何形式的设防和保护。当771年巴士拉终于修建城墙和壕沟时，并不是出于对被征服人民的恐惧，而是由于贝杜因人中的哈瓦立及派的骚乱。

如果有变化，那就是这些阿姆萨采用了新的城市布局，城市布局的基础是部落制，根据军队中各氏族团体将城市划分成不同的街区。在巴士拉有五个这样的街区或城区，每一区被分派给一个部落联盟：阿兹德（Azd）、塔米（Tami）、巴克尔、阿巴德·卡伊斯（Abd al-Qays）、阿巴德·阿里亚（Abd al-Aliya）。库法的布局类似于罗马兵营的布局，以清真寺和宫殿为标志，四个主要街区在城市中心垂直相交。街道宽25米，每个部落的中央，或者为部落或其分支居民设立的城区（khitta），是他们的墓地。库法的地形与最初半乡村的芦苇小屋和帐篷住宅区的划分一致，这些小屋和帐篷直到城市建立后大约30年才被持久性的建筑代替。在弗斯塔特，考古证明了相似的时间顺序，城市开始于将部落隔开的街道交错的帐篷城市，但是这里的布局更为混乱，迷宫似的小街道通向荫蔽的小路，或者通向有时被篱笆围着的三角形或五角星形广场。体现部落特征的这一模式影响了数世纪之后弗斯塔特地图的变化。作为伊德利斯德王朝的首府，菲兹（Fez）的建立要追溯到8世纪，它的布局似乎又是按部落划分的结果。

新城镇的生活方式具有共同的特征：由精通部落谱系受到尊敬的"长者"控制部落，相对地独立生存，简单的结构适合快速动员从军队领取薪俸的平民。司法和政治机构非常弱小，因为继承问题由部落内部裁决。清真寺是宗教和政治中心，一直处于骚乱状态。随着以供应城市人口为主要目的的经济活动的发展，这种单一性逐渐消失，因而这个有机体在没有失去它作为领受俸禄、"掠夺战利品"的大都市的基本重要性的同时变得更加复杂了，除战利品外，主要以给穆斯林征服者共同体缴纳税收的形式增加土地收入。到处都是建筑：造币厂、财政部，在库法甚至有一座专门贮存战利品的库房。巴士拉建立了一座朝向波斯湾的港口，不久以后，它朝向了印度洋。在弗斯塔特，在地方商业传统和麦加特色基础上的商业活动开始在地方农业市场周围繁荣，从印度或者中国进口的产品逐渐扩充了地方农业市场的商品。无可否认，这一城镇的转变逐渐影响着这些城镇的部落格局，但是它突出了氏族首领大"家族"与较次要世系之间财富的差异。

这些新聚集区控制了一片从过去继承下来的广阔城镇，尽管对于阿拉伯人向肥沃的新月地带，或者埃及和西班牙等古老土地的移民来说，它们是城市生活的理想目标。除了在四大哈里发和倭马亚时期一些新的添加物外，尤其是在伊拉克和边疆地区，情形基本上与在拜占庭帝国和萨珊帝国时期相同，地名和居民的延续在叙利亚北部、与阿纳托利亚相连的边境和伊朗尤其明显。在东部，安置大批阿拉伯部队突然刺激了城市化，城市化的趋势就是模仿古老的聚集方式。在波斯城镇附近，通常是不太重要的要塞，新来者在公路附近建立起自己的市郊（birun），在那里安置了伊斯兰教城市所必需的机构——大清真寺、宫殿和市场。在位于从呼罗珊到特兰索克西安纳与中国的路线上的尼沙布尔（Nishapur），要塞和"内城"（"madina"，或者"sharas-tan"）被合并为一个庞大的整体。前萨珊王朝的"边境长官们"长期持续的自治延误了众多城镇的伊斯兰教化，如木鹿（Merv）、撒马尔罕和布克哈拉。人们注意到被分割于各处的城市机构，它们成功地抵制了单一模式并逐渐地重新排列：在木鹿，驻扎在绿洲的阿拉伯军队很长时间

717年哈里发苏莱曼在黎巴嫩安加尔建立的城市宫殿。尽管装饰上仍有拜占庭特点，但是它证明了倭马亚城市建筑的创造性。

内禁止别人进入，750年左右，正是阿布·穆斯林（Abu Muslim）最终将其建成了一个新的政治中心达尔伊马利（Dar al-Imare）。叙利亚的连续性最强，那里的阿拉伯驻军采取在以前城市实施的军区模式"junds"，诚然，正如被考古材料证明的一样，沿海城市在地中海遭受大规模袭击后急剧衰退。另一方面，刻有各造币厂标志的铜币的数量证实了太巴列湖（Tiberias）、埃梅萨（Emesa，又称霍姆斯）、基纳斯里姆（Qinnasrin）和阿勒颇的复苏。至于边境城市，如塔尔苏斯、阿达纳（Adana）和米西撒（Missisa），军队的存在维系了那里活跃而民主的生活方式，登记在册的正规军和依靠战利品或者慈善基金的志愿军混在一起，这群好战者一如既往地居住、训练、战斗，也容易发生部落冲突或者反抗总督权威的叛乱。

被倭马亚王朝选为首府的大马士革，以不同的方式体现着潜在的相同传统。大马士革从古代和拜占庭继承了城墙防御和水利系统———一条水渠、无数的管道、水塔———这一水利系统为喷泉、清真寺、浴室和家庭供水。这可能是它发展成叙利亚首都后地形变化的几个阶段：在罗马城市主要街道周围，建立了很多市场"苏克"（"suks"），罗马城市的主要街道逐渐被商店蚕食，因而失去了直线条和宏伟的外观。曾经供奉神圣的朱皮特·达马塞努斯（Jupiter Damasce-nus Ba'l Haddad）神庙被改成清真寺。这个清真寺建立在中央庭院周围，与哈里发寝宫相邻。没有承受住部落氏族地方主义的压力最终导致了网状街道的混乱状态，尽管它混乱的部分———直角的街道、设防的街区———在蜂巢似的新模式中保留下来。

由于这些转变，大马士革，一个彻底阿拉伯化的首都，变得像新兴城镇阿姆萨一样。然而，许多古老的城市仍然保留了希腊风格，更有甚者，哈里发的秘书们甚至在他们皈依伊斯兰教后，仍保留了等同于科学和技术知识的希腊文化，依然着迷于建立一个以天文、地理和工程学技术为基础的、布局合理的城市的理想。结果，与城镇生活有关的监督和管理事务被纳入公共领域，而对部落可能发生的事件不予考虑。这方面，我们知道的西部城镇也朝着同样的方向发展，即逐步放弃部落模式。在西班牙穆斯林中，对城市和社会生活管理必不可少的市场监督（wilayat alsuq）的历史，很好地证明了经济发展具有直接的优势。从安达卢西亚的文献中，像这样的功能在787年第二位科尔多瓦埃米尔希哈姆一世（Hisham I）上台时期就存在，但是没有文献表明它是否是新近的革新。这个官职在行政等级中具有某种重要性，因为源自东方的这一官职的获得者显然是一位大臣"维齐尔"，在给政府和行政机关分配津贴的记载"册"中，维齐尔位居高官显贵。我们还知道，805年埃米尔哈卡姆一世（al-Hakam I）在一场谋反中处决了他的"沙赫布"（负责管理市场的官员），第二年其继任者在首都发动了一次民众暴动。流传下来的最早的"希斯哈"，或者市场管理指南，是安达卢西亚人亚赫亚·伊本·欧默尔（Yahya ibn Omar）的著作。这一指南是东部，尤其是西部的一系列图书中的第一本，在阿格拉比德时代末期住在伊夫利基亚的亚赫亚·伊本·欧默尔回答了苏塞（Sousse）和凯鲁万的市

大马士革集市入口，侧面仍有罗马时代大街的柱廊。大马士革被倭马亚哈里发选为行政首都，在倭马亚时代进行了改造，但它的建立可追溯到古代，它的轮廓可追溯到拜占庭时代。

场官员向他提出的问题。以他的回答为基础，马立克本人和埃及、安达卢西亚及伊夫利基亚的马立克学派（Malikism）的杰出代表都提出了看法。因此，这本著作是整个8世纪穆斯林世界的代表作。在穆斯林世界，东部和西部缺乏具体的政治联系及地区差异，这没有阻止在同一前提下拥有一种共同的文化。

分裂与失败

倭马亚君主统治的历史不时地被起义打断，在阿拔斯王朝统治的第一个世纪里，起义不止一次地出现。在这些叛乱中，反对财政政策和武装反抗阿拉伯人的统治并存。为此，它们经常被视为反对伊斯兰教的、扎根于过去宗教的"民族"起义，在伊朗尤其如此。尽管频繁爆发的科普特起义（在739年和773年间发生过五次，而831年最后的一次尤为激烈）不是因为与伊斯兰教接触而发生的哲学和宗教冲突，而且尽管它们的叛乱只是反对财政政策和否认主教特权阶层主持事务（主教们甚至去帮助镇压），伊朗的运动似乎更具有反对伊斯兰教的普世特征，并更加复杂。在伊朗，就像在柏柏尔人中一样，由于同样的原因，出现了先知，他们是反映伊斯兰教的"镜像"：在宣传一神论时，他们具有地域性的倾向，要求波斯人和柏柏尔人以祖先的语言和民族为自豪。这是一个针对未来的预言，因此在这个程度上它向伊斯兰教提出挑战，同时从伊斯兰教传统中吸取灵感。

反叛与文化传播

第一个波斯先知哈法里德（Bihafarid）在呼罗珊领导的起义从746年持续到749年，他宣布自己是第十个千年终结的使者，就像琐罗亚斯德（Zoroaster）宣布他是第九个千年终结的使者一样，哈法里德用自己的书——波斯语的《反古兰经》、《太阳》（qibla）、《七次祷告》，甚至什一税武装自己。哈法里德禁止同族通婚、拜火和饮酒，因而他明确表示反对琐罗亚斯德僧侣，甚至他的象征色——绿色——也与伊斯兰教一样。哈法里德失败后，约在755年至756年在呼罗珊出现了一次体现融合的运动，这一运动聚集了大批武装追随者，出现了互相竞争的领袖。其中一位原来是漂洗工，他在一段时期内（大概是765年至768年）召集了一支30万人的队伍，但是这些向融合的救世主信仰发展的趋势逐渐割断了起义者与他们不用费力模仿的伊斯兰教之间的联系。当我们看到776年一个来自木鹿的工匠穆甘纳（Muqanna）利用神赋肉体作为重新发动起义的主体时，几乎不能否认这种异化变得很"夸张"。他从什叶派的极端主义中得到启发：自亚当以后经塞特（Seth）、诺亚、亚伯拉罕、摩西、耶稣、穆罕默德、阿里、阿里的儿子穆罕默德和阿布·穆斯林到自己，是这个肉体化身的使者序列。他戴着一张黄金面具。由于结合了哲学的思考和政治的战斗性，这些起义的激进观点符合穆斯林方式。在最后的伊斯兰化之前，伊朗西北部爆发了最后一次霍拉米亚（Khurramiya）起义，它的教义包括灵魂轮回和使徒再生。这次起义的领袖巴巴克（Babak）是油商的儿子，816年他在阿塞拜疆建立了一个叛乱政府，甚至到827年这一叛乱政府在伊朗的部分地区还存在。在建立国家形式和表示他自己站在光明的一边与黑暗权力做斗争方面，巴巴克的确宣扬了要复兴图志的精神。

所有这些没有成果、混乱的起义证明，需要文化适应，并显示出达到这个目标的困难。同样相关的是冲突，也许不排除"纯粹的"部落冲突，盖希特反对卡尔比特及哈瓦立及派武装抗议。正如我们所见，后者提倡的解决方法就是回归麦地那型的共同体以及在所有信仰者中平分岁入。理论上，哈瓦立及派主张在法律面前，所有穆斯林人人平等，无论旧的还是新的穆斯林。在这个基础上可以设想，他们的信念将吸引和鼓励庇护人，在征服者的部落中，庇护人中的新皈依者"麦瓦利"几乎不能得到应得的报酬。然而，事实上，哈瓦立及派运动只限于贝杜因人中，带着侵略性的无政府主义的烙印，他们继续保留了太多伊斯兰教先驱者所积累的经验。至于他们的骑兵突袭战术，只能赢得暂时的胜利。在684年和699年间威胁伊拉克、法斯和凯尔曼（kirman）后，哈瓦立及派被哈杰加杰（al-Hajgaj）粉碎，哈杰加杰建立新城瓦西特（Wasit）的目的就是监督巴士拉和库法。哈瓦立及派被驱逐到帝国的外围地区，一些人去了西基斯坦，但是大部分移民到了马格里布，766年他们在马格里布的提亚雷特（Tiaret）建立了一个自治公国。

什叶派运动在争取拥护者方面更为成功，尤其是在麦瓦利众多的城镇，尽管原则上他们并不是阿里派争取的直接目标。严格地以王朝正统主义为基础，什叶派承诺，恢复从穆罕默德和阿里传下来的支系，一个公正的时代即将来临。它向麦瓦利提供了革命的功能，这一功能与阿里派关系密切的普遍观念一致：麦瓦利自视为是顺民，家庭精干光荣的成员，与要求权利的阿里派有一种精神上的兄弟关系。这些穆斯林共同体的未来仆人的忠诚动机复杂但很真诚，684年，库法的麦瓦利在"悔过者运动"中扮演了重要角色，并且在穆克塔（Mukhtar）起义中具有更重要的作用，687年这一起义在库法建立了一个以阿里名义统治的国家雏形。这个伟大的"家族"的缺点注定起义要失败，但是什叶派所体现的、对纯粹伊斯兰教君主制的根深蒂固的激情提供了努力的动力，同时起义带有神秘的虔诚。这一虔诚包含了阿里派的殉道及其与先知的亲属关系，并且给知识分子留下了深刻的印象。

750年的危机

结束倭马亚帝国的750年的革命危机迎来了新的时代和新的统治。"dawla"一词中包含了两层含义，它证实了政府的软弱及其没有能力解决以前的迪米大批改宗而引发的问题。然而，它既不是一场伊朗人反对阿拉伯人的民族革命，也不是一场麦瓦利反对部落贵族的革命，而是寻找解决国家基础问题的伊斯兰改革。如果再次证实呼罗珊省是起义中心，那么现在是阿拉伯人，尤其是733年左右从"迪万"中被剥夺收入并降低了地位的部落，他们拿起武器进军木鹿。这次运动的口号显然并不仇视阿拉伯人，事实上，库法的阿拉伯人基本上支持和维护呼罗珊将军们的决定。它没有努力去补救麦瓦利所遭受的不平等和不公正，而只是简单地许诺改革国家，换句话说，这的确是一个革命的信息，有良好的基础并联合了各种不满者，而且在一种模糊的千禧年观点的气氛中表达出来，而且形式比什叶派神秘主义特征更极端。

呼罗珊特殊的地理位置说明了这次革命运动胜利的原因：这个边缘省份因从库法和巴士拉移入50,000个家庭而阿拉伯化，这足够组织一支强大的武装大军，它列为"圣战之地"，与仍然独立或者异教的伊朗在特兰索克西安纳的领土和阿富汗毗邻，提供了获得战利品和贡品的机会。在这里，幕达尔或盖西特（Quaysites）和也门（Yemenites）部落之间的冲突尤为紧张，对源自叙利亚，也就是倭马亚的任何事务都进行强烈的反对。麦瓦利问题现在仅关系到荣誉和尊严，自从欧默尔二世（Omar II）统治以来，麦瓦利已被列入正规军的名单册，738年的改革减轻了他们的财政负担。另一方面，阿拉伯人，尤其是也门的阿拉伯人，与倭马亚王朝有宿怨，733年倭马亚人剥夺了阿拉伯人领取政府津贴的特权，此外，15,000家庭列入纳税名单。作为革命运动的跳板，呼罗珊，尤其是也门部落库扎亚（Khuza'a）的选择揭示了一场秘密宣传运动胜利的原因，另外次重要的是，阿拔斯现在凭其多少有点不甚清楚的世系向权力提出了他们迟来的要求。尽管与阿里派一样，他们确实与先知的男性序列有着不清晰的亲属关系，阿里派中的阿布·哈希姆将其要求的权利遗赠给了阿巴斯·伊布拉希姆（Abbasid Ibrahim），从而使什叶派中的一部分主张成为阿拔斯人的依据。阿拔斯人花了几乎二十年的时间煽动了反对倭马亚王朝的政治和军事运动。在先前的运动中，通过阿布·萨拉玛（Abu Salama）在库法宣传，后来是阿布·穆斯林在呼罗珊活动，但是没有暴露他们为之奋斗的"合法伊玛目"的名字甚至世系。支持者以共同的话语提出要为倭马亚暴君们杀害的先知家族成员报仇：他们的黑色旗帜和黑色长袍并不仅仅是哀悼和复仇的象征——也有救世主的含义。

在这一事件中，麦瓦利的地位揭示了家族纽带和精神传承的重要性：阿布·穆斯林是得到库法的阿拉伯部落所承认的伊朗人，自称为"家族的将军"和世系的"代表"。746年，阿布·穆斯林被伊玛目伊布拉希姆（Ibrahim）收养，从那里得到一项委托：尽管他没有资格为自己要求权力，但是他可以传递委托给他的权力，就如法蒂玛人（Fatimids）后来回忆的那样。在库法，另一个自由人阿布·萨拉玛重新恢复了穆克塔在686年起义中以阿里儿子的名义使用的头衔，家族的"帮助者"（wazir），按照字面意思这意味着"他承担着职责重任"，这是一个至少暗示着精神上亲缘关系的头衔，在《古兰经》中亚伦（Aaron）不是被视为摩西的维齐尔吗？正是这些收养的弟兄们，他们甘冒宣传和军事行动的所有风险，承担所有责任，并保护着他们的上级，但是阿拔斯人或者阿里党人自己完全秘密地躲在后面，对他们并不表示感谢。阿布·萨拉玛惨死在阿拔斯人胜利的车轮下，阿布·穆斯林于754年被哈里发曼苏尔（al-Mansur）下令处死。

　　革命胜利的原因明显地隐含了对伊玛目名讳故意的含糊其辞，这可能是利用早期阿里派起义的所有资本，通过吸收他们向邪恶发动正义之战的"秘密集会"的核心思想，将革命与穆阿台齐里特派（Mu'tazilites）的理论运动结合起来，后者将在下文中被详细提到。但是革命充分利用了部落仇恨，尤其是也门部落对盖希特霸权的仇恨。747年以"被等待的伊玛目"的名义公开宣布起义时，以赖麦丹月的25日在木鹿周围点起烽火为标志。起义彻底扫除了软弱的倭马亚王朝的建筑物资和武器装备。"棍棒"队伍只用两年时间就将哈里发的军队驱赶出伊朗和伊拉克。749年11月28日，令阿里派无比愤怒的是，阿布·阿拔斯（Abu'l-Abbas）在库法大清真寺登基。第二年，倭马亚家族成员在叙利亚中了埋伏，被集体屠杀，惟一的幸存者跑到尽可能远的科尔多瓦。新政权定都伊拉克的安巴尔·哈希米亚（Anbar-Hashimiyya），首次显示了与倭马亚王朝的彻底决裂。在残酷和部落间痛恨的气氛中，倭马亚君主的尸体被挖出来以揭开这个已崩溃王朝的面具。因而，阿拔斯革命表现出了放纵的思想暴力，尽管它首先看起来只是一次简单的王朝更替。

第六章 阿拔斯王朝的世界，伊斯兰教的"鼎盛"

控 制 力

阿拔斯（Abbasid）的胜利为权力和权力实施的合法性问题提供了一种伊斯兰教的解决方式：阿布·阿拔斯在库法一座古老的清真寺举行的星期五祈祷中，在一种神圣气氛中被正式拥立，库法则成为合法反抗的中心。

"伊斯兰教"的君主政治

先知穆罕默德的叔父阿拔斯及其后裔最终拥有绝对的权力，并以长老的名义予以确认。所有什叶派伊玛目的主张均被废除，而阿布·阿拔斯则如前所述，不再是伊玛目，获得了"信士长官"的称号，包括从阿利德家族（Alids）到阿拔斯家族依据遗嘱表述的所有主张也一并废除。作为阿拔斯王朝的同族男性，阿利德及其旁支堂兄妹曾受到尊敬和保护，但阿拔斯王朝从此拒绝了他们参与政权合法性的任何要求，甚至将他们排除出选举团——舒拉[①]。在哈里发任命的继承者去世的情况下，舒拉必须从先知家族成员中挑选最优秀者，现在先知家族的最优秀者正式被限定于阿拔斯的后裔。阿布·阿拔斯恢复了被中断的历史脉络，这标志着毫不妥协地回归到最初先知穆罕默德誓言的基本原则；同样，通过废除阿拉伯军队的特权和规定穆斯林一律平等，阿拔斯恢复了乌玛[②]的统一。最后，阿拔斯宣布了穆斯林共同体"信士长官"的绝对责任和权威。因而，很明显这一伊斯兰教君主政体没有与倭马亚政体的专制统治原则决裂，它没有采取任何缓和权力过度集中的措施，相反，它摧毁了军事部落首领的制约平衡权力。权力的所有组成部分都被再次集中于"神圣家族"的控制中。

从此，通过侍从和具有共同崇拜仪式的血缘关系而扩大的家族网络有效地控制了伊斯兰教国家：阿拔斯的总督和将军为哈里发服务，帝国的大量命令是为个人而制定的，尤其是为预定继承候选人而制定的。在拜占庭帝国，继承候选人通常控制着军队。在一个地域如此广阔而缺乏文化和经济统一的帝国里，这些统治的实际影响不可避免地促使秘密独立运动悄然兴起。这

---

① 阿拉伯语音译，意为"协商"，教法理论原则之一，即通过协商解决国家大事。——译注
② 阿拉伯语音译，意为"穆斯林社团"或"穆斯林公社"，穆罕默德在麦地那建立的政教合一的社团。——译注

库法及其清真寺，是阿拔斯王朝夺取政权的反抗中心，7世纪时，清真寺中还有少数幸存者。尖塔和炮塔是后来所建。在定都巴格达之前，新哈里发们定都库法。

一点在地域广阔的东方伊朗地区尤其如此。当继承候选人孟台绥尔（Muntasir）被委派去治理帝国西部时，哈伦（Harun）将东部的伊朗委托给他的儿子麦蒙（Ma'mun），或者像穆台瓦吉尔（Mutawakkil）将东部的伊朗交给穆耳台兹（Mu'tazz）一样，麦蒙被宣布为哈伦另一个儿子的下一个继承者。国家组织的重建扩展到军队，而军队是以严格的雇佣兵和坚定的党派观念招募制度为基础的：军队由呼罗珊人（Khurasanians）士兵组成，其核心由被称为"阿伯纳"（abna）的"政权之子"构成：以前的阿拉伯各种军队的地位逐渐降低并被排除在迪万（diwans）[1]以外，或者被贬为步兵。最后在曼苏尔统治时期，行政机构的管理权就转移到哈里发的忠实助手阿布·萨拉马手中，哈里发授予他为维齐尔（wazir）[2]，这一称号后来重新兴起。实际上，虽然维齐尔是被挑选出来管理众多复杂部门的秘书（katib），与哈里发的关系密切，

---

① 迪万：伊斯兰教国家政府管理机构的称谓，阿拉伯语音译，意为"名册"、"诗集"、"登记簿"。——译注
② 维齐尔：伊斯兰国家和历史上对宫廷大臣或宰相的称谓，阿拉伯语音译，意为"帮助者"、"支持者"、"辅佐者"。——译注

并且属于同一个家族，但它也是一种潜在的冲突根源：拥有绝对权力的哈里发控制着身边的这类受惠者维齐尔（由于害怕被免职、流放或抄家，他们的特权仍受到限制），而维齐尔和其他一些朝臣在先知家族里拥有很大影响力，地位特殊，他们中包括"秘书兼教师"的人，还有建立了收养关系的义父以及王子们的宫廷教师，这些王子可是很快就对他们的管教感到不耐烦了。

帝国的行政基础扩展迅速，同时也更加有效，由于具有专业化的部门和严密的控制，阿拔斯时期标志着政府发展的鼎盛阶段和维齐尔权力的极盛时期。倭马亚王朝的国库（Bayt al-Mal）被改组成一系列统一的专业部门，分别处理土地税、征收来的什一税财产、没收的财产和私人捐赠。9世纪时，地税部门被划分为西部、东部和巴格达地区的萨瓦德几个部分。位于国库所有部门之首的是稽核审计官职。各行省仿效建立这种可变且适应机构重组的组织形式：它测算各项财政资源，甚至草拟中央预算。阿拔斯王朝初期财政资源和中央预算达40亿第尔汗，850年为30亿第尔汗，900年为20亿第尔汗以上。国库各机构仅接收国家税收部分（实际上各行省在财政上是独立的），它们谨慎地与迪万和军队磋商确定支付给官兵的薪饷和先知家族成员的津贴并供应朝廷的花费。为了完善这一系统，登记普遍使用的政策决定和任免命令的任务就落到宰相和掌玺大臣手中，而在整个帝国境内，邮驿系统仍沿袭萨珊王国或罗马帝国旧制维持着官方交通和治安体系。

在理论上这一体系相当稳定，但实践中却十分脆弱，容易受到颠覆先知家族和高级侍从的剧烈动乱的影响：首先是围绕权力继承的斗争，这些纷争是君主政体结构中不可避免的一部分。任何权力继承都不能避免争斗：曼苏尔的叔父利用其深厚资力，在阿布·阿拔斯〔其姓为阿尔·萨法赫（al-Saffah）〕去世时抓住了机会。曼苏尔为了将哈里发之位传给其子马赫迪，在萨法赫指使下，除掉了他的堂兄。可能由于这次暗杀的缘故，他堂兄死后，权力继承的顺序被打乱，哈迪（Hadi）轻而易举地获得了其兄哈伦的职位。哈迪去世后，哈伦获释，并试图在阿明（Amin）和麦蒙之间确立继承顺序。当哈里发阿明将其同父异母兄弟清除出预定继承人之列后，哈伦的失败就使帝国在他去世后遭受了无法消除的内乱。麦蒙率领由塔赫尔（Tahir）指挥的呼罗珊人军队进攻巴格达，并在812年8月到813年9月间占领了巴格达。麦蒙遇到来自当地人民的英勇抵抗。王朝冲突进一步激起"秘书兼教师"们的猜忌和王后—母亲们的野心，他们都想在宫廷女性斗争中占上风。险恶的阴谋争斗气氛最终削弱了哈里发权力固有的特性：马赫迪可能是被暗杀的，哈迪之死也同样与风传的秘事不无干系，阿明则死于塔赫尔麾下战士之手。

伊斯兰君主政体将向何处发展？

阿拔斯家族内部的冲突显然对王朝统治产生了重要影响，这也是维齐尔官职历尽风波变化不定的原因之一，无情的复仇怨恨和大量地没收财产使维齐尔一职在阿拔斯家族个人统治末期得到强化。阿拔斯家族软弱的地位使朝臣们疯狂地巩固各自的地位，大肆聚敛财富，结果维齐尔的权利日益成为一种私人权力。这种权威被授予个人：华丽的称号使这些受宠者声名显赫〔马哈迪授予雅克布·本·达乌布（Ya'qub ben Dawub）为"神的兄弟"〕。这些华丽的称号表明维齐尔们已融入阿拔斯家族，从而掩盖了他们面临的危险。有一个突出的例子：在巴尔克（Balkh）有一位佛教徒后裔，叫巴尔马基德斯（Barmakids），786年到803年间曾任巴尔克地方官，他因亚赫（Yahya）而声名显赫。他担任过哈伦的老师，后来帮助他的学生执掌政权。巴尔马基德斯仕途成功时间之久，官阶之高都是罕见的，这使得他们能够制定出长期的政策：与阿利德和解，在呼罗珊招募新军，被迫接受与拜占庭人的和平。从此，维齐尔在巴格达的统治地位显赫，一种惯例也被建立起来。哈里发本人则专门致力于"圣战"，这意味着政治上真正的分裂。这一政策所承受的财政负担导致巴尔马基德斯的垮台，803年他们被处决。

阿拔斯王朝的未来很不吉利，阿拔斯家族成员不久就受到攻击，其权力合法性受到质疑，阿利德很快加强了他们的宣传攻势，美化自己的言论。他们不断鼓吹其血统的纯正性，强调其血统没有受到不当婚姻的玷污。他们强调其女祖先无可挑剔毫无瑕疵（而阿拔斯哈里发则是奴隶小妾所生的儿子），不久又鼓吹法蒂玛（Fatima）模式——即严格按照阿拉伯人惯用的父系家谱模式。至少在某些阶层中他们首先能得到一度流传的救世主思想的支持，这些救世主思想强调即将到来并预示世界末日出现的马赫迪，即"正确的指引者"和建立公正统治的"时光主宰"。伊玛目赐予人们超自然的知识和品德，在人神之间架起一座桥梁。这些信仰重新宣扬以前什叶派极端主义者反复谈论的老调，与阿拉伯思想家们刚刚发现的新柏拉图主义哲学家的宇宙观相吻合。为了抵制这些信仰，阿拔斯王朝采取仿效政策，结果极不成功，曼苏尔的儿子穆罕默德·本·阿布达莱（Muhammad ben Abdallah）即位后改名为马赫迪，按照虔诚的信仰传统，马赫迪这个名字就是"救星"。麦蒙还采用了伊玛目的称号，甚至改名为"真主的先知"（Kahlifat Al-lah），或"上帝的代言人"。这些改后的名字是阿拔斯帝王称号极其夸大的不祥之兆，每一个名字都比阿拔斯的名字具有更大的宗教意义。在他们使用的语言尚未变味之前，还能表达上帝对其门徒赞许的恩赐、好运和胜利。这些称号虽不是陈词滥调，但确有其欺骗性，而且阿利德家族优越论甚至在哈里发中间已经抬头。816年至818年间，麦蒙决定将哈里发之位传给其女婿和指定的继承人阿利德·阿里·阿利达（Alid Ali al-Rida），但是巴格达的武装反对派挫败了这一调和矛盾的梦想，推选出的伊玛目被除掉，其死因可能是中毒。

这次失败后，穆阿台绥姆（Mu'tasim）和他的儿子瓦西格（Wathiq）为伊斯兰君主政体做了最后一次有意义的努力。在827年到847年间，他们将穆阿台齐赖派（Mu'taziliam）这种普遍的

阿拔斯王朝

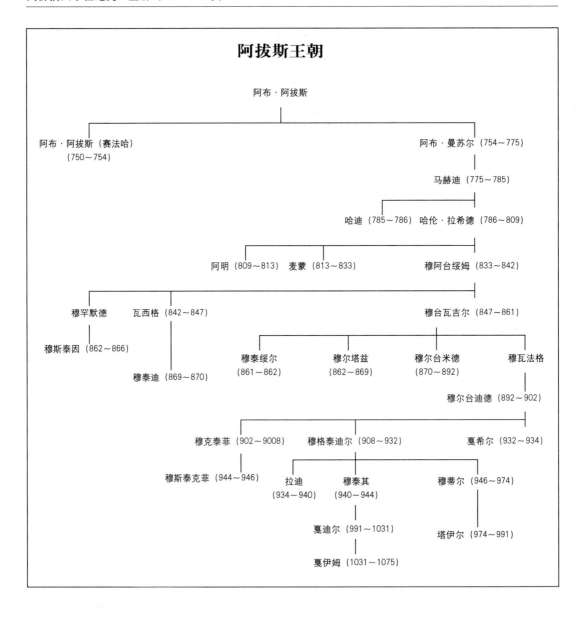

意识形态强加于穆斯林帝国。827年麦蒙采纳了"被造的《古兰经》"教义，833年又成立了宗教
裁判所（mihna），由巴格达警察局长掌管，并有大法官卡迪[①]和各省总督当局协助执法。宗教裁
判所铲除了所有穆阿台齐赖派思想的反对者，肃清了阿拔斯王朝政府机构。被打击的对象包括伊
朗的两元宗教信仰者以及那些否认上帝独一性的全体被称做"精迪格"（Zindiqs）的异教徒[②]，

---

① 伊斯兰教法执行官，职责是根据伊斯兰教法断案。——译注
② "精迪格"：早期指具有波斯人信仰成分的，尤其是摩尼教信条的宗教观念的穆斯林，后来泛指具有自由思想的
人。——译注

还有持有拟人论思想的人。他们接受了上帝神性有形论，认为在天堂里上帝是可见的，那些否认存在人类自由意志的人也受到迫害。这次镇压运动波及到教师，他们受到当局有时甚至是哈里发的审问，并被迫接受穆阿台齐赖派教义。大多数人被迫屈服，但其真心服从的程度多有不同。艾哈迈德·伊本·罕百勒（Ahmad ibn Hanbal）聚集起坚持经典传统的力量进行抵抗，他两次受审讯并入狱。宣传罕百勒学派（Hanbalite）观点的许多人被处死，成为殉道者。直到穆台瓦吉尔统治时期，宗教裁判所的迫害活动才突然终止。852年大法官卡迪伊本·阿比·杜拉德（ibn Abi Du'ad）被免职，哈里发被迫通过法令谴责所有的教条神学家。这次思想运动的失败尽管没有结束未来神学哲学上的质疑，但是它在传统主义者眼中有助于产生疑问，并导致对教义简洁明了的陈述，而陈述的内容必须与圣书保持字面上的一致。上述失败的经历显然是另一种管理形式的失败。当维齐尔的权力限定于财政和金融特权时，大法官卡迪这一管理形式便被突出了出来。

穆台瓦吉尔结束了这一段插曲，伊斯兰教君主政体重新回到巴尔马基德斯时代不稳定的危险状态中。此外，由于军队大量招募突厥奴隶士兵，王朝陷入新的危机，可以得出的解释在于阿拔斯王朝放弃了对呼罗珊的直接统治，将该地区移交给塔赫尔及其后裔，因而传统的招募兵源被中断。从此以后，与前述产生哈里发"收养兄弟"和"秘书兼教师"的阴谋一样，宫廷权力刺激着土耳其军官的野心，他们可以信赖其部下忠实可靠服从命令：861年宫廷卫士刺杀了穆台瓦吉尔，而后以暴力手段继承权力的事件反复出现，为后来阿拔斯君主间的冲突开了先河。伊斯兰教君主政体的失败十分彻底，它仅仅奠定了国家的基础，使之依赖于纯粹的武力，武力才是哈里发称号虚伪外表下的真正支柱。它为充满矛盾的公共舆论四处传播打开了大门，一方面巩固了什叶派"正义统治即将到来"的千年王国的信仰，同时另一方面加强了宗教教师圈子——乌里玛（ulama）的地位。他们开始以穆斯林共同体的名义布道，反对滥用武力。他们要求进行深刻而持久的政治、道德改革，也许西部具有更适宜的改革背景。广阔的穆斯林帝国西部进行的政治改革确实显示出许多与众不同之处。由于现实社会的演变，这些独立国家不再承认东部哈里发的权威，它们都是在8世纪中叶危机中形成的，就是那些在安达鲁斯和马格里布中西部建立的独立国家以及公元800年后在伊夫利基亚建立的独立国家。毫无疑问，柏柏尔人造成的种族因素虽在塔赫特和菲兹埃米尔政府中起了重要作用，但科尔多瓦和凯鲁万埃米尔政府的章程与当地土著的特点似乎没有任何关系。无论是否有无阿拉伯人或柏柏尔人部落的支持，出身于东方的统治贵族控制着一切。此外，甚至在塔赫特和菲兹的"柏柏尔人"国家中，也都有各自的伊朗人和阿拉伯人王朝。在出身于阿拉伯地区却统治着纳赫尔（Nahir）的萨拉黑德（Salahid）王国小酋长的要求中，也可以看到一些这样的真相。只是在穆斯林分布不很突出的西部边界地区，我们才发现当地出身的酋长，他们保持基本的政治

军队在整个伊斯兰教历史的政治发展中起了根本性的作用，它曾经是哈里发的力量和弱点，基本上由外国人组成。12世纪雕刻于达非斯坦的石板画刻画了一位出身于外国的军官，可能是突厥人（藏于巴黎卢浮宫）。

独立，例如柏柏尔人的西基尔马萨人米德利亚德（Midriades of Sijilmasa），或埃布罗谷地（Ebro Valley）的穆瓦拉德酋长（Muwallad Lords）。因而，从政治层面上看，所有控制部落和地方分裂势力的力量都起源于东方，这意味着我们应该首先考察阿拉伯的实际范围和东方对地中海西部穆斯林国家在成立时的影响。

柏柏尔化还是阿拉伯化：帝国西部将向何处发展？

我们几乎完全不了解，从中东传入的种族因素，即加入军队及部落组织的阿拉伯人或阿拉伯化的外族人，是如何被安置在这片土地上的确切过程。依据军队登记簿（diwan-al-jund），这些战士在理论上本应得到与其军衔一致的薪饷而非土地。但在实际中，无论是在安达鲁斯还是在伊夫利基亚地区，他们定居后不久就得到了大量捐赠地，大马士革哈里发指派的总督们很快发现，要规范捐赠土地的分配是相当困难的。因而，剥夺土著居民的方式、征服者侵吞土地的比例及分配制度（或是以部落或是以个人为基础）都是我们几乎完全忽视的问题。实际上还存在许多问题有待解决，其中涉及管理由征服者侵吞的土地及其分配的合法标准如何实施——这一时期标准还没有制定出好的法令，我们也不能在这方面给出答案。关于这些地产（diya）实际耕种的情况，我们只能假定认为，这些土地的新主人主要倾向于强制沿用其被征服前采用的旧方式。这似乎意味着在西班牙，无论如何在统治贵族的大地产上，乡村劳动力仍然保持着和罗马奴隶身份类似的法律地位。人们可以合理地想象，作为皈依伊斯兰教的结果，为了与新政府保持信仰上的一致，依附农民的生存环境朝着有利于转变为"克罗尼"佃农的方向发展，即允许耕者分享产品。虽然10世纪中期后的著作似乎提到了9世纪末伊比利亚半岛穆斯林地区所经历的社会、政治、宗教上的混乱，但伊本·哈盖勒（Ibn Hawqal）提到，当时仍存在许多处于奴隶地位的基督教农民劳作的大地产，基督教农民的反抗一直困扰着统治者。

同样，我们不知道最终在西方定居的阿拉伯人或阿拉伯化的东方人的数量。塔勒比（Talbi）估计从东方派驻到伊夫利基亚地区的总兵力为18万，在西班牙这一数字一定更少些（可能为5万），进入安达鲁斯地区的东方分遣队不应添加到马格里布部队中，因为很多分遣队可能来自马格里布，而不是直接来自东方。就这数万士兵而言，我们仅能说他们中的大多数在多数情况下被认为在西方和他们的家属永久性地居住。他们主要集中在伊比利亚半岛南部的伊夫利基亚地区和北方边界埃伯罗谷地，较少一部分集中在汤吉尔城周围北部的摩洛哥。后来，来自安达鲁斯和伊夫利基亚地区的阿拉伯人向伊德利斯德王朝新建的菲兹定居点移民。但是，更为重要的是，我们能够看到阿拉伯因素在当地社会变革中发挥的作用，比其在人口中比例的增加更为重要。在伊夫利基亚地区，表现相当明显的是，作为一个种族团体，阿拉伯人不仅在保护他们自身不被周围民族同化上是成功的，而且在维护自己作为社会领导集团方面也是成功的。他们在语言、宗教和思想方面对周围进行渗透。他们在肉体繁殖生育能力方面也毫无疑问是强盛的，如果穆瓦利丁（Muwallidin）和赫加娜（Hjanal）这对阿拉伯人和本地妇女结合的后代代表着生物学人类种族的结合，那么这也象征着阿拉伯因素在当地社会中的普遍扩展。

上述观察的结论也同样适用于西班牙。早在两个世纪或更早以前，西班牙阿拉伯人不断形成为一支不同于其他民族的贵族力量。这支贵族力量人数众多，尤其在南部山丘地区超过了伊斯兰教化的土著居民和8世纪晚期反抗其统治的基督教徒"穆扎拉卜人"[①]。特别是在西班牙，阿拉伯部落内在的父系家庭结构地位非常稳固，与失败后衰落的土著贵族相比，"在妇女市场上"以及在政治和社会上，父系制度更突出。当地土著贵族没有强大的文化根基，他们的家庭结构更加松散，实际上土著贵族似乎已经日益衰落，他们被轻视、消除或同化，以至于9世纪后他们的作用就完全消失了。

在北非，征服者设立的社会政治制度不同于罗马帝国的制度，因为它没有从根本上摧毁当地的制度。实行部落制度的阿拉伯传统与柏柏尔人的传统非常接近，阿拉伯部落军团（jund）这一军事组织有助于保存柏柏尔人的传统。与阿拉伯人婚姻关系最密切的可能是"东部"大柏柏尔人部落，其同化的速度很快。阿·雅库比（Al-Ya'qubi）的作品提到了这种姻亲关系。

---

① 789年至921年统治摩洛哥柏柏尔人地区的阿拉伯穆斯林王朝。——译注

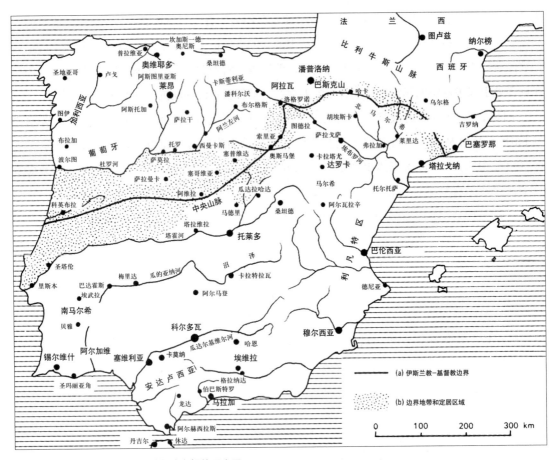

11世纪上半叶的穆斯林和基督徒占据的西班牙。

他在涉及9世纪末历史时提到了哈瓦拉人（Hawwara），"他们声称是遗忘了名字的也门部落后裔，"而且补充说，"分离的群体以与阿拉伯部落群体同样的方式结合。"与先前活动在沙漠大草原的游牧民族或半游牧民族相比，尽管定居在东部阿尔及利亚（Algeria）的巴兰尼斯人（Baranis）过上了以村庄为基础的生活，但从小卡比利亚（Little Kabylia）的库塔马人（Kuatama）部落成员于900年去麦加朝觐时探询生活习俗的答案看，他们无疑保存着类似于古代阿拉伯的社会结构。"我们分成不同部落、氏族和家族，我们之间很少有合作……我们相互争斗，然后和解。我们与一个部落保持和平，同时向另一个部落宣战。"他们进一步解释，公民大会（djemaas）控制整个部落，由仲裁者解决他们的争执诉讼。仲裁者则是"掌握知识的人和学校的教师"。他们最后声称不再服从于任何国家，而要按照伊斯兰教的原则规定，将"仁慈的什一税"直接分配给穷人。

马格里布的大部分地区，包括整个卡里基特（Kharijite）地区，肯定都实现了穆斯林法规和传统部落社会生活方式间的融合。卡里基特地区各部落如同伊夫利基亚地区南部的纳夫萨（Nafusa）一样，只服从于远方那缺乏威严的塔赫特伊玛目。根据阿·雅库比的记载，纳夫萨人拒不向任何政府上缴土地税。纳夫萨人在其鼎盛时期（9世纪晚期）拒绝说阿拉伯语，当然可以想象，保留下来的地方社会结构使得柏柏尔语成为日常语言。但是同样明显的是，这些柏柏尔人完全伊斯兰教化了，这意味着他们把阿拉伯语视为自己的文化语言。所有这一切都隐含在社会观念、态度和习俗的渐进变化中，而这一切旧传统与新的"官方"语言所提供的内涵并不一致。大约在900年前后，法蒂玛王朝的传教士前来传教，在阿佛拉西德（Aghlahid）酋长国边境那些仍保留部落生活方式的乡村地区传播什叶派教义。这表明，在小卡比利亚的卡塔马人中间已经完成了阿拉伯化的高级阶段，他们只是心存芥蒂，力图使这一乡村地区独立于凯鲁万政府。统治官员居住在阿夫拉西德山脚下的城里，他们设法强化其政治权威和财政税收规定，即便卡塔马人表示服从，法蒂玛王朝取得的成功也显示出他们对东方的迷恋。那里是一切知识的源泉，而且还推动了阿拉伯语及与此相随的社会理念的传播。

8世纪早期，当伊比利亚半岛被征服时，上文提到的马格里布柏柏尔部落就是那些被放逐到西班牙的部落。阿·安达伦地区周围的柏柏尔部落既不像马格里布部落那样重要也没有后者那样的凝聚力，但我们保留下来的史料表明其存在是没有疑问的。安达鲁斯地区的许多地方经历了一场大规模的柏柏尔人移民浪潮——这些地方包括安达鲁斯山脉、瓜迪尼安（Guadinian）山谷和塔古斯河〔（Tagus），即查乌夫（Djawf），或梅里达地区及其南部边界〕，还有莫雷纳山脉地区〔（the Sierra Morena），即法赫斯·阿·巴鲁特地区（Fahs al-Ballut）〕、北方的加尔卜（Gharb，即今天葡萄牙中部）地区、托莱多和瓦伦西亚（Valencian）地区多山的乡村（Santaver）以及莱万特（Levante）的大片地区，这些地区的地名还保留着移民的痕迹。科尔多达（Cordoda）北部山区的梅斯坦查（Mestanza）、托尔托萨地区的莫奎南查（Moquinenza）、穆尔西亚（Murcia）省的塞赫郡（Cehegin）和瓦伦西亚地区几个被称为阿德查梅塔（Adzameta）的地名都证明了梅斯坦萨人（Mistasa）、米克纳萨人（Miknasa）、辛哈查人〔（Sinhaja），即阿·辛哈吉因人（al-Sinhajiyin）〕和赞纳塔人（Zanata）各部落有组织的定居活动，要发现类似的例子并不难。马什（March）南部边境、莱万特和安达鲁斯山区的一些市镇或乡村地区，就是按照纳夫萨、马非拉（Maghila）和兰亚（Lamya）等部落的名字来命名的。这些部落的定居通常是由于他们对所征服领土的实际占有造成的，然后尽可能将这种占领控制权合法化。因而，10世纪晚期伊夫利基亚地区法理学家阿达伍迪（al-Dawudi）在其涉及西方穆斯林土地所有权的书（*Kitab al-amwal*）中坚持西班牙分遣队统治期间的传统看法就十分容易理解了。分遣队控制着所有被他们占领的土地，最初，他们也不必服从任何合法的行政区划——要记住他们是以部落军队的形式活动的。这就是为什么伴随着对土地的征服占领，帝国西部的变化尤其是经济秩序的变化要慢于东部，而在东方进行的合法改革使得农业的转变既持久又迅速。

生　产

财税改革仅仅影响到伊拉克中部、哈里发帝国的核心萨瓦德或巴格达周围的黑土地地区。改革进行的十分迟缓，并且与阿拔斯革命的政治剧变没有关系。实行财税改革的初衷是想补足国库的亏空和耕种荒废的耕地。阿布·尤素福在其为哈伦·拉希德（Harun al-Rashid）所写的一本关于土地税的书中辩称，改革是哈伦在前哈里发马赫迪领导下进行的，实行改革是伊拉克农村被废弃、农民负担增加和用货币支付必需品所产生的社会矛盾的结果，当时庄稼还在打谷场等待称量。哈里发的法理学家进一步指出，对废弃土地征收的税收又落到公社身上，因而剥夺了农民需要用于恢复耕作的经济来源，所以为了回复萨瓦德农民公社的请愿，哈里发政府同意恢复按收入比例征收的税收体制。

财税改革，种植革命

这种分配"穆卡萨马"（muqasama）是在打谷场上举行的，然而这并不意味征收实物税。惟一的区别是在把君主的那一份转换成货币的基础上，按实际收获的庄稼估算税收。但是，在参考物价变动或实际的市场价格后，收税官是按照理想的价格计算的吗？我们可能最好还是按以前假设的情况来考虑，因为伊斯兰教法的理论阐述者们对市场价格的不稳定性一直感到担忧，而市场价格是上帝的事情，他们因市场鼓励赚取不法之财而对此持怀疑态度。但是，君主的税收份额是按土地单位计算出来的，比按地籍单位征收的税收要多很多，最多达到三倍，这一差别也解释了税收量大幅增长的原因。要求农民必须立即出售谷物并没有缓和财税负担；投机银行家贿赂收税官以垄断价购买谷物和高利贷进一步加剧了这一危机局面。实际上，各地农民公社迫切要求财税改革，这一事实表明，荒地及其税收负担确实应该取消。

伴随着"穆卡萨马"制度的恢复，又开始推行一项谨慎地鼓励农业发展的政策和有效的耕作实践革命。禁止对未耕土地征税的措施推动了公社和个人扩大耕作范围，与此同时，"死地"被转让给那些能使它恢复耕作的人。更重要的是，考虑到相关的费用，有计划地降低了灌溉地的税收，包括：国家对交纳国家赋税和地税的土地（kharaj）中的非灌溉地生长的玉米和大麦征收40%的税，而对灌溉区仅征收30%；此外，还征收33%的酒、草料（三叶草和紫花苜蓿）和其他生长在自然水灌地的农产品税；征收25%的"夏季"作物（蔬菜、西瓜、芝麻、菜子油、茄子、

古老的浇灌法：用水时使右边翘起提水，就像叙利亚哈马地区使用的庳水车一样，用畜力使左边降到底端，或像突尼斯占占（Zem Zem）地区用骆驼牵拉的抽水机，或者像原始的阿尔及利亚人的梁架提水设施一样，使左边翘起。

棉花和甘蔗）税。当我们转而研究交纳什一税的土地时，政策的倾向性更为明显：对自然灌溉（也就是由雨、洪水或水压重力浇灌的，即不需要机械参与的灌溉）的植物征收10%的税；对依赖机械浇灌的谷物征收5%的税；对干果、干菜、纺织品和辅助的谷物（粟、稻和芝麻）征收10%的税；对新鲜蔬菜和草料则不征税。后者包括夏季作物（甜瓜、嫩葫芦、茄子），间作作物如黄瓜、胡萝卜、菠菜和春季甜瓜以及农学家充分认识其价值并一直用来恢复地力的草料作物（除了固氮外，它们可以用做绿色护根植物或家畜饲料，因而解放了牧场，提供了肥料）。

改革经济目标的范围似乎使这场复杂的财税改革超出了其所处的时代，事实上与土地生产率相关的、递减的税率可以刺激产量的增长，这才是一种不损失国家收入鼓励发展的途径，国家也才能从更大的理想收获中获得利益。此外，国家还控制了灌溉渠道的建设或挖掘工作。改革鼓励种植新品种，恢复了土壤的生产力，增加了每年的收获次数（农田间作作物和"夏季"作物）。此外，那些减税的农产品在城市市场上很有销路：一种做意大利面食需要的小麦，即灌溉种植的"夏粮"硬粒麦，还有以后在穆斯林世界很受重视的稻谷以及水果和蔬菜，讲求烹调时尚也促进了对它们的消费。阿拔斯王朝的烹调书里记载了其中一种烹饪法（即用干果、香料和药草调味的荤菜，用杏仁、阿月浑子、石榴等煮的肉等等，在米饭和肉里加糖和奶酪调制而成的甜食，用韭菜、洋葱、鹰嘴豆和茄子等各种蔬菜烹饪的肉食）。

　　然而，尽管两个多世纪以来尤其是在东部被忽视的食物生产经济中出现了生活的新迹象，如果认为这个时期农村人口的情况比倭马亚时代要好，必定是错误的，无论是小所有者、小佃农还是少量的奴隶，耕种者都要服从他们的庇护人，即富裕地主，还要满足最临近城镇的需求。因而，正如在古代，城市仍然发挥着根本性的作用，但是在研究城市的特点之前，我们必须从另一种角度审视西部。

西部更大的混乱

　　在西方，公共权力更为混乱，这一事实一定产生出大量地方性契约和各阶级的冲突。在搜集传记的过程中，我们碰巧可以一窥一些大学者的情况。他们中有些人居住在乡村，非常有名，同9世纪早期来自莫隆（Moron）附近某地的教法学家（faqih）一样，科尔迪巴（Cordiba）的城市长官（Qadi）穆夫提（法学家）对其相当尊重，当他参观首都时，只要他在场，官员们都不发表自己的观点而保持沉默。这位重要人物是柏柏尔人后裔，毫无疑问是属于征服时代定居莫隆附近的一个部落团体，他死时为埃基查（Ecija）的地方官。伊本·阿·法拉迪（Ibn al-Faradi）为我们留下了这些事情的记载，他说教法学家居住在"卡尔亚"（qarya），即乡村里，而不住在大庄园里。安达鲁斯和马格里布的城市精英们拥有大地产，这种情况似乎不存在疑问，但是我们不知道他们所说的土地面积有多大，同样，我们也几乎不知道他们采用何种耕作方法。伊本·哈盖勒在更早一些时提到，在安达鲁斯真正处于奴隶地位的基督徒承担了大量农业劳作（di'yas），但这似乎不是普遍情况。这些地产可能正向松散的"克罗尼"佃农形式方面发展。最重要的是，人们有理由提出村庄条件下最普遍存在的经营方式是小地产还是中等地产，是个人所有还是集体所有的问题。

　　记载土地状况最明确的一份文献是我们前面提到过的阿达伍迪的论文，该论文提供了与西西里有关的和更具体的关于西班牙的信息。在这些十分有用的信息中，大部分涉及耕种者对中央政府不公正决定的抱怨，因为中央政府以种种借口（多为政治管理上的借口），没收以前国家授予亲兵战士的土地"伊克塔"（iqta），或者拒不向战争时期暂时弃荒的土地主人授予土地更新权。对于最初的土地主人或土地继承人来说，收回土地权是必要的。这样，我们就看到了国家和土地承租者之间的诉讼。作为穆斯林共同体的代表，国家在其能力范围之内行使某种最高的土地权利，而承租者则已经转变为农业份地持有人。他们自己并不耕种土地（即使有时候也有自己耕地的情况），作为土地所有者，他们看起来比大土地所有者更像军事依附农"克罗尼"佃农。例如，政府原打算把伐木造船的任务强加给西西里的"克罗尼"佃农，但后者宣称他们只履行"圣战"这个军事义务，加以拒绝。政府曾试图通过武力强制实施其决定，但这只能导致土地被废弃。此外，安达鲁斯地区的柏柏尔人认为自己有权用武力夺取并拥有一块"伊克塔"土地，于是便诉诸武力，但最终被击溃。这些纠纷的重要性与其说在结果上，不如说在于强化了政府和土地所有者群体之间的冲突。这些土地所有者在某种程度上已经准备好抵制国家的命令，如果有必要的话，就使用武力。

毋庸置疑，国家控制的程度由于不同群体的抵制能力有别而不同。伊斯兰教法本身在原则上限制了国家控制的程度，而且假设到处都有法律专家存在的话，国家控制的程度就不会没有制约地扩大。如果被迫离开其土地的非穆斯林农民"迪米"不抵制政府增加税收的话，同样也不会要求驻扎在"伊克塔"的入侵部队的战士们纳税，或者也不会要求马格里布伊斯兰化的柏柏尔部落交税。这些部落有很强的凝聚力，他们所在的村庄已经设防。即便不包括独立的塔赫特埃米尔国的卡里基特部落或马格里布西部部落在内，在阿佛拉西德疆域内显然也存在着许多内陆地区，那里甚至还存在着部落组织。例如阿·雅库比提到，在巴杰（Beja）附近存在着瓦兹达加（Wazdaja）柏柏尔人占领的一块领地，瓦兹达加柏柏尔人是一个"拒绝服从阿佛拉西德君主而独立"的民族。由于自治的塞提夫（Setif）和巴拉兹纳（Balazna）阿拉伯统治者一度成功地强制他们服从《古兰经》所赋予的权力，因此就夸耀已经驯服了库塔马人（Kutama），并使他们处于从属和奴役地位，而库塔马人则坚持直接把救济物交给穷人。显然库塔马人在抵制国家命令方面有一个非常高的起点，因为实际上他们拒绝任何形式的税收。

这种情况显然不仅仅出现在马格里布地区，在西西里和西班牙，大片被征服的土地被转交给征服者，一些征服者利用天高皇帝远的中央政权软弱无力，仿效小卡比利亚的卡塔马人，拒绝承担任何财政税收义务。从阿·雅库比的记载中我们再次得知，在瓦伦西亚地区，柏柏尔人拒绝承认后倭马亚王朝科尔多巴埃米尔的权威。在9世纪晚期的大危机中，安达鲁斯的大部分地区脱离了埃米尔的统治。然而，通常来说，当地居民也没有落入"封建"地主的压迫统治之下。实际上，我们发现各地农民都有武力抵制恢复埃米尔权力的计划，设在城堡里的埃米尔当局开始攻击村民。与封建城堡相比，乡村是更好的避难所，那里是设防自卫和避难的天然高地。看来大多数人已经伊斯兰教化了，我们对他们的认识相当少，几乎不足以形成带有普遍意义的结论，特别是关于对安达鲁斯地区那些处于大地主独裁控制下的广大贫苦佃农。最糟糕的一部分农民状况就是如此，就像征服后幸存下来的"穆扎拉卜人"（生活在穆斯林中的基督教徒）一样陷入城市里富有的权贵集团的剥削中一样，而大多数地主的情况却不同于上述描述的情况。这些地主要么是阿拉伯人和柏柏尔人征服者的后裔，要么是当地的皈依者，他们生活在村庄（qura）组织中，只向国家纳税。但是，我们不能不说我们对他们向国家纳税的情况知之甚少，同样，他们向国家交的税似乎也不是太重，或者没有超出穆斯林公共法律规定的标准。

适合恶劣地理环境的农业技术

大体上看来，伊拉克农业经济从财税改革中获益最大，因为伊拉克雨水充足，并具有丰富的灌溉技术知识。11世纪政府财政税收部门和灌溉部门用简单的计算方法为土地测量官员编撰了一本手册。这本手册表明了挖渠所需的劳动力及费用，计算了用人力或畜力劳作所需的劳动力。机械水车灌溉可以将水提升到高于沟渠或运河的田地上。实际上，这是一项由专家管理，为国家服务的工作。它雇佣自由工人，一次达数百人，根据挖土或修筑河堤的数量计算工作量，实行记件工资制。他们根据地势，插入捆绑后用黏土加固的大捆芦苇和灌木建筑水坝，尤其是，使用两台水车就能保证持续不断地连续灌溉，保证多次收获。戽水车，一种带轮子的吊式水车，一天能灌溉35公顷土地，夏耕灌溉能扩大到100多公顷，冬耕浇灌扩至150公顷。由四五人操作的横梁十字水车一斗水量达600升。这种水车夏耕浇灌的土地每天达44公顷至78公顷，冬天浇灌100公顷至138公顷。伊朗的一种提水装置坎儿井（qanat，即一种将河水分段连续提升到更高处，并接着一条地表用一系列管道和提水水车连接的地下管道）技术在山村广泛流传，一方面使人们能够浇灌坡地，或者开垦更高一些的山地，另一方面可以排干存有死水的沼泽地。毫无疑问这种水利工程技术是由专家们掌握控制的，他们十分了解这种分段抽水的危险性和排水不畅将造成土地盐碱化的风险。

然而总体而言，穆斯林帝国盛行的是靠天吃饭的农业，就是完全依赖降雨或至多依赖小型水力装置，如水井、水塔和用于花园抽水的小水车。这是不需要专门技术的农耕方式，人们知道耙地可以"保墒"的方法，以防止土壤中的水分蒸发，明白怎样利用缓坡控制水流保持水平面以便分配雨水，还知道必须不断翻耕以便打碎土壤表面的板结块，使第一次雨水过后，土壤中能够通风，并使翻过的草皮在阳光下暴晒。古代农学家，如瓦罗和科鲁麦拉，还有9世纪被翻译成阿拉伯语的《罗马农业》的作者拜占庭人卡西安努斯·巴苏斯（Cassianus Bassua）以及伪称君士坦丁七世的作品和波斯人，如库斯图斯·伊本·阿斯库拉斯·基纳（Kustus ibn Askouras-kina）积累的知识通过当时的农艺学著作广泛传播。这些知识以亚里士多德的宇宙观为基础，同时也结合了细致的观察和实验。这些农艺学著作引起学者们对安达鲁斯地区的注意：农民得到建议使用草木灰作肥料和护根物，在谷物之间的空挡处种植像萝卜这样的间作物，使用多种犁具，

丰收的日子。种植果树在8世纪与9世纪的农业发展中发挥了相当大的作用（这是967年赠给科尔多瓦国王的象牙盒上的细部，藏于巴黎卢浮宫）。

在休耕地上使用流动围栏放养的方式进行放牧，以免粪肥过于集中。更常见的是在天然牧场和可耕地之间交替放牧，以防牲畜践踏过度使土地板结变硬。经过试验检测的农业知识再通过书本进行传播，王室的花园则无疑成为理想的试验场所。很多书都根据传统农事方法，选择、收集和列举各种种植技术（当人们一时无法确定采用何种技术时，传统农业技术通常被当做最佳办法），并通过试验来检验种植效果。

在农业家的著作中，要求农业革新和技术试验的愿望非常迫切，十分明显，这有助于说明种植变革是成功的。伊朗、叙利亚和埃及的园艺中心分别引进或选择的"新农作物"迅速传遍了整个伊斯兰教世界。得到极大丰富的本地植物群，构成长达数百年的亚热带植物形成过程的一部分被引进地中海地区，这些植物在古代不为人知。首先，新的农产品是生长期短的植物，例如闻名于伊斯法罕的波斯特产菠菜、油菜和生长在伊朗的茄子，其波斯名称为"巴丁尖"（badinjan）。今天人们还能够在其他地方看到这些蔬菜，并用波斯名称"迈伦扎"（melenza）和"迈林加诺"（melinjano）来称呼。人们还把它们作为间作物来种植，这有利于保持土地的肥力和轮作。更重要的是引进夏季作物，如水稻、棉花、甜瓜、高粱、硬粒小麦和甘蔗，如果土地条件好，这些作物可以一夏两熟，这在以前是不为人知的。地中海沿海地区的耕种农民还栽培了其他植物，其中水果类的有柠檬、橘子、香蕉、椰子和芒果，干旱作物类的有指甲花和靛青。最后，还有一些根茎植物，如胡萝卜也可以当间作作物种植。农作物的传播广泛而迅速，到11世纪，阿拉伯叙利亚已经掌握了专门种植棉花、指甲花、靛青、波斯甘蔗的技术和炼糖技术，还可能熟悉香蕉种植，并了解椰枣树的栽培，更不用说在传播养蚕技术过程中移植到拜占庭帝国的桑树了。

马克利兹（Makrizi）提到的埃及制定的农历表明，新一年开始的耕种相当重要：每年从科普特历法中称为"阿比布月"（abib）的六月份开始，到"土特月"（tut）的九月，尼罗河每年的洪水泛滥达到高潮，紧随着是播种谷物、玉米和大麦，到四月份收割，种下的蔬菜则在十一月收获，而后种植鹰嘴豆、小扁豆、亚麻和苜蓿，并在四月和六月间收获。在此之前，国家征收第一次土地税，土地税征收的测定依据与九月份洪水到达的地区相一致。使用机械从尼罗河及其支流运河提水浇灌的田地——主要在尼罗河三角洲地带，在那里洪水汇集在法雍（Fayyum）的卡伦（Karun）湖这个天然蓄水池里，并被自古一直沿用的水闸所控制——在三四月份播种稻谷，十月收获油菜、茄子、黄瓜、甜瓜、芝麻、菠菜和古代的一种扁豆（lubiya），而五月份播种的靛青生长期为100天。收割夏季作物与采摘水果（樱桃、无花果、桃子、梨、香蕉、柠檬、葡萄）同时进行，同时与第二次土地税的征收一起进行。

这些新的农作物的种植得益于发展高产耕种和增加土地效益的政策，甘蔗、油菜和椰子改善盐碱地，降低盐度；棉花增加贫瘠土地的肥力。果树、蔬菜和经济作物的种植需要有繁荣的城市市场，这个市场有充足的谷类和其他基本农产品以及追求精致烹饪美食的时尚。它们与日益复杂的城市生活特点相适应，并有助于丰富城市居民的饮食和改善食物质量。这些亚热带作物的增产需要水和多种耕作法，包括大量施肥，因而大城市放弃"旱田"。在大城市水源充足的郊区，集中改良土地、实行浇灌和农业革新的效果非常明显，这里以同样的专业技术，完成生产基本必需品的任务。

在灌溉区耕种革命依赖于水和肥料是否充足，用引水方式进行的漫灌和其他灌溉方式不再满足需要，水车等机械使用和开凿运河的目的，在于努力使各种发明创造都能有利于延长灌溉期和恢复地力。虽然，当时肥料学没有多大进步，但还是有一些经验性知识，如豆科植物（菜豆、小扁豆、羽扇豆、鹰嘴豆和野豌豆）有固氮功能，绿色草料作物可以用做覆盖作物，混有草木灰的堆肥形式使之具有肥料价值（如紫花苜蓿、灰豌豆和亚历山大苜蓿）。而多种锄头和耕作技术的运用使水分更容易渗入土壤，耕种者也更易敲碎土块和消除杂草。土壤会形成不易渗透水分的表面，这就促使人们种植根茎植物，使土质疏松，可见人们充分了解这些植物的松土能力。他们还使草木灰和肥料混合，尤其是使用澡堂锅炉灰的混合物。为了提高表层土壤的肥力，农民仔细观察并精选短根固氮作物，种植豆类作物因此十分必要。鸟粪，尤其是鸽粪可以使土壤具有保暖作用，这是农田不可或缺的元素，正是这一原因使猪粪被逐渐放弃，同样人的粪便也不再用做肥料。

一般而言，财政改革只限于伊拉克，在那里，这项改革对哈里发的财政税收极为必要。财税改革和农业革命（与18世纪的英国有可比性）显然关系十分密切，其对公共经济目标的追求近似于重农思想的前身，对于那些要求高消费，人口众多的大城市而言，尽管生存环境仍很严峻，但它们利用集中耕种的观念，使农民有可能不被税收重担压垮。这些大城市与城市自由市场的生存密切相关，而且在某种意义上它们设法避开为军队提供粮草的制度（annona）和政府配给分发食物的制度。而阿拔斯时代农业产量和种子的比例相当高，所有西方中世纪史学家似乎都不相信（如埃及平均比例为10∶1，最大在20倍和30倍之间，继承阿拉伯耕种方法的中世纪叙利亚的平均比例为8∶1，最大在20倍和22倍之间），一定播种面积的高回报率也不稳定〔每"费丹"（faddan）小麦产量为2到20"伊拉布斯"（iradbbs），相当于每公顷在3.6百升到36百升之间，平均为18百升〕①。在灌溉区，农业一直依赖持续不断的有规律的河水浇灌，到处都依赖着充分的肥料养护，因而当发生大范围的运河失修崩塌和畜牧业衰败时，农业就会遭到严重破坏。"亚洲式"的水利社会的情况在这里完全不适用，伊拉克、埃及和呼罗珊采用以诺姆、康马克（comarq，意为地区）为基础的地区灌溉体系，它只有遭受反复不断的灾难才可能被破坏。另一方面，人口流动和村庄被废弃对农业几乎都没有什么影响，因为在绝大部分仍处于未开发状态的世界里，由于有大量闲置土地可以利用，种植技术和控制水的供应就成为最重要的手段。

穆斯林城镇的胜利

阿拔斯革命建立起不朽的都城麦地那萨拉木（Madinat al-Salam）这个圆形城市，这座和平之城象征着革命的胜利，它的名字代表了新君主政体的伊斯兰教特征。这个城市的位置选得非常好，新都城如同帝国北方的尼尼微（Nineveh）和南方的巴士拉（Bashla），位于从扎格罗斯山脉进入呼罗珊的三条道路之一的出口〔这三条路经过大扎布河河口的尼尼微，经阿瓦兹（Ahwaz）的巴士拉和经胡尔万（Hulwan）、尼哈温德（Nehavend）和哈马丹（Hamadhan）到巴格达〕，还有几条沿底格里斯河和幼发拉底河通行的便利的河道与加兹拉和叙利亚连接。在山谷的出口和伊拉克地势较低的沼泽前，这一地区临近便于横跨两条大运河的地方。最后，吃水较浅的海船能在这些河里航行到新都城。758年曼苏尔把它看做"世界的交叉路口"，来自瓦西特、巴士拉、乌巴拉（Uballa）、阿赫瓦兹、法斯、阿曼（Oman）、尤门那（Yumana）、巴林（Bahrein）和邻近地区的轮船通过底格里斯河在此汇集和停泊；来自摩苏尔、阿塞拜疆和亚美尼亚的商人们沿底格里斯河到达那里；幼发拉底河上航行的商船从迪亚尔（Diyar）、穆达尔、拉卡（Raqqa）、叙利亚、小亚细亚边境、埃及和马格里布运来商品。这座城市也临近居住在吉

① "费丹"faddan为阿拉伯面积单位，约合6368平方米，"伊拉布斯"iradbbs为阿拉伯容量单位，相当16.5浦式耳。——译注

巴尔（Jibal）、伊斯法汗（Isphahan）和呼罗珊各省居民的主要道路。由于该节文字涉及未来首都的物质供给，所以我们也许要回顾萨瓦德山脉和扎格罗斯山脉山麓的肥沃。

大 都 会

758年选择的城址上早就挖掘出一系列壕沟，这些壕沟非常有利于军队营地和革命王朝的宫殿，古代的萨拉特（Sarat）和纳赫·伊萨（Nahr Isa）两大运河系统使它们之间的地区形成了一个岛屿。但是，这一位置有一大缺陷：圆城所在地地势较低，只能抵御底格里斯河数十厘米高的水位，小小的洪水都可能侵蚀日晒成型的土坯砖建立的宫殿。惟一不受影响的地区是卡尔克广场（Karkh，位于阿尔迈克"Armaic"的"城市"），它较早时是建在一个洪水无法达到的土墩上的。它是首都西区的中心，幼发拉底河造成的破坏性灾害虽然少但很严重，而底格里斯河每年的泛滥都造成巨大危险，其流量可从每秒1200立方米增加到8000立方米，最高可达25,000立方米。两河造成的破坏性影响使城市中心被迫转移到东部堤岸较高的地区，这里有古代防御工事作为防护，天然屏障起不到太大作用。

圆城于762年动工，766年竣工，使用了大约十万人的强壮工匠和劳工。该城以同心圆的形式建造，呈正圆形，它模仿伊朗城市模式，体现出一种神秘的宇宙王权观。该城设有4个城门，360座塔楼都严格遵循占星学上的方位，这使得靠近哈里发宫殿的清真寺必须"丧失方向感"（指清真寺宗教意义上的朝向），这种神秘的观念强调城市的防卫和象征意义。圆城的周边有一道宽200米的护城河，一堵厚9米的城墙，其后是一片宽57米的空地，最后是高30多米、底部厚50米、顶部厚14米的主城墙。每座设防的城门，通过角形的通道通往城外，而城门向里通向几个彼此严格隔开并与外部完全隔绝的环形居住区。在主城墙内，有一座宽达170.7米的圆形组合建筑，为阿拔斯王朝的支持者和军队专用。另有一堵高17.5米，厚20米的城墙，与其他部分隔离开。在直径为2352米的城市中心有一块宽广平坦的空地，面积达20000平方米的"黄金宫殿"矗立在城市中心。"黄金宫殿"的穹顶是铜铸的，侧面为一座大清真寺所包围。大清真寺建有4个巨大的大厅（iwans）和一个10000平方米的广场。任何人未经批准不得进入这一中心地带，并且必须步行。出于对安全的考虑，这里设立了大量铁栅栏、防御岗哨和暗道，从岗楼拱顶时刻加以监视，尤其是，商业活动被限制在4条带有顶棚的街道内，每条街设有108个店面。这4条街最终都延伸汇集到曼苏尔建立的另一座大清真寺前的卡尔克广场。结果，这座城市实际上成了哈里发的个人领地。

阿拔斯革命的发动者和追随者、呼罗珊战士、"政府之子"（Aba al Dawla）和包括阿利德家族谱系内的王室成员独占这座首都，这座城市在两方面迅速发展。哈里发的宫廷在马赫迪

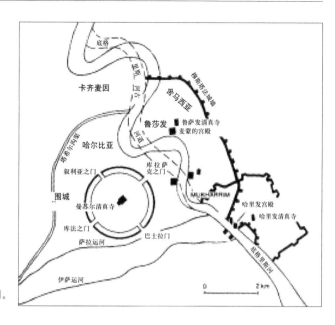

巴格达城规划图。

统治时期迁移到鲁萨法（Rusafa）后，在麦蒙统治时期又迁移到哈萨尼（Hasani），而后开始
向东迁移，甚至在曼苏尔时期，圆形城市就被放弃，迁移到库尔德人喜爱的"不朽花园"，即设
置在通往河东岸的桥头堡。每位哈里发上台后都要建立一座新的、更辉煌的宫殿，而建筑材料
的发展也促成了他们的心愿。这些建筑材料在准备烧制的砖面涂上更为昂贵的釉，烧制成陶瓷
面板，并以砖窑烧制的砖为基础。在撒马拉（Samarra）逗留了 50 年之后，由于阿拔斯王朝于
892 年的返回，哈萨尼成为哈里发政权独一无二的中心。早期阿拔斯哈里发的宫殿结构设计单一，
哈萨尼时期的宫殿建筑群包括几个较小的建筑物：穹顶和墓地，另外还有 11 个亭子。王宫的奢
侈豪华富甲天下强化了权力的象征，包括 38,000 条丝质窗帘，12,500 件王室礼袍、25,000 座
帐幔、8000 幅挂毯、22,000 张地毯、1000 匹马、4 头象和两头长颈鹿、5000 套胸甲、917 年
给拜占庭特使的 10,000 套装甲。就亲兵卫队而言，这一时期哈里发有一支 20,000 人的骑士卫
队和一支 10,000 名奴隶补充而成秘密的内务部队。在穆格泰迪尔时期（Muqtadir，908 ～ 932
年在位），王室仍有 15,000 名奴隶卫队、穆贾里特人（Mujarite）卫队和一支 14,000 人组成的
卫戍部队。

　　首都其他方向的发展还包括西岸。在西岸，王室家族成员得到分派的土地以建造别墅和附
属建筑。包括住宅区和市场在内的整个城区都建有富丽堂皇的郊区住宅、私人竞技场、马球场
和阿拔斯君主幕僚的住宅。显然，哈里发宫殿在很多方面还不如权贵集团（khassa）的住宅宏伟
豪华，这些住宅所在的林阴大道是城市规划的中心。在东岸与底格里斯河平行处，10世纪铺设
的大道按照与撒马拉风格非常相似的风格设计：住宅沿河堤方向依次排列，俯瞰着河流与河对

岸。对面是战士的驻地、马厩和私人清真寺。花园、动物园和猎物仓库相互交错。由于该城宽阔的街景和遍布各处的平房建筑，这一开放的城市风光与狭窄、封闭的街道，被密切监视的居民区，尤其是市场形成了鲜明对比。除865年穆斯塔林（Musta'in）仓促建成的土垒外，这一侧没有任何防御工事加以保护，也正是穆斯塔林坚持抵抗其对手穆尔台兹的军队这一年，右岸地区才得到保护。

836年，穆阿台绥姆既是出于在内战和接踵而至的巴格达起义中自我防护的目的，又是为了复兴王朝的声望，建立了撒马拉（意为"谁见谁爱"）作为另一个巴格达。它具有同样的特点，即选择城址稍欠考虑（因为它缺乏饮用水，那点水以前只够满足一些村庄的居民和基督教修道院中修士们的使用），而且它不像巴格达那样是一个有地理优势的地方，它是"临时仓促"选中的。首先，它有一座独立的宫殿，面积广阔的庭院（Qatul，在这个场地上设计修建了芭蕉形的花园）与另一宫殿相连，在它周围设计了大清真寺和其他建筑用地，838年穆阿台绥姆被安葬于此。最后，在859年至861年，穆台瓦吉尔又建立了一座城市贾法里亚（Ja'fariya），它的宫殿和清真寺〔所谓的阿布·达拉夫（Abu Dalaf）清真寺〕在861年穆台瓦吉尔被暗杀时还没建成。还有几座宫殿的建筑群（Balkuwara, Betrothed, 城堡）也是君主们建立的。规划表明没有修建防御工事，也没有挖掘运河，显然这一城市规划缺乏系统的防御。这一规划反映出庞大的宫殿建筑群和广阔的街道，其中一条街道长达7公里。按照呼罗珊的风格，附近建有将住房和道路隔开的中间带桥梁的沟渠、巨大的竞技场、宽阔的狩猎场，最后，在西岸灌溉地区是庄园地产。在这个城市建设中，市场并不突出，而私人道路抢占有利地区的现象似乎占了优势。城市中只有一个商业区，还是为满足哈里发和权贵集团的需要而建的。庄园和兵营都成行排列占地长达35公里。撒马拉基本上是行政和军事中心，而巴格达则从未放弃其对新都地位的争取——这个新都不仅生气勃勃、崇尚体育、好战、具有王朝的特征，而且关注军事叛乱，警惕阴谋政变，但是在新都的7位哈里发的连续统治只持续了半个世纪。在这片广袤的土地上，不同民族群体组成的军队相互隔离，这有效地防止了任何军事政变，甚至防止了他们与平民接触，使他们互相敌视，以保证哈里发的人身安全，尽管一旦发生政变，庞大的城市也保证了哈里发拥有逃跑的时间，因为穿过首都需步行一天。

从撒马拉，而后到东巴格达，892年后，曼苏尔最初确定的庞大的城市计划似乎扩大到了极限，城市布局过度庞大，占用了大量土地来建造风格各异的庭院和花坛。在撒马拉（约6800公顷），哈里发和贵族们小心谨慎地征用价值不大的土地，这片土地空旷闲置、平坦宽广。而建设两个首都使用的都是未烧制的砖，这降低了所需的费用。除了灰泥面板和壁画外，所有采用的大理石、镶嵌画、雪松和柚木装饰物都是易于拆除的，有时甚至打碎陶瓷饰面和拱门，以抽取墙体里窑烧的砖头（这是由于易燃材料稀少而使之变得价格昂贵），剩下的是一堆很

被弃的大都市撒马拉城。建于836年，以取代巴格达，作为阿拔斯王朝首都。它仅维持了几十年，但它的面积给人留下深刻印象，很好地说明了阿拔斯时代城市规划的创造性和宏大。两座大清真寺的遗迹仍在废墟中矗立。它们的螺旋型尖塔经常被模仿。这两座城市被扩大到北方，直到底格里斯河。

快被风蚀和洪水冲刷掉的没烧制的砖块。然而,建筑费用与庞大的城市规划成正比,圆城的费用约在1.8千万到1亿第尔汗,这取决于建筑材料。尽管昴宿星（Pleiades）宫殿花费了穆尔台迪德（Mu'tadid）40万第纳尔,建造布伊德（Buyid）宫花费了穆尔伊扎·道莱（Mu'izz al-Dawla）100万第纳尔。穆台瓦吉尔的铺张受到穆斯林历史学家们的批评:阿·雅库比估计在贾法里亚,穆台瓦吉尔未完成的运河至少也需要15万第纳尔。在这两座城市里,由于增加了新城区,建筑区域的扩展十分强调最初形成的个性化和贵族化特征,但并没有任何明显的决定要抛弃旧宫殿和旧城区。哈里发非常迷信其命运中的定数,而占星学家阿谀奉承的预测则使他更加迷信。仅仅为了满足哈里发的意愿,城市建筑就必须遵从占星学家的预测,甚至因此而使技术问题大为复杂也在所不顾,正如撒马拉这座城市,就是一块无水之地,既没有便利的桥梁,容易遭受洪水破坏,又远离帝国的主要交通要道。正是由于这些原因,撒马拉在朝廷和军队离开后和君主们离开期间,无法保持巴格达的繁荣。结果撒马拉城区的面积不断减少,缩小到相当于穆台瓦吉尔大清真寺相邻地区的小地区。

文化交流中心

阿拔斯王朝的首都就是贵族集团的首府,主要依赖帝国税收为生,在巴格达建立时,每位哈里发的叔叔都接受了一笔100万第尔汗的津贴。其中,王室家族之间可以随意处置上千万第尔汗的金钱;700位圣门弟子每人每月领取500第尔汗的津贴。与地理区划政策相统一,军队中的贝都因部队被派往各个相互隔离的部落区,而呼罗珊军团（同样由阿拉伯人组成）则按他们来自的城市或地区〔如克瓦拉赞（Khwarazam）、拉伊（Rayy）、木鹿、卡布尔（Kabul）、布克哈拉〕分别集中,驻扎在阿拔斯家族和主要支持者的住宅附近。城市市场没有停止发展,不断扩展,很快就吸引了大批下层阶级,主要是迅速阿拉伯化的伊朗人。他们建立了自己的居住区,例如这类居住区中有来自阿瓦兹的工商业者独占的地区〔图斯塔尔人（Tustars）擅长纺织丝绸和棉布〕。除了行政、军队和宗教精英外,巴格达和撒马拉的市民（amma）也迅速兴起。穆斯林城市中的市民是一个喜好争吵、用部分时间劳作的城市居民群体（如纺织工、泥瓦匠、木匠、砖瓦匠和制陶工人等）,还有一些则是游手好闲或者只是偶尔干些零工的人（如挑夫、船夫、护卫、执权杖者和造成许多案件的盗贼）,他们深深地卷入政治和宗教冲突中,满脑子充斥着都市政党的政治意识。由于市民们完全伊斯兰教化和阿拉伯化了,他们常能表现出勇敢的一面:在哈里发阿明和麦蒙内战期间,他们成为"没有防卫"的人,但在812年至813年间却以棍棒抵抗塔赫尔的军队长达14个月。

实际上,大城市在文化交流中发挥了至关重要的作用:巴格达仍是一个重要的基督教城

开罗的伊本·土伦清真寺：后院、拄廊、喷泉和尖塔。876年和879年间用砖所建。当埃及使自己摆脱中央政权时，这座清真寺以其设计的宽度和严肃性及大量的灰墁装饰而闻名。

市，那里有聂斯脱利大主教驻地，有聂斯脱利派和迈尔基特派顶礼膜拜的修道院及教堂。它还是犹太教的首府，那里有该教的塔木德（Talmudic）学校和犹太教法官（exilarch）主持的法庭。各城区的宗教感情以不同的清真寺为中心分裂成不同派别，而清真寺既是什叶派伊玛目在卡齐迈因（Kazimaya）的坟墓，也是被穆阿台齐里特派宗教裁判所迫害的宣道师的圣地，既是殉难者的墓地也是伊本·罕百勒的陵墓。各个宫殿里，都有发达的占星学、天文学和医学文化，还有天文观测台、公共医院和被麦蒙建立用来存放收集希腊古代知识的"智慧宫"。这里逐渐形成了一种深受欢迎的伊斯兰文化，各种思想和人群也相互影响和交流，生气勃勃并专注于哲学辩论，但这些辩论狭隘偏激，不同思想流派的分歧不断被激化，互不相容。早在780年，什叶派就在巴格达出现，后在罕百勒派鼓励下，他们发动了一场清教徒后的抵制上层道德腐败的运动。

巴格达和撒马拉在奢侈和享乐主义的宫廷生活方面为各省树立了典型，定了基调，这导致了严守宗教戒律反对享受的地区的极大反感，哈里发建筑形成的建筑和装饰风格极大地影响了埃及土伦王朝的首都。849年和852年间建立的撒马拉大清真寺和阿布·杜拉清真寺确实宏伟庞大

（面积分别为100米×160米和104米×155米），其高大的城墙、角塔和嵌入建筑正面的圆形拱壁以及高耸的尖塔都极为出名，其尖塔像旷野里的巨大城堡。879年建立的伊本·土伦（Ibn Tulun）清真寺有形状各异的广场，其庞大的规模和砖砌的巨大矩形柱子特点鲜明；米赫拉（mihrab）中心尖塔的地位突出，最重要的是饰有圆花和铭文的瓷面装饰，所有这一切都强烈暗示着主要的建筑者是来自巴格达的移民艺术家。同样，巴格达的烹调口味、言谈举止、礼节风度和音乐也通过齐尔雅卜（Ziryab）影响了西班牙。齐尔雅卜是马赫迪以前的奴隶，是天才的厨师、舞蹈家和礼仪大师，人称"安达伦的聪明人"。实际上，正是这些大城市孕育着穆斯林"绅士"（adib）的理想。其渊博的知识、良好的品位、优雅的风度使他谈吐不凡、话锋机敏，在很大程度上与秘书所需的技巧和能力相一致。

实际上，阿拉伯百科全书式的文学某种程度上囊括了不同领域的大量综合性知识，那些需要大量书面词汇的辩论和诗歌使知识显得无比珍贵。持续不断的记忆、丰富多彩的历史、传记、谱系和地理知识以及彬彬有礼的举止几乎恰好是秘书必备的素质。记忆技巧使记忆持久，而丰富的历史、传记、谱系和地理知识能帮助秘书们轻而易举地引用道德逸事和令人惊奇的传说。此外，秘书们除了能起草法律文件（税收、土地法和政府法令）外，还要书法好，掌握行政修辞学，且彬彬有礼。这一切毫无疑问是全面培养的结果，即通过诗歌、书法艺术、音乐或天文学训练，总之，与其职业相关的一切都形成了其高雅的情趣。正像哈里发吸收伊朗和希腊文化成果，并使之融合采纳了伊斯兰教和阿拉伯文明形式一样，市政行为法律也使"波斯君主宝鉴"所制定的礼仪标准与亚里士多德的学问相一致——亚里士多德的大部分作品是通过伪亚里士多德的叙利亚版本传播的。这是对伊朗籍秘书们发出的讽刺性批判的回应：伪造与阿拉伯传统一致的新人文主义。

显然，城市作为帝国东方地区不同文化开始融合的结果，能够发挥其作为知识催化剂的重要作用。在这方面，832年麦蒙在巴格达建立的"智慧宫"是人类思想史上的一个重要里程碑。它预示着这样一个时期：希腊的哲学和科学与阿拉伯——伊朗和印度文化的融合。穆斯林如饥似渴地接受那些伟大的希腊作家，并满怀敬意地对待他们，尤其是那些翻译柏拉图和亚里士多德作品以及希波克拉底（Hippocrate）、加伦（Calen）、托勒密、迪奥斯科里斯（Dioscorides）、欧几里得（Euclid）和阿基米德（Archimedes）、亚历山大的希洛（Hero），或者拜占庭的斐洛（Philo）作品的翻译家，鼓励揭示《古兰经》内容的教师，或从事不甚深奥的语言表达潜能和对医学和天文观测实际经验具有热情的研究者。死于873年的阿·金迪（Al-Kindi）和死于950年的阿·法拉迪最先运用亚里士多德的逻辑学，前面提到的穆阿台齐里特派运动就是从亚里士多德的逻辑学中获得部分观点的。这一时期建立的图书馆规模相当大，令人吃惊。我们知道，法蒂玛时代之初建立的弗斯塔特图书馆藏有18,000部古代手稿，有40个储藏室和400,000册图书，而西方同样的图书馆则在科尔多瓦。

在科学领域，文化融和也是重要的。此外，这一时期的思想家们并不是专家，而是哲学家、生物学家和数学家诸种身份合一的学者。"阿拉伯的托勒密"伊沙克·伊本·侯于诺（Ishaq ibn Hunaya，死于910年）专攻并发展了古代的视觉、光和光学理论，而他同时代的阿布·马萨尔（Abu Mashar，死于886年）和塔比特·伊本·奎拉（Thabit ibn Qurra，死于900年）分别在行星运动和三角学方面做出了类似贡献。然而应当记住的是，在11世纪伊朗出现的学术大综合之前，科学活动基本上是学习吸收、验证传播现有的知识，例如当时还没有对古希腊宇宙地心说提出任何挑战。另一方面，在一个重要的学科，即算术运算方面，穆斯林数学思想却远离希腊传统，与其说受托勒密或丢番图（Diophantos）的影响，不如说受印度发明的影响。阿·花拉子密（al-Khwarizmi，死于830年）是一位超时代的多产作家，其著作清楚地说明了这个问题。他除了介绍十进位制和印度的"0"外，还传播了来源于印度的二次方程和三次方程的知识。在其意为"方程式的科学"，即《代数学》（al-djabr）一书中，他涉及到后来代数学的所有方面。

中世纪无与伦比的城市文明

帝国首都的建立，如巴格达、撒马拉，还有拉卡和靠近叙利亚边境的花伦·阿·拉什德（Huarun al-Rashid）的首府狄亚纳（Tyana）以及麦蒙在西西里居住的塔尔苏斯和各省首府（如弗斯塔特和后来伊本·土伦的埃及首府），不同程度地被成功复制，逐步形成了一种明显的城市化趋向。当伊朗城市开始在其阿拉伯"郊区"周围繁荣时，许多新兴城区在伊拉克〔如赫迪萨（Haditha）、伊本胡巴拉堡（Qasr Ibn Hubayra）、拉赫巴（Rahba）、伊本沃马尔岛（Jazirat Ibn Umar）〕、叙利亚北部〔曼苏尔堡（Hisn Mansur）、哈鲁尼亚（Haruniya）、马西萨（Masisa）和伊斯坎达伦纳（Iskandaruna）〕和巴勒斯坦的兰拉（Ramla）迅速兴起，拜占庭人对所有这些重建的城市不屑一顾。然而，重要的是不被城市扩张的虚假现象所蒙蔽，一些成功城市的杰出范例可能掩盖着人口从其他城市迁移而来的问题和一些以往大都市衰落的问题，埃及的亚历山大几乎完全被遗弃就说明了这一点。亚历山大缩小到比其古城墙包围的空间还小一半，从此就紧靠着俯瞰海普塔斯塔丢（Heptastadium）的那一小块地方。海普塔斯塔丢只是一个次要的港口，甚至没有铸币厂。在叙利亚，安条克的衰落也说明了同样的问题。我们很少了解人口统计学的真实变化趋势，无论哪种统计方式都还属于假设的范围。在7世纪最后几十年里，瘟疫重新爆发，直到745年后，才出现了确定无疑的事实，即在阿拔斯王朝统治时期大瘟疫终止了。因而，可以假定，正如倭马亚王朝统治时期一样，城市化并没有对乡村人口造成灾难性的袭击，或者至少损失更容易得到补偿。

总的说来，一个城市网络是否取代了另一个城市网络还是个问题（正如放弃了大量海滨的叙利亚、埃及、安条克边界，可能还有伊朗）。在伊拉克发生了规模十分庞大的城市化运动，892年巴格达面积扩展到6,000公顷至7,000多公顷，至少是君士坦丁堡的4倍，是泰西封的13倍。它的人口高达50万，10世纪初据说在4个清真寺中的两个清真寺就有64,000人参加礼拜仪式（在理论上所有成年男性被要求参加礼拜），在那里宣布主持礼拜五祈祷的是穆斯林领袖呼图白（khutba）。如此大规模的城市人口，完全是后来新出现的，因为至少在871年赞德吉斯（Zan-djs）将巴士拉焚烧夷为平地之前，巴格达人口的增长还在持续，而中等城市则开始衰落。这种增长的原因只有一个，就是帝国财税资源发生转移。一方面这使各个大都城有可能迁移，另一方面对土地进行的密集型耕种极大地增加了农业产量，进而才使得这些规模巨大的城区有可能生存，城市手工业活动对财政收入和财富增加的贡献极其有限。这些城市并没有将它们的产品卖给乡村，城市和乡村之间的商品流通纯粹是财政税收。实际上，都市城镇的负担为城市扩张设下了无法突破的限制。

在阿拔斯帝国，城市化的普遍进步并不意味着所有城市都遵循同样的模式。我们必须摈弃"清真寺在市中心并事先确定好市场等级"这种"典型的穆斯林"城市的看法，倭马亚和阿拔斯的首都为人们提供了相反的典范，即以宫廷为中心的城市。巴格达和撒马拉的城区图完全有别于街道和死胡同混杂的富亚塔（Fuatat），后者还保留着部落区域的痕迹。它们也不同于古代那些城区布局被私有住宅和街道侵占扰乱的城市，在巴格达和撒马拉，宽阔的街道与狭窄的市场区分开。然而在各地，住宅似乎按单一的样式建立，变化较少。根据哈里发首都出土的文物，人们发现了撒马拉的帐篷式住宅（bayt），即采取没有窗户的墙壁包围一个大住所的形式，中心设计出一系列朝中央宫殿开放的矩形房间。对富亚塔遗址的分析已经证实了9世纪的建筑风格，即三个房间组成基本结构部分，三个房间与带有三翼的门廊或前厅平行排列，三个房间中部的房间包括两个厢房休息室，因而又被称为"倒T形房间"。后院有喷泉，因为这种布局常常是非对称性的，所以房间和后院的小路没有规则。

人们发现，从马格里布到塞拉夫（Siraf）所有城市建筑的格调都按照必然的或偶然的规定有所改变。在塞拉夫，房屋的前厅没有商业铺面，一些非常高大结实的墙壁延伸到用做储存室的上层楼。在富亚塔，例如在高贵的宫廷里，有些情况下两座宫廷由两个相反的帐篷式住宅构成。它们与按照不同功能建造的多套房间共同组成建筑群，而公共和私人房间很可能与女眷闺房（harim）分开，冬夏寓所大概也是分开的。所有考古发掘出的房间都显示出富有的标志：高水平的技艺和优质的建筑材料（例如质地优良的石头、砖窑烧制的砖块，使用上好灰泥施工的精巧砌石工艺）以及灰泥粉刷的装饰，最重要的是供水充足，尽管要做到这一点相当困难。在塞拉夫这座酷热的沙漠城市，人们就是依靠两条沟渠从山上引水生活。在富亚塔，用于不同目的（如清洗街道、洗漱、饮用）的水来自在岩石上凿出的蓄水池，还通过运河和砖砌引水渠将生活污水用一套高效清污系统清除掉，下水道通常在房间外面就被清洗干净（考古学家发掘的类似遗址已经提供了相关证据，这些证据与被遗弃的地址属于同一时代）。10世纪与11世纪期间，发明创造、重视清洁和有效地提高水压的精巧设计，都促进了在平房上水冷降温机械系统的建造，这种制造凉风的设置在富亚塔考古发掘中找到了进一步的证据：在一间对称修建有开放水渠通道网络的房间里，用人造瀑布使空气湿润清新，水流从岩穴流向花卉树木和小溪渠沟包围的喷泉及养着金鱼的池塘。这种具有双重对称美的建筑布局就是法蒂玛风格，可能影响了很大范围的房屋建筑风格。

伊斯兰城市种类繁多，起源不同，且地形多样，这些都不能影响我们对阿拔斯时代城市的共同特点有深刻理解，其中特别突出的是形成了被称之为"贵族阶级"的新阶层。他们是由以收取地租为生的人、教士和商人组成的一个新兴阶层，逐步取代了中央权力的代表、文职秘书和非军职官吏的位置。他们起初是来自不同宗教（如聂斯脱利派、琐罗亚斯德教、穆斯林）和社会背景的人（如司法学家和圣训教师，负责收缴捐税的"迪赫干"和前萨珊王朝的官员，还有利用从呼罗珊途经中亚到中国赚钱的商人），通过相互间的联姻及共同参与，家族企业因而不断地结合在一起，尼沙布尔贵族诸王朝就与阿拉伯穆斯林征服者的后裔相结合〔例如司法世家哈拉什（Harashi）家族就是奥斯曼哈里发的后裔，并继承了他的名字〕，并控制了地方经济：通过迎娶官员们的女儿，哈拉什-奥斯曼得到大量地产，后来在10世纪又与一个波斯血统的商人家族巴拉维（Balawi）联姻。

在富亚塔和塞拉夫进行的考古发掘描绘出一幅关于统治阶级权势的特别精确的图画。这些发掘展示出巨大的、堡垒般的房子，包括看门人的小屋，在很多地方还有保护出口的之字形通道。建筑群面积广阔，如在塞拉夫，已发掘出的房间的平面面积从210平方米到540平方米不等，平均为361平方米，这还没有算上上层的面积。在富亚塔遗址，尽管城市布局轮廓不清（因为许多墙壁被夷平作为地基用），并且各个建筑形状不甚规则，但几个大的遗址已清理出来。遗址大体有两个组成部分：一个是单一类型的，即仅有一个庭院，面积在180平方米到200平方米之间，另一个有两个庭院，大小从400平方米或500平方米到1200平方米不等。在这两种遗址上，伊朗的商业中心像埃及的大都会一样，庞大的房间占据了所有的空间。在富亚塔（乙）遗址的整个空间，包括发掘面积为350米×50米至100米的大型手工业综合作坊（有陶器作坊和玻璃工场）。在主要的十字路口周围有少数废弃的小片土地，上面除了一些后来的擅自占地者外，都是重要的住所。在富亚塔，被称为"城堡"的贵族豪宅似乎连在一起，没有小住所的立锥之地。这里不存在任何与古代独门独户风格不同的住宅建筑标志，参观者对这些多层建筑感到非常诧异。那么"普通人"即下层阶级住在哪里？哪里是商店？假定我们可以推断，新来者居住在贵族修建并出租的平房里，而手工业者居住在工场里，那么这些考古发现就进一步表明人们假定的市场繁荣和手工业者中产阶级的发展受到很大限制。因为，遗址描述出的画面证明存在处于家庭依附状态的挣工资的劳动者，还表明一些下层弱者进入了这些大家庭。人们还应注意到一些家庭常客和普遍存在的城市社会的家庭基础。

生机勃勃的手工业，一种新兴的艺术

在"精英"家族的庇护下，城市发展必定朝向职业多样化的趋势发展。穆斯林城市从古代继承了种类繁多的手工业，毫无疑问，手工业者十分注重产品的质量和价格，这有助于分工和增加利润。重要的是，我们应抛弃任何关于行会制度的不适当的看法，即认为行会手工匠师傅们通过私人协会管理生意，或者认为行会一开始是平等待人的职业组织。最初，在被称为纯洁者的先知理发师波斯人萨勒曼（Salman）的支持下，行会是按照手工业者的"荣誉条款"组织起来的。上述说法已被证实是后来人的推测，这一推测混淆了"富图瓦"（futuwwa）这种组织的起源，这种必须履行入会仪式的伊斯兰城镇协会是不含职业意义但受"伊斯马仪"（Isma'ilian）首创仪式影响的政治团体，这一团体仅存在于9世纪后半期，是监督城市手工业的国家体系。

这一体系历史悠久，在有些行业甚至可以追溯到倭马亚王朝时期。在阿拔斯王朝统治时期，他们处于市场师傅们（mutasahibs）的控制下。熟练的手工业者被派去检查产品质量，监督价格，确保市场师傅们在财税登记簿上注册。在这一领导阶层的统治下，手工业是开放的，学徒身份、进入某行业的许可及营业权都不受任何限制和强制性管理，也没有特别给个体手工业者指定专门场所，即使对于同类行业来说，集中起来便于相互监督得到普遍认可。团体精神在某种程度上开始形成，其原因肯定与这种社会氛围密切相关，因为这种精神鼓励儿子从事父亲或叔叔的职业。文献中只发现了几个涉及不同行业的派系之争的例子（例如当时澡堂出租人与麦加的盐商发生过冲突，或者在919年和929年，摩苏尔的食物供应商与鞋匠和布商发生纠纷）。无论在行会制度框架内，还是在反对行会制度一方，手工业界并没有显示出对民主的渴望，而且没有任何东西表明伊斯马仪思想大范围渗入手工业界，关于手工劳作的文学参考书只不过是古代文化的学术反映。

在整个伊斯兰教世界的城市里，满足消费者的需求促使专门供应和处理食品的手工业者的服务业发展起来，为保证供应贵族家庭的餐饮，通常有专门经营某种单一产品的供应商，有水果和蔬菜供应商、粮商、乳品加工商、制酒者、葡萄酒商、棕榈酒商、鱼商、海鲜贩、肉贩和家禽贩。另外，所有与生产特定工序有关的行业也很繁荣，如牛贩、屠夫、宰马者以及肉商、经营牛肚者和香肠制造者，还有谷物商、磨坊主、面粉商、面包师及各种糖果制造商。同时，市场上小餐馆经营者（suk）的生意日益兴旺，他们为贫穷阶级准备好各种菜肴，因为后者极力避免设灶开火或因为他们没有固定的购买食物的途径，不愿自己烹饪。小餐馆的菜肴包括鱼、米饭、蔬菜和带汤肉（如牛肉和骆驼肉，而羊肉是有钱人吃的）、内脏、油炸馅饼和蜂蜜糕点。这种街道烹饪法创造了一种普通的社会和文化粘合剂。这一粘合剂广泛存在于从安达卢斯和西西里〔至今有些菜仍以阿拉伯名称而闻名，例如卡里亚（calia）和斯芬西奥（sfincio）这两道菜在20世纪巴勒莫（Palerman）烹饪中保持着固有的风味〕直到伊朗的广大地区。同样无所不在的是"土耳其"浴池（hamman），其古希腊来源已经被遗忘了，但被伊斯兰教宗教仪式的需求重新激活。还有所有专门化的手工业者，他们与各自的制造行业密切相连。一些手工业者的数量相当多，如柜橱制造者（即制造柜子、椅子和橱子的人）、皮革制衣者（对家具和容器的制造来说他们是必不可少的）、纺织工人（他们的高工资和不断提升的社会地位表明，对裁缝技术的要求越来越高）、铁匠和制陶匠。

地区间手工业产品的运输不仅包括范围广泛、不易腐烂和容易运输的特殊食物产品（如果酱、蜜饯水果、干果和泡菜），还包括质地优良的手工业制品，尤其是纺织品、武器、纸张和装饰性陶器。虽然政治上实现了统一，但技术的传播仍然是渐进的，与其说技术的传播是通过手工业者的移民，还不如说是通过模仿完成的（例如在富亚塔，亚麻手绢制造者是美索不达米亚地区的阿米达当地人），而且手工业技术的传播需要得到顾客对产品质量和特点的认可。他们对此具有超凡的能力，眼光独到，而且手工技艺主要是靠几代人不间断地手把手的家传传统技术传播的。对于那些移民手工业者制作的产品来说，其专用名称必须符合其起源国传统的标准和技术〔例如在巴勒斯坦的兰拉，塔巴里阿坦（Tabariatan）移民所编织的挂毯（Tabari Ramli）就是如此〕。地方特产的产地在很大程度上由原材料产地来决定，如果产品数量很大，其原材料的运输一定会成问题，因而铁的铸造主要集中在矿区。这就说明了亚美尼亚、阿富汗和中亚地区为何是军械工场的生产地，在陶鲁斯山脉和西里西亚地区铁矿范围之内就有大马士革、达吉斯坦（Daghestan）、阿塞拜疆、尼沙布尔和伊斯法罕铁场。此外，摩苏尔（Mosul）有炼铜场，赫拉特（Haert）和巴伊坎（Baykand）有黄铜冶炼场。大马士革和埃及三角洲长期确立起手工业活动的传统，那里有熟练的技术，在确立其手工业的地位和声望方面发挥了重要作用。铜矿冶炼业在大马士革有很大的规模，而在埃及三角洲，提尼斯城（Tinnis）专门生产餐具和剪刀。

纺织业既是最大的手工业分支，也占用了家庭资金的最大部分。家庭资金包括营运资金和备用资金。纺织业也同样形成了一些专业化的生产中心，它们的产地还是由原材料产地决定的。来自埃及、叙利亚和陶鲁斯半圆形山脉的羊毛，穿过亚美尼亚和大不里士坦运到伊朗，还有来自埃及三角洲的亚麻，来自呼罗珊和加兹拉的棉花，来自呼罗珊和阿瓦兹的原丝。一些珍贵的材料相

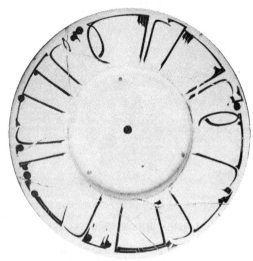

对较容易运输，这使得相关的生产中心成倍地发展起来，产品也极其多样化：太巴列湖、亚美尼亚、阿塞拜疆、大不里士坦、呼罗珊和中亚专门生产地毯；法斯专门生产装饰性地毯；条纹皮毛产自也门；棉织品产自基马（Kima）；手绢头巾产自大不里士坦；绸缎产自呼罗珊；织锦和"狄巴吉"（dibaj，一种丝线和其他物质混织成的丝织品）产自图塔特（Tustat）；用丝线和棉纱织成的"阿塔比"（attabi）塔夫绸产自叙利亚；礼服产自法斯；一种用绚丽的大圆圈图案装饰的衣服"西克拉图"（siqlatun）产自巴格达；埃及亚麻纱布（sharb和qasab）产自三角洲地区。这一简短的清单仅是出售的众多产品的一小部分，这些产品中也包括一些公开假冒为知名品牌的仿制品，例如在阿瓦兹的提布（Tib）就伪造"亚美尼亚皮带"。

此外，我们亲眼目睹了最早出现的新颖的装饰艺术，这一艺术被说成是"穆斯林"艺术，如同阿黑门尼德（Achaemenid）艺术最终被称为"波斯人的"艺术。首先我们要说明的是，哈里发及其拥护者面临仍然具有强大传统影响力的古代艺术，诸如极为流行的印度植物图案、美索不达米亚的动物图案，或用华丽的材料制作的拜占庭、埃及和叙利亚的"图像装饰"风格，他们并没有意识到这些是强加的外来传统，因为无论如何，他们没有从先知以前的阿拉伯艺术中继承类似的艺术传统。他们召集来自不同地区的艺术

上：用花环和鸟装饰的波斯碟子。

中：有金属光泽装饰面的美索不达米亚碟子，9世纪制作（藏于巴黎卢浮宫）。

下：用碑铭装饰的呼罗珊盘子，铭文一个挨着一个，8世纪或9世纪制作。

家，一视同仁地对待他们，毋庸置疑，他们曾经一度满足于让艺术家按照拜占庭或萨珊艺术风格进行工作，就像在大马士革或耶路撒冷的岩顶圆顶寺建筑所做的那样。722年，倭马亚王朝的雅兹德二世（Yazid II）确实通过禁止描绘任何动物图像对艺术家们施加压力，甚至在拜占庭人以前，或许受中东所特有的严格主义的影响，他曾禁止描绘任何人物图像，以证明"仿制"与造物主有关的任何形象都是完全不能允许的。但是，即使用于崇拜的建筑按照上述要求进行装饰，10世纪以前仍有相当多的描绘人物形象的私人装饰图案、陶器和袖珍画保存下来，比如那些在约旦的卡塞尔王宫里发现的装饰品。阿拔斯王朝也重申了上述法令，但方式更为温和，这使我们怀疑穆斯林版本的"毁坏圣像"运动是否达到了效果。

因而，到后来，各种美学思潮的汇合有助于打开原创灵感的源泉，这一源泉从伊斯兰教世界的一端到另一端都非常相似。圣训和合法的箴言用来充当宣教词或教义说明，用在每堵墙、门口、柱子或大浅盘上作为装饰，但是自从没有必要使用这些装饰时起，也不再有任何表现具体事物的理由了。因而，穆斯林的艺术表现形式是抽象的、与现实世界分离的、完全似梦而神秘的，除了其形式的协调外没有任何意义。时尚化、几何图形、重叠和无限重复的形状，对其表现的主题而言都是非常重要的，因为这种艺术厌恶多余的空间，正如事实所发生的一样，它完全是"中世纪"的、曲线、反曲线、菱形、交错线和带卷形图案的叶子用于灰泥墙、木头、象牙、光滑瓷砖、纺织品和衣服的装饰，这对我们西方人的审美风格而言，确实是丰富多彩、无与伦比。实际上，可能打破这一华丽风格的两个特征没有多大意义。阿拉伯式图饰，也就是说以装饰花边风格出现的宗教碑铭，融合了已受到由线圈和短钩构成的阿拉伯手稿的影响，而且通常不能从周边有花卉装饰的卷形图案中突破出来。引进的典型东方动物图案相当具体形象，为了表现它们表示的符号，不惜放弃它们视觉上的特点，无论它们是真实的动物，如象、骆驼、狮子、孔雀，还是虚构的动物，如凤凰、龙、麒麟或火鸟。

或许我们将城市作为艺术起源的基础有些主观，但许多乡村宫殿早已不存在了，而丰富的宫廷艺术或宗教艺术及其大笔费用，使人们有理由将上述现象与吸收外来文化的主要中心，即大城市联系起来。

在西方，是复兴而不是新起点

在帝国西部，我们可以发现科尔多瓦和凯鲁万等城市市场主人的集市管理作用发生变化的许多现象，这是与城市发展更普通的各个方面同时出现的，这很符合整个穆斯林文明出现的普遍城市化的特点。城镇建筑这一东部的特点也理所当然地出现在西部。

像库法、巴士拉或富亚塔的起源一样，凯鲁万的起源也是一个"帐篷城市"，当时，也设计了部落区和重要的中心区。总督哈桑·伊本·努尔曼积极进行大礼拜堂清真寺和总督府的建筑。这些工程直到哈里发希哈姆·伊本·阿卜杜勒·马立克（Hisham ibn Abd al-Malik）时期才竣工，这座清真寺因其精巧的用砖技术和系统的古柱再利用技术而闻名，它是伊斯兰教世界所有建筑中最精美的清真寺之一（其总体建筑包括后庭院和祷告厅，总面积为85米×135米）。它有17道平顶走廊，拱顶之上高耸的塔楼还留出空间建造尖塔。它修建于774年后，836年和862年又多次修缮。清真寺的面积也进一步扩大，其广场尖塔高达30米。大约也是在这一时期，沿着一条将城市一分为二的宽阔街道设立的零售市场逐步形成。在雅兹德·伊本·哈提穆（Yazid ibn Hatim，772～787年任总督）时期，零售市场很快被集中起来，而后按照不同行业分区定位。然而，该城的市郊零售市场和清真寺周围没有按照官方的城市规划发展，而是自发地扩大发展，显然在8世纪以前这里有相当多的清真寺。在阿格拉比德王朝统治时期，伊夫利基亚省府继续快速发展，而阿格拉比德则按照阿拔斯王朝的方式用豪华高贵的建设加以仿效。阿拔斯王朝统治之初，这里由阿-阿拔斯亚（al-Abbasiya）统治，9世纪末由拉卡达（Raqqada）统治。精心铺设的大城市供水蓄水池和管道网络始建于总督时期，阿格拉比德则加以修缮补建，这些建筑的遗迹在该地区附近至今仍能发现。

在整个西部穆斯林世界，普通的发展路线几乎相同，西部穆斯林世界与其说是新建的，不如说是在衰落的古代城市上新生和重建的。最重要和明显的例外是菲兹，它建于789年伊德利斯（Idris）统治时期，后在9世纪早期伊德利斯二世时期得到发展。此外，伊德利斯二世把部落区划分给来自伊夫利基亚和安达鲁斯地区的阿拉伯移民。在突尼斯，伊本·哈巴布（Ibn al-Habbab，732～741年任总督）建立的大礼拜堂清真寺（Zaytuna）不久就被零售市场所包围。马格里布边界地区也在9世纪建立的集中于像巴士拉这样的城市，或集中于以伊斯兰教以前的定居点的伊德利斯帮助下开始城市化。还在许多城市设立铸币厂，第尔汗货币的大量发行证明当地货币经济的不断发展。

在科尔多瓦，几乎被阿拉伯军队占领之际，总督阿-萨姆（719～721年在位）便命令重建跨越瓜达尔基维尔河的罗马石桥和部分被摧毁的城墙。大清真寺不断扩大与大都会形成物质及精神核心的历史，证实了安达卢西亚大城市的重要性日益增长，这个大清真寺建筑在西班牙，占据的位置可以与马格里布的凯鲁万圣殿所媲美。科尔多瓦清真寺的面积广阔，起初它只占用了766年或768年从基督徒那里购买的大教堂所在的地皮，此后到10世纪中叶就一直不断扩展。它的祷告厅（180米×120米）比同时代撒马拉或弗斯塔特的清真寺要大得多。它由19个回廊组成，走廊的屋顶由850根大理石柱支撑，大理石柱由两列红白相间的石拱门连接起来。穹顶表面装饰有镶嵌图案，灰墁地基的花饰和有宗教经文的雪花石膏雕刻的嵌板，都表现出一种更纯粹的本土创作灵感来源，即"西哥特风格"，或者坦率地说就是"罗马风格"。这座清真寺

大众艺术熟练的证据：阿拔斯时代的
陶罐（藏于伊拉克摩苏尔博物馆）。

是中世纪伊斯兰教遗留下来的最大建筑物，其本身就足以说明倭马亚时代埃米尔丰富的物质
资源和政治经济实力。750年的大屠杀后，倭马亚埃米尔在那里建立了收容所。阿拉伯旅行者
的叙述中都提到，科尔多瓦的规模被认为是惟一可能与巴格达匹敌的城市。818年爆发的著名
"郊区起义"说明，面朝跨越瓜达尔基维尔河的罗马古城的居民密集区已经开始扩张。然而，
直至10世纪前半叶的哈里发时代，科尔多瓦像凯鲁万一样被另一君主城市宰赫拉（Madinat al-
Zahra）所仿效。

这些城市，或者无论如何这些最著名的城市很快发展成为文化生活的中心。确实，它们不
仅仅是政治首都，还是其他方面的重要场所。例如，像凯鲁万一样，突尼斯也有数量相当多的学
者和传统主义者，甚至在阿格拉比德时代之前，作为宗教和教育中心，这里的清真寺就已声名远
扬。在地理上，甚至像邻近法兰克世界边境的萨拉哥萨那样遥远的城市也不仅仅是一个设防前哨
和贸易站。安达卢西亚传记作家留下的记述提到，从伊斯兰教征服早期到整个科尔多瓦埃米尔时
期，这里有着繁荣的宗教和文化生活，这一点从萨拉哥萨当地成长起来或长期居住在那里的三十
多位宗教、法律或文学上的杰出人物可以得到证明，传记作家们提到的这些杰出人物的名字还
包括那些哈里发正式宣布（929年）以前的人。托莱多的情况也是一样，那里只有很少的阿拉伯
人，并且一直保持反抗科尔多瓦政府的状态，在必要时还与北方的基督徒结盟。早在埃米尔政府

时期，一群托莱多人沉迷于研究文学和宗教学，他们甚至前往东方，围坐在马立克·伊本·安纳斯（Malik ibn Anas，795年去世）脚下。这些马立克的学生在归途中，自称为宣教师，并在其同胞中传播他们的学术研究成果。稍后，在9世纪前期，另一群托莱多人游历到凯鲁万，在马立克的大弟子萨赫农（Sahnun）门下学习。不用说，在托莱多像在萨拉哥萨一样，所有学问都来自东方，要么由众多游历到知识发源地的人最先获得，要么通过科尔多瓦和凯鲁万的中介传播获得，在这些地方，教义最终还是来自东方的大师。在一些重要的中心，潜心于宗教和法学的学者显然是社会最活跃的分子之一，这一点已经被他们在818年于科尔多瓦起义中发挥的重要作用所证明。

穆斯林世界西部城市作为政府行政总部、军事贵族驻地、工商业中心、文化活动中心和伊斯兰教文化的传播者，迅速复苏。正如其所作所为表现出来的，它们提高了文明的水平，将遥远的边缘地区融入穆斯林世界。据说正是在城市因素占优势的伊夫利基业地区，产生出将这些城市视为变动不定的并顺从统治当局的社会组织的倾向。然而，9世纪的伊夫利基亚恰恰是统一所有这一地区重要势力的中枢地区，这一地区的任何贵族和商人团伙都生活在持续不断的紧张状态中，处于由他们引起的持续动乱所决定的环境中，我们只需要考察阿格拉比德时期，凯鲁万、突尼斯、的黎波里或巴勒莫地区出现的混乱的历史。这种紧张状态在安达鲁斯地区也能发现，但是或许应强调的是，在这两种情况下，它们似乎都处于我们几乎不能理解的躁动中。其原因很费解，似乎有些乏味的骚乱预示着这种躁动，还有部落间的敌对，我们或许应该把部落敌对状态和中世纪穆斯林城市结构缺乏内部自治联系起来。

……一个类似的城市社会

西方人认为标准的穆斯林社会由两大阶层构成，一方是手工业者、小店主、日工和短工组成的下层市民社会（amma），另一方是由社会精英或富有的权贵阶层构成的上层社会，——我们在帝国东部发现的例子都证明了这一点。在社会精英的最上层，我们发现了掌握统治权的团体。在9世纪西部埃米尔政府中，他们大致相当于统治王朝父系亲族及其庇护的人，他们垄断了政府、行政和军队的关键职位。正如在东部一样，他们代表着享有最高津贴和占有大地产的几百人。精英分子中包括以前的军事贵族，主要为阿拉伯血统，但也有一些东方血统的"值得信赖的人"，在伊夫利基亚地区，许多呼罗珊人也在其列。由于他们比较频繁地参与军事战争〔例如在西班牙的叙利亚雇佣兵（junds）〕，一些武夫出身的军队核心人物就在军饷册上留有姓名，而另一些被慷慨地赐予土地的士兵，由于很少直接依赖国家物质支持而生存，因此被遣散。为了维持治安和进行有限目标的战争，政府无论如何也愿意使用王公卫队或雇佣兵，即招募的柏柏尔人、斯拉夫人（即来自欧洲的奴隶）或那些住在兵营的黑人雇佣兵。这些士兵处于被奴役的地位，是最经常被调遣的部队，而且由于在传统部队里兵变不断，当局也认为雇佣兵更加可靠。尽管如此，在大战役和紧急情况下，仍可能使用传统军队。

在精英集团中还有特别重要的一部分人，就是穆斯林法律专家，他们也是知识分子、司法和宗教学专家（或称fiqh），他们的大名在传记词典里到处可以看到。他们因学问渊博得以从出身低微的地位升至国家最高职位。827年，凯鲁万地方官"卡迪"阿萨德·伊本·富拉特（Asad ibn al-Furat）受命带领部队乘船前往西西里。在对战友们的致辞中他提及，尽管他现在荣誉缠身，但他早年是一个低微的"法基赫"（faqih，即教法学家），并且告诫战友们，学习法学是通往所有仕途，包括军队司令的关键环节。许多人都担任官职，大多在法院做法官和法官助手（mufti），或担任与清真寺管理有关的职位（如主持祷告和传道的教士）。加入君主的议事机构的人最受尊重，但是有些人完全拒绝与政府合作，因为在政府中任职不能提高他们在人民中的声望。因而，他们为了提高自己在人民中的声望，经常直接批评甚至反对政府的措施。最后，有些人致力于教学，他们至少可从这一职业中得到部分收入。

8世纪末到10世纪初期间，具有共同教育背景和统一官职系统（基本上是按法律地位衡量）的群体在穆斯林社会中发挥了主要作用，这是假定他们没有共同的社会根源并对当局抱有相同的态度。马立克的圣训派（Malikite）属于最严格的穆斯林正统派，他们通过其教士在伊夫利基亚和安达鲁斯地区传播其教义。这些穆斯林法律专家的社会背景各不相同，但似乎多数来自富贵集团和普通市民之间的中等阶级。他们在痛苦迅猛的社会分裂下很容易被掩盖，这个阶级多是商人，是真正的中产阶级，但没有得到官方承认。即使在科尔多瓦，有些混迹于军队和市场的最富有者常常位居庆典仪式出席者名单的最末位。从传记作者关于这一主题的简洁叙述中，人们似乎可以看清，众多穆斯林法学家都来自商人家庭，且大体按照相同的方式维生。这好像是一种没有给商业活动带来社会或宗教污点的文明，事实却恰恰相反。

许多研究注意到了商人和穆斯林法律专家利益相合的现象，并强调商人们更尊重法律知识，还注意到商人和知识分子在旅行路线上表现出的明显的相同之处，这一现象在他们的旅行游记中也得到证实。研究还注意到这样的事实：伊斯兰教法在商业精神统治穆斯林社会的时代就已经编撰出来。在9世纪的穆斯林法律专家安达卢西亚穆斯林法律专家中，人们能够发现一个更早的团体和其后代之间的分歧，前者主要由初步专业化并且热衷于使用权力的法学家组成，后者则主要通过宗教研究提升其心智，以获得新的发展，他们中有些人到东方旅行，在伊斯兰教法律中获得了一种令对手无可匹敌的声望。他们的第二代教法学家可能是安达鲁斯地区越来越密切地融入穆斯林世界交流网络的产物，也是伴随着工商业的扩张其城市阶级地位不断上升的结果。然而，我们还是不应过分强调商人与知识分子的一致性，主要是因为商人们分属于不同的类型〔如进行长途贸易的大商贾（tudjdjar）多与统治阶级结盟，而城市集市"巴扎"的小商人部分来自中等市民且受制于市场权贵们的管辖：两类商人利益关系的着眼点不同〕。帝国西部长途贸易的财富无论如何也是由非穆斯林商人、犹太人或基督徒控制，很大程度上不受地区或当地经济状况的影响。此外，那种认为穆斯林法律专家是一种排外的城市阶级的看法显然不正确，即便说他们受的教育和随后进行的职业与城市环境联系密切，这种看法也不成立。

商业联系

人们认为，手工业技术和手工业者自东向西迁徙流动在伊斯兰教世界文化统一中发挥了主要作用，这意味着共同风格的形成，暗示着统治阶级对产品传播的作用。

纺织业招募了大量专业工人、纺织工、织布工和染工，并继承了古代科普特人，更主要的是萨珊人和拜占庭人的技术和工艺传统（如织锦绸缎经、纬线非常分明），例如由于发明了多种纹理的锦缎而扩大了纺织业的范围。通过这种方式，棉、丝混纺的新纺线广泛流行，并很快自东向西传播：8世纪从呼罗珊引进的棉花，在11世纪之前到达西班牙、突尼斯和西西里，它因此又被出口到埃及的制造中心——以原料形式出口。为拜占庭人和萨珊人早已熟知的蚕茧和复杂的饲养、抽丝、绞纱技术在很早时就传到西班牙，这一复杂的技术被认为是由751年在塔拉斯战役中被俘的中国人引进和完善的。或许是由于来自叙利亚的阿拉伯人迁徙定居，西班牙成为主要的养蚕中心，而从10世纪起，穆斯林的另一个生丝主要生产地西西里，还有卡拉布里亚地区的雷焦（Reggio）也成为拜占庭丝织业的主要原料供应地之一。纸的制造与此非常相似：其引进西方同样应归功于751年被俘的中国人。事实上伊斯兰教世界的造纸业最初始于撒马尔罕，10世纪初它仍在生产质地优良的纸，并被伊克什迪德人（Ikhshidids）进口到埃及。在8世纪末（799年被确定为最初的年代），政府办公开始使用纸张，最终取代了其他书写材料，使用其他书写材料不易改正错误。纸张的主要种类以其君主或官员的名字命名：例如"法老纸（pharaonic）"中的苏莱曼纸（sulaymani，根据哈伦·拉希德国库长的名字命名）、加勒拉里纸〔（ja'rari）来自哈伦的宰相"维齐尔"（Ja'far）的名字〕、塔尔黑纸〔（talhi），来自塔赫尔的儿子（Tahia）的名字〕、塔赫里纸和努赫纸〔tahiri和nouhi来自萨曼尼德（Samanid）的努赫（Nouhi）的名字〕。在巴格达，纸张的生产始于794年，埃及则始于10世纪，西班牙稍晚。在西班牙，纸张的生产尤以加提亚（Jativa）为重镇，质地优良的纸从这里出口到埃及。为了生产这种纸，人们将破布撕碎捣烂成纸浆，加入淀粉作为上胶粘合剂，然后在纸面上铺一层薄薄的面粉或淀粉使之平滑，上色工艺常在这一过程中完成。纸张的各种色彩（如黄、蓝紫、粉红、绿、红等）反映出技术和工艺水平。从14世纪起，市场商贩用纸包裹商品表明纸张产品的普及程度。

考古学家们能够通过研究一种像陶器一样广泛传播的产品，来追溯东、西部技术传播的同样过程。为了模仿从波斯湾进口的中国陶瓷（如唐三彩和粗陶器），拜占庭风格和萨珊风格（即使用铅釉和重叠的装饰图案）首先结合起来，在展示非凡创造能力的技术发现和激动氛围中形成了多种流派。伊朗学派生产仿唐彩绘陶瓷（在釉的下面有色彩条纹的多色陶器），并且增加了一种特殊的伊斯兰教风格，即在彩色装饰下进行雕刻的撒格拉非托风格（sgraffito）。苏萨（Susa）、拉伊和撒马拉等地竭力生产仿宋陶瓷（即在高温封闭状态中使陶器逐渐玻化），并出产一种在铅釉下精细雕刻的白色彩陶，以防彩陶失去光泽。仿铭文装饰和钴蓝色植物图案构成了伊斯兰教陶瓷最突出的特点，这种陶器反过来被中国人所采用。最终，在伊朗产生了著名的代夫特（Delft）陶器工场。尼沙布尔及其周围地区的陶瓷，是在白色陶瓷上使用彩色片并在桃式（Tao）图案周围装饰上古阿拉伯字母（Kufil）铭文。最后，撒马拉因很早就掌握了给陶瓷涂上金属光泽的技术而闻名，就是在正常情况下，烤制表面涂有大量金属盐的玻化陶器，可以产生像金属容器一样的陶器，而严格正统的教师们拒绝使用这样的陶器。这些产品（除呼罗珊的发光陶瓷外）与哈里发首都的奢侈生活密切相关，很快就从东向西传播开来。它们中有一些是出口产品，例如凯鲁万清真寺在862年使用的玻化彩色瓷砖。936年，又有一批陶器出口到西班牙首都宰赫拉。但是也有一些仿制品，例如在凯鲁万生产的双色瓷砖、埃及法蒂玛王朝生产的有金属光泽的陶器和撒格拉非托科普特陶器在这里是当做宗教用品来生产的。早在771年，弗斯塔特生产过一种按相同程序生产的有光泽漆的玻璃。大约900年，除按传统轮割雕刻方法生产的玻璃外，还发现了带有喷溅色彩的装饰玻璃。最后这些例子说明在不同技术之间已经建立起密切联系，这些技术在烧制过程中发挥了不可缺少的作用。这也意味着省会首府作为技术传播中介的作用，并肯定了伊斯兰教世界各地之间存在着活跃的贸易联系。

生产，为哪类顾客进行？

显然，奢侈品市场在精心制作和传播这些手工业产品中发挥着重要作用。对穷人来说，闪光的陶器或仿制青瓷是奢侈品，而且是非常昂贵的奢侈品，因为它是用稀有而昂贵的材料制成的，包括象牙、珠宝商和织锦者所需的黄金和白银、珍珠和用于装饰地毯的珊瑚、贝壳类材料、取自贝壳的"海毛线"用来织入乳白色织物（便宜的彩色材料很快就被取代）、从远方进口的染料（如来自印度的巴西木、紫胶漆、阿拉伯树脂）。对最稀有产品的需求不断提高，这也对已被同时代作家所引证的摇摆不定的价格做了说明——为哈伦·拉希德的母亲生产的一段织锦价值50,000第纳尔。麦蒙的御医有一件同样材料的夹克，价值1000第纳尔。法学家阿布·哈尼法

（Abu Hanifa）的斗篷价值400第纳尔——批评家们很快就拿伊本·汗达尔（Ibn Handal）那套最多值5第尔汗的衣服做比较。在社会上层精英分子的柜橱里，堆积着大量手工产品——如司法学家阿布·尤素福就积攒了200条丝裤——更不用说君主的衣橱了，这些引用的数据可能大多是推测出来的。因此，阿拔斯王朝宫殿里大量的浮财可能毫无实际价值，因为它们的一部分只是在谈判中确定的，甚至不反映真正的资金储备，它们的价值纯粹是象征性的。

制作荣誉丝带（tiraz）的官办工场不断补充着哈里发的国库财富，因为他要源源不断地发放礼物，尤其是要向文武官员，或通过使者向外国君主赠送官方大礼服（khila）。我们对有关法蒂玛王朝的埃及了解的比阿拔斯帝国更多，供应国家所需的纺织品的组织由两部分组成：在哈里发和埃米尔的宫廷里，有官方裁缝制作正式典礼用服；另一部分则远离城市中心，在生产特殊布料的著名工场里，由荣誉丝带工场主控制的官员负责招募工匠，为当局工作并得到体面的薪水。因而，哈里发的裁缝场不是工场而是行政部门。在每一个制作中心里，都有一系列存放荣誉丝带的仓库，有货栈附带住宅的建筑。埃及的尼罗河游艇象征着一种联系，它意味着荣誉丝带工场主不断地进行视察和收集荣誉丝带的巡视。工场主出席哈里发的典礼，表明其显赫的权贵地位。在典礼上，他只向哈里发的心腹赠送大礼服。

实际上，荣誉丝带这一名字来自波斯语"装饰品"一词，它成为统治王权特有的权力之一，与祷告、造币具有相同的地位和声誉。这三者的用途都是为了提高君主的威望，荣誉丝带是一条纺织的带子，它的图案（alama）镶有黄金或彩色丝线。这种丝带只允许哈里发佩带，或根据哈里发的命令，由哈里发特别恩赐其心腹佩带。指定参加王朝专门举行的祈祷和崇拜活动的人选突出了荣誉丝带的政治特点，例如在法蒂玛王朝统治下，按照伊斯马仪法典的某些信条条款，宰相维齐尔或哈里发信赖的心腹大臣的声望也强化了荣誉丝带的政治意义，只有荣誉丝带的委任人（mawalis）才有权指派生产荣誉丝带的人。作为一种统治特权，在哈里发的法律中，荣誉丝带可以罩在官方工场生产的丝织披巾（kaba）上，还可以作为被任命主持重大祷告仪式的传教士的黑色礼服和头巾。毫不奇怪，为了显示哈里发的荣耀，哈伦按照自己的意志公开将荣誉丝带和国家其他权力象征物，如国家重要机构、土地税、宫廷服务和财富归为一类。其明确的原因就是维护哈里发的荣耀。因而，麦蒙公开将其哈里发兄弟的名字从呼罗珊刺绣装饰品中除掉的行为就是他反叛的重要标志。从倭马亚时代起，埃及似乎就已经出现了重要的荣誉丝带工场：在弗斯塔特后有阿克敏（Akhmin），最后是巴士拉和达比克（Dabiq）以及上埃及萨伊德的荣誉丝带工场。在撒马拉和埃及发现了很多纺织物碎片，其遗物说明这些地方是为哈里发储备荣誉丝带产品的仓库，它与另一种非专用的存放地不同。在阿明统治时期，弗斯塔特就有荣誉丝带工场和存放地的遗迹。可见荣誉丝带工场的产品流传更广，可能因为它们被分配给官员、哈里发的仆人（尤其是给官方传教士）和军队官员，甚至还可能出售。这种商

飞翔的鸟。中国唐代丝绸。中国人掌握的绘画表达和图案排列技法对伊斯兰教奢侈品产生了巨大影响，并与伊斯兰教装饰的特征具有一致性，而穆斯林不打算再生产这种样式的纺织物。

带有法蒂玛王朝哈里发阿·穆斯坦西尔（al—Mustansir）名字的11世纪的纺织物（藏于法国勃艮第大区，克吕尼博物馆）。

业因素是否存在目前还在推测阶段：一方面它似乎被1047年提尼斯相关的纳塞尔·伊·克斯纳（Nasir—i—Khosraw）的证据所否定，但另一方面它可能也解释了荣誉丝带工场遗迹广泛分布的现象。

商业"起飞"的虚假印象

考察阿拔斯帝国通常容易采纳的方法是将它视为穆斯林商业的黄金时代。各地区实现政治统一、各城市发展进入高峰和金钱的大量流入，形成了"时空的熔炉、交汇点、范围广阔的结合、奇迹般的集中"等奇观。征服前，各地政治统一完全被各自的边界所隔离，而大量获得的战利品、使财富转变为货币和来自苏丹的黄金投入使金钱有可能大量进入流通领域。但是，实际情况可能更缓和些，更重要的是发展年代的线索并不那么连贯，社会统治阶级的资源和需求牢牢地控制着商业扩张的步伐。为了与大城市的哈里发社会相吻合，传统研究忽视了大众流通。当人们认识到哈里发帝国的衰落恰好伴随着车轮运输的消失（甚至到今天，在阿拉伯语里，二轮马车一词"araba"，还来源于突厥语），前述第一种看法就不言自明了。在接下来的1200年里，除几个地区外，车轮运输不再存在。在一个多山并在地理上被分割的世界里，这一缺陷反映并突显出缺乏大宗商品的运输，尤其是这意味着谷物运输仅仅出现在自然地理便利的范围内，并通过河流海上运输等方便方式来实现。重新开放尼罗河和红海之间的阿穆尔运河后，埃及就能够为希贾兹地区供应谷物，但是埃及向叙利亚陆路出口谷类就必须使骆驼商队的运输量降低到几吨。加兹拉为巴格达供应谷物，西西里为突尼斯供应谷物，但一般来说，这些谷类出口数量很少，因为穆斯林世界是由一个巨大的大陆板块组成的地区，除红海和波斯湾外，无论如何与沙漠地区相邻的内海对于地区间的交换来说不是特别有利。只有幼发拉底河能够发挥充分的运输作用，地中海沿海地区一直荒无人烟。一只骆驼因其使用的挽具不同，大约能运输70公斤到240公斤的货物。一支驼驮队可能大约有500只骆驼，其运输量只相当于一艘普通船只（250吨）四分之三的货物。

此外，政治统一发展尽管很快，但长期没有完成，尤其是与中国有着密切贸易史的中亚分裂严重，而且政治统一并没有扩展到商业上的统一。省与省之间仍存在着内部的关税壁垒，例如马尔森（ma'sin）在吉达（Jeddah）对来自埃及的货物征税。而且，货币的发行长期遵守着各地区传统的金、银货币体系。以伊拉克和加兹拉为一方，以叙利亚和埃及为另一方，继续构成各自的贸易区。它们之间存在着巨大的价格差别，而两地货币体系的统一只能逐渐实现，这已经被货币窖藏发掘所证明。大量货币的投入也不能单独对商品传播和生产产生决定性影响，没有一场技术革命，帝国经济注定会趋于僵化，除了瓷器和后来11世纪的奢侈纺织业外，没有出现任何技术革命的迹象。而建立新的销路只有通过民主化才会实现，可能要到更晚些时候才能建立新的丝织工场，这已被来自埃及杰尼扎（Geniza）的犹太文本所证实。结果，贵金属的贬值只刺激了价格上涨。从陆续积累的证据推断，这一贬值规模是史无前例的，8世纪时，谷类和面包的价格至少增长了4倍。这一增长也可能部分因为耕地面积的减少，也可能是人口的增长，但是没有理由怀疑哈伦·拉希德判断的可靠性：曼苏尔时期1个第尔汗到拉希德时期时，即30年后，其价值相当于1个多第纳尔。

因而，穆斯林征服的普遍结果仅仅巩固了商人阶级的地位，对各种类型的商人和贸易制度，特别是早在8世纪的法学著作中就提到的商业合作形式做了更明确的解释。穆斯林世界里的中产阶级与直接将产品卖给消费者的手工业者一起，被赋予更大的活动余地，从过去被束缚的制度限制中解放出来：国家极大地减少了对配额的控制〔配额制（annona）也消失了〕。在财税政策改革的刺激下，大地产主和农民自给自足经济让位于自由市场。传统限制的放松也有利于商人阶级，他们不再被迫去市政当局登记注册，或以国家垄断价格把商品出售给国家或市政当局。然而，他们并没有摆脱所有的限制，他们去国外时，不得不居住在商栈并承担密探侦察的使命。在道义上，他们必须与政府保持服役关系，被迫像银行家和纳税农民一样为国家服务。最后，正像在古代世界一样，中产阶级中有钱人数量增加的速度被普遍出现的没收财产行为所抑止，结果商人的财产积累受到致命打击：912年，埃及商人苏莱曼（Sulayman）就被处以100,000第纳尔的罚款。

8世纪，商人等级逐渐形成。最低层的是流动商人，他们从工场收集成品货物，并将它们带到定期市场上交易。流动商人之上是行商，他们带着委任书和货币资金或商品以大商人，即第三种类型商人的名义在遥远的国度交易商品。第三种类型的商人是"坐商"，他们享有尊敬的"伊

沙漠中运盐的驮队。在这种情况下贸易量不可避免地受到限制。

斯兰本地大商贾"（tadjir）称号，多以大城市为基地开展商业活动。他们通过代理人经商，并且通过书信收集和传播商业信息，参加非正式的商业合作，而商业合作是一种首先在杰尼扎地区发展繁荣起来的友好合作方式。正是在少数精英大商贾内部，如埃及大富商苏莱曼，形成了囤积昂贵商品，以信托金进行交易等方式，就是以随时向持票人支付的定单，或者大商贾的代理人一经确认就立即支付的延期定单（suftadja）进行交易的方式。这些贷款支票（sakkas）的信件可以在最遥远的地方自由流通。当时高利贷还很罕见，只在非商业的紧急情况下使用。高利贷可能受到不道德的指责，因此直到12世纪时才逐渐出现。当时穆斯林世界还不了解汇票交易，这种情况有利于维持货币统一和钱值稳定。贸易是以记账货币进行的，所有交易中实际货币都与"真正"的第纳尔或第尔汗有关。

　　人们可以发现不同形式的商业合作很早就出现了，马立克教法学派的奠基者马立克·伊本·安纳斯和《委托代办手册》与《合作经商指南》的作者"哈尼夫派"沙伊巴米（"Hanifite"Shaybami，死于803年）早在其著作中就预见到10世纪在意大利被引进或被重新发现的贸易合作形式。首先最重要的是，这种"合作关系"形成于合伙经营的投资。起初它局限于一次交易、一种商品和一定数量的钱款，或相反的情况，毫无限制地普遍使用，在后一种情况下，家族企业通常具有可靠性。这种契约强加给合作者一种集体保证和互惠的责任，这一责任在友好和非正式的家族合作方式中有其对应的形态和根源。在6世纪的希贾兹地区，大商人通过早已熟知的委托（muqarada,qriad）方式，将货物或资金委托给"行商"，"行商"则通过分享利润（如果他不承担损失的责任，将得到三分之一的利润）作为其在旅途中所冒风险的补偿。由于价格制定中存在着不稳定因素，理论上明确禁止通过委托代理获得商品货物，然而实际上只有哈尼夫派（Hanifite）对此予以谴责。通常而言，这一学派提倡尊重传统的商业惯例，发展类似于法律手段的司法形式，以废除高利贷，而其对手沙斐伊派（Shafite）和马立克派则希望发展高利贷。

在这个联系密切的商业小世界里，每个人都洞悉其他人的贸易事务。在这里，商人们习惯于代表客户的利益履行承担起处理货物的繁重义务，无偿地按照比例分配委托权或利润，而仅仅基于互惠的良好愿望。为了履行这一义务，商人不得不帮助"行商"负责商品的调度、监督和运输，特别是使其远方的朋友随时了解价格的波动、市场上交易的商品数量和质量以及轮船、商队可能出发的日期。

11世纪法蒂玛人中出现的一本迪马什齐（Dimashqi）完成的商业手册和开罗商人的书信均介绍了商人们千方百计不懈努力地搜集可靠信息，并尽快地按其行事的情形，这是获得预期高额利润的惟一方法，商业成本为25%至50%，其中包括购买价、运费和其他花费。这些文献不包括大宗商业交易的活动经费和利润。它们还为我们描绘了一幅涉及贵重商品的大宗商业交易画面（如宝石、稀有进口香料、昂贵的织品等），尤其还涉及最受工艺技术市场欢迎的原材料（如黄金饰品、香料、备用药品、金丝镶嵌画）。同样，迪马什齐也是一个商人，精通借贷、放贷和委托经营的"资本家"之术，他还希望将他的利润再投资于纳税农业、地产交易和农业。总之，他是不局限于商业功能的那部分商业贵族，以满足君主和贵族显赫豪华的消费。

君主市场

在全国各地，国家税收体制促使地方市场保持活跃，7世纪和8世纪是地方市场的黄金时期，这一点反映在大量低面额货币、倭马亚王朝和阿拔斯王朝的铜币法尔斯（fals）上，尤其反映在巴士拉地区。活跃的市场使诸如阿尔考夫（Arculf）这样的西方朝觐者也感到惊奇。670年，他参观过亚历山大。870年，修士伯纳德（Bernard）在耶路撒冷拉丁人的圣玛利教堂前看见过一个市场，在这里，任何人每年支付两个第纳尔就可以设一个货摊。实际上，这一现象意味着乡村市场在土地税的刺激下逐渐渗透进城镇。由于土地税需要支付货币，其压力使乡村生产者处于不利的地位，迫使他们以高低不等的价格出售产品。这种市场给乡村带来必要的刺激，但没有为城市工场创造新的出路，因为农民不得不保护自己的利润，并且几乎不从城市购买商品，这就为城市商人留下了极小的发展空间。巴士拉的米尔巴德（Mirbad）市场、库法的昆纳萨（Kunasa）市场、巴格达的周二市场、摩苏尔的周三市场、大马士革的周一市场都属于这类市场。一般来说，它们的位置首先都在那些容易进入且没有任何限制的地方，最好和最先到达的地方一定"像在清真寺一样"的地方。然而，在倭马亚王朝统治下，市集（suk）出现了逐渐封闭

幼发拉底河上乘船，是通过水路运送货物的几个途径之一（哈里利文件，阿拉伯手稿5847号，13世纪早期，藏于巴黎国家图书馆）。

的趋势：地方有某些限制，摊主要给"市集主人"一笔租金。接下来，市集出现了专业化趋势，就像商队的宿店（"khans"或"fundugs"）发挥着商品交换的作用一样，每个市场都经营某一种产品。早在8世纪，出现了一种封闭的、受到保护的奢侈品市场（qaysariya，即古代的恺撒之宫），取代了食品市场的地位，后者从市中心迁移到郊区，这种小市场也逐步地方化了。

尽管穆斯林城市的自然地理环境妨碍了等级市场的分布，但商业活动仍然高度专业化，像大致区分的手工业团体一样，商人的职业也按所卖产品来源的名字而详细划分。丁瓦利（Din-wari）在《释梦的钥匙》一书中列出1006年巴格达近150种商业行业，在杰尼扎文献中按名字提到90种商业行业。倭马亚时代，在瓦里（wali）及后来的市场师傅们的监督下市场完全货币化了。瓦里出现在主要城市（如麦加、麦地那、库法、巴士拉和瓦西特）；穆塔萨希布则负责确定价格、征收十一税和所占土地的租金、控制度量衡、仲裁交易的诚实性。但是，供需之间的相互影响不能决定食物的基本价格，"市场主人"计算必需食物的价格必须考虑到骚动不安的民众的需求并极力保持其稳定，这时会以公共谷仓为后盾降低高价。这看起来多少像最早的政府干预的例子，也就是12世纪最终被诺曼人控制的西西里继承的政府干预制度。乡村市场则遵守不同的法律，出售农产品的人不管价格如何，都被迫卖掉大量容易腐烂的产品，以便获得支付土地税所需的货币。考虑到生产产品的劳动质量、创造性和数量，手工业市场显然是可以预测的，它不是按照生产效率或供求关系，而是根据制造者的技术风格和品牌决定价格的。与其说制造者是手工业者，不如说是艺术家。价格的变动在此不可避免地是有限的，一方面，在一种完全有利于城市消费者的经济环境里，价格局限于较高的范围，另一方面，它还要满足富人们奢侈的派头或铺张卖弄的需要。

远距离的东方贸易路线和舶来品

伊拉克的各大权力中心和某些行省省会的发展刺激了已经形成的长途商业贸易，这些商品都刻意供给有巨额财政来源的有教养的上层分子消费。这样一批顾客生活在各个时期哈里发的首府中，如伊拉克南部大城市库法、巴士拉和瓦西特，在埃及土伦王朝的弗斯塔特、拉伊、尼沙布尔和中亚地区的大城市里也有这样的人。这些城市的商业界通过其财富逐渐为特权精英分子所同化，来自这些中心的需求，尤其是埃米尔政府首府的需求决定了贸易路线的方向。很长时间以来，叙利亚并不在这一流通范围内。考古学证据表明，在倭马亚王朝早熟的富裕后，幼发拉底河西部的伊拉克和伊朗都不存在大量财富，这些地方对玻化锡面具有金属光泽的时髦彩陶反应缓慢，而是经过伊朗从中国进口。

在贾希兹（Jahiz）所列的进口到伊拉克的商品清单中，有大量被引用的段落描写贵重商品贸易——如马、香料、奴隶、水果和蜜饯、衣服、纺织品和武器等。这些商品大体可归为三类：一类用于军事消费，这是惟一可以被看做涉及阿拔斯国家根本性质的商品〔如来自中国和阿拉伯的战马，来自阿富汗、哈扎尔（Khazar）和也门的武器，来自中国的马具以及来自印度或法兰克的剑〕；另一类显然用于奢侈消费的商品，包括热带产品（如香料、药材、象牙、珍贵木材，尤其是印度柚木），还有来自北方的商品〔如经由克瓦利兹姆（Khwarizm）贩来的西伯利亚皮毛）、其他更有异国风情的商品，如中国的纸张、丝绸和青瓷，用于观赏的动物，来自准噶尔突厥人（Dzungarian）的毛毡；再一类是日常消费品，尽管其价格昂贵，但仍在不同地区之间往来交易。这就构成了某一特定地区的手工业和农业特产：如埃及纸草纸、克瓦利兹姆和阿瓦兹的糖和蜜饯、阿瓦兹的丝绸以及埃及亚麻制品，还有亚美尼亚和加兹拉的地毯和羊毛制品以及各种上等食品：如布山吉（Bushanj）的盐渍刺山柑、古尔干（Gurgan）的野鸡、巴尔干的蘑菇、拉伊的梅子、伊斯法罕的苹果和木瓜。最后在所有珍贵商品里有一宗大贸易，即奴隶：包括具有工程技术的印度人、来自东非萨赫尔（Sahel）的赞德吉斯人、被保加尔人和哈扎尔人通过呼罗珊贩卖来的斯拉夫人和突厥人。大约870年时，修士伯纳德离开实行奴隶制的埃米尔政府的省会巴里

(Bari) 时，同行的6艘船上装有来自意大利南部的伦巴第俘虏：一共有9000犯人，其中3000人被送往突尼斯，3000人被送往黎波里，3000人被送往亚历山大。人们不可避免地形成这样的普遍印象，即穆斯林世界的商业活动以享乐为基本原则，不注重贸易平衡，并且以来自各地区的进口商品为主。

因而毫不奇怪，在发展商路交通方面，最早开辟的路线是那些从最遥远的地方带来最稀有的珍贵特产的路线：从印度洋到暹罗湾必经的交叉地，即马来半岛的萨丁普罗 (Satingpro) 出土的文物中，就有6世纪至9世纪之间的中国粗瓷和唐代青瓷，包括亚历山大的玻璃器皿。早在671年，中国文献就提到了"波斯"商人，717年和748年再次提及"波斯"商人。758年，穆斯林雇佣兵将广州烧为平地时，波斯湾和中国之间的联系一度中断，此后直到792年，前往中国的路线一直关闭。后来，贸易逐渐恢复，接着875年至878年间爆发的广东人起义屠杀了120,000穆斯林商人，贸易再次终止。显然，这一数字虽然被夸大了很多，但阿拉伯文献还是证实了这个港口的重要性（港口中伊斯兰教清真寺的尖塔被当做灯塔），而且证实了广州港很早就是贸易探险的目的地（如750年前后，在那里可以买到芦荟），也证实了贸易探险的一些规律。一本题为《印度中国旅行记》的航海"指南手册"于815年首次由商人苏莱曼完成。916年，另一位商人塞拉夫人阿布·扎伊德 (Siraf Abu Zayd) 对此书做了修改。950年，该书又得到《印度奇迹》的补充。《印度奇迹》是由拉穆–霍尔木兹 (Ram-Ormuz) 港口的一个商人布祖尔格 (Buzurg) 所编撰，描述了从巴士拉到波斯湾港口的航线〔开始停靠在祖拜尔 (Suhar) 和马斯喀特 (Muscat)，而后停靠塞拉夫和霍尔木兹 (Ormuz)〕，由此直到马拉巴尔 (Malabar) 海岸。这一航线谨慎小心地避开海盗横行的俾路支 (Baluchistan) 和信德 (Sind)、锡兰 (Ceylon)，还有马来西亚的凯拉赫 (Kalah)。自700年以来，锡兰一直有一个穆斯林殖民地。在凯拉赫，自875年至878年事件后阿拉伯人与中国人也有联系。从凯拉赫，沿着高棉人 (Khmers) 古代国家柬埔寨 (Champa) 地区航行，三个月后，穆斯林船只便到达广州各港口和长江口岸的浙东 (Zaytun) 港。沿这一航线沿海，穆斯林的地位得到巩固，他们在印度海岸的信德〔达伊布 (Daybul) 和曼苏拉 (Mansura)〕建立了商业殖民点。956年前某一年，马苏第 (Mas'uid) 访问过一个有10,000居民的穆斯林城市萨伊莫尔 (Saymor)，他们还在苏门答腊和爪哇建立了殖民地。苏莱曼和阿布·扎伊德清楚地记述到，只有少数船只进行远航，其航行的目的是获得珍稀昂贵的特产——如芦荟、柚木、陶器、樟脑、巴西木材和马来西亚的锡。考古发掘再次证明，在撒马拉、拉伊、苏萨和尼沙布尔发现了半透明的中国白瓷和青瓷。

沿哈里发帝国其他主要贸易路线进行的商业活动早在萨珊时代就已开始，经塔赫尔王朝 (Tahirids) 得到加强，在萨曼王朝 (Samanids) 统治下发展到顶点，但出人意料地在公元1000年后突然衰落了。这一路线是俄罗斯皮毛、波兰和西伯利亚松树原木和奴隶的来源地。奴

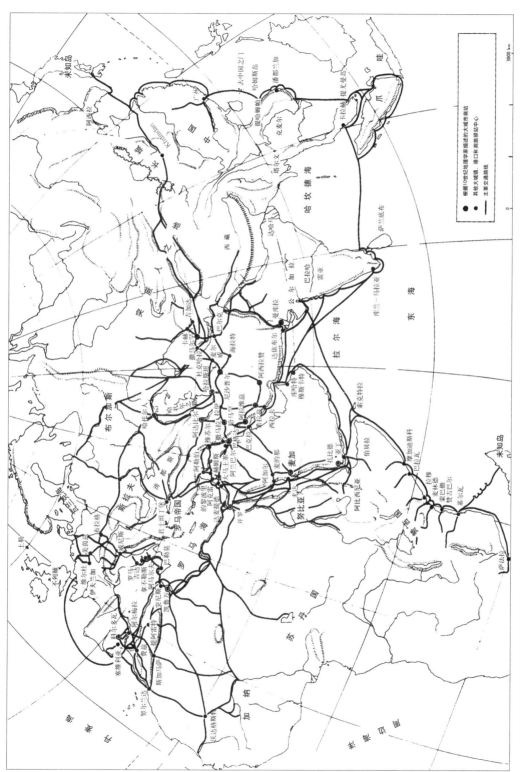

阿拔斯时代伊斯兰教世界范围内的贸易联系。

隶贸易在沿伏尔加河附近的突厥民族大城市里进行，如离哈萨克人不远的保加尔人首都保法尔（Bulghar）和大诺夫哥罗德（Nijni-Novgorod）附近的布尔塔斯（Burtas）等城市。从此地发现的伊斯兰硬币可以推断出贸易的年代和地理状况：根据树木年轮学可以精确确定金币的日期。在诺夫哥罗德发掘出的一枚金币为这一推测提供了充分根据，在最早铸造的货币和金币的埋葬之间只存在短暂的间隔（不超过15年），而且通过这种方式确定的66个年代中，8世纪有2次，9世纪有20次，10世纪有41次，11世纪仅有3次。这一年代分布又得到了目前已发现的窖藏金币的分析结论的支持。这一分析表明，10世纪萨曼王朝金币占支配地位。我们对这些金币地理分布的描述，部分地受到波罗的海沿岸集中发现的金币的误导，如1910年在圣彼得堡王宫中有11枚列入陈列清单，在利沃尼亚有42枚。这些金币普遍被视为是北欧海盗战争的战利品，或是充当贸易中介民族积累的财富中得到的贸易利润。但是，发掘金币分布图表明，窖藏金币与大森林南部边界正好吻合：前哈萨克王公金币（已发掘出14枚）、维雅特卡金币（15枚）和雅罗斯拉大金币（11枚）。有大量财富埋藏在俄罗斯、波兰、斯堪的那维亚及遥远的不列颠群岛和德意志地区，俄罗斯就有很多价值超过1500第尔汗的窖藏货币和不少于11,077第尔汗的弗拉基米尔金币，其中包括140枚阿拔斯王朝第尔汗、4枚塔赫尔王朝金币、16枚贾法利德（Jaffarid）金币、2枚斯吉德（Sjid）金币、16枚布伊德金币和10,079枚萨曼王朝金币。共计有半吨纯白银，俄罗斯有120,000枚第尔汗，斯堪的那维亚有40,000多枚第尔汗。这揭示出商业活动的规模及其一个侧面，即大部分货币为输入性的，这也提供了一些伊斯兰货币流入欧洲的充分证据。

更有争议的西部前景

10世纪非洲萨赫尔的商业扩张可与这些贸易路线的活动媲美，直到这个时期，非洲萨赫勒的商业扩张只得到印度洋沿岸的几个贸易点的支援〔如在伯贝拉（Berbera）、扎伊拉（Zay-la）、索法拉（Sofala）和桑给巴尔所建的殖民地〕，或者得到越过撒哈拉商路的南部目的地各贸易点的支持。这些贸易点早在666年就被西迪·乌克巴（Sidi Uqba）探明，但在10世纪和11世纪被圣哈加（Sanhaja）的柏柏尔人所利用，并被伊斯兰教化。与此同一时期，地中海沿海地区却因战争和掠夺几乎完全被废弃而贫瘠。实际上，萨拉森人"海盗"一直在地中海恣意妄为，798年，萨拉森人"海盗"首先试图侵入瓦莱里克群岛。从这以后，我们就不断听说西西里和南意大利近海小岛、撒丁岛、科西嘉岛遭到洗劫。812年，契维塔韦基亚（Civiltavecchia）和尼斯也遭到袭击。这些袭击可能大多是由来自西班牙东海岸的组织良好的大舰队和少数来自西部马格里布的舰队所为。加洛林文献中描述的"摩尔"（mauri）人就是指这些人，他们主要由柏柏尔人所武装。这一时期的阿拉伯编年史通常依赖于半官方年鉴，其中并没有向我们提供这些战争的信息，可能是因为这些袭击是私人组织发动的。实际上，通常他们不再受西部伊斯兰大都会或公开叛乱建立的政权控制。9世纪下半叶安达卢西亚海盗开始袭击普罗旺斯沿岸，而后于890年至970年间，一直占领着该地区。他们还在弗拉辛尼顿（Fraxinetum）建立起撒拉逊海盗基地。

意大利也受到来自撒拉逊海盗的残酷蹂躏。这一破坏与其说是海上袭击所致，不如说是穆斯林雇佣军所为，其中最著名的是846年对罗马的袭击，可能是安达卢西亚海盗所为，穆斯林雇佣军是指9世纪上半叶由南方小王朝招募的雇佣兵而且很快对其失去控制造成的。占据巴里的穆斯林埃米尔（841~871年）甚至建立起小国，他们在那里也建立了永久性基地。这些萨拉森人掠夺的目的主要是为获取奴隶，以便在穆斯林世界市场上以高价格出售，当时对奴隶的需求非常迫切。8世纪晚期以来，意大利南部商人习惯于将奴隶出口到伊夫利基亚地区，但是由于供应短缺和希望获取更大利润，入侵者通常使用武力。836年，贝内文托君主曾强迫那不勒斯人从事这一贸易，但没有成功。造船需要大量木材，这也是远征海岛的正当理由之一。尽管撒拉逊舰队可能没有放过任何恰巧遭遇并夺取商船的机会，但这肯定不是他们的主要目标。因而，不能将海盗行为视为这一时期西地中海商业仍然保持其重要性的一个论据，这种错误看法还不时出现。

地中海中部的形势有所不同，在那里，西西里和意大利南部的城市与拜占庭世界保持着密切联系。伊夫利基亚地区的政治经济发展仍然保持着与阿拔斯帝国中心地区的直接联系，因此与马格里布和安达卢西亚等其他地区有所区别。在这方面，海上重要航线从没有中断，拜占庭舰队一直在这一海域巡航，其活动范围受到凯鲁万伊斯兰教政府的密切监视。在那不勒斯，前公爵领地的贸易港口包括那不勒斯、加埃塔和阿马尔非（Amalfi）。它们和非洲沿岸之间的联系甚至一直维持到穆斯林征服后，正如我们所见，穆斯林征服促进了诸如奴隶贸易等某些商业活动的发展。因而，突尼斯的阿格拉比德王朝监视任何独立冒险行为，千方百计防止发生脱离其控制的危险出现。827年，突尼斯阿格拉比德王朝在圣战的旗号下，发动了征服西西里的战争，并获得主动权。即便在阿格拉比德埃米尔政府时期，像米兰、拉里布斯（Laribus）、斯比扎（Sbiba）、扎布（Zab）和纳夫扎瓦（Nafzawa）等城市中心和内陆地区，在很大程度上对国家稳定的贡献要大于突尼斯或苏斯（Sus）等沿海城市，而沿海城市如加贝斯（Gabes）或的黎波里作为从埃及出发而来的商道路线的终点或中间站，其重要性要大于它们作为港口的重要性。

正是作为商旅城市，塔赫特和撒哈拉西部沙漠边缘的大贸易站点西基尔马萨突显出其重要性。两者都位于自东向西横穿马格里布的商路上，但它们的主要作用是作为与黑非洲频繁贸易的出发点。在黑非洲，穿越沙漠贩运盐和手工产品用以交换奴隶，更为重要的是交换黄金。这一贸易对发展摩洛哥南部城市发挥了重要作用，如伊德利斯德的一位埃米尔在9世纪建立的阿

遥远的斯堪的纳维亚半岛发现的许多窖藏金币（如在瑞典的瓦斯比有这样的发现），其中还包括了不同产地的金属币。从各被征服民族征收的贡物仅仅是其中的一小部分。这些金币标明商业交换的地理范围，就伊斯兰教世界范围而言，商业交换于9世纪达到顶峰。

夫马特（Aghmat，或称Tamdult）。这一贸易发展也有助于说明阿格拉比德埃米尔（阿拉伯酋长贵族或王公。——译注）政府设立在撒哈拉的边境城市的重要性为何日益增长。它们包括卡斯提里亚（Qastiliya）的托宙尔（Tozeur）和扎布地区的图布纳，但是人们很少知道塔赫特埃米尔政府的卡利里特柏柏尔人所垄断的商业是如何按年代顺序发展的。特别是，只有西基尔马萨似乎在10世纪发挥了主要作用，这时法蒂玛王朝统治势力扩展到整个马格里布地区，将曾经是北非贸易众多据点之一的塔赫特变为东西商路惟一的集散地。另外一个我们知之甚少但十分活跃的贸易地区是与加洛林帝国及其以后各国的边界地区。西班牙北部边界城市（如萨拉戈萨、韦斯卡和莱里达）都熟悉犹太人商人的情况，并且可能也熟悉穿过边境前往法兰克地区的莫扎拉比克（Mozarabic）商人的情况。他们在东部地区从巴塞罗纳穿越边境地区，在西部从潘普洛纳

（Pamplona）和比利牛斯山脉穿越边境，以便带回白奴（saqaliba）、皮毛，可能还有武器。

外国商人深入伊斯兰教世界

在帝国"边境"的活动尽管显示了穆斯林商人和航海者的主动大胆，但并没有说明伊斯兰教世界的商业优越性。那仅仅是一批商人为设法找到满足贵族需求的产品而与另一伙商人发生的联系，至多只能算是具有主动性。即使有穆斯林商人大胆进入印度、马来西亚、印度支那和中国，或者出于商业目的到非洲和西伯利亚边远地方探险，他们也几乎完全避开拜占庭帝国，并对西欧一无所知。拜占庭帝国对这些少数的穆斯林来访者进行严密监视，把他们限制于几个贸易商站里。相反，为了设法满足哈里发首都的供应，穆斯林帝国不得不向外国商人、无足轻重的外国商人团体和那些本身就较少与城市沾边或尚未城市化的团体开放门户。作为匆匆过客，这些人的活动对穆斯林最主要的敌国拜占庭人或哈扎尔人的政治利益没有任何威胁，但他们在穆斯林世界里，其活动受到信使邮驿机构官员组织的"反间谍活动"的严格盘查。

我们应该感谢这些官员中的一位名叫伊本·库尔达赫比（Ibn Khurdahbih，870年被任命负责中央情报局）的人，因为他详细描写了这两个团体行动的路线。尽管他记述的旅程路线在某些方面还存在难以置信和晦涩难懂之处，但是其提供的证据的普遍价值几乎不容怀疑。它使我们确切了解到，840年前后（伊本·库尔达赫比于844年开始记载），一个类似的商业团体深入伊斯兰教世界，而另一个团体则被允许越过伊斯兰教世界中央地峡进入印度洋。开始，我们把俄罗斯商人——斯拉夫人种——看做是"从最遥远地方"（可能是针叶树林地带和猎人们居住的冻土地区）来的旅行者，因为他们需经过顿河、伏尔加河和哈扎尔人首都到达里海。他们再穿过古尔干河流域，与一支商队旅行到巴格达，在巴格达的宦官奴隶担任他们的翻译。经过第聂伯河和黑海旅行的其他商人大多在拜占庭城驻扎。他们的商品多为皮毛、奴隶（这个词的词源为斯拉夫语）、法兰西武器（如上等工艺造的剑）及军事物资。这些俄罗斯人显然为瓦兰吉亚人（Varangians）后来的东进运动搭建了舞台。他们无疑是在斯堪的那维亚人的领导下的斯拉夫人，伊本·库尔达赫比确信他们是基督徒。在其他情况下，贸易路线同时也是入侵者最常用的路线。俄罗斯人于864年和884年间，此后又在909年、913年、943年、969年和1030年至1032年越过高加索或里海，其入侵的目的是为了掠夺大不里士和阿塞拜疆，他们占领了阿塞拜疆首都。正如我们所见，贸易同时伴随着掠夺。值得注意的是伏尔加流域的突厥人、哈扎尔人和保加尔人，他们并没有发挥其所在地理位置提供的贸易中介作用（但是，保加尔人曾模仿伊斯兰钱币铸造大量硬币）。此外，大量的带着商品的转移表明了商业交易的间断性及其基本性质，这与所确定的高价相吻合。

　　客观地说，一些人甚至怀疑库尔达赫比原始文献的真实性，但历史学家们更感兴趣且认为更有争议的是"拉德哈尼特"（Radhanite）犹太人的流动问题。这是长期争议的重要问题，曾证实了犹太社团与商业有着非常亲密的关系，更晚近以来，还证实他们控制了对所有人开放的商路。这两种看法可能被忽视了，整体而言，即便就算伊本·库尔达赫比所描述的某些航海路线的细节被"混淆"归入其他路线，我们也没有理由怀疑库尔达赫比原文的可靠性。他的文献记载了一段简单而重要的情节，即那些通晓数种语言的犹太商人（会说波斯语、希腊语和阿拉伯语，还会法兰西语、西班牙语和斯拉夫语）从东方贩卖来太监、女奴、男童、丝绸、毛皮和剑。他们"在西部海洋边的法兰克人土地上"坐船（这条路线避开了加洛林帝国控制的大西洋港口），穿越"法拉马"（Farama，意为闸门）和苏伊士之间的苏伊士海峡，到达阿拉伯半岛的沃加尔（al-Jar）和吉达港，然后乘船前往印度和中国。在回来的途中，他们按第一次的航海路线以同样的方式返航，带回调味品香料。另一条不同的路线穿过安条克，经由幼发拉底河、巴格达和乌布拉赫（Ubullah）港，到达远东的同一目的地。然而，第三条路线始于西班牙和法兰克大陆，穿过丹吉尔、苏斯、伊夫利基亚地区、埃及和叙利亚。最后，第四条路线在"拜占庭城后面"，即经由斯拉夫人地区，到达哈扎尔人首都，并通过古尔干进入穆斯林世界。再继续通过巴尔克和费尔干，这一旅行路线在中国结束。

　　伊本·库尔达赫比在他的描写中，可能包括了原来没有被连接的"拉德哈尼特"旅行路线，经过摩洛哥和突尼斯的旅行似乎是特意连接的，而没有与其他路线连接。但是许多别的因素似乎与从其他文献选择出来的信息非常吻合：我们发现大约在825年虔诚者路易授予许多犹太商人，如多纳特（Donat）、萨拉戈萨人撒木耳（Samuel）和亚伯拉罕、里昂人大卫（Davia）和约瑟夫（Joseph）等人商业特权，这与库尔达赫比断定"拉德哈尼特"路线转回到"法兰克国王宫廷"的说法一致。亚历山大不在这一商旅路线上，这个事实与其港口地位的下降和当时其成为回教徒海盗国家的地位一致。最后，"拜占庭城后面"的一段路线也被加利西亚和波希米亚发掘出来的金币所证实，大概稍微往后，从10世纪起，发掘出大量萨曼王朝和保加尔人货币。973年安达卢西亚旅行者塔尔图什（Tartushi）在美因茨发现的印度香料和萨曼王朝的第尔汗（913~915年）货币进一步证实这一路线是真实的。有些疑问停留在早期红海的开放上，尤其是对少数民族，如犹太人开放的问题。人们可能会注意到，950年布祖尔格在印度洋旅行中碰到了一位犹太商人，一位"迪米"（dhimmi），即伊斯兰教社会中被称为"倒霉蛋"的非穆斯林臣民。在"哈里发的和平"影响扩展到杰尼扎之前，这个犹太人已从中获利匪浅。因而对这些旅行路线的描述似乎合情合理，并且在认定文献提出的产品清单方面也毫无难点。所有这一切都证实"拉德哈尼特"路线的存在。

　　他们普遍被视为穆斯林世界的犹太人：拉德汗（Radhan）是底格里斯河以东萨瓦德地区的

地名，这一词源学注定被认为是决定性的，它否定了基于波斯单词"Rah-dar"（意为"识路人"）做出的解释，也否定了另一个从"Rhodanus"（即罗纳河）这个名称引申出更离奇的解释。而原始文献清楚地证实了这些犹太商人的欧洲特征，他们看起来非常像"国王的犹太人"。如果人们记住了这一冒险的边境贸易的特殊性，即它是一个具有大胆冒险意图的联合活动，那么如下的推测就是合理的：一个伊拉克来源的名字，或一个家族或小公社的名字，被一群人牢记在心，他们要么是移民，要么是随同征服者的浪潮进入法兰克帝国，通晓阿拉伯语和波斯语（这一情况使得这一推测更具重要性），并保持与穆斯林母国的关系，还利用他们商路上的重要地位和不确定的法律地位开展商业活动。说它大胆冒险是指，当局信使邮驿系统官员经常正式向哈里发的秘书处报告其动向。可以想象，从西方人的立场看，这些商业活动以前几乎从未出现过，但是在伊斯兰教世界商人中，这可能被认为非常常见。在查理曼重新夺回纳尔榜后，人们应该记住的人是纳尔榜的犹太人。在接下来的几个世纪里，查理曼享有很高的声望，目前还没有这方面或其他方面的真实证据，说明"拉德哈尼特"路线与西班牙有联系，但是到直布罗陀海峡旅行的伊本·库尔达赫比所记述的大西洋路线还是能说明存在这种联系。然而，总的看来，比较保险的说法是，没有定论的"拉德哈尼特"路线恰好与加洛林帝国的扩张相一致。它在由诺曼人入侵和穆斯林恢复性进攻普罗旺斯地区引起的危机中未能幸免于难，但是它明显地预示出11世纪远程贸易的特点：少数民族扮演主角，红海发挥重要作用，萨曼王朝向印度开放商路。

社会模式的发展

当我们审视阿拔斯世界时，它似乎就是倭马亚伊斯兰教世界的直接继承者：古代世界的结构仍然完好无损；哈里发城市接收了由高效的财税机构完成的货币收入；保持在国家及统治管理者阶层手中的绝对权力，而这个阶层又是土地税收社会再分配的主要受益者，他们像毛细血管一样分布于社会各个角落，因名声和军事威望而享受着古代贵族所享有的财富和地位。特权家族的社会等级按照长者的记忆，杜绝任何外来人和暴发户，但也有适当的变通，通过收养养子的制度，奴隶也有提高其社会地位的可能。在最有开放性和最脆弱的特权阶级内部，派系斗争反映了权力斗争，也可以说是对财富的争夺。因而，阿拉伯军队及其部落贵族的分裂使得有教养者和军队处于公开竞争的状态。竞争的一方是能言善辩文笔超群且熟知财税管理制度的官僚；另一方则是野心勃勃的职业士兵，他们大多出身下层，背景低贱，来自异乡，极为贫穷，或者说就是突厥人或哈扎尔人奴隶。然而，这种竞争不是社会团体之间的竞争和冲突问题，而是构成人口流动或短暂联盟的派系斗争问题。

穆斯林大众此时似乎因少数民族皈依伊斯兰教和同化而更加团结，他们似乎因穆斯林教义的传播和标准化而更加统一，但是却被排除在政治生活和所有经济影响之外。在政治生活中，穆斯林大众受到哈里发专制权力及其官僚的实际权力的压迫；经济生活则呈现出这样一幅真实存在的社会画面：出现了完全依赖社会金字塔结构上层人士眷顾的阶层，他们聚集在官府机构和经商致富的贵族阶层周围，这个富有阶层不断提供着社会精英分子。这样的统治图景一定在考古迹象和城市的布局中发现了令人信服的证据，然而一种社会统一体，一种根源于伊斯兰教"希吉拉"模式的"横向联系的伊斯兰教"公共意识，一直设法保持下来，并获得新的发展。历史证明，贵族阶层易于变化，其奠定雄厚经济基础的计划经常被查没财产的立法所打断。这个阶层真正的生命力在于它继续维系着知识和公共教育的水准，而公共教育水准的维系意味着培养出更多社会贵族精英，创造出更多机会，这正是动摇原有社会冲突因素的原因。与这一社会流动相比，普通民众显示了稳定缓和的优点，他们的哲学观像钟摆一样摇动。他们对宗教辩论、千年王国的教义以及高贵的阿利德家族的爱戴满怀希望。阿利德家族全身心致力于研究"宗教学"，他们痴迷于苦思冥想。

"教师"的形象通过这种方式在群众中获得地位和支持。他不再仅仅被视为党派的领袖，或精通哲学的学者，或以信仰纯洁为名高举义旗的狂热者，他日益被尊为导师，植根于社区、清真寺或自己家中。教师被尊称为人民之子，他自己常常与人民保持一样的生活，同甘苦共患难。同时，普通下层阶层被迫团结在一起，聚集在当时的执政者周围，并立即受到保护和利用。然而，在现金货币经济和市场机遇中，这个阶层却发现自己的活动更自由，更不受道德的约束，这些市场机会与第一代穆斯林城市的等级部落结构完全不同。他们只能获得微薄的佣金，而且没有从与当权者的联系中得到意识形态上的支持，因而也没有情感上的义务，因此他们能轻易摆脱原来的主人投靠其他主人。先是通过接受革命理想来恢复其自由，起初是公开的，后来越发保密。然而，这并不意味着千年王国理想除了颠倒主人和奴隶的地位外，被赋予了社会目标。主人和奴隶地位的颠倒被视为回归古代的"希吉拉"模式的结果，因此人们很难否认这两种模式的存在：一是现实主义的模式，在这一模式中，只有权力创造财富，并且只有知识是通往权力的道路；二是理想主义模式，在这一模式中，权力屈从于知识，只有知识能证明权力的合理性。确定和强制推行信仰规范并评估结果的特权维持着教师们的特权。

第七章　正在形成一个新的拜占庭帝国吗？7世纪中期至9世纪中期

首先，说点题外话，在610年至711年间，伊拉克略家族的直系血亲一直掌握着政权。他们的继承有两点值得注意。第一，直系血亲继承制成为定制：设立一名共治皇帝来分享最高统治权，并把皇帝兄弟们的继承权严格地排除在外。第二，自此以后，通过使潜在继承人肢体残废的"法规"来取消战败者的继承资格，这一法规在726年，也就是利奥三世（Leo III）及其子共治时期首次以法令形式加以颁布，而早在7世纪，甚至在更早的查士丁尼统治时期就已出现在司法实践中。把它称为"法规"还是比较贴切的，因为残损肢体的惩罚种类是根据不同罪行而有所区别的。尽管它的施行对象的性别非常重要，但是726年颁布的法令仍特别指出劓刑可以适用于任何性别的成年人，因此它标志着最高权力的丧失。劓刑的作用并不像听起来那么可笑，它事实上是7世纪期间取消竞争对手继承资格的有效手段。

残损肢体

伊拉克略即位时已经结婚，612年丧妻，成为一名鳏夫。613年，他任命其子伊拉克略为"新君士坦丁"（the new Constantine），与其一起统治。614年，伊拉克略与其侄女马尔提娜（Martina）组成新的家庭，并育有九子。这种近亲婚姻的缔结可能源于一种乡村风俗，因为5世纪至6世纪的教会和帝国法律明确禁止这种婚姻。同一名字在父子之间而非祖父与叔父之间传承的习惯，也表明这是一个令主流文化感到陌生的家庭，即使他们的文化按照当时的一位亚美尼亚编年史家所描述的那样不属于亚美尼亚的话，那也一定是某种外来的民族。无论是什么原因，这一婚姻确实激起公众的不满。当641年伊拉克略和他的儿子——也就是共治皇帝——死后，马尔提娜和她的儿子伊拉克罗纳斯（Heraklonas）被强行解除权力。接着，皇位传给小伊拉克略的儿子——"有胡子的"的君士坦斯二世（Constans II, the Bearded, 641~668年），然后再传给他的孙子君士坦丁四世（Constantine IV, 668~685年在位）。君士坦丁四世从654年起成为共治皇帝，他的两个弟弟伊拉克略和提比略（Teberios）在659年也加入进来。这种联合执政持续到681年，那一年他将两人废黜，并施以劓刑。君士坦丁四世的儿子查士丁尼二世（Justinian II）从685年开始统治，到695年被废黜，并被割去鼻子，因此他的绰号是"割掉鼻子的"查士丁尼。然而，在保加利亚可汗的帮助下，他又重夺皇位，一直统治到711年。在这个间断期内，一位来自伊苏里亚（Isaurian）的将军利昂提奥斯（Leontios, 695~698年）在蓝党

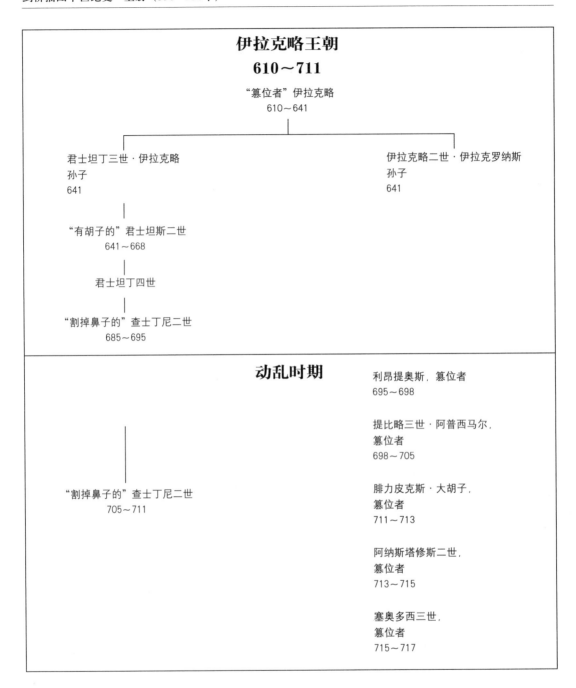

伊拉克略王朝

610～711

"篡位者"伊拉克略
610～641

君士坦丁三世·伊拉克略
孙子
641

伊拉克略二世·伊拉克罗纳斯
孙子
641

"有胡子的"君士坦斯二世
641～668

君士坦丁四世

"割掉鼻子的"查士丁尼二世
685～695

动乱时期

利昂提奥斯，篡位者
695～698

提比略三世·阿普西马尔，
篡位者
698～705

腓力皮克斯·大胡子，
篡位者
711～713

"割掉鼻子的"查士丁尼二世
705～711

阿纳斯塔修斯二世，
篡位者
713～715

塞奥多西三世，
篡位者
715～717

的支持下掌握了政权，标志着那个好战省区的人重返历史舞台。他与阿拉伯人在海上的战争还引发了一场叛乱，此次叛乱得到绿党的支持，利昂提奥斯被海军指挥官阿普西马尔（Apsimar）取代，他统治时的名字叫做提比略三世（Tiberios III，698～705年在位）。这里提到了阿拉伯人和保加尔人，这也充分反映出7世纪初以来，这方棋盘上的棋子间的变动，而我们现在必须回到这个时期。

这种长长的由父及子的继承链条，是6世纪以来继承制发展的最明显变化，也是与8世纪的继承制中最相似的地方。而事实上，这段时期的历史意义不仅在于此时的领土变化永久地改变了拜占庭的历史进程，还在于此时的结构调整使未来与过去明显地区别开。毋庸赘言，7世纪是6世纪的产物。早在6世纪帝国就已经遭受一系列军事入侵，北方面临着巨大压力，这种压力来自为寻求安身之地的斯拉夫人不断迁徙以及为寻求战利品的突厥骑士的不断入侵。西部有查士丁尼收复的领地，在东方，拜占庭帝国与波斯帝国之间的竞争还在继续。通过上述种种，我们发现所有拥有一定社会文化价值的地方都会有战争。这一价值在某种意义上说是通往7世纪的钥匙，这个世纪的特征就是每年春季爆发战争。巴尔干入侵者正在形成崛起，帝国的对手波斯人不久将被伊斯兰教取代，同时也变成了独一无二的拜占庭文明。

波斯人、阿拉伯人和斯拉夫人的入侵

这个时期的拜占庭历史主要发生在三个地区、三个种族（也许还不能称为民族）之间：从高加索延伸到埃及的东方；多瑙河右岸的地区；马其顿、色雷斯、希腊半岛和诸群岛；最后还很快收缩到意大利地区和西西里岛西部的收复地，而且拜占庭的历史不会局限在某一地上演。

正如我们所看到的，查士丁尼二世时期，波斯帝国实力恢复。612年波斯夺取卡帕多西亚和亚美尼亚，613年占领大马士革，614年占领耶路撒冷，征服者带走了圣十字架，即基督受难的圣物，使耶路撒冷的陷落影响巨大，因为在当时的犹太人和基督徒心中，耶路撒冷的地位主要在于它的末日审判和象征意义，而非其历史重要性。因此，应该从这个角度来解读当时的作家对于拜占庭统治时期引起城市分裂的根本冲突的描述以及对于城市陷落后种种忏悔的各种各样反应的描述。615年，波斯人到达察尔西顿，619年，成为埃及的主人，就像在巴勒斯坦一样，他们受到当地人的欢迎。在北方，617年时，不断前进的斯拉夫人已经抵达伊里利亚地区西部、色雷斯、爱琴海诸群岛以及亚洲，进而包围了塞萨洛尼基。619年，他们与阿瓦尔人合兵进攻，再次兵临塞萨洛尼基城下，而且还围攻君士坦丁堡。当然，帝国首都——新罗马——重要的象征意义与耶路撒冷相当，如果不是更加重大就是更加紧迫。在若干年之后的另一次围城中，君士坦丁堡的这种象征意义愈加明显。

希拉克略统治早期的几年当中，战争给拜占庭带来的压力已经通过一些现象表现出来。我们以615年铸造的一种银币为例：这种银币称为"miliarision"，或者"六克"——6世纪的货币体系是金本位，这项变革事实上是针对波斯银币而实行的，因此它也随着希拉克略王朝的结束而消失。615年，原本以优惠价出售给宫廷卫兵的面包价格上涨。618年，首都居民所享有的免费面包配给传统特权被取缔，这是因为波斯入侵直接威胁君士坦丁堡的谷物供应。此时，君士坦丁堡大教长塞尔吉奥斯（Sergios）将君士坦丁堡教堂的财物捐献出来，交由皇帝熔铸。这些贵金属无疑加强了防御力量，因此在622年，拜占庭开始反击。希拉克略在高加索地区的基督徒支持下，穿过亚美尼亚，在春季对波斯发动了一系列战役。628年，"罗马"军队占领波斯皇室所在地达斯特盖尔德（Dastagerd），从那里掳走了数量惊人的财宝，9世纪初的编年史家塞奥发尼斯（Theophanes）在其著作中谈到那些财富，有香料、丝绸、毛毯以及金银。同年，波斯国王在一场其子什劳（Shiraw）参与发动的叛乱中被废黜，什劳继位后与拜占庭人达成和议。帝国收复了罗马帝国在美索不达米亚、叙利亚、巴勒斯坦和埃及的领土。629年，希拉克略满载战利品，回到君士坦丁堡。630年，圣物圣十字架重回耶路撒冷。因此，从所有迹象看来，波斯帝国已经被其老对手摧毁，罗马帝国取得了胜利。它的最高统治者自然采用了"国王"的称号，尽管这一称号在拜占庭已使用多年，但使用它的权利在理论上属于波斯土。这标志着已经持续了几个世纪的变革终结了，它以加强皇帝个人权力为中心，从伊朗的图像和仪式中借用来宇宙的象征意义授予皇帝，最后，还将来自同一源头的称号安在他的头上。

但是那场冲突结束后的第四年，伊斯兰教就开始其咄咄逼人的进攻。636年，拜占庭人败于亚穆克（Yarmuk）河谷，640年卡帕多西亚重镇凯撒利亚陷落，这两件事又导致位于两者之间的叙利亚被征服。642年，阿拉伯人占领德温（Dwin），并以此作为深入亚美尼亚的根据地。尽管巴勒斯坦行省抵抗时间比较久，但是耶路撒冷早在638年就已陷落。最后，穆斯林从638年开始进行征服埃及的战争，642年，作为希腊化和拜占庭帝国象征的亚历山大城陷落。以此为标志，阿拉伯人取得最后胜利。自此到10世纪以前，哈里发担当起波斯作为拜占庭人军事上的敌人、政治文化上的对手以及地理上的邻居的角色。他们相邻的地域空前广阔，因为君士坦丁二世以后，海上的胜利使哈里发的土地征服再次扩大。然而，如果认为这个时期两国边界关系紧张的话，那就错了，恰恰相反，从陶鲁斯山经美索不达米亚直到亚美尼亚的交界区都使用两种语言，并且教派特征明显，如果不考虑这些因素，那么就几乎不能理解他们的关系史。

在巴尔干一线，首先是斯拉夫人和阿瓦尔人继续迁徙扩张。塞萨洛尼基的守护神《圣迪米特里的神迹》中也记录了对该城的这次围困。围城的时间大概在610年到626年之间，当时被拜占庭人称呼为"斯克拉文尼人"的斯拉夫人乘着一种用中空的树干做成的形状特别的船"独木舟"（monoxyla）来到海上。626年，阿瓦尔人和斯拉夫人联合围攻拜占庭首都，但以失败告终。这一事件对拜占庭人的重要影响不久将会显现。这里需要指出的是：该事件标志着阿瓦尔人在伊里利亚地区势力的衰落，但是斯拉夫人的和平式渗透并未停止，他们在这个时期可能一致同意以部落为团体进行迁移。他们似乎主要集中在塞萨洛尼基城郊。

最后，在西部，查士丁尼政府的极度脆弱性日趋明显：616年到631年间，几乎所有在西班牙的收复地都已丧失。然而，更为明显的问题是7世纪与8世纪期间来自意大利的困扰，这里曾是宗教和历史中心，却因君士坦丁堡的建立而成为边远地区。这一问题在查士丁尼统治时期就一直潜伏着，在伦巴第人入侵和罗马主教格列高利一世任职期间显现出来。拉文那总督无力为拜占庭人提供解决之道，而在罗马主教控制下，越来越投向罗马。616年，一个来自康扎（Conza）的约翰在坎帕格那发动叛乱从而掌握政权。拉文那总督（另一个约翰）和其他官员惨遭杀害，叛乱的原因可能是支付给那些从当地招募来的士兵的薪金迟迟不能兑现。希拉克略派去重整秩序的埃莱塞留斯（Eleutherios）竟然自立为皇帝，并在拉文那大主教的陪同下去罗马接受加冕，不料途中遇刺身亡，但是这一插曲已经预示着将来的不幸。

这一系列军事事件只是关于希拉克略统治的一部分。由于所有战争都是以某种思想意识为旗帜的，所以希拉克略发动的战争也被当做圣战。这是自君士坦丁时期就已存在的，并延续到这个时期的基督教"罗马观念"的结果。君士坦丁被看做是一种标志①，重新夺回耶路撒冷圣十字架后，希拉克略将自己与君士坦丁联系起来，他的儿子兼继承人则被授予"新君士坦丁"的称号。在宫廷诗人皮西迪亚的乔治的作品中以及9世纪初由塞奥发尼斯撰写的希拉克略的演讲词中，都表达出圣战的观念，这表明拜占庭人的历史意识中赋予其永久的使命。大教长的责任看来也属于同样的范畴，在626年的危机时刻，教会捐献了财物。大教长塞尔吉奥斯在国家元首出外作战期间，被授权在首都行使帝国权力。那一年，君士坦丁堡被波斯人和阿瓦尔人合力包围，皇帝鞭长莫及。塞尔吉奥斯在基督与圣母圣像下发布命令，巡视城墙，这些圣像早在几十年前就已经成为拜占庭镶嵌画的主题。当时人们都说看到一位女性身影在城墙上移动，并向入侵者放箭。那一天，君士坦丁堡和它的保护神建立起永久联系，她的长袍也因阿瓦尔人的威胁从圣母堂教堂迁移到圣索非亚（St Sophia）教堂，被尊为圣物受到崇拜。626年围城期间为圣母作的赞美诗（akathistos《永不倒下》），直到今天仍然是东正教祈祷式的组成部分，而且仍按照原版颂唱。这件事被作为标志性事件永远铭记，在此后的拜占庭基督教的历史进程中，再也没有比这件事更有神力的例证，因此查士丁尼二世将基督像铸在其铸币上，取代十字架，而十字架也只是在提比略三世时才刚刚代替了古老的胜利女神肖像，这个变化顺序意义非常。

"罗马"的统一就是如此证明其在宗教信仰上的统一。希拉克略收复耶路撒冷后，禁止犹太人入城，并发布法令规定他们在帝国内应改信宗教，这一措施是其前任们都不敢实施的："关于古代的争论"曾保证犹太教保留原样，如今这一条令已被废止，被一个新的价值体系取代。在另外一个阵地上，东方的波斯人以及后来的阿拉伯人的胜利恰恰是从5世纪

---

① 君士坦丁一世统治期间，曾从耶路撒冷获得过部分"圣十字架"，因此备受基督徒推崇。——译注

到6世纪就已经开始的各行省分裂趋势的结果。希拉克略清楚地认识到这一危险。早在616年，大教长塞尔吉奥斯就制订了一项针对一性派的调解教义。这个派别以基督的两性统一于"同一能力"的理论为基础，中央权力与亚美尼亚以及安条克的僧侣们达成一定的和解，并获得了教皇霍诺留的支持，然而它受到634年耶路撒冷的新任大主教——察尔西顿派教徒索弗洛纽斯 (Sophronios) 的不合作抵制，并遭到更为激进的亚历山大的一性派教徒的反对，这些人也遭到其大主教基罗斯 (Kyros) 的迫害。638年，一项新的关于基督的"一意论" (monothesletism) 的文献《通谕》 (Ekthesis) 出炉，并在首都举行的一场宗教会议上获准通过。亚历山大教会对此表示接受，而罗马主教塞维里努斯 (Severinus) 强烈反对，他的继任者约翰四世还召集宗教会议对其进行谴责。皇帝及其同伙的大教长针对罗马主教的教义进行新调整，却再次埋下隐患。同时，东部的一性派在伊斯兰教统治下，作为少数派信仰延续了百余年。即使这样，正教的希腊精神之光并未就此轻易熄灭。在不包括耶路撒冷在内的巴勒斯坦地区，许多希腊修道院直到9世纪才逐渐衰落，而其他诸如约旦沙漠中的圣萨巴斯修道院就像西奈山上的圣凯瑟琳修道院一样，保留至今。还应该提到的是，7世纪时，希腊僧人阿纳斯塔修斯 (Anastasios) 除了在一本著名的传奇中半真半假地描绘西奈半岛，用魔鬼和游荡的"萨拉森人"来填充他的故事外，还辑录了一本《指南》 (Hodegos)，内容是反对一性派的察尔西顿派辩词。

东部的分离与调整

希拉克略的继承者们统治期间，新的世界在继续形成中。伊斯兰教世界再一次从拜占庭中央政府与边远地区的长期矛盾中获利，继续获得其新胜利。阿拉伯人从埃及出发，经昔兰尼加和的黎波里塔尼亚 (Tripolitania，今利比亚境内)，在647年到达拜占庭属非洲，而在642年一位亚美尼亚将领的叛变为阿拉伯人在654年完全征服那个地区铺平了道路。然而，尽管在德温设置了一位穆斯林官员，但是阿拉伯人的支配权仍仅限于财政与军事命令，因为653年签订了一份条约，该条约允许保留亚美尼亚社会的尚武、政治以及基督教特征。最重要的是，自此以后，穆斯林得益于从拜占庭人手中得到的港口、造船木材以及沿海地区，尤其是叙利亚海员，大海逐渐成为穆斯林战争的舞台，645年，第一支阿拉伯海军在叙利亚的的黎波里组建完毕。紧接着在654年，罗得岛陷落，塞浦路斯也岌岌难卜。659年，哈里发政权的内部纷争为两国签订和约提供了机会，同时订立的一项协议迫使阿拉伯人以金索里德形式缴纳贡金。然而冲突再次发生，战争从非洲开始，而后大部分战争在海上进行。君士坦丁四世统治时期，阿拉伯舰队已经熟知爱琴海航行，遂对君士坦丁堡发起攻击。673年，他们穿过赫勒斯滂海峡，停泊在库齐库斯（今土耳其境内），之后在每年的航海季节（4月到9月）对君士坦丁堡进行封锁，一直到677年为止，因为那一年哈里发因各地叛乱被迫放弃封锁。拜占庭人抵抗侵略的胜利，部分应归功于一种针对阿拉伯船只装备而发明的武器。这种武器被后来的"十字军"称为"希腊火"，即一种用石油、硫磺和沥青混合成的易燃物，从管子里发射出来，它甚至可以在水面上漂浮燃烧。

阿拉伯人作为一股海上势力迅速崛起，并开始与拜占庭人在海上发生冲突，这一冲突成为对维持拜占庭战争机器运转的财政与管理体系进行重大改革的诱因之一，稍后我们将详述这次改革。688年再次缔结合约，查士丁尼二世同意从马尔代斯（Mardaits）前线撤军，而居住在阿曼努斯（Amanus）丘陵地区的好战山民构成了拜占庭人与阿拉伯征服地区的缓冲带。这些居民不时地攻击阿拉伯人，从而起到了保护拜占庭人的作用。如此一来，查士丁尼二世就放弃了小亚细亚地区，把马尔代斯的居民移到潘菲利亚，后来又将他们大批迁往希腊，成为补给帝国军队的兵源。

在巴尔干半岛，斯拉夫人在莫埃西亚（位于多瑙河右岸），特别是马其顿地区定居下来，而且相当稳定，以至于从此以后，他们真的被视为一个少数民族聚居群，即拜占庭文献中的"斯克拉文尼"（sklaviniai）。希腊有大量关于斯拉夫化蔓延的热情洋溢的描述，这些文献可以追溯至19世纪以及民族意识复兴之际。亲希腊的意见承认塞萨洛尼基周边严重的斯拉夫化，并认为这是对该地区进一步发展的阻碍，而且还承认斯拉夫人深入伯罗奔尼撒半岛西部，但是却否认斯拉夫人曾经在希腊中部以及伯罗奔尼撒半岛东部有过长期的渗透，否认他们曾经进入色雷斯。无论如何，在我们与6世纪晚期进行比较之后，就会发现，拜占庭政府的习惯做法是将上面提到的色雷斯作为安置外来移民的最后地区。然而，重要的是将一个地区的人口和文化区分开，因此问题真正的焦点在于斯拉夫人的文化传播。考古资料和地名证据毫无疑问是非常重要的，但是现在它们并不能建立一个非常确切的年代表。文献自然是关于正式的侵略行动：对远到伊庇鲁斯甚至塔夫格图斯（Taygetus）地区的袭击、海上抢劫、对爱琴海群岛的攻击，最重要的是对塞萨洛尼基的一系列进攻，还有眼前诱人的战利品。为解塞萨洛尼基之围，君士坦斯二世于658年发动了一场旨在镇压斯拉夫少数族的正规战争，就在这期间，塞奥发尼斯首次在其叙述中使用了"斯克拉文尼"一词。689年，查士丁尼二世对马其顿的斯拉夫人发动了另一场战争。他还从斯拉夫人中招募士兵来保卫横穿斯特里蒙（Strymon）的通道，而一些居民被放逐到小亚细亚以补充抵抗阿拉伯人的防线。然而，最主要的是，7世纪的最后几十年见证了斯拉夫人在巴尔干历史上开启了一个新篇章。

在这几十年期间，第一个保加利亚国家诞生了，更确切地说，是第一个拜占庭人所承认的、可与其在巴尔干——多瑙河一线进行平等对话的酋长国诞生了，该事件具有决定性意义。

　　西奈沙漠中的一座设防修道院：圣凯瑟琳修道院，527年由查士丁尼所建，海拔高于1500米，只能借助于滑轮上下。目前该地有大量建筑，其中包括一座清真寺。

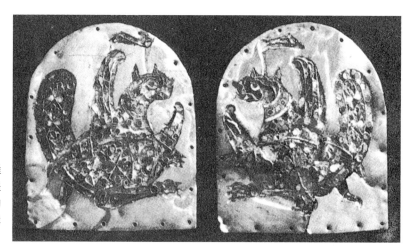

一件10世纪王冠上的雕饰物，为格里芬的特写，是保加利亚艺术中传统雕刻的组成部分（藏于普里斯拉夫考古博物馆）。

保加尔人与匈奴人及阿瓦尔人具有同样的突厥血统，可能与6世纪早期的乌特利古（Utrigur）匈奴人和库特利古匈奴人有关系，或者就是其中的一支。他们早在希拉克略统治时期，就对拜占庭帝国在多瑙河北岸的入海口构成威胁。像其他源于同样祖先的民族一样，他们把自己培养成英勇的骑兵，他们的文化带有西伯利亚和伊朗影响的痕迹：由一位权力世袭的可汗率领。626年，他们参与围攻君士坦丁堡。635年左右，保加尔人科夫拉特（Kovrat）起义反抗阿瓦尔人的宗主权，被希拉克略赐予大量礼物和贵族封号，阿瓦尔人在巴尔干半岛的历史由此终止了，属于保加尔人的历史则刚刚开始。679年，因受到另一支突厥族哈扎尔人的排挤，保加利亚大汗阿斯巴鲁赫（Asparuch）越过多瑙河，我们后面还要涉及哈扎尔人。当阿斯巴鲁赫在多瑙河与巴尔干山脉之间安顿下来后，发现他们进入了斯拉夫人占主导地位的地区，而保加尔人将成为统治那里的少数族裔。接着，681年，他与君士坦丁四世签订协议，拜占庭人承认他在这块帝国官方土地，即以前的莫埃西亚行省的权力，并付给他年贡以示支持。正如拜占庭学家现在开始承认的那样，保加尔人像楔子一样嵌在拜占庭帝国与多瑙河边远地区之间（大河的下游地区仍然处在拜占庭人控制下），极好地完成了这个时期他立足此地的使命。在后来成为保加利亚国首都的普里斯卡（Pliska），考古发掘已发现一个带有乌拉尔－阿尔泰（the Uralo-Altaic）特色的文明，并像其他文明一样，带有伊朗影响的痕迹，即将破译的神秘铭文、带有动物图腾的太阳神象征、带弓的武装骑士、一位巫师的画像——他是带有小铃铛传统的西伯利亚巫师。可汗从天神领受权力，居住在由其贵族们环绕着的宫殿里。早在705年，保加利亚人就开始干涉拜占庭帝国事务。当时，保加利亚可汗特尔维尔（Tervel），即阿斯巴鲁赫的儿子，帮助逃到保加利亚地区的拜占庭下台皇帝查士丁尼二世重新夺取皇位。作为回报，他被授予恺撒的封号。由于与斯拉夫人的杂居以及与拜占庭人的交往，从8世纪开始，对保加利亚的文化渗透到9世纪已初见成效。最后，紧随保加利亚人之后，另一支突厥部落哈扎尔人在679年左右到达黑海，并在克里米亚得到定居地。此后，他们占据伏尔加河中游。当查士丁尼二世首次被赶下皇位时，他在哈扎尔人处寻求避难，并娶可汗的妹妹为妻。这个民族的时代在8世纪即将到来。

西部的疏离与隔阂

西部的问题，更明确地说应该是意大利和教皇的问题。我们看到阿拉伯征服者如何像其波斯先驱那样努力地从拜占庭帝国君士坦丁堡地区脱离出去，他们的文化已经带有分裂的倾向。这样的局面也出现在西部，出现在那个拜占庭人在西部的最后根据地——意大利，并且一直持续到1054年的绝交。主教们相继脱离帝国的控制，例如646年非洲的格列高利（Gregory）、642年和650年意大利的莫里斯和奥林皮奥斯（Olympios），这些事例都显示出分离活动的军事和政治影响。由于6世纪末期格列高利一世大主教权力得到确认，在此基础上，这一趋势益加不可阻挡。罗马大主教否认希拉克略颁布的《通谕》之后，也不愿意接受君士坦斯二世于648年发布的"表意说"（Typos）。他禁止信徒对希拉克略的观点进行任何讨论。罗马主教马丁一世（Martin I）在649年的拉特兰（Lateran）宗教会议上谴责了"表意说"，这一做法得到当时自立为帝的总督奥林皮奥斯的支持。但652年，奥林皮奥斯在西西里与阿拉伯人交战身亡，马丁则在拉特兰教堂被捕，押解到君士坦丁堡，经过审讯后被流放到车绳（Cherson）。马丁得到非洲教会的支持，尽管这个教会继承了拉丁教会传统，但维护其正统信仰的代言人却是位希腊人，即"坚信者"马克西莫斯（Maximos）。他约在580年生于君士坦丁堡的一个贵族家庭，曾在政府机关担任高官，后出家为僧。在那个时代的冒险精神的激励下，他离开在库齐库斯的修道院，前往埃及，再到非洲，投身于反对一性派的斗争中，之后又再次与有妥协倾向的基督一性论斗争。由于在649年罗马会议上的激烈言辞，马克西莫斯也遭到与前任罗马大主教同样的命运：被捕、被谴责、被割舌、被砍去右手，662年在流放中死于拉齐卡。后来他被誉为希腊教会的著名作家之一，因为在那个时期他曾预言：拜占庭修道院教会将在整个9世纪期间反对主教制下教会的政治统一，而且他主张服从罗马是必然的结果。君士坦斯二世离开君士坦丁堡，穿过意大利半岛南端，来到当时由伦巴弟人控制的叙拉古（Syracuse），在那里从663年一直住到668年被暗杀。他还在罗马受到大主教的款待，他的这次迁居是迫于首都的困窘以及非洲阿拉伯人对拜占庭意大利领地的威胁，这也给了皇帝重新控制拉文那的机会，拉文那大主教从君士坦斯那里得到了对其教会独立自治权的承认。罗马与拉文那的官方决裂发生在680年，那一年君士坦丁四世在首都召集了第六次宗教会议，会议废止基督一性论的观点，与会代表包括罗马大主教的代表阿加索（Agatho）。

　　然而历史的进程是向分裂方向发展的。692年，查士丁尼二世在其"宫殿的圆顶大厅"召集会议，这座大厅在拜占庭历史及拜占庭人后裔历史上极其重要。与533年和680年至681年就教义问题举行的会议一样，这次会议的目的是完善教会的信条体系。它所制定的信条成为拜占庭基督徒信仰标准的基础，是早期教义发展的规范。这次会议首次提到它所身处其中的严峻的教义环境，他们受到境内外的犹太人、亚美尼亚人以及那些难以控制的基督徒的思想抵制，后者还坚持旧仪式和礼节，就像作为首都的"新罗马"遭到伊斯兰以及崇拜多神教的斯拉夫人和保加利亚人的包围一样。其他教规表明，教士们，尤其是亚美尼亚人教士们的犹太模本仍然具有吸引力，它们使教士成为一项世袭职位，并且通过贡献熟肉来表示对教会的尊崇。此次会议竭尽全力来区分僧侣与俗人，同时又保证俗人在礼拜期间的庆祝以及参加周日祷告的权利。尽管它保持了《旧约》中禁止饮血的律法，但仍然坚持禁止一切与犹太人有关的活动的传统：基督徒不参加逾越节，不经常洗澡，不与其混居，不向其求医。但是，最重要的是，细细观察可以发现其规定的信条引起双重忧虑，并且第一眼看来是相互矛盾的。一方面会议谴责固守旧的仪式和节日，包括庆祝新年、狂欢节的化装舞会、崇拜狄奥尼索斯（Dionysos）并使用希腊的——也就是异教的——方式宣誓。另一方面，它又转而针对，或退一步说怀疑，基督徒庆典的自由形式。会议还走着一条陈腐之路：它禁止普通信徒布道和宣讲教义，禁止在私人礼拜堂施行洗礼，禁止修士闲逛。但是，对俗人不能自领圣餐以及隐士应先从修道院实习生开始的要求和规定，揭示出基督教化的一个过程，即服从教会的严格权力的难度愈来愈大，其真正原因在于基督教的社会影响日益深入。此外，正如刚刚指出的，随着基督教化的加深，基督教吸收了古代历法因素，并经过集体自觉的彻底消化，其基本核心在数个世纪中被保留下来，甚至在今天的希腊和巴尔干风俗中仍保留了痕迹。能够证明这一点的风俗有：为尸体施行领圣餐礼；圣诞节后的次日食用粗小麦粉制成的餐点，作为初为母亲者食用的食物。像塞奥多利·巴尔萨蒙（Theodore Balsamon）这样的许多12世纪著名的教义学家在注解中特别指出，692年阐述的理由中提到的术士、女巫、私人宣道师或圣愚，在拜占庭帝国后来的几个世纪中再次出现。

　　在此次会议的所有决议中，忽略了与罗马大主教的分歧，甚至不经其同意而形成决议。虽然会议自称是680年至681年宗教会议的延续，但事实上它特别讨论了东部的问题，并将君士坦丁堡提升到与罗马同等的地位。而罗马拒绝承认关于教士可以结婚的决议，只是在721年就禁止教士结婚的法令中对保持精神上的亲密关系（通过洗礼）表示认可。此次会议也没有重现649年会议的场景：追捕罗马主教塞尔吉奥斯的努力遭到失败，罗马民兵和总督的军队已经能够保护其贵族。事实上，在查士丁尼二世第二次统治期间，罗马主教君士坦丁一世对君士坦丁堡还进行了正式访问，并达成和解。然而，尽管7世纪和8世纪中罗马具有偏向希腊方式的力量，但是这次和解只是暂时的，两个教会的个性特征已日趋明显。

"东部帝国"的形成

查士丁尼二世是希拉克略王朝的末代皇帝，他的儿子提比略还是个孩子的时候，就被割开了喉咙，当时正值711年，查士丁尼第二次被废黜之际。接下来的数年充斥着争夺继承权的斗争，在此过程中夺取皇位的有：非力皮克斯·巴尔达尼（Philippikos Bardanes，亚美尼亚人，711年12月～713年6月在位）、加冕时称阿纳斯塔修斯二世（Anastasios II，713年7月～715年8月在位）的阿特米奥斯（Artemios）、塞奥多西三世（Theodosios III，715～717年在位），最后是利奥三世，716年8月18日掌权，717年3月25日加冕。他们每人都拥有其各自军队的支持，而且均从大军事行政区域招募士兵。这些地区被称为"军区"，最早出现于7世纪的最后十年间，本书将在后面加以说明。利奥管理阿纳多利亚军区，同时得到亚美尼亚军区"将军"阿塔瓦斯多斯（Artavasdos）的支持，从后者的姓氏即可看出其亚美尼亚血统。胜利后，利奥还将女儿嫁给他，作为回报。利奥的即位将东部边疆的防御关键地带提到最重要的地位，因为他出生于那里的日耳曼基亚（Germenikeia），因此这里正是他本人的发祥地。他的男性后裔统治到797年。他的儿子君士坦丁五世（Constantine V）于741年继位，但他从720年就开始作为共治皇帝治理帝国，时年仅两岁。741年至742年，他挫败阿塔瓦斯多斯的反叛图谋。阿塔瓦斯多斯得到奥普西金军区和亚美尼亚军区的支持，而皇帝本人则依靠阿纳多利亚军区和色雷斯军区的忠诚。君士坦丁的统治持续到775年，他于733年娶哈扎尔人可汗之女为妻，后者受洗后名为伊琳尼（Irene）。她与君士坦丁育有三子，其中包括后任皇帝利奥四世（Leo IV）。君士坦丁的第三次婚姻又为他带来多名子女。利奥四世在750年与其父开始共治，775年到780年期间进行独立统治。他娶了另一个叫伊琳尼的雅典姑娘，其子君士坦丁六世（Constantine VI）继位。君士坦丁六世与其母亲的分歧以及她掌权的过程，与当时整个拜占庭国内历史紧密联系在一起，以至于不能简单地概括说明。当797年君士坦丁六世被其母亲刺瞎后，严格地说，伊苏里亚王朝已经终结，尽管伊琳尼的统治又延续到802年。

无休止的战争

8世纪拜占庭进行的战争是由皇帝个人，尤其是君士坦丁五世指挥的。这些战争包括与保加尔人在多瑙河下游和色雷斯前线的战争，与阿拉伯人在海上以及陆地上的战争，那个地区即小亚细亚，后来在11世纪成为与阿拉伯战争的主战场，其东端以梅里特纳及其郊区为界，西南有陶鲁斯山脉为屏障，西北以亚美尼亚第一丘陵为屏障。这里曾是古老的一性派的据点。再往南，在埃德萨之外，是古老的聂斯脱利派地区。这里曾经是拜占庭与萨珊波斯的边界。从7世纪中期以来，亚美尼亚人自己建立的王朝控制着这里的军事以及教会，但它仍然是拜占庭人与阿拉伯人争夺的焦点，而他们自己也意识到其战略意义。最后，哈扎尔人在即将到来的百年中跟随保加尔人的踪迹，到达伏尔加河和里海地区，并建立了国家。其两侧都以顿河和库班河为界，他们的存在有助于抑制伊斯兰教在高加索地区的扩张。另外，他们还扼守重要的商路，也许正是沿着这条路，犹太人的影响在740年左右渗透到可汗腹地及其周围地区，促成他们最终皈依了犹太教。

　　拜占庭帝国首都让阿拉伯人开了眼界。717年至718年，君士坦丁堡遭到来自海上和陆地的两线攻击，被阿拉伯军队围困，后来在保加尔人的帮助下击退阿拉伯人。这将是首都最后一次被阿拉伯人围困，因为虽然726年阿拉伯人再次开始每年一度的骚扰性袭击，但是进攻的主力被拜占庭人的胜利击碎。739年，拜占庭在阿克罗伊农（Akroinon，位于Afyon Karahissar附近）的胜利以及747年在海上的胜利，使得埃及阿拉伯人舰队在很长一段时间内瘫痪，一旦离开新征服的塞浦路斯岛，就无法行动。接下来的十年发生了重要的事情。751年，亚美尼亚人反抗阿拉伯人的统治，拜占庭皇帝趁机重新占领该地区，并摧毁塞奥多西堡（Theodosioupolis）和梅里特纳两城。755年，他把一些居民安置在这里定居，其意图很明显，就是要减少敏感的小亚细亚地区的压力并巩固巴尔干边疆。最终，皇帝拒绝向保加尔人缴纳先前商订的贡金，从而导致战火重燃。755年，保加尔人进抵首都近郊，但是拜占庭人掌握了先机，而且躲避进首都的难民们也投入防守。758年，在色雷斯和马其顿地区爆发的斯拉夫人叛乱被镇压，这就成为斯拉夫人被驱逐的转折点，他们被赶到小亚细亚。在黑海也发生了斗争：733年，拜占庭舰队深入多瑙河，特雷里哥（Telerig）可汗投降。读者不要被这些特别提到的年代所误导，我们在这里所陈述的，不是拜占庭人为实现和平而进行的攻守斗争，而是当时社会的一个基本趋势，因为无论其直接动机是什么，战争都是这一趋势的产物。显然，战争并不只是以国际关系的形式出现，即使不包括意大利和罗马大主教的事务，它在大多数情况下也是以国内关系的形式出现的。盟约、君士坦丁五世的婚姻以及特雷里哥777年在君士坦丁堡接受洗礼等，都表现出这些关系的交替性、含糊性的特征，但是最重要的是，通过对构成这部分历史主体的民族与国家的逐渐而永久的重新安置，将战争限定在其他文化领域内。因此，很明显，战争成为社会内部变化的表现形式。在后面章节中人们会发现这一现象和正在发生的变化的证明。

一个新帝国的新制度

　　6世纪的最后几年已经预示出拜占庭历史上的两个时代即将分离，而7世纪至8世纪的一整套社会文化变革将这一倾向完全变为现实。这个时期最根本的特征不是斯拉夫－保加尔人和阿拉伯人的迁徙运动，也不是经济变化，而是这种分裂倾向，尽管文献资料不详，但却可以在9世纪早期出现的一套秩序完全不同的社会中看出来。因此，这些转变的起源、目的以及有时包括的时间范围就引起激烈的争论。

　　让我们从管理机构开始考察。将所有的行政与军事权力都集中于惟一的管理者手中，这一形式在6世纪并不陌生，查士丁尼就曾在难以控制且多山的亚洲行省实行过，它还是意大利和非洲总督制的基础。"军区制"（'themes'来自希腊语的"themata"）从伊拉克略时代开始出现雏形，此时已逐渐发展成熟，每一个军区都以一位全权的"将军"（strategos）为首。从戴克里先时代开始，军队体系就由中央指挥的机动部队"军团"（comitatus）为主，辅之以常备军"地方军"（sedentary）和各行省边疆部队。有时，在正规团队（tagmata）中也编有中央军队。从此以后，"军区"一词就指该省的军队以及它所防护的地区。这样，这个本来只具有军事意义的词汇，在当时整个拜占庭社会都时刻准备战争的背景下，成为一个管理单位。军区的设立是有弹性的，受到变化的环境、需要调整的条件，特别是完善编制的要求等因素影响。最古老、最大的军区的出现可追溯到7世纪晚期，即帝国腹地小亚细亚分成若干军区：东北部是669年至692年间设立的亚美尼亚军区，大约在同一时期设立的阿纳多利亚军区（即东部军区），与前者在西北部分界；奥普西金军区向北方延伸，接近君士坦丁堡；在保加尔人入侵以后，680年至685年间色雷斯军区又被划分出来。732年，首次提到西比尔海奥特（Cibyrrhaeots）海上军区的"将军"，其首府是阿塔利亚。

　　海军的编制也与此类似。起初，在7世纪的最后25年中，拜占庭在与阿拉伯舰队的战斗中组成了后来成为海军一部分的"轻战船舰队"（kareabisianoi，现代希腊语中的"karabi"，意为"船只"）。但是，由于它在717年君士坦丁堡围城中毫无作为以及后来支持阿特米奥斯，即阿纳斯塔修斯争夺皇位，因此就给了胜利后的利奥三世以充分的理由来限制其发展。自此以后，拜占庭海军的一部分就作为一支帝国舰队，驻守在阿比多斯（Abydos）和海尔隆（Hieron），以保卫君士坦丁堡和海峡，偶尔参与远征作战；同时另一部分构成行省舰队，作为海防巡逻兵。这一分划因沿海军区的建立而加强，这些军区是西比尔海奥特军区（从8世纪30年代）、爱琴海军区（从9世纪40年代）、"12岛"军区（Dodecanese，10世纪中期）以及10世纪晚期设立的希俄斯（Chios）和萨莫斯（Samos）军区。军区制在9世纪和10世纪前半期达到黄金时期。随着军区的分划与再分划，军区制早期面临的巨大障碍逐渐减小。到10世纪中期，东部边疆的战略重要性促成了一个新军区的建立，与内地的主要的或"现代希腊的"军区相比，边疆的或"亚美尼亚"的军区看上去比一座"堡垒"大不了多少，只是多了一些周围的领地。在军区制度开始衰落以前，"将军"逐渐把各种不同的司法权控制在自己手中。到10世纪晚期，已经出现一种倾向，"将军"渐渐从属于负责军事事务的军队大公，后者指挥整个前线防

一种所向无敌的秘密武器，希腊火。这一发明要追溯到很早以前，它确保拜占庭海军，特别是在对抗阿拉伯人的战争中的霸主地位（摘引自马德里国家图书馆所藏的13世纪《斯基利泽编年史》）。

御地区的军团。这一倾向还表现为司法总监（praetorian magistrate）的司法权与"将军"的司法权日益分离。军区制在11世纪逐渐瓦解。尽管在早期其财政资源和征兵能够得到保障，但是在晚期还是出现了问题，这正是贯穿这个时期始终并由社会与战争之间的关系引起的问题。

　　由戴克里先创立的财税系统仍然继续被沿用，财政负担主要是为军队士兵与装备提供补给。这一负担主要加在农村地区，当税收改由货币征收后，招募雇佣兵就成为可能，雇佣兵中包括蛮族军团，他们与拜占庭政府签订契约，其中特别注明他们在拜占庭土地上，尤其是边疆地区的居住权。很可能由于这一体系逐渐不能满足帝国的需要，尤其是考虑到疆域的丧失、长期全面战争带来的压力、最新的技术发展以及由此产生的难以避免的社会后果，所有这些因素把需要昂贵装备的重装骑兵提到战略中心地位。无论如何，在我们无法确定的某一年代，可能是在8世纪末之前，纳税者开始被登记在两个不同的名册上，分别称为"平民"或"士兵"。考察的最后结果是，"士兵"纳税者的特殊义务就是提供兵源和士兵的装备。9世纪早期，皇帝尼基弗鲁斯一世（Nikephros I，802～811年在位）仍然喜欢用那种被他的同时代编年史家塞奥发尼斯称为"沉重的"税收方法，而事实上，这是一种传统的——或更确切地说是古代的——税收方法。他根据记录在5世纪早期法令上的原则，在乡村设立了共同为当地募兵准备装备军需的义务。他强行从最富有的船主们手里贷款用于某一个地区，这种方法也曾经被罗马皇帝图拉真用来建立其"食物银行"。

283

事实上，9世纪期间的服役以及提供装备的义务看来已转移到"士兵家庭"——自由人的家庭上，因此这些人也可以叫做"士兵"，其财产可以免税：以高龄死于898年的小尤西米乌斯（Euthymios）的《生平》将自己描写为这种类型的自由人的儿子，从而为编年史提供了一条线索。这项政策中贯彻的原则也不是新发明，它源于5世纪6世纪繁荣时期的教会财产免税政策。同时，它还用于向驻守边疆的军队派发补给的计划。但是，有证据表明，9世纪以后，这种"士兵"财产分散到整个帝国，更确切地说是遍布所有军区。

由于海军士兵的特殊性质，因而需要从沿海居民中征兵，此时主要是从阿曼努斯山的马尔代特人（Mardaites）中招募，这些人就是被查士丁尼二世迁到潘菲利亚地区来的。海军的战斗单位是"快船队"（Dromon）。快船是一种两头尖尖的桨动战船，可载100人至200人，后来还装备了"希腊火"。目前还没有充分材料明确说明沿海军区的舰队编制，但是也可能采用上述同样的特别免税政策。后来，由于通常所遇到的问题，海军也开始依靠招募雇佣兵来维持，因此就出现了被雇用的俄罗斯水手。

一种新社会阶层的诞生：士兵、农民

对于社会史家学来说，最重视的问题显然是招募陆军士兵。9世纪的圣徒"行传"、9世纪至10世纪的军事战略论文以及9世纪至11世纪的整个立法倾向，都表明士兵按照其财产的多寡构成了新的社会阶层，即拥有军事地位，因此也有社会地位的骑兵，在某种意义上，他们与同时代西欧加洛林王朝每年出征前参加发布命令的"牧野誓师"大会（capitularies）的那些士兵地位有些相似。在这个时期的拜占庭历史中，武士阶层的进化牵扯出一个困难的本质性问题。关于武装部队的招募与财税管理的军事财产制度并不严格，以至于10世纪至11世纪日益流行的是传统的、用货币支付取代军事义务的做法，因而导致对外国雇佣兵的过度依赖。此外，这种"军事家庭"似乎从一开始就被分散到整个社会的汪洋大海之中，而不是像我们以前设想的那样，集中在农村地区进而加强对斯拉夫人的抵御，以后我们会看到其进一步变化后的结果。民族的地理分布最终没有形成，因此帝国内部就存在着一种从边疆到帝国中心寻求运气的冲动，通常是通过战争得到好运气。这样，战争的压力就主要落到亚美尼亚移民身上。当皇帝们进行像8世纪中期君士坦丁五世流放大量人口的运动时，大多数群众才会体会到战争的压力，但是有一种人自愿提供兵役，由于8世纪帝国内部的皇族斗争，因此这个时期这一传统变得更加突出。一个典型的例子是撒马特·巴格拉图尼（Smbat Bagratuni）的斗争：起初，他将国家卖给阿拉伯人以换取统治权，从而损害了其敌对王朝，即亲拜占庭人的马米克尼人（Mamikonians）和康撒拉坎人（Kamsarakans）正统王朝的利益。后来，他变得太强大使阿拉伯人难以容忍，于是在700年左右，他转而投靠拜占庭人，但由于其宗教信仰不同，这种关系也只维持了数年。随着非力皮克斯·巴尔达尼和阿塔瓦斯多斯（即利奥三世的女婿）的崛起，历史记载也表明这时亚美尼亚血统的人物不断增多，该趋势在9世纪中期以后会更加明显，但是此时它已经引起注意。在这个时候，这些外来者的出现显然加强了拜占庭社会的军事特征，或者更确切地说，是其政治上的统治阶层的军事特征更加明显。例如，亚美尼亚军区"将军"巴尔达斯（Bardas）在利奥四世死后，参与政变阴谋，推举已故皇帝的兄弟尼基弗鲁斯执政；再有禁卫军（负责皇帝与皇宫安全的军队）的指挥官阿莱克西斯·莫塞勒（Alexis Moselè）受伊琳尼派遣，镇压亚美尼亚军区叛乱，并因此成为该军区的"将军"。这两个例子以及其他事例都表明，亚美尼亚人在东部前线和帝国周边的其他地区的军事战略中都发挥着相同的重要作用。最后，正如以后会出现的那样，历史编纂学家为我们描绘了一个背景来思考那种在9世纪占主导地位的血统继承制。这种制度在君士坦丁五世时期已经出现，亚美尼亚的贵族政治倾向正是这种演变中的一个因素。

这种整军备战的社会变得越来越非城市化，帝国在南方丢失的土地已经使它失去了原先繁荣的城市生活区域：叙利亚、巴勒斯坦以及伟大的亚历山大和安条克。小亚细亚和色雷斯地区遗留下来的市镇在7世纪饱受侵袭之苦：小亚地区受到来自波斯的侵袭，有时还不时地受到阿拉伯人的侵袭；色雷斯则不仅遭到斯拉夫人而且遭到保加尔人的侵扰。考古研究清楚地揭示出这些影响，并证明城市环境和城市管理的变化以及当地货币流通的衰落。与城市生活衰落相伴的还有城市人口的减少，这些结论是建立在对科林斯卫城墓葬中8世纪地层，也就是在居民区的中心区域的研究基础之上的。帝国对军区的重建调整了帝国的城镇政府职能，同时还给一些城市，诸如阿塔利亚带来一些好处。城市主教管理的辉煌时代已经远去。到这个时候，由于君士坦丁五世的迫害，显眼的修道院建筑已经分散到比塞尼亚（Bithynia）以及其他地区的山区中去。无论是与阿拉伯人的无休止的战斗，还是保加尔人对科林斯不停的威胁与侵袭，都阻碍着诸如雅典之类的沿海城镇的商业活动，总之，所有的侵略都没完没了。最后，746年至747年席卷帝国的瘟疫也来踢上一脚。然而，在言语朴素的《圣徒传》中，古老的城市并没有灭亡，而是进入了沉睡期，直到9世纪才再次复兴。就我们的判断而言，首都也经历了同样的变迁。这里没有系统的考古资料，但是文本文献表明8世纪的人口非常少，甚至不能保卫城墙，并且一些贮水池也被废弃，表明饮水量在缩减，这还不能排除瘟疫的影响。此后，君士坦丁五世从各群岛、伯罗奔尼撒、希腊军区（即希腊中东部）向这里迁移人口。城市衰落的原因还包括阿拉伯人的入侵：673年至677年漫长的海上封锁以及717年至718年水陆两面的围困，都产生了巨大的影响。此外，阿拉伯人在地中海的活动切断了拜占庭人传统的海外市场，但是它的严重性可能没有人们以前估计的那么大。尽管君士坦丁堡不再从埃及进口谷物，但是它仍然从那里进口纸草纸。最重要的是，它仍是首都，因此有着独一无二的复兴机遇。塞萨洛尼基凭借其地理位置以及多瑙河右岸迁徙来的民族，仍然占

步兵与骑兵。尽管有希腊化倾向，这些象牙制品仍然以比较真实的风格再现了拜占庭人在数世纪中使用的标准军事装备（步兵图引自 11 世纪的《四十殉道者》图的二联图画细部，藏于列宁格勒隐士博物馆；骑兵图摘自 11 世纪特尔瓦大教堂宝藏）。

有重要地位，并继续占据着从9世纪就开始的帝国商业与文化门户城市的地位。

　　然而，帝国的物质财富和延续性暂时还在于乡村地区，这一点因军事供给系统而加强。7世纪和8世纪的人口流动，特别是那些斯拉夫人与保加尔人的流动隐含着皇帝们在战略上的考虑，其最终结果可能带有他们各自的计划。皇帝利用新来的居民保卫边疆，抵抗接二连三的侵略浪潮。此外，为了加强防务措施，从6世纪末开始调整色雷斯和小亚细亚之间的人口迁移政策。8世纪，爱琴地区的斯拉夫人在得到"盟友"地位的保证之后，组成了文化独特的自治社会，其宗教和语言差异要到9世纪才逐渐模糊。其他斯拉夫部落在8世纪中期前后居住在伯罗奔尼撒半岛。君士坦丁五世进行人口迁移运动的结果是把斯拉夫人迁移到小亚细亚，把大量亚美尼亚人和叙利亚人从日耳曼尼基亚、梅里特纳和埃尔泽隆地区迁移到色雷斯，这一措施还削弱了不同宗教观点的集团化。所有这些都表明，一场大规模的人口迁移不仅仅是斯拉夫人的大批移动，这场人口迁移甚至像许多历史学家推测的那样，影响整个社会结构。事实上，从7世纪晚期到9世纪末定居期间，几乎找不到任何文献说明这块土地上发生过的事情。最终，经过学者们史无前例地彻底搜索，终于找到一份隐士文献，称为《农业法》。它在许多关于法律条文的文献中都有留存，却无法准确判定其最早的成文年代以及来源地。它在本质上是一份习惯法汇编，它涉及的是各种类型的土地纠纷、讼案，诸如偷盗农具的罪行，特别强调在各个季节中工具的重要性。它所关心的是诸如砍树、收割、伐木的事务，背景似乎是农村公社，其中混合着私人财产、集体地产和公有物。而且，显然公社负担集体纳税义务，特别是负责处理废弃土地。就是这最后一点，引起学术界广泛的争论。法典中的一些章节指出"分配农村土地"的事实，被俄罗斯学者当做斯拉夫公社的证据，他们认为这种公社在定期重新分配土地的基础上，进入拜占庭城乡。先不说那个时期或那些地区是否存在这种公社，其他学者也已经指出在拜占庭税收系统中早已存在对这些事实的充分解释，它要求由国库对废弃土地再分配，或者因公社集体义务由公社分配。这些9世纪至11世纪的文本资料提供的证据，使我们可以描绘出一幅拜占庭农村组织的非常精确的画面，并且可以肯定其财税管理的连续性。

圣　像

8世纪最著名的事件是禁止崇拜圣像，它标志着拜占庭历史发展的决定性阶段，然而不可挽回的是，关于这段历史的记录被9世纪胜利后的崇拜圣像派销毁。学者们只有对尼西亚宗教会议引用过的文章进行艰苦的重新整理后，才能对其有所了解，这些资料是787年恢复圣像崇拜的短暂间隔期以及第二次"毁坏圣像运动"（813～843年）期间，支持圣像崇拜者的辩论词当中保留下的片断，主要是一些宗教会议的信条以及辩论词。由于同样的原因，考古遗址中也几乎没有保留下任何关于这个时期的教会装饰。可能由于这个世纪发生了太多事情，这种空白也延伸到历史编纂领域的编年史中，我们的材料大多只是来自君士坦丁五世的一位朋友之子，即僧侣塞奥发尼斯的编年史，而他本人则是一名狂热的支持圣像崇拜者，他的编年史作于利奥五世（813～820年在位）统治时期。此外，从726年皇帝的第一次毁坏圣像行动到843年圣像崇拜的最后复兴，这场运动与争论历经数个阶段。因此，最主要的是理清事件的顺序，因为这也是关乎其最终结局的关键所在。

8世纪的毁坏圣像运动

利奥三世即位之际，由于与穆斯林的争斗，特别是君士坦丁堡被围，导致整个帝国陷入到期待救世主降临的氛围之中，结果人们要求的不仅是一个新"罗马"，还期待耶路撒冷也出现新奇迹。起初，这种期待仅仅限于犹太人，是他们举起反对伊拉克希哈姆（Hisham）哈里发斗争的旗帜，其起义首领塞维鲁斯是位皈依犹太教的叙利亚基督徒。721年至722年，利奥三世强制犹太人皈依基督教。

从726年起，阿拉伯人再次开始每年侵扰小亚细亚。利奥三世及其子，也就是共治皇帝君士坦丁五世共同颁布名为《选编》（*Ekloga*）的法典，它是继529年颁布《查士丁尼法典》之后的第一部系统编纂的法典，但是两者之间仍有明显的差别：查士丁尼法典是一座丰碑，而《选编》

毁坏圣像者正在抹去基督的圣像。这幅画似乎极力描绘出毁坏圣像者和士兵为在十字架上受难的基督提供食醋（摘自莫斯科历史博物馆的9世纪《赫鲁多夫诗篇》，文献编号129）。

只是一份用当时印刷技术制作的不超过60页的八开本的法典。然而，在内容上两者很少有矛盾之处。《选编》证实了从565年，事实上是从529年以后开始生效的法律在实际运用中产生的一些根本变化，如坚持对通奸罪和同龄者侵害罪的同等过失处理；强调订婚的重要性；确定肢体处罚，特别是针对不同罪行确定残损肢体意义的精确程度。《选编》的序言对皇帝权力做出了解释，把皇帝描绘成摩西式的人物，是由上帝直接并且授意的惟一立法者。

　　然而，在同一年，利奥三世下令拆掉皇宫大殿青铜大门上的基督像，代替之以一枚十字架。不过，被派去执行命令的官员被愤怒的民众打死。此后希腊军区在727年发动起义，但遭到镇压。皇帝发布的禁止圣像崇拜令还激起第一次文字抵抗运动，大马士革人约翰（John Dama-scene）撰写了三篇《论述》。他本名为曼苏尔，生于大马士革一个有影响的基督教家庭，出家前曾在哈里发宫廷任重要官职，后来在巴勒斯坦的圣萨巴斯（St Sabas）修道院出家为僧，教名为约翰。崇拜圣像的支持者们从他那里得到了辩论的理论根据，并引以为标准。从此在《圣经》所谴责的偶像与基督教圣像之间划出一条明确界限，这就是因化体而产生的神性与人性之间的桥梁。就是围绕着这一区别，崇拜圣像者与反对者展开争论，不停纠缠，甚至扩展到那些继承自古代晚期的哲学学院派的命题。

　　圣萨巴斯的这位修道士的论述引起新的问题，因为它们挑战的是皇帝决定重要神学理论的权力。727年至729年间利奥三世和罗马大主教格列高利二世（Gregory II）之间的通信表明，皇帝极力希望得到大主教的谅解，但这些努力均是徒劳的。这些用希腊文保存下来的信件表明，罗马大主教在处理拜占庭宗教事务中长期担任着受理讼案的责任，而这进一步加深了自7世纪以来两大教会之间的裂痕。毋庸置疑，虽然皇帝在实践中能够影响宗教问题，但理论上却不能以

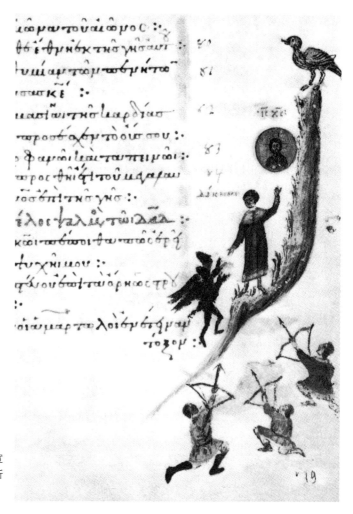

毁坏圣像者（下方）迫害正在公开宣扬信仰的圣像崇拜者（摘自梵蒂冈图书馆所藏古文献，梵蒂冈希腊文献372号）。

其权力决定这些事务。此外，他也没有得到715年即位的大教长日耳曼努斯的同意：在日耳曼努斯写给小亚细亚的两位主教的信中，保留着他对毁坏圣像行为的谴责，这两位主教就是最早在其各自教区开始毁坏圣像的人。730年1月17日的拜占庭皇帝顾问会议（silention）罢免了日耳曼努斯，并任命其主教区宗教事务长官（synkellos）代替他的职位。会后，会议制定的决议被广泛传播。731年当选的罗马大主教格列高利三世（Gregory Ⅲ）随即召开宗教会议对之进行谴责。接着，可能是在732年至733年，皇帝将西西里、卡拉布里亚和伊里利亚的罗马教会地产收归君士坦丁堡大教长所有。这一措施实际上只收回了税收权，却引起双方一连串的纷争。741年，皇帝死后，皇族内展开了争夺皇位的武力斗争。已故皇帝的女婿阿塔瓦斯多斯，同时也是奥普西金军区的"将军"，在君士坦丁前往前线的途中突袭得手。之后，阿塔瓦斯多斯在君士坦丁堡自立为帝，与其长子尼基弗鲁斯共同登基，同时封其幼子尼基塔斯（Niketas）为武装部队的最高指挥官。阿塔瓦斯多斯得到了他统辖过的亚美尼亚军区以及色雷斯军区的支持。与君士坦丁五世不同，他恢复了圣像崇拜。但是，君士坦丁五世退守到阿莫里翁，这里是东部军区的中心，也是其父的根据地。在这里，他积蓄力量，直到743年11月重新夺取首都，回到君士坦丁堡。

君士坦丁五世的统治从上面提到的这场伟大胜利开始，其主要特征：其一是将教义公式化，在这一问题上，皇帝本人起了主要作用。其二是皇帝权力与教会权力在各自发展过程中产生的冲突。754年，在皇帝夏宫所在地的郊区海尔利亚（Hieria）召开了宗教会议。由于此时大教长职位空缺，因此前皇帝提比略三世之子以弗所（Ephesus）的塞奥多西（Theodosios）接受任命，同时还确立了圣像毁坏的教义。君士坦丁五世亲自撰写的一篇论文为这一教义确定了原则，这篇文章由于被9世纪的大教长尼基弗鲁斯在第二次毁坏圣像运动期间引用过而得以保留。君士坦丁五世强调，在逻辑上不可能描绘上帝。圣像不能描绘"他"的神性，也不应该只限于表现"他"的人性。因此，基督的真正圣像是圣餐（Eucharist）。754年的宗教会议还肯定了对圣母和圣徒的崇拜，但是根据9世纪的资料，君士坦丁本人是这样阐述其观点的：玛利亚作为一名妇女，只具有人性，并且在赋予基督生命之后，又成为一名普通的妇女，就像一只普通的钱袋，当其中的金子被拿走之后，就失去了其内在的价值。而事实上君士坦丁主要反对的是圣徒崇拜。早在6世纪晚期，就已经能够看出圣像崇拜的发展与圣徒的新增长相结合，这也促进了主持和宣传圣徒崇拜的僧侣数量的增加。君士坦丁五世的毁坏圣像运动从760年开始，它本质上是对僧侣权力的剥夺。我们从写于806年的《小斯蒂芬传记》中找到了相关的证据。这本书告诉我们，764年小斯蒂芬（Stephen the Yonser）在首都被暴民打死的殉难事件，而这个事件的发生以皇帝的命令为根据，而且利奥四世时代塞奥发尼斯撰写的《编年史》也证实，766年以后开始对僧侣们进行残害与侮辱。例如色雷斯军区"将军"米哈伊尔（Michael）强迫修士与修女结婚。修道院建筑被征作民用，修道院财产被充公。君士坦丁转而依靠主教特权阶级而没有选择僧侣阶层。其政策的一个主要后果是罗马教会最终选择与法兰克人结盟：756年，罗马大主教斯蒂芬二世与丕平（Pippin）在奎埃尔兹（Quierzy）签订合约。自此以后，罗马大主教便获得了政治独立，从而确立起他因其教区的尊贵历史而获得的最终裁决权。我们将在后文中看到9世纪的拜占庭人如何使用这项权力。

754年宗教会议给君士坦丁提供了借口，进而广泛毁坏带有非法内容的圣像与装饰画，然而不论怎样，这个时期被毁坏的圣像并不很多。在铸币上，我们注意到查士丁尼二世把提比略用以取代古代胜利女神形象的十字架换成基督圣像。到8世纪，铸币上的基督被皇帝自己的肖像取代，此后一直沿用，甚至在阿塔瓦斯多斯恢复圣像崇拜的短暂统治时期，也继续使用这种样式。建筑装饰的重点似乎也换为皇帝肖像，例如，关于竞技场场景的描述。但是，当780年利奥四世死后，因为皇帝君士坦丁过于年幼而无法统治，权力转到利奥的遗孀伊琳妮手中。之后，在784年，反对圣像崇拜的大教长被解职。786年，在君士坦丁堡的圣使徒教堂计划召开的宗教会议被宫廷近卫军所阻挠，于是787在尼西亚举行了另一场宗教会议。此次会议恢复崇拜圣像，并特别达成一系列关于教会纪律的决议。就这份决议本身而言，它是8世纪末期拜占庭社会文化和社会状况的主要文献。

为什么会发生这次特别的剧变？

一般认为，第一次圣像毁坏运动就此结束。关于这场运动的起因争论很多。将它归之于犹太教影响或同时代的伊斯兰教影响的解释几乎已经完全被抛弃，因为它们根本没有可比性。正如我们所知，伊斯兰教禁止使用任何有生命的物体来代替崇拜。在一些巴勒斯坦教会里，人们可以发现6世纪到8世纪初被抹去的镶嵌画，然而，同时期的犹太教堂中却有捐赠者的肖像。它们虽然很小，但毕竟没有被从装饰中抹去。进一步说，这些肖像虽然与拜占庭的圣像不同，也不可以携带，但它们所包含的意义毫无疑问可以与崇拜圣徒、基督、玛利亚的圣像进行比较，具有相同的意义，特别是基督和玛利亚的圣像所暗示的化体说教义。从文化角度看，利奥三世的叙利亚出身可能与此关系密切，因为他关于基督人性方面的观点带有一性派的倾向。从君士坦丁五世所特别提出讨论的问题来看，他也可以被指控为聂斯脱利派。因此，可以假设毁坏圣像运动是转向一性派省区的一种姿态，这些地区在8世纪是抵抗伊斯兰教扩张的最前线。一性派说将毁坏圣像运动的原因归于闪米特人对圣像的天然反感，这纯粹是假说，但是问题仍然没有得到答案，因此我们不得不考虑首都和行省军队的倾向。这些人在这段时期内发动了废黜皇帝的叛乱。学者们最近研究表明，他们的叛乱似乎不是由于宗教倾向，而是单纯地因为个人的忠诚，正是这种忠诚成为几个世纪以来皇帝继承的关键。关于君士坦丁堡的居民，如果我们考虑到小斯蒂芬的故事，就会发现，他们以武力反抗利奥三世的运动表达的是对君士坦丁五世时期官方观点的支持。事情的真相可能只是单纯的忠诚问题，虽然这有些难以想象。更特别的是，随着时间的推移，毁坏圣像运动已经更加牢固地把其思想灌输到人们心中。

还需考虑的是毁坏圣像运动中皇帝的动机。当利奥三世下令用十字架取代青铜大门上的基督圣像时，他颠覆的是一种刚刚形成的倾向：人们仍然记得，查士丁尼二世把基督圣像铸印在货币上代替了十字架，而毁坏圣像者又把基督圣像换成他们自己的肖像。这一结果反映出关于基督与皇帝间基本关系的争论，它在皇帝的两种地位，即法律的象征与胜利的缔造者之间摆动。这两方面当然一直存在，但是自6世纪末以后，像基督一样来阐释这两种地位的倾向变得更加明确。利奥三世用十字架代替基督圣像，并将他还原成超感官的理想，通过这些措施，他着重强调的是授予皇帝的世俗权力。同样，《选编》序言将皇帝描写成摩西式的人物，很明显这种比喻更多的是受到《摩西五经》（Pentateuch）的影响，而不是其他犹太教的影响。这一比喻还将光芒都聚集在尘世的统治者身上，尤其是在这样一个因阿拉伯人的进攻而备感焦虑的年代，特别是在数月之前克里特岛发生了异常剧烈的地震带来的恐惧中，所有的目光都转向他这位英雄身上。十字架的归来表明曾指引君士坦丁一世走向胜利的标志再次出现。

　　跟随着君士坦丁五世，我们渐渐接近事件的真相。所有冲突的迹象已然隐约可见，它们将导致第一次圣像复兴与第二次毁坏圣像运动的斗争以及整个9世纪和10世纪前半期的所有纷争。主要问题不是皇帝与教会的直接冲突，而是教会内部的冲突：日渐强大且获得绝对胜利的修道院，发动了反对和皇帝一起管理世界且以教区大教长为首的主教团的斗争。在这场冲突中，君士坦丁五世似乎扮演了主导角色。他宣称皇帝的权力不仅仅在于其立法权，而且在于其文化权，这正预言了利奥六世和君士坦丁七世的统治，而这种权力在本质上就是文化的影响力。实际上，与这一事件相伴的是大教长在理论上的无所作为。各个行省中很少能听到主教的声音，至少不是一种集体的声音。这种相当程度的沉默，可能归因于城市生活的衰落，但却为修道士留下自由发展的空间。修道士塞奥发尼斯编撰的《编年史》描述了一段插曲，它直接表明：一旦有机会，君士坦丁五世就会寻求世俗神职人员的支持，直接攻击与其自身权力不相容的修道院势力以及公开支持这种势力的崇拜圣像活动。米哈伊尔·拉哈诺德雷科（Michael Lachanodrekon）描写过一场婚礼来嘲笑修道服"黑袍"（schema），这是一种僧侣们从4世纪开始穿着的黑色长袍，它曾为他们赢得无数尊敬，并且受到基督徒的崇拜。《教父箴言》（sayings of the fathers）是一本收录早期修道院发生的有益神迹的摘要，但是对此类书籍的毁坏表明：通过反对崇拜圣像，皇帝间接地打击了民间所熟知的"圣人"的名望，而"圣人"这种现象从6世纪发展起来，一直持续到这一时期。此外，塞奥发尼斯还说君士坦丁曾求助于与"圣人"相对的一群人——巫师。一本成书于806年的修道院史，把察尔西顿附近圣奥克辛提乌斯（St Auxentius）山修道院住持斯蒂芬（即小斯蒂芬）在764年被谋杀的故事，说成是仍然遵守古老历法和仪式的皇帝与首都民众的罪行。

　　但是，为了发现君士坦丁五世时期修道院运动的重要影响，我们必须转到首都之外。也许正是这种迫害引起大量希腊僧侣逃到意大利和罗马，产生了强烈的文化影响，例如，787年宗教会议的签名者当中有阿维农（Aventine）来的圣萨巴斯修道院院长。最重要的是，正是在这个时期，后来将与圣像崇拜的第一次复兴一起走上历史舞台的修道士的影响开始出现。柏拉图生于君士坦丁堡的一个富有家庭，在746（或747）年的大瘟疫中失去双亲。他由一位叔父抚养长大，并在叔父的帮助下，进入帝国财政部的称量部门工作，之后他来到圣奥林普斯山（Mt Olympus）的一座修道院出家为僧，并在780年成为修道院院长，以后我们会再次提到他。他的侄子也是他的教子，斯图丢修道院的塞奥多利，大约生于759年，将成为拜占庭修道士最终胜利的主要奠基人。

女皇伊琳尼

随着755年君士坦丁五世的去世，毁坏圣像运动的伟大时代结束了。他的儿子利奥四世因其母的血统关系被称为"哈扎尔人"，他似乎是已故皇帝第一次婚姻中的三个儿子中仅存的一位，这是因为老皇帝的第三位妻子所生的儿子们有两个和他们的名字相同，也叫赫里斯托弗罗斯（Christophoros）和尼基弗鲁斯。利奥四世是温和的毁坏圣像者，他把一些僧侣升为主教，从而得到僧侣们的拥护。780年，利奥四世的去世引起皇族内部争夺继承权的斗争。他的儿子君士坦丁年仅十岁，从776年开始与利奥四世共治帝国，君士坦丁的加冕得到所有政治权贵的认可，用塞奥发尼斯的话说，就是"军区部队、元老院、中央军队、整个公民团体和行会的首领们"都给予认可。另外一种选择，即兄终弟及的继承制度，似乎已经被否决，利奥四世甚至没有从其众兄弟中任命一位共治皇帝。由于君士坦丁六世尚未成年，父死子继的继承制度就需要由其母亲担任摄政来实现，这样帝国的权力就落在一位女子肩上。考虑到战争与胜利对皇帝形象的重要性，可以想象当时所有事情进行得并不特别顺畅。宫廷阴谋、宗教斗争以及各行省军队立场变化无常，所有这些都围绕着皇权问题。当时，各种人物似乎都在人们面前突然活跃起来，因为这个时期有很多更直接、更丰富、更生动的文献资料。当然，这里也有历史学家不是总能避开的圈套。圣像崇拜的复兴看起来是出于虔诚，但可能不是很确切地反映出长时间消失掉的偏爱与不满，而且同样可能导致错误的是，通过对过去似是而非的推断来设计出当时的文化与道德。但是对于任何一个准备努力构想历史的人来说，9世纪提供了大量文献：塞奥发尼斯的《编年史》为该世纪早期的历史提供了基本框架；大教长塔拉修斯（Tarasios）的传记则提供了补充，不过该传记是由其主教区里的一位助祭伊格纳条斯（Ignatios）编撰的；君士坦丁六世的妻子阿姆尼亚人（Amnia）玛利亚的侄子、僧侣尼基塔斯在821年前后完成了家族史；还有斯图丢修道院的塞奥多利撰写的重要作品集。

那么，伊琳尼究竟是怎样的人呢？我们是否应首先把她当做是位焦虑的母亲，因为其子年幼，尚不能维护自己的利益，无法对抗那些掌握着东部的军队，也不能掌控君士坦丁五世属下忠诚的叔伯长辈，所以她只顾考虑保护儿子的未来？还是她从一开始就预见到她对帝国的管理将会与自己的儿子发生剧烈冲突？对此，我们将永远不得而知。还有，她是否因生长在雅典，将那里没有因地区动荡而打乱的虔诚传统带入宫廷？或因为她生长于雅典，所以早在利奥六世生前就不时地对僧侣们表示出惠顾？这是可以理解的，很可能也是这样。正因为如此，我们不得不指出的是，作为一名皇室成员，她的地位使她拥有尊贵的、优雅的生活方式，从而决定了她统治的策略以及她的支持者。从利奥六世死后直到802年她被最终废黜，这段时期共分为三个阶段。

首先，从780年至790年间，伊琳尼作为摄政者，与皇权相处融洽。她的第一个目标是挫败利奥六世的弟弟、尼基弗鲁斯凯撒的野心，他代表着君士坦丁派，延续毁坏圣像及他的军事政策。而伊琳尼则利用了她一直同情的修道士、首都及其居民，当然还有宫廷势力，同时她不得不对付东部军区军队的敌对斗争。她在这个时期主要依靠两个人：一个是皇宫宦官斯达乌拉焦斯（Staurakios），他后来升任皇宫总管（dromos logothete），负责警务、公共邮政驿站系统以及外交事务各部门，并在781年指挥镇压了马其顿和希腊地区的斯拉夫人叛乱，但是由于他被阉割，因此永远不可能登上皇位。另一个人是皇帝法庭中的机密部门长官塔拉修斯，尽管他是普通信徒，但是却在784年伊琳尼强行罢免毁坏圣像派大教长保罗后，被任命为她的大教长：她导演了一场闹剧，让"民众"聚集在大皇宫宫殿选举塔拉修斯为大教长，因而也在这一传统仪式上贴上皇权的标签。然后，他们一起与罗马以及东方各大教区达成协议，准备复兴圣像崇拜传统。首先，准备在786年7月30日在圣使徒教堂召开一次宗教会议，但这个计划因遭到宫廷近卫军中毁坏圣像者拥护者的阻挠而流产。随后，伊琳尼将首都军队中的毁坏圣像派调往小亚细亚前线，并从欧洲招募了圣像崇拜支持者组成军队驻扎于首都。这些措施为召开一次新的宗教会议扫清了道路，最终会议在787年9月24日到10月13日召开，这是拜占庭教会所承认的第七次，同时也是最后一次为所有基督教派承认的宗教会议。会议决议在大皇宫签署，并再次赞扬"新君士坦丁堡与新海伦娜"[①]。这次会议是对第一次基督教大公会议的模仿，这一点从她选择在尼西亚开会可以看出。787年的宗教会议强调圣像"崇拜"与"崇敬"的区别，并制订或重申一些关于教会财产、教士纪律的普遍规则以及举行圣餐礼的标准。它同意重新接纳悔过的毁坏圣像者。事实上，这次宗教会议既没有达到同心同德，也没有实现思想统一。

神职人员阶层内部的调解问题引起新的争论，后来以各种不同的形式一直延续到10世纪。一方面，塔拉修斯的例子开了直接从行政官员队伍中选拔大教长的先例，并倾向于从纯粹政治的立场来看待他与基督授权之君主间的合作。另一方面，柏拉图及其侄子塞奥多利将将教会拥有绝对优先权的思想具体化了，教会被授权来拟定包括皇帝在内的所有事务之法律。在这种情况下，教会成为修道士的教会。柏拉图在圣奥利皮乌斯（St Olypius）地区其家族地产上建立了萨库迪翁（Sakkoudion）修道院，并成为该修道院院长：这些事他早在781年就有能力完成，那一年伊琳尼摄政，标志着修道士的解放。萨库迪翁修道院管理严格，旨在回归到修道运动最初时期的生活，而其直接的理想模式就是树立像凯撒利亚的瓦西里（Basil Caesarea）这样的修道士典范。

---

① 海伦娜是被誉为"第一位基督教皇帝"的君士坦丁大帝的母亲，因虔信基督教而著名。——译注

塞奥多利生于759年，是柏拉图的外甥，即柏拉图姐姐之子，他的整个家庭都远离尘世，过着隐居的生活。他自己在萨库迪翁修道院出家为僧，并与柏拉图合作开展改革，之后继承其事业。他们这个团体反对恢复毁坏圣像者的主教职务。

这次宗教会议后的第二年，伊琳尼即为儿子举办了婚礼。新娘玛利亚来自阿姆尼亚的帕夫拉格尼亚（Paphlagonia），是大地主菲拉雷托斯（Philaretos）的孙女。821年，这位地主的另一个孙子、修道士尼科塔斯撰写了其祖父（同时也是教父）的故事。他告诉我们，他从孩童时代起就献身僧侣生活，目的是为完成这一编撰任务。他的作品分为两部分，是研究这段时期社会史的重要文献。第一部分是一份颇有价值的世袭表，为这个血统越来越重要的社会弥补了缺乏显赫家族资料的遗憾。尼科塔斯把菲拉雷托斯描绘成一个圣徒的样子，把他祖父形容成一位基督教约伯（Job）式的人物：他的过分慷慨逐渐耗尽了其所有财产，而他与皇室的联姻又为他带来新的财源。之后，作者还预言他将享受到永生的幸福。第二部分涉及晚辈后裔们，尼科塔斯特别详细精确地列举了菲拉雷托斯的儿孙们，并叙述皇家使臣为寻找新娘在各省的游历，他们要求的是新娘的美貌而不是社会地位。关于为皇帝选择新娘的办法还可以在这个时期的其他文献中找到。不过这种方法可能要追溯到诸如伊斯达（Esther）的故事之类的伊朗风俗习惯，毫无疑问，女性在这种比赛中的胜利与男子在战场上的胜利同样重要。

僧侣的胜利

伊琳尼与君士坦丁统治的第二个阶段从790年开始。君士坦丁逐渐厌倦了夹缝中受制约的生活，于是策划了反对斯达乌拉焦斯的阴谋，摆脱了控制，最终伊琳尼也只保住了她作为军队宣誓效忠的惟一接受者的地位，这一地位一直保持到她去世。对这个变故，首都军队勉强接受，而小亚细亚军队却因受到来自阿拉伯人、保加尔人以及意大利伦巴弟人的军事威胁而要求废黜伊琳尼。尽管如此，君士坦丁于792年仍然允许她重新回到皇宫在自己身边，但是其治理国务方面的无能简直造成了灾难。793年，拜占庭军队对保加尔人作战的失败反而帮他消除了来自叔伯们的威胁，他挖掉尼基弗鲁斯的眼睛，割掉另外一些亲戚的舌头，这些做法直接伤害了对伟大的君士坦丁五世仍然残存的强烈感情。此外，他还下令刺瞎亚美尼亚军区"将军"、亚美尼亚人阿莱克修斯（Alexios Moselè），虽然此人曾帮助他在790年反对伊琳尼。这一事件引发了亚美尼亚军区的叛乱，君士坦丁只是借助于亚美尼亚人的一次内讧才占得先机，但是他不得不继续进行镇压。在丧失了这个极为重要的军区的支持后，他又失去了僧侣们的支持。795年，他把玛利亚派往修道院，另与情妇结婚，并找了一位愿意为他与他的情妇塞奥多特（Theodote）主持婚礼仪式的教士约瑟夫，塞奥多特是斯图丢修道院的塞奥多利的亲戚。这一做法不仅为君士坦丁的败亡埋下祸根，而且还引发了一场至关重要的斗争，正是这场斗争使权力格局发生了新的变化。问题的关键在于，君士坦丁的行为触犯了自5世纪以来由教会制订的已婚夫妇离婚法，而且这条法律经查士丁尼一世正式签署收录于法典，其规定是：只有在一些严格限定的条件下，才能不经双方同意休弃妻子。塔拉修斯大教长对皇帝离婚没有任何反对意见也在预料之中，就像我们所看到的，他作为大教长只是代表一种政治利益，其他来自行政服务部门的大教长也可能会像他一样。相反，萨库迪翁的修道院院长及其外甥塞奥多利却从这件事情上看到了他们捍卫教会在各个领域内最高权威的机会，而且还特别要求修道士教堂应有更大权限。起初，君士坦丁将反对派教士投入监狱，后来在797年3月又将他们流放。就在此时，君士坦丁发现在其母策划的宫廷阴谋中，自己已经被孤立。797年的一个夏日，在那间他出生的紫色寝宫中，伊琳尼刺瞎了儿子的双眼。对此，塞奥发尼斯在《编年史》中评述道："太阳变得暗淡无光，船只迷失了航向。从此人们可以说，这一切都已被证实：如果太阳无光，那是因为有人刺瞎了皇帝。"历史学家们对这个事件中毫不掩饰的残暴常常百思不得其解，然而这位史家的评论为我们提供出其中的关键含义，即"紫色寝宫"必然是皇帝出生的房间，而且它在9世纪获得了更加重要的地位，特别突出的是瓦西里一世（Basil I）的子嗣们就是从这个房间获得了不可剥夺的正统继承权。这样，君士坦丁六世在他出生的房间被刺瞎，也因而失去皇帝资格；另一方面，太阳光与人的视觉之间具有同一关系，这在希腊语中表达得更加明显，它清楚地指出帝国皇帝具有太阳的特征。自3世纪君士坦丁大帝时代就已为人共知的这一属性，有助于我们理解，拜占庭人为何选择刺瞎双眼作为剥夺继承权的残酷刑罚，而这种惩罚与具有继承权或拥有最高权力之间是那么不和谐。这样，君士坦丁像塞奥多利一样被废黜，从此只能在隐居生活中度日如年。他留下两个尚未解决的问题：其婚姻引起的教会内冲突；一名女性控制皇权的事实，现在她大权独揽，抛弃掉所有暂时授权的掩饰。由此，历史进入了第三个阶段，并一直延续到802年伊琳尼的败亡。

　　在进入第三阶段之初，即797年的时候，又发生了一件具有决定性意义的事件，塞奥多利及其舅舅带领他们治下的僧侣来到首都。也许是因为僧侣们的数量太多，萨库迪翁修道院无法容纳，也许是受到阿拉伯人入侵的威胁，但最重要的可能是因为他们感到时机已经成熟，认为已经可以在首都建立独立团体。在这里，他们重新启用被废弃的斯图丢古修道院（Stoudios，其属格形式为Stoudiou），据一些贵族说它始建于5世纪。这使人想到柏拉图及其外甥把自己看做是促使修道生活向凯撒利亚人瓦西里首创的古老修道精神发展的推动者。事实上，塞奥多利在斯图丢制订了一套尚无先例的规则：详细规定的作息时间表、复杂的僧侣忏悔律令、各种不同的职务、分配给僧侣们的各种不同工作与农业任务，还有专为僧侣设置的医院、接待所，甚至还有学校，看上去真的是在模仿凯撒利亚人瓦西里的原则。由于他们的做法与5世纪和6世纪叙利亚和巴勒斯坦修道士的活动相仿，也可以说他们模仿的是帕赫米乌斯修道团。即便如此，

拜占庭帝国首位女皇帝伊琳尼的金币索里德，她在787年恢复崇拜圣像，但是这一做法引起大多数反对崇拜圣像的军队的反抗，从而导致帝国衰弱（藏于巴黎国家图书馆，徽章钱币部）。

斯图丢派修道规则仍面面俱到、条理清楚，是拜占庭教会方面第一部称得上规则的文献。当时，由于斯图丢修道院位于城市，特别是首都中，这使它拥有文化上的领导地位，并成就了其强大的政治影响：在帝国内，斯图丢修道院是所有修士的代言人，后来，以各种不同的形式在各种场合表达其立场，皇帝与大教长都深深地卷入其中。自此以后，拜占庭帝国最高权力问题取决于三种力量。

必须再次提出的是，君士坦丁六世被其母废黜不是一个道义问题，而是政治问题，当塞奥发尼斯在《编年史》中引用日食比喻君士坦丁失明时，他所谴责的是对拥有最高正统权力的君主所实施的暴行，而不是一位母亲对儿子的残暴。同样，斯图丢的塞奥多利也没有对伊琳尼的行为做任何评论，在他们看来，君士坦丁因为扰乱教会法而犯罪，伊琳尼恰恰恢复了教会的秩序，即是说，伊琳尼还是以各种方式被纠缠在一个核心问题上，而这个问题最终也没有解决，那就是：皇帝仍然是个女性。更糟糕的是，由于加洛林帝国的崛起，拜占庭帝国在军事和外交方面遇到挫折：在800年的圣诞节，加洛林国王被教皇加冕。为了应对这一事件，伊琳尼恢复圣像崇拜，人们不能低估这些圣像对封闭的宫廷以及权力斗争进程的影响。在她的法令与铸币上，她称自己为皇帝。799年的复活节，她穿上紫金皇袍，乘着白马拉的四轮马车，发行了显示皇帝奢华威严的铸币，这种炫耀的举措远比人们只是从塞奥发尼斯的史书中得知的关于她与查理曼联姻的故事更有影响。另一方面，伊琳尼继续把恩惠赐给她忠贞不贰的盟友——首都的"公民"以及僧侣。她减轻公民的财税负担，而僧侣们则受益于她的慷慨热情的捐赠。她希望把"民法"引入到教会法，斯图丢派修道士则帮她贯彻执行，因此法律明确规定，特别强调祝圣的重要性，对于穷人的婚礼来说，祝圣已经足够了，同时禁止缔结第三次婚姻。她没有考虑自己的继承人，至少看起来她不想继续这一血统，因为她下令把除尼基弗鲁斯之外的利奥四世所有还有视力的兄弟们全部刺瞎。伊琳尼的太监们，如斯达乌拉焦斯和埃条斯（Aetios）围着她转，互相争风吃醋，当800年斯达乌拉焦斯死后，她变得更加孤独。最后，她在一场由财政大臣领导的宫廷政变中失败，起初被流放到太子岛，后来又到莱斯伯斯岛（Lesbos）。803年8月，她在那里去世。

随着9世纪尼基弗鲁斯一世的即位，拜占庭帝国开始朝着867年瓦西里一世建立的黄金时代稳步前进。

拜占庭的"前文艺复兴时代"

802年至867年间发生了以下重大事件：毁坏圣像运动第二阶段（815～843年）和最终确立圣像崇拜的地位；被误称为"马其顿"的王朝的建立，它于867年由瓦西里一世建立，1056年灭亡；864年，保加利亚统治者皈依基督教；860年罗斯人第一次围攻首都君士坦丁堡。在这一时期，那些于7世纪和8世纪登上历史舞台的民族，即斯拉夫化的保加尔人和哈扎尔人得到政治安定；罗斯人进入拜占庭人的视野；长途贸易开始扩展，城市出现明显的复兴迹象；最后，8世纪后半期开始确定的社会模式牢牢地建立起来。但是，这一时期最显著的特征是一次史无前例的文艺复兴，如果不把它看做是继承的话，而历史学家们也从丰富的文献中受益良多。一些历史学家始终关注探讨其中的某种决定性原因，他们在研究之初会接触到这种文化——这个词汇在该时期有其当时理解的意义。若要使研究完整，我们还必须看到：官方对自身的描述以及对这些描述的注释，还有这些文件发布的方式，以及在社会系统各个层面建立起或至少被确认的代表形式。9世纪的历史编纂学给我们提出一个难题，因为我们只是通过10世纪的著作来了解它，我们将会看到，10世纪的著作完全倾向于讲述王朝治理的方法。此外，我们还可以利用一些传记资料，例如身处政治辩论中心的大教长伊格纳条斯的《自传》，比塞尼亚的苦行僧追随崇拜的偶像、死于846年的伊奥尼基奥斯（Ioannikios）的《生平》，讲述意大利南部及群岛的圣徒故事和萨拉森海盗故事的小册子。

此时，拜占庭帝国内部的紧张局势和外部关系都从文化语意上进行定义：古典文化与基督教信仰的紧张关系、大教长教会势力与修道士势力之间的对立、首都与各行省间的抗衡，也就是对应着希腊文化与少数族裔的紧张关系以及拜占庭人与部落居民的相互敌视，总的说来，可以代表并解释诸多现象的最核心问题是皇帝的个人形象。这一文化特征不仅通过文献表达出来，而且在9世纪中期以后表现为圣像崇拜派的胜利。所有这些之外，还要加上帝国以外的文本文献，特别是阿拉伯史学家做出的重要贡献，还有考古证据以及许多尚待发掘的秘密。

继承权：新的困难，持续的混乱

我们照例通过确认主要人物来开始这一部分的描述：首先是皇帝们，他们的继承除了一些

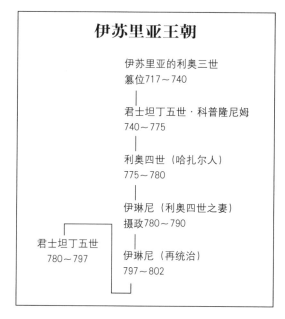

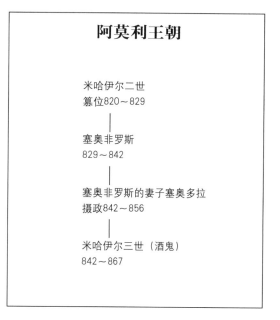

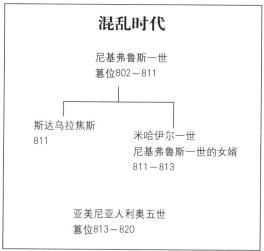

偶然的历史事件外，在理论上仍遵循父死子继的原则，但后文会提及其他继承原则。9世纪以后，大教长的形象在政治生活中也占有同等重要的地位。此外，君士坦丁五世统治时期已经显露的社会发展趋势此时已逐渐成熟。那些拥有高级政府职务以及更多的拥有高级军事职务的领导者们，开始形成一个虽然还说不上是独立但很团结的阶层，因此历史作品也注意到这种倾向，社会更强调血统、联姻与家族关系等细节。大家族姓氏的出现也可以证明这一点，从8世纪末开始，在统治集团中，这种姓氏逐渐成为可以与祖辈们的荣耀联系起来的标志。有时，姓是一个人的名字，比如福卡斯，有时是用希腊字母拼写的外国名字。这个时期常用的是亚美尼亚的名字，还有就是更为少见的地方常用名，而以绰号名称流传下来的名字也很常见。那些源于口语的姓氏，比如"Onomagoulos"，意思是"驴脸"，不仅暗含着其出现的那个时期贵族社会的明显特征，也揭示出这个时期的文献资料中很少记录的语言发展状况。

我们知道，在802年推翻伊琳尼统治的尼基弗鲁斯一世是当时的财政大臣，他的登基可以看做是以宫廷中伊琳尼这样的女性为中心的统治的必然结果。他还在两次试图推翻他的斗争中获胜，这两次分别是由"突厥人"巴尔达尼斯（Bardanes Tourkos）在803年和阿萨伯（Arsaber）在808年发动的。这些亚美尼亚姓氏以及前者的绰号引起人们对东部边疆的关注，这个地区从8世纪以来就具有极其重要的政治意义，其重要性还将延续很长一段时间。此后，尼基弗鲁斯在803年任命其儿子斯达乌拉焦斯和他一起共治帝国，并为他娶了一位雅典姑娘塞奥发诺（Theophano），一方面是因为她与伊琳尼有亲戚关系，另一方面是她美貌惊人，其名声可以与帝国在战场上的胜利相媲美。他的女儿普罗科比亚（Procopia）嫁给了米哈伊尔·兰加比（Michael Rangabe），米哈伊尔·兰加比的父亲是利奥四世的兄弟塞奥非拉可特·兰加比（Theophylaktos Rangabe），他曾支持尼基弗鲁斯的政变，并担任"12岛"军区的帝国舰队司令一职。但是，皇帝在811年与保加尔人的战斗中受挫，在一次成功地夺取普里斯卡城战役后，尼基弗鲁斯遇袭被杀，克鲁姆（Krum）可汗用其头骨做成一只银边装饰的酒杯。这次战役造成深远的影响，这可以从当时的士兵尼古拉斯（Nicholas）的故事中看出来：他似乎看到一个神秘的阴影始终观察着整场战役，而他本人因战役前一晚上的祈祷得以免遭杀害，后来他出家为僧。斯达乌拉焦斯也在战斗中受伤，数月后死去，没有留下子嗣，于是皇位传给米哈伊尔，他有三子三女：在上一节已经提到这种现象，自伊拉克略王朝开始，帝王家族子嗣比较多。813年，米哈伊尔一世再次败给保加尔人。后来，据说他曾认为，其岳父及其家系统治下的帝国不受上帝的眷顾。这种说法即使不是绝对可靠，至少当时的人们一直有这样的念头。被胜利女神遗弃的米哈伊尔一世被关进修道院，同去的还有他的妻儿。

此时皇位继承成为曾参加"突厥人"巴尔达尼叛乱的三个人争夺的目标，他们是阿纳多利亚军区"将军"亚美尼亚人利奥、来自菲利吉亚（Phrygia）地区阿莫里翁（Amorion）地方人"结巴"米哈伊尔以及生于亚美尼亚军区科曼纳（Comana）附近的绰号为"斯拉夫人"的托马斯（Thomas）。813年，获得皇权的利奥五世与托马斯和"结巴"米哈伊尔分享军权，后者得到的更多些，因为利奥五世本人是其女儿的教父。820年，米哈伊尔发动的一场政变使利奥丧命。这样，米哈伊尔又面临其老对手托马斯的叛乱。托马斯冒充君士坦丁六世，召集起一支联合部队：包括小亚细亚、特别是西北边疆地区的伊伯利亚人、亚美尼亚人和阿巴斯格斯人（Abasgs）军队，还有不满帝国财税政策的人以及帝国舰队的水兵们。这些人刚好能够与支持米哈伊尔的阿纳多利亚军区和奥普西金军区形成对峙。他还得到麦蒙哈里发的支持，在821年12月包围了君士坦丁堡。不过，米哈伊尔二世再次掌握了主动权，因为他这边有保加利亚可汗奥穆尔塔格（Omurtag）的支持以及皇家舰队的效忠。823年10月，托马斯被折磨而死。这一段插曲不只是毁坏圣像争论的一次反应，它可能更应该使我们意识到，君士坦丁堡由于不是单一民族帝国的首都，因而被夹在阿纳多利亚和地中海之间，不时地遭受动乱。

米哈伊尔二世及时地把君士坦丁六世的女儿尤弗罗西尼（Euphrosyne）从修道院中放出来，娶她为妻，由此与8世纪显赫的王朝建立起联系。他任命儿子塞奥非鲁斯为共治皇帝，829年他死后，其儿子继任皇帝。塞奥非鲁斯处决了杀死利奥五世的凶手，尽管他父亲是借助这个凶手登上皇位的。这一做法就像米哈伊尔二世的婚姻一样，在事实上已经中断了的皇帝血统继承的基础上，加强了皇权。塞奥非鲁斯娶的是一位美冠帝国的姑娘，842年他死的时候，留下一个男孩，即生于829年的米哈伊尔。塞奥非鲁斯的遗孀塞奥多拉的姐妹们均嫁入豪门，而她本人则在其兄弟们和亲信大臣的辅佐下进行统治，如彼特罗纳斯（Petronas）、巴尔达斯和邮政大臣（负责对外事务、驿站业务以及警务的大臣）、太监塞奥基斯多斯（Theoktistos）。塞奥基斯多斯与塞奥多拉有受洗教父关系，在数年前米哈伊尔统治期间，两人就已经纠缠不清。据阿拉伯史学家记载，虽然他是个阉人，但仍与塞奥多拉有肉体关系。当塞奥多拉在政治上受到埃条斯和斯达乌拉焦斯两面夹击时，似乎是伊琳尼统治的再现，然而结果却迥然不同。这个时期，这些权贵人物视野更加开阔。我们对塞奥基斯多斯、巴尔达斯甚至米哈伊尔三世的认识，应该摆脱当时其反对者散布的谣言和现代史学家们的判断给他们带来的负面影响。同样，他们解决问题的方法也不一样。起初，在855年以前，塞奥基斯多斯占主导地位。那一年，塞奥多拉极力使儿子离开其情妇尤多西亚（Eudokia Ingerina），并强迫他娶妻。此时，在巴尔达斯的授意下，塞奥基斯多斯被暗杀，塞奥多拉因此丧失权力。接着巴尔达斯控制了一切，获得恺撒封号。不过，最后迎来的却是杰出人物瓦西里一世上台，他是新王朝的创始人，只是由于这个王朝的自我吹嘘，关于其起源问题始终蒙着一层迷雾。

瓦西里初到首都来是为碰运气，而关于他的过去仍是一个不清楚的问题。他是亚得里亚堡人，其父血统中可能有亚美尼亚血缘。他成为米哈伊尔的娱乐侍从后，负责管理马厩。接着，米哈伊尔为他提供了一些女人，开始是其姐姐塞克拉（Thekla），她曾与米哈伊尔以及他们的母亲一起被印在铸币上；接下来是他自己的情人尤多西亚，瓦西里则把自己的妻子送回娘家，然后娶了尤多西亚。接着在865年，瓦西里除掉巴尔达斯。866年，他与皇帝分享皇权。867年，他刺杀了米哈伊尔三世；在一场皇家宴会之后，米哈伊尔死在自己的卧室里。而这一阴谋得到其亲友们的默许，当时人对这件事的描述可以与莎士比亚戏剧中的暗杀场景相媲美。总之，这件完全限于宫廷内部的政治事件使瓦西里掌握了最高权力。

宗教休战

大教长职位的继承与皇帝的关系仍遵循伊琳尼时代的模式，有些是从首都的高级文官中选拔，例如尼基弗鲁斯一世在806年接替塔拉修斯之际才成为僧侣，弗条斯（Photios）在858年被任命为大教长时，也还不是僧侣。其他大教长则从僧侣中选拔，例如迈索丢斯（Methodios，843～847年在位）或其继任者伊格纳条斯，而前者还与塞奥非鲁斯保持着亲密关系，之后又与其遗孀塞奥多拉合力恢复了圣像崇拜。这一大教长职位的变动反映出9世纪甚至10世纪期间教会冲突的重要主题，拜占庭教会通过该主题突显出自身的显著特点。教区大教长的个人重要性也并不因此而降低。有两类大教长甚至早在被任命之前，就已经是皇宫的常客了，并且他们的家族背景也颇值得关注。弗条斯从其父系看是塔拉修斯大教长的侄子，从其母系看则与塞奥非鲁斯之妻塞奥多拉有亲戚关系。伊格纳条斯就是米哈伊尔一世的儿子塞奥非拉克特，其父丧失权力后，他被阉割，幽禁于修道院，当时只有十几岁。毁坏圣像运动第二时期的大教长约翰·莫罗哈加诺斯（John Morocharzianos，837～843年在位）来自显赫的古老家族，他的哥哥阿萨伯（从名字即可反映出其亚美尼亚血统）娶了"美丽的玛利亚"（kalomaria），她是皇后塞奥多拉的姐妹，而约翰本人则与皇后拥有同一对教父教母。第一个反对圣像崇拜的大教长塞奥多托斯（Theodotos，815～821年在位）属于早在8世纪就已显赫的梅利西尼（Melissenoi）家族。在世俗生活中，塞奥多托斯曾拥有"佩剑亲兵"（spatharocandidatos）的贵族头衔，他与后来的米哈伊尔二世私交甚笃，而且其教父米哈伊尔·梅利西尼是君士坦丁五世的姻亲。

这些细节有助于我们设想这些人与社会权贵的关系，正是这些因素影响到首都的宗教争论。当然不能忘记大教长也是所有宗教管理机构的首领。毕竟，正是因为教会财产的保管者、助祭伊格纳条斯，我们才有了塔拉修斯及其继任者尼基弗鲁斯的《传记》。最后，我们知道已扎根于首都的斯图丢修道院在9世纪的历史中也留下了印迹。塞奥多利用韵文写成的《规则》（Rule）把斯图丢修道院看做是一个完整的社会组织，它为立志做修道士的孩子们设立学校、医院以及一系列作坊，而作坊里的缮写室在后文中会再次提到。尽管塞奥多利自己出身于首都的大贵族家庭，但斯图丢修道士的社会成分却相当广泛，因为他们只需要满足教会的期望，而不用为现世服务。尽管斯图丢修道士占据领导地位，但并不是惟一占优势的修道生活模式，这个时代的另一特点是，地方修道生活也在兴起。

主张妥协的大教长派与丝毫不让步的斯图丢派之间的冲突，在整个9世纪继续以多种形式表现出来，问题的核心仍是对权力来源的政治与宗教关系如何定义。尼基弗鲁斯与伊琳尼的政策截然不同。因为战争压力以及财政困境的压力，他取消了修道院以及其他修道机构所享有的财政特权。此外，他还继续了毁坏圣像运动第一阶段因君士坦丁六世的离婚与再婚所导致的主教任命问题的争论，更特别的是，这场争论引申牵扯到那些同意赋予再婚神圣地位的教士的合法地位。806年，大教长塔拉修斯去世，皇帝遂任命了一位与他同名的尼基弗鲁斯接替他。后者早年曾跟随父亲担任皇家书记官，因职务之便参加了787年的宗教会议，那时他尚未进入其修道隐居的修道院。尽管皇帝就此项任命曾征求过塞奥多利的意见，但新任大教长的妥协态度还是激起斯图丢派的抵制。于是，808年修道院被军队占领。809年，举行了教会会议，对斯图丢派加以谴责，会议仍宣布君士坦丁六世的惟一有效婚姻是其第一次婚姻。如果需要的话，会议还可以证明真正的问题不是对宗教法规的尊重，而是对宗教权威的尊重，或更准确地说是尊重教会权力机构通常所包含着的自主性与决定权地位。斯图丢派的首领被流放，而塞奥多利徒劳地上诉到罗马教会，因为罗马教皇作为五大教区之首是惟一与君士坦丁堡地位相应的教区，因此这在理论上算是一种策略。不过，由于利奥三世没收了教皇世袭财产并引起纷争，而罗马教皇又与法兰克王国结盟，导致罗马与君士坦丁堡两大教会的分裂。从此以后，向罗马上诉成为修道士斗争的主要策略，并不时地在某些场合采用，甚至有时皇帝也选择这种上诉方式。在深受斯图丢派影响的米哈伊尔一世统治时期，第一阶段斗争以调停告终。

811年和813年战事受挫已显示出保加利亚的威胁，在这种压力下造成的惊恐气氛中，利奥五世在全帝国重新开展毁坏圣像运动。就在这一年，首都群众聚集于君士坦丁五世墓前，怀念昔日的胜利。此外，保加利亚人攻入色雷斯，威胁首都的食物供应，导致谷价骤升。利奥五世把自己比做新利奥三世，并为其子斯姆巴特（Smbate）加冕，改名为君士坦丁。毫无疑问，他选择毁坏圣像的政策也是出于恢复过去百年胜利典范的目的。紧接着，815年大教长尼基弗鲁斯被罢黜，因为他不愿与政府合作放弃圣像崇拜。接替他的是君士坦丁五世的亲戚塞奥多托斯·梅利西尼。一个月后，在君士坦丁堡的圣索非亚教堂召开新宗教会议，并颁布新教义。此前，已经根据以前的一份辩论文本研究整理出一份文件，并交由未来的大教长约翰·莫罗哈加诺斯领衔的委员会施行。843年恢复圣像崇拜后，此次会议制定的教义法令没能够保留下来，我们只能从被流放的大教长曾引用并加以辩驳的内容中了解它。塞奥多利在第二次向教皇上诉后，再次被放逐，他的一些门徒被处死。由于继任的皇帝米哈伊尔二世支持毁坏圣像主张，因此其调解徒劳无益。他的措施主要是召回被流放的人，同时勉强容忍对圣像的崇拜，但是塞奥多利对此并不满意，他要求恢复大教长尼基弗鲁斯的职位，要召开一次宗教会议，并就皇帝的思想上诉罗马教皇。824年米哈伊尔二世在写给加洛林帝国皇帝路易一世的信中为自己辩解，他强调崇拜圣像造成的恶劣影响，要求路易一世在罗马申诉问题上给予支持，但这毫无结果。拉丁教会没有对拜占庭人的权力斗争置之不理，因为它还保有上诉法庭的权力。但是，对于拉丁教会来说，虽然关于圣像的争论只是各种冲突的一个方面，但它就像崇拜圣像一样难以理解。

826年塞奥多利去世，随后828年尼基弗鲁斯也辞世，这场争论遂不了了之。塞奥非鲁斯

正统派的胜利。图的右侧为815年毁坏圣像派的宗教会议，皇帝利奥五世与大教长塞奥多托斯共同废黜正统派大教长尼基弗鲁斯；图的左侧为尼基弗鲁斯战胜了其敌人，敌人仆伏在他脚下（阿索斯圣山9世纪古文献《五圣记》第61页插图）。

采取更加严格的政策，他禁止绘制圣像，对参与崇拜圣像的反对派僧侣严加处理。836年，两个巴勒斯坦的僧侣"刺面"兄弟塞奥多利和塞奥发尼斯的前额上被打上下流诗句的烙印；一位绘制圣像的僧侣拉扎鲁斯（Lazarus）的双手被刺穿。前文介绍过的815年事件中的约翰·莫罗哈加诺斯在837年荣任大教长，但是塞奥多拉及其女儿们仍坚持在皇宫中秘密崇拜圣像。塞奥非鲁斯于842年去世，帝国的毁坏圣像运动再也没有继续下去。843年，约翰被废黜，取而代之的是西西里僧人迈索丢斯，此人曾在米哈伊尔二世的迫害中被捕，罪行是携带教皇表示支持圣像崇拜的手谕。

四旬斋节（复活节前的第四十日）的第一个星期日，举行了隆重的仪式，最终恢复崇拜圣像。自此以后，一直到今天，从拜占庭人延续下来的"东正教星期日"还受到尊崇。同时，由于皇帝临死前的忏悔以及虔诚的皇后亲眼看见基督在审判席上宽恕了他，因此皇帝的权力得以维系，据说大教长也发现那个放置在祭坛上的异端皇帝名单中，塞奥非鲁斯的名字被奇迹般地抹去了。于是皇宫金色大殿又恢复了原样，基督像再次被悬于皇位上方，同时圣母与皇帝、大教长、圣徒们的圣像被置于西门厅。

第二阶段的毁坏圣像运动由此告终。与第一阶段的运动不同的是，学者被引进争论中，至少我们可以确定的是，双方阵营都有学者。正是在这一时期，支持圣像崇拜者的哲学诠释进一步加深，从上帝化体为基督理论中也引申出更为深奥的政治结论。该现象可以从含有大量亚里士多德学派注解的著作中找到清晰的证据，如大教长尼基弗鲁斯生前致力于撰写的那部著作就是个代表，只不过是它仍有一部分未能完成。毫无疑问，人们可以从这场对立双方都已确立其传统且非常成熟的运动中找到这种现象的原因，同时还可以在9世纪前半期的知识分子的动荡中找到更多解释，因为那可能是比瓦西里一世所开创的伟大时代更加辉煌、更具创造性、更具进取性的时代。

向教会新形象的转变

首先，在书本知识的传播途径方面，发生了决定性的变化。尽管伊斯兰教地区已经开始使用纸张，但拜占庭人却尚不知晓这一技术。正是在这个时期，拜占庭的抄写者放弃了安色尔（unciae）字体而采用小写体，从而大大提高了抄写速度，与印刷术发明后的速度不相上下。同样是在9世纪，再晚些时候在西方的加洛林，拉丁文抄写者也经历了同样的变化。已知最早的希腊小写体手抄本是一本《福音书》，正是在斯图丢修道院的缮写室中于835年誊写完毕的。书本需求增长的征兆以及一种新字体的使用，可能都与毁坏圣像运动第二阶段的学术特征有些联系；即使从毁坏圣像派角度写成的书本现已失传，也不影响这一结论的真实可靠。根据可断定年代的手稿所反映的时间顺序，小写体最初应用于抄写《圣经》以及理论性的文章，后来用于观察和医药等实践论文，最后广泛应用于文学作品。

塞奥非鲁斯的统治标志着9世纪"文化复兴"的真正开始，像所有复兴运动一样，它在事实上代表了当时某种文化运动的繁荣。这场运动中有两人地位非常重要：一是约翰·莫罗哈加诺斯，又被称为"文法家约翰"，不管他的敌人怎么诋毁他，或用当时流行话说他是个小人，但他确实是位出身高贵、深受古典文化熏陶的人。他主要对希腊的科学以及魔法着迷且深有研究，这两种学问在当时人的意识中被看做是相同的学问。他曾担任塞奥非鲁斯的老师，对其影响极为深刻。他还担当使者出使巴格达。另一个是哲学家利奥（或数学家利奥），大约在790年生于君士坦丁堡，早年接受修辞学训练，同时学习哲学与算术。起初，他是私人教师（数学教师），后来

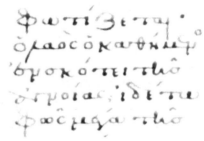

左图是安色尔字体铭文，右图是小写字体。随着9世纪书本需求的增长，抄写者放弃了大写字体，选择书写速度更快的小写字母（安色尔字体摘自《圣马太福音》，6世纪。小写字体摘自《纳兹安足斯的乔治的训诫》，11世纪。藏于巴黎国家博物馆）。

塞奥非鲁斯授予他国家教师的职位。840年，他成为塞萨洛尼基大主教，在恢复圣像崇拜后，843年返回君士坦丁堡。我们知道他是位温和的反对圣像崇拜者，曾亲自修订柏拉图的抄本，研究过柏拉图、欧几里得以及星辰对人类命运的影响。后来成为大教长的弗条斯大约生于810年，曾在塞奥非鲁斯政府中任职。为了谋求政府机构上层的职位，他参加了出访巴格达的使团。大约在838年，他为其兄长特意拿出时间来编撰著名的《书目》（Bibliotheca），这是他读过的279本书的名单及简介。其中一些笔记相当详细，成为许多已经失传的古代文献惟一的证据。他的性格特征决定了他的兴趣主要在修辞学和历史学上，而不在科学与哲学上。此外，他似乎已建立起读书和研讨的学术圈子。

　　塞奥非鲁斯本人的贡献远不止是为上述提到的学者进行庇护，他采用了一项措施，意欲打造出公共教育阶层和受过教育的管理层。他采取的措施使一个知识阶层即将出现在9世纪和10世纪的历史舞台上，从而把皇帝形象本身置于文化传承之中。他与君士坦丁五世的不同之处在于，他没有将自己局限于神学领域。另外，他还特别欣赏哈里发的政府与文明，这主要表现在他从倭马亚艺术中借用来某些因素，加入到自6世纪以来以基督教教义为中心的传统装饰主题中，但是对于一位主张毁坏圣像的皇帝来说，这种做法很难持久。831年和837年他胜利返回君士坦丁堡之际，首都的各个凯旋门再次上演了皇帝胜利的凯旋仪式，由君士坦丁七世编纂的《礼仪书》记录下这种场合必需举行的仪式。虽然塞奥非鲁斯没有留给后人任何法律，但在描写他被赦免的虔诚故事集以及由君士坦丁七世组织的写作队伍编纂的《皇帝列传》选集当中，仍然记录了他那最高法官式的优秀品德。从后一个集子中，人们可以看出那位瓦西里一世的后裔对皇位延续性的尊重，因为他故意略去了通过暗杀上台的米哈伊尔三世。

　　总的说来，毁坏圣像运动第二阶段帝国文化的特征是：重新学习古代，从一个特别的角度来扣问心灵，这一点甚至在大教长约翰身上也能发现。而弗条斯是个例外，他的学术注意力还主要集中于基督教教义，不管怎样，他只是在843年以后才显露头角的。因此，第二代毁坏圣像者

岩洞中的隐士们。左图是16世纪的绘画局部（摘自藏于梵蒂冈博物馆的《圣埃弗莱姆之死》），僧侣们的岩洞与土耳其卡帕多西亚地区的岩洞（世俗用岩洞）非常相似，见右图。在格莱米看来，隐士们似乎特别喜欢这些岩洞。

们继承了在已经成为经典的古代权威基础之上建立起来的文化模式，并且自此以后，政府抓住这种模式使崇拜圣像固定下来。当然这不是否认个人的地位，或者否认这次"文艺复兴"当中主要人物的个人兴趣的影响力。毕竟，史学家的任务是建立与解释其政治关联。

　　毫无疑问，毁坏圣像运动第二阶段也是修道院扩张的时期。斯图丢修道院走的也是同一条道路，可以肯定的是：他们在塞奥非鲁斯统治时期复制了以前提到的手稿；瓦西里一世统治时期，修道院编纂了关于塞奥多利及其继任者尼古拉斯受难的故事；以及训练出诸如大教长伊格纳条斯这样的人物。斯图丢修道院并不是不熟悉古代文化，而是从一个完全不同的角度来处理它，其目的是提高修道院势力在帝国中的根本地位。毁坏圣像运动第二阶段的确也与各行省修道院定居点数量的增长有密切联系（毫无疑问，这种增长曾暂停过一段时间），并引起重要后果。比塞尼亚的圣奥林普斯山〔离布鲁萨（Brussa）不远〕成为颇受欢迎的避难所，在那里，苦行僧们的生活方式作为榜样鼓励着后来人。阿特罗阿（Atroa）修道院院长彼得的影响仅限于行省范围，而雅尼哥斯（Ioannikos）的影响遍及整个帝国。他生于君士坦丁五世统治时期一个反对圣像崇拜的家庭，死于846年，他主要是确立了一种标准。上述这些当代著名圣徒们的《生平》也影响着公众虔敬的态度。这一代圣徒们在行医治病方面不如他们5世纪和6世纪的前辈突出，而是更多地作为预言者出现。诸如数学家利奥等人从星相观察中预知未来和命运，这也被其追随者奉为一种奇迹。更重要的是，他们敏锐的目光不仅穿越时空，还能探究罪恶心灵的秘密，从中分析出真正的悔过，这可是赎罪的前提。"灵魂之父"的威望受到社会各阶层的尊敬，最终成为修道院权力的基本内容。此外，我们发现，这个时期的圣徒传记作者们在描述他们的主题时均强调僧侣的地位。同样是在这个时期，圣像崇拜的普通方式逐渐确定下来，并在后来发展成一种传统。米哈伊尔二世写给路易一世的信证实了崇拜圣像的活生生的事实，例如把圣像称为教父或教母。另一件逸闻讲述了塞奥多拉及其女儿们如何在她们的私人房间里保存圣像以及皇帝的小丑如何与塞奥非罗斯耳语，"注意！陛下，注意皇后们的玩偶！"

文化复兴，帝国复兴

在描述这个年代时，人们很容易在区分学术文化与流行文化时产生错觉。应该说，有证据表明存在着一种大众文化，其中突出的是基督教的信仰与实践，在此之上，是一个由统治阶层发展的关于古代学问的知识阶层，其中包括皇宫官员以及斯图丢派修道士，尽管他们自身与选择出来特别强调的古人在各方面相当不同。然而，这一科学探索精神是毁坏圣像派思想家们的一个特点，举例说，在编写自传时，各地使用的修辞学规则是一致的，他们各自的语言同样也与作者日常讲话的语言大不相同。另一方面，如果在知识领域对大城市与行省之间的文化加以区分，同样也是错误的，因为对手稿笔迹以及其他例子的对比研究，已经表明知识在当时相当普及。而且，对于一种地区文化的形成该用怎样一种标准来衡量呢？在对9世纪后半期的东部边疆进行过分析之后，我们再返回来讨论这个问题。

843年之后的几年中，占主导地位的文化就这样在毁坏圣像运动第二时期逐渐形成，甚至也许是在9世纪初就大体形成。再度恢复崇拜圣像对帝国圣像发展变革的影响要比第一阶段小。只是在瓦西里一世至其孙子君士坦丁七世统治之间这段时间，关于理论与圣徒传记的作品才比较多。米哈伊尔的统治则把先前文化发展的成果汇集起来。从塞奥基斯多斯开始，帝国继续支持高深的学术研究。后来在斯拉夫人中传道的君士坦丁－西里尔（Constantine-Cyril）曾得到塞奥基斯多斯的资助，在哲学领域占据一席之地，而且巴尔达斯也得到过他的支持。大约855年至856年前后，巴尔达斯在大皇宫建立了学校，请哲学家利奥在此讲授地理、天文以及语法知识。最高统治者的象征性地位以及权力方面也保有同样的延续性。宫殿是举行召见外国使节仪式或开办宴会的地方，继续展现着皇帝的权力；竞技场、节日游行及狩猎依然是向外界展示皇帝权力的场合。早在843年，大教长迈索丢斯在崇拜圣像精神鼓舞下开始举行"东正教星期日"仪式。在仪式中要称赞皇帝的名字，诅咒异端者的名字，后来这一节日在帝国各个教堂也开始举行。简而言之，帝国的意识形态在843年发生了变化，却没有失去其至高无上的自尊。恢复圣像崇拜标志着对最高权力转化为现实人格意义的解释最终得到确认，而"基督-皇帝"再现人间。关于塞奥非鲁斯得到神奇宽恕的传说，清楚地表明843年恢复崇拜圣像并没有中断帝位继承传统。

　　修道院制度的迅速发展走的是完全相反的路线，但同样设法证明其继承的延续性。在毁坏圣像运动时期到正统信仰恢复时期之间，有一个明显的中断期，这一点可以从9世纪后半期成书的一些"诗篇"的插图表达出来。在教会辅佐最高统治者的观念与斯图丢斯派的观念之间一直存在权力之争，到9世纪初，这种斗争又以完全相同的方式再次上演。大教长迈索丢斯尽管有修道背景，却不与斯图丢斯派合作，从而激起后者在恢复圣像崇拜后对其姑息毁坏圣像态度的愤怒。847年迈索丢斯去世之际，塞奥多拉任命米哈伊尔一世被阉割的儿子、僧侣伊格纳条斯为大教长。这一选择既是对斯图丢斯派的让步，也是因为他有皇室血统，从而在现任政府与前王朝之间建立起联系，但是这一做法也是另一场冲突爆发的导火索，因为塞奥多拉的决定绕过了宗教会议，从而引起主教们对伊格纳条斯的反对。在反对派中，叙拉古的主教格列高利·阿斯贝斯塔斯（Gregory Asbestas）吵闹得最凶。858年，伊格纳条斯被米哈伊尔三世和巴尔达斯判处流放，因为前者公开指责巴尔达斯与其儿媳乱伦并拒绝与其交往，另外，还因为他拒绝帮助他们把塞奥多拉及其女儿们赶进修道院。后来，弗条斯取而代之。此前，弗条斯曾担任帝国档案馆馆长，并且是塔拉修斯的侄子，又与塞奥多拉沾亲带故。弗条斯在制订教士规则方面迅速占得先机，而后他被格列高利·阿斯贝斯塔斯尊为圣人。这个格列高利·阿斯贝斯塔斯曾经被伊格纳条斯从其教区驱逐出来，为此他曾上诉到罗马教廷。这样，弗条斯陷入与伊格纳条斯及其支持者相互指责对方身份非法的斗争中，而教皇被请来做仲裁人。在教皇看来，这是一个夺回被皇帝利奥三世没收的世袭领地的最佳时机，于是毫不犹豫地投入到与拜占庭人争夺保加尔人的斗争中，这段历史我们将在后文中详述。867年9月，在君士坦丁堡召开宗教会议，适逢米哈伊尔三世统治期间，他在会议上签署了决议。会上，弗条斯经其他三大教区（东部大主教）的同意，开除了教皇的教籍，称他是异端。主要理由是，罗马教会主张的"圣灵"进程教义与希腊教会不同，希腊教会认为圣灵应该"从圣父到圣子"，而拉丁教会坚持"同时从圣父和圣子"而出。这一分歧早在6世纪已经显现，但在867年拜占庭人把自己的意见看做是正统教义，而且还在1054年的教会分裂争论中再次提及。为了更好地解决问题，弗条斯宣布教皇的干涉为非法，并下令将这次宗教会议的决议传遍整个东方。此后，矛盾已不仅仅是君主与教会机构之间因概念不同而引起的内部冲突，还涉及皇帝与大教长在外部事务中的共谋。这一趋势在伊拉克略时期已隐约可见，自此以后将继续扩大，

　　圣索非亚教堂的天使像，或重新发现的圣像代表作。在毁坏圣像者造成的破坏之后，宗教艺术最终获得解放，但已经失去了那种再也不会达到的包含着热情与喜悦的美感（圣索非亚教堂一幅镶嵌画的细部，9世纪）。

特别是对非基督教地区的争夺主要集中在对斯拉夫人地区的传教，后文将对此详细阐述。

拜占庭帝国恢复对外攻势

在这种不断增强的君主专制及其文化中，帝国内的少数民族与边疆居民的命运如何呢？这一问题与拜占庭的对外关系密不可分。对此问题所涉及各地区的多种情况粗略一瞥之后就可以使我们形成一个整体印象，其中包括各地居民、各地尚在变化和不变的特征以及各地作为战争争夺目标的地位等问题。但是，如果完全像过去那样继续试图以帝国领土统一的观点来撰写这一部分，那将是非常错误的。在公共事务中，在统治者的意识形态中，在处理国际事务中，战争比以往任何时候都更具有正式的和永恒的性质。战争与使节、贸易、国际声望与利益来源一起构成国际关系的基本内容。

9世纪初始，三个在一定程度上有所重叠的主战场吸引着我们的注意力。第一个战场位于西部，它环绕爱琴海和地中海地区，包括两海各群岛，如卡拉布里亚、亚得里亚沿海地区和达尔马提亚沿海以及威尼斯近海区，所有这些地区在行政上仍属于拜占庭帝国。第二个战场在巴尔干诸省，这里仍有一部分属于特色鲜明的斯拉夫少数民族聚居地；还有被政府组织迁移到这里的居民；博斯普鲁斯海峡和黑海西岸控制着通往君士坦丁堡的交通要道；入侵拜占庭帝国的保加利亚王国；最后还有多瑙河北岸地区，拜占庭人在此设立了车绳前哨站，并在833年扩建为军区，该地区主要由哈扎尔人居住，介于顿河与伏尔加河之间。第三个战场在东部，我们发现自7世纪以来就不断遭受侵袭的半圆形地区，它一边受到陶鲁斯山区人的攻击，另一边有来自高加索人的入侵，这里还包括帝国与古老的基督教国家亚美尼亚和伊伯利亚地区连接的地方。此外，在梅里特纳、曼兹克特（Manzikert）和阿尔贞（Arzen）一线边界靠近提夫里斯（Tiflis）一边，自8世纪起就被穆斯林埃米尔占据。他们有意识地疏远巴格达，有时甚至起而叛乱，但却与当地亚美尼亚王公保持着友好关系，甚至联姻。

商路与铸币的复兴

战略公路以及要塞在长途贸易中发挥着新的作用，9世纪开始的长途贸易发展反映出宫廷及城市消费的增长以及拥有必要的语言、旅行和产品知识的商人阶层的发展。犹太人就一直长于这些知识，他们善于用书写文本的形式保持具有相同宗教信仰的信徒间的广阔社会联系。具有同样天赋的还有只信仰《圣经》的圣经派信徒卡莱特人（karaites，源于希伯来语的"qara"读音），他们是一群持有不同信仰的犹太人，一直使用《圣经》中的文字，拒绝遵守犹太法学家的解释与结论。直到今天，在克里米亚半岛还可以找到他们的踪迹。从8世纪中期开始，犹太人在哈扎尔人定居地以及附近地区还占有特殊地位。穆斯林商人显然也同样长于商业贸易。当时存在两种主要的商业动向：首先是从印度和中国购买的香料与丝绸，这种商业具有悠久传统。第二种是从乌克兰贩卖皮革、毛皮、木材、蜂蜜以及奴隶。在从多瑙河下游穿过斯拉夫国家而来的商路上，保加利亚占据最有利的位置。哈扎尔人国家则从更东侧的商路中获利，其集散地出口在车绳和特拉布宗。但是哈扎尔人的优势不太稳固，当9世纪末俄罗斯人开始出现在伏尔加河流域并挺进到里海时，他们便开始走向衰落。

在三个主要消费区，即穆斯林东、西部和拜占庭帝国之间，商品与货币跨越了很大的范围，拜占庭的商业地位可能不像以前认为的那样处于下风。作为商品再集散的中心，君士坦丁堡和塞萨洛尼基的重要性仍无与伦比，那里的商业活动仍然控制在拜占庭人手中。9世纪早期，雅典与科林斯也出现了复兴迹象。最后，我们还有铸币证据。

如我们所知，从君士坦丁时代开始，拜占庭货币体系就以索里德金币为基础，一磅（约327克）重的黄金可铸成72枚金币，所以金币保持相当高的标准，即24克拉。索里德作为公共支付的媒介，主要用于税收、薪俸、指定给私人或宗教机构的岁收、由政府提供的贡金等，它在国际市场上一直居主导地位。同时，日常交换使用的是一种黄铜含量很高的青铜币。政府的原意是打算提高铜币的重量，以便使其更有购买力，但是日常流通需要的却是越来越小的铸币，从而导致铜币开始贬值，越来越轻。在金币与铜币之间，曾经一度出现过一种银币，但只是使用了很短一段时间。从8世纪开始，以金币为基础的拜占庭货币体系就处于东西两种不同货币之间，即西方的货币体系与东方伊斯兰教世界货币体系。西方的货币体系在这个时期只用银币，这反映出它只具有较差的财政货币能力，伊斯兰教世界的货币体系则接近于金银复本位制。哈里发从拜占庭人那里学会发行第纳尔金币，又从波斯货币体系中继承了第尔汗银币，而这种银币反过来又影响了拜占庭发行的银币。在通往斯堪的纳维亚与斯拉夫世界的大路沿线，人们发现这些铸币曾经相遇并相互竞争，它们显然是被雇佣兵带到各地，后来又由商人带回本地。

利奥三世开始发行纪念用银币，并重新对其调整以用于商业。塞奥非鲁斯开始铸造一种新银币"大银币"，仓促地加大了银币的重量。米哈伊尔二世曾经铸造了一种较重的铜币弗里斯，塞奥非鲁斯还继续铸造这种铜币，它在接下来的两个世纪中一直比较稳定。这两种货币的发展都是在金币仍维持不变的基础上，这清楚地表明，本地商业和长途商业贸易在发展增长。人们偶尔会发现一些可能是被使用者丢失的铸币，其分布图使得交换方向显得模糊不清，不过它们仍具有相当的重要性。9世纪保加利亚的铸币仍然不足，而在摩尔多瓦（Moldavia）和特兰西瓦尼亚（Transylvania），铸币主要出现在牲畜贩子旅行的路线上，这可能是将家畜贩卖到市场的道路。黑海海岸遗存的铜币可能与为首都供应日用品的市场有关。在巴尔干半岛西部，特别是在内

印有利奥三世胸像的铸币（巴黎，国家博物馆）。

陆地区，我们只找到了塞奥非鲁斯的金币。最引人注目的是，爱琴海沿岸及希腊中部地区铸币数量的增多，在那里开始出现阿拉伯铸币，即克里特阿拉伯埃米尔发行的铜币。在科林斯，特别是雅典，拜占庭人用穆斯林的第尔汗银币重铸"大银币"。如果试图描绘一幅当时世界的令人信服的画面，那么分析这些资料是很必要的。这个世界一方面是战争与海盗，另一方面是商业往来，而且历史课本经常将它们分成独立章节，事实上，它们组成了一幅完整现实的历史画面。

突破西方与北方的包围……

9世纪前半期，地中海的一半由胜利的穆斯林主宰，另一半则由拜占庭人控制，其防御体系在海陆两方面大举扩张。805年，阿拉伯舰队支持斯拉夫人在帕特拉（Patras）地区发动叛乱。尼基弗鲁斯一世加以镇压，并利用这一机会将小亚细亚居民迁移到这里。809年，盖发莱尼军区（Kephallenia）"将军"首次被人提及。同时，阿拉伯人加紧对爱琴诸岛的进攻：806年突袭了塞浦路斯，807年袭击了罗德岛。843年的文献首次提到爱琴海军区。在亚得里亚海区域，斯拉夫海盗在达尔马提亚沿岸的活动、加洛林王朝的东侵以及威尼斯人的扩张，使拜占庭人边防岌岌可危。结果，在813年或814年缔结的一份合约保留了拜占庭人的宗主权，而赋予威尼斯人以绝对自治。这种自由很快就得到了结果，828年威尼斯商人从亚历山大城偷走了圣马克的遗骸并据为己有，它使威尼斯人得以在这个时代的政治角逐中占据上风，进而宣布拥有了对这座城镇来说是必要的使徒地位。836年，文献首次提到塞萨洛尼基军区"将军"，该军区的前身可能是824年设置的要塞。842年至843年，文献还首次提到迪拉修姆（Dyrrachium，或称"都拉左"）军区的"将军"。

825年，一些曾在亚历山大寻求庇护的科尔多瓦阿拉伯人遭到驱逐，于是他们占领了克里特，由此从拜占庭人手中夺取了主要的战略与商业据点，这使他们成为地中海中段商路上的主宰者。828年至829年，拜占庭远征军无功而返，其后数次远征的命运也与此相同。阿拉伯人不仅建立了堪地亚（Candia），而且继续控制克里特，直到10世纪。827年，阿格拉比德王朝军队利用西西里人反对拜占庭统治的起义，从非洲登陆西西里。西西里在700年前后设立军区，由于其周围环境而享有较大程度的自治。此后，从利奥三世将它并入东正教大教长辖区之后，其教会就采取希腊礼仪。830年，阿拉伯军队围攻巴勒莫（Palermo）并最终攻陷该城。阿拉伯人征服整个西西里岛经历了漫长的过程：878年攻陷叙拉古，902年攻陷塔奥米那（Taormina）。阿拉伯人从西西里出发，进入意大利南部，而拜占庭人仍在这里坚守着卡拉布里亚、奥特兰托（Otranto）和那不勒斯的公爵领地，但他们对这块领地的统治比对威尼斯的统治更松，只停留在理论上，而威尼斯的阿马尔非直到839年才完全摆脱对拜占庭人的依附关系。839年至840年，阿拉伯人占领塔兰托（Taranto），从而对威尼斯人的海上交通构成威胁。840年，拜占庭使团到访威尼斯。同年，威尼斯舰队袭击了塔兰托，但没有发挥任何作用。842年，阿拉伯人占领巴里。他们还以各个小岛为基地，对诸如阿索斯（Athos）半岛等希腊沿岸进行定期袭击。这个时期的圣徒《生平》中充斥着这类袭击的记载：塞奥多拉的《传记》开篇就叙述了一次萨拉森人入侵带来的威胁。塞奥多拉生于812年，是塞萨洛尼基人追奉为圣徒的隐士，正是由于阿拉伯人的入侵，迫使他从孩童时代就离开出生地——爱琴纳岛（Aegina）。令人不可思议的是，阿拉伯人关于统治克里特岛的历史中竟然没有对这些事情的记载。重要的是，我们无论如何不应设想这一时期拜占庭人与意大利周围地区存在过多联系。中央政府对西西里的管理相当松散，其财政税收与军事命令毫无疑问地加速了两者的决裂。另一方面，威尼斯、那不勒斯或阿马尔非是那种在事实上独立地区的典型代表。同时不可否认的是，它们并未向拜占庭帝国表示效忠，但却获得了独立权，这一点也可以从拜占庭人颁给当地统治者的封号看出来。有时拜占庭人还对它们提供具体支持，这正是帝国天性中固有的、我们难以理解的二元性。

9世纪早期的巴尔干地区，就像我们所看到的，仍然处于拜占庭人与保加利亚国家之间的战争笼罩下，这一点没有任何疑问。尼基弗鲁斯一世在811年战役之前成功地攻占保加利亚首府普里斯卡，但这次战役使他命丧黄泉。此后，保加利亚可汗克鲁姆就赢得了多方面的胜利。813年，克鲁姆带兵威胁君士坦丁堡，但他于次年病逝。814年或815年，他的儿子奥穆尔塔格与拜占庭人缔结了"三十年和约"。我们曾提到，在这段时间里，奥穆尔塔格支持米哈伊尔二世镇压了"斯拉夫人托马斯"的叛乱。但他是，帝国边疆的斯拉夫人聚居地问题仍未解决。前文已经提到，他们于805年在帕特拉附近发动起义，841年再次发生叛乱。然而，保加尔人却保持了数十年的和平，他们的整个民族完成了斯拉夫化，基督教也渗入其社会生活；其政治制度发展日益成熟，这些都使他们的生活态度变得更不尚武，这一变化在852年伯利斯（Boris）可汗掌权后逐渐明确。此外，虽然另有一支来自大草原的突厥部落匈奴人，或称马扎尔人大约在837年抵达多瑙河河口，但是他们在拜占庭人看来还是相当平和的。

普里斯卡，保加利亚可汗宫殿废墟。7世纪时，第一个保加利亚国家诞生，普里斯卡在接下来的两个世纪里成为首都。保加尔人皈依基督教后，要放弃在普里斯卡占主要地位的异教，遂决定于893年将首都迁往普里斯拉夫。

再往东，哈扎尔人地区同样需要关注。哈扎尔人对其相邻部落和过往境内商路的长途旅行者征税，从而确立起其地区权力。740年前后，犹太人开始向哈扎尔人世界渗透。后来，哈扎尔人统治集团正式皈依犹太教，这成为9世纪前半期的重要事件，并清楚地反映出统治集团的意图，他们希望用一种更适合哈扎尔人国家发展且政治上成熟的宗教来代替其传统的突厥多神教。这一选择与860年以后斯拉夫或斯拉夫化国家面临的问题类似，不过，他们的选择是正确的，犹太教使哈扎尔人在其相邻的两大政治实体，即基督教国家与伊斯兰教国家之间保持了独立，当然同时也因此而失去两方面的保护。在黑海北岸，哈扎尔人与拜占庭人和睦相处。833年前后，哈扎尔人请君士坦丁堡派一些拜占庭工匠来帮助他们在顿河的撒克尔（Sarkel）修建堡垒。同时，拜占庭人将其古代据点车绳设为军区，这里正是来自基辅的长途商路的终点。然而，正是从基辅国家来的"罗斯人"（希腊语称Rhos）在这块土地上给哈扎尔人和拜占庭人带来威胁。至10世纪时，他们最终取代哈扎尔人，占领该地区，并在860年驾驶船只首次出现在拜占庭城下。但是在所有这些事件中，战争只处于第二位。后文我们将谈到这个年轻的民族融入到先进的权力体系时，拜占庭人是如何利用基督教传教士解决问题的。

……在东部与南部的突围

拜占庭东部的战略防线在理论上仍维持着9世纪初的边界，当时，由于尼基弗鲁斯一世拒绝支付伊琳尼皇后曾允诺的贡金，引起了与哈伦·拉希德（Harun al-Rashid，死于809年）的一系列战争，这些战争确定了这一边界。尼基弗鲁斯一世统治时期，阿拉伯人在806年一度兵临安卡拉（Ankara，或Ancyra）城下，这场战争与同时期的阿拉伯人的海上远征遥相呼应。不过在814年到829年的休战期间，麦蒙仍支持"斯拉夫人托马斯"的叛乱。塞奥非鲁斯统治时期，战事又起。要理解这个时期的利益纠葛，就要追溯到7世纪和8世纪期间这个地区特殊的地理位置，特别是9世纪早期这里发生的危机。其中必须考虑的因素是：阿纳多利亚军区的部队反对伊琳尼中央政府，并影响了皇权继承。还有"斯拉夫人托马斯"的夺权企图。我们曾指出，那种认为东部有毁坏圣像的自然倾向的看法是完全没有根据的。然而，不可忽视的是，正是宗教信仰的差异使首都的希腊教会甚至是毁坏圣像运动时期的教会，疏远了讲叙利亚语的雅各布派牧师传教影响下的当地基督教。自从6世纪以来，安条克的雅各布派大主教就一直居住在伊斯兰教领地内的哈兰（Harran，即古代的Carrhae），特别是巴尔沙玛附近某所带防御工事的修道院中。9世纪前半期是叙利亚文化发展的黄金时代，其中从希腊语翻译的书本、布道文、圣徒传记以及教会法都沿用一种独立的历史编纂法，表达出一种有个体组成的集体意识，这是他们与君士坦丁堡的基督论惟一有差异的标志。

在这个支离破碎的边疆地带，还有从高加索插进来的一股势力。在尼基弗鲁斯一世与米哈伊尔一世统治时期，甚至早在8世纪，拜占庭人就像哈里发一样，对大亚美尼亚各家族之间的封建冲突极为关注。冲突的一方是西北部的巴格拉图尼家族，曾统治过伊伯利亚地区，另一方是瓦斯普拉坎（Vaspurakan）家族，他们在很早以前就从其最初控制的地区扩张到整个东北部地区。拜占庭人与穆斯林这两大力量通过授予封号、提供同等的政治保障等形式对双方展开争夺，但是都没有获得任何能使他们在这个战略要地建立统一国家的机会，因为这样做十分危险，或者说存在障碍。806年，居住在巴格兰（Bagaran）的阿首特·巴格拉图尼（Ashot Bagratuni）家族接受了阿拉伯人封赐的亚美尼亚王公称号。他还把一个女儿嫁给阿德祖尼（Ardzuni）家族，另一个女儿嫁给阿尔贞的埃米尔。然而，其两子又分裂了领土，并因此为获得提夫里斯埃米尔的支持进行角逐。813年，他的一个与其同名的伊伯利亚侄子获得同样的封号。自此以后，这个家族在高加索地区占据了绝对的统治地位。

　　边疆地区的埃米尔们争夺的焦点是梅里特纳、塔尔苏斯和阿真，因为这些城市是边防中心。在11世纪突厥军队进入此地前，它们是该地区的代表，就像君士坦丁堡代表拜占庭帝国，塞萨洛尼基代表其周围地区。这个包括塔尔苏斯和亚美尼亚地区的边疆社会从9世纪便开始形成，直到10世纪才成熟起来。这个社会的本质是极少变动，就像其政治与军事忠诚不停变动一样。拜占庭帝国的士兵经常发生投入敌营的事情，比如具有亚美尼亚血统的"将军"曼努埃尔（Man-uel），他在米哈伊尔二世统治时期，因被诬陷而投靠穆斯林一方寻求庇护。后来，他又重新为塞奥非鲁斯皇帝服务，官至宫廷禁卫军指挥官和管理公共驿站服务的邮政大臣，并通过洗礼与婚姻的纽带与皇帝建立起姻亲联系。埃米尔们在各个地方的活动已受到密切关注，例如：812年至815年间，我们发现他们发动了对毗邻的亚美尼亚地区的进攻，俘虏当地居民。塞奥非鲁斯通过837年的战役征服了他们，并采用同样的方式加以报复。他们在当地的声望为他们在史诗中赢得了英雄地位，并在希腊地区流行的诗歌中保存了数百年，一直流传至今。这个地区的这类诗歌多起源于9世纪，特别是塞奥非鲁斯时代。它们是关于爱情与战争之歌。"萨拉森人"被假定为想象中的敌人，但是其中一个"埃米尔"爱上一位基督教女孩（有时也是拜占庭的女孩）。总之，她是一个极其含糊的形象，几代以后，她可能就出现在《两个民族的英雄》（Digenis Akritas）这样的史诗中。

　　最后，这个地区还见证了"保罗派"（Paulician）的崛起。这个基督教派别严格地区分其上帝与被创造的世界，令人联想到（2世纪）马修（Marcion）的教导。他们反对圣像崇拜，进而反对圣母和圣徒的地位，这些观点似乎与毁坏圣像者相似，然而他们又认为十字架的象征用意也是不可接受的。另一方面，他们彻底否定（这与毁坏圣像者不同）圣礼与主教的等级制度，主张退回到使徒时代的基督教。他们听从受启示的"教主们"的权力，有时这些"教主"之间也会发生冲突：瓦西里二世统治时期的一项调查发现他们有两个源头，而且可以追溯到7世纪晚期，其中有两人分别在682年和688年被处决。他们否定任何形式的教阶制度，这使他们在毁坏圣像运动中也经常遭到迫害：利奥三世曾传唤、审问过其中一名"教主"。只是在伊琳尼统治期间，该教派曾充当过毁坏圣像者的避难所，她的统治标志着该派发展的鼎盛时期。后来，大教长尼基弗鲁斯说服米哈伊尔一世镇压保罗派，而斯图丢派的塞奥多利则反对这项严厉的措施。在如何对待这些问题的态度上，他们两个人正好反映出各自的判断标准，因为大教长在此事上的严厉态度表明，他考虑的是在帝国政治秩序乃至在宗教事务上如何让步，这就像他对君士坦丁六世再婚问题让步一样。

　　但是保罗派在各地仍有相当影响，其创建者可能是位亚美尼亚人。尽管如此，亚美尼亚教会也曾对之加以镇压。他们在8世纪就可能驱逐了某些异端，其中很可能包括保罗派。在8世纪的一百年期间，该教派的"教主们"到处游说，他们在边界地区与伊斯兰教信徒交往，也曾到达幼发拉底河上游地区以及梅里特纳城，甚至还到达皮西迪亚的安条克。利奥五世统治时期，大教主塞尔吉奥斯与其门徒逃往梅里特纳，寻求埃米尔的庇护。此后，保罗派为自己找到根据地，当时边疆地区形势不稳，在这个人所共知的有利背景下，830年前后，他们在塔尔苏斯埃米尔的支持下，占据了阿高温（Argaoun）镇。保罗派最终在此承担起边疆武士的职责，并成为拜占庭朝廷的敌人。在843年或844年，当地出现了一个很小的保罗派国家，由卡尔比斯（Karbeas）酋长统治，他可能是从拜占庭帝国来的逃亡者，定都于特夫利克（Tefrik），该城约建于856年以前。这一事件的影响是促使一支附属于梅里特纳的埃米尔军队建立起来。卡尔比斯死于863年，其侄子兼女婿赫里索黑尔（Chrysocheir，意为"金手"）接替他。卡尔比斯与赫里索黑尔的名字出现在东部边境的史诗《两个民族的英雄》中，不过其中对他们的回忆比较模糊。在拜占庭方面，9世纪前半期的边防主要依赖对克雷索莱（Kleisourai）山口的保卫。这里后来成为哈里山农（Charisanon）、塞琉西亚（Seleucea）和卡帕多西亚军区的军事指挥部。

830年，哈里发麦蒙在阿纳多利亚挑起战争。双方在连年的战争中互有胜负，其中最重要的战役是838年阿拉伯人占领阿莫利翁，这里是当时拜占庭阿莫利王朝的起源地。这一事件引起剧烈反应，而且很快成为一个传奇故事到处传播，其中主要讲述的是弃城而逃的叛国者以及42名坚守基督教信仰的殉道者。842年塞奥非鲁斯与麦蒙相继逝世，战争并没有中止，但是米哈伊尔三世时代的来临标志着一个更具侵略性政策时期的开始。虽然阿拉伯人于860年在卡尔比斯统治的保罗派支持下，入侵拜占庭帝国，而梅里特纳的埃米尔也于863年驱战车抵达阿米索（Amissos），但是在此之后，拜占庭人仍取得了两次辉煌胜利。其中一次是由皇帝的叔父帕特隆纳斯（Patronas）指挥的。

斯拉夫人中的希腊人

839年至841年间，拜占庭派往亚琛、巴格达、威尼斯和科尔多瓦的使团以及来到君士坦丁堡的外国使节，不应该仅仅被看做是与军事战争相对的另一种交往方式。它们代表的是文明之间，特别是君士坦丁堡与巴格达之间联系的步骤，而战争则经常为这一联系提供机会，就像拜占庭人对哈里发所取得的物质成就的发自内心的倾慕一样。举一个典型的例子，塞奥非鲁斯曾借鉴倭马亚王朝的宫殿艺术，但事实上，这些艺术本身正是继承自希腊化的东方艺术，甚至围绕着俘房的讨价还价也成为漫长的物质交换的过程，成为提供补偿和交换礼物的舞台。一位阿拉伯使者回忆说，他于861年到君士坦丁堡时，带了"整整一千袋麝香、丝制外衣、大量藏红花和一些罕见的新鲜药品"，这个单子既包括适于当做礼物的贵重物品，也包括对身体有益的珍品。它们所得到的回应是拜占庭帝国举行恢宏的正式接见仪式，这使首都能够给他留下深刻印象。总之，这种仪式是将拜占庭的权威与声誉广布到更远的地方和更大范围的途径。然而，在9世纪后半期，这些本应遵循古老模式的国际交往方式发生了新变化，即斯拉夫世界东部诸国请求并欢迎基督教传教者前往传教。

无论这些斯拉夫东部国家起源于哪个民族，由于该时期政治体制发展日益成熟，他们发现自己需要选择一种适于自身发展君主权力的宗教。毫无疑问，出现这种情况的原因在于，其多种对外交往，特别是大量战俘的存在，使越来越多的基督徒来到他们中间。但是，这并不能解释9世纪遇到的问题，其答案应追溯到更早以前，也就是查士丁尼向高加索派遣传教士的时代：自君士坦丁以后，基督教逐渐变成罗马帝国的标志，也就是说，成为接纳蛮族国家进入帝国世界秩序中来的必要身份，而那些蛮族国家主要是出于政治需要的考虑而寻求这样一种认可。如果用一句话来总结这一决定性的发展，那么可以说，古老的斯拉夫或保加利亚多神教已不能掩盖其不足：一旦统治者需要更严厉的形象时，一旦君主开始渴望对其权利的国际认可，而不再仅仅得到一份和约所附带的一点点扩张领土时，那么他就可能对其所试图主宰的贵族造成损害。这个时期斯拉夫国家皈依基督教源于最高层的政治决定，而他们的全面基督教化则是一个更加漫长的历史。从拜占庭人的立场看，传教是一条缓解周边地区民族要求权利的令人满意的解决途径，就像刚才所说的，是一种传统的方式，但是这种文化运动无论在范围还是在深度方面特别成功地解决了问题。最后，我们还要注意到，面对介于易北河与多瑙河那片巨大而迷人的新世界时，不仅拜占庭人想进入斯拉夫人中传教，加洛林帝国和教皇也有此意。这是两大教会冲突的开始，冲突的结果形成两大教会各自的影响范围，正是沿着这些势力范围的边界，确立起希腊教会与拉丁教会的界限。只有哈扎尔人因为选择了犹太教而避免参与这场争夺，尽管其领地上一些"幸存"下来的哥特人基督教从克里米亚向库班河（Kuban）和刻赤（Kerch）等地扩张，使其邻居阿巴斯格斯人在7世纪也皈依了基督教。哈扎尔人同样有其独特的政治组织形式。传教需求最早在860年时明确高涨起来。那一年，当罗斯人袭击君士坦丁堡后，从基辅来的大使们声称已接受过洗礼，至少，这是当时大教长弗条斯布道时得出的结论，但是这只是一次没有结果的洗礼仪式，真正的传教运动是自君士坦丁（其教名为西里尔）的传教团及其兄迈索丢斯到来后开始的。

君士坦丁与迈索丢斯生于塞萨洛尼基，这里是通往斯拉夫世界的门户。他们的父亲是位军官，母亲可能是位斯拉夫人。君士坦丁曾到君士坦丁堡求学，在那里，塞奥基斯多斯曾邀请他讲授哲学。此时各地的斯拉夫语之间都有些许不同，而他对这门语言的知识使他能够解决传教团的基本语言问题，并可以将它转变为书写文字，这正是拜占庭式基督教传播的必要开端。我们发现早在860年，他就首先来到哈扎尔人宫廷，据说他在那里用希伯来语与犹太教师辩论主的存在问题。尽管这次努力没有取得成果，但是君士坦丁和迈索丢斯还是在863年应大摩拉维亚（Greater

Moravia）王公拉斯迪斯拉夫（Rastislav）之邀，来到其宫廷。他们成功地创制了第一种斯拉夫字母，叫做格拉哥里语（Glagolitic，如俄语的"glagol"，属"动词"），这是拜占庭帝国文化及政治渗透扩张的关键步骤。他们的活动也因此引发了一场争论，即古老的法典《被告法》的编写地究竟是摩拉维亚还是保加利亚？这部法典是以利奥三世和君士坦丁五世的《法律选编》，也就是当时拜占庭人正在使用的法典为蓝本编写的。865年，保加利亚统治者伯利斯受洗皈依基督教。他从852年即位时，就开始考虑这个问题，但是那时，他曾一度向法兰克人示好，寻求与法兰克王国结盟。不过拜占庭人摆出的军事与海上武装力量姿态使他改变了立场。他很可能是在865年受洗，拜占庭皇帝担当其教父，拜占庭皇帝还把自己的名字米哈伊尔赐给伯利斯。这样，伯利斯就成为拜占庭皇帝的"教子"。通过洗礼所建立起来的拟制血缘关系给旧体系带来了新活力，亦即在统治者之间确立起等级制。这种制度事实上要追溯到6世纪，而在9世纪和10世纪时以拜占庭皇帝为中心发展到顶点。与统治者的皈依相关的另一因素是它使教会具有司法地位。伯利斯的主张很明确，他应该是自治的，而拜占庭人认为他应当服从教区的大教长。面对这一僵局，866年，伯利斯在致罗马教皇尼古拉斯一世的著名信件中，向后者征询关于教士地位和未来将要遵循的规则等问题以及维持某些传统习俗，特别是婚俗的可能性。他的问题没有得到满意的答复。还应说明的是，他的受洗曾激起保加利亚贵族们，用保加利亚民族语称为"伯雅尔"（boyars）的叛乱，这些人长期以来就对拜占庭帝国和其民众中的斯拉夫人抱有敌意。后来，基辅也照搬这一方式，这再次证明了王室皈依基督教的政治重要性。但是这一故事的结局要等到瓦西里一世统治时期才出现，那时，随着帝国国力的恢复，东部基督教的勃勃生机再次兴起。

第八章　东方的复兴：9世纪中期至10世纪中期

867年，瓦西里一世谋杀米哈伊尔三世后夺取政权，我们需要开始新的一章。今天，人们已经知道这一事件预示着拜占庭帝国黄金时代的到来，更确切地说，这一变更将结束历史上总体看来已成为拜占庭帝国及其遗产的那种陈旧模式。事实上，瓦西里（867~886年在位）、其子利奥六世（Leo VI，886~912年在位）和其孙君士坦丁七世，一方面不得不为其登基时谋杀前帝所导致的前王朝统治中断进行辩护，另一方面又不得不极力证明他们自己的王朝继承帝位的合法性。他们做得相当成功，使该王朝经受住了10世纪期间的动乱，未成年的君士坦丁七世亲眼目睹了他的岳父罗曼努斯一世（Romanos I Lakapenos，920~944年在位）的统治，其后，他的儿子罗曼努斯二世（Romanos II）于963年死后，其未成年的孙子们也是如此。他们不但是作为上溯到君士坦丁大帝以前的帝国传统的继承人来解决合法继承的问题，而且是作为这一传统在9世纪上半叶发展极为丰富的思想和文化的直接受益者来解决这一问题的。这实际上就是所谓的"马其顿文艺复兴"政治重要性的关键所在，这里说的复兴是指标志着前述的数代人努力推动文化发展达到顶峰的古典化运动。因此，作为史料构成我们关于这三个皇帝和罗曼努斯一世统治时期的文本和图像，在很大程度上是人们有意创造出来的产物，皇帝们亲自参与了这种创造工作。乍一看，这一因素似乎还没有完全显露出来，但当历史学家仔细考察这一时期时，首先打动他的一定是这一因素。

经济结构和社会结构的恢复

但是，让我们首先把这整个世纪的政治纲领、经济社会发展的环境看做一个整体，在这个整体中，867年这一时间作为分界线毫无意义。一个显著而重要的现象是城镇的复兴，从瓦西里一世时代起，整个10世纪期间，城镇重新发展的趋势十分明显，而城镇复兴是更早时长途贸易出现了长足发展的结果。我们还可以把城镇复兴看做是8世纪动乱导致的人口减少得到补偿的结果，无论如何，人口已经恢复到平衡状态。

城镇的复苏

在这个问题上，证据还很不够，因为我们缺乏足够数量的发掘物来客观评价9世纪和10世纪帝国城镇遗址的多样性，可以肯定地说，考古学对此有最后决定性的发言权。而且，19世纪以来发掘古代遗址的热情势不可挡，导致了对各种城镇遗址，主要是希腊的，尤其是雅典城遗址造成无法弥补的破坏，因此以下的结论显然是偏颇且经不住时间的考验，尽管其中不乏启发性。科林斯在8世纪已经衰落到如此地步，以致墓地侵占了以前的市场。9世纪发掘特点是出现了具有地方特点的陶器、硬币和官方封印，这表明城镇重新在帝国行政结构中发挥作用。在10世纪，不仅小教堂，而且需要大笔费用的教堂也得到了修缮。在雅典，尽管遭到劫掠，却发现了硬币和教堂。这些硬币是由克里特的阿拉伯埃米尔铸造发行的，发现地点是10世纪或11世纪早期建造在市场上的一个穆斯林作坊。这些教堂使用当地产大理石做装饰，使用的是属于10世纪至12世纪之间的某个时期的库法字体（kufic）字母，这表明雇用了阿拉伯工匠。萨尔迪斯也在9世纪重新发展，但同以前完全不同，它具有中世纪的特征，无论如何在其外表上表现不出古代的特点。此时，这个城市是由设防的避难所构成，城墙下的半地上建有住宅。在10世纪，雅典卫城被收复，居住区扩大到这个城市的古代遗址，但居住区只是中间隔着农业用地的孤立飞地。以弗所也复兴于同一时期，但这座一度繁荣的大城市此时变成了一个设防的地方城镇，城区重新设置在卫城附近地区的部分原因可能是这个城市的港口被淤泥填死堵塞。有人也试图根据在某个遗址上发现的零星硬币来推断该城市的活跃程度。他们假定单个人丢失硬币的比例或多或少保持不变，假定各个阶层丢失硬币的数量变化因此与流通中的硬币数量变化成正比。显然，这一方法并非没有缺点，例如一个皇帝死后，他发行的货币仍然长期流通，至少长达半个世纪，那么上述方法就不成立了。但是仍然引人注目的是，从整个7世纪至8世纪延至9世纪的部分时间，雅典、科林斯、安条克和萨尔迪斯都没有出现在城市图表上，只是到了瓦西里一世前后，这同样的四个地方才开始显示出复兴的迹象，当然它们发展的程度不同。

最后，还要考虑地方城镇具有生产者的功能，这一作用迄今为止还不太容易弄清楚。考古学调查显示的情况，除了所能告诉我们有关公共建筑物、教堂、防御城墙以及其他建筑物的情况之外，正如人们能想象到的，还展现出点缀着小块耕地的城市结构。这意味着劳动分工仍未完成，用来满足当地对诸如秤砣砝码和容器之类商品需要的城镇生产还不大，而这一时期的皮革和纺织产品则没有留下任何遗迹。然而，美国人对科林斯遗址的拜占庭地层发掘结果表明，如果按当时的标准来判断，此时的生产能力并非微不足道。

还有一些书面证据可以补充考古学家们调查的结果，并有助于他们进行解释。文献首先证明了城镇正在恢复行政功能。随着拜占庭帝国分划组织成为军区，城镇失去其古老的行政管辖权，而利奥六世的法律则消灭了古罗马元老院最后残余的一点职能。然而，到处出现的情况是：哪里的城镇用做军区府或主教驻节地，哪里就设立起用来征收内地或沿海通行费的海军船坞或关税站，或者哪里的城镇兼有这些功能，哪里就出现典型的城镇活动，尽管这些活动在多大程度上

科林斯防御土墙。面对斯拉夫人的威胁，查士丁尼修复了该城的古代城墙，这些城墙在10世纪得到进一步加固。这些拜占庭防御工事就是至今可见的三组防御城墙的第一组和第二组。

源自当地无疑还难以确定。"城堡"（kastron）这个词在许多以"–kastro"结尾的地名之中保留着，例如"古城堡"（Palaiokastro），因此它兼有"防守上的战术据点"和"地方小城"之意，这本身显然相当重要。最典型的经济活动似乎是商业。我们已经看到，商业在9世纪就已发展，但其发展仅在有利的环境中才能实现，例如车绳和塞萨洛尼基或者特拉布宗所在的有利地区，前两者坐落在从斯拉夫世界出发的路线出口处，后者位于远东商贸路线的终点。"庆典"（Panegyreis）一度是指既具有宗教性、商业性又具有赌博性的集会，其起源极其古老，颇受普通基督教信徒的青睐，但不是完全受到全体基督教信徒的赏识。塞萨洛尼基的圣迪米特里宗教节日和以弗所的圣约翰宗教节日是传统的，相比之下，特拉布宗的圣尤吉尼奥斯（St Eugenios）节日则只是在瓦西里一世统治时期才开始庆祝的。举行这些节日的习惯持续了几个世纪，有些节日一直保持到我们今天的时代。即使这种吸引人的事情也许本身不足以使某个城镇具有真正的商业重要性，但却常常反映了这种重要性，而在帝国各地普遍存在的这些节日则是保证城镇有特定作用的一条途径。这个时期设立的用来控制旅行者和商品流动的海外贸易部也是如此，它们依赖于在首都的海军部，后者以海军的最高司令（drongarios）为首。该官职具有新的重要性，表明瓦西里一世及其继任者们发展海军的战略。这些机构驻各地机关的"伯爵长官"（archontes cometes）的封印证明了他们活跃于从锡诺普到车绳，从士麦那到以弗所，从塞萨洛尼基、底比斯（Thebes）到雅典，从科林斯到帕特拉，从巴勒莫到卡利亚里（Cagliari）的广大地区。他们当然也在海峡地区活动，在那里，阿比多斯港已经受到阿纳斯塔修斯皇帝严格的关税控制，以符合首都进行的商业贸易量。圣徒传记文献既提供了有关主要的贸易干线的信息，又描述了阿拉伯人的进攻信息，根据学者对上述几个遗址的考古学调查研究，这类进攻没有阻碍城镇的复兴。历史教科书甚至留下了这种印象，即再征服政策对某些城镇起了促进作用，对谷物生产却构成了严重的竞争，这种印象在这个世纪下半叶更趋强烈。

拜占庭城的第二个春天

君士坦丁堡情况独特，应单独叙述，特别是我们拥有多种不同资料。考古学调查是不可能的，除了在大皇宫遗址，本世纪早期那里就正式禁止人们居住，但也只对其个别部分进行调查。大量丰富的文献证据弥补了这一不足，包括圣徒传记作家们和编年史家们的记载、保存在君士坦丁七世编纂的《礼仪书》中的典礼制度。《市长手册》是利奥六世发给负责首都事务的官员用来管理工商业活动的法典，由于879年的法典将首都市长直接名列在皇帝和大教长之后，恢复了其从前的重要性。阿拉伯旅行者和使节也留下了许多记述，数量不断增加。还有907年和911年拜占庭人同基辅罗斯缔结的条约，这些条约在希腊语文献中已经找不到，但还保存在最古老的俄罗斯编年史，即11世纪的《往年纪事》中；最后应提到的是专讲君士坦丁堡特有奇迹及其大量传奇来源的传说文学集。所有这一切都没有改变该城发展变革的结论，如果我们相应地考虑其规模变化的话，这种发展变革也可与各地城镇的发展相比较。人们一定还记得，君士坦丁堡有两道城墙防护，即君士坦丁城墙的和塞奥多西二世城墙。塞奥多西城墙外地带的人口时常下降，而这两道墙之间的空地则直到12世纪才出现了通常意义上的居民，当时那里只有修道院和大蓄水池。相比之下，君士坦丁城墙内的城区则从6世纪起就有人居住，且人口不断增加，木质房屋大量增多。这些房子很少超过两层，里面住着房客。不过，城内许多街道、广场、公园和私人住宅还是降低了总人口的平均密度，更不用说大皇宫这个中心建筑物了。据估计，甚至在最繁荣的时期，如在541年至544年的瘟疫前夕或在科穆宁王朝时期，这座城市的人口总数从未超过400，000人。8世纪人口数量的下降可以被认为产生了影响，因为我们听说没有足够数量的人力修缮城墙，许多蓄水池也废弃不用了。另一方面，从该世纪起、也许从760年开始，出现了复苏的迹象，该城市逐步恢复生

制作象牙制品和纺织品，包括在皇宫控制的行业中（织布工插图，希腊手稿747号，藏于梵蒂冈图书馆；象牙雕刻：奥皮亚诺手稿，藏于威尼斯，圣马可图书馆）。

机，766年干旱的夏季期间，一队工匠修复了一条自626年被围攻以来一直破败不堪的输水渠道。但是，那些从伊拉克略时代以来就被填平的蓄水池，却从瓦西里一世才开始修复。

　　我们也许还应注意的是，颁布《市长手册》的正是利奥六世。这是自《查士丁尼新法》颁布以来首次试图通过行会来系统管理首都的经济活动，行会的范围涉及从杀猪的屠夫和蜡烛制造者团体到公证人和丝绸商。新出现的情况是五光十色多种多样的城镇消费，因此形成了生机勃勃的需求，甚至皇宫在奢侈品领域也有一定的生产能力，后者与其政治功能有密切关系。皇家作坊制造出织有花纹的丝织品、雕刻象牙饰板和精美的小匣子，这些东西传统上用做外交礼物，并在10世纪把拜占庭大国的形象传递给了奥托大帝的宫廷。皇宫也雇用自己的抄写员和画家班子，这些人制作豪华的插图手抄本，对需要储藏在皇家图书馆的文本也制作出不带装饰的副本。朝廷行政管理工作构成了首都特有活动的另一部分：9世纪和10世纪期间，大皇宫在这方面占有至关重要的地位，因为其全体官员被赋予全面监督的职责，兼有最高法院和上诉法庭功能的皇帝法庭发挥司法功能，大臣办事处则保持着同各地的通信联系。同样，大教长的职权也成为中央官僚机构的一部分。最后，首都本身处于市长管辖下，他负责维持秩序的特别职责，同时，他也得到各行政机构的支持。

　　君士坦丁堡从此成为国际贸易市场，它作为一个集散中心也许远远超过了所有其他城市。907年和911年同俄罗斯人缔结条约的两份著名的总结性文件，表明外交与贸易之间的界限极其模糊不清，同时也表明，当时存在着给外国人分配确定住所的规定，在这种情况下大多是安排在圣母教堂周围的地区。阿马尔非人（Amalfitans）是在首都定居的第一批西方商人，944年的文献提到了城内有其侨居地。他们成功地向意大利输出了通常被禁止出口的物品，例如紫色丝绸。我们听说10世纪晚期城里有一所清真寺，事实上，穆斯林们早在这个时期以前很久就一直设法进入君士坦丁堡。犹太人总是组成特征鲜明的团体，他们肯定发觉这个时期的犹太人自身由于大量来自海外的犹太商人而数量大增。

君士坦丁堡的城市生活传统自4世纪以后就持续不断，在10世纪上半期仍未丧失其很多古代特征，例如分划城区和大竞技场，大竞技场是皇帝面见其臣民的特定场合。此外还有许多集会场合，从斯图丢修道院到"天堂"教堂，"天堂"教堂是向圣母玛利亚祷告的信徒最喜爱的教堂。从大皇宫到贵族的宅第，那里挤满了亲朋好友，并像大皇宫本身一样，处于那些从远处观察事物并能预测未来的教士监护下，这些教士是献身于上帝的人。从能工巧匠的作坊到外国商人的市场，无论我们观察哪里，这个都城都给人一种新城市的感觉。君士坦丁堡不再为6世纪的骚乱而苦恼，却不得不经历11世纪的动乱，这是其发展后期的现象。在帝国居民的意识中，或者在作为整个中世纪世界的观念中，此时的君士坦丁堡并没有丧失其独一无二的地位。首都与地方之间的差别就像城镇与乡村之间的差别那么大，现在我们就转向后者。

长期存在的乡村

乡村的历史有两个方面，对这两个方面都需要保持清楚的概念而不要混淆：一方面是农民的生活与劳动、其生存环境、耕种技术和副业生产形式。另一方面是对农业生产的征税以及农民与土地主人之间的关系，而地主无论在哪里都明显存在，这就接着提出了农民地位的问题，特别是他们确切的依附性。早期拜占庭时代的农民被描写成生活在村庄里的人，一般的中心村庄有公社组织形式，这种组织形式无疑很古老，一定比斯拉夫人出现得更早些。斯拉夫人无论如何都会感到这种东方制度难以理解：村庄或者构成地产的一部分，或者由农民的地业构成，或者是两者兼而有之，除非一家农户户主注册为一块土地的依附农的同时又拥有另一块土地的情况下是例外。我们现存有867年以后有关乡村历史的文件，这使得重新研究这些文档显得十分必要。首先是阿索斯圣山修道院档案库里保存的古老地契，其中最古老的要追溯到瓦西里一世统治时期。这些契据连同相关的房地产在963年转入拉乌拉修道院保管，并从那时以来一直留存在那里。其次我们有10世纪以来有关农民、国库和地主之间争端的一系列法令或规定。确定这些法律成文的原版年代并再现其原版的面貌常常是困难的，因为有多种多样为律师使用的法令汇编抄本存留下来。一些抄本有旁注说明该法令如何实施，这也可以作为辅助材料。同样，从10世纪起，还存在一篇用于简化巡回法官工作的关于国库岁收程序的《论文》孤本，这篇论文是从威尼斯的圣马可

9世纪和10世纪农村生活场面：剪羊毛和耕地。后者被用做衡量农民收入进而确定税收义务的标准（希腊手稿533号，藏于巴黎国家图书馆）。

图书馆中一部孤本手稿中发现的。

　　上述文献的作者明确指出，村庄一般人口稠密，而那些孤立于村庄的附属房屋可能是邻里不和的产物，或者是因其他情况如人口过剩、成员太多的家庭分裂所致。村社由邻里关系结合而成，通常因为亲属关系而得到加强。村社通过各农户家长组成的委员会进行管理。如果大地主在村社的地盘上拥有一块或更多土地的话，那么他也是村社的一部分。而且，这一时期的拜占庭房地产可能还包括收租和约定俗成的权利，例如收获橡子的权利，或在公共土地上放牧的权利，但不存在强制农业劳动的权利。免税契约中提到的义务如公共劳役是必须履行的，包括对道路和桥梁的养护，这也是必不可少的。地主在其经营之处主要依赖家内奴隶和雇佣劳动者的劳役进行直接耕种。然而，为了能做出完全准确的描述，我们应该区分不同地区以及由此产生的产品之间的差异。

　　另一方面，从拜占庭时代初期开始，农村地区也是纳税的主要地区。独立的乡村公社，或私人地产或修道院地产根据各自的具体情况，构成基本纳税单位。自由农在乡村公社的庇护下缴税，依附农则在地主和修道院庇护下缴税。因而，此期农民的依附性是由纳税方式而不是由个人地位规定的，虽然他们缴租纳税的义务像通常一样必然还意味着对土地的依附。拜占庭时期国家的连贯延续事实上与自由民各个等级的公民责任的减少是不相符的，这里所谓自由民即是指非奴隶者，因此俄国历史学家及其苏维埃后继者们提出的意见可以被认为是正确的，他们主张这一时期的领地征税和国库税收本质上是完全相同的。这一明确的表述是对这一时期拜占庭乡村社会关系以及在这些关系中政府地位的正确总结。后者事实上表现得更像是高级地主，追逐着寻求私人地产主庇护的纳税人，这种情况一点也不少见。政府还控制着村庄，后者负责耕种本村任何居民抛弃的土地，并拥有完全的所有权处理闲置30年以上的土地（klasmata），通过出售、出租或馈赠转让这些土地。这一结构上的混乱也潜伏下公共财产和皇帝财产之间混乱的祸根。这种混乱在科穆宁时代变得骇人听闻，那时拜占庭社会的发展进入其末期阶段。总之，这一时期在农民处境中可能出现的任何变化都是当地经济状况的结果。如同历史上出现的情况，当需要进行行政目的的评价时，农民财力的物质条件是根据生产工具来衡量的，其中耕作能力是主要的考虑因素。从11世纪起，财政税收术语本身对"一对牛"的主人、"一头牛"的主人和"一头牛也没有"的人做出区分，而所有这些身份人都被登记在册。地位更低的"自由"农民没有权利要求独立地位，他们的确毫无地位，也没出现在农村征税计划中，他们只能从一个地方流浪到另一个地方。10世纪的一些文件证明他们曾在修道院地产名册上签名。地主始终希望扩大其劳动力，以便维护国库和地主的共同利益。只有奴隶地位更低，他们和季节性雇佣劳动者一起，成为农民家庭和田地上的劳动力。

如果我们想一想乡村的作用首先是提供谷物，而谷物是一种对城镇和军队生存至关重要的物品，那么为了财政税收目的对农民进行等级划分，这一原则似乎并不使人感到不可理解。诸如农民这样的土地主人本身也有机会接触市场，这也是市场运作的必要条件，因为他们的税款和义务大多是用货币交纳。地产上已经举办集市，并似乎注定成为很受大地产主觊觎的特权。对君士坦丁堡的粮食供应来说，调集粮食的首选之地无疑是首都的京畿地区，即比塞尼亚和色雷斯地区的农田。这是一条经由塞萨洛尼基的陆上路线，而罗多斯托（Rodosto）港口则得到海上运输来的谷物。再往东，穿过特拉布宗的路线向车绳输出黑海海滨生长的谷物。相反方向，也不排除通过迈森布利亚（Mesembria）港和安西亚洛斯（Anchialos）港输入保加利亚谷物。然而，在此人们很自然会想到，从其他地区向色雷斯迁徙人口是一种不断进行且经常进行的活动，除了加强边疆防御外，迁移人口还肯定对补充劳动力做出了有用的贡献。当生产技术保持不变时，劳动力在任何经济中都是最重要的变量。

财富的积累

我们指出过，政府在行使其国库征税权时表现得好像是最高级地主。结果，两个主要变量影响着农村社会秩序：农民产业的实际范围以及土地产品税收在国家和地主间的分配。后一个变量因此可按古老的免税原则处理，即免除受益者应缴纳的特别税，实际上就是农田收成，以补偿他们承担的被认为公众利益的特定义务。所有修道院的产业都属于这一类，不管这些产业是独立的，或是为其他修道院拥有的，还是为包括皇帝在内的私人所有的，这些人很可能是修道院的捐建者。这一时期，新兴城市中心逐渐取消了修道院。9世纪下半叶，发生了一个对拜占庭文化发展头等重要的事件：修道院开始在阿索斯圣山开始兴建，这一点从小尤西米乌斯那本东拉西扯的《传记》和最早的官方文件中得到了证实。这个地方由于地处半岛末端与世隔离而得到了很好的保护，同时容易接近陆上路线和海上路线。哈拉基迪地岛（Chalcidice）上的斯拉夫居民可能在8世纪晚期已经发现这个半岛作为当地"荒郊野岭"的有利条件。从塞奥非鲁斯统治时期起，无名隐士彼得就成了正典圣诗（即祈祷颂诗）的主题，但真正推动者似乎是小尤西米乌斯。他为了寻找面积更大的荒地，大约在859年时，从比塞尼亚的奥林普斯移居阿索斯山。他于871年不是在山上而是在哈拉基迪地岛上建立了派里斯特莱（Peristerai）修道院。他的同伴约翰·克洛伯斯（John Kolobos）则在塞得罗考西亚（Siderokausia）创建了克洛伯修道院，该修道院的地点后来扩大到正处于半岛边缘的黑里索斯（Hierissos）。由瓦西里一世留传下来的一份判决书上注明，883年时，禁止官员向半岛征收应付款，禁止当地居民上半岛行使他们习惯上的放牧权。但是，直到942年，文献中才第一次提到黑里索斯和阿索斯山之间的分界线。就在那年（940～941年），阿索斯圣山收到了其第一笔固定收入，是罗曼努斯一世从其本人拥有的一所修道院总收入中扣出提供的。908年的一份特许状使阿索斯山和克洛伯分开，该特许状首次提到，这个决定与阿索斯山修道士的呼吁有关。该修道士团体中的首倡者（"protos"，在希腊语中意为"第一位"）被派往君士坦丁堡申述其理由。958年的另一份特许状又提到这位首倡者，并提到已经举行了三次年度大会，这将成为圣山的组织惯例。当时希腊的所有修道形式，如独居的、半独居的和团体生活的，都体现在阿索斯山的修道院里。谢罗布达莫（Xeropotamou）修道院的建立可上溯到956年以前某个时期，但是大规模修道院的创建则都在963年以后。

皇帝授予各修道院产业免税权，各修道院不断得到地产捐赠，土地和总收入明显增加，而要证明这些产业收入的正当性，其核心问题就在于修道士具有精神仲裁者的角色，这个角色有着社会各阶层赋予他们的"教父"作用的一面。他们承负的慈善救济责任和需求大为减轻，远不如4世纪到6世纪期间东部帝国或12世纪首都那么急需。这种变化无疑与人口减少有关，特别是在7世纪阿拉伯军事征服以后，仍然为拜占庭帝国所辖的城镇里更是如此。相反，10世纪以后阿索斯圣山修道院地产上的人口增长，只能用斯拉夫人迁徙引起地方人口增长来解释。关于伊贝利斯（Iberes，或称Iviron）修道院的著名文件集可以引为例子，用来证明塞萨洛尼基附近地区在10世纪也出现了同样的过程。10世纪及其以后几世纪期间，有大量的文件也提供了证据，因为一些农民使用斯拉夫名字，有些地名也使用斯拉夫名称。

军人占有的土地是维系军区武装力量的资源，构成免除官方税收的另一类地产。这一制度显然已存在至少两代时间，小尤西米乌斯的《传记》对这一制度提供了充分证据。他和另一位显然是拜占庭圣徒传记的英雄，即10世纪的苦行者路克，似乎都被置于土地拥有者阶级的舒适地位，是占有军役土地家族的后裔，其家族某个成员因服役而获得世袭土地，而且这样的土地遗产可以由几个主人分割。根据长期保留下来的习惯做法，个人服役可以改为交纳金钱。君士坦丁七世的法规使10世纪中期前后这一财税阶层的社会地位更明显地成为焦点。立法禁止转让军役土地，因为转让会降低这种遗产的总价值，使它低于陆军和海军军区士兵的四金镑军饷。对帝国舰队的水手来说，则会减至不到两金镑。对比9世纪和10世纪的档案文件提供的很少量数字，表明四镑这个最小单位的军饷价值已经远离低于其先辈遗产及其社会地位的最低线。这一制度在这个时期一定处于其全盛时期，然而它绝不是资助支撑战争的惟一途径，更不是征召新兵的惟一财政保证。要记住，独立的村庄和房地产是作为新兵的部分财政义务提供给他的。最重要的是，还存在着一个确立已久的传统，即征募边境部落成员和外国人为雇佣兵，并且从10世纪初起，这一习惯做法被越来越多地采用，不但海军和野战师团使用雇佣兵，这些部队中早就有罗斯士兵，甚至军区部队也招募雇佣兵。最后是关于重大战争指挥者的社会地位这一复杂得多的问题，其社会地位与其基本的政治重要性相一致，对此我们将做出回答。

"权贵"和"穷人"

我们也许对地主所知最少，当考查其含义时，一般是指没有法定免税权的世俗土地所有者。由于我们仍然极其缺乏这一时期的档案证据，因而主要依据法律文本和叙述文献来考察地主。文献涉及的产业范围非常广泛，从属于皇帝的地产到记录在城镇或村庄税收登记册上的非常小的地产，而皇帝的土地与政府所属的地产几乎难以区别，还有许多中等大小的土地。有的地主拥有相当大的地产，例如马雷尼（Maleinoi）家族在察西安诺（Charsianon）地区附近拥有的大量地产。此外，我们也不应忽略亚美尼亚边疆地区的封建贵族领地，该地在10世纪被提升为军事防御区。一般来说，以下看法似乎没有错误：10世纪期间，即从利奥六世到瓦西里二世，这段历史以军事政治贵族上台执政为特征，仅就他们拥有的地产而言，该军事政治贵族的发源地在小亚细亚的中部和东部地区，那里是其地产所在地。

农民和地主的社会史因此同样受他们与国家关系的支配。我们掌握着修道院档案库里保持的许多免税特许状，其中包括用来免除有姓名的依附农的特别税。这样，国家就放弃了它的部分财政税收收入。然而，更重要且成为更多冲突根源的是，国家只因货币流行活动就失去了它的份额。由

大地产主、寡妇达聂利斯由其奴隶们抬着去巡视。她属于9世纪形成的权贵阶级，其兴起在一定程度上以牺牲自由农为代价（《斯基利泽斯编年史》插图，成书于13世纪，藏于马德里，国家图书馆）。

于官员们花钱购买官职，并由纳税人或诉讼当事人当面支付金钱，因此他们总是为自身利益尽可能地提高法定征收，当然他们确实也负责弥补亏空。同时，大地产主们的目标是增加所属依附土地的范围，减少自身的税收数量。10世纪的《法律》中通过谴责的方式描述了某些常见现象，如擅自改动已经记录在税收登记表中的地产边界，又如通过虚假贱卖或捐赠的办法进入村社，这种方法大致相当于西方那种变动不定的方式，或者通过被村社农民成员"收养"进入村社等。

兼并土地的地主在当时的文献中被称为"权贵"，意思指他们拥有一份公共权力，并利用这份权力胁迫他人或保护他人。这一称呼同样适用于大教长统治集团和修道士统治集团的成员以及地位得到实质性提高的农民。征收土地产品捐税因而成为国家和"权贵"相互争夺的对象。有人确信，权贵的动机严格说来是受利益因素驱使，同样也决定于国家威望和社会声望等因素。争夺主要针对没有"权势"的土地所有者，其后果之一是使占有小块军役土地者的处境更加危险，因此法律坚持这些土地的不可剥夺性。但是，大地主兼并活动首先是在损害拥有完全地产权的小农民的情况下进行的，特别重要的是，这些农民被立法者挑选出来作为"穷人"，使用这个术语与其说是具有其经济意义不如说是具有其社会意义。因此，我们发现，拜占庭的东方与加洛林的西方一样，权贵与穷人联系在一起。"权贵"们通过上述谈到的方法，渗入独立的村庄，最后控制这些村庄。因此，立法者在10世纪上半期就设法坚持农民优先购买土地的权利，这种权利传统上是给予邻居、亲属和朋友的，简言之，是给予那些共同分担税收任务的农民，而利奥六世则逐渐削弱了这种优先购买权。

由于927年至928年间的冬季异常寒冷，春季突然爆发的严重饥荒使大量"穷人"陷入破产的境地。934年颁布的《法令》企图阻止饥荒之后发生的大规模土地转让，该法令的主旨后来又不得不在947年的《法令》中再度重申。通过公共权力的中介作用力图使各自一方得到更多利益，这种中央各部门和地方势力之间的激烈斗争并非什么新现象，我们看到，这种竞争在6世纪甚至更早时期就已经发生了，然而有所变化的是，斗争双方的情况和公共权力的实质性概念。这是拜占庭封建化之路的一个阶段吗？如果这样提问，这个问题要到960年以后才真正出现。

"马其顿王朝"立足稳定

从瓦西里一世起，拜占庭皇帝的形象就得益于大量的理论修饰，而且修饰得非常完美，这是因为该王朝起源于一起谋杀，还因为塞奥非鲁斯皇帝开创的这一时代特别辉煌：在帝国社会秩序的顶点，在拜占庭人的世界的中心，拜占庭最高统治者倡导规模空前的美化活动，有学问有文化的人为此留下了文字、圣像和图画。我们还应注意帝国的特有信仰对象，如基督，随着米哈伊尔三世登基，在皇宫的黄金大殿中恢复了基督像高于皇帝的位置，又如圣母玛利亚，自626年首都被围困以后她就成为这个城市的保护人。要记住，对圣母的崇拜因9世纪和10世纪的狂热顶礼膜拜以及几个世纪期间一些皇帝的推动而得极大发展，还有勇士圣徒米哈伊尔以及圣以利亚（St Elijah），他受到瓦西里的尊崇可能与这位先知的拜占庭圣像画中出现了神圣的太阳特性有关，这些特性得到了以利亚的火焰车的启迪，也许受到其名称的启示（希腊语"helios"意为太阳）。

瓦西里与弗条斯：新的开端

瓦西里使整个皇宫感受到他的存在。他下令把自己连同妻子和孩子们的画像一起描绘在黄金大殿的墙上，其中还有他指挥的诸多战役的场景装饰。还是在皇宫这座综合建筑里，他修建了"新教堂"，于881年举行庄严的仪式将它奉献给基督、圣母玛利亚、天使长米哈伊尔和迦百利（Gabriel）、先知以利亚以及圣尼古拉斯（St Nicholas）。他还在黑利亚夏宫距离察尔西顿（Chalcedon）不远处修建了另一座教堂，奉献给以利亚。但在进一步论述之前，我们需要探讨一下他同教会的关系，更确切地说是他同大教长弗条斯的关系。

当瓦西里夺取政权时，大教长的职位由弗条斯担任，东部教会同罗马教会处于分立状态。为了赢得罗马人和前朝顽固派的支持，瓦西里召回伊格纳条斯：作为该计划的一部分，他把867年宗教会议发布的法令通知了罗马，罗马反应强烈。869年至870年，弗条斯遭受谴责，伊格纳条斯官复原职。伊格纳条斯废除了858年以来所有封授的圣职，除非有罗马教皇的签名认可。弗条斯遭到流放，但仍有影响力。到873年时他重返首都，在那里他几乎确定无疑地重新开始在大皇宫圈子里教书，指导包括未来的皇帝利奥六世在内的瓦西里的儿子们读书。他同伊格纳条斯言归于好，而且后者因保加利亚基督教问题同罗马教廷日益疏远，在此问题上他支持君士坦丁堡，教会问题和政治问题就这样纠缠在一起，只是主谓语地位颠倒了。877年伊格纳条斯去世后弗条斯恢复了大教长职位，并任职到886年。879年，他举行了一次宗教会议，罗马教皇也派使节出席会议。他在会上承认罗马教廷对保加利亚教会的管辖权，罗马教廷则宣布承认他官复原职以为回报。瓦西里死后，弗条斯被革职，取而代之的是新皇帝的弟弟斯蒂芬。弗条斯大约在893年死于流放。

弗条斯是9世纪的一个关键人物，具有长期的影响。早年，他编纂了《书目》，那是在塞奥非鲁斯统治时期他任公职的时候。作为一个神学家，他在第一次流放期间（868～872年）表现得同样很出色。那时他在《致安非洛基乌斯》中答复库齐库斯大主教安非洛基乌斯提出的诸多难题。其中最重要的是，他使拜占庭帝国和罗马基督教世界听到了大教长的声音。他在圣索非亚教堂的一些布道也记述着意义深远的重大事件，如俄罗斯人在860年首次进攻首都，圣母玛利亚的圣像被一再使用，这些记载为瓦西里一世皇帝在祈祷中特别崇拜圣母提供了真实可信的证据。据说他受神的启示写了《法律新编》的序言，其年代在879年以后某年。此后，该序言成为关于皇帝职责与大教长职责之间关系的最全面的说明，即皇帝负责帝国的幸福安康，捍卫正统信条，解释和维护法律，而大教长则应独立确定宗教法规和地方法令的解释，并在此方面成为惟一的法官。这一定义很好地概括了拜占庭人关于一方面是政治军事权力另一方面是宗教权力这二者之间关系的特有观念，并成为斯拉夫世界基督教国家的模式，特别是后来成为莫斯科的第三罗马帝国的模式。同样，这个理念一直潜藏在君士坦丁大帝奠定的制度中，在同一首都里，人们发现这两种权力几乎合二为一。正如我们所见，这一模式在罗马基督教帝国具有的象征意义远大于其地理上的意义。然而，这个首都仅仅是新罗马，是第二个罗马。第一个罗马的所有历史辉煌和罗马帝国的显赫威严都转移给了罗马教廷。这一观念上的根本差别有助于理解西欧和拜占庭帝国因"这两种权力"引发的问题演变方面的不同。

拜占庭的答案与"君主对教会及国家拥有绝对控制的至尊权"这一观念毫无关联，因为它混乱且无事实根据，这个概念是某些拜占庭史学家在近代创造出来的，但它奠定了拉丁教会和希腊——斯拉夫教会之间不和的根源。从这个角度看，人们就会理解弗条斯为什么会被认为是《14题目法论》（883年）一书的作者。该书以系统的诠释明确表示出协调公民法和教会法的思想，这一点在6世纪就已经表现出来了。该书的初版早在7世纪就出现了。9世纪的版本接着形成了新的版本，一直沿用到后来的16世纪土耳其人统治时期，它还被俄罗斯教会所接受。最后，大教长伊格纳条斯的传记作家在901年至912年间撰写该书。他断言弗条斯为瓦西里编写的家谱虽然很辉煌但是不真实，因为弗条斯先用"古体字"抄写了这本家谱并夹藏在皇家图书馆里，然后由图书馆里的一个同伙当着这位皇帝的面把这本家谱抽出来。我们以后还要谈到这个王朝把编写史书的工作当做其重要的基本政策。这里我们只需指出，弗条斯在这件恶意的逸事中扮演了支持瓦西里的角色，这是他真实的一面。在这里，他显然是过时的作者，即在理论上倡导皇帝权力的人。

统一、立法、百科全书式的知识

瓦西里统治时期的内政史表明，他在很大程度上符合我们所了解的其统治期间提出的皇帝职责的定义。他作为监管东正教的皇帝充分表达出皇帝的政治涵义，成功地平息了所有不同宗教和文化派别间的分歧。希腊和马其顿地区的斯拉夫人屈从于系统化的统一运动，即希腊化和基督教化，但是这个运动未能取得完全成功，直到罗曼努斯一世时代发生的反叛就证明了这一点，这次叛乱于921年末或922年初为保加尔人入侵伯罗奔尼撒半岛铺平了道路。我们从利奥六世的一部法律中读到这样一条法令，该法颁布于873或874年，这一法令规定对犹太人施行强制性洗礼。这部法律得到另一份罕见的犹太人资料《系谱志》的旁证，后者是由奥特兰托海峡附近奥利亚(Oria)地方某个名叫阿黑马拉兹(Ahima'az)的人于11世纪中期为纪念其祖先而写的。这位作者用韵文体希伯来语写作，详细叙述了许多奇迹和巫术的传说。这些传说显然受当时他所在的南部意大利环境的影响，它暗示出当地在9世纪期间犹太人所处的地位。这一点特别珍贵，犹太人在那里往往作为拜占庭人、阿拉伯人和伦巴第人之间的中介者。该书还报道了税收情况，据说奥利亚村因作者的祖先舍法特亚(Shefatya)拉比的游说而获得免税权。这位作者曾到君士坦丁堡旅行，据说他通过显示自己的辩论技巧并治愈皇帝女儿的疯癫而说服皇帝。如果奥利亚免税之说是可靠的，那么这可能同当时南部意大利的形势有关。在那里，正如我们以后会看到的，对拜占庭领地的再征服刚刚开始。

东方边疆地区的反保罗派运动可以被认为是瓦西里统治获得的彻底胜利，至少就人们根据军事作战这一最明显的观察方法进行判断来说是如此。米哈伊尔三世时期开始的战争，随着赫里索黑尔发动突袭而重新开始，后者是卡尔比斯的女婿和继位人，于869年进军到以弗所和尼西亚地区。大约在这个时期，拜占庭人似乎派遣过使节，西西里的彼得(Peter of Sicily)在其对保罗派的记载中转述了这位使节的调查结果。872年，赫里索黑尔在加拉提亚(Galatia)作战，在同拜占庭人进行的战役过程中被其属下所杀。873年和876年，瓦西里进一步指挥对梅里特纳的进攻。如我们所见，由于特夫利克(Tephrike)是受梅里特纳和塔尔苏斯地方埃米尔支持而兴起的，因此872年特夫利克的陷落标志着保罗派作为军事政治势力的终结。人们应从瓦西里在东方前线再征服的总体计划背景中看待这一胜利。871年至882年间，拜占庭人重新控制了翻越陶鲁斯山脉及其支脉的各山口，这些山口对拜占庭防御极其重要。但是宗教问题就不那么容易解决了，当鲍格米派（Bogomils）于10世纪出现在拜占庭帝国巴尔干半岛时，就像通德拉基特派（Tondrakites）于11世纪出现在亚美尼亚那样，他们很可能已经是古老的异端祖先更远分支的代表。这一异端总的来说轻视肉体、等级制度、生育和现世，从4世纪起以来就一直困扰着东方基督教世界。这里有个连续性的问题仍有待于澄清。

瓦西里一世作为立法者也符合皇帝的模式，他是9世纪的第一位立法者。上面提到了《法律新编》（Epanogoge）一书，它最早出现于879年，而其完成年代仍无法确定。876年完成的《法律指南》总结了自皇帝利奥三世和君士坦丁五世的《法律选编》以来采用的民法和刑法，还吸收了查士丁尼《法理概要》的内容。《法律新编》毫不含糊地清楚表明古典时代法律规范从此具有的头等重要性。这一点不仅在前面提到的该法《序言》的理论内容方面很明显，而且在章节的顺序方面也很清楚。它从关于皇帝、大教长和市长的公法领域的定义开始，所有这些定义在8世纪的法典中都不存在，相比之下，8世纪的法典是从订婚和结婚条款开始的。瓦西里还组织对整部《法律大全》（Anakatharsis）进行修订，该修订本在其继位人统治时期得以完成。他选择"历史书籍"或名人传记来大声朗读，还对同时代的圣徒苦行活动和事迹显示出浓厚兴趣。瓦西里在880年至886年间举行礼拜仪式使用的纳赞祖斯的圣格列高利布道集至今尚存。该布道集由一系列华丽的插图做装饰，最前面的插图是瓦西里和他的妻子的肖像，他们在其子利奥和亚历山德尔（Alexander）之间。还有表现其在基督教中处于统治地位的插图：天使长迦百利正在一个巨大的十字架下，一边咏颂着"耶稣基督百战百胜！"，一边为瓦西里加冕。瓦西里则手持《圣经》，边登基边祈福基督。由于这一手稿具有纯粹的皇帝作坊的特点，故成为用插图表现皇帝思想意识的榜样，也成为10世纪文化的特征，其形式和内容都成为新兴的奥托帝国完全模仿的模式。然而，要说瓦西里本人是个有教养的皇帝还为时太早，即便他以自己的名字留给其子一整套《太子宝鉴》作为行动指南。至于涉及皇帝形象和诸多特征的学问和著述活动，我们还是要从他的儿子利奥六世那里，特别是他的孙子君士坦丁七世那里去了解。

就立法而言，利奥六世的立法工作也许不是使他彪炳青史的最重要的方面，尽管这项工作标志着构成瓦西里继位者的基本思想意识与古典传统相结合的一个重要阶段。其大多数法律是指示其宠臣斯提连诺斯·扎乌特泽斯（Stylianos Zaoutzes，死于896年）制订的。斯提连诺斯·扎乌特泽斯在大量条款中，即便不是全部的话，很可能是主要的提倡者，我们还会谈到他。这些法律像通常一样，其主旨在于阐明或补充现行法律。相对而言，众所周知，瓦西里一世时期开始编纂的具有历史意义的《皇帝法律》是对古典法律，即查士丁尼法典的系统整理，而后者反过来为法律注释（scholia）提供了素材，并促使10世纪末前后编纂出一部法律概要（synopsis），这部概要后来有所增加，增加了10世纪以后的法令和许多拥有手稿的官员在司法实践中特别感兴趣的多种法律节选。11世纪及其后，有许多复制本保存下来。

当然，皇帝传统上即便不亲自签署也要以其名义和旨意组织所有法律编纂工作，但据信利奥六世本人在缺乏先例的领域里仍然亲自从事创造性的工作。我们首先来看他的军事论文《战术》（Taktika）。这篇论文多处提及古代战术家，但通篇仍然没少涉及同时代的思想影响，例如当时关于对和平负有责任的皇帝有义务进行战争的观念。皇帝首先是战争总指挥，其指挥战争的能力有赖于其高贵的出身。其次，我们来看他在圣索非亚教堂讲坛上发表的布道词，其中有给他父亲的悼词，他提到这位政治统治者对基督教神圣场所的明显冒犯，这里又为拜占庭人眼中的皇帝和教会两权联合提供了证据，如果有人需要这样的证据的话。即使皇帝和大教长之间会发生冲突，或者关于他们各自角色的定义会引起争论，教、俗权力仍保持联合。最后，我们看到宫廷编年史作家都认为利奥六世有古籍抄写员的才能。

随着君士坦丁七世的登基，皇帝的文化成就达到了其顶点，但这大概不能仅仅解释成一种个人的嗜好，甚至也不能由此推测944年其岳父罗曼努斯一世政权将他打入冷宫的理由，因为出身于皇室"紫色寝室"的君士坦丁未成年时已当上了皇帝。恰恰相反，人们简直不能想象真正担负君主统治权的职责不是交给合法继承人而是交给了别的什么人，即便统治权实际上是由罗曼努斯代行。除了他颁布的法令、发表的演说以及已经提及的《礼仪书》，君士坦丁还是《论军区》一文的作者，也是另一篇论文《论帝国政府》的作者，后者的标题是在1611年第一次印刷出版时加上去的。后一篇论文写于948年至952年之间，探讨拜占庭帝国同未开化各民族交往的原则与实践，并建议这些原则和实践可以因情况而异。结果我们不仅享有关于拜占庭国际关系的综合分析，而且同样拥有一直在讨论的民族，如俄罗斯人、帕臣涅格人（Petchenegs）和土耳其人等民族的历史和现状的大量资料。除此之外，君士坦丁似乎还是一项雄心勃勃的合作工作的策划人和组织者，这项工作是清理皇宫图书馆的文献及其文献誊写抄录。它的主要目的是从古代文本中收集关于特定主题，如农业、伏击、使节等摘编文存。这些汇编资料就像其在巴格达的对应资料一样，说明10世纪对百科全书的普遍爱好，这是一种带有古典遗产根源的古典时代的典型活动。这一活动也包括修史工作内容，这对于我们今天的研究目的更为重要。在君士坦丁七世的指导下，不只是关于该王朝的官方史书，而且关于该王朝之前的8世纪和9世纪期间统治者的官方史书也得到编纂，编纂的目的是证实皇权本身具有完美的连续性以及皇权正确无误地传给了最合适的继位人。他委托一群我们所了解的匿名作家，即通称为"塞奥发尼斯史书的继续者"，创作了一系列皇帝传记。这些皇帝传记从利奥五世开始，带着模仿普鲁塔克（Plutarch，罗马皇帝传记作家）的热望，这再次反映出当时的情趣。君士坦丁本人很可能承担了十分重要的《瓦西里传记》的写作。这本书谨慎地提到，预示其伟大未来的预兆，如盘旋在其幼年时期睡梦中的古典时代的雄

8世纪至10世纪时期的拜占庭。

鹰，他体验到虔诚信仰的显圣，他作为君主的模范和美德，他如何减轻财政危机以及把瓦西里的血统与波斯的阿尔萨基德（Arsacid）国王们的家谱联系起来，这无疑是根据弗条斯在较早版本中所设计的家谱。传记的最后一卷写到961年，还有君士坦丁委任约瑟夫（Joseph Genesios）写作的《列皇纪》，描述了从利奥五世到米哈伊尔三世的多位皇帝。

皇宫及其使命

我们可能不止一次但仍然要感到遗憾的是，886年至959年间拜占庭历史的最主要内容是以皇宫为中心。皇宫建筑群及其举行的典礼仪式的重要性在那篇关于典礼程序的论文中得到详细说明，令人印象深刻。这篇论文特别论述了皇家宴会，由典礼官非洛塞奥斯（Philotheos）完成于899年。他记录下每位出席者与其等级和官职相应的恰当位置，例如贵族身份的排列。他按照这种方式排列相应顺序，先后位置如下：教会等级序列、军事等级序列和行政等级序列，而后是皇宫内府官员和近卫军军官、“保加尔人友人”以及外国使节。在这本书的作者看来，已得到确认的皇宫国宴排列的等级序列与帝国的等级对应是一致的，此文献因而具有相当高的价值。君士坦丁七世在其《礼仪书》中对典礼仪式本身的描述比对特权等级的描述更详细。举行这些仪式是用来庆祝基督教历法或皇帝历法中的节日，纪念皇族生活中的大事，或者向高贵的来访者表示敬意。另外，我们还有一些同一时期的阿拉伯使节亲眼所见的记述。

印模钳.用于为皇宫颁发的皇帝文件,如特许状、赠予证、法令、契约上盖金印,或称"金玺诏书"（G.扎克斯和A.维吉雷利著:《拜占庭铅印》,巴塞尔,1972年版）插图。

然而，在同一时期的几个世代期间，皇宫除了成为炫耀皇权的舞台外，还成为统治管理的活生生的机构，它的作用可以从保存在档案馆的文件或被间接引用的文献中得到诠释：皇宫既是诸如上诉法庭，或就某些修道院而言的直接裁判法庭，还是制订免税权或授予特权的特许状的财政部所在地。从9世纪末起，人们就发现皇帝宰相府开始发布"黄金诏书"（chrysoboulloi），即盖有皇帝金色图章的文件。其特征是字迹与众不同，它用红色墨水表达出皇帝意旨的尊贵，上面还有"皇帝墨水保管官员"附署的亲笔签名。当人们在头脑中勾画出这一切，就很容易把皇宫想象成为政治决策和思想动力的神经中枢了。在军事胜利、节日宴会和喜庆婚礼之时，用语言歌颂皇帝伟大的任务就委托给宫廷演说家。帕特拉的阿利萨斯（Arethas）生于9世纪中期，曾于901年至902年担任这一官职，不久他于902年或903年，成为卡帕多西亚的凯撒利亚城大主教。阿利萨斯也是一位古代手稿的收藏者，他特别青睐古希腊罗马哲学家的手稿，其中包括柏拉图亲手修改的两卷本著作。他特别详细地论述了基督与皇帝之间在组织上相通的主题，使用一种令人完全眼花缭乱的博学语言写作，以致这种语言常常使人无法理解。但是，他的这种文风并没有或至少没有被完全看做是学究式的卖弄或故弄玄虚，他对词语的选择和对古希腊罗马修辞学的运用是用来表明现在同过去一样伟大，因为正是帝国的伟大本质使得它稳定和永恒不朽。由此，我们可以设想，作为利奥六世和君士坦丁七世时代特点的文化兴盛，就其自身而言并非只是皇帝们一时的爱好，而是他们作为君主应尽义务的必要组成部分。

其他资料，尽管并非直接来自皇宫，却惟有参照其他文献才能得到理解，无论何种编年史札记，皇宫都无一例外地成为写作的重点。除了上面已经提到的著作外，还可以提及一部编年史，它续写修道士乔治（George the Monk）的编年史，完成于米哈伊尔三世时期，内容写到842年为止。其写作风格尚未完全摆脱手稿传统，表现在一些实际上没有告诉人们任何作者信息的名称方面。它仅提到如"修道士乔治的继承者"、"宰相西蒙"或"财政大臣"这样一些名称，另外它有大量添加旁注、改编和续篇内容。但是，这些缺陷并不重要，因为根据书中内证，特别是其论及瓦西里和弗条斯的内容，我们很容易辨认出叙事与争论的观点一致，其中语气和内容显示该书作者是属于行政管理较高等级的官员或属于首都的贵族集团。皇宫作为政治生活的中心也成为大教长们传记的主要内容。有两本特别值得注意的书，即《伊格纳条斯传》和《尤西米乌斯传》，它们成书于利奥六世第四次婚姻危机期间。这次危机也为《伊格纳条斯传》提供了背景，该书是由已被定名为大卫的修道士尼克塔斯所作。在这部著作中，伊格纳条斯被歌颂为教会抵制皇帝无限权力的典范，与弗条斯的妥协行为形成鲜明对照。而具有同样勇气的描写是在《尤西米乌斯传》中显示出来的，当时，这位修道士在尤西米乌斯建立的帕萨马西亚（Psamathia）修道院里创作。

一个王朝的确立

关于867年至957年间皇宫和皇权的文献远不是我们掌握的全部原始资料，但它们仍然处于支配地位，可以说是在历史舞台的最前沿，并对那个狭小但并不封闭的环境中发生的大事做了记述，大部分极为重要的政治决策都是在皇宫里做出的。皇帝周围环绕着两个集团：外围集团由权贵，特别是军事将领及其亲属组成；核心集团中除了皇帝自己的亲属外，还包括顾问亲信、其私人内臣中的宦官，还有修道士，所有这些人都有他们自己的亲戚关系，因为在这个政治丛林中谁也不能独自生存。拜占庭历史学家们过去往往忽略这些关系，尽管这些关系的重要性可以从同时代的编纂史书时给予它们的关注中推断出来。家族网提升、摇晃、跌落，或者盘根错节占据着权力顶层，因此统治阶级的历史与其接近的皇位和皇宫直接相关。

瓦西里有四个儿子。他特别钟爱君士坦丁，君士坦丁是其第一次婚姻所生。869年君士坦丁被加冕为共治皇帝，命运同帝国联系在一起。次子利奥可能不是瓦西里的儿子，而是米哈伊尔三世的儿子。皇后尤多西亚在利奥之后又生了两个儿子，即亚历山德尔和斯蒂芬。870年，瓦西里又任命利奥为共治皇帝。871年后不久，他又使亚历山德尔加冕为共治皇帝。君士坦丁死于879年，因此使利奥成为皇位预定继承人。皇帝为利奥选妃塞奥发诺（Theophano）并结婚，后者是马丁纳焦斯（Martinakios）家族的千金，可能皇后尤多西亚也属于这一家族。瓦西里素来厌恶利奥，甚至一度放逐过他。与他同时代的《塞奥发诺传》一书的作者是受马丁纳焦斯家

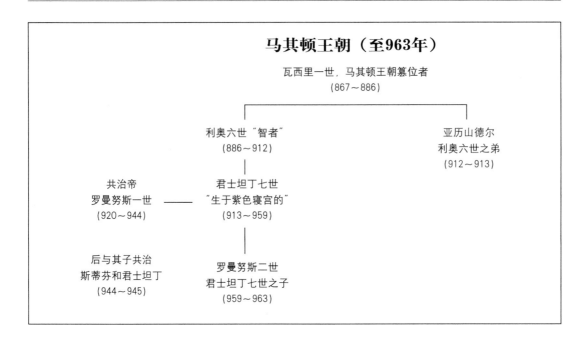

马其顿王朝（至963年）

瓦西里一世，马其顿王朝篡位者
(867~886)

利奥六世"智者"　　　　　　　　　　亚历山大
(886~912)　　　　　　　　　　利奥六世之弟
　　　　　　　　　　　　　　　　(912~913)

共治帝　　　　　　　君士坦丁七世
罗曼努斯一世 ——— "生于紫色寝宫的"
(920~944)　　　　　　(913~959)

后与其子共治　　　　罗曼努斯二世
斯蒂芬和君士坦丁　　君士坦丁七世之子
(944~945)　　　　　(959~963)

族庇护的文人，该书把他的这一行为归咎于修道术士塞奥多利（Theodore Santabarenos）向瓦西里灌输的思想，使他疑神疑鬼。但是，此后父子两在圣以利亚节日那天正式和解。而且，瓦西里在886年一次打猎事故中受伤不治，临终前指定利奥为其继位人。由于亚历山德尔也是共治皇帝，利奥便安排幼弟斯蒂芬取代弗条斯出任大教长。这种将最高职权都集中于皇帝兄弟层的举措非常重要，它为日耳曼人奥托帝国树立了模仿遵循的榜样，当时奥托一世的兄弟布鲁诺（Bruno）就被任命为科隆大主教。或者我们可以认为，家庭模式被首次以另外一种表达方式付诸实践，这一模式有时在文献中明确地表现出来，有时在观念上模糊地表现出来，它体现了这个时代的政治思想。

利奥休了自己的妻子，她的传记作者，或者更确切地说，圣徒传记作者，后来说她听从苦修的天命，死后其坟墓旁出现奇迹，作为其虔诚的报偿。确实，她从10世纪起就出现在拜占庭教会圣徒纪念节日表中。利奥同邹伊（Zoe Zaoutzina），用当时的话委婉地说，保持着"朋友式的结合"，因此据说邹伊的丈夫被毒死，利奥把她安顿在宫里。她是亚美尼亚人斯提连诺斯·扎乌特泽斯的女儿，利奥任命扎乌特泽斯为内宫事务总管，并为他特设"国丈"（basileopater）称号，尽管此时他们还没有合法婚姻的任何证明支持这一称呼的正当性。此后，扎乌特泽斯又被委任为邮驿大臣，负责驿站信使系统、内政事务和部分对外事务工作。直到896年去世，他一直扮演着宫廷的重要角色，其重要性也从他为利奥六世起草了大部分法律文件这一事实中得到证实。897年11月，塞奥发诺去世，利奥和邹伊结婚，但邹伊也在899年末去世，只留下一个女儿。无论如何，曾是宫廷阴谋中心的邹伊家族就此不得不离开皇宫。由于利奥还是没有男性继承人，他又娶了一个来自奥普西金军区的年轻姑娘尤多西亚·巴亚纳（Eudokia Baiana）作为其第三个妻子，但是她于901年和其新生儿子一起死去。直到此时，利奥已经滥用教规关于再婚特许权到了最后的限制，但仍没有解决他的继位人问题：就在几年前，他已经亲自批准恢复禁止第三次婚姻的法令，使得第三次婚姻所生子女不合法，并重申不赞成第二次婚姻。他又与另一个女人"黑眼睛的"邹伊·卡尔博努辛纳（Zoe Karbonopsina）同居，但没有同她结婚。她可能是伊梅留斯（Himerios）的亲戚，后者在10世纪早期任海军最高指挥官多年。905年，她给皇帝生下了他期待已久的继承人，即未来的君士坦丁七世。因此，我们有必要写作新的段落来叙述教会中正直派与行政官员担任政治大教长之间的长远斗争。

乍看起来，皇帝连续四次婚姻好像真的预示着这个家族的历史注定要衰败了，但皇帝确定其婚姻的动机也是要加以考虑的，感情无疑是其中的一个因素，至少就他对塞奥发诺的厌恶和对第一个邹伊的喜爱而言是如此，但对皇权继承问题的忧虑毫无疑问也一定起了重要作用。这种忧虑对利奥而言来源于其婚姻的不顺，而不是因为喜新厌旧。同时，利奥支持曾谴责其父谋害前朝皇帝帮凶的塞奥非鲁斯（Theophilos），命令把其本人之父篡位的受害者米哈伊尔三世重新安葬在皇家陵墓所在地圣使徒教堂里。最后，我们来叙述一下卷入这场纠纷的四个妇女，第一个和最后一个女性很可能出身于高贵的家族。扎乌特泽斯是新近入宫的人，但仅从其姓氏即可判断他来自外族，他的家族姻亲生活在轻松的环境中，直到邹伊过早去世，使他们那仍然不确定的暂短繁荣归于毁灭。然而，还有更多角色活跃在舞台上，或刚刚离开舞台，他们生逢君士坦丁出生后重新引发的一个几乎销声匿迹的争论话题。大教长斯蒂芬即利奥六世的弟弟死于893年，希腊教会教宗职位自901年起一直由大教长尼古拉斯一世（Nicholas I）担任。他是弗条斯派的传人，是弗条斯的亲属，可能还是其教子，他们的关系一定十分密切，以致在弗条斯免职期间他躲在一个修道院里避难。由于尼古拉斯和皇宫禁卫军指挥官有亲戚关系，又是皇帝的"结拜兄弟"，那些年里还是皇帝的私人秘书（mystikos），因此他具有的这些阅历和关系必然使他倾向于同意皇帝的多次婚姻。利奥先是于906年1月说服他在圣索非亚教堂为其私生子婴儿施洗，指定修道士尤西米乌斯为教父。第二年春天，另一位教士还为利奥主持了婚礼仪式，利奥为邹伊加冕为皇后。这是大教长、皇帝与作风正直派之间公开冲突的信号。大教长起初禁止皇帝进入圣索非亚教堂，但可以进入教堂圣器收藏室，同时要求皇帝以特殊的形式进行悔罪。皇帝开始时拒绝这一要求，并请求由罗马教廷仲裁争端。正直派此时不像在一个世纪以前在斯图丢修道院院长领导下那样势力强大，而是以时任凯撒利亚大主教的阿利萨斯为首。

但是双方力量的对比和争论的主题同样也发生了变化。一心想统一教会的尼古拉斯未能满足利奥的要求，因此利奥于907年借口他参与了刚刚由安德罗尼库斯·杜卡斯（Andronikos

利奥六世千方百计使其第四次婚姻合法化后，因其"悔悟"而装饰的圣索非亚教堂的镶嵌画，即使他亲自禁止过第三次婚姻，但是这个皇帝在其情妇"黑眼睛"邹伊终于生下他期待已久的继承人时，还是毫不犹豫地对教会施加压力。这里我们看到他拜倒在基督面前。

Doukas）策划的宫廷阴谋而迫使他辞职，并任命尤西米乌斯担任大教长。尤西米乌斯尽管是修道士，但并没有表现出人们可能期望的那样坚持原则。然而，《尤西米乌斯传》作家却将他描绘为"教父"般杰出的榜样。"教父"应指道德良心的指导者，早在一个世纪以前，其全景式的思维就成为人们精神活动的主要学习内容之一，在这点上，作者可能认为尤西米乌斯对皇帝产生了很大影响。事实上，尤西米乌斯对利奥向罗马教皇和东部大教长管辖区发出的呼吁让步了，并且如果我们可以相信其传记作者的话，那么他也屈服于利奥要颁布法律认可其第四次婚姻的威胁，这次婚姻因此被宣布合法。利奥命令圣索非亚教堂皇帝入口大门的上方装饰了一幅镶嵌画，描绘他拜倒在基督脚下，基督在圣母玛利亚和天使之间，占有最高地位，并赦免了皇帝的悔罪，因为皇帝被置于基督的右手边。利奥于912年去世，接着亚历山德尔上台。亚历山德尔恢复了尼古拉斯的大教长职位，因此必须免去由尤西米乌斯任命的主教们的职务，这一事件使尼古拉斯遭到尤西米乌斯派永远的怨恨。亚历山德尔因保加利亚事务引起的问题备受困扰，于913年6月去世。尼古拉斯在摄政顾问班子中占有一席之地，实际上，一旦他把邹伊打入冷宫，那么整个帝国的担子就落到了他的肩上。920年，东西教会重新联合的大部头文件正式结束了这一事件，但并没有缓解双方的怨恨。

这一冲突及其后果提出了一个有关10世纪初期处理拜占庭皇帝和教会之间关系的问题。这里几乎没有对修道院权力提出任何要求，而修道院权力在伊格纳条斯和弗条斯之间的争端仍是重要因素。已经政治化的大教长最终也被迫屈服于皇帝的旨意。后者的胜利不仅表现在宣布其违背现行法律的第四次婚姻为合法，而且表现在利奥六世可能以威胁手段促使其婚姻合法化。这一动用威胁方式的说法可能可信也可能不可信，但重要的是我们从一个修道士那里了解到这种威胁行为，这位修道士编写过另一位后来被捧为典范的修道士传记。

919年5月，君士坦丁七世和罗曼努斯的女儿结婚，罗曼努斯恢复了扎乌特泽斯享有过的"国丈"称号，因为他自己成为了"国丈"。而后，他于920年9月仿效米哈伊尔三世的叔叔巴尔达斯，得到凯撒头衔。920年12月，他又与其女婿成为共治皇帝。为了理解这一连串事件，我们需要重提此前几十年来两条不能完全分开的最主要线索：拜占庭帝国促进的国际关系和皇帝周围那些人物与朝代间的相互影响。

家族权力，统治阶层文化

拜占庭文化形成的那种令人迷惑的连续性印象，其政治理念的那种毋庸置疑的继承性以及当时其管理过程和成文礼仪的无比复杂性，都服务于这一时期拜占庭政权主要的原动力，这对许多历史学家来说都是隐藏暗含的东西。我们应该肯定，权力在某种程度上属于受过教育的人，他们在利奥六世和君士坦丁七世御前的数量就是最好的证据，因为用历史的、法律的和基督教的术语为最高权力辩护是他们的责任。但我们也不要小看了战争的重要性，正是在其连年不断的军事活动中涌现出这一时代政治史和王朝史最重要的领导者。

渴望权力的朝代

我们前面指出过，血统意识反映在对姓氏的采用，对整理家谱的热衷和对辉煌家世的大肆吹捧方面。这种意识最初出现在8世纪，9世纪期间发展得更为牢固稳定。在瓦西里一世和君士坦丁七世之间的时期，这一意识继续增长，同时也形成了官方正式信条，认为只有出身皇室的人才能成为合法的皇帝。严格说来，一个"封建的"拜占庭国家或一个"封建的"帝国的问题直到瓦西里二世时代才出现。但是，从瓦西里一世、利奥六世、罗曼努斯一世和君士坦丁七世统治时期起，历史文献一方面表现出特定家族的存在与贡献，其中一些家族在后来的几个世纪里还继续活跃在舞台上；另一方面表明社会团体的推动力，其中，传统上与贵族统治相连的军事、政治和文化社会准则仍然与完全的社会开放性结合在一起。我们将举三个例子。第一个是关于杜卡斯家族（the Doukas），即关于该家族在10世纪初期昙花一现般兴起和突然衰亡的例子。我们知道的第一个姓杜卡斯的人叫安德罗尼库斯，他具有表示"男子气概"和"胜利"含义的个人名称。另外，这个"Doux"的称号，既是个头衔又是个绰号，似乎在他的一代时它成为一个姓氏。利奥六世时期，人们发现他在同阿拉伯人的战争中与伊梅留斯并肩作战，并在小亚细亚被授予重要的指挥权。他有一个在906年已经成年的儿子叫君士坦丁，这个儿子娶了时任近卫军长官的"伊比利亚人"格里高拉斯（Gregoras 'the Iberian'）的女儿。同一年，利奥的心腹、信奉基督教的阿拉伯人宦官萨莫纳斯（Samonas）向皇帝告发安德罗尼库斯，也许是诬告也许是确有其事，迫使安德罗尼库斯"同他的亲属、孩子和侍从们"一起发动叛乱，这段资料引自同时代的一位作家。安德罗尼库斯最初在离科尼亚（Konya）不远的卡瓦拉（Kavalla）城堡避难，后来逃到巴格达。然而，其子君士坦丁却回到君士坦丁堡，并在利奥六世死后，于913年公开策划觊觎帝位的阴谋活动，当时他担任近卫军长官。这一阴谋最终失败，君士坦丁在这场阴谋中失去了一个儿子，另一个尚为孩童的儿子也被阉割了，这是专门用来对付这类篡位活动的特殊惩罚措施，以示重视。另一个杜卡斯叫尼古拉斯，死于917年对保加利亚人的战争。即便在这个家族似乎就这样绝后之后，杜卡斯家族仍然于11世纪再度出现，这次该家族保存下来，不难想象，它可能是原来那个家族另一分支的后裔。

　　我们的第二个例子不是别人正是皇帝罗曼努斯一世。这个通过君士坦丁七世爬上来的人物大名鼎鼎，人们对他的了解，重点都集中在其卑贱的出身上。尽管没有人怀疑过其亚美尼亚人出身，但这一问题的真相并不完全清楚。确实，我们最远可以追溯到他的父亲塞奥非拉克特（Theophylact），而其绰号"难以忍受的人"（Abastaktos）几乎不能表明其他的信息。关于他，我们所知道的只是在一次未成功的试图夺取特夫利克的战斗中救过瓦西里一世的命。不管这一事件的真相如何，它至少告诉我们，罗曼努斯的父亲曾从军作战，在军队服过役，也可能他并没有以此为职业。无论如何，可以肯定的是，罗曼努斯的一个女性祖先大约在9世纪中期嫁给了东方军区的"将军"阿德拉雷斯托斯（Adralestos），她是生于894年的修道士米哈伊尔（Michael Maleinos）的祖母。但是，罗曼努斯一世是这一家系第一个荣获官方称号的人，他获得的这一官方称号的重要意义在于，他成为年轻皇帝的"国丈"后，其身份变得十分特殊：其女海伦娜（Helena）嫁给年轻的皇帝时，他的另一个女儿阿加莎（Agatha）成为阿吉洛斯家族的利奥（Argyros Leo）之妻，利奥的家世可追溯到米哈伊尔三世，此时正是其巅峰时期。他的儿子君士坦丁结婚后成为贵族潘塞留斯（Pantherios）家族的成员，他的另一个儿子赫里斯多弗（Christopher）结婚后则成为贵族尼基塔斯家族的成员。赫里斯多弗和君士坦丁同皇帝交往甚密，他们的兄弟斯蒂芬也是如此。而最小的弟弟塞奥非拉克特则被授予大教长的职位，这都是遵循着瓦西里一世对待其子们采用的模式。罗曼努斯还有一个私生子"小鸟"瓦西里，他以宫廷宦官之职为生，在君士坦丁七世统治期间曾担任过皇帝的内侍"伴睡者"（parakoimomenos），该职位人人羡慕。

　　考察杜卡斯家族和利卡潘努斯（Lakapenoi）家族之后，我们的第三个例子发生在10世纪，这才是王朝鼎盛时期。该家族就是福卡斯（Phokai）家族，即未来的皇帝尼基弗鲁斯二世的祖先。围绕着该家族，这一时代如明星般灿烂的许多重要贵族通过联姻，一群群地集结起来。他们的家谱似乎由福卡斯家族本身扩展出去，这个名叫福卡斯的贵族是尼基弗鲁斯二世的父系祖辈，福卡斯是锡诺普附近地区一个受人尊敬的殉道者的名字。据说他因为自己"身体的力量和灵魂的高贵"而吸引了皇帝（可能是塞奥非罗斯）的注意，并被任命为当地军区的基本军事单位师（turma）的长官，这个出身相当可信，大体相当于绰号叫"难以忍受的人"塞奥非拉克特·阿瓦斯塔克图斯的出身，尽管没有后者那些显赫的功绩。在一个靠战争中取得显赫战功使自己声名远扬的社会中，福卡斯的称呼具有典型性。福卡斯把其名字传给了自己的子孙后代，在瓦西里和利奥六世统治时期，其子尼基弗鲁斯·福卡斯（Nikephoros Phokas）就是一位杰出将领，我们看到他在意大利南部赢得了声誉。他的孙子巴尔达斯这个名字暗示出他有一个亚美尼亚血统的伯父或外祖父，他的另一个孙子利奥在君士坦丁七世的母亲邹伊摄政期间就十分引人注意。由于利奥与邹伊之间的联姻，他们成为罗曼努斯的对手，出现在历史舞台上。巴尔达斯娶了马雷尼家族的一个女性，这个家族在米哈伊尔三世和瓦西里一世统治时期已经引起著书立说的史学家的注意。她的祖父是位贵族和"将军"，而她的一个祖母和罗曼努斯也有亲戚关系。马雷尼家族最初来自察西安诺军区，他们在那里的亲属尤多基莫斯（Eudokimos）也许是该军区的"将军"，尤多基莫斯大约于840年去世时，声誉极好。巴尔达斯的兄弟利奥是利奥六世统治后期特别受宠的宦官、皇帝的内侍"伴睡者"君士坦丁的表兄。巴尔达斯的孩子们中有生于912年的尼基弗鲁斯，他在一段传奇经历后成为皇帝，我们将在适当的时候叙述他的这段经历，他的兄弟利奥的经历也能侧面反映他的这段经历。他们的姐妹中有一个嫁给库库阿斯家族的约翰（John Kourkouas）的侄子，就是被罗曼努斯一世当做君士坦丁七世的儿子罗曼努斯的岳父的那个人。这一婚姻后来诞生出另一个皇帝，即尼基弗鲁斯二世的外甥和谋杀尼基弗鲁斯二世的凶手约翰·吉米斯基（John I Tzimiskes）。他娶了另一个强大家族、自9世纪早期以来一直有巨大影响的斯克莱洛家族（Skleroi）的一个女儿作为自己的第一个妻子。简要罗列这一家谱仅仅打算证明，在两代人中，即巴尔达斯及其下一代人中，福卡斯家族是如何依附于这少数几个大家族的。这几个家族热衷于争夺最高权力，就我们目前可以判断的来看，其中没有哪个家族的历史可以追溯到9世纪以前。

　　拜占庭帝国通往权力之路遍布阴谋和残废肢体。把人刺瞎，除了作为一种酷刑外，还有象征性意义，砍掉手或割掉鼻子也是如此（《斯基利泽斯编年史》插图，成书于13世纪，藏于马德里，国家图书馆）。

　　罗曼努斯通过将自己的女儿嫁给君士坦丁七世取得皇帝权力，实际上是战胜和取代利奥·福卡斯的结果，后者则由于有邹伊和大教长尼古拉斯集团宫廷显贵的支持，于917年以海军"将军"身份指挥了在保加利亚的某次战役。而小皇帝与罗曼努斯女儿的婚约激怒了利奥，但此时的利奥已被解除了宫廷近卫军长官指挥权，换句话说，他已被罗曼努斯逐出宫廷权力圈，因而引发了利奥和东方各军区的叛乱。他角逐权力的尝试失败了，被刺瞎，意味着被永远地排除在权力斗争之外。另一方面，他的兄弟巴尔达斯尚未被剥夺指挥权，并参加了抵抗941年俄罗斯人进攻的反攻战。但罗曼努斯精心设计的计划是建立在人数众多的弟子基础上的，根本无助于确保利卡潘努斯家族的仕途。928年，由赫里斯多弗的岳父煽动、支持，由赫里斯多弗领导的阴谋被挫败。938年赫里斯多弗死后，其兄弟斯蒂芬和君士坦丁合伙除掉了约翰·库库阿斯，即罗曼努斯一世想要把他作为自己外孙、未来的罗曼努斯二世的岳父的那个将军。最后，他们废黜了自己的父亲，但他们最终也于945年1月被真正控制皇权的君士坦丁七世废黜，并被送进修道院与他们的父亲重新聚首。即使赫里斯多弗的一个女儿嫁给了保加利亚沙皇彼得（Peter），但这个家族也永远从政治舞台上消失了，而君士坦丁则与福卡斯家族结盟，其原因是显而易见的。巴尔达斯·福卡斯被任命为近卫军长官，其子尼基弗鲁斯和利奥被任命为军区"将军"。君士坦丁七世的儿子罗曼努斯从945年的孩童时代起就被任命为共治皇帝，在其外祖父统治时期，他已经与普罗旺斯的胡格（Hugh）的一个私生女结婚，后者不久病故。956年前后，他又娶美丽但出身微贱的阿纳斯塔索（Anastaso）为妻。根据后人的记载，她曾是酒吧间女招待，在结婚时改名为塞奥发诺。他们的婚姻消除了趋炎附势并野心勃勃的堂兄弟和表兄弟们觊觎皇权的念头。当时的史学家称塞奥发诺迷住了罗曼努斯。后来，她真的被当做那时有关导致罪恶的两性激情文学作品的第一个素材了，而这种事情在皇宫里尚不为人所知。

　　君士坦丁七世于959年去世，也许是在塞奥发诺的唆使下被他的儿子毒死的。由于君士坦丁有许多文学作品传世，因此学者们一直想方设法把他描绘成知识分子，因而也误导了现代读者带着自己先入为主的偏见来想象他的形象，这实际上落入了俗套。君士坦丁本性上确实是个文人而非尚武之人，但是我们不应忘记，不管是心甘情愿还是迫不得已，他作为皇帝并非单独行事。罗曼努斯一世和诸如约翰·库库阿斯之类的将军们以卓越超群的能力履行皇帝权力的军事职责，利卡潘努斯家族垮台后，君士坦丁转而依靠福卡斯家族来履行同样的职责。作为皇帝的君士坦丁，直到去世那一天，其行为 一直在履行其文学职责，他在其修史工作完成的著作中，致力于为瓦西里建立的王朝辩护，在《礼仪书》中着力表现权力的威严，而在其关于军区和帝国行政管理的论文中，他一再强调传统和实际知识的概念是放之四海而皆准的普遍真理。

统治文化及其范围

如果人们承认在公元1000年前后战争和长途贸易是当时反映社会状况的最好指标的话，那么10世纪中期的那些年里，拜占庭帝国呈现了出繁荣景象。像任何繁荣兴盛的社会一样，拜占庭社会也出现了表示出其繁荣状况并为这一状况大唱颂歌的文化活动。

我们一直十分关注拜占庭政治史背后的文化动力问题，近年来则特别注意瓦西里一世是如何通过其传声筒弗条斯，还有利奥六世和君士坦丁七世，详尽阐述并不断强化其历史悠久的皇权的方式，尤其注意君士坦丁七世旨在为其祖父血腥开创马其顿王朝寻找体面说辞方面的编史工作的成就。但是，我们也看到，从塞奥非鲁斯皇帝开始，这同一个皇权是如何通过声称与古代传承下来的古希腊罗马文化具有完整的继承性来极力为自己辩护的，并在毁坏圣像运动第二阶段之后，借助一种包罗万象并教条化的圣像画法，使这种思想得以付诸实践。我们看到，通过使用小写字体使古典传统得到进一步强化，这反映在对古代文本语言学进行的修订中。这种修订相当彻底，因而我们现有的柏拉图文本在很大程度上都来自9世纪和10世纪确定的版本，这只是其中的一个例子。但是，由此断定这一修订活动体现了，或者更确切地说仅仅体现了追求准确的学术文化的文化活动则是错误的，这一活动也反映并首先反映的是官方统治文化的极权主义观念。这也就解释了，为什么按历法整理的圣徒传记集（Menologion）在这个时期遭到彻底的修改，不仅表现在被纪念人物的选择上，几乎所有与当时有关的那些人物都被删除了，而且表现在叙述故事的风格上，这些故事被用一种容易阅读的修辞学风格彻底改写了。幸运的是，当时被修订后的版本虽然大量扩散，却没有使更早的版本完全消失。作者"修订家"西蒙（Symeon Metaphrastes，绰号"修订家"）很可能正是根据君士坦丁七世的命令完成这一工作的。我们无法确切了解他是否与年代纪编者教师、地方官西蒙（Symeon the Magister and Logothete）就是同一个人，因为后者除了其作品外，其生平鲜为人知。同样不可能分辨清楚的是，他是否与那个名称与著作同样幸存下来的西蒙（Symeon the Magister）是同一个人。

我们应该记得，统治阶层文化一直等同于宫廷修辞学者对皇帝永恒荣耀的颂扬，等同于皇帝和大教长行政机构的繁杂，等同于正统教会的胜利，但是尽管如此，皇宫、斯图丢修道院和主教管辖区，或者简言之首都，并非完全处于统治文化的控制下。统治阶层文化不断中央集权化，而没有出现地方化趋势。从瓦西里一世时代起的许多公文中可以看出，地方发出的行政公文为此提供了证据，最重要的是，从10世纪以来幸存下来的信件为此提供了证据。写信是一种私人交流的途径，传统上也被当做一门修辞学问，这就是为何出现了示范性书信集的原因，这些书信集有的流传下来，包括地方官和主教发给其在首都的朋友或保护人的书信，有时是发给皇帝本人或大教长的，偶尔也有后者发给他们的。如此保存下来的文献相当丰富，除了10世纪下半叶以后的文献收藏外，还有大教长弗条斯和尼古拉斯以及罗曼努斯一世时期的皇帝秘书塞奥多利·达夫诺帕特斯（Theodore Daphnopates）的信件。在这些书信里，正如在阿利萨斯的思念中，能够察觉一种惯常真挚的怀乡情怀。他在904年前后直到932年去世期间一直担任卡帕多西亚地区凯撒利亚的主教，成为远离其同行并最终裹尸他乡的那些知识分子的代表。

最后，统治阶层文化通过华美的圣像表达其信息。这些圣像有许多后来丢失了，例如瓦西里一世新教堂里的镶嵌画。但是，无论在精美的小匣子和图书封面上仿造雕刻的象牙装饰物中，或在雕花银器制品中，还是在手稿的插图中，蓄意恢复古代有关准则的证据并不少见，即使其内容具有宗教性，像10世纪早期的杰作、所谓的《巴黎诗篇集》（Paris Psalter）就是如此。拜占庭人通过输出其手工制品和其手艺人，向普里斯拉夫和后来的基辅输出的正是这种统治阶层文化。然而，人们可能要问，在帝国自身广大的疆界内，社会的边界、地方的边界，人们甚至可能提出的民族的边界究竟应如何划分。

我们能够肯定的第一件事是，此时统治阶层文化最终分离出来，伴随着语言也终于同包括政治精英在内的所有人所说的话语分离开来。在语音上，导致当时希腊语发音变化的因素在10世纪以前很久就已经存在了，特别是当元音"i"同其他元音和双元音同时出现时，它逐渐单独发音。但是，这一语言结构变化，特别是作为词形变化趋于简化的结果，此时已经显示出我们今天所了解的语言结构。誊写抄录原稿中出现的错误也主要显示在这方面。至于现代希腊语词汇，我们也在文献中发现被不时应用，这当然要视文本而定，但在某些10世纪以前很久的圣徒传记中现代希腊语词汇也相当频繁地被使用。9世纪和10世纪的古典文化复兴提升了古希腊罗马关于修辞学论文的地位，恢复了其昔日的光荣，强调了语言在两个级别之间的政治差异和相应程度的文化差异。这种差异在拜占庭社会所具有的功能，如同在中世纪西方基督教世界、拉丁语和当地母语各自用法不同一样，各有其作用。方言或民间语在12世纪和13世纪时逐渐渗透进入书面语领域，然而在希腊同时使用民间方言和书面语的基本思想持续到20世纪，具有或多或

镶有宝石的黄金珐琅质圣物箱，被认为装有圣物"真十字架"。这件10世纪金匠手工杰作于1204年被带到西方，现藏于拉亨林堡大教堂。

少保持意识形态稳定的意义。因此，我们只能以间接的方法理解10世纪上半叶的口语，例如，我们所看到的残缺不全的《大教长尤西米乌斯传》，是由帕萨马西亚修道院的修道士所作，成书年代可追溯至现有的该书惟一手稿之前的时代。它大约被人抄录于1080年至1100年间，后来失传，现有的这本书是经过其编者的修改。再如，在许多阿纳多利亚战歌和情歌中出现了类似情况，在存留于《礼仪书》中的多种宫廷两行诗中也有类似情况。在人们非常容易忽略的原始资料中的某些姓氏上也有类似情况，例如，加里达斯（Garidas）这个姓氏来自"虾"这个名字，又如，龚吉留斯（Gongylios）来自"萝卜"一名，它们出现于9世纪与10世纪的史书中，其社会含义前面已经提到过。

人们认为，即便统治阶层文化也并非冥顽不化，也吸收其周围环境的影响。例如，一部誊写抄录于10世纪，但可能到11世纪才加以装潢的《福音书》，就表现出抄写员在装饰标题和装饰全书时，福音书作者像相框上有伊斯兰教的影响。这部手稿来自东部边境，与绰号为"梯子"的约翰·科里马克斯（John Klimakas）在9世纪抄于意大利的关于苦修论文的手稿形成显著的对照，约翰抄本中的装潢表现出它与同时代的西方装饰图案有密切关系。而且，创作于意大利南部地区的手稿能够通过其书法风格、装饰和插图的独特特征得到辨认。安尼（Ani）王国时期流行的亚美尼亚建筑风格也从此期开始对拜占庭人产生影响。这种影响在10世纪下半叶随着约翰一世的统治开始变得更加明显。10世纪下半叶也是格鲁吉亚人开始发挥作用的时期。拜占庭帝国边境地区因而成为文化渗透工作的理想环境。

我们前面已经提到的意大利南部地区的犹太人也提供了一个例证，他们拥有属于自己的繁荣文化，而且正如历史事实表明的那样，正好置身于拜占庭世界、伊斯兰教世界和拉丁世界的交汇点上。对帝国境内的犹太人少数民族来说，情况就有所不同了，由于民族身份划分日益严格，他们被挤压在罗马文化（romanitas）和正统基督教之间，而且还被怀疑卷入毁坏圣像运动，这种怀疑也许正确也许错误。由于这一原因，使犹太人皈依基督教显得比以往任何时候都更为必要。如同已经提到的，瓦西里一世在873年或874年颁布法令，规定犹太人皈依基督教。这一举措在利奥六世的一部法律中再次得到重申，命令要求从那以后，犹太人必须履行遵守基督教法律的义务，而放弃和禁止使用他们自己的法律。有一部在瓦西里死后写成的圣徒传记作品，涉及生活在瓦西里统治时期的一个名叫君士坦丁的西纳达人（Synnada）。他是犹太人，当他还是孩子的时候，一直有打哈欠后对着自己的嘴划十字的习惯，后来他成为了基督教徒，并成为修道士。不论记述这个故事的潜在因素是什么，罗曼努斯一世随后也成为强制皈依基督教法令的立法者，该法令发布于932年，似乎导致大批犹太人成群离去。他们可能去了哈扎尔地区，后来又流落到基辅罗斯，在那里犹太文化产生了直接而重要的影响。因而，不论在当时还是在后来，犹太少数民族在拜占庭帝国都没有完全消失，但是他们在拜占庭帝国也没有找到适于其发展的环境，还不如他们在同一时期的意大利、莱茵兰流域，或伊斯兰教国家的处境。然而，拜占庭文化对博学或半博学的犹太人圈子肯定存在某种渗透影响，因此出现了关于所罗门国王在大竞技场其宝座上受到四个竞技党攻击这样稀奇古怪的描述。这个描述是用希伯来语写成，混杂了一些希腊单词，可能写于10世纪上半叶，因为其作者对首都甚至皇宫都有一定了解。960年以后，犹太人在拜占庭帝国的处境发生了变化。

可能有人会问，民众文化的情况如何？谈论这个问题的关键环节是必须了解这一术语相关的含义不明确这一情况。让我们先以物质文化为例。有许多物品保存了下来，其中有些诸如象牙制品、丝织品、珠宝、高质量的陶瓷制品等，不是供给宫廷显贵也是提供给精英阶层使用的。但同样还有别的东西，诸如用石头抛光做成的十字架、护身符和便携圣像，用普通陶土做成的罐子等，是消费水平相对低下的阶层使用的物品。尽管存在这些差异，但我们还是不禁注意到宗教圣像上表现的一致性以及表示信仰的象征性规则和信仰体系的一致性。对比而言，9世纪晚期和10世纪的圣徒传记涉及的社会范围通常比5世纪至7世纪的圣徒传记的社会范围要窄。5世纪至7世纪的圣徒传记中较多地涉及了当时的社会状况，尽管其记述的圣徒故事大体相似。记述的要点显示出，与瓦西里及其继任者们同时代的圣徒们多为修道士，即与皇帝们和大人物们对话的教父们。在许多类似的故事中，老百姓最多也只能在背景中很模糊地占据一席之地。然而，当拉特罗斯（Latros）地区的乡下人爬上小保罗（Paul the Younger，死于955年）去世的山上求雨时，或者当塞萨洛尼基城市民在小尤西米乌斯（死于898年）从阿索斯圣山遭贬来到该城的日子里，争先恐后地要触摸他时，情况就完全不同了。修道士的胜利在843年恢复圣像崇拜时还不明显，但在君士坦丁六世到利奥六世期间，修道士在当时所有论争中都变得极为重要，他们在10世纪中期成为决定性人物。修道士作为拜占庭等级社会文化的公共喉舌，其作用又保持了几个世纪。我们应该把他们描写为居住生活在修道院里并服从修道院院长的人，而不是那种隐士即孤独生存的个人。不过隐士还是存在的。到了10世纪，后来成为现代希腊文化的宗教习俗和对来世的描述逐渐明显。

拜占庭帝国设法建立保护区

这个时期经常发生战争。作战的方法保持不变：战船，或者大型快速帆船充当海上进攻的先锋；在陆上，方阵对决中由骑兵队发起冲锋。人们在匆匆浏览11世纪的《福音书》手稿插图时，可能会看到这样的场景：骑兵们上身披挂着鱼鳞铠甲，头戴铁制头盔加以保护，左臂持有三角盾或圆盾；轻装步兵武装部队中有弓箭手，他们是主力部队的辅助支援力量，在东部边境，拜占庭边防巡逻兵（akritaï）巡视各个战场时，弓箭手负责主要防务。960年以后，从尼基弗鲁斯·福卡斯即皇帝尼基弗鲁斯二世时代到阿莱克修斯一世时代，战争价值观就已得到发展，并受到高度重视。关于战术的论文证明了这一发展，其中最著名的作品被认为是皇帝利奥六世本人撰写的，当时的历史编纂也反映出同样情况。这个时期历史编纂不像960年以后那样着重强调并有充分理由强调皇帝最主要的军事作用，而是向读者提供一个又一个证据，证明在政治领域中，个人和家族门第地位的提升是其杰出军事才能的结果。通过军事途径进入政治舞台前台的人物都是如此，而且大多是在我们熟悉的各种军事组织机构及其制度的框架内崛起的。中央野战军各部队被置于近卫军团即贵族精锐军团指挥官们统领下。像过去一样，这些军队包括许多外国雇佣兵。10世纪初期，这些雇佣兵主要由"俄罗斯人"，即"罗斯人" 组成（Rhos这个词在这一时期指的是最近建立基辅国家的斯堪的纳维亚民族），但是并没有放弃从帝国本土征募新兵。军区部队部分依赖于军事地产持有人，他们服役是履行其义务，但同时还依靠通过财税征收代行服役的方式。最后，还有一部分士兵是被安置在小块土地上的蛮族，以此换取其军事服役，这是一种古老的习俗。

皇帝显然负有指挥战争的全部责任，前面一章列举了许多战区，如东部和高加索山脉、保加利亚、黑海北岸和当时的基辅，地中海中东部、从塔兰托到威尼斯的亚得里亚海。无论在哪里，战争都与诸如长途贸易、传教和外交等其他活动同步进行，或前或后同时得到处理，并且往往沿着同一道路并肩发展。如我们所看到的，这些日积月累的影响在那个时代的世界里刻下自身的印记。直到今天，在我们自己的世界里仍可认出希腊－斯拉夫东正教、拉丁基督教、伊斯兰教的分裂。人们也应记住，从9世纪起，当拜占庭人努力在斯拉夫人中开拓边疆势力范围时，遭遇到罗马教廷和加洛林帝国这两种基督教势力的阻击，后者的继承势力是奥托帝国（Ottonian），而伊斯兰教仍在东部同拜占庭人争夺高加索山脉和美索不达米亚边境地区的那些基督教徒古老团体。

保加利亚，拜占庭帝国的写照

从瓦西里一世时代起，地中海中部三大势力的融合与冲突增加了一个新的变数，西西里和意大利南部地区在9世纪至11世纪的所有被争夺的目标中也许是最重要的。但是，在基督教世界的另一端，众所周知，东欧局势在这一时期一开始就潜藏着其自身变化的因素：信奉基督教的保加利亚因采取拜占庭模式，逐渐成为拜占庭帝国的缩影和复制品，成为拜占庭人的伙伴和对手。他们与正向多瑙河河口源源不断地涌来，仍不信仰基督教的土耳其人各民族完全不同，也与不久后信奉了基督教的将成为这个舞台新的主角的基辅国家完全不同。

保加利亚国家最终在瓦西里一世统治时期转而支持拜占庭人。正像我们所看到的，伯利斯一世的问题是如何利用基督教化为强化君主制提供思想上的依据，以抵制那些坚持古老的多神信仰的旧贵族们。同时，他出于同样的理由为自己组建起加强其权力同时又不会导致对外国势力过分依赖的教会，因此他犹豫徘徊在罗马和君士坦丁堡之间。伯利斯因不满罗马教皇对其866年信件的反应，转而求助于拜占庭人。870年，在帝国首都举行的一次宗教会议上颁布了教令，规定保加利亚隶属于普世的基督教大教长的管辖范围，同时给予他一定程度的自治权。不久以后，拜占庭基督教使者为斯拉夫人提供了解决普及读写能力问题的理想办法。885年，在迈索丢斯去世时，其主要追随者被势力不断扩大的法兰克人传教团赶出了摩拉维亚。克莱蒙特（Clement）和纳乌姆（Naum）出访普里斯卡，随身携带着用斯拉夫语写的礼拜仪式书。结果，这促进了当地基督教组织的重要发展。克莱蒙特在9世纪上半叶被保加利亚吞并的马其顿地区重镇普里斯帕（Prespa）和奥赫利德（Ohrid）附近传播福音，并于893年担任奥赫利德主教，而纳乌姆一直活跃在普里斯卡和圣潘特雷蒙（St Panteleimon）皇家修道院。这所修道院是伯利斯一世按照拜占庭样式为自己在普里斯拉夫附近修建的。而后，克莱蒙特同迈索丢斯重新会面，共同合作。889年，伯利斯退位隐居修道。其继位人是他的长子弗拉基米尔（Vladimir）。弗拉基米尔在迫害教士的同时，使旧特权贵族派重新得势，他还与法兰克人结盟。893年，伯利斯重新出山，控制了首都普里斯卡。他派人刺瞎弗拉基米尔，并将其监禁起来，同时召集会议宣布其次子、曾在君士坦丁堡受过教育的西蒙为沙皇，并宣布迁都普里斯拉夫。

就这样，他们同保加尔人的历史，也就是与其突厥起源的任何残余联系被彻底割断，这更加有助于君主制的发展，同样也有助于已经极大斯拉夫化的民族性的形成。893年颁布的决议进一步强化了其民族性，规定以斯拉夫语代替希腊语作为政府和教会的官方语言。古斯拉夫人的格拉哥里文（the Glagolitic script）被"西里尔文字"取代，"西里尔文字"今天仍在使用着，比较简单也更接近希腊字母。拜占庭人推行旨在取得文化传播最大效益的政策，他们提供拜占庭宗教著作甚至世俗著作的译本，并传播其圣像画法。西蒙作为拜占庭皇帝的"教子"，在拜占庭人看来，属于以皇帝为中心形成的那个隐形世界大家庭圈子里的人，并且离皇帝最近。西蒙统治时期（893年至927年在位）标志着保加利亚出现了政治、文化和军事的黄金时代，这个时代为10世纪拜占庭-保加利亚关系中的危机埋下了伏笔。正是在这个期间，保加利亚人将自己看成第二拜占庭帝国，以至于西蒙提出自己要有皇帝头衔的要求。也是在同一时期，保加利亚人感受到来自其后方的其他斯拉夫人和土耳其人的压力，这些民族的成功与挫折与拜占庭人在同一地域即乌克兰平原和多瑙河平原推行的政策密切相关。

894年爆发了危机，当时对保加利亚贸易的垄断权被授予两个希腊商人，即斯提连诺斯·扎乌特泽斯的"朋友们"斯达乌焦斯和哥斯马斯（Kosmas）。他们把保加利亚贸易中心从君士坦丁堡迁移到塞萨洛尼基，这不利于保加尔人，因为其路线离开了从普里斯卡到君士坦丁堡的商路。除此之外，对保加尔人的商品税也增加了。西蒙侵入色雷斯地区，利奥六世遂于895年动员德涅斯特河和普鲁特河之间地区的马扎尔人攻击西蒙，同时拜占庭海军封锁了多瑙河口。西

9世纪与10世纪处于权势顶峰的保加尔人在围攻君士坦丁堡。西蒙利用拜占庭皇位连续的危机，于914年和924年两度兵临君士坦丁堡城墙下（《曼纳塞斯编年史》插图，成书于14世纪，藏于梵蒂冈图书馆）。

蒙首先把马扎尔人赶回河北地区，而后策动定居在第聂伯河边的帕臣涅格人猛烈反击马扎尔人。马扎尔人士气大受打击，被迫向西迁移。他们在多瑙河平原永久定居下来，这标志着匈牙利国家的建立，也得到日耳曼人的支持，但却损害了摩拉维亚国家的利益。马扎尔人最终摧毁了这个国家。这两个新的突厥语民族就这样登场了。马扎尔人并非初来乍到者，因为他们曾于837年首次到达多瑙河。接着，帕臣涅格人也追循着来自大草原的各民族的传统路线西迁，在整个10世纪和11世纪上半叶，他们控制着多瑙河以北军事力量的均势，尽管当时其游牧社会组织尚未形成完备的国家。

896年，双方重新恢复了和平，条件是拜占庭人每年纳贡，但是912年利奥六世死后，其兄亚历山德尔停止交纳贡金，不久，他本人于913年去世。西蒙以此为借口，转而发动进攻，并在同年9月兵抵首都直指君士坦丁堡城下，但是这次战争的根源不在于贡金问题。成功地接受了拜占庭政治体制和他自己统治上的成功，无疑还有君士坦丁七世尚未成年等一系列因素，激起这个在君士坦丁堡受过教育的保加尔人更大的野心：他自己想成为皇帝。这一野心，不是通过仅仅把皇权下降到保加利亚国王的地位来实现的，而是通过把罗马人的皇权集中到保加利亚来实现的。拜占庭人出乎意外地接受了这一野心模式，这一点表现在10世纪以后保加利亚沙皇在东方基督教世界仍被看做是独一无二的。大教长尼古拉斯在君士坦丁未成年时被任命为摄政长官，在其保存至今的致西蒙的信中提到了这一点。913年西蒙发动进攻，并受邀进入首都城内，还在那里得到承诺，君士坦丁将来同其女儿结婚。同时，大教长还给他戴上一顶王冠，尽管据说使用的是"保加尔人的皇帝"这一惯用称呼。但是，此时这一称呼已经不再是伯利斯时代理解的意义，无论如何，我们获悉，有一枚公认是铅制而不是金制的印玺，上面的希腊铭文表明他获得了"罗马人的皇帝"的头衔。后来，敌对行动重新开始，这种敌对行动还因君士坦丁七世同罗曼努斯女儿的婚姻而不可避免地进一步升级，因为这次婚姻是战争的起因之一。从914年9月西蒙开始战事行动起，直到924年他最后一次进攻君士坦丁堡，战争持续了十年。期间，拜占庭和保加利亚两大国都各自发动附属民族，即斯拉夫塞尔维亚人基督教徒和突厥帕臣涅格人非基督教徒。西蒙于927年去世，其子彼得宣布休战。他接受了其父所藐视的那个折中的头衔和拜占庭每年的贡品，并娶罗曼努斯一世的一个孙女玛利亚为妻：这是个巧妙的解决办法，它允许特权同盟国与那些非皇帝正统血亲的皇家后代结亲，这样就强化了以拜占庭帝国为核心的国际秩序特有的家族特征。我们还应注意更早时期的类似事件，即8世纪君士坦丁五世同哈扎尔王之女的婚姻，后来为她洗礼，取教名为伊琳尼，还有保加利亚国王伯利斯在洗礼时成为米哈伊尔三世的教子。这个具有独特含义的帝国似乎逐渐将不断增加的最高统治者团体视为一个统一的家庭。在这个家庭里，彼得与保加尔人的婚姻精心地为适当场合中的和亲联盟铺平了道路，对此君士坦丁七世在其论文《论帝国政府》中作了冗长的描述。他认为，除非同盟者是法兰克人，这类联姻应禁止在皇室血统中进行：这一原则也可能被打破，例如瓦西里二世曾通过其姐妹安娜（Anna）的婚姻建立与基辅大公斯维雅托斯拉夫（Svjatoslav）的联盟。

927年的和约使拜占庭人得以再次宣称它拥有掌控塞尔维亚人的权力。保加利亚社会主要是沿着从那时起混合着古老的特权贵族统治的斯拉夫化的路线和在城镇之外取得进展的基督教化的路线继续发展，提供了文化统一和民族统一的途径。保加利亚社会日益复杂，因而也日益受到其他文化的影响，彼得统治时期（927～969年在位），鲍格米派异端的发展表明了这一点。该异端的出现年代被保加尔人牧师哥斯马斯在其反对该派的名著《布道》中笼统地确定为这一时期，该文创作于皇帝约翰一世统治时期，大教长塞奥非拉克特在回答彼得就此问题对其进行的咨询中，更为确切地确定为这一时期。哥斯马斯认为该异端源起于某个叫鲍格米（Bogomil，意为"上帝怜悯的人"或"乞求上帝者"）的教士，这个名字真实生动不可能是捏造出来的。该派教义非常接近保罗派的二元论思想，例如，他们谴责现世、世俗权势（包括教会权力）以及肉体和生育。我们知道，这类思想早就在东方流行几个世纪了，但是人们还是有理由把它们同一种对巴尔干半岛来说相当陌生的基督教形式联系起来：人们自然会想到，保罗派在9世纪随着其活动地区被征服而被驱逐到色雷斯地区，而后，他们在那里作为雇佣兵充实到帝国军队中。但是，哥斯马斯《布道》一文还同时分析了当地形势。在那里，该派运动明显地对教会抱有强烈社会性动机色彩的敌视态度，同样对得到丰厚资助的主教和修道士们以及总的来说对富人抱敌视态度。不过，这远不是其影响的最强烈方面，因为鲍格米派后来在11世纪动乱的宗教环境中再次出现于拜占庭帝国。

边境之外的基督教化

拜占庭和保加利亚两国不再是相互对抗的惟一对立两方，因为俄罗斯人已经登场，这在前一章已经提到。他们于860年奇袭拜占庭人后，通过弗条斯将一封宣布其皈依基督教的信送交东部大教长们。但是，这大概只是个形式，因为在874年另一个条约中提到希望该公国基督教化，大教长伊格纳条斯为此目的任命了一位大主教。这一计划由于留里克（Rurik）之子奥列格（Oleg）上台而流产：斯堪的纳维亚人影响基辅的历史在这方面可与早期保加尔人影响保加利亚的历史相比。统治者皈依基督教的行动不得不等待该国直到10世纪晚期成熟以后。9世纪初，俄罗斯人的战船对哈扎尔人和君士坦丁堡都构成威胁。前面提到，907年和911年拜占庭人同俄罗斯人订立商约，这些条约系统提出此后使节在首都的行为规范和处理贸易事务的规则。我们只是通过《往年纪事》了解这些事情，该书为基辅编年史，其原文的流传和解释曾引发了许多争论。相比而言，拜占庭原始资料中也提到941年俄罗斯人的进攻。俄罗斯人的《往年纪事》还保存了944年订立的条约的原文。这一条约规定了赎回被俄罗斯人捕获的俘虏的赎金，提出俄罗斯人有权购买的丝绸限额以及为保护车绳半岛渔民的规定。君士坦丁七世写于该世纪中期的关于帝国行政管理的论文，以较多篇幅描述了他们，这表明正在崛起于拜占庭帝国北方的俄罗斯人的重要性。该民族的发展使他们面临基督教化的问题，957年，伊格尔（Igor）的遗孀奥尔加（Olga）在君士坦丁堡以海伦娜的教名接受洗礼，这让人想起，海伦娜也是君士坦丁七世妻子的名字。保加尔人的历史在这里似乎又在不自觉地再度重演，甚至在959年，奥尔加也相应地咨询罗马教会的解释，并向奥托一世提出请求，希望派遣一个主教和一些教士前去。

斯拉夫人的基督教化仍然与拜占庭人同罗马和加洛林帝国的权力斗争的焦点密切关联。在巴尔干半岛更西部的地区，早在伊拉克略一世统治期间就已皈依基督教，但后来又变为信奉异教的塞尔维亚人，请求拜占庭帝国派遣传教士，并于867年至874年间的某年接受了洗礼，这加强了拜占庭人在亚得里亚海东北角地区的影响。在这里，拜占庭人遭遇威尼斯人的抵抗，也面临斯拉夫海盗掠夺问题：纳兰塔尼人（Narentani）海盗在瓦西里一世统治时期皈依了基督教。然而更重要的是，拜占庭人在克罗地亚同罗马和法兰克人发生冲突。但是，该地区沿海岛屿和达尔马提亚城镇直到12世纪仍是拜占庭大帝国的组成部分。最后，亚得里亚海在同阿拉伯人的战争中也成为决定胜负的地区。拜占庭帝国在该地区的发展以868年至878年之间达尔马提亚军区的建立为标志，而斯特里蒙的一个"将军"则出现于非罗塞奥斯于900年草拟的社会等级序列名单中。

在高加索，从陶鲁斯山脉延伸到亚美尼亚的边境地区，拜占庭人和阿拉伯人之间展开了长达几个世纪之久的斗争，而对当地亚美尼亚人王国的承认应该被视为其中的一个附带事件。我们必须记住，早在867年，保罗派战争就成为议事日程上的重要事项。瓦西里一世经历了一些失败的尝试后，成功地指挥了再征服战争，从871年持续到882年，为拜占庭帝国重新夺取了边境地区的许多重要阵地，除幼发拉底河渡口外，还包括陶鲁斯山脉及其周围地区。正是在这些战争过程中，保罗派势力范围的基地被清除了。885年，巴格达给亚美尼亚人阿克特·巴格拉图尼（Achot Bagratuni）送去一顶王冠，以换取贡品，当然，瓦西里也这么做了。该王朝所在地巴卡兰（Bagaran）成为该王国首都。891年去世的阿克特及其子斯姆巴特（Smbat，892年至914年在位）与美索不达米亚和阿塞拜疆的埃米尔们进行战争，而与其敌对的瓦斯普拉坎的阿德祖尼人（Ardzuni of Vaspurakan）部落不时得到这些埃米尔的支援。然而，当时以安尼为都的巴格拉提德王国从10世纪头30年起，就经历了一个思想和建筑上的黄金时代，而且这个时代同亚美尼亚将军们在拜占庭帝国占据统治地位恰好同时发生。这主要指的是约翰·库库阿斯。

反击伊斯兰世界扩张的开端

美索不达米亚地区的战争继续进行。罗曼努斯一世步瓦西里一世之后尘，在东部发起重大的再征服攻势。经过多次徒劳的尝试后，约翰·库库阿斯于934年占领了梅里特纳。他还于942年在亚美尼亚，943年在美索不达米亚两地取得胜利。到943年，拜占庭帝国重新夺取多处古代领土，如达拉斯（Daras）、阿米达和尼斯比斯。他们围攻埃德萨，迫使该城交出传说中基督在生前赠送给阿布加尔（Abgar）国王的其本人的画像"圣像"（mandylion）。该圣物于944年8月15日被带回君士坦丁堡，同时举行了胜利凯旋仪式。与拜占庭军队对抗的都是该地区的埃米尔们，特别是赛义夫·道莱（Saif ad-Dawla），他是阿勒颇和摩苏尔的埃米尔，也是当地哈木丹尼（Hamdanid）王朝的成员和北部叙利亚阿拉伯人的传奇英雄。基督教徒在这场斗争中被认为既是主动的也是被动的。亚美尼亚的贵族和酋长们对拜占庭帝国边境防务来说是不可缺少的，拜占庭边境防务继续加强，"峡谷隘路"（kleisoura）往往成为军区建制的基础。这大概就是利坎多斯（Lykandos）军区和塞巴斯提亚（Sebasteia）军区的由来，利坎多斯军区在908年的文献和916年的文献中曾被提到过，塞巴斯提亚军区在908年以前的文献和911年的文献中被提到过。另外，早在873年的文献中就提到过的察西安诺军区以及在899年至901年间（最迟到911年）文献中提到过的美索不达米亚军区都是如此，美索不达米亚军区实际上就是割让给利奥六世的一个亚美

今土耳其阿夫塔马尔的圣十字架教堂是9世纪和10世纪亚美尼亚艺术繁荣的最好例证之一。四个对称设置的后殿，因墙角内的四个柱壁形成了一对十字架的形状，顶上建有圆屋顶。

尼亚公国，塔罗（Taro）的亚美尼亚人王子在900至930年间被委任为该军区首脑"将军"。因此，这些边疆居民经常变换效忠对象，已经成了家常便饭，不履行任何持久的承诺。至于拜占庭帝国，则有意利用这一地区的基督教信仰。亚美尼亚人重新入主10世纪早期保罗派战败后荒芜的梅里特纳酋长国的边缘地带，并为美索不达米亚军区提供驻军。950年以后，甚至早在罗曼努斯一世统治时期，向西迁移的亚美尼亚人就呈现出比以前更为一致的地域性特征，而在8世纪至9世纪期间，只有个别的亚美尼亚武士离开家乡，投奔某个皇帝的宫廷寻求出路。950年以后，边疆的所谓军区通常差不多只是由一个设防的阵地构成，军区首脑将军在设防辖区里设其基地。与内地的"大"军区相比，这些边疆军区确实很"小"，并且不管是根据何种文献的描述看，还是根据"亚美尼亚语'文献的描述来判断，它们都同"当代罗马语"文献中的军区有极大区别。这些小军区的部队由熟悉地形但不能对首都造成威胁的亚美尼亚人、叙利亚雅各布派，甚至保罗派信徒组成。最后，在这同一时期，大亚美尼亚各部落、其同族的格鲁吉亚人和梅里特纳的埃米尔们，在9世纪初的战争中都铸就了其各自的历史。由于这些战争在拜占庭帝国与哈里发统治区的边缘地带进行，因此这一历史可以从亚美尼亚人的、叙利亚人的和阿拉伯基督教徒和穆斯林的原始资料中了解到，或者更确切地说，可以从中理解这段历史。这些资料能比拜占庭原始资料为我们提供更多关于这一主题的信息，拜占庭资料的作用在这种情况下只是补充性的，但是我们至少应该在此提到，在东方基督教世界的边缘地区，我们已经掌握了丰富而重要的民族社会历史，尽管一些有前途的并已卓有成就的语言学研究和考古学研究获得进展，但是目前人们仍然很少探究这些民族社会。

然而，在君士坦丁七世统治末期，赛义夫·道莱重新取得军事优势。954年，尼基弗鲁斯·福卡斯取代其父巴尔达斯任陆军司令，并带领拜占庭军队取得新胜利。958年，尼基弗鲁斯的外甥约翰·吉米斯基进抵萨莫萨塔。这两个人后来都稳定地走上通往帝位之路。

更不确定的西部进展

在地中海，拜占庭帝国的对手和争端内容都与上述情况不同。在海上，从罗得岛（Rhodes）和克里特岛到西西里岛和加尔加诺（Gargano），阿拉伯人海盗抢劫威胁着沿海居民和海上运输的安全。在西西里和意大利南部，拜占庭人的任何军事行动都一定会遵循查士丁尼恢复罗马帝国宏伟事业的再征服框架，这一计划总是周期性地再现于拜占庭帝国整个历史中，9世纪和10世纪再现于瓦西里及其王朝的辉煌胜利中，12世纪再现于科穆宁王朝的短暂繁荣中。然而，就此而言，867年的情势却被阿拉伯人扩张进展的信息所改变，并且在查士丁尼征服曾涉及的地区，被加洛林帝国扩张和伦巴第公国在南意大利的扩张所改变。因此，这两种情势显然紧密关联，并且能够通过研究诸如该时期的两个修道士的《传记》得到证实。一个是西西里人小以勒雅斯（Elias the Younger），他大约于823年出生在埃纳（Enna），903年在塞萨洛尼基去世；另一个是卡拉布里亚人（Calabrian）洞穴隐士以勒雅斯·什佩利奥特斯（Elias Speleiotes），他于860年至870年间出生在雷焦，960年前后去世于他的修道院。这两个人都在阿斯珀山（Aspromonte）脚下、卡拉布里亚边缘地带建立修道院。他们都同罗马保持联系，这从其传记中强调在罗马停留时得到的地位上得到证明。他们也都四处游历，特别是迫于形势被迫迁居伯罗奔尼撒半岛。不过小以勒雅斯同卡拉布里亚地方长官和利奥六世的私交甚笃。

这说明，阿拉伯人突袭希腊和意大利沿海地区的历史与攻击意大利南部沿海的战争史属于不同种类。阿拉伯人对地中海的控制是随其不同强度的进攻而变化的。我们从《小路加传》记载中得知，896年，爱琴纳岛居民由于阿拉伯人的袭击而逃往希腊大陆，后来劫掠席卷希腊。904年，拜占庭叛徒、的黎波里人利奥（Leo Tripoli）率领远征军抵达达尼尔海峡，其进攻目标是君士坦丁堡，后来又转向占领塞萨洛尼基。由教士约翰·卡梅尼阿特斯（John Cameniates）对这一亲眼目睹的事件所做的第一手记载表明，这类洗劫的重要动机是抓捕俘虏出售。他以符合拜占庭人关于野蛮人陈规的方式谈到这些攻击者，但这并没有掩盖这一事件具有的极其凶暴的本质，因深受其害的这个特定城市这一事件的巨大影响越发强烈。925年，奥利亚（Oria）遭到攻击，这个事件我们在涉及瓦西里一世颁布皈依基督教法令时已经谈到，当地社区的犹太医生兼哲学家萨比泰·多诺罗（Shabbetai Donnolo）用希伯来语写的一封信对这次进攻进行了描述。然而，与这类袭击造成的死亡和失踪相比，阿拉伯人周围的生活更有家庭味儿。916年的一部手稿讲述了埃伊那岛的阿萨纳西亚（Athanasia）的故事，她在结婚11天后，因阿拉伯人入侵而失去了丈夫，于是服从于强迫该岛寡妇和未婚女子找一个"野蛮人"为夫的帝国法令。当然，这个故事有一个典型的结尾，因为其第二个丈夫最终同意当修道士。但是，像克里特岛埃米尔发行的货币这类阿拉伯货币早就在雅典出现了，这受到人们的关注。它们的流通和雅典穆斯林清真寺的发现，更不必说那个地区的教堂装饰中对库法字体的运用，所有这些都证明，10世纪前后，当地有阿拉伯人平静地生活着。总之，存在着一个沿海的拜占庭帝国，从西西里延伸到阿普利亚（Apulia）地区，从卡拉布里亚延伸到塞萨洛尼基，包括爱琴海。在这个沿海的拜占庭帝国中，与伊斯兰教交往的范围在许多方面可对应于我们描绘的拜占庭人在东方陆地边疆的情况。实际上，这个岛屿和沿海的拜占庭帝国因争夺塞浦路斯和对塔尔苏斯埃米尔们的海上活动，也可以说影响着小亚细亚。

帝国政策实际上有两个目标：重新征服航海通道和占领意大利。第一个目标在10世纪下半叶之前几乎没有完成。确实，瓦西里以在亚得里亚海的连续胜利为开端。他在868年解放了拉古萨（Ragusa），在876年从皇帝路易二世（Louis II）手中夺回了巴里，这个城市是路易二世在

871年从阿拉伯人手中攻占的。这一胜利为后来建立郎格巴底亚（Langobardia）军区打下了基础。文献首次提到该军区是在911年设有"将军"，正如其名称所示，它是在侵害该地区伦巴第贵族的情况下建立的，或者更准确地说，使他们服从帝国权力。尼基弗鲁斯·福卡斯在885年至886年的一次胜利战役，使阿曼提（Amantea）、特洛配亚（Tropea）和圣塞维利亚（Santa Severina）重归拜占庭人，而901年阿拉伯人则占领了勒佐。直到这个世纪中叶，行政术语仍使用西西里军区的名称，但考虑到这些事实，类似术语改变了，论文《论帝国政府》（作于948～952年）提到卡拉布里亚的"将军"。这样，我们可以看到，从瓦西里一世统治时期起，拜占庭帝国作为意大利南部的政治存在和军事权力，再一次维护了自身的权利。而在这一官方历史背景下，当地的希腊文化将其政治忠诚奉献给君士坦丁堡，而将其宗教忠诚奉献给罗马教廷。我们从已经提到的修道院文献中了解这段历史，这些文献后来因各种灾难而被部分毁坏，但其残本足以证明，一种只随11世纪诺曼人征服才逐渐衰落的边境文化的极其复杂性。很多档案文献仍未完全编目录入考古遗物名单，其数目仍可能不断增加，但就是在这少数档案文献中也幸存有这段历史的一些记载。最后，至今仍在使用的卡拉布里亚希腊方言，尽管有些争议问题，但无疑应该属于此类证据。

　　拜占庭帝国在意大利南部的扩张并没有解决来自海上冲突这一大问题。恰恰相反，10世纪期间，阿拉伯人成功占领西西里，由此，他们对卡拉布里亚构成威胁，不过当地的希腊文化仍然幸存下来。事实上，一切都取决于克里特和塞浦路斯的状况，拜占庭帝国在那里遭到失败，正如904年它在塞萨洛尼基遭到失败一样。905年或906年，海军将领伊梅留斯指挥的拜占庭舰队在爱琴海取得重大胜利，之后于910年在塞浦路斯登陆。但是，当他的舰队于911年战败后返回克里特时，在希俄斯岛附近被摧毁。然而，9世纪下半期拜占庭海军组织发生了重大变化。帝国海军将领成为总司令，下设海军事务部。899年的文献首次提到新的海军军区即萨莫斯军区。与之相应的是，一个巨大的造船计划在进行，并且注意加固重要沿海防务，例如，904年灾难之后，加强塞萨洛尼基和阿塔利亚的防务。

　　这样，950年前后的拜占庭帝国可以被认为是包含了东方基督教的帝国模式，一种具有货币制度、统治文化及其外部特征的帝国，但同样可以被看成是一个由武士和教士、城里人和乡下人组成的社会，这与同时代的西方形成了对照。那是一个没有问题的社会吗？无疑不是。但我们必须满足于从地方财税的不满、反映在异端中的不同政见、地区文化的差异、战争指挥者的野心来解释这些问题。这些因素构成了君士坦丁七世死后，拜占庭帝国不得不向所谓的"封建"国家发展的历史动力，尽管这是一个形式大于内容语意自相矛盾的词语。

　　西部帝国的重建。这个镀金的青铜小雕像，手拿球形权力标志，身着皇袍，据说是查理大帝像，也可能描绘的是其继承者得胜的形象，不然就是加洛林王朝一个统治者的理想形象（约铸于860~870年间，藏于巴黎卢浮宫）。

第三编

欧洲的第一次繁荣：
7世纪至10世纪中期

第九章 蛮族王国、基督教帝国还是独立公国？

　　我们观察到在7世纪中期那多变的区域内，6世纪时建立的日耳曼人和凯尔特人王国已经处于一种彼此分离但异常稳定的状况。这种情况大体说来从650年左右一直延续到8世纪中期。此后，随着加洛林王朝的分裂，在850年至950年这一多灾多难的时期内，新一轮的毁灭似乎已然准备就绪。

　　事实上，罗马帝国失败落后的结局和日耳曼人进步的变革向我们提出了有关更早时期成功的基本问题。这两股力量结合起来重建欧洲秩序，国王与僧侣无法阻止罗马风俗和制度无可挽救的消逝，也无法容忍新贵族这个社会阶层的兴起。出现这种情况主要是因为有些民族经历了国力由极度衰弱到重新崛起，而恢复秩序本身就有利于重新崛起，这些民族中新的观念不断发展。这些新力量足以强大到依靠人与人之间的关系来夺取国家和教会权力，并影响农耕经营方法迅速变革，产生出新的交易方法和海上扩张。与此同时，一种新文化使古代遗产有可能重新进入这个混乱不堪的世界。这不是重新洗牌的问题，而是换了另一种不同文化的玩法。人口由于收复失地而摆脱了税收沉重负担，正在缓慢而不稳定地恢复起来，并开始对休耕地进行新一轮耕作。国家的私有化促使强有力的新阶级产生出来，大地产所有者迫使教会趋于世俗化，并建立起区域性公国。在这个大漩涡中，出现了一些根本性的新发展，包括人与人之间的关系、北部海域的开发、地产的两种组织、大船的出现、白银的流通以及成为包罗万象的文化权威的《圣经》。日耳曼与罗马两个世界的融合使得从地中海到北海的古代遗产逐渐出现转移的趋势。结果，理性与感性的兴起照亮了整个英格兰地区，那里大多日耳曼化了。因此，正如我们所了解的那样，通过这段加洛林王朝的插曲，即杜比（Duby）所说的"表面之下的骚动不安"，预兆着西欧最终苏醒过来。

　　几乎所有农业和技术革新都在这三个地区传播，即泰晤士河谷、高卢和德国北部以及波河平原，这些地方恰好是传统机构被破坏得最严重的地区。这些平原在晚期罗马帝国时代都是农田，非常适合谷物生产，它们在重新发展的最初阶段都受到日耳曼人入侵或瘟疫的破坏。新来的移民和原来定居的居民相互接触，心仪已久。在这些地区，他们构成了新旧世界的交汇点，也就是年迈的欧洲与其年轻的继承者之间的结合。从8世纪初开始，各蛮族在这些地区重演他们在5世纪曾上演的好戏，证明自己出色的适应能力，使这些地区得以发展。最新颖的解决方法是，就在骚动最为严重的地方，沿着一条错误也是重要的历史线路进行改造。这条线路由意大利开始，经过奥斯特拉西亚和法兰克，一直到英格兰。对这些深远变革和创新的任何解释，都必须从日耳曼人的好战和暴力与和平的基督教信仰奇妙结合的方式这一点开始。

在法兰克尼德多伦多夫7世纪晚期基督徒墓地发现的石碑。碑上刻有一位死去的战士，其腰刀插入鞘中，正受到地狱之蛇的困扰，但是他仍然通过梳理头发这一具有生命力的动作来表示其坚定的信仰。

　　事实上，在强烈动荡后，罗马-基督教-日耳曼这些不同寻常的成分组合成了一种至今无人知晓的混合物。它证明对奥斯特拉西亚法兰克人和盎格鲁－撒克逊人来说特别有效。这些人乐于从其南方的老师那里学习经验教训，但是他们不会因此而这样没有道理地丧失自己的身份。他们将自己提升为北部新经济区的主人，并成为在其资助下再度兴起的教会的同盟者与保护者，之后，他们坚决地反对任何地方权力，反对任何异端或不相容的宗教势力，比如拜占庭或伊斯兰教。一旦丕平被授予君王涂油礼而得到前此他梦寐以求的合法地位，一旦加洛林人首次接受僧侣关于罗马帝国最终因638年耶路撒冷被占领而垮台急需重整山河的劝说，这种混合物就将爆炸扩散。日耳曼蛮族因410年掠夺异教的罗马的罪行而深感内疚极度不安，他们急于通过拯救基督教的罗马来弥补过去的错误。这促使蛮族与教皇合作，试图获得对欧洲的控制权。

蛮族的终结

　　在7世纪下半叶以及8世纪前半叶，我们看到蛮族国家出现了一系列内部危机，而后，平静被打破。说原有的秩序被这些危机搞得天翻地覆并不为过，这些危机无疑符合盎格鲁-撒克逊王国、伦巴第王国，当然首先是法兰克王国的利益。从政治上说，发生这些危机是由于日耳曼诸王国在建立国家机构时拒绝沿袭罗马帝国旧制和国内贵族势力的兴起。这样，在罗马帝国分裂后，日耳曼诸王国的分裂也接踵而至。

毁灭与消逝

独立国家的出现是这个时代最为显著的特征。在高卢，从诺伊斯特里亚与奥斯特拉西亚的敌对状态中获益的阿拉曼人、图林根人和巴伐利亚人恢复了他们曾拥有的独立。在北方，勃艮第公国分裂为当地王公控制下的多个城市领地。处于安特纳（Antenor）贵族最高统治下的普罗旺斯在702年后也陷于分裂。与此同时，阿奎丹地区也被尤多（Eudo，700~735年之前）建立的新王朝所接管。在西北地区，布立吞人变得更加自治化。同样在东北地区，在拉德伯德（Rad-bod，689~719年之前）领导下的弗里西亚人将其政治管辖区和经济影响扩展到了北海沿岸。一些毗邻的王国也展现出同样的特性。在西班牙，塞普提马尼亚和塔拉戈纳通过不懈的努力，打造出独立于托莱多的东部西哥特王国；在意大利，贝内文托、斯波利托和弗留利地区的伦巴第公爵开始拒绝听从帕维亚的命令。

这些多种形式对权力的掌控正是日耳曼贵族的任务。在诺伊斯特里亚，高级官吏埃布罗恩（Ebroin，653~687年在位）宫相在平息贵族反叛中大肆屠杀，树敌甚广。他最终败给阿尔努夫（Arnulfing）家族领导下的奥斯特拉西亚贵族，后者成功地获得宫相这一职位，并在其家族内传承。在特尔特里（Tertry），丕平二世（Pippin Ⅱ）于687年最终攫取了凌驾于诺伊斯特里亚之上的奥斯特拉西亚最高统治权，从而完成了其祖父丕平一世和伯父格里莫阿德（Grimoald）开创的事业，丕平二世曾被错误地当做赫斯塔尔的丕平。事实上，一个新王朝此时已准备就绪。这一权力的摇篮已不再徘徊于塞纳河与斯海尔德河（Scheldt）之间，而转移到了墨兹河流域。丕平在679年继任奥斯特拉西亚宫相，又于687年成为诺伊斯特里亚的主人，他被赋予广阔的土地和极大的财富。他自称为"法兰克君主"（princeps Francorum），并试图重新控制分离出去的王国疆土。实际上他只是通过对乌特勒支的重新占领才击退了其最危险的夙敌弗里西亚人。而在卢瓦尔河南岸，特别是勃艮第公国，其权威尚不存在。丕平卒于714年，甚而在诺伊斯特里亚引发叛乱。这一起义被丕平的私生子、专横的查理于717年在温奇（Vinchy）的血腥屠杀迅速粉碎。后者也由于在镇压诺伊斯特里亚起义和此后弗里西亚人、阿拉曼人、勃艮第人和普罗旺斯人的独立运动中铁锤般的指挥而享有"马特"（"锤子"）的绰号。

在墨洛温王朝，西哥特国王已经无力抵挡贵族势力的崛起。这些贵族拒绝王位世袭继承的观念，一直在选择其自己的王位候选人。教会曾试图为国王举行加冕仪式，即国王涂油礼，以维护国王的神圣，并在672年瓦姆巴（Wamba）遴选国王前就进行了准备，这些努力没有取得什么

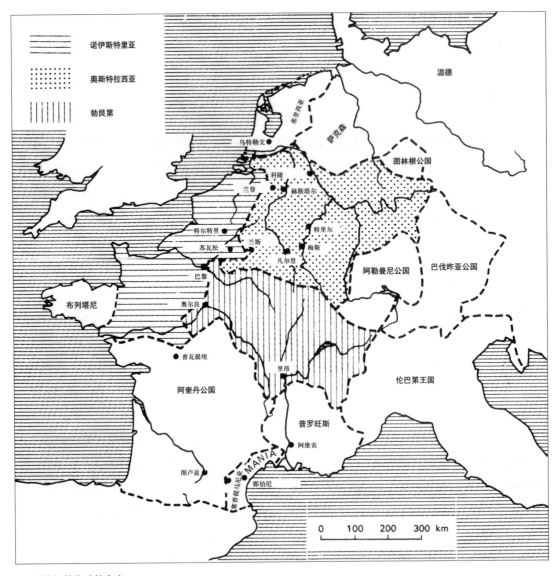

8世纪前半叶的高卢。

效果。贵族的叛乱仍在继续。当阿拉伯人开始威胁西班牙时，法兰克王国被罗德里克国王及其儿子中的一位王位继任者威第扎（Witiza）所分裂。正如我们所见，在伊斯兰教进攻下的国家如同纸牌堆砌的大楼一样迅速倒塌。718年，入侵者占领了柏柏尔人向高卢发动第一轮袭击的前哨站纳尔榜和塞普提马尼亚。然而，他们于721年在图卢兹与阿奎丹王子尤多对抗时遭到严重挫折。他们逃往罗纳河流域，于725年劫掠奥吞（Autun）。732年，阿拉伯人在毁灭阿奎丹后，在普瓦提埃（Poitiers）与查理·马特对垒，并遭到其第二次失利。虽然科尔多瓦的埃米尔阿卜杜拉曼

(Abd ar-Rahman) 陷入建立新政权的困境中, 但丕平三世若要想在752年至759年之间恢复对那伯尼的占领, 就一定要等待西班牙穆斯林内部出现严重的危机。

在此期间, 实际上早在718年, 从图卢兹战争胜利中获益的一些伊比利亚西哥特人 (Hispano-Visigoths) 在佩拉约 〔 (Pelayo), 或是佩拉吉乌斯 (Pelagius)〕 率领下于卡瓦敦加 (Covadonga) 挫败了穆斯林军队 , 由桑切斯·阿尔伯诺斯 (Sanchez-Albornoz) 提出的另一说是在722年。这一事件标志着阿斯图里亚斯的基督教王国正式建立。虽然法兰克王国作为惟一付诸抵抗阿拉伯人的王国而因此获得巨大的威望, 但伊斯兰教对南欧的入侵还是减弱了拜占庭帝国对地中海海域的控制, 包括对亚得里亚海和蒂勒尼安支海的控制。自此, 伊比利亚半岛开始处于穆斯林支配之下, 阿方索一世 (Alfonso I) 统治下的小国阿斯图里亚斯王国也不能再依靠自己的力量重新征服从前的西哥特王国疆土了。

欧洲人对普瓦提埃战役的反应远在不列颠都能感觉到, 我们将在以后详细讨论这个基督教世界的地区。当皮克特人 (Picts) 还在勉强控制苏格兰时, 不列颠的政治中心已经转移到伊涅统治下的盎格鲁-撒克逊王国威塞克斯, 其势力范围当时已扩展到从帕斯迪加来 (Pas de Calais) 到布里斯托尔 (Bristol) 海峡的广大地区。诚然, 各王国之间的敌对状态此时并未消除, 但不列颠的中心区已愈加明显地转向北海和布里斯托尔海峡, 也就是说转向法兰克王国。在意大利也是如此, 随着半岛的分裂趋势愈加显著, 加入法兰克王国势力范围的诱惑力也日益增强。拜占庭帝国的意大利领土与帝国本部的联系越来越松弛。拉文那大主教的设立成为这个地方变为独立实体“罗马格纳” (Romagna) 的信号。罗马领地屈从于教皇的权威。那不勒斯、卡拉布里亚和西西里的领地各自保持着对皇帝的忠诚。另外, 君士坦丁堡接受毁坏圣像异端进一步加剧了罗马主教和拜占庭统治者之间的矛盾。因此, 当伦巴第国王留特普兰德 (Liutprand, 712~744年在位) 恢复其对外扩张和统一政策时, 罗马主教发现自己被完全孤立了。739年, 他向查理·马特求助却未能得到重视。这样当伦巴第国王埃斯图尔夫 (Aistulf) 威胁到罗马城时, 形势就变得异常严峻了。

奥斯特拉西亚入口的场景

从741年起, 查理·马特之子丕平三世 (Pippin III, 绰号“矮子”) 虽然没有国王衔实际上却开始统治法兰克王国了。面对强大的自治权力, 他向罗马主教扎查利亚斯 (Zacharias) 提出了那个著名的问题: “谁该做法兰克国王? 是有权力的人还是没有权力的人?” 罗马主教立即做出明确的答复, 是前者, 所以正当的秩序应该被维持。丕平让苏瓦松的一些要人拥立自己为国王并给自己施以涂油礼。754年, 罗马主教史蒂芬二世到高卢恳请丕平出兵援助抵抗伦巴第人的进攻，在圣丹尼斯（Saint-Denis）为丕平再度举行涂油礼，同时被涂油的还有丕平的妻子和两个儿子。一个新王朝从此诞生，墨洛温朝末代国王稀尔德里克三世（Childeric III）被削发为僧囚禁于修道院。有着神圣血统的王族被施行了神圣涂油礼的家族所取代。异教的诱惑力正在消退，代之以神圣而优雅的正统基督教。一种正统权力的新型种子随着被称为"加洛林"的新王朝的建立开始播撒于欧洲大地。

第二次变革随即到来了，它源于第一次变革，但与前者同样伟大。丕平三世想要报答教皇的帮助，在754年和756年两度结束了打击伦巴第人的战争。人们认为，当时他可能是受到著名的君士坦丁"遗赠"的影响，因为据说这位皇帝在分裂帝国之前曾许诺将整个意大利赠送给西尔维斯特罗马主教，而这份遗赠实际上是伪造的。丕平强迫伦巴第人将以前属于拜占庭帝国的28座意大利中心城市"交还"给教皇。这标志着"圣彼得遗产"开始合法化，表面上好像是被还给教皇，实际上是教皇有意稳固和确保其对基督教世界的普遍权力。一种新的力量平衡由此形成。

到8世纪中期，蛮族王国的危机得到缓解。5世纪和6世纪形成的八个政治实体，此时只剩下了三个：盎格鲁-撒克逊人、伦巴第人以及他们中间的法兰克人。只有后者一直坚持着强大的实力和发展动力，因为他们从一开始就采取了压制地区自治的政策，还因为他们渴望重建欧洲的政治统一，而不仅仅建立日耳曼的或法兰克的政治统一，就像他们已经成为多民族的政治实体那样。法兰克人与盎格鲁-撒克逊人、伦巴第人，甚至与西班牙西北部的奥斯特拉西亚人有紧密的经济和文化联系，因此他们处于欧洲的重心，等待着重新开始构建。7世纪危机和变化之后的胜利、笼罩着5世纪梦魇的北方经济地区、教会的同盟和保护者们、所有地区性公国的对手们、所有像拜占庭教会那样被认为是异端的宗教权威、或像伊斯兰教那样被视为异教的宗教势力，都促使法兰克人不能不趋从于教皇的强权。在410年劫掠罗马城三个世纪之后，日耳曼蛮族又试图对其进行恢复，保证罗马基督教至高无上的地位。但是，丕平三世一旦促成了圣彼得遗物教皇国的建立，确立起一直延续到1870年的未来教皇国的核心，他就让教皇自己保护自己，抵御伦巴第人不断的侵扰，以便将他自己的注意力集中用来恢复其王国内的秩序，整治桀骜不羁的地区公国。由于752年至754年开始对弗里西亚叛乱进行镇压，以及进行东部长期的战争，他实际牢固控制的领地只有勃艮第和普罗旺斯。

然而，在其两次远征意大利后，丕平开始精心准备对阿奎丹王子威法尔（Waifar）的战争。他首先通过占领穆斯林的塞普提马尼亚从侧翼包围敌人，允许经长期围困（752～759年间）后占领了纳尔榜的西班牙-西哥特人保留其法律，维持他们原有的自治。而后，从760年到768年，法兰克新任国王几乎每年都要发动对阿奎丹的战争。通过步步进逼，他们征服了远至加伦河的整个公国。他摧毁了35座修道院并遏止南部文明最后残余的继续发展（这一残余足足保持了两代人之久），而后在最后一役的归途中去世，葬于圣丹尼斯。从那时起，日耳曼人取得了对旧有罗马南部文明的胜利。相比之下，其与阿拉曼人、撒克逊人和巴伐利亚人进行的连年战争大多遭到了失败。

查 理 曼

依照墨洛温王朝的传统，丕平三世将其王国分给两个儿子卡罗曼（Carloman）和查理（Charles）。分裂局面为期短暂，771年卡罗曼去世，其兄弟因此获得了统治整个疆域的国王地位。即位伊始，查理沿袭其父的政策，即"扩张王国领土"，或者说重新夺回原属墨洛温王朝的疆域，而事态的发展与查理自身的性格后来却表现出另一种样子。

"王国扩张"

据说这个讲话声音很高，留着浓密胡须，身高7英尺的巨人国王（依照爱因哈特《查理大帝传》的说法）在21岁时就开始了士兵生涯，参加过阿奎丹战役，习惯战争的危险，并打猎成瘾。在其70岁左右精力快要耗尽即将离开人世时，还在阿登（Ardennes）捕猎野猪。作为精明的战略家，同时也是见义勇为的人，他指挥战斗极有战略眼光和洞察力，在打胜仗时能适时停止进攻并谨慎地结束战事。为了稳固对弗里西亚人的统治，他开始千方百计从莱茵河到易北河逐步征服撒克逊人。772年，他摧毁了撒克逊异教信徒的主要避难所伊尔敏苏尔（Irminsul），后又通过拉拢一部分撒克逊贵族，开始了这场摧枯拉朽的征服。教皇哈德良（Hadrian）受到伦巴第国王德西迪里乌斯（Desiderius）的进攻威胁，查理应教皇的求救随即出兵跨过阿尔卑斯山，在伦巴第首都帕维亚城外佯攻，作长期围困状，迫使伦巴第人在774年投降。然后，法兰克国王自称伦巴第国王，确定教皇继承圣彼得的产业，而他自己则得到罗马"贵族"的称号。这一胜利没能使他满足，他又对更远地区发动进攻。对撒克逊征服时期，他接受了西班牙反叛的穆斯林和基督徒的请求。他于778年跨越比利牛斯山脉两侧，但是由于不能摆脱西班牙穆斯林在萨拉哥萨地区的纠缠，最终未能实现任何目标。法兰克军队在通过隆塞瓦（Roncevaux）关口的归途中，布列塔尼侯爵罗兰（Roland）指挥下的殿后部队于8月15日被巴斯克人和穆斯林组成的部队屠杀。消息传来，撒克逊人全体起义反叛。

778年至779年，查理设法通过一系列有力措施克服其遭遇的第一次大危机。他计划一方面缓和平息内部的不满，另一方面镇压顽强抵抗的外敌，把他们送入地狱。781年，他派遣其子路易和丕平分别担任阿奎丹和伦巴第的国王。而后，他于785年颁布了"牧野誓师"大会上通过的严厉的命令，发动了对撒克逊人的征服，再度揭开了长达七年的战争。逊特尔山（Mt Suntal）

遭到的那次严重失败并没有使他退缩，而是将4500名撒克逊贵族斩首，以便摧毁这些武装僧侣的宗教特权。另外，他接受了赫罗纳（Gerona）臣民对其宣誓效忠，获得了在比利牛斯山南侧的立足之处。787年，他接受了给他纳贡的贝内文托地区伦巴第公爵名义上的投降。出于同样纳贡的理由，他向邻近的拜占庭帝国提出警告。788年，他谴责巴伐利亚公爵塔西罗三世（Tassilo III），并将其流放，原因是后者一直拒绝向他投降。在胜利结束了这些战争后，查理任命其妹夫杰罗德（Gerold）接管整个地区，压制巴伐利亚人的独立倾向。

这些措施是否取得了理想效果是很值得怀疑的，因为791年至795年爆发了新一轮的危机，包括塞普提马尼亚发生了穆斯林的洗劫、由贝内文托公爵发起的叛乱、歉收引起的饥荒，最后是查理之子（私生子）"驼背"的丕平图谋加害其性命。他再次运用温和与暴力相结合的手段缓和危机。查理命令其所有臣民发誓效忠，作为消除阴谋的方式。为完成对撒克逊人的征服，他废弃了前文提到的牧野誓师大会所建立的特殊政体，对法兰克人和撒克逊人一视同仁，推行同等对待的政策。791年至795年，他组织了多次打击游牧民族阿瓦尔人的远征，后者一直威胁意大利和巴伐利亚部分地区，并于796年占领其环形要塞，即在多瑙河与蒂萨河（Tisza）之间建立的环形工事。他把缴获的战利品慷慨地分配给忠实的官兵追随者们。他取得的一连串胜利也因此使他确立起权威，并使他赢得尊重。如果我们不叙述这些能够唤起凝聚力并为其带来权利和光荣的征服和胜利，我们就无法理解查理曼。

公元800年的圣诞节

建立帝国的道路此时已被开通。教会范围内开始出现反映新文化的政治思想运动。这位君主通过把各方最重要的代表召集到其宫廷中，以便统领整合支持他的力量，其中包括782年进宫的盎格鲁-撒克逊的阿尔库因（Alcuin）、782年的伦巴第执事保罗、西班牙-西哥特的塞奥多夫（Theodulf）等。王权与教皇的关系首先通过751年和754年的涂油礼，而后通过丕平和查理的土地捐赠以及他们确认教皇对罗马城的控制，也很快得到恢复。《圣经》记载的大卫（David）和撒木耳似乎找到了现实的对应者，因此加洛林作家笔下更轻易地使用《圣经》，特别是阿尔库因将查理称为僧侣国王。教皇哈德良一世没有改变最初把这个君主的姓名与罗马皇帝及其绰号"伟大的"（Magnus）联系起来的做法。另外，在圣约翰拉特兰宫的一幅镶嵌画中，绘画工匠把这个国王与罗马基督教皇帝的原型君士坦丁相提并论。这幅画还描绘他像君士坦丁一样从圣彼得手中接受了象征皇权的权标。以这样的方式，揭开了两场意识形态的运动，一者集中于查理，一者集中于教皇。两者都趋向于促使法兰克和伦巴第国王朝着798年阿尔库因描述的方向，即建立"基督教帝国"发展，尽管其要达到的目标有多远还不好讲。然而，如果教皇将恢复帝国作为恢复教廷对君士坦丁堡和东部教会的控制权的手段的话，那么查理曼宫廷集团似乎站在更为长远的立场上。塞奥多夫毫不犹豫地拒绝了教皇假借圣彼得授予其合法权，以统辖整个教会的想法。在阿尔库因笔下，查理曼本人非常清楚，"当法兰克人的国王独自抵抗所有异教徒和异端来自各方的对基督教会的入侵破坏，捍卫恢复天主教信仰"时，教皇的教廷是可以帮助自己祈祷胜利的。法兰克国王的亲随将教皇视为统治者的精神奴仆。教皇的神职幕僚坚持教皇与皇帝这两种权力都来自于圣彼得，因此坚持教权高于世俗权力。

当这些政治发展趋势尚在朦胧状态时，法兰克"皇帝的计划"竟突然成了现实。在拜占庭帝国，伊琳尼女皇刺瞎了自己的儿子君士坦丁六世，攫取了原属于他的皇权。法兰克人当然合理地将这一事件说成帝国失去了皇帝。799年4月25日，曾因罗马贵族内讧受监禁的教皇利奥三世逃亡投奔查理寻求避难，而后隐居于帕德博恩（Paderborn）。事关重大的交涉时刻到来了。在拜占庭帝权、皇权与王权三股力量中，只有后者，即法兰克国王保持着完整的实力，因此，君主的职责就是恢复尚空缺的帝权和皇权。因而，800年12月25日，在罗马圣彼得大教堂，教皇将皇冠加冕于查理头上，然后全副武装的法兰克人齐声赞颂新皇帝："祝福上帝所加冕的、伟大而温和的罗马皇帝奥古斯都查理健康、胜利！"总之，教皇降伏于新国王的威严下。从此，正如法兰克国王传记作者埃因哈德（Einhard）所述，国王在这次加冕礼之后开始了其狂暴的统治。

不可否认的是，教皇举行这一加冕礼采取了一种反传统的方式。在拜占庭帝国仍然残存着罗马的典礼程序，先由民众和军队向皇帝山呼礼拜，而后才由大教长为皇帝加冕，这意味着皇权源于民众和军队。而教皇利奥三世在民众和军队欢呼以前为查理加冕，以此表明所有的权力均来源于上帝，而以教皇为中介。查理曼所坚持的基本的帝国观念因此遭到了破坏，这似乎可以解释为什么皇帝发怒，因为皇帝的自主性遭到极大的损害。这场争论对于我们理解整个中世纪政治进程的本质至关重要，其根源在于皇帝和教皇之间无法调和的矛盾，并最终以粗暴的方式加以解决。1804年，拿破仑强行亲手夺过皇冠并自己戴在头上。

在查理曼统治的后14年里，他设法成功地建立起帝国的观念，并使其个人的思想占了上风。为保持其法兰克人的帝国观念，他从不放弃其法兰克国王和伦巴第国王的头衔。806年，他决定按照墨洛温王朝的传统，在其死后将王国分由其三个儿子，即路易、丕平和查理统治。虽然丕平和查理的去世使他的计划流产，但是这体现了他受法兰克观念影响颇深。此外，其帝国观念包含所有基督徒，因而也包含教会在内。他于794年在法兰克福基督教大公会议上，不顾民意坚持谴责一种相信耶稣是上帝义子学说的西班牙异端，还攻击拜占庭毁坏圣像运动，这些行为显示出他只把教皇视为第一主教。从这个角度来看，他已完全融入了君士坦丁大帝的传统。另一方面，查理曼通过对日耳曼习惯法的修订和勘误，表明他恢复了皇帝是立法者的古罗马观念，但他

双重授权式。圣彼得将大披肩授予教皇利奥三世，将罗马旗授予法兰克国王查理曼。该镶嵌画细部来自公元800年之前教皇命令为其制作的餐桌（藏于罗马拉特兰宫）。

与君士坦丁堡的关系问题却更加复杂化了，因为拜占庭人认为800年的加冕礼是一个拥有独特头衔的野蛮人的篡位行为。他于802年同拜占庭人的第一轮谈判以破裂告终。但是，810年意大利的丕平入侵拜占庭帝国在威尼斯和伊斯特里亚的领土，于是双方又开始了新一轮交涉。812年，拜占庭人为报答他帮助恢复疆土，承认查理"皇帝和国王"的地位，但还是不承认他拥有"罗马皇帝"称号。因此，此后同时存在两个皇帝。查理只有一个儿子继承其王位，当这一情况更加明显时，其王权继承问题也就愈加明了。813年，查理曼将帝国显贵召集至亚琛（Aachen）大教堂，组织他们为其子继承皇位山呼礼拜，并同时将皇冠戴在儿子头上。最终，他使自己对帝国的观念正式生效，从此以后，罗马与罗马人、教会与教皇都不敢再对这个观念说三道四。新罗马人就是法兰克人，而亚琛从现在起就是新罗马。

庇护与约束

　　查理曼统治的终结实质上是政府应对紧迫问题的结果。800年至814年间，征服的步伐最终放慢下来。从794年开始，查理大帝专注于亚琛宫廷建设，花费了整个冬天，那里的宫廷建筑和礼拜堂都让他分外操心。然而，其军队却在西班牙神速进军，路易国王参与801年占领巴塞罗那和808年夺取塔拉戈纳的战役，但是他没能保住811年就已经占领的潘普洛纳。巴斯克人国家〔包括他们在纳瓦拉（Navarre）和加斯科涅（Gascony）占领的疆土〕只是名义上归顺。只有对西班牙的进军，即后来被称为加泰罗尼亚的地区，被牢固地掌握在法兰克人手中。意大利的威尼斯、伊斯特利亚、阿普利亚、卡拉布里亚、西西里、撒丁尼亚仍然控制在拜占庭人手中。贝内文托的伦巴第公爵一直策划着实现独立。另一方面，在萨克森地区，查理付出极大的努力以稳固与斯拉夫人的边境地区。804年，他驱逐了诺达尔宾吉人（Nordalbingian），带领法兰克人对易北河口两岸进行殖民活动，他在那里建立了汉堡。806年，他发起攻击索布人的战役，805年至806年间发动进攻捷克人的战役，809年至812年间进行打击维尔兹人（Wilzi）的战争，808年至811年间再度进行与利诺人的战事。这样一来，他便遭遇到丹麦人。丹麦国王哥多弗里德（Godofrid）在804年至811年间对他造成直接威胁。可能就是他在日德兰半岛地峡修建了用木栅围住的土木防御工事，即"丹麦墙"（Danevirk）。另外，帝国沿海地区早就受到其海盗同胞维京人的侵袭。

皇帝于814年1月28日去世，下葬在亚琛礼拜堂，至此，他统治了46年。在这期间，他最大限度地重新统一了日耳曼拉丁世界。但不管在阿奎丹、伦巴第还是巴伐利亚等地，也无论王国统一是由于幸运地赶上了有利环境还是由于其无情的铁腕（例如对萨克森地区的征服就花了33年！），这个统一局面并没有使各地丧失各自的地方特性。另外，他在王国以外地区的影响仍旧极为强大。巴格达的哈里发哈伦拉希德因为赴耶路撒冷朝圣的基督徒事宜而与他进行外交往来，并给予他一些权力来保护这些香客的利益。他与麦西亚的奥法（Offa）国王保持着密切的关系（至少一开始如此），与阿斯图里亚斯国王也是这样，但这两个国家像爱尔兰一样完全位于王国之外。

事实上，当科尔多瓦移民变得更加强大时，阿斯图里亚斯王国发现自己从地域上被人为地分隔在帝国之外，在巴斯克王国的纳瓦拉公国则保持完全孤立的状态，并不属于基督教世界。阿方索二世（791年至842年在位）开始对穆斯林发动一连串沉重打击，挺进深入到敌国内部，甚至一度远至里斯本地区那么远。长期战乱导致出现了大面积无人区，杜罗河两岸地区人口剧减。这一地区防御性的塔楼和城堡属于开放型，极易遭受攻击，因此后来该地名称为卡斯提尔（Castille）。正当阿方索二世在奥维耶多建立新都城时，9世纪在加利西亚发现石棺的事件使具有重要政治和宗教后果的运动一触即发。人们认为，石棺中保存的是使徒圣詹姆斯的遗骸，事实上，那可能是梅里达的圣詹姆斯的尸骨，石棺是由逃亡迁徙的穆斯林携带到这个新坟墓的。在朝圣过程中，康波斯泰拉（Compostela，即圣地亚哥）的圣詹姆斯很快获得了对抗伊斯兰教信仰、坚定基督教信仰的独特重要性，这是一种继续战斗的呼声，是西班牙的灵魂。像查理曼一样，阿斯图里亚斯国王造就了一种前十字军时代的精神。对比利牛斯半岛进行重新征服的一切准备工作均已就绪。

凯尔特人与盎格鲁－撒克逊人尽管与法兰克王国有着思想方面和经济方面的密切关系，但是他们的地区还是脱离了查理曼的控制。例如布列塔尼尽管在786年、799年和811年发生过战争，但仍保持着完全独立的状态，保持着自己的地方酋长和独特的教会组织。以南特和雷恩为核心的边防巡逻将它完全分割在王国以外。在不列颠岛，皇帝支持盎格鲁－撒克逊国王们的干涉行动也从未产生任何真正的影响。在奥法国王（757～796年在位）统治下，麦西亚实际上已差不多统一了整个南部地区。他成功地收复了苏塞克斯和东部英格兰，将威塞克斯置于其保护下，并通过修缮被称为奥法之渠的土木防御工事抵抗住凯尔特人的进攻，工事顶部设有坚固的栅栏。甚至北翁布里亚也成为他的同盟。然而，这一同盟关系并未坚持到底。奥法去世后，从前的诸王国再次独立。威塞克斯在埃格伯特国王（802～839年在位）统治下，不再接受奥法从前对麦西亚王国的控制，与此同时，北翁布里亚也脱离控制实行独立。除此之外，伊格伯特迫使北翁布里亚臣服，并镇压了康沃尔治下的凯尔特王国。对威塞克斯的控制使他首次与整个撒克逊英格兰结为统一国家。与统一发展趋势的运动相比，凯尔特与爱尔兰其他各小国持续内乱、长期分裂，其状况相当恶劣。拜占庭帝国在意大利的辖区也呈现出同样状况：贝内文托公爵与那不勒斯公国之间的战争持续不断，后者的版图被大大削减。只有威尼斯抓住了机会，在两大帝国之间就长期悬而未决的争端而达成的协议中，被分离成为独立的共和国。

从统一到分裂

尽管加洛林王朝霸权背后的主要驱动力，即内战的范围在缩小，帝国仍然继续着它的历史发展进程，保持着最初由查理曼开始的发展动力，但或多或少表现为不同的形态。在虔诚者路易（814～840年在位）统治时期，帝国的内部问题突然暴露出来。从840年开始，贵族的派系斗争重新集中在其争权夺利的角逐上。843年发生的外来侵略和内战使帝国面临突然威胁，凡尔登（Verdun）协议将帝国分为三个王国，并在普遍混乱的状态下最终消失。

世俗的还是教会的帝国？

正如我们所看到的，查理曼建立起来的威信奠定了使继承其皇位的儿子登基的基础。后者就是36岁的路易，他在担任了相当长时间的阿奎丹国王后才继承皇位。虽然他讲的母语是日耳曼语，但他在塞普提马尼亚接受了西班牙－西哥特人本尼狄克·安尼亚内（Benedict of Aniane）

宣讲的信仰，在信仰上得到升华，后者对他影响极大。他一到亚琛，就对其在阿奎丹的顾问委以重任，例如大臣赫里萨沙尔（Helisachar）。他周围还聚集了一批僧侣，如西班牙人阿哥巴德（Agobard），此人后来就任里昂大主教，他提出的罗马化政治主张形成了表述清晰的理论体系。帝国在他们这类理论体系影响下变得不可分割，其政治机构必须正确反映出基督教的崇高地位，自从教会建立以来教权就高于帝国，教会是保存真理的惟一圣地。821年本尼狄克死后，以前查理曼的两个顾问同时也是其表亲的宠臣，即科尔比（Corbie）修道院院长阿达尔哈德（Adalhard）及其兄弟萨克森原统治者瓦拉（Wala），重获重用，但却没有影响皇帝统一帝国的计划发生任何变化。他们同样大力提倡政权制度合理化，以使国家更加高效地运转，从中受益。特别是，他们设法使教会和教皇完全处于皇帝控制之下。这个皇帝不像其父那样体格伟岸，具有居高临下的帝王风度，他身材矮小，长手和大脚与其身体不成比例，但是他却并不缺少坚强的毅力，其主见能抗拒那些试图影响他的人。虽然他没有其父那样的政治敏锐性和洞察力，但他相信自己的计划是可行的，并毫不在意自己是三兄弟中的惟一幸存者并成为皇帝这一事实，因此他摒弃了一切保留日耳曼传统习俗的可能性。同时，他继续进行帝国边境扩张战争，因为要树立权威并积累财富，随之而来的战利品是其权力不可或缺的部分。从818年至819年起，他对易北河上的奥伯德利特人（Obodrites）发动战争，持续至825年。同时在820年、821年和822年对克罗地亚人（Croatians）作战。在818年、822年、824年和825年与布立吞人交战。最后，在822年、824年发动了对西班牙穆斯林的战争。维京人在沿海地区零星发起的掠夺性突袭似乎也未对帝国造成多大危险。

因此，他优先关注形成皇权宗教政策。虔诚者路易与其因政治目的而拒绝在丹麦推行基督教化政策的父亲大不相同，他利用在其朝廷中避难的哈罗德国王受礼的机会，派遣安斯卡（Anskar）以传教士身份前往丹麦，而后又派他去瑞典的伯尔卡（Birka）传教。尽管引人瞩目的大主教驻节地在汉堡，但其影响却极为微弱。为了弥补这一缺失，经本尼狄克指点，皇帝于816年、817年、818年和819年在亚琛召集了一系列会议，以达到改造教会的目的。此外，这些举措表达出的坚定意愿的特色，长期影响着教士们的宗教理念。虔诚者路易设法避免使教会地产变得动荡不定，这一政策具有重要的政治影响，甚至当各地教会的地产超过了各主教区或修道院所需的基本数量，他也不进行干预。教会财产随着这一危险的政策重新开始兼并积累起来。另外，教皇斯蒂芬四世于816年在兰斯召开的一次会议上，承认圣彼得遗物的存在。教会在自身的改革行动中脱离了世俗君主的控制，这与查理曼的主张明显相悖，后者强调在皇帝监督下保留一大批神职人员。教会由于这一独立的机会而获得了脱离帝国控制发展成独立势力的潜在可能。

虔诚者路易过于关注捍卫教会利益，提高教会地位，以满足预防其改革政策中存在的危险的需要。在他看来，这些改革具有纯粹道德上的目的，他甚至抛弃了其父对于世俗帝国应凌驾于

皮克特人
诺森布里亚王国
盎格鲁—撒克逊王国
裘特人
丹麦人
爱尔兰
威尔士
麦西亚
萨克森
易北河
奥德尔河
马格德堡
威塞克斯
索布斯
赫尔斯塔
亚琛
沃姆斯
巴黎
摩拉维亚人
多瑙河
布列塔尼
阿勒曼尼亚
巴伐利亚
潘诺尼亚
阿瓦尔人
普瓦提埃
加林底亚
马什
伦巴第王国
帕维亚
耿尼斯
克罗的亚人
阿圭丹
拉文那
图卢兹
普罗旺斯
PAPAL
阿斯土里亚斯王国
塞普提马尼亚
STATES
斯波莱托公国
贝内文托公国
布尔戈斯
Ebro
西班牙运动
罗马
马塞罗纳
那不勒斯
科西嘉
科尔多瓦埃米尔国
巴勒莫
科尔多瓦
拜占庭帝国
阿拉伯帝国
0   500 km

768年的加洛林王国	768年征服但并未实现和平的地区	768年至814年间征服的地区
814年的加洛林帝国	814年的交纳贡赋的地区	814年臣属于加洛林王朝的地区

814年的加洛林帝国。

虔诚者路易穿戴着日耳曼人和拜占庭人的混合服装。摘自840年作于富尔达修道院劳狄布斯·克鲁布斯手稿，为拉巴努斯·毛鲁斯诗作插图（藏于梵蒂冈图书馆）。

教会之上的观念。他从即位的那一刻起，就放弃了查理曼坚守不放的"法兰克与伦巴第王"称号，而将自己说成"上帝眷顾的威严国王"。以统一原则为基础的基督教最终在816年的兰斯会议上得到确认。在这次会议上，教皇又为路易加冕并为他施以涂油礼，这一做法使813年的世俗登基仪式变得毫无价值，失去意义，路易成为只有通过教皇加冕才算合法登基的皇帝。最后在817年，虔诚者路易草拟了《皇帝法令》（Ordinatio Imperii），旨在实现其计划并规定继承者必须保持帝国统一。由于他无法公开违背日耳曼人在后人中分割领土的习俗，因此只好尽可能保持早已存在的三个小王国的完整统一，也就是查理曼曾委任丕平之子伯纳德统治的意大利、814年建立王国并被赐予皇帝同名之子路易的巴伐利亚以及同年被封授其子丕平的阿奎丹。但是，皇帝严格限定这三个小王国附属于其长子，由被宣布为未来皇帝和帝国惟一继承人的罗退尔（Lothar）加以控制。另外，他亲自为罗退尔加冕，就像查理曼于813年为自己加冕一样。总之，不可分割的帝国凌驾于三个王国之上。但是，对皇帝优待教会而惶惶不安的贵族们却反对他忽视伯纳德，因为在其《皇帝法令》中已经悄然降低了后者的地位，这就意味着贵族们怂恿意大利国王起而反叛。虔诚者路易镇压了叛乱，以篡位的罪名对伯纳德施行刺瞎眼睛的惩罚。结果，皇帝的侄子也被处死。由于路易的神职顾问唆使伯纳德叛乱，他于822年在阿提格尼（Attigny）宫被迫进行公开忏悔。由于对皇权首次公开羞辱教士感到不满，圣丹尼斯大主教和修道士阿达尔哈德、瓦拉、阿哥巴德和希尔杜因（Hilduin）等人相继划分各自所在的势力范围。他们坚持要罗退尔到意大利来登基，计划于823年由教皇帕斯卡一世（Paschal I）在罗马为其加冕涂油，以此暗示817年的加冕无效。通过这些策略，神职人员企图将皇帝头衔与加冕、涂油典礼联系起来，使他们承认教皇和圣彼得主教辖区具有惟一的宗教特权。但是，路易和罗退尔相机对应，于824年迫使罗马和教皇承认其王权。

贪婪的家族

罗退尔得到当时开始形成的另一个强大贵族集团的支持，其领袖包括重要的阿尔萨斯家族的领袖即其岳父胡格、图尔（Tours）伯爵和奥尔良伯爵马特弗里德（Matfrid）。促使他们尽力维持帝国统一的是纯粹的物质利益，因为他们的财产分散在帝国境内各地。第三支强大贵族集团簇拥在虔诚者路易819年迎娶的第二个妻子、巴伐利亚威尔夫（Welf）家族的朱蒂斯（Judith）周围。823年，朱蒂斯为路易生下一子，即未来的秃头查理。这个孩子的诞生意味着817年的"皇帝法令"必须废除。朱蒂斯坚决主张划分帝国的制度对她的儿子来说也应该是公平的。显然，应该给予完全遵从皇帝意愿的人以奖赏，丕平和路易兄弟俩分别得到其追随门徒的支持，他们试图从这些妒忌活动中获利。

第一次危机爆发在829年至830年，结果是分裂帝国的原则获胜。查理得到保证拥有包括阿勒曼尼亚、莱提亚、阿尔萨斯领地和勃艮地一部分领地。罗退尔被贬到意大利领地。第二次危机发生于833年至834年，丕平和路易两兄弟扩大了各自王国领地的条件，并以此为由迫使罗退尔恢复其共治皇帝的头衔。虔诚者路易为了幼子查理的利益侵削了阿奎丹的丕平的王国领地后，使分割帝国原则获胜的程度进一步相应加深了。于是罗退尔在教皇格列高利四世陪伴下翻过阿尔卑斯山。大贵族领导者废黜了皇帝，虔诚者路易被迫认输赎罪，离开自己的妻子，进入修道院，罗退尔遂成为惟一的皇帝。但这种情况没有维持多久，834年2月，梅斯大教堂主教们举行正式礼仪再次拥立虔诚者路易为王。危机再度严重起来，罗退尔和世俗权贵的无能使他们无法巩固帝国的统一，皇帝的权力一点点地逐渐流失到教士手中。

虔诚者路易晚年的最后几年陷入了无法解决的难题中，即为秃头查理分建一个王国。当阿奎丹和日耳曼路易统治下的巴伐利亚恢复了其自古拥有的独立时，虔诚者路易正致力于将帝国一分为二，让罗退尔占有罗纳河、索恩河和墨兹河为界的东部地区，将以西所有地区留给查理。虔诚者路易于840年6月20日死后，帝国即四分五裂成为一片废墟。

扩张已经停止。皇家国库拥有的土地数量已明显减少，贵族和封臣对国王的忠诚程度因国王变化无常而大为降低。他们已经察觉帝国这个概念相当抽象以致无法进行实际防卫。教会采纳了这一主张，并将其矛头指向世俗权力，强调应由教权加以控制。此时，贵族和封臣也被卷入他们渴望实现的计划最终失败的旋涡。他们毫无沮丧，扎根在逐渐成为他们自己经营的帝国军区，并不断努力以便在某种程度上找到可靠的政治解决方案。

843年的凡尔登协议及其后果

将帝国分为三个王国的决定导致了冲突和随后统一帝国的消失。另外，发生了新的入侵，加剧了分裂。

秃头查理和日耳曼路易的父亲刚刚去世，他们就参与了反对长兄罗退尔的战争，而此时罗退尔正想要按照自己的计划重新统一整个帝国这一政治遗产，因此没有赋予他们的王国以自治权。他们于841年6月25日在"裴萨耶温泉"（Fontenoy-en-Puisaye）之战打败罗退尔，并互相发誓带领各自的封臣携手共同对抗兄长。他们于842年2月14日在斯特拉斯堡（Strasbourg）交换三条誓言。这一文件被历史学家尼萨德（Nithard）记载并流传下来。双方都以对方的语言来赌咒发誓，这是现存最古老的古法语文献。另一份古代高地德语的文献也在很多从8世纪末流传下来的文本中被提到。两种语言的分歧成为此后帝国分裂的征兆。三兄弟通过长期艰难的沟通后，根据120位仲裁人的建议，经过讨价还价，首先就帝国的分割问题达成了协议。843年8月，这一协议在凡尔登签订。

这次领土分割直至今天还在欧洲保留着痕迹，人们认为它遵循四个原则来划分，即以宗法血统关系来处理遗产，三方利益均等。各方领土集中一处，以及尊重此前存在的三个小王国，即阿奎丹、意大利和巴伐利亚的完整性。毫无疑问，这是贵族与君主之间巧妙妥协的结果。另外，这里面还要考虑一些特殊情况的例外。罗退尔的领地必须包括低地国家，因为那里的贵族于840年曾重新对他表示支持。同样，索恩河畔沙滩（Chalons-sur-Saône）地区也划归秃头查理，因为那里的伯爵一直对他相当忠诚。但是，最困难的问题是，确定每一位国王都拥有数目相等的国库财产。位于北欧的大部分领土是这样划分的：诺伊斯特里亚被分给了秃头查理，墨兹与莱茵河之间的部分划给了罗退尔，美因茨与斯皮耶（Speyer）之间左岸伸展出去的莱茵中部地区归属日耳曼路易，这样，蜿蜒曲折的分界线就成为彼此的边疆，完全不顾及语言因素。一般来说，划分中考虑刚才提到的例外情况，这样，莱茵河东部诸国家分给了路易。秃头查理获得了斯海尔德河西部的土地，包括墨兹河、索恩河和罗纳河诸河流域，同样也作为例外处理的，里昂、维也纳、比维尔（Viviers）和乌斯（Uzes）周边的地区划归罗退尔。

罗退尔仍保持墨兹河和莱茵河之间诸国，如勃艮第、普罗旺斯和意大利的法兰克领地主人的头衔。他以亚琛与罗马作为其帝国的两个首都，并必须被视做最高皇帝，地位在另外两个王国之上。以当今的观点来看，从理论上讲这个帝国包括三个王国。此后，这个帝国很快就发生了变化，路易的王国习惯上称为东法兰克，查理的王国称为西法兰克，或者换一种说法，分别把他们称为东、西法兰西。种族分布在确定王国称号的过程中未加考虑，这个王国是以罗退尔及其子合并的名字命名的。罗退林基亚（Lotharingia），即罗退尔追随者的国家，我们后来称之为洛林的地方因此第一个按照人的名称命名，显得有些唐突。这样，罗退林基亚的命名就成为最终解决问题方法的范例。罗退尔王国甚至没有国土的自然连续性，被雄伟的阿尔卑斯山一分为二。

正如我们所看到的，帝国的领土和活力正在逐渐枯竭。三兄弟起初尝试在教会的保护下和平共存，他们提出了一个"友爱"和睦的政体方案。这个脆弱折中的方案虽然几经多种挫折，联盟几度变换，还是维持到855年老罗退尔去世。但是，当皇帝辞世后，就把帝国留给其三个儿子路易、查理和罗退尔去瓜分了，皇位与皇权更加衰弱。事实上，路易成为"皇帝"（即路易二世），他只控制意大利地区。查理得到了普罗旺斯，罗退尔二世则成为从孚日山南部最高点一直到弗里斯兰这片真正的"罗退林基亚"领土的领主。不久，皇叔们贪婪的目光就转向了侄子们所继承的遗产。863年，没有子嗣的查理去世，普罗旺斯王国遂成为其两兄弟的犒赏。他们俩假借依据贵族的意愿瓜分了其王国。继而，罗退尔二世因妻子托伊贝尔加（Theutberga）未能生下子嗣便试图与她离婚，并且迎娶已为其生下一子的情妇瓦尔德拉达（Waldrada）。罗退尔二世（861～869年在位）离婚造成的危机主要来自教士兰斯大主教辛克马尔（Hincmar）的重新干涉。首先是教皇尼古拉斯一世坚决反对解除罗退尔前面那次脆弱的婚姻，他才不管这次婚姻的结果如何。最终，罗退尔二世去世时同样没有合法的子嗣，他的两个亲叔叔秃头查理和日耳曼路易于870年8月8日最终达成墨尔森（Meersen）协议，将罗退林基亚瓜分，尽管这次瓜分任何一方都不满足。此后，洛林地区一直是怨恨不和的种子，持续到第一次世界大战时为止。

秃头查理将维也纳的杰拉德逐出普罗旺斯，并委任其妹夫博索取而代之，他还在等待意大利的路易二世皇帝去世，因为后者同样没有继承人。当这件事发生后，教会知识分子们都认定只有秃头查理能恢复帝国的统一。教皇一直依赖于路易二世成功阻击阿拉伯人对意大利的攻击，他需要寻找另一位更为强有力的人物来替代路易。约翰八世于875年12月25日在圣彼得教堂为查理加冕称帝，此时恰好是75年前皇帝祖父加冕的纪念日。但是，新皇帝却无所作为，他于876年10月在安德纳赫（Andernach）的战斗中遭遇了血腥打击，他本想从其年轻的侄子路易（日耳曼路易之子）手中夺取洛林东部地区。皇帝不顾辛克马尔催促其对侵入法兰克的斯堪的纳维亚人作战的建议，转而去征服反叛的意大利贵族。877年10月8日，他在返回途中翻越毛尔林尼（Maurienne）山谷时客死他乡。

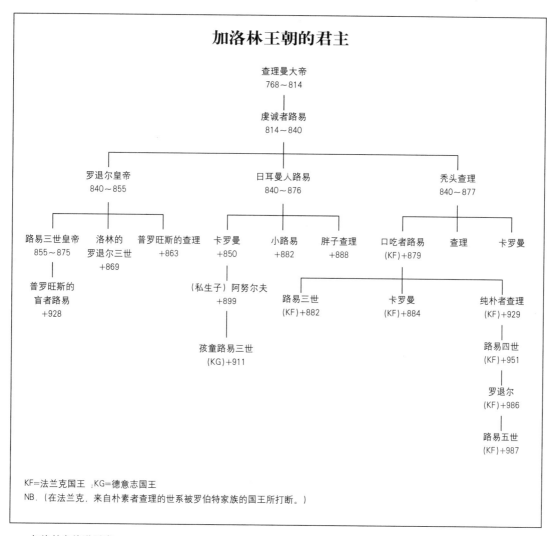

加洛林皇族世系表。

他的去世使问题相当严重，因为帝国在877年到881年间处于皇帝空位状态。在日耳曼路易的三个儿子中，只有一个儿子胖子查理重整山河维持统一，拯救了东法兰克王国，不久他也被贵族们视做西法兰克之王。在教皇的再度游说怂恿下，他于881年2月在罗马加冕称帝，借口他已经恢复了帝国疆域的统一。然而，胖子查理根本不知道如何应对臣民提出的请求，他们遭到斯堪的纳维亚人和穆斯林侵略者的蹂躏，同时被贵族叛乱所殃及，处境艰难。在此情况下，他于887年退位，并于888年1月在帝国政治大混乱中去世。皇帝的头衔此时完全成了一种玩具。意大利贵族首先于891年将它抛给了由弗罗摩苏斯（Fromosus）教皇加冕的斯波莱托的盖伊（Guy），然后又于896年甩给了日耳曼的阿尔努夫。普罗旺斯国王盲者路易于901年攫取了皇位，但也只做了一年的皇帝，以后又是意大利国王贝林加尔（Berengar）于915年当了把皇帝。但当后者于924年去世时，再也没有人愿意接过皇帝的头衔了。

总而言之，帝国的衰落紧密地伴随着教会势力所代表的政治理念不断强化，宗教色彩愈加浓厚。查理曼的世俗观念悄然消逝无踪。正如我们所看到的，从教皇帕斯卡一世于823年确保罗退尔一世加冕称帝时起，教会的影响就已开始发挥作用。罗退尔一世与其父完全不同，他是在亚琛加冕称帝的。843年以后，这一趋势聚集变为实际动力，即表现为更为频繁地举行涂油礼和加冕礼。从此，意大利和教皇拥有垄断这些仪式举办权的特殊地位与特权。850年，教皇利奥四世未征得贵族和军队同意就为路易二世涂油加冕。875年，教皇约翰三世为秃头查理涂油加冕，并授予他履行保卫教会的誓言。贵族们对举行皇帝加冕表示认可，但他们并未参与加冕仪式。胖子查理也是这样加冕的。这样，教皇就成功地树立起罗马帝国而非法兰克帝国的概念，使受众接受了圣彼得大教堂主教控制的这个永恒的城市。皇帝的理想变为教皇的特权，而世俗君主最终却无法把握住自己的理想。捍卫基督教世界的精神统一成为教皇的职责，他激励和指导国王，确定罗马帝国与东部希腊人帝国相比有所不同的本质。路易二世虽然只是一个意大利的罗马皇帝，但他于871年毫不犹豫地告诉瓦西里："我们是仁慈的上帝和教皇所承认的先皇的继任者。"在抵制拜占庭帝国的过程中，教皇对罗马和西欧所代表的新政治现实理解得更加清楚。加洛林人的失败意味着其遗产转到教会手中。出于同样原因，高级教士从皇帝的监护下获得自由。当尼古拉斯一世宣布罗马教会是所有教会的领袖和所有皇帝的本源时，那些日后被改革家格列高利挑明的争端已经形成了。所以加洛林帝国不仅是一段辉煌的记忆，相反成为一个强有力的概念，一个被强化设计出来的计划。一个独特的帝国执行着自由教会的命令，这就是从加洛林帝国的失败中诞生的神权政治的基石，教会由于从帝国失败中汲取了经验教训因而注定会取得成功。

国王权力的边缘化

从843年凡尔登协议分划出的诸王国内部的演变也产生出相同的结果。几乎与同年召开的库赖（Coulaine）会议同时，秃头查理被迫向大贵族和封臣做出保证，不以武力方式强制收回他们各自获得的赏赐封地。这样一来，他就等于默认了契约式君主统治而非专制君主统治。而后，他开始对强大的布立吞人首领诺米诺埃（Nominoë）、埃里斯波（Erispoë）和萨罗门（Salomon）的斗争，被迫在不利形势下认输，接受了丧失瓦恩（Vannes）、南特和雷恩（Rennes）的事实，甚至在867年容忍布立吞边界扩张至梅耶（Mayenne）和戴夫（Dives）。在加斯科涅，他对公爵们缺乏起码的权威，尽管他们也是法兰克人的后裔。在阿奎丹，情况甚至更糟。为了排挤大贵族支持的丕平二世，查理于848年为自己加冕，自称奥尔良的阿奎丹王。

由于没能战胜大贵族们，他只得让其次子孩童查理于855年加冕为利摩日的阿奎丹副国王。很明显，他极力想要恢复查理曼和虔诚者路易时期复兴的基础。但是，他得到的却是大规模的叛乱，大贵族们支持858年侵入西法兰克的日耳曼路易。秃头查理只是在效忠于合法国王的辛克马尔领导的教会人士的积极干预下才摆脱了困境，但这对于征服阿奎丹来说没有任何帮助。从860年前后开始，查理倾注全力建立广泛的军事控制权，他委任被证明忠诚于他的人从事该计划，这具有对内征伐的性质。他将洛林和塞纳河之间的一系列地区给予"强者"罗伯特，以作为对抗斯堪的纳维亚人入侵的措施。他在奥呑附近进行了另一次类似的远征，从西班牙和哥特地区脱离了阿奎丹王国。但是他哪怕离开一小会儿或哪怕有一点让步都会导致失败，例如在877年奎尔兹贵族牧野会议上，他被迫承认伯爵们的儿子可以继承自己父亲的爵位，还允许贵族们对其任命巡查使（missi dominici）提出不同意见。其子口吃者路易（877~879年在位）、孙子路易三世（879~882年在位）和卡罗曼，多次在兰斯大主教辛克马尔的干涉下得以活命。值得注意的是，在辛克马尔死后，其幼子口吃者路易因非加洛林人的选举而被排斥于继承君主权位之外。贵族们选择了奥多（Odo）。

在所有法兰克人大部落聚居的罗退林基亚和意大利，如同在西法兰克一样发生了相同的贵族叛乱。当权势极大的维也纳伯爵杰拉德（Gerard）被驱逐时，博索（Boso）乘机从中获利，他于879年在曼泰勒（Mantaille）被勃艮第和普罗旺斯的贵族们推选为国王。我们所掌握的史料就这次篡位的动机有明确的记载：博索的妻子，即意大利皇帝路易二世之女对其低于皇族的待遇不满。在意大利，有两个法兰克人家族，即斯波莱托的盖伊家族和贝林加尔的弗留利侯爵家族为争夺皇位进行战争。但是，在这些地区觊觎皇位的野心家们的叛乱相当普遍，因此还会冗长地延续下去。

教会试图通过强化王权观念来阻止混乱的局势。主教们宣称只有涂油礼才能表明国王是上帝指派委任的而不是来自贵族的选举。848年秃头查理的涂油礼是辛克马尔领导下产生的特殊结果，表明任何对国王的反叛都是违背上帝意旨的行为。869年秃头查理在梅斯被加冕为罗退林基亚王时，辛克马尔认为，这一涂油礼是上帝选择他为王的确切标志。877年口吃者路易在兰斯加冕取得王权后，接受了君主节杖，它标志着他将在上帝的指引下实现神定的终极目标。这样，到9世纪末，所有西法兰克的宗教献祭仪式就在兰斯进行，在基督教魔幻气氛笼罩下，圣瓶的传说到处传播。正是在通过选举产生君主的思想重新兴起时，教会创造出西法兰克君主权合法继承的教义基础。这一理论在涉及皇帝理念事务时，就变为教会的特权，并触及传统的牧野大会皇权的根基。因此，加洛林时代主流思想对奠定古典中世纪君主政体的基础贡献极大，尽管它们在9世纪末遭受了暂时挫折。

在东法兰克，关于王权的神学理论没有存在的必要。王国处在丹麦人和斯拉夫人的长期威胁下，惟有依靠其法兰克民族因素才能维持生存。战争引起的危急状况和为王子选择高贵血统的新娘的政策，确保了王国在日耳曼路易的三个儿子之间划分势力范围时没有导致更严重的分裂。加洛林王朝末代杰出君主阿尔努夫于899年去世时，为了保证所有现实目的，君主政体依然处于主导地位，这是我们所要牢记的。

最后的灾难

统一帝国的瓦解并不只是由于教会的失误或者国王的行为不当造成的。极为严重的伤害是内忧外患的局面。此外，斯堪的纳维亚人、穆斯林和匈牙利人的入侵加剧了社会分裂，并引发地方防卫武装重新崛起。地区公国的再度兴起不能只用贵族的野心来解释，军事需要显然发挥了非常重要的作用。

"恐怖的诺曼人"

大约800年前后发生了丹麦、瑞典和挪威海盗袭击，这件事情的原因并不是那么容易说明的，它们隐藏在斯堪的纳维亚本土史发展进程中。这些袭击继而与人口压力和皇族首次维系统一的努力联系起来，随后导致那些失败部落的首领（jarlar）被强行流放。由于奴隶贸易以及波罗的海与伊斯兰世界之间的谷物贸易的刺激，袭击甚至还与商业需求有关。无论袭击的原因是什么，半岛的各个部分都受到了影响，这在关于货物与货币的杂记中可以管窥一斑。这些杂记来自于像爱尔兰、波兰、阿拉伯这些遥远的地方，发现于一些葬在波罗的海、哥特兰岛和芬兰腹地的挪威和日德兰半岛战士的坟墓。维京人（如果这是个正确的词源的话）指"港口人"，他们是一些沿海渔民，有时他们也在远海活动，或是勇敢的伐木工人。正如其公认的祖先哥特人那样，他们后来掌握了骑马的技巧。他们精通在远海上夜以继日地进行航行的技术，掌握借助风力、水流和渔场来控制航海方向的本领。吃水很浅的桨橹舟船（snekkja）或长船可以使他们深入内河进行航行，这种船也非常容易操纵。从军事角度看，我们有理由相信他们的船只装备相当简朴，并仅仅通过抢夺法兰克人的头盔和刀剑就可以完美地武装起来。但是，由于这些诺曼人只关注掠夺所有贵重物品和食物，不想被战俘所拖累，所以以他们所到之地即行大肆烧杀抢掠。他们通过闪电般的袭击加剧制造恐怖气氛，以掩饰其在人数上的劣势，至少是在内陆地区组织起有效抵抗之前，他们的目的就在于或多或少地随意抢劫沿海地区的人口。在此之后，诺曼海盗对不设防国家的奇袭经常落败。然而，我们应该记住，教会作为我们掌握史料惟一的见证者，首当其冲成为受害群体，他们很可能夸大了上述事实。

山达墓葬中描绘的6世纪维京海盗船。注意细高的舰首和舰尾设有的控制桨以及舰中部的船员用来保护自己的船舱或帐篷（藏于瑞典瓦斯比，哥特兰佛恩萨尔）。

维京人进攻的第一次浪潮开始于788年，于840年以后达到最高潮，直到880年前后都没有遭遇任何顽强反抗，这一扩张阶段一直持续到930年前后结束。我们真的可以说，一般而言，挪威海盗以寻找殖民地为主要目的，而丹麦海盗却对抢劫有兴趣。由于修道院拥有用于装饰教堂的贵金属和窖藏酒桶，它们成为海盗特别关注的对象。被称为瓦兰吉亚人的瑞典人生就商人而非强盗模样。挪威人则特别青睐不列颠及附属岛屿的航线，而丹麦人主要骚扰北海和英吉利海峡，经由波罗的海到俄罗斯的水路航程则被瑞典人控制。由此我们可以看出，许多地区都吸引了不止一股入侵者的注意。但是，任何一次奇袭的消息都会引起人们惊惶失措地向安全的城镇大批逃亡迁徙，无论袭击发生的地点离他们有多远。通常这也会对社会产生严重的分裂性影响。

第一次海盗袭击浪潮发生在爱尔兰和英格兰北部，瓦兰吉亚人则在俄罗斯的河流肆意航行，并在大批水陆运输的帮助下，早在839年就成功到达了黑海，很快抵达里海。从840年开始，丹麦人将其进攻矛头指向加洛林帝国最富有的地区。多里斯塔德最先遭到掠夺，昆托维克也在842年被洗劫一空。843年，南特陷落并被洗劫焚烧。波尔多在844年和847年至848年两次遭受同样的命运。845年，汉堡被彻底摧毁。我们难以列举所有被占领、掠夺和焚烧的城镇和国家，那要花费太多时间。丹麦人每一次都航行到他们能够到达的最远地区，然后用偷来的马匹继续劫掠那些过于盲目相信自己躲到安全高地的僧侣和城市居民。当时，他们甚至还有从布立吞人中寻找同盟的机会，而后者则只想利用海盗反对法兰克人。

从850年前后开始，海盗对广大地区的掠夺进行得更为系统化。劫掠者在大河的河口地区修建了冬季前哨站，例如在斯海尔德河上的瓦尔切林（Walcheren）、在塞纳河上的耶乌弗塞

盎格鲁－撒克逊人记载维京海盗袭击的手稿，摘自10世纪英格兰人手稿。起源于北翁布里亚的修道院相当富有，自865年开始被袭击。舰首的怪物头给沿岸居民造成极大恐惧（藏于伦敦大不列颠图书馆）。

（Jeufosse）以及在卢瓦尔河上的诺伊尔姆提（Noirmoutier）。当夏季到来时，丹麦人就袭击内陆地区，劫掠那些尚幸免于难的地区。在每一次成功袭击后，他们逐渐形成了对当地课以货币形式的缴纳贡物的习惯，这就是受害地区居民必须缴纳的"丹麦金"（丹麦货币），以使海盗离去。丹麦人榨干法兰克后，又渡过海峡去索取更多的贡物。虽然866年强者罗伯特最终在布利萨塞（Brissarthe）抵抗维京人的战斗中阵亡，胜利的天平还是逐渐倾向抵抗者。秃头查理于860年发动了第一次反击，他修筑防御工事拱卫桥梁，修建城堡以保卫地方居民，这为胜利指明了方向。法王路易三世于881年在沙库尔特（Saucourt）河流域的维缪（Vimeu）取得了胜利。强者罗伯特的儿子奥多公爵于885年则以固守巴黎抵抗住丹麦人的围攻，这些胜利构成了帝国缓慢而稳定恢复的前奏曲。891年，卡林西亚（Carinthia）的阿尔努夫在洛瓦尔（Louvain）强攻占领了维京人的营地。

与此同时，维京海盗继续对其他沿海地区进攻掠夺。他们渡过穆斯林和基督徒生活的西班牙诸河流，于844年洗劫了塞维利亚。然后，于855年至860年间侵入地中海，沿着罗纳河远航至阿雷斯，洗劫了意大利港口卢尼。至此，只有东法兰克王国多多少少尚未遭到袭击。另一方面，挪威人和丹麦人在北海的袭击抢劫首次导致殖民和占领。一些挪威水手自行进入设特兰群岛（Shetland）和法罗群岛（Faroes），于870年前后着手对当时还荒无人烟的冰岛进行系统化的殖民活动。他们占领曼（Man）岛后，最终在爱尔兰沿海地区建立了四个小王国，并与当地各爱尔兰小国王进行旷日持久的战争。在英格兰，丹麦人带来了更严重的危险。从866

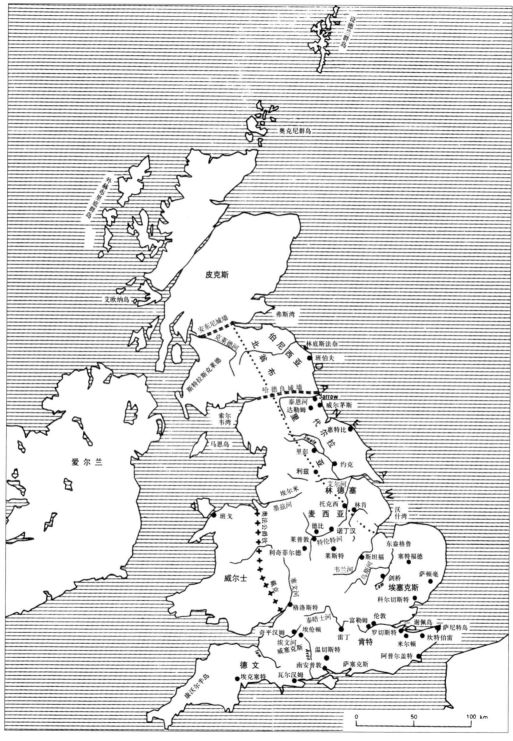

8、9世纪的不列颠群岛。

在挪威奥塞伯格船内发现的9世纪维京货车。这条船埋藏在古墓中，是当做墓室保存下来的，还藏有大量带雕刻装饰的家具（藏于奥斯陆维京船只博物馆）。

年开始，他们的占领遍及东海岸，从约克（York）至北翁布里亚、麦西亚，878年，到达东英格兰。威塞克斯国王阿尔弗雷德（Alfred）在遭到一连串失败后，组织起有效抵抗。他于878年在埃山伯赫（Ethanburh，Edington）获胜，并重新夺取伦敦，迫使丹麦人首领古斯鲁姆（Guthrum）签订和约，但他在泰晤士河北部、李（Lea）河东部以及从伦敦到切斯特的罗马大道〔即沃丁大道（Walting）〕问题上对侵略者做了让步。阿尔弗雷德丢弃了麦西亚威塞克斯的一小部分以及苏塞克斯和肯特，大约相当于英格兰三分之一的土地。丹麦人的领土遂成为丹麦法施行区。

911年，罗洛（Rollo）指挥下的丹麦军队发动袭击，对西法兰克构成极大威胁，国王纯朴者查理被迫承认入侵者对塞纳河两岸以及鲁昂和埃乌尔多（Évreux）附近地区的占领（即圣可莱尔埃普特条约）。诺曼人不久即完成了对贝叶（Bayeux）、西斯（Sées）、阿乌朗切斯（Avranches）和孔坦斯（Coutance）的占领。事实上，他们很快就完全皈依了基督教，完成了定居，并且在经历了短暂的危机后，即建立了"诺曼底"公国，在理查德一世公爵（942～956年在位）统治下实行其独特的制度。当他们在这一地区稳固定居下来后，却没能在布列塔尼立足扎根，937年他们将诺曼人驱逐出该地区。在爱尔兰，挪威酋长也逐渐接受了基督教，并开始与凯尔特人社会建立联系。从979年开始，他们的领地变得更加孤立，逐渐与整个英格兰岛隔绝开来。相对而言，约克的丹麦王国在英格兰成为威塞克斯和麦西亚国王决心重新征服的对象。在他们之间，阿尔弗雷德的继任者长子爱德华（899～924年在位）及其子阿塞尔斯坦（Athelstan）（924～939年在位）成功收复了失地，强迫丹麦殖民者投降。阿塞尔斯坦战胜苏格兰人后，只能简单地自号为"不列颠统治者"。即使当维京人在公元1000年前后重新发动袭击时，丹麦保护区和盎格鲁-撒克逊王国的融合也早已完成了。稳定与统一的形成相辅相成。

萨拉森人扩张与匈牙利梦魇

在地中海地区也出现了同样的现象。伊夫利基亚地区新崛起的埃米尔国阿格拉比德王朝促使一直肆虐西班牙东海岸的穆斯林海盗活动更加猖獗。正如我们所看到的，萨拉森人于817年对拜占庭帝国的意大利领地发起攻击，在此期间他们步步为营层层推进，征服各地。塔奥米那于902年成为最后一个被侵占的城市。他们从西西里出发，开始更加疯狂地劫掠意大利沿海城市，如845年洗劫罗马，875年至876年劫掠科马基奥（Comacchio）。尽管路易二世进行抵抗并取得了一些胜利，但是他们还是占领了巴里和塔兰托。拜占庭人曾进行强有力的反击，将穆斯林海盗撵出卡拉布里亚。但是，他们却于882年之后占领加里格里亚诺（Garigliano）作为报复，并在那里建立了基地。882年至883年，他们洗劫蒙特卡西诺修道院。来自西班牙的穆斯林海盗则劫掠了马赛、阿雷斯和所有附近海岸地区，最后在卡马尔格（Camargue）建立了根据地。但是，他们于888年最终确定的定居匪窝却是加尔德-弗雷聂特（La Garde-Freinet），还在悬崖脚下建立定居点，此地也因此得名穆林（Les Maures）。他们以这些设防的定居点为根据地，开始毫无顾忌地大肆报复，抢劫内地的修道院和城镇，从容地围捕奴隶商品和进行奴隶贸易。萨拉森人给人们造成的祸害比维京人更甚，前景一片黑暗，因为没有人能够找到遏止他们的方法。西地中海航路显然处于一种极不安全的状态，任何海岸巡逻的尝试都显得苍白无用。更为糟糕的是，即使萨拉森人对定居比劫掠显得更感兴趣，但是他们常常将大批战俘当做奴隶销往马格里布。萨拉森人绝大多数的征服活动因担忧这种厄运降临的人们大批逃亡而变得更加容易了。

虽然萨拉森人的围堵政策只是逐渐发挥作用，他们还是于903年占领了最后尚未被占领的岛屿瓦莱里克群岛和整个西西里，这意味着西地中海地区从埃及势力范围分割了出去。906年，他们在加格里亚诺的基地被拜占庭人占领，但是这还不能使拜占庭帝国重新恢复对这一地区真正的控制权。至于加尔德–弗雷聂特，这个穆斯林海盗对远达西西里海域定期发动大胆袭击的匪巢，普罗旺斯和都灵（Turin）公爵的联合舰队遵照皇帝的命令对它进行勇猛奇袭和清剿，最终于972年至973年完成了这一军事行动，将其根除。在西班牙，与伊斯兰教有关事务的情况则与此大相迥异，以致于我们不能指望找到任何相同叙述方式再来讲一遍。在这里，问题主要在于如何在处于权力鼎盛时期的科尔多瓦哈里发国家和居于加利西亚、坎塔布连（Cantabria）山区的基督教小公国之间建立起一种"生存方式"（modus vivendi）。阿斯图里亚斯（Asturian）王国在奥尔多诺一世（Ordoño I，850年至866年在位）与"伟大的"阿方索三世（Alfonso III，866~910年在位）的统治下，得到穆扎卜人，也就是那些反叛的穆斯林，一定程度的理解和支持，成功地向岷赫（Minho）河和杜罗河流域地区扩张。884年，双方实现停战，使西班牙基督徒从紧迫的威胁中获得解脱。11世纪初，加西亚一世（Garcia I）在收复失地过程中在里昂（Leon）定都。

在所有新的入侵事件中，匈牙利人（即马扎尔人）是最令人难以忍受的。这些马背上的游牧民族属于土耳其–蒙古血统，他们是在查理曼击败阿瓦尔人后，对潘诺尼亚地区进行突袭侦察时被发现的，当时这里还无人居住，邻近的斯拉夫人本身也没有占领这个山地，因为其险峻的地势根本无法种植谷物。匈牙利人从三路跨越喀尔巴阡山脉（Carpathians），有八个匈牙利人部落定居在多瑙河与蒂萨河之间。从899年起，他们对日耳曼、意大利甚至西法兰克地区发动有规律的劫掠袭击，并于924年席卷远至门德（Mende）和尼姆（Nimes）的整个地区。他们洗劫修道院，绕开设防的城镇，摧毁乡村，大肆折磨和屠杀男人，甚至割断孩子的喉咙，将年轻妇女带走充做奴隶为他们耕田，并抢走当地农民的牛。937年，马扎尔人对日耳曼、香槟、意大利乃至阿布鲁兹（Abruzzi）进行大扫荡，经由艾米利亚（Emilia）和威尼斯地区返回。人们面临匈牙利人的肆虐，除了遭受着因严重而不可弥补的损失所引起的恐慌外，更感到反抗"魔鬼"时的虚弱与无助。在撒克逊的亨利一世（Heinrichsburgern）时草率修筑的小城堡看来完全无法抵抗这种袭击。最终，另一次可怕的大屠杀引发了一致的抵抗。955年8月10日，日耳曼国王奥托一世（Otto I）在靠近奥格斯堡的莱切（Lech）河畔获得了对匈牙利人的压倒性胜利。这使得匈牙利人的扩张势头最终结束。另外，匈牙利人已经逐渐习惯了定居生活方式，并进一步基督教化，这有助于在一定程度上缓解他们曾经造成的不安定局面。他们被稳定地限制在潘诺尼亚山区，从此以后，这一地区就成为匈牙利地区。

分　裂

维京人、萨拉森人和匈牙利人之所以没有遭到反击和惩罚，在很大程度上是由于国王与从前的高官或氏族首领构成的大贵族间的冲突造成的。这些贵族习惯了将其忠诚出卖给皇帝和国王的制度后，试图自己也插手王权事务，或者像博索那样自行宣布独立，也有人策划自立为王。就此而言，888年这一年具有特殊意义。在日耳曼，分裂表现为阿努尔夫式的选举。在西法兰克，大贵族选举以抵抗丹麦人而闻名的奥多为王，而将合法的加洛林王位继承者纯朴者查理废黜了，后者直到898年才最终重新恢复王位。在勃艮第，鲁多夫（Rudolf）公爵自称为王。在普罗旺斯，博索之子路易保持着残余的王权。这两个王国，即勃艮第与普罗旺斯，最后于933年合并为"阿尔王国"。事实上，很少有人服从这些国王。贵族或对他们口头上惟命是从，或以阴谋和叛乱来反对他们。如果想了解10世纪出现的真正的政治统一，我们就必须去考察地区性的公侯国，即让·德宏特（Jan Dhondt）所说的"国王不再干预而由统治者来仲裁的领地"。人们通常讨论的"统治者"指前加洛林朝的官员，他们千方百计聚敛其私产或设法在某个特殊地区谋职，在这些地区是他们为自身利益实行政府管理和执行王权。一个王朝常常就是利用某些传统和地方特点，比如语言、方言、文化或古老的部落建立起来的，一旦出现无政府和地方分裂状态，运动发展的趋势必然迅速朝着创建比王国族群成分更一致、自卫能力更强的秩序转变。事实上，拥有领地的公国都代表着墨洛温王朝末期亦即673年之后产生的各公国的重新崛起。

正如我们所看到的，最古老的此类公国即是阿奎丹公国。它经历了许多叛乱，877年其作为王国的名称也消失了，此后，阿奎丹一分为二。奥弗涅和林穆森（Limousin）领主虔诚者威廉于909年自称阿奎丹公爵。其领地扩展至梅肯和里昂，但是他的继任者太弱，使领地被人分割，公爵头衔也被伯伊图（Poitou）伯爵"淡黄色头发的"威廉三世夺走，后者自称"整个阿奎丹"公爵。但是，威廉三世却发现自己在南方的扩张受到图卢兹伯爵领地的建立者雷蒙德（Raymond）家族的阻碍。伯伊图与阿奎丹之间的敌对状态在整个10世纪期间持续不断。在加伦河左岸，一个古罗马贵族家族桑切斯家族参与了军事对抗。一个世纪后，即977年，桑切斯家族盗取了加斯科涅公爵的头衔。在加泰罗尼亚的国家，法兰克人的发展逐渐分裂了，起初分成两个公国，即哥特西亚（Gothia），亦即从前的塞普提马尼亚和伊伯利亚（Hispania，即西班牙）。另外，西法兰克国王最后任命的巴塞罗那伯爵"长发的"维尔弗里德于878年至897年间，逐步建立其地方权力，篡夺了国家的财税权，并将伯爵的头衔在其家族内世袭继承。虽然他名义上宣誓效忠合法君王，但实际上是独立的。

在勃艮第北部，奥吞、马孔（Mâcon）与沙隆（Chalon）伯爵理查德从890年开始扩大其领地，从国王那里获得了公爵称号。在遥远的北方，佛兰德尔伯爵鲍尔温（Baldwin）于更早时在秃头查理统治时期，乘后者内外交困之机绑架了查理之女朱蒂斯，因此创建了其家族。891年，其子鲍尔温二世吞并了阿图瓦（Artois），并将领地扩大至卡什河一线。在布列塔尼，当地伯爵更为独立，通过斗争获得公爵称号。最后需要提到的是奥多家族，它于888年跃升为

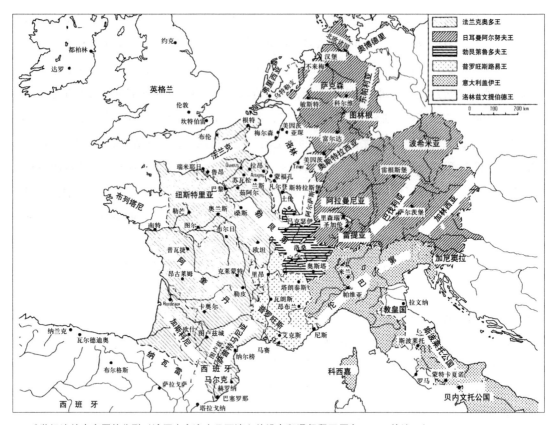

9世纪法兰克帝国的分裂（该图中字迹小且不清之处没有翻译保留了原文。——编注。）。

王族，是由"强壮的"罗伯特直接世袭而产生出来的，后者是由秃头查理任命的都兰（To-uraine）、安茹（Anjou）和布雷修（Blésios）侯爵。该家族的领地后来又增加了巴黎伯爵领地和大批修道院领地。

　　法兰克王国完全承认所有这些拥有领地公国的存在。他们包含在王国领土之内，因为国王通常表示同意的另一方。我们也可以同样在西班牙和英格兰发现有许多类似发展起来的公国。观察一下卡斯提尔这个例子可能有助于我们理解这个问题。卡斯提尔国家是以拥有许多城堡而得名的，它是在从奥斯特拉西亚分离出来的费尔南·冈萨雷斯（Fernan Gonzales）伯爵（923～970年在位）时期建立的，后者也成为该王朝的创立者。在东方，纳瓦拉于905年已立为王，并于925年一度吞并了阿拉贡（Aragon）基督教小伯爵领地。这样的分裂也可以在英格兰看到。比如秃头查理、长子爱德华和阿塞尔斯坦都将若干伯爵领地统一起来，建立庞大的军事指挥中心，由郡长统一指挥。其中有两个指挥部就设在威塞克斯和麦西亚，另外其他类似的地方也有这样的中心。这些军事区事实上或多或少地与统一前的各王国存在渊源联系。然而，这些郡长并未拥有欧洲大陆同类领主的独立性。直至11世纪这种缓慢的变革才逐渐完成，领主们才有了一些独立性，但是即使到了那时，他们拥有的独立性也并不与欧洲大陆领主完全一样。我们对西法兰克、西班牙和英格兰的地方性公国的对比考察恰好揭示出问题的另一个侧面，即每一次军事行动、城堡的修建，都增加了这种独立的可能性。加泰罗尼亚（Castlania，即城堡国）有石砌的城堡与坚固的堡垒建筑群，类似的城堡在阿尔弗雷德国王的威塞克斯要塞也可以看到。亨伯南部修建了整个皇家要塞网，但是在西法兰克，国王却丧失了建筑防御工事的专有权。可以确定的是，864年公布的皮特雷（Pitres）法令禁止建造城堡和城墙，即用柱子加固和用交织的枝条建造的不可穿透的城墙围护的设防土城，但是贵族事实上很快就获得了这一特权，借口保卫地方居民抵抗维京人或萨拉森人袭击。当时还是有人忽略了这类事件的图谋。950年前后，第一座私人城堡出现在普罗旺斯，而在拉丁世界我们所知最早的领主城堡要追溯到945年至946年。在当时的北方地区，我们能最肯定确定年代的城堡应该是在杜埃（Douai）树林里。这幅图景因此就成为遍及整个乡村地区的地方权力拼凑而成的镶嵌图。这能否说明10世纪中期标志着新时代的开始？

帝国的复兴？

总的看来，拥有领地的公国分裂为诸多城堡辖区的趋势并没有扩展到意大利、东法兰克和东欧。这一中央或地方政治权力的衰亡或消失现象在查理曼征服地区附近突然不见了。在那里，出现了权力被吸引在城镇周围的情况，比如在意大利半岛，或者像在日耳曼帝国出现的情况，加洛林帝国的结构重新形成。

在波河平原，最后一个意大利皇帝失败后，意大利王国由阿雷斯人胡格（Hugh of Arles，926~947年在位）控制。他相当无能，不能保持其权力，特别是当其统治罗马的宏图大业以及与勃艮第合为一国的计划烟消云散时，其蠢笨暴露无遗。他在阻止诸如弗留利、伊夫里（Ivrea，包括都灵和阿斯蒂周围地区）和托斯卡纳侯爵这些世俗统治者进行军事远征时也显得束手无策。但是在城镇众多的地区，大主教们取代伯爵们承担起保卫城市的责任。结果，在帕尔马（Parma）、摩德纳、皮亚琴察（Piacenza）、克雷莫纳（Cremona）和贝加莫（Bergamo）建立起重要的教会大公国，在那里正是大主教履行王权和建造城堡。半岛的其他部分则保持着由小公国拼凑而成的状态，诸如斯波莱托、贝内文托、萨勒诺（Sarleno）和卡普亚（Capua）这些地方以前曾经都是伦巴第人的领地。更加令人不安的是罗马公国的命运，它首次落入贵族塞奥非拉克特（904~932在位）家族手中。而后，在两个成就和毁灭教皇的女人塞奥多拉和马罗奇亚（Marozia）多姿多彩的统治后，它于954年落入斯波莱托侯爵阿尔贝里克（Alberic）手中。结果，教皇权遭受巨大打击。

当我们转而观察日耳曼时，可以发现一种完全不同的发展状况。从前存在的地区、种族，有时甚至是部落传统，确实使区域实体重新兴起，它们在前加洛林时期曾由独立的公爵控制，例如图林根、士瓦本（Swabia，即从前的阿勒曼尼亚）和巴伐利亚。然而，古老风格的民族性公爵领地事实上早已被查理曼所废止，或者有些被转变为边疆公爵领地。从前被单一的地区法和单纯的军事组织束缚在一起的具有共同民族、语言和文化特征的日耳曼族群此时必须被重新组织起来以抵御匈牙利人。在巴伐利亚，留特伯尔丁（Liutpolding）部族在抵御侵略者的过程中发挥了重要作用。在士瓦本，曾于746年被驱逐的前公爵阿哈赫尔封（Ahaholfing）家族重回这一地区，仅仅屈从于宏弗利德家族（Hunfrids）。在法兰克尼亚（Franconia），对抗斯堪的纳维亚人的英雄巴奔伯格（Babenbergs）最终于902年被康拉德（Conradin）家族赶走。东法兰克加洛林末代国王孩童路易（899~911年在位）死后，康拉德一世（Conrad I）被选为国王。他也不能阻止一些领地像独立王国一样获得自治，如罗退林基业、其统治极为特殊的弗里西亚、波希米亚东邻的图林根以及卡林西亚。事实上，五大公爵（即巴伐利亚、法兰克尼亚、萨克森、洛林、士瓦本）从未获得过成功，和他们在西法兰克类似的领主得以世袭的状况形成了鲜明对比。在国王看来，他们的存在从来就不合法。

日耳曼各公国的失败首先源于萨克森。其领地最接近其部落的发源地，也是保持加洛林帝国统治痕迹最深刻的地区，其传统结构遭到摧毁。萨克森这块处女地是加洛林统治强行推行其最初形态的制度的地区。萨克森伯爵留多尔夫（Liudolf）于880年在抗击丹麦人的战斗中牺牲。其兄弟奥托接替他与斯堪的纳维亚人、斯拉夫人和匈牙利人作战，获得了令人称赞的胜利，并最终控制了整个萨克森地区，使这一地区完全独立。他相当强大，以至康拉德国王在其临终前，建议奥托的儿子捕鸟者亨利即位为国王。亨利一世于918年即位，他系统修筑了所有中心地区的防御工事，十分机敏地与匈牙利人妥协以获得公爵们更多的支持。他多次战胜维尔兹人、易北河右岸的斯拉夫人和捷克人，使他因此得到很多特权。936年他去世时，五大公爵一致选举其子奥托为王。

从奥托即位开始，这个萨克森反叛首领维杜金德（Widukind）的后裔就证明了其刻意沿着查理曼的脚步扩张的坚定决心。他在亚琛自立为王并施行涂油礼。在逐一平息了两次反对他的公爵叛乱后，他将公爵头衔分别授予本家族的成员，后来他又任意免去了他们的头衔，甚至公爵领地有时也遭征讨，如法兰克尼亚就是这样被萨克森吞并的。他征服了世俗贵族，并在开启了随后两个世纪抑止王国分裂的过程后，又将教士当做其政府的骨干力量，在进攻从前与加洛林人保持亲密关系的斯拉夫人的旗号下重新开始其扩张计划。他迫使波希米亚公爵做其附庸，并两度对易北河和萨勒地区用兵，将其中一部分委托给赫尔曼·彼隆（Hermann Billung），另一部分委托给杰罗（Gero），以对抗波兰人。当边疆伯爵向前推进并且不断侵扰奥德河（Oder）地区时，奥托计划将马格德堡（Magdeburg）当做大都市主教中心驻地，以监视所有皈依基督教的斯拉夫人的动向。最后，他在莱赫菲尔德（Lechfeld）对匈牙利人取得了重大胜利，使奥托成为西方的救星。其族人萨克森科尔维（Corvey）地区的僧侣维杜金德在其所著的《编年记事》（Res gestae）中，称赞他这个萨克森战士的光荣胜利是最终征服东部游牧部落的胜利。这个国王因此被称为"伟大的"奥托，是他赋予日耳曼东扩即"东进狂飙"（Drang nach Osten）以强大动力。我们也不要忘记萨克森与罗退林基亚的合并，那是他于942年从文弱的法兰克国王那里夺取的，后来由奥托的兄弟科隆大主教布鲁诺统治。为了使其扩张宏图更完美，勃艮第国王被永久地降低为奥托的附庸国地位。奥托作为"西方的保卫者和监护人"的势力远远超越了国王。

从此以后，奥托建立帝国的企图变得更加明显。他于951年从政局混乱不堪的意大利获得好处，首次使其本人加冕为意大利王，并与王国最后一位合法王后阿德莱德（Adelaide）结婚。961年，教皇为了摆脱罗马领主的控制，邀请奥托进军罗马，并于962年2月2日为后者加冕为皇帝。奥托随即声明并颁布法令，将教皇的选举置于自己的控制之下。此后，任何教皇如果不首先向皇帝宣誓效忠就不能成为教皇。他于是又渴望像路易和罗退尔于824年仿效查理曼那样成为罗马帝国的皇帝。在讨价还价中，他最终得到了罗马帝国杰出奠基人"奥古斯都皇帝"的称号。任何现代学者都不会把罗马帝国看成是由其日耳曼和意大利部分组成的。另外，这个帝国与罗马帝国相比的虚幻成分特别明显，意大利各君主和教皇们的多次叛乱就是证明。奥托为其子奥托二世施行涂油礼，还占领了阿普利亚和卡拉布里亚，以此为交换条件，迫使拜占庭帝国公主塞奥法诺（Theophano）于972年与其继承人奥托二世订立婚约。973年去世时，他成为欧洲最强大的君主，但是仍然不能说他重新恢复了查理曼的法兰克帝国，他所做的不过是创建了一个日耳曼人的罗马帝国。

尽管如此，还有一个重要的王国西法兰克躲过了他的吞并，而只是作为奥托的半保护国。恢复王位的加洛林国王们，特别是纯朴者查理（899~922年在位）和路易四世（936~954年在位）都极力保护罗退林基亚，他们均希望在那里建立强大的政治与财富基地。然而，他们这样做的结果是陷入日耳曼国王的势力范围，因为后者不允许他们的所作所为。954年，路易四世未成年的儿子罗退尔就被置于科隆大主教布鲁诺的保护下。罗退尔像他的父亲和祖父一样，坚持对外征服政策，虽然这种政策毫无希望，但是它还是有一定的合理性，因为罗伯特家族对其给予支持。确实，奥多的兄弟罗伯特于922年至923年一度继位，其子"伟大的"胡格由于担心自己的失败而采取了更加缓慢的扩张政策。很明显，他在静等罗退尔陷入可怕窘境的时机。胡格被任命为法兰克公爵（包括从洛林到佛兰德尔地区），并在名义上被任命为阿奎丹和勃艮第公爵，其权力因此大大超过了控制阿提格尼、康皮格内（Compiègne）和拉昂（Laon）地区的国王，后者只负

　　著名的神圣罗马帝国金冠。可能是里森瑙修道院为奥托一世在罗马加冕（962年2月2日）时所制。它加在主教法冠之上，象征着权力的神圣性。它是八角形的、用宝石镶嵌的王冠，正面图案描绘的是神圣的耶路撒冷（藏于维也纳昆塞斯托利希博物馆）。

责这些地区的王家财税。与此同时，胡格却成为这些地区的惟一统治者。10世纪中期，胡格意识到其家族将篡夺皇位，因为皇族虽然在日耳曼人保护下避免了灭亡，但是同样由于这种保护的原因，他们已经被严重削弱了，毫无重新兴起的希望，也许这一看法是在形势明朗后的后见之明。

　　11世纪初，欧洲政局因此发生了改变。当西欧的分裂趋势日益明显时，强化统一和扩张的军区制却在东欧占据了统治地位。在帝国周围边缘地区，我们看到许多新王国正在崛起。丹麦伴随着哈拉尔德·布鲁图斯（Harald Bluetooth）于966年皈依基督教而确立了稳定的基础，而此时基督教刚刚传入挪威和瑞典，使这两个新的王国有了一个好的开端。波兰的米埃斯库（Miesko）于966年皈依基督教，而后不久匈牙利也接受了基督教信仰，他们都渴望加入欧洲交响乐团。总之，尽管欧洲存在着"日耳曼神圣罗马帝国"的强大势力，但它并不是统一的，而是多样性的。蛮族由北向南的分割图上此时又交织上了奥托帝国由东向西的征服时代。剧变时代将要结束，蛮族都融合进以罗马为中心的基督教王国之中，而帝国却并不等于基督教世界。于410年一度被短暂占领的古代罗马已经真正消失了，800年形成的法兰克罗马帝国也没有实现统一。另一方面，9世纪形成的政治和宗教蓝图却稳定存在下来。而11世纪期间这些蓝图变为现实却表明，加洛林帝国的失败只不过是因侵略和贵族野心造成的暂时挫折。加洛林帝国和奥托帝国在国家的重建中是不可避免的。事实上，没有查理曼及其继任者的这段插曲，公国的兴起和封建制度的胜利就难于理解，因此我们必须研究为什么当代人将这个留有华丽胡须的皇帝及其后的一个铁碗人物的时代视做黄金年代。

第十章　加洛林"复兴"

　　加洛林王朝初期两代君主丕平三世和查理曼时代的人们确信，如同他们之前的野蛮人和异教世界变得文明并且基督教化一样，文明已向前迈进了一大步。他们找到一个精确的词来表达这种变更的含义和一个经过基督洗礼的新世界："复兴"（renovatio）。该词产生于7世纪晚期形成的知识界文化复兴时期，特别是因为"法兰克王国的复兴"这句话中使用了它，从而使其广泛流行。加洛林王朝初期王室亲兵中的教士们对新政治秩序的思想观念的形成不是基于他们对古罗马的怀念，而是基于基督对尼哥底母（Nicodemus）的回答："人若不重生，就不能见神的国。"（《约翰福音》第三章第三节）。他们强调自然降生的人必须在洗礼的圣水中才能获得第二次新生，新的被造物因这一"重生"而再次出现。由此说来，加洛林复兴就是对其以前的野蛮社会进行基督教洗礼，也就是使信奉异教并且充满罪恶的社会基督教化。图尔和圣丹尼斯的圣马丁教堂的教士以及兰斯、科尔比、科尔维或富尔达的教士们认为这个新社会必须诞生在一个新的国家和新的教会框架内。因此，政治秩序的改革不仅包括帝国的重建、王政的更新——它还必须涉及政治及社会结构的彻底转变，而这种改革还会进一步表现为文化生活和艺术领域里无法抗拒的繁荣昌盛。但是至此为止，这次复兴的主要部分是受墨洛温王朝晚期的教训和革新的激发而促成的。

重建的国家吗？

　　人们怀着极大的兴趣从图尔的格列高利（Gregory）这位历史学家那里不仅知道了"共和国"（respublica）一词意为"国家"，而且还了解到这个词总是与东罗马帝国相关。按照他的思路看，法兰克人建立的王国不能算是国家。我们发现罗马社会一直在设法摆脱国家的控制，并最终获得成功。我们还发现，日耳曼法律典籍并没有公、私法的明确区分。这两种法律现象的结合最终导致国家沦为私人化。

各蛮族王国蹒跚前进（6世纪与7世纪）

　　各个日耳曼王国是建立在选举原则基础上的，战士们选举国王是敬仰其战无不胜的品质。因此，要让政治延续的保证，即王朝继承的主张能够根深蒂固，就必须克服相当大的困难。在西

法国第三共和国时期所发行的学校教科书，在推动古代传说中起到一定的作用（引自E.拉维斯与A.科兰：《法国历史读本》，1876年版）。

班牙，随着531年巴尔特部落的消失，选举程序就落到了托莱多宫廷官员和主教们手里。前者经常起兵反对他们选出来的国土，而后者则千方百计地支持王权。从633年起，每当托莱多出现重大危机时就召集议事会，该会的作用就是为国王提供咨询，讨论当时所有的政治和宗教问题，就别人和他们自己提出的法律问题进行投票，审判重大谋反叛国案，等等。为强调王权的合法性，宗教团体援引先知撒木耳的例子，举行王冠加冕仪式，这种仪式在7世纪早期可能就举行过不止一次。到瓦姆巴国王时期，这种做法已成惯例，但这种王权神化的仪式并没有产生什么效果。西哥特人后代的贵族强行进入议事会，导致议事会中普通信徒人数的增加，损害了罗马人后裔主教的利益。这种现存形势的颠倒变动导致711年国王威第扎的儿子们与新当选的罗德里克国王之间的暴力冲突，促使西哥特人王朝的灭亡。

584年君主制恢复后，这种选举原则也流行于伦巴第人之中，但是当国王的妻子和女儿有可能执掌王权时，又出现了某种新的继承形式。发生的第一例就是塞奥德琳达女王，并且一直延续到8世纪初。7世纪的伦巴第人比西哥特人更接近其祖先的做法，他们仍然遵守着召集所有自由人参加公民大会的惯例。这类武装公民的群众大会直到643年还伴随着《罗撒里法令》（Edict of Rothari）的颁布。结果是由自由人参加的公民大会消失了，取而代之的是由公爵或王室财产官（gastalds）、主教和修道院院长组成的小型会议。这些小型会议批准条约，参与起草法律，通过立法真正地控制国王。至于一些盎格鲁-撒克逊部落的王权，更具有日耳曼特征，更不必说斯堪的纳维亚的王权了。后来用做"国王"一词的"cyningorcyng"原意是"之子"或"同族人"，可证明王权与谱系有关，多数情况下这种谱系都能追溯到崇拜沃登神（Woden，相当于北欧神话中的奥丁神）的时代。因此，当时的王权具有异教的神授魅力。然而，迫在眉睫的战事也阻碍了王位的自然继承，例如，虽然7世纪末期选举军事领袖为国王已经成为一种普遍的做法，但是由于选举是由权贵们进行，通常人选也只限于已故国王的儿子们。公元600年前后，大约存在着十几个盎格鲁-撒克逊人的王国，可能仅在苏塞克斯或者埃塞克斯王国内就同时存在三个甚至四个"国王"。虽然"不列颠统治者"（bretwalda）这个称号被某些国王用过，但没有一个国王获得过真正的统治地位。而且，为了给国王提供咨询，每位国王都有一个由贤人智士组成的议事会，同国王一起制定并颁布王国法律。埃塞尔伯哈特（Aethelberht）统治时制定肯特王国法律一定要通过这道程序，怀特雷德统治时修改法律同样也是如此。同期的威塞克斯的伊涅国王统治时，国王身边的议事会由主教和担任重要官职的贵族家族首领组成。很明显，这种议事会接替了最初国王身边的异教教士和自由战士大会的机构。在斯堪的纳维亚没发生任何变化。相反，国王完全服从于由教士和武士组成的部落大会。

墨洛温时期的王权可能是一个试图摆脱早期日耳曼的"国家"概念的例证。克洛维的继承人充分利用他们力挽狂澜、常胜不败的王朝所具有的异教魅力以及源源不断的战利品，极力试图取消在各王位继承人之间分割王国的习惯。这种王国概念源自"家族财产"的说法，将王国看做是获胜军事领袖的私人财产，这种观念导致了如我们所见的6世纪后半期的内战。克洛萨尔二世和达格伯特通过一系列冷酷的血腥谋杀成功地阻止了内战，但是达格伯特死后，这种情况重新出现。克洛萨尔二世于613年颁布的所有高官生来隶属于其管理地区的法令逐渐堵塞了王权不可分割的发展道路。除此之外，638年的分裂又导致与奥斯特拉西亚对立的诺伊斯特里亚－勃艮第（Neustria-Burgundy）地区的复苏，而阿奎丹和普罗旺斯与墨洛温王朝各首府之间的关系最终逐渐疏远。自687年以后，的确重新只有一个国王塞乌德里克三世（Theuderic III），但是由于王国的控制者，宫相丕平二世（Pippin II of Herstal）当时实际上已经掌握了权力，这种统一完全是虚幻的。而且，在诺伊斯特里亚和其他地方，贵族集团已经完全独立。以往在克洛维及其继承人统治时期，自由人大会总是在每次战役开始前召开，这一点从召集的牧野誓师大会的名字中就可以看出来，三月是"战神马斯月（the Field of Mars）"。而此时，自由人大会只在奥斯特拉西亚定期召开，丕平由此出发，不断进攻其对手弗里西亚人和其他邻近的日耳曼民族。也许是在这个时期，丕平制造出墨洛温王朝的国王们"无所作为"（'faineant'）的传言，被埃因哈德后来描述成墨洛温王朝的国王们坐在牛车里慢腾腾地从一个领地转到另一个领地。事实上，国王早就沦落到完全依赖军事领袖的地步，只不过由于主教们尊敬法统因而使将领们不敢染指王权，只能进行讽刺与挖苦。总之，我们考察8世纪初时，会发现王权被削弱或出现明显危机，确切地说是被贵族集团或由担任高官的贵族组成的议事会私有化了。王权产生于战争，只有在战争不断的地方才保留下来。和平使日耳曼王权最终结束。

被私人利益控制的国家：7世纪至8世纪

与此同时，一种新的现象以地方公侯国的形式发展起来。且不论从未实现过国家内部统一的盎格鲁-撒克逊诸王国，就是伦巴第、西哥特和法兰克人的国家也都经历了分裂。在西班牙，保罗于672年在纳榜称王，他的叛乱是这种分裂趋势的典型表现。塔拉格纳人（Tar-ragonese）和塞普提马尼亚人都是公开的分裂主义者。在意大利，弗留利、托斯卡纳继续保持独立，斯波莱托和贝内文托公国进一步证明了这种趋势的存在。西哥特王国灭亡后，穆尔西亚公侯国在贵族塞奥迪米尔（Theodimir）的保护下存在了相当长时间，这说明分裂和地方强势领袖的存在之间有着一定的联系。其中一位叫佩拉约的领袖最终担负起西班牙复兴的责任。但在高卢这种分裂现象的范围更为广泛。在阿奎丹，早在656年，由于图卢兹贵族的社会和官职的特性造成罗马化公侯国的兴起，在尤多时期，公侯国发展成为小王国。与此对应，阿勒曼尼、图林根和巴伐利亚在地方王朝的极力支持下恢复了以前的独立。部分领地一直被丕平二世占领的弗里西亚，此时恢复了对莱茵河口周围地区的控制权。勃艮第被分为多个小公国，普罗旺斯地区抵抗伊斯兰教入侵的斗争促使当地一位元老有借口占地为王。简言之，自治政治实体的出现在各地十分明显，无论在其居民成分或是在其地方文化方面，每一个自治政治实体都反映出各自具体地区的地方特色。有些情况也许与回归部落源地有关，如图林根人和巴斯克人；还有的与对一个真实的或想象中的古罗马的怀旧情结相关，如阿奎丹；其他地方则与渴望获得巨大权力的贵族的野心相关，如斯波莱托，或与空前发展的航海活动相关，如弗里西亚。凡此种种，都有助于地方王权的迅猛发展。在日耳曼国家，虽然大瘟疫造成的混乱并没有留下多少痕迹，但是行政管理机构的不健全和良好公共观念的缺乏却产生了同样混乱的结果。

只有在拜占庭的意大利领地，即在总督区范围内，罗马人公共服务的概念完全保留了下来。总督除了任命军事长官和公爵并向他们发出命令外，还行使由管辖所属行省的主教和贵族推荐任命的民事总督（judices）的权力。

罗马-拜占庭国家的凝聚力确实令西哥特人和伦巴第人羡慕，他们的国王模仿君士坦丁堡宫廷的头衔封号和典礼仪式。但是，帕维亚君主们的凝聚力范围并不大。由于没有建立完善的财税体制，分布在王国各地的约三十个公爵像他们自己的封臣一样，靠各自占据的土地为生。几乎无人能与这些王室财产官竞争，尤其在原有部族已经消失的情况之下。惟一保留下来的是定居在纳税土地上的部落武士，他们为封主服兵役并接受他们的统辖。王国的税收一经扩大到罗退尔（636～652年在位）征服的利古里亚（Liguria）和艾米利亚地区，埃斯图尔夫（749～756年在位）就抓住机会将兵役强加于国内所有的臣民。这加强了帕维亚初期的中央管理，在宫相周围形成了宫廷大臣、王宫总管和管家构成的官僚团体，管家是宫廷仆役的头领。这些同类王室的官职在日耳曼各国宫廷中拥有不同的名字。在西哥特人的西班牙，他们被称为"世系伯爵"、"王产伯爵"，处于对应地位的是"寝室伯爵"，还有负责提供马匹的"马厩伯爵"

以及"亲兵（spatarii）伯爵"，即国王卫队的统领。但是，我们应该注意到在这种情况下出现了宫相和"书吏伯爵"，他们负责各种决议的文字记录。在高卢，首相受制于咨询大臣。由此可以看出，在西班牙，公、私之间的区分仍然明显，因为国库财产和王室财产是有区别的。另外，在地方一级的管理上，我们还是看到仍然存在古罗马民政官（civitas）、伯爵代理人（vi-carii）及其官吏。然而需要强调的是，军事领导人是各省军队的军区将领。很可能民事和军事的区分仍然存在，因为一直到8世纪为止，伊比利亚（Iberian）半岛仍然实行直接纳税制。与此相反，在高卢，包括阿奎丹在内，这种做法逐渐消失。那里的统治者将税收权承包给犹太人，民事官员仿佛要与其日耳曼同行保持同步，发挥军事、司法和经济的多重职能。这恰好证明了其篡位夺权的野心。在8世纪墨洛温王朝时期的高卢，尤其在边疆地区，有许多贵族，人们可以恰当地称之为地方君主。但是，尽管西班牙的官僚制度随着民事与军事领主的分开而保留了下来，仍然存在令人惊奇的摆脱传统的趋向。这种现象使埃吉卡国王丧失了军队，他不得不以征募兵员、召集教士和皇家地产奴隶补充兵源。因此，无论是通过一个软弱无能、已经私人化的中央管理，还是通过一个过分热情、仍属于民众的中央管理，王权都只有通过增加国库税收土地，并且实行农兵制度才能服众。

在英格兰，王室的私人特征比墨洛温王朝更为明显。与他们的法兰克同辈一样，英格兰君主成功地将贵族子弟吸引到王室中来，希望将他们训练和培养成为效忠王室的年轻成年亲兵随从的核心。在用原木建造的盎格鲁-撒克逊宫殿中，男管家及仆人的下房要比财产伯爵、宫廷官员和王宫总管的办公室名气更大。当然，凡是与财政制度相关的事务都逐渐消失，税收渐趋私人化，转变成为其他由经营田地的农民提供的劳役。国王除了拥有自己的地产，还对所有其他个人地产同样征收足够维持他自己及其王室消费的食品地租（"feorm"这个词来自拉丁文"firma"）。按照这种制度，人们大概可以想象出，农民带着伊涅国王（688～694年在位）法律中指定的交纳物：啤酒、谷物、牛、蜂蜜和奶酪等，到最近的国库纳税点的情景。有时农民将食品地租（从这个词后来引申出法文词"ferme"和英文词"farm"）变换为货币。这种情况在被征服地区人民交纳贡品时最常见。为了消费这些贡品，国王从一个领地巡游到另一个领地。上文提到的墨洛温国王也是如此，正如传说中所说：这些"无所作为"的国王四处闲逛。这说明，尽管缺少任何名符其实的中央机构，盎格鲁-撒克逊的国王们仍于7世纪建立了最初的地方政府组织。7世纪后期，威塞克斯的某些贵族被封授了郡（scir）的封号（尽管在最初阶段这些封号只是指由一些人管理下的地区）。也许这意味着法兰克王国北部地区已经分割成百余块更小的领地，但由于没有确切证据，我们还是难于下结论。此时我们所见到的日耳曼"国家"仍处于社区阶段，没有固定的地理中心，因此只能依赖军队强制维系一个制度基础。

国家的私有化甚至扩大到教会。我们看到国王为控制主教任命权极尽能事。他们设法控制其权力以外的权力是很自然的事情。而且，主教们也要依赖君主确保他们的财产，因为高官贵族对他们赋有的职责和拥有的土地十分嫉妒，虎视眈眈。法兰克国王们特别慷慨地赋予他们免税权、铸币权以及禁止世俗伯爵们对其主教辖区和修道院的世袭财产征缴赋税劳役的免税状。结果这些职能被转移给了直接对君主负责的主教和修道院。这样，非宗教人士和修道士教会很快都参与到权力游戏中来。丕平家族从修道院获得很大支持。查理·马特走得更远，居然明目张胆地让俗人充任教堂或者修道院首领，他们因此就变成为其服务的政治权力基础。他的一位叫胡格的男性近亲很快被提升为教士并被任命为鲁昂（Rouen）主教和朱米埃格斯（Jumièges）及圣汪德利雷（St Wandlille）两大修道院院长之职。其家族的另外一个人米洛（Milo）担任特里尔和兰斯主教和梅特拉赫（Mettlach）修道院院长长达40年之久，但他可能甚至没有举行过圣礼仪式。在南方，占据着教区职位的所谓主教实际上都生活在缅怀军事领袖的荣耀中，甚至后来编纂主教名单的人都拒绝提到他们的名字。事态远比格列高利一世致布伦海德女王（Brunhild）信中提到的购买主教职位（即买卖圣职）严重得多。为追求所有实际利益，教会已深深卷入国家私人化之中，甚至被说成是还俗，因为它是最大的土地所有者并委派教士担任其"教产"管理人。因此，主教与修道院院长的命运与王权危机密切相连。所以，一个能让人臣服，能发现新的权威和奖赏途径的勇武君王，就可以为所欲为。

解决方案：基督教立法国家

丕平三世向两个主教，即博尼法斯和赫洛德冈（Chrodegang），咨询政治意见。查理曼信赖盎格鲁-撒克逊副主祭阿尔库因和科隆大主教黑德伯德（Hildebold）。而虔诚者路易则把西班牙-西哥特修道士安尼亚内的本尼狄克安插在身边，后来科尔贝主教阿达尔哈德接替了他的位置。秃头查理有时也依靠大胆的兰斯大主教辛克马尔。我们注意到他们在恢复帝国和王权方面所起的作用以及他们成功地将这些公共机构转化为教会财产的方式。

然而，他们要重建这个国家时，开始面临法兰克人的国家观念问题。如我们已经叙述的那样，法兰克人认为，国家是一个自由人和国王能够把其他部族纳入其统治并迫使他们屈服的共同体。在那里，只有在能够带来胜利，夺得战利品和荣耀时，权力才会受到尊重。丕平和查理曼竭尽全力保持这种权力所具有的特权——"惩罚权"（bannum），用来惩罚和压制反对者。与之相对应的是"赏赐权"（gratia），用来施行王家恩宠，主要表现为对效忠的亲友给予慷慨赏赐。然而，在一个日益扩大的王国里，这种统治者和亲兵之间的简单关系显然根本不够用。至少在789年、793年和802年三个场合下，查理曼重新确立以罗马方式进行宣誓效忠的仪式。每一个年满12岁的男性都要向其领主宣誓不做任何危及国王生命的事。然而，由于宣誓采取了罗马式这种效果相反的形式，尽管每次宣誓都十分明确且有附加条款，这些宣誓的目的都可能被曲解。有些人可能认为君主要他们发誓是因为君主需要支持，而且会认为这是君主软弱的标志。那些没有宣誓的人则认为他们根本没有必要遵守誓言。所以，查理曼及其顾问们相应地采取一系列变通的方法来确保他们这一决定能被理解和执行。第一个措施便是把教士顾问说成是真正的政治专家。 813年，查理曼在最后一次牧野誓师大会上下令，各地领主、法官和民众应与大主教合作，以便行使其行政职能，因为只有大主教本人知道社会发展的道路。与此相似，拉丁语“respublica”（国家）一词被虔诚者路易赋予新意，在国家的概念之前加上了形容词“christiana”（基督教的），意指如果没有基督教，这个国家便不能存在。为确保该原则的落实，皇帝在823年至825年牧野誓师大会上规定，由皇帝监督教会并确保和平与公正，但当其具体落实时，责任被分担到“每一个人，无论其居住何地、享有何种社会地位，都应了解自己所担负的责任”。“由此”，皇帝继续命令道：“在所有的事情上我都必须是你们的领导者，而你们必须都是我的帮手。” 所有的臣民在国家中都要发挥其应有的作用，首当其冲的就是写作《君主明鉴》的教会作家。《君主明鉴》是为王室成员而写的政治劝诫指南。在这种教育活动中，里昂的大主教斯马拉格杜斯（Smaragdus）和阿哥巴德、奥尔良的主教乔纳斯（Jonas）和兰斯的大主教辛克马尔都做出了重大贡献。895年，在特利布尔（Tribur）宗教会议上，东法兰克国王阿尔努夫毫不犹豫地将这种观念确定为“与基督教会法律一致的管理”艺术。因此，加洛林国家的重要基础主要是精神的和宗教的。

附加于教会法的是世俗法。这种对国家实质的修改由东部拜占庭向北欧扩展，与此密切相关的是使法规更加一致的努力。查理曼重新开始了传统的一年一度的自由人大会。756年，丕平三世将大会召集的时间从3月1日改为5月1日。“五月牧野誓师”也称为“牧野誓师大会”（placitum generale），是在出征作战之前进行的一个处理综合事务的会议。在此期间进行重要审判，向平民和王室的教会权贵们训话，接下来颁布国王的法令。一系列的提议将呈交给贵族和教士，他们将分别对其进行辩论，以确保它们与法律保持一致。随后向全体武装军民高声宣读这些提议，然后将它们一章一章地写下来。这些相关的文书合在一起就编成了《法规汇编》。据说总共抄写了四份，一份存在宫廷档案中。国王的口头宣布以及赋予他命令和惩罚权力的（惩罚令）都是使这些决定立即见效所必须的。

然而，查理曼为更有效地实施其决定而违背了传统。他让人把决定记录下来以便补充，甚至代替口头训令，因为到目前为止，只有那些出席法律颁布大会的人才表示服从法律。实际上，与其说《法规汇编》是法律条款，不如说是管理的规章制度，有的只适用于意大利。《法规汇编》是一些需要商讨、抄写和广泛传播的文件，而且在每个郡主辖区内都需要重新公布。因此，查理曼通过将他的决定转为书面形式来提高其被执行的效率。在一些特定的法律范畴内，他遵从

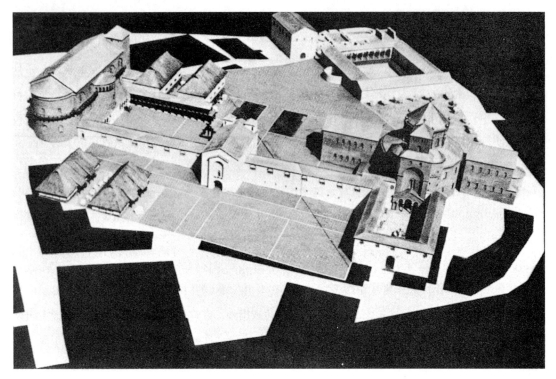

亚琛宫殿模型和对面页平面设计图。为模仿罗马，更多的是直接模仿拜占庭的做法，查理曼决定为他的巡回法庭建立永久的基地。查理曼宫殿于794年开工，紧邻阿登高地和艾弗尔大森林所提供的优良狩猎场，建在在罗马时期所用的温泉所在地。这个在当时来看非常巨大的工程于798年完工，而教皇利奥三世用做祭祀的小教堂则在805年完工。所用材料包括从意大利古希腊罗马纪念碑上抢来的极为珍贵的大理石。

传统法律的个人属性。虽然受到主张"全民一法"的里昂大主教阿哥巴德的反对，古老的罗马法仍在整个帝国使用。像塞普提马尼亚的西班牙-东哥特人、巴伐利亚人、勃艮第人和伦巴第人做到的那样，罗马人完整地保留了他们的法律，而查理曼却对法兰克、阿拉曼尼和巴伐利亚的法律条文进行修正和补充。他让人将弗里西尼和撒克逊法律写成书面形式。在任何一个部族成员与另一个部族成员争执不下的混合诉讼中，在听证开始之前，后者要申明他遵从的是哪种法律。需要指出的是：无论出身于哪个部族，所有的教士都必须遵守罗马法和教皇法。教皇法的收藏本在9世纪开始被发现。教士们在立法和使其标准化方面的确比俗人贡献更大。

全面控制的非凡努力

查理曼和虔诚者路易的帝国统治包括两方面：一是不断超越他们最初继承的范围，二是努力实现罗马式的天下大一统。但这种中央集权化的动力由于缺少强制性的统一而半途而废。他们

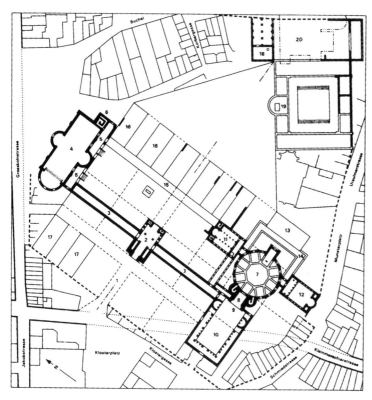

1、主街道
2、宏伟的正门
3、连接建筑
4、前殿
5、柱廊画廊
6、阶梯塔楼
7、宫廷小教堂
8、双塔楼西侧翼的建筑
9—10、带接待室的正厅
11—12、附属建筑
13、元老院
14、回廊
15、木制连接画廊
16—17、半木或全木制建筑
18—19、皇家浴室
18、皇家喷泉
19、奎里纳斯（战神）喷泉
20、罗马浴室基座
　　(a) 加洛林建筑物遗址
　　(b) 加洛林宫殿围墙
　　(c) 罗马街道

亚琛宫殿的设计图。

允许小王国存在于帝国之内。最主要的有阿奎丹、意大利和巴伐利亚，后者最初是作为一个地方辖区而存在的。如果当时的皇帝允许，用规范的术语来表达，每个小王国都有自己的中央政府、皇家法庭，并贯彻实施自己的政策。后者在任何情况下无需任何理由可直接干预从属于法兰克的政治实体的内部事务。就我们所知，其中就包括圣彼得遗赠问题。另一方面，这种相对分散的管理强调了中央政府的必要性。王宫不断地从一个王家领地搬到另一个领地，这是小王国的惯例，但这种做法最终被查理曼放弃。他选择了位于祖传产业中心、自高卢和罗马时代起就以温泉而闻名的亚琛，那里距离马斯特里赫特繁忙的河港有32公里（8里格）。从794年起，每到冬季他就住在那里，并且从807年起住在那里一直到去世。王宫和教堂的建筑表达了新帝国的理想和征服者的优越政治地位。亚琛一直作为世俗帝国的象征而存在，与基督教中心、圣地罗马分庭抗礼。840年以后，战争的需要促使国王们再次踏上征途。秃头查理怀着同样的想法，力图使康皮格内成为他的首都，但没有成功。相反，兰斯大主教辛克马尔却成功地将兰斯变成西法兰克王国的宗教中心。

　　在王宫中，王室与朝廷渐渐地合二为一，出现了墨洛温王朝先辈们竭力避免的情况——中央管理。宫相一职，由于太危险而难于存在已经消失了，但是在各个国家和王室职务明显合二为一的过程中，仆人中最高一级的宫廷总管仍负责安排膳食，并且与男仆一起端酒。同时，通过王室领地日常管理人员（domestici），宫廷总管仍然管理着国王的私人财产，但是此时需要在财务总管（sacellarii）的协助下管理收入支出。王宫总管与两位王室卫队司令官负责为军队提供马匹和给养。一位新的官员——宫廷伯爵——在国王缺席时代表国王对日益增多呈交到宫廷的上诉案做出审判。同宫廷大臣一样，他也会有一些听从其支配的办事人员。这些世俗官员中的任何人都可能立即被派为外交使节或被委任为军队将领。最后，国王在需要获得咨询时会召集由诸侯、世俗或教会高官（proceres）组成的会议，这已是惯例。毫无疑问，在每一个进见者或大使进见国王时，都会有一队门卫拉开或拉上窗帘。

　　一批牧师集中在礼拜堂里，他们主要从事文件和信函的重新抄写工作。最初设立这种"礼拜堂牧师"之职的目的是为了保护法兰克王国最著名的圣徒遗物，即图尔的圣马丁的斗篷，更确切地说是只剩一半的"袍子（cappa）"。它由一位修道院院长或者一位出身于名门望族的主教负责。丕平三世统治时期由圣丹尼斯的修道院院长弗尔罗德（Fulrad）来负责；查理曼统治时期是梅斯的主教安吉尔拉姆（Angilram）负责；然后，是科隆大主教黑德博德负责，他们都是查理曼主要的咨询大臣。大牧师属下的神职人员中有一些是抄写员，他们用一种速记的形式，即以西塞罗的自由人书记员的名字命名的迪罗尼安书写符号（Tironian notes），把一切讨论的内容和决定都记录下来。然后，他们再将国王的训令和特许状写成正式的文件形式。这个团体的长官是首席书记官（protonotary），他负责发送官方书信和颁布教规的工作。808年左右，他获得国王秘书（chancellor）的头衔。这个头衔可能是根据某人的建议、源自他的办公地点。如果他的办公地点设在礼拜堂里，其办公地可能就紧挨着把牧师和俗人分开的格状石雕圣坛屏板。在虔诚者路易统治时期，随着国王秘书责任范围的不断扩大，他甚至获得了更大的"首席秘书"的头衔。他负责保管宫廷档案，即所有呈递给国王的文件与其他曾发布过的一切文件复本。

　　皇宫发出的命令必须在主要的地方行政区，即郡的范围内，立即执行。最新研究显示：全部行政单位加在一起有多达600个郡。"郡"也称做"帕吉"（pagi），在日耳曼地区称为"高埃"（gaue）。在某些特殊情况下，"帕吉"和"高埃"是郡的下属行政区。很明显，这些主教辖区是从前的罗马民政区（Civitates）或以前的部族领地。在德国，郡的建制还不完整。每一个郡由国王任命的一位伯爵领导，这位大人物不仅由国王任命，还可根据国王的命令进行调动，如果他渎职的话还可以撤换掉。如同罗马帝国时期一样，由于它是一种封授的荣誉或官职（ministerium），伯爵职位通过几种不同的途径得到报酬。伯爵享有国家土地的收益权，这种权力是授予爵位时带来的，或者叫做"伯爵领地"（resdecomitatu），处于其管辖范围之内。伯爵占有司法审判罚金的三分之一以及其领地内捐税的三分之一。由于罚金被确定为赔偿金的三分之一，伯爵实际上获得的份额为犯人所付罚金总额的九分之一。最后，伯爵又享有因违反国王"惩罚令"而交罚金的三分之一，即前述总数60个索里德中的20个，因此他的收入就相当可观。伯爵的职责很多，包括：执行国王的命令；每年春季征召自由人入伍或为主人（拉丁语"hostis"的含义是"敌人"）服役；主持国王法庭，这种庭审每年至少在郡的下属政区里召开3次，审判所有涉及谋杀叛国和通奸的案件。他们会不定期地应召完成特殊使命，有时可能只是率领军队到指定地点集合，他每年都有至少三四个月的时间不在其管理的郡内。

伯爵的责职如此繁多以致于到查理曼在位的末期需要设立代理，即子爵，在伯爵外出时他们处理政务，但是他们只出现在高卢地区。在任何情况下，拉丁地区的伯爵都能得到其副手的协助，后者有资格审判小案子（如共同产权纠纷、偷窃等），而在日耳曼地区，伯爵可得到治安官（centenarii）的帮助。伯爵副手和治安官一般开庭14日，伯爵与其助手一共需要大约12个行政人员。由此可以计算出，加洛林帝国共有8000到9000个公务官员为其效力。就其本身而言，该数字明显低于晚期罗马帝国的官员数目。据推测罗马当时约有15，000名官员，其中仅在特里尔就有2000名，但需注意的是，罗马行政区域其实还要大三分之一。简言之，考虑到亚琛地区官员的数目不清，加洛林时期的行政人员数目一定与古罗马晚期大致相当。蛮族王国统治下所失去的政治基础因此得到了恢复。

但是也不应忽视还存在着一些其他地位较高的行政官员，查理曼坚持采用加洛林时期的公爵体系，不过更确切地说是创立了一个特殊的伯爵阶层——戍边伯爵（Markgraf，即后来的侯爵）阶层，并将位于边境地带的危险地区委托他们管理。在不放松对他们本郡的管理的同时，他们还拥有其他郡的军事和民事权力，以便不用等待国王或者皇帝下令即可对入侵威胁迅速做出有效反应。最重要的戍边伯爵多驻守在西班牙和布列颠辖区，为抵抗丹麦人、温德人（Wends）和阿瓦尔人而设立的戍边防区。事实上，每位侯爵都是其所辖区的行政首脑，是王权的代表。虽然891年在日耳曼，阿尔努夫称波波（Poppo）为侯爵，如同898年巴伐利亚的留特伯尔德（liut-pold）一样，但是国王仍然把他们当做可信赖的仆人。所以，893年在西法兰西王国，诺伊斯特利亚的罗伯特侯爵，或者勃艮第理查德（Richard）侯爵曾经为所欲为是毫不奇怪的。因此，伯爵不仅表现出罗马帝国行政特点，而且通过明显的民事和军事权力分离观念，表现出主要的日耳曼特征。

这种侯爵辖区对王国的侵占和王国对帝国的侵占随着分封制的发展而不断加强。从775年起，墨洛温时期已经提到过的这些君主的特殊官员，被查理曼更加有系统地调配使用，并通过802年检查员权责训令明确界定而变得更加正规。他们可以两个、三个或更多人组成一组，通常至少包括一位伯爵和一位主教。他们检查牧师法规的颁布，代替伯爵主持伯爵法庭，调查滥用权力的情况，执行惩罚判决，并把结果上报给皇帝。为避免贪污和受贿，总是从最富有的家庭中选出这些侯爵。并且为了进一步安全起见，他们带着征用证明，像古罗马的公共官员那样来解决其所有食物及旅行费用。一些人被派去执行特殊差事：视察某个地区的皇家地产，或调查有关个别伯爵的申述，但是他们大多数都有指定的区域范围。到802年时，每年定期划分的政区领域相当于法兰克和北勃艮第的面积。825年时，政区延伸至莱茵河、卢瓦尔河和隆河地区。结果，这种中央集权制度对阿奎丹、普罗旺斯、意大利和日耳曼并没有真正的或持续性的影响。这无疑表明，查理曼政府及其继任者们只在北高卢地区施行真正有效的统治，那里是其经济权力的根据地。尊重各王国的自治权是最终将它们合并的一种手段，此外，这种尊重自治权的方法后来被加佩王朝当做其领地管理体制。当然，这种政区体制非常有效，以至于在秃头查理统治时期，这些权贵们坚持要求拥有他们统辖政区的土地所有权。无论破坏这种政区体制的理由是什么，它们在三个王国里一直保持其存在。875年，在坎布里亚政区该制度仍在实行，甚至在10世纪还有所耳闻。

力求公正、追求金钱

这些中央和地方各级官员的基本政务似乎就是进行公正分配，这甚至比财政事务和军事事务更重要。而且，这是查理曼最常介入的领域。他的法令中有许多是发给伯爵法庭要求他们加强审判公正的指令。他废除了由村镇自由人组成并做出法律审判的乡镇法庭，代之以由相当于终身专职法官组成的"圣庭"（scabini），每个法庭（mallus）有七名法官。他们于774年前后首先出现在法兰克北部。为了减少，甚至取代由诅咒发誓者或由辩护人作证的做法（即发誓作证被告无罪的人数多于作证其有罪的人数，被告则被宣告无罪），查理曼设法使目击者，甚至书面证据作证的做法为公众接受。但是力图减少神判法的努力毫无结果。神判法是异教的，可能源于宗教，并且仍用于裁决不明案子的一种审判方法。仍然沿袭的传统是：让被告赤脚走过九个炽热的犁铧，情况好点的是让被告与雇来的斗士进行"天罚"决斗，能够杀死对方的被告就被宣判无罪，因为胜利总是被认为有神灵相助。查理曼建立了一套向皇家法庭申诉不公判决的制度。但是如前所见，宫廷伯爵很快就陷入大量此类案子之中。具有"高级"审判（即伯爵亲自处理）和"低级"审判〔由伯爵副手（vicarius）或者治安官（centenarius）审理的案件〕之分的加洛林司法体系虽然被各级官员按照各自需要来安排，但是在整个中世纪期间基本没有改变。判决由伯爵的属下或治安官来执行。

皇帝们对经济事务的干预就更多了。查理曼和虔诚者路易一直要求提供有关其地产收益的书面资料，其顾问们则更不用提了。要求对财政收入范围内农民应完成的劳役列出详细清单的法令（De villis）和用于调查国库不同资源收入的著名的安纳普斯（Annapes）的《简例》（Brevium exempla）调查样本，作为确定并计算帝国生产资源巨大努力的证据而保存下来。罗马人在地租或人头税的土地清册上，或者户籍簿中记载劳役的传统一直栩栩如生地保存在教会的多联文献中。像牧师一样，皇帝和国王必须有很好的记忆力，即使记不住人口的数目，至少也要记住供他们支配的国库资产和土地单位的数量，即"曼西"（mansi）面积数。如我们所见，我们掌握的证据是843年起草的"分割王国（方案）"的文件，当时专家们曾得到过指导他们平均分配公有土地的这些文件。而且，秃头查理为支付丹麦税，强制以银币收缴贡赋，并分别在845年、860年至861年、862年和866年按不同规模征税。征税的金额根据土地面积的类型而定，因为866年的6000磅白银的丹麦税即按此方式加以提高，而中央政府应该知道能够征税土地的精确数量。书写及算术技能的复兴就这样使加洛林人在金融方面达到了一定的精确程度。

除皇室个人财产之外，位居榜首的国库收入、开垦荒芜的公共土地等方式都能通过军事征服（如在萨克森或意大利），或者通过对叛国者取消继承权或没收财产以及司法审判等得到增加。皇家日常的开销，各级官员工作的薪俸以及我们将会看到的对诸侯效力奖赏的不断增加，都在使担负这一切的土地资源遭受不断减少的威胁。因此，战争就成为确保土地的必要手段。如果做不到这一点，就像查理·马特时期曾发生过的那样，国王可能会倒退到靠把教会土地分配给贵族以确保其忠诚的地步。虔诚者路易在看到出现反叛迹象时也曾被迫采取这种做法。他的儿子亦是如此，其结果是到9世纪末，大片王室地产被分割一空，而教会的土地也转移到俗人之手。然而，值得注意的是这些国家地产大部分位于诺伊斯特利亚和奥斯特拉西亚，而王室拥有的最后财产恰好位于这两个地区。查理曼拥有大约200座宫殿、600处王室财产和200座寺院。他的其余收入来自其有权得到的所有合法罚金（freda）的三分之二，违背国王"召集权"（"bannum"，60个索里德中的40个）的罚金以及逃兵（heribannum）的罚款。然后还有其他非直接的税收以及通行税，据说它是以过桥税、车轮税、市场税或者过山税的形式征收的，按承载货物（advalorem）的10%征收。除收税者的工资外，所有收益都归王室国库。有时一些人看到所涉及数量巨大（个别达到60索里德），不得不以货代款，通过交出武器、马匹、奴隶和类似物品来履行义务。王室铸币者和国王各自从每磅白银所铸的264便士中获得平均12迪纳尔的收入。而原有的土地税和人头税等罗马税项并没消失，但如我们所见，其数量此时是固定的。这种"传统"无疑仍在阿奎丹、普罗旺斯、意大利和其他几个地区存在，因为查理曼曾下令在仍有这种传统的地区制定详细的财产目录。在"税后的"收入中，通常有大官要员们在牧野誓师大会上进献的大量礼物以及布立吞人和贝内文托公爵们的贡品（每年7000索里德）。别忘了还有战利品：需要15辆马车运送阿瓦尔人在战争中获得的财宝。简言之，战争和充实的国库掩盖了需要修改的旧罗马税制，使其不但没有消亡，反而更加不可动摇，因为缴纳惯例税赋已成为劳役的一个标志。

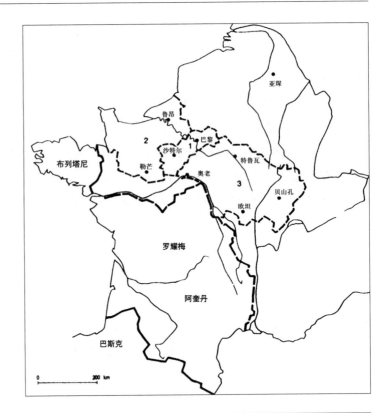

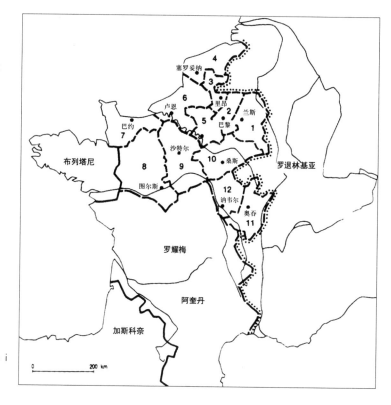

米斯多米尼西 (Missi Dominici) 的15个疆界

权力最终依赖于军队

查理曼体制的重心是军队。理论上讲，国王"召集权"使他在遇到外敌入侵时有权召集所有自由人加入军队。要求他们自备武器，参加牧野誓师大会，因为贵族高官的集合与军队集合同时进行很常见。动员分3个步骤：首先征召令传达到伯爵，然后伯爵集合其部属，最后伯爵带领他们到达集合地点。为加快这个过程，在虔诚者路易统治时期，征召令传达给"信使" (missi)，以便直接传送给涉及的人。这些人要在12小时内全副武装上路，前往指定出发地点。战争几乎每年都暴发，至少持续三四个月。必须通过征用粮草来预先准备供给和运输，使用兽皮遮盖的马车，能够运送3个月所需的食物和6个月所需的武器和衣物。外来危险处于局部地区时，只征召诸侯、皇帝、男女修道院院长和主教等大贵族家族的附庸。至于自由人，如同在旧罗马体制下一样，当时认为每4曼西土地征召1个人服役就足够了。那些产业不多的人则组成与土地单位的数量相同的小组，将他们的财力合在一起支持其中1个人完全武装起来。在边境附近，在军队前进中，都有严格的军纪要求。要求所有的自由人轮流登上城堡或塔楼站岗（该职责称为"守望"）。由职业武士组成的特殊队伍则永远驻守在那里。纪律非常严格，战斗中临阵逃脱者要被判死刑。军队的主体由步兵组成，备有长矛、盾牌、弓和12支箭，但是与冲锋在前、坚持到最后胜利的骑兵相比，他们的作用要小一些。与装备简单的布立吞人、撒克逊人、奥斯特拉西亚人、加斯科涅人和西班牙的骑兵相比，人们不能不注意到重骑兵日益增长的重要性。他们佩有长剑，身披铠甲，手执长矛，身穿饰有铁片的皮马甲，拥有这身装备的人必须是有12曼西土地的人或佃农。他们的武器装备总价值36至40个索里德，相当于10头奶牛的高价。查理曼和虔诚者路易特别擅长部署这种装甲骑兵。他们的军事行动大多采取三四路纵队集中对付一个具体目标的战术。相反，如果是掠夺行动，大部队像手掌的手指一样在乡间散开以征服对方。这种新型战术是以法兰克人的成功为基础的。

他们成功的另外一个主要因素是可供调遣的士兵绝对数量较多。例如，在811年，为在易北河、多瑙河、埃布罗河和布立吞边界地区同时采取军事行动而布置4支军队。每支部队由6000名到10，000名步兵和2500名到3000名骑兵组成，其中800人有盔甲。无需进行总动员，帝国就能够按战时编制征召52，000人，其中有12，000人是骑兵。据估计，皇帝们可以召集100，000名步兵和35，000名骑兵。即使乐观地看这些计算可能有误，但是似乎很明显，加洛林人手中所掌握的军事武器特别适合他们的作战目的，而且肯定超过晚期西罗马帝国任意支配的高效率核心兵力65，000人。相比之下，我们很少听说海军舰队。查理曼于811年恢复了罗马的海岸巡逻制度，在根特、布伦、吉伦河和罗纳河口建立了海军基地以防御斯堪的那维亚人的进攻。每支舰队都有在编士兵，随时准备一出现危险就登船。我们没有他们行动的细节，因此使人对他们的战斗力产生怀疑。

加洛林军队的凝聚力应首先归功于查理曼的另一个创意：将封臣制引入国家体制。人们还记得扈从在王朝的崛起中起了重大作用，但是这样所产生的忠诚是对个人的，而且封建领主给其属下的封地实际上是完全免费的礼物。查理曼开始推进这种联系，使之更加正式，将封地和个人结合到一起。他鼓励所有自由人通过受封仪式臣属于某一领主。为了回报封臣的军事服务，领主因此有义务不仅要养活封臣的家庭，还要给他一块终生享有的土地。这样，封臣所提供的军役服务就成为封地的理由。一个完整的等级制度就这样被创造出来。查理曼的封臣包括皇室封臣（vassidominici），并让他们"定居"在国家的土地上。查理曼认为教会财产是他的财产，因为他提供"有利的"豁免权（任何公共官员、伯爵或公爵都不能以执行公务的名义进入这些领地）保护他们。他坚持主教和修道院院长应该通过受封仪式成为其个人的一名封臣，并用这种方式来回报他对他们的庇护。这就是为什么这些伟大的教会要人被描述成在部队中由他们自己的封臣保护着作战的原因。通过这种自下而上、相互交叉的忠诚结构，皇帝期望将政治大厦建立在人们对自己诺言的遵守、对福音书或对圣物的诅咒发誓之上，最重要的是建立在封主和封臣相互的义务以及勇士们应该服从召唤之上。有证据表明，这种极为重要的国家义务存

加洛林时期的轻骑兵。骑兵的胸甲，头盔和盾清晰可见；他们骑马不用马镫，长予用做标枪投向敌人，《乌特勒支圣诗集》中用笔和墨水作的画是加洛林时期手稿彩饰中最灿烂的作品。它们是820年至830年之间为欧维莱尔修道院独家所有（乌特勒支，李克斯大学图书馆）。

在着被破坏的危险，甚至会因两种固有的矛盾而遭到摧毁：基督教和平理想的承诺与靠抢夺为生的需要之间的矛盾。自我矛盾的君主，因缺少让别人臣服的其他手段，被迫依赖某些人或其封臣的雄心大志。

混乱的帝国周边地区

不受帝国约束的政治实体根本没形成政府结构。盎格鲁-撒克逊王国在这方面做得算是最好的，但是如果有人宣称自己能与孤僻的查理曼相提并论的话，那个人一定是阿尔弗雷德，而不是奥法。奥法为王国提供了一种可靠的铸币——新银币，首次在765年之后发行，可与丕平三世所发行的银币相比。而且，为了抵抗威尔士凯尔特人的攻击，他首创修筑一种用木栅栏环绕的长堤坝，称为"奥法堤坝"。当时的一份列出英格兰大部分地区"海得"（相当于加罗林的"曼西"或者日耳曼的"胡发"）面积数的文件——部落土地税，证明盎格鲁-撒克逊王权有足够的能力估算当时每个耕种单位的税收。奥法的儿子埃克格夫利什（Ecgfrith）于787年加冕（一种皇家涂圣油仪式），从那时起，他就效仿法兰克，加强其王权。此后，当阿尔弗雷德颁布一部法典并在其中重复了他前任的一些法律时，国王在法律事物上的至高权力就得到加强，他限制了血亲复仇的权利，强调人们对其主人所拥有的义务。盎格鲁-撒克逊国王的中央管理仍很模糊，但是我们看到地方一级的郡为了军事目的在郡长的领导下组织起来。每个县（或郡）有一个国王的执法官——皇家高级官员，后来变为行政司法官。他主持本地区由大土地所有者参加的每年两次的法庭，公布皇帝法令，并替国王收取食物地租和捐税。他是落实阿尔弗雷德军事改革的主要执法官。如我们所见，这次军事改革需要建立一整套军事防御要塞体系，也就是当初在当地居民的帮助下建立起定居点，而后又将其改做防御的工事。由行政司法官按个人财产比例确定每人支付多少费用。最后，借助于民兵（fyrd），一种类似于法兰克的军队，国王有权每年召集所有的盎格鲁—撒克逊人服军役。为了保有一支常备部队，他选择只征召一个兵团的一半人数，每年两次，每次服役期三个月。此外，为了抵御丹麦人，他下令建造战船，既不采用弗里西亚人的技术也不效仿丹麦人的方式。最后，我们也不应忽视这里自由人多少有些被迫地参加领主的分封仪式，后者同样也是服军役的土地所有者。

同冰岛一样，在丹麦法中自由人大会（战士大会）仍是主要权力机关。斯堪的那维亚的国王们只是执行公民大会决议的军事领袖。在冰岛，公民大会控制一切；"奥兴"（Althing）因此成为欧洲最早的"议会"。

同样，在爱尔兰人的王国，设在布列塔尼的政府采取了一种高度地方化的管理形式，而且在8世纪、9世纪和10世纪的大部分时期一直保持独立。每个地方自治区都由一位古老家族的首领统治，称为"长老"（machtiern）。同其在爱尔兰的同辈一样，这位首领居住的地方同时也是他的法庭所在地。他在此处实施司法权力，收取已成惯例赋税的古罗马土地税。他没有军事职能（不同于其爱尔兰的同辈）。然而，大约从830年起，一位已经获得虔诚者路易的正式承认的皇室封臣、来自瓦恩（Vannetais）的布立吞人诺米诺埃力图建立中央集权政府。在845年秃头查理在巴隆（Ballon）惨败之后，他通过在多尔（Dol）设立一个都主教的职位而使布立吞教会独立。他把伯爵和皇室封臣管理制度引入官僚体制，亲自任命官吏。他的儿子埃里斯波和萨罗门称他们自己为国王。他们周围有以古老的凯尔特方式为他们服务的忠实家臣和私人武士。但这种竭力效仿加洛林王权的努力被斯堪的那维亚人的入侵打断，而布列塔尼实际上继续由其自己的首领统治。

在加里西亚和阿斯图里亚斯情况则完全不同，那里新西哥特人的王权仍然忠诚地沿袭从托莱多王国继承下来的政府形式，没有任何变化，甚至古罗马的土地税还照样征收。消失的只是铸币，而不断出现的必要战争有助于将政府的权力集中于国王手中。君主政体由原来的选举制很快变为继承制。君主的随从由对其宣誓效忠的亲兵组成，所有自由人都要为君主服兵役。他们从君主那里得到武器，甚至可能会被授予一小块王室土地作为服役的回报。伯爵属下有子爵和男爵，他们由君主任命并听侯君主差遣。他们根据里西绥什时期流传下来的"习惯法"（Forum Judicium）中的条文来进行审判。甚至教堂也完全在国王的控制下。从755年至1037年间，阿斯图里亚斯的历代国王建立了一百多座修道院。他们任命主教甚至建立主教教区，所有这些都与罗马无关。简言之，他们的孤立、他们为边境区域（与伊斯兰接壤的人烟稀少的边境地区）寻找兵源的紧迫需要驱使西班牙的基督教国王们建立起更加高度集权的政府，即有更多

入会仪式和通过的习俗。"手握手"仪式承认年轻的贵族成为军事首领的随从，军事领袖"传递给"他们超自然的力量。虽然已是很久以后，该插图仍极好地说明了日耳曼忠诚的神圣品质（海德堡，大学图书馆）。

人服从的政府。贵族们没有时间在自己的领地内强化自己的权威，教士们继续对无数手稿中所描写的天启主题冥思苦想。一个由一支农民队伍所支持的、由武士所领导的无阶级社会在为其生存而奋斗。

奥托帝国的政权再次让人想起建立在战争基础之上的政府。如我们所见，其体系和管理结构不过是模仿和重复加洛林时期的制度而已。直到35岁还是文盲的奥托一世，是一位具有查理曼气质的勇士和猎人，他在德意志重新建立了加洛林国家，这并不意味着只在萨克森地区经历过的纯粹的加洛林政权形式在一个地区的成就。作为序幕，捕鸟人亨利以"法兰克王国的复兴"为口号举行就职演说。与阿尔弗雷德一样，他为较大的修道院和乡村中心以及像雷根斯堡和奥格斯堡这样的城镇建立了系统的防御工事。为给每四个"曼西"征召一位武士的体制增加新的规模，他命令每九个农兵中要有一人留在军事要塞中驻守，而且在常规性调动时为其他士兵提供住处。由这些农兵，即拥有小块土地的职业士兵们所提供的保护会使设有伯爵法庭、议事会、市场等的城市生活得以正常继续。除了征召撒克逊农民之外，亨利一世还逐渐征召武装骑兵来抗击匈牙利骑兵。到10世纪中期，奥托一世和奥托二世已能够召集大约15,000人，其中8000多人为武装骑兵，而这还只是阿尔卑斯山以北的情况。这样，部队中步兵的比例由查理曼时期的四分之三

10世纪圣高卢《精确占卜书》的手稿插图，在羊皮纸上用笔和墨绘成。从绘画技巧上来看没有《乌特勒支圣诗集》中的素描生动活泼（波恩，城市图书馆）。

下降到一半以下，而领土只有查理曼帝国的三分之一。从这一点有理由看出，虽然奥托帝国的军队在数量上与查理曼的相当，但是其向重装骑兵倾斜的政策则预示着一个新时代——一个职业武士时代的到来。最后应该注意到的是：这种军队更加紧密地依附君主，因为在亲兵和封臣中，军队的成员都是由家臣或者侍从组成的——也就是说是由从前有义务服兵役的奴隶组成的——君主要为他们提供土地。在此，我们再一次看到奴隶依赖性的根源，它来自为人所熟知的原始日耳曼传统，即对所服从的军事领袖的无限忠诚，因为奴隶所拥有的一切都属于军事领袖。于是，仍然存在的旧时军队成员之间的友谊加强了查理曼一直所寻求的以人与人之间联系为基础的加洛林制度。毫无疑问，西欧的军事机器取得稳步进步已是不争的事实，达到了数量和质量上都优于晚期罗马帝国的程度。

创建一个更有凝聚力的社会？

"查理曼对人们感到失望"，当罗伯特·福兹这样说时，他最好再加上，"因为当时没有几个人能够理解他和他的继任者们的意图。"实事上，在查理曼所有的建树当中，只有他的政治体制完全瘫痪了，而其余的，特别是他在教会、教育和经济方面的创新，都部分地保留下来，甚至由谁来负政治失败的责任依然没有定论。即使是查理曼最有能力的继任者奥托一世也愿意从他身上获得灵感。对导致帝国内部分裂的思想过程的调查表明：失败在于其特有的整体背景。事实是：领导层中的误解和不同意见不仅出现在对国王和皇帝忠诚的问题上，而且也表现在对教会的宗教要求方面，那是一个更加危险的领域，因为它影响到人们在未来世界中的命运。民众的不满是我们理解从850年到950年间动荡岁月的关键所在。被压抑的能量由于在帝制之下找不到发泄的渠道，就会在地方上爆发，从而产生封建体制。

有关效忠的事务

查理曼曾期望通过采用从前罗马市民发誓效忠的方式来加强所有部下对他的忠诚。对于宣誓文本的大量修改、教师们艰苦努力的解释说明、加上那一句"为人应效忠其主"，这些都成为这种方式方法持续失败的反证。究其原因无疑在于，当时人们普遍认为国王一定是脆弱到迫切需要一种承诺的地步了。臣民的效忠宣誓因此而消失，除了在开特罗纳，在那里对地方伯爵的效忠宣誓在10世纪仍然存在。

由于臣属身份与封地联系在一起，当服役逐渐与所赠土地相关而不再与个人有联系时，情形变得十分严重。在南部地区"有偿服役"和日耳曼的"直接馈赠"观念的影响下，没有人理解享受土地果实的观念。习惯于获得馈赠与给予馈赠的原始观念，最初应该来自于部落首领或其他有权势的大人物。无论是高官为获得部分战利品而付给国王礼物，还是农夫用家禽和鸡蛋付地租，礼物与馈赠的交换只是一种相互义务的标志。馈赠实际上是一种责任，而不是宠爱或者特别的慷慨之举。尽管教会竭力提倡，但是馈赠的社会因素和契约因素剥夺了其自发性和与慈善的关联。同样，土地渐渐地变成一种对服兵役的直接馈赠。由于这种误解，君主和封建领主依次成为服役和忠诚的购买者，正常情况下他们都应该是普通的受益者。在教会使皇帝成为高不可及和神圣人物的所有努力之中，惟一见效的事是使行刺国王成为过眼烟云，而其他的则都徒劳无益，因为教会没有能力阻止皇帝权威的不断下降。更确切地讲，它还加速了这个过程，尤其教会通过辛克马尔要求在国王举行的主教管区和领地的授权仪式上主教们不再受制于"效忠式"（immixtio manuum），这是按照法兰克的习俗而进行的一个自动屈从的仪式，它标志着下级从属和依附于上级的关系的开始。很自然这种拒绝基于福音书的准则：一人不事二主，但是皇权不可避免地受到削弱。这种衰落的外部特征很快表现出来：为获得忠诚，国王做出让步。843年在库赖，国王承诺教会不再剥夺其所拥有的财产来获得薪俸，并许诺不再武断地削去高官要员的职位（荣誉）。据说，如果国王没有遵守其诺言，臣属们则可考虑不再受效忠宣誓的束缚。这种忠诚与馈赠之间的因果关系完全颠倒了。这种法规向罗马平等人士之间契约形式的同化，剥夺了国王的强制权力，掩盖了高官的贪婪，并且通过与上帝的法律相比，削弱了皇权。

由于被迫慷慨，国王似乎十分放纵地分配着国家的土地。实际上，840年之后，没有一个领主受到忠诚承诺的约束，甚至在参加了据说有约束力的奖赏仪式之后也是如此。实际情况是内战和多重分化完全扰乱了对领主、国王和皇帝的忠诚。806年到839年间，在勃艮第的贵族们至少在六种情况下要向新国王宣誓效忠——这只是为了与虔诚者路易的合法支配权步调一致。这种情况下，又怎么来评价一个人的终生忠诚的承诺呢？要记住的是每当发生叛乱，每个臣民都要被召集到领主那里。他要听谁的征召？叛乱的儿子，直接领主还是最高领主或蒙羞的皇帝？臣民无疑会听从他们直接领主的征召，如果他们不听，直接领主就会立即剥夺他们的封地。这些契约义务和直接控制权力就这样妨碍了最高权威，领主变成了国王和臣属之间的屏障？因此有必要进一步分封土地才能获得臣民的忠诚。秃头查理在37年内4次在其追随者中分封的地产，相当于查理曼46年内在整个帝国内所分封的地产数量。卡罗曼在执政之初，由于害怕属下不忠，甚至在出现很小的反叛迹象之前就将封地分给所有的、各种各样的人。一旦国有土地被如此地浪费掉，并在10世纪只剩下巴黎盆地为数不多的几块地产之时，臣民们便抛弃了再也无物可给的国王。他们甚至愿意接受来自几位不同领主的封地，最终证明"忠诚"只不过是一个徒有其名的空字眼。

各地区的忠诚誓言

但是有些人会说这些分封的财产只不过是在一段时间或者一生内有效，如果强制没收不再可能，就不能禁止按照事情自然发展的程序将其收回。在秃头查理执政时期，伯爵的封侯已经等同于其封地。867年，当国王想调走布尔日郡的伯爵杰拉德，并以阿克弗雷德（Acfrid）取代他时，后者企图强行进入该郡并在进攻中丧命。杰拉德将他的领地当做祖业来经营。到了该世纪末，也没有被取消伯爵的地位。尽管如此，该伯爵名下的国家财产和他的封地在其死后仍要重归国家所有。然而，很快就连这种可能性也消失了。死者的族亲插手进来并设法说服了国王或政府要员，出于不言而喻的原因，让死者的继承人拥有其土地较为谨慎。早在868年，辛克马尔就认为他自己拥有受封占用兰斯教堂土地的臣民，而这是出于军事服役的缘故，"允许那些为教会服务很好的父亲们把封地留给他们的儿子们"是一种常规做法。877年，在"奎尔兹教会法"的牧师法规中，秃头查理在竭力维护他的封侯分地的权力同时，又在出访意大利时承认，父亲不在时，应该允许儿子们继承其父亲的权力和财产，直到确认其父的归来或者接受新的使命为止。这似乎勉强承认了世袭已经成为惯常的做法。尽管受到一两次挫折，继承权已在不知不觉中得到人们的承认和接受。这种情况说明了10世纪时，为什么路易四世和罗退尔急于要征服罗退林基亚，因为在那里还没有出现这种世袭现象，他们因此有可能重建王室财库。个人的附属关系消失了，封地从其所有者那里落入其占有者手中，而作为终生服役的馈赠则成为一种新的政治权力——乡村贵族的基础。权力以同样的方式随土地转移。从帝国转到王国之后，从国王转到土地所有者，最后又落到城堡主人的手中。

消极的忠诚和嘉奖的纽带就这样断裂开来，因为前者已下降到郡级层次，而嘉奖则自动授予有幸成为继承人的任何人。另外两种关系保留下来：地位相同的人们之间的关系和血缘关系。可是，即使这两种关系也是对国家的反应，但与嘉奖不一样，他们从未打算依赖皇亲国戚。南方典型"同盟"的目的是要保持和平，或者建立起贵族之间的联盟。而843年在库赖很安全的国王们，因为贵族们威胁要强加限制性条件，所以几乎没有愿望与贵族结为一党。就这样，贵族通过颠倒角色形成了有利于贵族统治的优势。同盟和盟员（trustis），即追随者之间的誓言也是如此。如我们所见，无论情形如何，这里强加的是无论生死都要无条件忠诚的义务。假如这样产生的卫兵就像结成"同盟"的贵族一样，是属于私人性质的，而且代表的是一种心照不宣、无限忠诚的终生承诺的话，那么附庸对国家的权威会构成更大的威胁。正是由于这个原因，它受到查理曼的严厉禁止。秃头查理重申禁止结盟，也许这没有什么效果。857年，他在第戎召集会议，针对各地的掠夺、入室抢劫和谋杀者以及那些结盟的附庸在封闭草场放牛和毁坏庄稼的人采取措施。有迹象表明，奴隶们也结成相似的团体、制定有约束力的成文法，进而制定自己的法律。这类地区性团体丝毫没有公共道德。它在同一地区的自由人之间结成了横向联系，从而打破了社会的纵向结构。如此看来，加洛林政府不能发挥任何作用。

无论是778年，还是884年，对于"帮会"（ghildes）的禁止都不顺利。即使这些团体是针对船只失事和火灾而建立起来的一种相互保障的组织，也要禁止。禁止这些宣誓团体的原因是：这些"小集团"的基本原则是与基督教国家完全对立的。教会对他们的谴责尤为强烈，而且正是辛克马尔告诉我们为什么人们会认为这些"同盟"如此危险。它们常常会举行一些盛大宴会，在吃饱喝足之后，赴宴者相互发誓支持对方，并承诺提供金钱和物质上的帮助。这有时会引发谋杀甚至小规模内战。这种"帮会"在法兰克北部地区非常多，特别是他们控制了海外商业领域。教会作家不断地抨击他们利欲熏心、冷酷无情，而最重要的是没有任何法律来约束这些以不论发生何事都必须保证集团利益为指导原则的商业协会。这些团体或者帮会只承认一种规则：不择手段地生存。他们与加洛林王朝正在着手建设的、不能拒绝的新世界毫无任何共同之处。

更可怕的仍然是血缘关系。已经证明在日耳曼社会中存在着被称为"faida"（血亲复仇）的神圣复仇行为。除非给死者家人的赔偿金足以非常体面地阻止凶杀的继续发生，否则复仇会世代相传，因为亲属们会出于对死者的孝敬而拒绝接受赔偿。在个人法律仍然有效的制度下，根据赔偿的金额，如果可以获得和平，则双方一定会相互发誓保证安全，也就是日耳曼民族的停战

(treuwa)，在我们的语言中意为"休战协定"。所有这些都会时常发生在司法体系之外并且助长了社会的横向结构。如果国家想要干预这个过程，它会再次显现出自身的无能为力。在英格兰，尽管阿尔弗雷德采取措施限制家族之间的世仇，一位叫苏尔布兰德（Thurbrand）的贵族对乌特雷德（Uhtred）伯爵的谋杀还是引起了一系列的凶杀。直到1073年，乌特雷德的曾孙沃塞欧富（Waltheof）伯爵在离约克不远的塞特灵（Settring）杀死了大部分苏尔布兰德的后代，这场仇杀才结束。如果沃塞欧富不是在1076年被征服者威廉处死的话，冲突也许还会继续下去。加洛林王朝的某些大家族也卷入同样无休止的世代仇杀之中。查理·马特与他的一位出身于巴伐利亚的公爵家族的情妇桑尼黑尔德（Sunnihild）生了一个儿子，名叫格里弗（Grifo），后者采取暴力动乱的方式要求分得父亲的一份遗产。由于想谋求与阿奎丹公爵威法尔结盟，后来又和伦巴第国王联合，格里弗最后在753年被谋杀。大约与此同时，丕平三世为了伯纳丁（Bernardin）家族的利益将埃提赫尼德（Etichonid）家族驱逐出境，使其失去了所有祖传领地。那时埃提赫尼德家族与巴伐利亚的塔西罗公爵家族的后裔威尔夫家族有关系，该家族直到788年一直是查理曼身边的心腹之患。当朱蒂斯嫁给虔诚者路易时，威尔夫家族因此得以重新进入加洛林王朝。对于她的祖先格里弗被剥夺继承权一事以及对她的（异母/父）姐姐查尔特鲁德（Chiltrud）与替他报仇的巴伐利亚公爵之间连续不断的战斗的记忆，很可能是朱蒂斯想为她的儿子秃头查理赢得一个王国的坚强决心的原因。但是来自加洛林血统的大总管伯纳德的支持被埃提赫尼德家族的胡格和麦特弗里德认为是背叛，他们极尽所能要摧毁朱蒂斯的计划。已设法夺得王权的丕平家族和埃提赫尼德家族是奥斯特拉西亚的两大家族。上述事件难道不意味着两个奥斯特拉西亚大家族之间的大规模报复，如同巴伐利亚剥夺威尔夫一样，剥夺了阿勒曼尼吗？如果这个假设成立，那么难道加洛林王朝的衰落不就是一系列家族复仇的结果，也就是说，是血缘关系扼杀了王朝，并使其合法性成为历史的偶然吗？

古老的誓言或者血亲关系的持续存在，说明了由虔诚者路易、安尼亚内的本尼狄克、里昂的阿哥巴德所提出的西班牙阿奎丹计划和其他一些教会顾问之间的势不两立。两个世界，两种态度相对而立。同时，两个家族一方面为控制权力或者为被谋杀的亲人复仇而进行暴力斗争；另一方面，里昂的大主教阿哥巴德则以只能是火上浇油的方式大骂那些高官。由于完全没能理解形势，他在对《耶利米哀歌》（《圣经旧约》）的亵渎神明的解释中，对其他证人没有证实的这位皇太后的过失行为进行了疯狂的、厌恶女人的攻击。原本要为帝国辩护，但却破坏得更彻底，他给朱蒂斯的敌人和那些无论如何都反对皇帝二次婚姻的人提供了意外的武器。这种教士干涉的结果毁掉了所有和解的希望，而且这个失误给830年至840年之间的十年留下了分裂的痕迹。长期不合与道德分离的碰撞产生了水火不容的结果。

不可能的联合

　　还可举出其他因心理分歧难以沟通而引发的遭到抵制的例子。新迪纳尔的采用、其重量和计量的改变，再次引起地方人民的直接反对，迫使对拒绝使用者采取可怕的处罚。806年《尼枚根誓师令》（Nijmegen）之后，适用于所有带息借出的货款的高利贷禁令是从圣经训谕之中得到启示的。放高利贷者被处以60个索里德的罚金。就事实而言，正是那些引用《申命记》谴责带息借出钱财的人自己变成了放贷者，尤其是提供大量贷款的修道院院长就因此而触犯了禁令。如果后者对农民有好处的话，其意义在于它挽救了农民使其免于破产，至少使他们免去陷入债主监狱之苦。这使贸易很尴尬，可能更令商人为难，会使他们的灵魂永远不安。这也是很多主教将资金交给犹太代理人去经营和管理的原因。所以，这项计划即使没有完全被挫败，也陷入了困境——就像货币的重量和计量在不同的地区有不同的变化一样——它或者同高利贷的情况一样，偏离了原有路线，或者至多是如币制改革一样放慢速度，尽管这需要很长的时间。

　　导致帝国分裂成地方公国的政治失败还有最后一个原因，就是民族之间的对抗性，让·德宏特（Jan Dhond）称之为"种族溶解剂"。在笔者看来，考虑到在多数情况下缺少种族团结，笔者更愿意称其为"地方排他主义"。可以举出许多例子来说明在9世纪和10世纪的人们对其邻居的典型印象。当虔诚者路易对西部的法兰克人失去信任时，他选择依靠据说是勇敢、忠诚、守信的日耳曼人，也就是撒克逊人。圣高尔（St Gall）的诺特克尔（Notker）将可信赖的核心和高卢人（西法兰克人）做了相同的区别，阿奎丹人、勃艮第人、西班牙人、阿拉曼人和巴伐利亚人在查理曼时期作为"法兰克人的奴隶"曾经十分荣耀，但那些时代结束了，联合已没有吸引力。尽管一位名叫阿哥巴德的西班牙人在他的讲道词中说到要建立一个符合圣保罗所主张的，"既不是阿奎丹人的，也不是伦巴第人的，更不是巴伐利亚人的，而是一个包括所有人在内的基督教帝国"。法兰克人"铁的意志"和"威尔士人"（即反复无常、不断背叛罗马人的特性）的任性之间有着鲜明的对比，在这方面，与阿奎丹的关系史是很有教育意义的。查理曼经常担心年轻的虔诚者路易会被传染上他的臣民的那种骄傲自大。这些担心都得到了充分的证实，因为在814年，路易在阿奎丹顾问的陪同下返回到亚琛。那些顾问们劝说他实行一项在当时看来非常大胆、思想非常超前的计划。相反，在阿奎丹，查理曼迁入的法兰克家族受到周围"罗马人"更富裕和优雅的生活方式的诱惑，很快变得南方化。迁移到伦巴第和阿奎丹地区的法兰克人一旦采用了地中海式的名字，适应了当地的习俗，并在此过程中公然效忠于旧欧洲而不是新欧洲时，那么，加洛林军队和法兰克帝国的概念终究要遭遇厄运。但是从相反的角度来看，一旦阿奎丹西班牙人的平等安定、和平统一的帝国（像虔诚者路易所提倡的那样）概念被提出来，就会重新激起日耳曼人对南方叛徒的偏见和敌意。援引卡塞尔·格罗斯（Kassel Glosses）的话说："罗马人愚蠢，巴伐利亚人精明。"巴斯克人被认为是不能被驯服的，布立吞人愚蠢，"他们野蛮、易怒、习惯粗俗、叽叽咕咕地讲着谁都不懂的土语，" 拉尔夫·格莱伯在11世纪初期说。这些不同民族之间的文化冲突也是导致帝国分裂的原因之一。为了证明这一观点，人们可以参考一个简单的事实：大约在936年之后，西法兰克国王停止干涉卢瓦尔河南部地区。当987年巴塞罗纳伯爵以古代团结一致反抗伊斯兰的名义，向其最高统治者请求帮助时，新任国王胡格·卡皮特（Hugh Capet）却根本无动于衷。

但是也可能有人反对分裂已经使法兰克帝国失去了诺伊斯特利亚、奥斯特拉西亚和北勃艮第等原有核心地区的这种说法。在那些地区，在按常规指定的会议的协助之下，中央集权制的趋势已经非常明显。在这里，前高卢罗马居民一定很骄傲自己被称做"法兰克人"， 而联合本应该留存下来。然而，实际情况远非如此，因为贵族仍只尊重拥有战功的国王。因此，日耳曼人的国家概念传到东部，传到萨克森地区。在那里，暴力的魅力重现了以亨利和奥托为代表的、惟一勇敢抵抗查理曼的撒克逊酋长维杜金德的化身。与此同时，罗马人的国家概念传给阿奎丹人。维也纳的杰拉德、欧里亚克（Aurillac）的杰拉德、杰伯特和科鲁尼亚克斯地区包括奥多在内的第一批修道院长，都是南方人。在日耳曼人眼里，国家仍属私人财产，而在罗马人心目中，国家则是公共服务体系。这两种主要观念融合中的分歧导致了具体的分化：这种分化仍是未来，主要在12世纪，教皇与帝国之间争吵的不祥之兆。

教会的复兴？

政治体制复兴的基本要素是由知识分子组成的牧师团体，相当于"国家顾问"——可以说是皇帝或君主国家的专家治国论者。他们的影响和他们对每一个想到的结构都加以"洗礼"的欲望显而易见、无处不在。由于早期的加洛林王朝十分清楚地知道：没有教会的支持，他们什么也做不成，并被说服他们有义务保护和促进对基督的信仰，因此现在很难说谁在支持谁。事实似乎是教会改革，传教团、知识分子和艺术家的努力，有时是源自加洛林王朝的进取精神，有时则来自于教会的主动性。

教会与国家的融合

742年或743年至747年之间，查理·马特死后最初召开的一系列议事会标志着查理·马特优势的完结。显而易见，如果没有其继任者加洛林王朝和丕平三世的权威，这些会议就无法举行。最迫切需要关注的事情是已经分封给诸侯的教会财产的性质问题。面对军事需要，主教勉强同意暂时转让教会的土地，条件是占有者付给拥有该土地的修道院院长或主教一笔认可的租金，并且在其死后该财产归还教会所有。这就是"根据国王的命令"所做的"教产"封赏。博尼法斯无疑希望教士会因此而得到净化并重新建立大主教职位，但是君主和世俗官员们在维护教会优势方面投入太大，不会轻易这么快就放手的。梅斯主教赫洛德冈为大教堂中各主教下属的教士会的全体成员起草了一项规定。该规定受到圣奥古斯丁的启发，更要归功于《圣本尼狄克法规》。此规定坚持在修道院的食堂和宿舍里采用一种公共生活方式，让教士们在自由地为大教堂服务的同时，遵守修道院的作息时间。但是直到816年，亚琛议事会决定全体教会人员必须遵守这项规定时，它才被广泛采用。该规定在规范高级教士的生活和精神文化方面无疑产生了良好作用。第一代改革者之后是以梅斯主教安吉尔拉姆和奥尔良主教塞奥多夫为代表的第二代，然后是第三代改革者，其中有奥尔良主教乔纳斯和在虔诚者路易执政时期极具影响力的里昂大主教阿哥巴德。

对查理曼而言，国家与教会的关系更难以密切。就我们所见，他的目的是做有支配权的合伙人。就像在罗马帝国时期，没有他的允许，任何一项教会法令都不能生效，要由他来任命所有的主教甚至一些修道院院长。为了获得更多臣仆，有时他还在规定的修道院院长职位以外，又设立一个世俗修道院院长的职位。他将教士并入臣仆，并强制他们当中最伟大的人物带领其属下加入军队，让他在誓师大会上坐在法官席上，让他们监管王产（missidominici），或者为皇室小教堂服务。他的法令不但对教会有同样的法律效力，而且充满基督教的道德规范。最后，由他来主持议事会。

这种国家与教会之间的相互渗透给教会带来不可否认的优势。皇帝是教会土地的自然保护者，他给予教会土地财税豁免权和当局惩罚与命令权的保护。为让主教或修道院院长免去因其神职人员身份而禁止参加的工作（例如旁听涉及流血的犯罪案等）的限制，查理曼扩大了咨询会议机构。这是个世俗职务，任务是对正常落到伯爵头上的义务实施赦免。高级教士因而有更多的时间奉献给他们的宗教职责。到814年，通过在阿尔卑斯山北部设立16个大主教取代已经消失的都主教职位，主教制度的重组已经或多或少完成。这时，移交给主教的各种各样的责任就能够更为规范地实行：每年巡视乡村教区和大土地所有者的私人教堂、授予由大土地所有者所推荐的自由人以教区教士圣职、为唱诗班领唱者和朗诵者创办培训学校、视察修道院、为大主教区任命副主教、布道并为宗教信仰辩护，最后还要和全体教士一起，维护大教堂的日常工作。816年教规改革后，主教团财产的收入分为两部分：一部分用于主教的饮食起居，另一部分归属于大教堂教士会。后者根据受薪教士数量重新分配，每一份薪俸都足够维持一位教士一年的生活。最后，主教还负责规范教会执事和教士职务的相关立法工作。

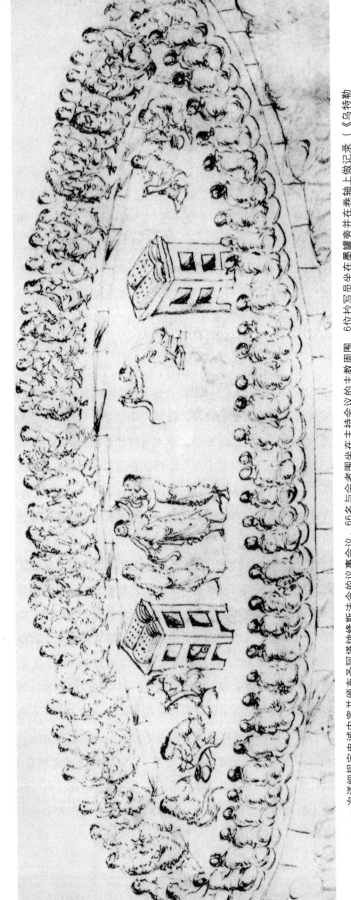

一次详细规定忠诚内容并颁布圣阿塔纳修斯法令的议事会议：66名与会者围坐在主持会议的主教周围，6位抄写员坐在墨罐旁并卷轴上做记录（《乌特勒支圣诗集》，乌特勒支，李克斯大学图书馆）。

对后者的要求标准实际上在不断提高，主要是对教士教育资格的具体要求造成的。他们必须能读会写，必须能够识别使徒的标记，知道主祷文、格列高利的圣礼、驱魔咒语、苦行赎罪的规则、历法、"罗马圣歌"（即格列高利圣歌）、格列高利教皇的公开信——简言之，严格的基础文化教育是必须的。通过讲道，乡村牧师在传播主教指示中起到非常重要的作用，而他们的劝诫有助于加强对国王的服从。就这方面而言，教会的组织结构比国家的更有效，因为通过地方教会可以使教会直达每一个农夫，而领主和他们的下属则需要长途跋涉才能保持联系。因此，加洛林王朝极尽所能使教士成为令人尊敬的、最好能忍受独身生活的大人物的作法毫不奇怪。考虑到为了"贵族"夺走教会的土地，查理曼在779年的一项法令中同意应该对教会给予补偿。他制定了一项具有广泛约束力的自愿捐献的义务，这就是在585年马孔议事会上提出的"什一税"。包括王室土地在内的所有土地，都留出十分之一的收获作为乡村教堂的维持费用。其中四分之一归主教管区。最后在827年，虔诚者路易规定必须为每一座乡村教堂提供一份份地（mansus）和两名奴隶为其工作，并且满足教士的物质需求。这样就可以避免教士从事任何与他们的精神事业无关的活动。

如果说查理曼与教会的密切合作使主教起到显著作用的话，那么，在8世纪中期已显示出数量变化的僧侣世界则有更重要的作用。皇帝在修道院里发现了一种理想的统治手段，确切地说是制胜不听话的主教（例如：在阿奎丹的或那些主要在德国帮助传播信仰的主教们）所必须的手段。他保护那些履行政治宗教目的的修道院（如圣丹尼斯修道院和富尔达修道院）或者能在某些地区提高他的威信的修道院〔诸如创建于782年的安尼亚内修道院、阿奎丹的沙鲁修道院（Charroux）、莱茵河和富尔达河畔的洛尔施修道院和赫费尔德修道院〕。他将这些修道院变为皇家寺院，并赐予财产豁免权来增强它们的稳定，甚至酌情减免对国王的服役和义务。相反，他不喜欢那些经常有许多自由人集会的修道院，因为这对他的军队发展是一种威胁。他不支持修道院院长自由选举，而喜欢俗人出任院长制度，因为作为俗人修道院院长自由处理修道院土地的回报，国王可以得到修道院提供的大量臣仆进入军队。但是，当按照此规模要求帝国的600多座修道院（其中200座归他直接统辖）提供服务时，查理曼很难使他们紧密联合在一起，成为一支有聚合力的军队。

安尼亚内的本尼狄克及其皇帝保护人虔诚者路易下了极大决心对修道院体制进行一次普遍改革。816年8月23日和817年7月10日的法令重申所有的修士和修女团体必须强制性地遵守《圣本尼狄克法规》。这样就明确了礼拜仪式和祈祷远远高于政治、布道或文化活动。提出此项措施的同时，还对造成无政府状态的隐修士行为进行了严厉谴责。结果是直到10世纪，这种个人修行的潮流几乎完全绝迹。礼仪功课再次成为必修，只有献身于修道院生活的人才能进入僧侣（修道院）学校，严格遵守对女修道院的封闭管理。改革进行得很慢并遇到抵制，特别是因为高官反对修道院院长自由选举。在此能够看出是虔诚者路易为格列高利计划奠定了基础。

　　这一点可从下列事实中看出，奥托强调，尽管他能够征募到品质优良的新兵，但是由于统治者和俗家人的原因，教会的缺陷日益突显，而他的继任者同样会发生这种情况。由于像查理曼一样常常任命主教甚至是修道院院长，奥托最终发现，把如此堪为楷模的仆人所在的主教城市内"调解"（comital）的权力交给他们自己去行使十分有益：斯皮耶、马格德堡、美因茨、科尔（Chur）和科隆等城市都是适合这样做的城市。后来，他扩大了主教法庭对享有免税权的教会土地的司法权限。接下来，为了防止被俗家统治者侵占，他同意给予主教征税权和铸币权。最后，他将主教的"调解"权力整体扩大到郡。在日耳曼国王的印象中，这些伯爵主教是理想的官员，享受着免税权的恩典，他们小心谨慎地行使着自己的特权。他们按时根据定额为国王提供士兵：主教辖区提供1822名骑兵；皇家修道院提供1200名，占总数的四分之一！最后，当这些士兵去世时，因为他们没有继承人，他们的主教辖区和郡自动归国王所有。这就是加洛林王朝体制的最终产物：一个教权化的政体使教会与国家结为一体，并且是国家生存的基础——基尔舍体制。

克吕尼修道院

　　另一方面，帝国的分裂使得俗人热衷于改革运动，但在没有领袖的地区情况则不同。在经过修道院和主教辖区落入俗人控制的一段动荡不安之后，南方的贵族由于受到安尼亚内的本尼狄克理想的影响，开始修建一些修道院院长公开选举产生的修道院。鲁西隆的杰拉德于858年至859年修建韦兹莱（Vézélay）修道院，并将其置于罗马的圣彼得大教堂的直接控制下。此外，欧里亚克的杰拉德大约在871年宣誓就任圣克莱门特修道院院长一职，该修道院后来采用了他的名字，也被置于罗马的圣彼得大教堂的直接控制下。最后，910年9月11日，阿奎丹公爵，虔诚者威廉建立了克吕尼（Cluny）修道院，先决条件是其土地归罗马的圣彼得大教堂所有。在这种不受任何可能的世俗干涉的庇护之下，其第一任院长伯尔尼（Berno）赢得修士的修道院院长自由选举，并免受地方主教（马孔）的司法权管辖。克吕尼修道院满意地看到这些赦免特权受到教皇约翰十一世的认可，但在允许几乎所有修士成为教士时，克吕尼修道院背离了让俗人致力于祈祷的古老传统。稍后在951年，克吕尼修道院院长获得了所有他准备改革的修道院都置于他管辖之下的许诺。奥多（926～942年）和马约尔（Maiol, 954?～994年）修道院院长对他们同时期的人产生了极大的影响，特别是后者由于他与奥托大帝的关系密切，所以影响更大。然而，奥托根本不赞成克卢尼亚克（Cluniac）方案，因为该方案削弱了他的军事及管理基础。布罗纳（Brogne）的杰拉德，同名修道院的院长（通过在他本人拥有绝对所有权的土地上修建该座修道院而得到自由权）和933年万迪雷斯（Vandieres）的格泽（Gorze）修道院的修建者约

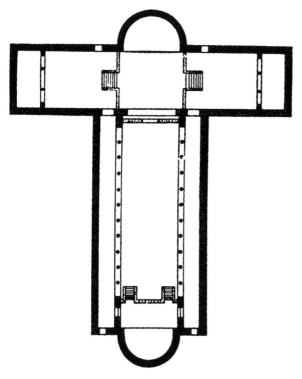

富尔达修道院教堂平面设计图。由博尼法斯建于富尔达的修道院教堂于791年到819年之间重建。带侧廊和环形殿的教堂中殿在西部末端有一个突出的十字形耳堂通向下一个半圆形后殿。

翰,二人的优先权被限制在罗退林基亚。两种不同的教会观念,由于一种受到查理曼的支持,另一种受到虔诚者路易的支持,所以互不相容。前者认为在上一级国家的监督下教会享有充分的自由;后者认为教会应依附于国家,是国家的一部分。这两种观念的后继者将在11世纪发生正面冲突。

提高教会军队的地位

查理曼和虔诚者路易在对待基督教化上存在着相对的分歧。在前者看来,西塞罗的格言"没有正义就没有国家"和奥古斯丁的注释"没有上帝就没有国家",即上帝是惟一的正义象征,意味着一个"异教的国家"是一种自相矛盾的说法。因此,通过将其统治强加给撒克逊人,查理曼带给他们一个真正的政府形式和真实的上帝结合起来的祝福。所有的事情都结合在一起。因此,出于善意的考虑和对基督教圣餐功效的真诚信奉,甚至在双方有分歧的地方,他也实行强制洗礼的计划,每次给整个族群进行洗礼。此外,785年著名法令提出不接受洗礼就去死的严厉要求,只是在阿尔库因的反抗之下,查理曼才终于给出40天的宽限期进行基本的教导。基督教洗礼仍然是集体性的，但不再是强制的。虽然797年公布了一项较为缓和的法规，但是严格坚持缴纳什一税的行为继续激起反抗，花费了33年的时间才最终使撒克逊人就范。异教信仰的明显复苏直到很久之后的830年和842年才出现。

与此同时，一个新的基督教阶层在形成：在785年到787年之间担任不来梅（Bremen）主教的威勒海德（Willehad），约在802年至805年间宣誓成为芒斯特（Münster）主教的留德格尔（Liudger）以及创建了帕德博恩的一位撒克逊人哈特马（Hathumar）等等。在虔诚者路易执政期间，又增加了五个主教区。一个新的都主教职位——汉堡都主教于834年设立，期望成为他们的首席主教，但是由于科隆和美因茨这两个相互对立的大主教都反对而没有成功。修道院在改变信仰中也起到了重要作用，特别是新建的科尔比修道院和修士们在旧基础之上修建的科尔维修道院。

另一个异教民族，阿瓦尔人也被改变信仰。788年，对由这些游牧部落发起的一次袭击的反应是对所有涉及其中的人发动一场圣战。抓获他们的第二天被全军视为斋戒日。部队列队跟随教士游行三天。阿瓦尔传教团被委托给萨尔茨堡的大主教阿恩（Arn）负责。他采用由议事会建议并仔细规定的措施，该议事会急于避免在萨克森发生过度犯罪的情况。其结果是操作进行得很顺利，但另一方面，查理曼正式禁止弗里西亚人留德格尔以传教士身份到当时与之交战的丹麦去。这就证实了传教团是帝国扩张工具的基本观念。

对虔诚者路易而言，获得政治优势的欲望受到压制，却有利于地区文化框架内信仰的转变。但是很明显，这将需要时日才能见到结果。此外，长期以来由于惧怕维京人，传道无法进行。不了解维京人的生存法则导致某些彻底的失败，更何况维京人没有任何理由采纳一个被征服的民族的信仰，或者信奉一位不曾英勇抵抗、连自己都被钉上十字架的上帝。大约在826年至828年间，虔诚者路易安排安斯卡陪同丹麦国王哈拉尔德返回他自己的国家，而后者为寻求皇帝政治上的支持已经接受洗礼，但是哈拉尔德在他的同胞发动的战事中失败。后来，当瑞典使节前来邀请教士时，安斯卡被派前往瑞典（829年）。然而，当虔诚者路易认为让瑞典人接受洗礼已时机成熟时，瑞典人真正想要的不过是建立贸易关系。在伯尔卡，传教士们受到友好接待，但是只有十几个人皈依基督教。回来之后，他差一点就没被任命为汉堡的都主教。845年汉堡被维京人烧毁时，他致力于创建一座斯堪的纳维亚教堂。回到不来梅之后，他努力保持与伯尔卡的联系，但没有成功，而是一事无成地去世。整个计划被放弃了。

实际上，最紧迫的事情是让自876年起定居在英格兰和自911年起定居在诺曼底的丹麦人皈依基督教。而丹麦人常常为获得贸易特权同意接受洗礼，因此可能会接受几次洗礼。所以，这些皈依者的矛盾成为最大的障碍。只有当兰斯大主教海里维乌斯（Heriveus），采用了格列高利既明智又具启蒙作用的方法时，基督教才彻底扎根。在斯堪的纳维亚人中，决定因素在于国王的

科尔韦：这座外部及（右）十字结构经过重建的不朽建筑，一层是一个有着低拱形天棚的房间。高高的上部房间，三面为开放的画廊环绕，在东侧通过拱廊和过渡间隔与中殿相通。古典王宫的水平特点被新颖的垂直结构所代替。

态度。有一次，丹麦国王格尔姆（Gorm）在949年下决心让他的子民皈依基督教，他允许汉堡的主教阿达尔加格（Adalgag）设立三个主教区，即施埃斯维格（Schieswig），里伯（Ribe）和奥胡斯（Aarhús）。他的继任者哈拉尔德·布鲁图斯和他的全体卫兵一起皈依了基督教。另一方面，在挪威和瑞典皈依的过程更慢，直到第一个千年结束时还没有完成——甚至在冰岛，也是在1000年时，奥兴大会才接受基督教为官方宗教。

法兰克王国的东部和异教斯拉夫人之间的冲突很早就沿波希米亚山脉，在易北河和莱塔河（Leitha）河岸地区发生。尽管这些冲突的历史属于另外一章的内容，但需要指出的是：我们这里看到的是查理曼传教观念的复兴。大约在874年，美因茨大主教开始派传教士越过萨勒河 向索布人（Sorbs）传教，但是斯拉夫人的抵制却将这种暂时的冲突转变成为军事远征，结果是日耳曼化和基督教化齐头并进。奥伯德利特人、留提兹人（Liutizi）、索布人和劳济茨人（Lusatians）很快就奋起反抗奥托的边境领主的军事进攻。937年，奥托在马格德堡建立了一座修道院，955年将其变为主教辖区，稍后在968年变为大主教辖区。这个新的都主教下面还应该有三个主教辖区，建立于947年，但是这些主教辖区未能持续很久。还有一项将马格德堡变为整个斯拉夫人，包括波兰人在内的大教堂的计划，但是在966年，米埃斯库王子受洗之后，大主教开始反对这座新教堂的独立愿望。萨尔茨堡经历了与995年接受洗礼的匈牙利王子沃伊克（Vajk）（斯蒂芬）一样的困难。如所见到的一样，是加洛林王朝的皇帝和帝国的传教观念引起战争冲突、异教势力的加强和后来的武力镇压以及教会从属于国家。相比之下，虔诚者路易及其对手的方法在感召力方面更加南方化和罗马化，以地方教会归属基督教世界的形式慢慢地孕育着成熟的果实。

基督教世界的扩大已经受到查理曼同时期前后的人们的注意。与罗马地中海地区相比，一个新的地理上的实体——欧洲已经出现，但是它所表现出的政治意义和宗教意义并不完全适用于帝国的概念。一位名叫卡苏尔夫（Cathulf）的爱尔兰教士将查理曼描述为"欧洲王国的首领"。这位伟大皇帝的孙子尼沙德，大约在 840年说："被所有国家称做伟大皇帝的查理大帝将他的丰功伟绩留给了整个欧洲。"这个欧洲的观念因此就涉及所有基督教民族、拉丁人和罗马人，因为按照一个渗透着强烈罗马信仰的西班牙-哥特人塞奥多夫的说法，"是罗马教会颁布的罗马信仰"。因此，根据定义，每一位欧洲人尽管从政治意义上讲不再是罗马人，但是在宗教意义上讲都是罗马人，而非欧洲人则通过讲希腊语而不是讲拉丁语背叛了自己。教皇尼古拉斯一世与大教长弗条斯在863年到867年之间关于教派分歧的争论显示出对东部基督教的拒绝和对一个基督教化的欧洲的支持。几年之后，教皇约翰八世在一次谈到查理曼时竟然送给他一个"欧洲统治者"的称号。这里所表明的是一种新文明的潜在特征，其统一关系是宗教的而非政治的。

明显的局限

异教徒接受洗礼这种复兴产生了预期的效果了吗？即使当法兰克人夸耀他们自己是上帝的新选民时，加洛林帝国和邻近王国的人们似乎再一次像顽固的以色列人一样行事。不可能知道有多少人假装是基督教徒。例如，我们再来看看"帮会"和宣誓为盟。鼓励人们信教入会的宴会实际上是异教的节日。这些宴会在12月26日，圣斯蒂芬节举行，但实际上为期12天。圣诞季节从那天开始，并与一年的新旧交替相重叠。在这个结束与开始的季节里，生者和死者彼此联系，并一同坐在宴会的餐桌旁。在这个场合下，历史的时间暂时终止，而两个世界通过分享丰盛的宴会实现了交流与沟通，目的在于激励与会者的生产力。大量饮酒产生了一种神圣的陶醉，每个人都在其中失去了自己所有的意识，进入与同胞进行深层次交流的状态。在这之后，人们又怎么能够不去遵守在如此情况之下所做的承诺呢？所以，那些宣誓为盟的成员由于害怕得罪死去的人和他们的神灵而做出的承诺对于教士来讲毫无疑义。而后者根本不可能试图通过允许这些人在教堂附近，后来又进入教堂里面集会而将他们变成基督教徒。事实上，那样只能使情况更糟，因为那样会使教区教堂变成异教和现代意义上的狂欢酒宴的固定场所。布尔日的大主教拉尔夫（或鲁道夫）觉得有必要把他们从他的主教区赶出去，并且通过重新宣称这个教会的场所另有神圣用途来进行反击。

现在很容易理解这些异教徒的习俗是怎样渗透到日常的活动中的，也理解了为什么教会坚持在一年当中要斋戒整整100天。这样做是为了阻止人们过分沉溺于吃喝酗酒当中，也为了阻止在酒精驱使下而发生的暴力行为。无论发生什么事，这些异教徒的地位总是处于社会下层。例如，在834年，罗退尔一世下令将史诗英雄威廉伯爵的女儿格伯加（Gerberga）溺死在木桶里，"仅仅因为这是对待中魔妇女的习俗吗"？也许这与严峻的考验有关，如果她能活着从木桶里出来，就会被认为是清白的。而且，无论这种情况是否发生，该事件至少证明被要求统一的团体寄予厚望的皇帝相信女巫的存在，并用春药对某人（伯纳德？）施以魔法。整个考验的活动实际上是当时人们心理状态的一部分，以至于当阿哥巴德大主教徒劳地反对这些做法时，另一位和阿哥巴德同样有修养，但是具有日耳曼血统的主教辛克马尔几年之后站出来为他们辩护。他指出：在用穿过红海来表现让以色列人经受水的磨难，并用火的考验惩罚了所多玛（Sodom）和俄摩拉城（Gomorrah）之后，上帝是不会让任何以考验为由的骗局来欺骗他的。因此，一个信奉正统派基督教的人对《圣经》的诠释成为一种异教心态的依据，而这种异教心态对基督教的信奉只涉及宗教潜意识中的特定区域。

基督教的新教义没能完全渗透到人们心灵之中与传道者的过失有很大的关系。最为明显的就是与异教徒对神的观念有关。在所有印欧血统的后代中，个人以外的神从两个方面展示出它的矛盾性。在拉丁语中，"sacer"一词意思是"献给神的并且带有抹不掉的印记的、令人畏惧和诅咒的"，因此它与禁忌的观念十分相近。另一方面，"Sanctus"一词意为"指定某人受到神明的保护，不受任何伤害"。这种矛盾的情况也存在于古高地德语中的两个词"heils"和"wei-hs"中。前一个词没有其拉丁语对应词中的危险内涵，它的意思是"得到神赐的好运气、健康等等"。那时，盎格鲁-撒克逊传教士需要翻译"sanctus"这个词，他们选用了"heils"而不是"weihs"。奉献与神圣之间的这种混淆使得人们对军事首领、部落牧师和所有圣者的狂热崇拜永存不朽。基督教的含义仍被继续使用，而且被日耳曼基督徒按异教的意义来解释。新基督教义的文化传入在反对原始词汇的使用方面未能取得进展。依靠欢呼（heil＝生命，健康，胜利）、献祭、仪式和祈祷，军事首领或者圣人一定仍然是富有神圣感召力的大人物。考虑到所有这些，对军事首领的献祭仪式能在日耳曼存在如此长久就不会感到惊奇，也不会使人对其在神圣的撒克逊奥托世家复兴帝国之中起到一定的作用而感到奇怪。

人们只要发现一个神圣物体的存在，或者一个人觉得自己受到什么超凡的东西所"控制"时，如果是邪恶之物，就要驱邪除魔，如果是吉祥的事，一定加以利用。因此，对巫术和占星术的需求总是继续存在。743年或744年的雷普提奈斯（Leptines）议事会对这些活动进行了强烈的谴责，并将之详细公布于众，对人们启迪很大，但是它们还是存在了很久。就像用符咒来驱赶月食的方法一样，认为它们尤其损害妇女的生育能力。一天晚上，当拉巴努斯·毛鲁斯

爱尔兰莫奈克·基达里使徒像，9世纪十字架的细部。在对人形的明显的象征处理方面，四方形的残缺人体躯干暗示着物质，即地球上的事物，而圆形的头部使人想起精神的事物，如天堂的事物。

（Rabanus Maurus，约780～856年在位）在他的富尔达教堂里准备布道讲稿时，突然听到一阵喧闹声，"喧闹声来自好似战争已爆发般吹响的号角和猪叫，能够看见人们在向月亮放箭，其他的一些人在向空中扔火把……他们相信有个妖魔在威胁月亮，如果他们不帮忙，月亮就会被吞掉。基于相同原因，还有些人正在摔着瓦罐。" 当时该修道院已经存在了一个多世纪，至少应该将消息传到邻近地区。在基督教化的外衣之下，新旧两种心态各占一半，全然不顾这种巫术仪式当属禁止之列。

　　此外，加洛林的议员们徒劳地抗议赎罪规则书的使用。查理曼曾下令每个乡村教士的藏书中都应有一本赎罪规则书。实际上，有许多赎罪规则书被人们相互传阅，而且具体的苦行赎罪方式因人而异。各种罪孽的相对重要性显示出伪证和异教行为的盛行。但是，将肉体的苦行——例如，仅靠面包和水来进行斋戒——转为一定数量的弥撒或金钱说明与神达成协议（我向你忏悔，所以你就要原谅我）的古老观念仍在延续。人们并没有理解无偿地宽恕罪孽的实质，虔诚者路易时代的教士们却非常清楚这个事实。813年沙隆议事会号召禁止出版赎罪规则书，829年巴黎议事会决定烧毁赎罪规则书，他们命令重新采用旧的忏悔形式。在该事件中，赎罪规则书继续增加扩散，这正好与仍停留在来世报应层面上的宗教敏感性相符。惟一切实可行的结果是两种忏悔的共存：重大错误应公开承认，忏悔必须当众进行。因为，如果重大错误私下坦白，忏悔就会根据赎罪规则书中的收费标准被分成不同的等级。这种折中的结果再一次表现出两种态度的区别。其特征一：人们心中有一个备感亲切但令人畏惧的上帝；特征二：人们相信可以通过宗教仪式谋求与神圣的力量达成和解。

教会——上帝的拥有者

这方面的阻力一定会使某些教士确信过于强调知识性的文化交流注定会失败，而传播福音则能更好地开发对这种神圣力量的主要信仰，使其建立在恐惧而不是希望之上，并恪守法律。在大部分的主教生涯中，没有人能比兰斯大主教辛克马尔更遵守法律了，但他在临终时不得不承认：罗马人的契约和法律面前的判断以及司法准则的永久和普遍有效等等的观念未能产生任何影

用黄金使上帝生辉。昂热圣骨匣背面：上方，基督由两位天使陪伴；下方，圣母由两位使徒陪伴。镀金和银，约780年。不再作为货币流通，金被认为是一种具有神秘色彩和半魔力的原材料，更值得奉献给上帝（柏林，艺术博物馆）。

响，也没有人理解。882年在他死前不久，他写了《圣雷米吉乌斯传》，一份"非理性遗嘱"。在可预见的未来，人们不是从有学问的牧师，而是从弱者、真诚的自由人、愿意听布道的穷人的保护者，同时又是放弃实施超自然惩罚力量的复仇者——圣人那里接受教育。换句话说，对圣人的狂热崇拜是这个处于不断动乱和冲突之中，受到对立潮流冲撞的社会的主要庇护所。

浏览一下源于加洛林帝国这个伟大的宗教庇护所的神迹篇章，足以表明圣人的遗物拥有"天赐美德"，而美德的原始力量足以驱散所有的邪恶并惩罚不敬神的人。这就是创造神迹的力量。惩罚贵族和修道院院长并令其痛苦不堪的神迹十分典型，而从加洛林时期的含义来看，则康复神迹似乎专选穷人。因此，我们发现饮食不均和消耗超过6000卡路里热量的食物会使人生病——神经麻痹症、痛风——皆因缺少维生素或糖的摄入过多所致。我们这个时代第三世界的典型疾病，如疟疾和沙眼，在当时就已经存在。那些经常徘徊在罗马天主教长方形教堂便道上的男男女女，实际上是失去继承权的人，他们是想通过忏悔，把一切希望寄托在圣人的力量上。就这样，教会成功地将异教徒的仁慈或邪恶之神的星球引入上帝或圣人的轨道——永恒，这全都归功于基督教化初始阶段时目的不明确的努力。教会成为神的拥有者，代价是以后再对其进行净化。通过这种方式可深入到遭受苦难的人们之中，劝说他们用对邪恶精灵的恐惧来换取对圣人保护力量的信任。大约在946年，最初的饰有雕像（例如：忧郁的圣母）的圣骨匣的出现便是一个征兆：圣母玛利亚慈爱的母性此后会传递一种上帝肉身化的观点。然而，在知识分子眼中，这些相似的雕像可能只是偶像而已。

走向更严格的家庭制度？

形式主义毫无用处，因此加洛林式的传教走上条条崎岖之路，但是为了跨越教士与人们之间的鸿沟，必须沿其走下去。在另一个领域里，即永恒的一夫一妻婚姻制度中，教士们准备直来直去、强制推行这个理想。应该说明的是：异教时期建立在大家庭和血缘关系基础之上的社会习俗仍然占主导地位。在家庭内部适婚年龄的女孩子被认为是一件用来与另一个家庭进行交换的物品，从根本上违背了本人的意愿。更有甚者，在乡村贵族中，同族内的婚姻很普遍。最后，古代日耳曼人的一夫多妻制的婚姻习俗仍然存在。随着一位自由妇女成为第一个妻子，按顺序随后有三位自由妇女成为妾（friedlehe），妾之后就是奴隶。此外，在一个把多生多育看做受到神所眷顾的标志的社会中，丈夫以妻子不能生育为借口抛弃妻子被认为是正常的。查理曼皇帝树立了一夫多妻制的最高典范，因为人们知道他先后有4个妻子（第一个被他抛弃）和显然也是相继迎娶的6个妃子，她们一共为他生了18个孩子。然而，他对推行教会禁止7服之内通婚和打击诱拐的政策却十分热心。这些最初的禁忌具有打破血缘关系和王朝集团的作用，最终导致继承的分裂，它因此遇到强烈的反对，而且在11世纪前期有很多情况没有被注意到。在当时人的眼中，诱拐的目的是消除宗族的反对，并通过既成事实使婚姻不可改变。这种行为当然违背了性别平等原则和所有会议文件中声称的自由允诺权。在此，男性同族人的意愿仍然是构成婚姻的基本因素。最后，关于婚姻的永恒给加洛林时代留下不可磨灭印记的事件是罗退尔二世的离婚案。他曾徒劳地想让他与不能生育的妻子托伊贝尔加的分手合法化，以便再娶已有了一个男性继承人的情人瓦尔德拉达为妻。从860年拖到868年，由于罗退林基亚岌岌可危的命运使得该离婚案件的政治影响变得更加重要。辛克马尔和教皇尼古拉斯一世坚决禁止离婚。结果如我们以前所见，国王去世后，留下了一个没有继承人的王国，四分五裂。在这件事情上，教会的卓越表现并没有取得任何结果：许多王子和大臣们继续屡屡犯禁。887年，胖子查理想要与妻子利车加尔达（Richegarda）离婚，并且控告她与人通奸。利车加尔达不仅通过司法决斗和经受烙铁的折磨，而且还通过证明她仍然是处女这一事实来证明自己的无辜。皇帝后来解释说他患了阳痿症并把她关进女修道院，根本无视宗教法律的存在。很明显，当时的加洛林社会正处于一种动荡不定的状态，受到重大变革及其残酷的负面反应的困扰。教会的法律妨碍了长久以来的传统，破坏了自然的血亲关系，导致了结局悲惨的争端。

教会对加洛林社会的洗礼因而未能完全彻底。恰似罗马的公益主张未曾彻底根除"国家是征服者的财富"的概念一样，教会也没能把全体人民彻底变成一个受过洗礼民族的宗教团体。这个观点得到辛克马尔的证实，虽然他是第一个提出 "教会是上帝的仆人" 这一定义的人，但是却无可奈何地通过圣人崇拜的间接手段去重振"教会是神的拥有者"的概念。基督教被迫扮演一个既是异教帮凶又是异教敌人的双重角色。总而言之，我们已看到那个时期的人拒绝纵向的束缚，例如宣誓效忠和上下级关系，但是却支持结盟（trustes）和帮会。我们还看到他们顽强抵抗世仇镇压，坚持对邻邦的蔑视，固守异教的敬畏和异教的习惯，继续反对婚姻的不可侵犯性。所有这些累积起来的障碍、一些部分的成功、一些冲突，都是教会人士力图改革的社会的重要组成部分。为了完成这样一件重任，加洛林王朝三代受过教育的知识分子的投入几乎是不够的。值得注意的是这件事情毕竟得到了尝试，而令人惊讶的又是这项计划只在某些政治和宗教层面上失败了。这表明该项计划可以从普遍转向局部的实施，因此在950年之后我们会再一次遇到这一计划的再现，那时它已被奥斯曼帝国和早期卡佩王朝当成解决暴力和封建混乱的措施。

一次"文艺复兴"

在这一时期如果有让史学家们觉得观点能够一致的地方，那就是有系统的知识文化复兴，一次"从上层"开始的知识结构的重组。它涉及到对古希腊罗马时代的模仿，有时纯属局部地区的回应，而且主要是教士的事情。这无疑说明它在广大民众之中的反响很弱，但它毕竟是9世纪最重要的努力。不过，为了欣赏它的独创性和部分的成功，我们必须回顾早些时期的情况以发现它产生的前提。

追求新的文化

6世纪古典教育的危机和8世纪教会的危机通过与罗马的决裂和不断为传播而选择的文化继承得到了化解。

事实上，日耳曼人并不是惟一对古典学校的消失负有责任的人。塞奥多里克确实尽可能地保留学校并且将很多作家置于他的保护之下。虽然查士丁尼恢复了学校，但是最终学校还是在6世纪的后三分之一世纪里消失了，在非洲则稍晚些。在西班牙和高卢，虽然学校勉强存在到6世纪，但是私塾在议员家庭中则继续保留很久。因此，伊比利亚半岛和南部高卢仍是古典罗马文化中心，其中包括法律、实用测绘艺术、建筑学、医学等等。但是，在西哥特人的西班牙，直到托莱多的朱利安（死于690年）时代还可以见到这种完整的古典文化，仍然是那些只对完美风格和世俗知识感兴趣的少数人的特权。古典文化只会激怒那些向往精神修养的修道士和那些首要任务就是教授《教义问答手册》的主教们。修士们对古典文化异端的强烈抨击和来自圣奥古斯丁对新基督教文化的积极建议，导致教会布道词（sermorusticus）朴素无华的语言逐渐取代了优雅精美的学院式语言（sermoscholasticus），也导致了《圣经》取代了维吉尔的诗歌作为学习的教材。

所以，像阿雷斯的凯撒留斯（470～542年）和努尔西亚的本尼狄克这样的人故意避开古典教育而献身于精神文化。事实上，如果读者想要理解《圣经》中的一些难点，他们就必须有基本的文学背景，而经典作者就被迫在这个有限的范围内为基督教服务。那些从小就被父母交给神父的儿童修道士在一流修道士的指导下，通过背诵圣诗集开始学徒。《圣本尼狄克法规》要求每周大约二十小时的时间用于阅读祈祷文献。人们认为荒野教父和《圣经》的知识已经足够用了。而阿雷斯的凯萨利乌斯则更进一步，他试图使他的主教区的教士们以奥古斯丁和雷林斯为楷模遵守修道院的纪律。

从根本上讲，修道院和教会学校早在正式出现以前就已经诞生。527年，托莱多议事会和529年瓦伊松－罗马（Vaison-la-Romaine）议事会规定：每个教会家庭中朗读《圣经》的男孩应该按照其长大之后选择当教士的方式接受教育，以使他们能够指导人们。甚至有证据表明，这些学校向乡村教区扩展，但情形一定很罕见。真正意义上的学校是那些在主教区小镇上的学校，而且，因为主教通常是原来的议员，后来才承担年轻教士的教育，所以他们远比修道院学校教士

知识复兴。音乐、算术、几何和占星术。画面庄严，具有图尔斯特征，表达了古希腊罗马经典风格的启示（博尼法斯的《数学》手稿，图尔斯学校，约850年左右，巴姆堡图书馆）。

身上的古典文学的烙印明显得多。因为对教士的需求非常大，所以对教育资格的要求逐渐变得不太苛刻了。在7世纪，当传播福音的需要耗尽精通《圣经》的南方人时，出现了一个文化的最低点。博尼法斯谴责巴伐利亚地区某些教士的无知，有些已经达到了白痴化的程度，他们不能用拉丁语正确念出教会仪式上的常用语。还有，虽然日耳曼大家庭的世俗成员通过立遗嘱的方式来间接地掌握读写的能力，并为了实用目的而获得由零碎的法律知识和道德规范构成的最低文化，但是在8世纪开始时，为数众多的贵族再也不会签写自己的名字。

　　伟大的基督教先驱们撒下了复兴的种子，并由凯尔特和盎格鲁-撒克逊修士们传播开来。意大利一个较有影响力的议员家庭的子孙波提乌，由于预见到了希腊无可挽回的衰亡，将亚里士多

德的主要著作、欧几里得的《几何学》和托勒密的《天文学》译成拉丁语。如果他作为翻译家的
工作在后来逻辑学的复兴中起到了不可或缺的作用，那么他在狱中所著，浸透着斯多噶学派智慧
的《哲学的安慰》（Consolation of Philosophy）一书则继续以其自身的价值而受到推崇。尽管
作者身为基督徒，但是这本书仍不失为一部异教德育的经典之作。书中只字未提基督，与修士所
追求的文化相去甚远。塞奥多里克时期的另一位官员卡西奥德（Cassiodorus，约 485～580年在
任）是一个半路出家的修士。在维瓦留姆（Vivarium）修道院，他试图实现创办一所基督教大
学的理想，但没有成功。他的努力浸透在《制度》（Institution）一书中。实际上，这部著作是
人文学科"七艺"（语法、修辞学、辩证法、算术、几何、天文学和音乐）的教科书。这些世俗
的学科在宗教文化的框架之中找到了一席之地。另外一位最后经历了古典学校的大人物，格列高
利教皇，大约在574年转为修道院生活。他也是一位竭力反对愚昧无知的学识渊博之人。作为一
位出色的教士，他的影响完全来自他的《对话》一书，其中包括圣本尼狄克的生平和他的《田园
牧歌》，可以说该书描绘了一幅完美主教和模范教士的蓝图。无论他曾说过什么，他都没有贬低
"外来的科学"，却认为它们是理解上帝之言和精神的有益助手。同样，塞维利亚的伊西多接受
的是修道院教育，但是除了作为注释家，道德家和神学家之外，他还在诗歌、书法、语法和音乐
方面很有天赋。他编撰了一部宏大的百科全书《词源学》（Btymologiae），20卷书中囊括了已
知的古代伟大发现，满足了基督教学术的要求。这样，塞维利亚的伊西多为中世纪所有的文化奠
定了基础。无论在何处，他的论述都成为标准的参考书，常有人参考他的《词源学》。表现为苦
修行的、遵从《圣经》的、人文的和拉丁的新文化基础就这样奠定了。

修道士，宗教文化的传播者

　　尽管形势仍然很严峻但是宗教文化必须得到传播，而且这是一项理所当然由教士，尤其是
修道士来完成的任务。爱尔兰皈依基督教的结果之一就是把凯尔特人变成了拉丁语专家，而且是
从一个被迫学习拉丁语的外来民族转变而成的。他们从阿奎丹人和西班牙人那里接受了所有新文
化的因素，并且在注释技巧和精通华丽文学风格方面非常出众。总之，他们的修道院很快就成为
这种文化的积极传播者，而且我们已经见到爱尔兰传教士遍布整个欧洲大陆。在高卢和意大利北
部、科隆巴尼安（Colombanian）等地依次演变为新的文化中心，那里从事手稿抄写的修道士学
校和抄写室（Scriptorium）是积极的精神及文化生活核心。在建于657年和661年之间的博比奥、
吕克瑟伊、科尔比和撒雷斯（Chelles），由爱尔兰人兴起的纯粹苦修与本笃会原则所鼓励的更为
高雅的宗教文化同时并存的现象逐渐变得明显起来。

　　同样，多亏了曾经创建林迪斯法内和惠特比的伊奥纳的爱尔兰修道士和走出坎特伯雷建立

了大教堂和修道士学校的罗马修道士的共同影响，英格兰皈依基督教最终导致众多文化中心的繁荣。毫不奇怪，像维尔弗里德、本尼狄克主教那样的盎格鲁-撒克逊人和其他的人采用了到罗马旅行以期带回大量手稿的习惯做法，而这些带回来的手稿中就可能包括一些卡西奥德在维瓦里奥姆的手稿，更不用说圣餐仪式惯例和后来以格列高利圣歌闻名于世的罗马圣歌模式。669年，一位希腊修士塞奥多利和一位非洲修道院院长哈德良被教皇派往英格兰；前者特别关注坎特伯雷的主教学校，而后者致力于圣彼得和圣保罗的修道士学校。本尼狄克主教为诺森布里亚的威尔穆特（Wearmouth）和贾罗带去了拉特兰教堂的主领唱和"熟悉罗马建筑风格的"泥瓦匠。这些融合了爱尔兰和罗马思潮的诺森布里亚修道士学校构成了早期中世纪最伟大的学者、令人尊重的比德（Venerable Bede，约 673~735年在世）终其一生的活动范围。大约在680年，七岁的比德进入了威尔穆特修道院，他在贾罗修道院定居下来并在那里教书40年，从无间断。他著有关于科学、历史和注释学方面的书，其文风风格清晰、流畅，完全不同于受到爱尔兰人影响的那种复杂费解的文学风格，也不同于曾在爱尔兰学习过、带有爱尔兰痕迹的威利布罗德（Willibrord）和博尼法斯的风格。但是，比德之所以比前两位更有名气恰恰因为他的风格朴实无华。在比德的指导下，接下来的一代岛国学者开始设计一整套明确地涉及语法、诗歌和各种自然现象的课程，更确切地说，即自然和天文科学的总和。大约在比德去世的时候，他的弟子埃格伯特在735年左右接纳了一个年轻的修道士阿尔库因，将这套全新的教育方案完整地传授给他。该方案曾使英格兰在文化上处于无人能敌的优越地位。正如我们将要看到的那样，阿尔库因将成为加洛林时期全欧洲的"校长"。

8世纪初期，欧洲大陆的学术无可否认地处于一种相当衰败的状态，主要因为丕平（二世）和查理·马特奉行的是把教育从宗教中分离出来的世俗化政策。只有少数修道士精英能够维持在一定的水准之上。像吕克瑟伊、科尔比、圣丹尼斯，特别是像弗雷利·罗尔（Fleury-sur-Loire）这样的修道院，都转向意大利。在帕维亚、米兰、西维达雷（Cividale）、卢卡（Lucca）和贝内文托等地区，在国王留特普兰德的支持下出现了温和的文化复兴。未来的国王丕平三世被他的父亲查理·马特派到帕维亚的法庭。约在670年至672年，一些修道士将他们从蒙特卡西诺修道院偷来的、传说的圣本尼狄克的遗物和一些意大利语手稿转交给弗雷利·罗尔修道院。8世纪前半叶里，人们能够清楚地见到位于卢瓦尔河北岸地区的高卢人修道院在重修他们的图书馆。然而，北高卢地区的修道士们似乎没有像他们那些在图林根、阿勒曼尼和巴伐利亚地区由传道士修建的新修道院里的同伴们那样受过良好教育。在744年，盎格鲁-撒克逊人和他们的竞争对手则小心翼翼地在他们新建的姆尔巴赫（Murbach）、维森堡、里森瑙、奈德尔-阿尔泰赫（Neider-Altaich）、科林斯蒙斯特尔（Kremsmünster）、蒙德塞（Mondsee），特别是富尔达教堂安排博学之人担任领导。而且，在每个教堂里，爱尔兰人和盎格鲁-撒克逊人对待新学校的

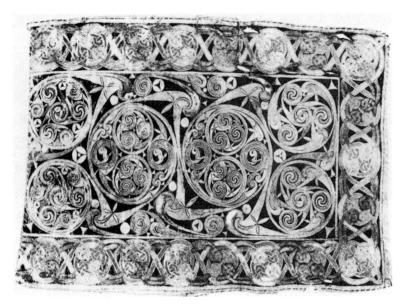

《杜罗书》的挂毯页，680年左右全插图福音书中最古老的诺森布里亚福音书。中间正面的六个团花形图案充满凯尔特风格的旋涡形装饰。在东部手稿中也发现了"毛毯页"；爱尔兰-撒克逊艺术家显然陶醉于自由创作带给他们的实验。

观点或是相互竞争，或是融合在一起。

外部对法兰克人的高卢和日耳曼的影响为重要的文化和艺术革新铺平了道路。人们已经意识到：面对重新出现的圆雕艺术，那些动物、植物，或者以日耳曼带扣或搭扣为艺术特征的抽象主题有一种退化的趋势，无论他们想到的是在西维达雷的丹皮特罗（Tempietto）教堂还是由阿雷（Jouarre）的地穴。诺森布里亚带插图手稿中的挂毯插图，徒劳地追求一种不均匀的离心图案和令人炫目的色彩产生的纯抽象效果，通过采用人脸和窗帘形状，它们依然流露出对意大利影响的敏感。此外，科尔比、吕克瑟伊和圣丹尼斯手稿中的插图继续展示着没受到影响的、但是却充满新的表现主义的主题风格。这种日耳曼人的和古典的或者是拜占庭观念的融和仍可存在于这个野蛮的王国中"最卓越的"艺术之中，在金匠的作品中可清楚地感受到。里西绥什和妥因塞拉（Suinthila）为了还愿而捐献给托莱多大教堂的王冠、蒙察（Monza）的珠宝或圣丹尼斯的圣埃利吉乌斯十字架都证明罗马人对对称的品味和日耳曼人对色彩的偏好可以愉快地结合在一起。

很明显，修道士通过及时的干预，有可能挽救古典学术，并能在罗马、哥特和凯尔特的艺术表现形式之间起到一个合成的作用。因此，欧洲应特别感谢在11世纪东方做出类似贡献之前保护了古代遗产的那些人。但也需要指出的是：在对待古罗马宗教范围内外民族皈依基督教这件事上，盎格鲁-撒克逊人、意大利人或者诺伊斯特里亚的抄写员系统地丢弃了他们认为"不相关的"古典文化形式：抒情诗、戏剧和城市娱乐建筑等。他们拯救了那个时代，但只不过是打下了一个简陋的基础。

加洛林的重建

加洛林王朝复兴的基督教基本计划意味着这次复兴是以《圣经》和一个旨在普遍的人文主义文化为基础的。查理曼已经认识到作为教育家和导师的优秀的修道士的价值，在达到具有判断力的年龄之后（用埃因哈德的话说），

> 他致力于文科的学习并且非常钦佩那些教授文科的人，授予他们荣誉。为了学习语法，他师从比萨的、当时已是老者的彼得。他的其他学科的导师是阿尔库因……当时最有学问的人。在他的指导下，他花费许多时间和努力来学习修辞学、逻辑学，尤其是天文学。他学习数学，并且非常精确、聪明地用于追踪天体运动。他还努力掌握书法艺术，习惯于将写字板和羊皮纸片放在枕头下，这样，他就可以在闲暇时练习临摹字母，但是他起步太晚，几乎没取得什么进步。

很明显，因为皇帝自己亲受教育，所以他十分强烈地认识到教育改革的需要。他认为这是一个能够彻底复兴墨洛温王朝积极性的领域。在789年著名的《大众法》法规中，他下令"每个主教区和修道院都要安排教授赞美诗、乐谱（或指速记或"Tironiannotes"）、歌唱、计算和语法，并且教材要仔细校订"。这一改革在8世纪最后20年里取得了巨大成果。在对教士队伍进行重整之后，当务之急就是重新规定圣餐仪式。774年，查理曼请求教皇制定一整套议事会文本和教皇法令，以便他能够根据一份权威版本来检查教会立法。

就这样，他推动了整个司法体系的发展，特别是推动了9世纪中期经过《伪教令集》（False Decretals）加强的教会法律的发展。约在784年，他从教皇哈德良一世那里得到一份格列高利圣餐规程，使他能够引进罗马圣餐仪式，并且在帝国中取缔盛行的高尔教派、西哥特人或爱尔兰人的圣餐仪式。这又依次引起了一场与发明复调音乐联系在一起的，广泛的音乐革命。这场音乐革命产生于一项新发明，既纽姆乐谱符号（用来标出音调的符号）和附加句（放在乐谱下表示歌曲的一个音节）同时使用。从那时起，一段音乐就可以书写记录下来。优美的复合旋律的基础就这样奠定，一直占统治地位，直到1750年拉米乌（Rameau）创造出他的"和谐调"（Traitéde, I'harmonie）。

修道院的抄写室（Scriptoria）里对手稿的校订与其他的进步同步进行着。大约在771年至780年间，科尔比的某些抄写员根据墨洛温王朝的半安色尔字体和墨洛温草书发展出一种圆形小写草体，今天我们称之为"加洛林"小写草体。由于这种字体简单，容易辨认，在15世纪印刷机重新采用它之后，一直沿用至今。它成为所有现代凸版印刷术的基础，即所谓的"罗马字体"的

起源。大量手稿都是用这种清晰易读和更加优美的书法抄写的。修道院和教堂办学校的压力贯穿整个9世纪。813年美因茨议事会下令在乡间办学校，培养年轻牧师。渐渐地，首先在北欧出现了一个学校系统，由此产生了对《圣经》的不断增加的需求。阿尔库因着手编写一套标准讲义，而塞奥多夫则根据现存手稿中能够找到的所有不同内容出版了一本重要版本的手稿，也没有忽视异教作家。英格兰的修道院图书馆和帝国图书馆开始充满古典拉丁文作品或教父的文本。大约在850年，用这种方法收集到所有作家的作品，而许多古典作品的现代版本基本上都是以9世纪加洛林时期的手稿为蓝本的。与此相反，虽然840年之后，爱尔兰学者由于维京人的缘故而被迫移民到欧洲大陆，但是几乎没有希腊文作品被抄写或者翻译。

知识的胜利

最令人惊奇的是古典拉丁语的重新发现正值这种语言趋于消亡的时候。813年图尔议事会要求教士在未来用"日常罗曼语或者日耳曼语"讲道。古法语和古高地德语在这一时期一定曾经因此而被广泛使用。同时，随着第一批用日耳曼语写成的文本的出现，加泰隆语开始从未来的卡斯提尔语（Castilian）中分离出来。在高卢，在卢瓦尔河北岸地区的方言和那些与拉丁语相近、不久被称为"奥克西坦语"或者"郎格多克语"的语言之间产生出一种语言差别，由此可以清楚地看出，欧洲语言是在拉丁语开始作为一种死亡的、但是影响广泛的语言而存在的时期发展起来的，而这恰好与统一在一种基督教文化之下，由几个不同王国组成的欧洲的诞生相一致。在所有新的语言当中，同时还产生了一个独立的、主要以武士为中心的文化传统。值得一提的是，查理曼本人曾下令用文字将日耳曼史诗记录下来，但遗憾的是没有作品被保存下来。罗曼语的史诗，如著名的《罗兰之歌》（Chanson de Roland）已经在流传，并以口头形式代代相传。未受过教育的人们无疑拥有他们自己连贯的通俗文化，但是这些东西也没能流传下来。

因此，文化和文字领域几乎为教士所垄断。他们学会阅读圣诗集，按语法规则和基本写作要求进行写作。虽然对中世纪大学的"三艺"（三学科：语法、修辞学、逻辑学）和"四艺"（四学科：数学、几何、天文学、音乐）几乎没有正规的指导，但却足以确保创作标准一代一代地得到改进，即使笔几乎仍然仅仅在教会人员手中挥舞。阿尔库因的教育学论文、保罗执事（Paul the Deacon）的《伦巴第人的历史》、塞奥多夫的诗歌和修道院所编辑的《编年史》等，都是教士的作品。我们感谢为数不多的世俗作家之一，埃因哈德和他那一代人。埃因哈德的一部关于查理曼的经典传记，虽然渗透着从苏埃托尼乌斯（Suetonius）那里借用的翻版短语，但是却有很大的历史价值。在虔诚者路易统治下，在第二代人手中，这次知识分子的文化复兴的成果减少了对他人的依赖成分。奥尔良的乔纳斯、阿哥巴德或者阿达尔哈德的政治冥想，瓦尔夫雷德·斯特拉波（Walafrid Strabo）或者塞杜留斯·斯科图斯（Sedulius Scottus）的宗教诗歌和费里耶尔（Ferrières）修道院院长卢普斯表达优雅的信件，显示出高度的成熟和对古典人文主义的深刻领悟。由尼萨德编著的《虔诚者路易的儿子们的故事》是一部真实、准确、具有历史贡献的世俗之作。例如，他在自己的作品中重现当时首要的文献，即842年斯特拉斯堡誓言，他以此为己任。这次文艺复兴的发展所取得的进步非常可观，没有因维京人捣毁图书馆而停滞不前。

在840年之后的加洛林第三代学者代表着这场文艺复兴的顶峰，并且远远超越了其先辈。经过三个世纪的沉默，随着富尔达修道院院长、美因茨大主教拉巴努斯·毛鲁斯和修道士格特沙尔克（Gottschalk）之间的辩论交流，神学思考重新出现。格特沙尔克因坚持"不是所有人，而是只有少数人能被拯救"的观点而受到控告，这位隐居的詹森派（Jansenism）的先驱在848年和849年分别被判有罪。一位名叫约翰·斯科图斯·埃里杰纳（John Scottus Eriguena）的爱尔兰人把神学家伪丢尼修（Pseudo-Dionysius the Areopagite）的作品从希腊语翻译过来。他的《自然的分类》（De divisione naturae）大约完成于866年，是一部涉猎广泛的新柏拉图主义倾向的综合著作，为基督教哲学反映论奠定了基础。这部书似乎超出了他同时代人的理解。随着兰斯大主教辛克马尔从845年到882年之间通过信件和著作《官职表》所做的贡献，政治思考更为具体。行动者、牧师和法理学家辛克马尔为"教会是上帝的子民"的定义提供了一个坚实的基础。在这个实例中，丝毫没有格列高利教皇的预示。他不仅在兰斯建立了图书馆和学校，而且还通过他作为《圣伯顿编年史》（Annals of St Bertin）第三部分作者的身份，使兰斯成为知识分子和历史活动的中心。在造就一种有利于王权的政治和文学趋势方面，兰斯与富尔达的作用类似。展望未来，兰斯在10世纪因为有了编年史作家弗洛多阿尔（Flodoard）、萨卢斯特（Sallust）的热情仰慕者、历史学家里歇尔（Richer），最重要的是来自欧里亚克的修道士杰伯特（在加泰罗尼亚学习之后，他分别在972年到980年和983年到997年在兰斯的学校执教）等人而著名。实际上，杰伯特是第一位超越加洛林文化传统局限的人，因而开辟了一个新的时代。

然而我们不要忽略了加洛林改革对德国的渗透。许多古代手稿是在洛尔施、沃尔兹堡（Würzburg）、里森瑙和圣高尔等地被抄写的。在9世纪里，文化的传入还处于早期阶段，除了富尔达之外，其他地方还缺乏知识的推动力。可是在圣高尔，一本关于查理曼辉煌生平传记的作者、口吃者诺特克尔和因将波提乌、加图（Cato）、维吉尔、特伦克（Terencc）和亚里士多德等人的作品译成古高地德语而名声显赫的诺特克尔·拉贝斯（Notker Labes，死于1022年）一起，作为启迪人们心灵的教师而赢得了声誉。在科尔维，维杜金德用极好的拉丁语写出一部历史著作《圣史》（Res gestae saxonicae），描述奥托王朝的丰功伟绩。有趣的是这场

445

(a) QUINTIUSPLUSEXTIMOKE

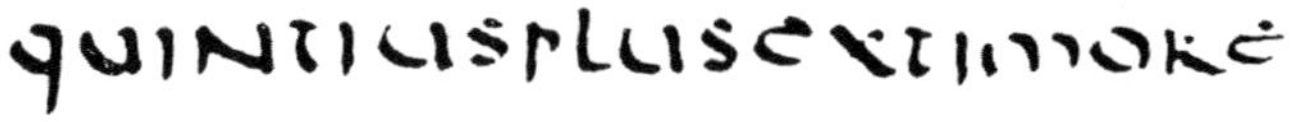

(b) ·ETRENRUMAUDIENTIRINTERROGO

(c) adshuipslonget expansquiurtam popaum job

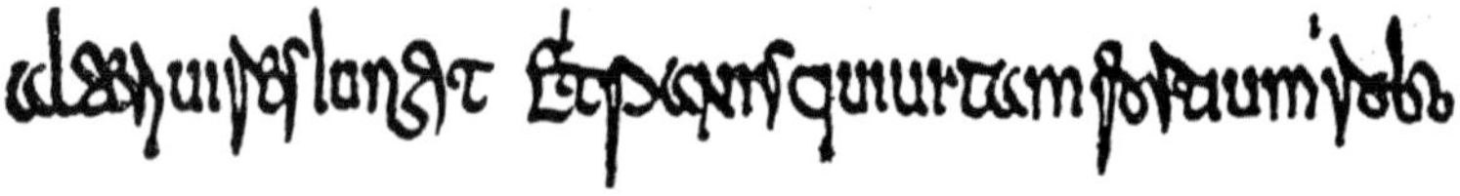

(d) pace Agusantadque uttucam. tton effccael ef. quamquamego. inuatamuisparan. pa mouet. Recae neansecus etin Tuchimle boretg. uajumnehocquon praacepegsfpott

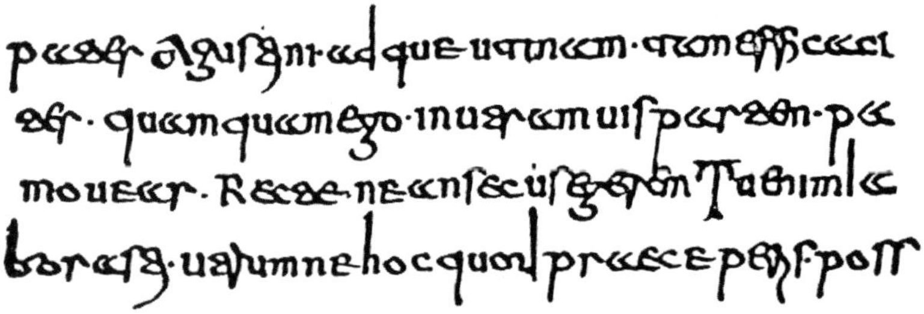

(e) ...

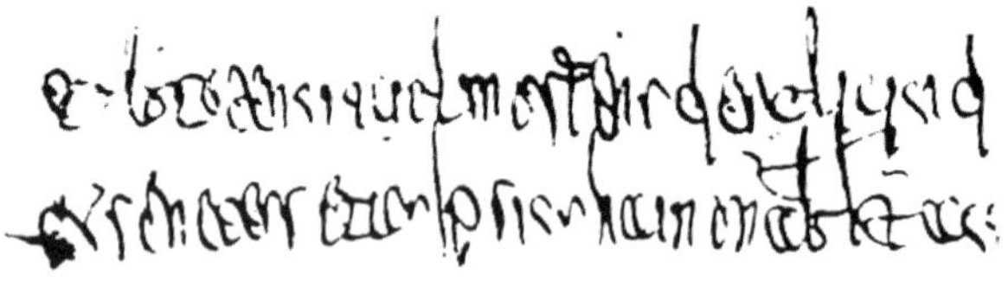

(f) Siquirque confaruntur & elesia uoluetg fonyt ecclesia

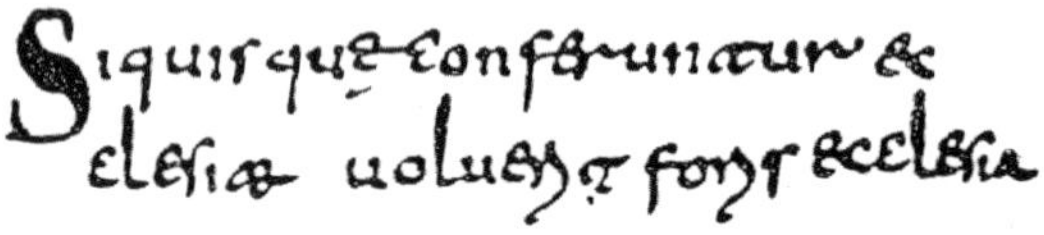

(g) erat regnu eius. Et abstulit filiam suam & dedit eam demario/ Et abalienauit St abalexandro/ & manifeste factg sunt mimicitiae eius,

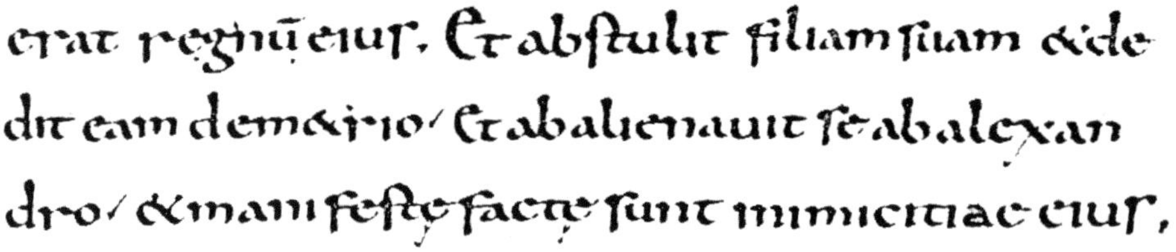

(h) & socior iudeor: Siergoiterū adieri

(a) 安色尔字体，4世纪至5世纪
(b) 半安色尔字体
(c) 7世纪至8世纪的吕克瑟伊字体
(d) 8世纪的阿兹条形字体
(e) 墨洛温官方字体
(f) 前加洛林意大利字体
(g) 加洛林小圆体字体
(h) 加洛林亚眠圣经字体

文艺复兴最初是通过本国语言为媒介而表现出来，在奥托政权之后转向拉丁语。同样的现象也发生在英格兰，国王阿尔弗莱德命令用盎格鲁-撒克逊语言翻译格列高利教皇的《对话》和教父们的各种各样的著作，例如奥罗西乌斯（Orosius）的《反异教史》（*Historia adversus paganos*）以及更多类似作品，尤其是比德的《教会史》等。而国王本人也翻译了一些著作：格列高利教皇的《牧师的烦恼》（*Pastoral Care*）、波提乌的《哲学的安慰》、圣·奥古斯丁的《自言自语》（*Soliloquies*）以及圣诗集中的前50首圣诗。在11世纪，埃尔弗里克（Aelfric，约955~1020年）有关教育学的讨论，包括一部拉丁语法和他以师生对话的形式写的《语录》（*Colloquy*）以及伯霍费特（Byrhtferth）的非常著名的《指南》（*Enchiridion*）等等，皆可以用来证明英国的学生要比欧洲大陆的学生接触到了更多的拉丁语。另外，克雷莫纳主教（死于972年）的一部描述他自己出使君士坦丁堡的宗教经历的著作《留特普兰德》，向我们揭示出在意大利的伦巴第人中受过教育的世俗人的品质和重要性。在那个国家里，本土语言的问题没有出现，因为拉丁语没有变成意大利语，但是在加泰罗尼亚和阿斯图里亚斯连续不断的战争意味着文化仍然被束缚在修道院中，因此未能听到个人的文学之音。总而言之，加洛林文化复兴从未失去动力，在其继续前进的路上，加大了规模，并在10世纪末时达到一次新的飞跃。

古典盛装之下早期欧洲艺术的前兆

加洛林文艺复兴在艺术领域里，特别是在建筑方面贡献巨大。我们只要想一想在查理曼执政的46年里所建的宗教和世俗建筑的绝对数字就不难理解这一点：232座修道院、7座大教堂和65座宫殿！对圣徒遗物的崇拜和罗马圣餐仪式的采用，要求"新型"的教堂和修道院。解决方案就是：或者按照墨洛温时期的教堂，即罗马圣彼得的君士坦丁长方形基督教堂的样式建造，或者在维特鲁威（Vitruvius）关于古典建筑的论述中搜寻一番。在所建成的新型教堂中，我们应该特别注意到地下室、供奉圣人遗物的半地下拱形房间以及具有东-西风格的教堂结构等等的引入。陵墓被加在伸出的礼拜堂里，而圣坛——庆祝复活节的圣殿则位于正面塔楼的第二层上。其结果就是我们看到的像圣高尔（它的平面图不断被人模仿）、圣丹尼斯、科隆和富尔达等带有双后殿的教堂，或者在前面加上一个巨大的西式结构（一种用一座大塔楼和两座小塔楼支起的拱顶）的更好的教堂，比如在圣里奎耶（St Riquier）、科尔维、洛尔施、兰斯和其他地方的教堂。当然，杰作当属亚琛的小礼拜堂，由梅斯的建筑师奥多设计，采用八角形的图案，建于792到805年之间。他超越他的时代三个世纪发明了内部飞拱扶壁来支撑带有炮塔的圆顶座圈。小教堂的设计图案和象征性令人想起拜占庭的宫殿、耶路撒冷的圣墓教堂、圣约翰拉特兰教堂（St John Lateran）的洗礼池或者拉文纳的圣维塔利教堂。

加洛林时期的手稿艺术：修道院作坊和圣约翰福音书的第一章："In Principio erat verbum"几个字清晰可见。9世纪后半叶的福音书（科隆，莱茵图书档案馆）。

　　主张古典的加洛林艺术采用彩色大理石镶边和白色方块石头与砖混合顺砌的方式来达到效果，就像洛尔施的凯旋门一样。这种艺术形式很快就传到德国，这应归功于在科尔维的另一座令人惊叹的带有西部结构的修道院的教堂（873～885年）。早期奥托帝国的礼拜堂遵循其原型发展，并在发展过程中产生多种变化：首先就是明登（Minden，1064年），不必提及在法兰西亚西部的克吕尼二世（Cluny II 955～981年）。如果在960年至970年左右可以发现有新的教堂在兴建的话，那么它们既不是精确的加洛林风格的，也不是精确的罗马风格的，而是两者同时兼而有之，当然没有丢失任何东西。

　　其他的艺术形式无疑都遵循这种时尚。教堂的内部在黄金底子上采用镶嵌工艺进行装饰，就像在普雷斯的圣热尔曼（St Germigny-des-Prés）保存下来的那座一样，或者用水彩壁画盖住整个墙面，就像在欧塞尔的圣热尔曼（St Germain d'Auxerre）或者在米施泰尔（Mústair）的那些教堂里面一样。雕刻重新出现在圣坛上的浅浮雕里，后来也出现在圆形的雕像上。象牙雕刻和金属雕刻工艺应用到圣杯、圣骨匣和首饰盒上，创造出奢侈华丽的物品，意在给人留下超凡的印象，但是这种艺术的过人之处是在书籍的装潢上。在再现立体效果的礼仪手稿的装潢

　　加洛林时期的象牙作品。大约870年的浮雕：赞美诗作者大卫进入上帝的房间。由秃头查理的宫廷艺术家所刻，该作品是皇帝祷祀书的封面（苏黎世，兰兹博物馆）

中可以见到古典的，更准确地说，希腊风格的影响：用金或银在紫色的底子上写下字母，这种做法起源于亚琛的作坊。814年之后，分布在像圣丹尼斯、图尔、兰斯和梅斯等地的艺术家们可以更自由地表现非凡的才能。《乌特勒支圣诗集》作者的深刻笔触，或者由《埃伯福音书》（*Ebbo Gospels*）的微图画家创造的富有旋涡般强烈的情感气氛，让人们注意到修饰性艺术从那时起已经建立基础，并要求跻身于一流艺术之列，远远超过了使抽象狭隘的传统永存的圣伯顿或者圣阿曼德的手稿。还有，在里森瑙、特里尔和埃赫特纳赫，或者科隆着色描绘的奥托手稿，因为完全模仿拜占庭的拘泥形式，实际上反射出加洛林的革新。西方艺术的基础——对线条和深度、色彩协调的感知，拒绝"为艺术而艺术"，对神和人伟大之处的肯定等等——已经铺就。

因此，在对加洛林复兴的总结中，政治与宗教、罗马与基督教的线索与思路盘根错节地交织在一起。受到三代神职人员的推动，加洛林王朝，以至于奥托王朝力求将其政治、宗教、文化和艺术建立在世俗和宗教法律的基础之上。通过将日耳曼人的惩罚权与基督教的道德要求调和在一起，他们重新发现了罗马人的国家概念。他们通过增加国家土地和不懈的战争努力建立起这个帝国。他们将诸侯组合到国家中，查理曼的经验主义为虔诚者路易的更加激进的措施奠定了基础，他比其父亲更赞同教会。而教会，复兴之中的一个重要机构，实际上代表的是一种制度，这种制度给于帝国（像给于其他

加洛林大理石。10世纪浮雕，阿韦尔萨大教堂，坎帕尼亚。

欧洲王国一样）一个公有的身份和一种公有的组织形式，赋予它一种皇权机构很少能有的影响公众的能力。因为如此，查理曼和奥托力所能及地保持对教会的控制，而虔诚者路易则认为给予教会一定的自由更为理智。对帝国范围之外地区传教活动的展开证明了国家和教会之间的这种本质的区别，并使"欧洲"这个概念得以出现。而后统一不再是政治的一致，而是建立在一个共同的文化基础之上的统一。随处可见的修道院和教会学校、以《圣经》和古希腊罗马人文主义为基础的文化的采用，完成了日耳曼人的转变，并结束了日耳曼人融入欧洲的过程。最后，以各种表现——不仅仅是那些阿斯图里亚斯人的西班牙和盎格鲁－撒克逊人的英格兰所特有的——表明，古典模式引起了真正的创新，产生了使人满意的现代礼拜式的需求。通过洗礼而再生的过程因而转化为严肃的现实。查理曼和他的继任者虔诚者路易两人对其采用了不同的方式，但是两者都只不过是把在墨洛温王朝危机中就已经发现的解决方案加以系统化和调整。同样，始于7世纪晚期的改革还在延续和扩大，创造了加洛林和奥托时代文艺复兴的那一代人所经历的社会和经济发展的特征。

第十一章　欧洲的早期积累与收益：
6世纪至9世纪

　　加洛林王朝的学者们曾多次试图赋予圣奥古斯丁所提出的古老信条以新的生命力，以此为社会阶层的划分创造一种理论。在明确了目标和计划后，他们最终得出结论，将在上帝指引下前进的整个人类分为三个阶层：即神职人员（牧师）、修道士和俗人信徒。神职人员是引路人，修道士负责祈祷，已婚的普通信徒就像《圣经》中的诺亚、凡尼尔（又译为但以理，Daniel）和约伯一样从事劳动。我们既可以从查理曼的顾问塞奥多夫和秃头查理的良师益友拉巴努斯·毛鲁斯的著作中发现他们之间的差异，也可以从两个普通信徒，即国王虔诚者路易和诗人埃尔莫杜斯·尼吉鲁斯（Ermoldus Nigellus）的谈话录中发现这三个阶层的区别。当时，人们深信不疑的这一信条究竟是否与他们所处时代的现实相符呢？在得出结论之前，尽管不很精确，我们还是应该首先确定要考察各阶层人群的数量及其形成的过程。在调查中我们可以发现神职人员、修道士、权贵和穷人、自由人之间的明显差异。同时，这是一个从一开始就不断变化和难以控制的世界：农业生产和耕作方法不断改进，城市发展方兴未艾，新的商业关系逐步建立，货币经济日益兴起。这些因素为我们重新考察加洛林帝国衰落的原因提供了新的视角。我们可以借助最近的发现将其与蛮族王国的兴衰进行对比。

民　众

　　尽管缺少确切的数字和文件，但是我们仍然可以很容易地总结出中世纪前几个世纪人口发展变化的大致规律。5世纪的战争和疾病的侵袭必定给城镇和乡村造成严重的破坏，例如发生在北非和不列颠的大屠杀，或高卢和意大利奴隶制的衰落，或409年至411年在高卢、西班牙和意大利发生的殃及各地的饥荒，好几位编年史家都提到过饥荒这个最重要的原因。在意大利，450年的饥荒被形容成是"异常邪恶的"：父母们为了填饱肚子不得不将其子女变卖为奴。

　　而且，我们还发现入侵者的迁徙也无法补足缺失的人口，因为他们的人口基数相对少。只有布列塔尼的情况属于例外，因为布里顿群岛居民的迁移而使其人口不断增加，可能达到过三十万人左右。但在其他地区，营养不良使民众体质虚弱，无法抵御从帝国东部传播来的鼠蹊黑死病。这种疫病在442年就已经在意大利、高卢和西班牙出现。疫病的首次爆发并没有引起重视，但塞奥多里克统治末期的农业歉收和拜占庭军队在君士坦丁堡、亚历山大和迦太基等城市之间的定期调动，最终导致瘟疫于542年在帝国东部无情地肆虐起来。

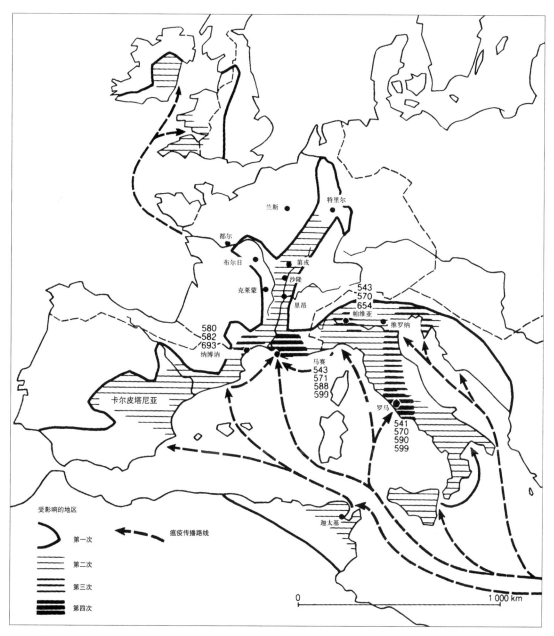

6世纪至8世纪瘟疫在西部帝国流行图。

一次严重的人口锐减：6世纪大瘟疫

中世纪史上首次爆发的大瘟疫与1348年爆发的另一次大瘟疫沿着同一海岸线传播。它同时也传到了伊里利亚（Illyria）和非洲，接着又传遍了整个西班牙的东部和南部。543年，它经由罗马传到了托斯卡纳和波河平原，接着取道马赛感染了罗纳河和索恩河地区，此后顺着莱茵河左岸而下终止于兰斯和特里尔城下。544年大瘟疫死灰复燃，传播到爱尔兰和威尔士海岸。第二次爆发于559年出现在伊斯特里亚和拉文纳，570年瘟疫重现于奥斯蒂亚和热那亚(Genoa)，571年在马赛肆虐并从这里传到了奥弗涅、贝里和勃艮第。580年至582年和588年至591年，大瘟疫第三次肆虐侵袭西班牙东部包括托莱多在内的广大地区，此后传播到加泰罗尼亚、纳尔榜（Nar-bonnaise）和阿尔比吉瓦（Albigeois），马赛和罗纳河流域再次遭殃，只有里昂得以幸免。接下来，瘟疫又从安条克传播到拉文纳和诺伊斯特里亚地区，第三次大瘟疫殃及包括罗马在内的整个意大利中部。与此同时，在巴黎盆地痢疾疯狂肆虐。599年至600年，大瘟疫第四次高潮卷土重来，和前几次一样，仍然在意大利中部、马赛和非洲肆虐。后来，病菌似乎失去了毒性，在654年爆发的瘟疫中，只有普罗旺斯、拉齐奥和帕维亚这几个地区受到了传染。664年，以盎格鲁-撒克逊为源头的一场瘟疫横扫英格兰南部直至诺森布里亚、威尔士和爱尔兰。682年至683年，瘟疫又出现过一次反复。694年，纳尔榜再次遭到大瘟疫的沉重打击。最后，746年和767年间，西西里和意大利南部最后一次受到传染。

　　总的看来，与1348年的黑死病相比较，查士丁尼大瘟疫的死亡人数要少一些，这是因为这次大瘟疫未波及内陆地区。从地图上可以看出，瘟疫主要沿着最繁忙的东西方长途商路，尤其在靠近河流的地方传播。可以肯定，这种病菌难以通过货物传播到港口以外，港口和城镇因此付出了高昂代价，但在发生饥荒的乡村地区疫病的传播速度明显放慢，除了意大利半岛外，因为那里在大饥荒后已经人口锐减，荒无人烟。根据普罗柯比记载，538年至542年间，在皮森努姆（Picenum）有5万人死于饥荒，当时在意大利半岛总共有200多个主教职位，其中有60个职位因为粮食供应难以为继而撤消。这表明瘟疫是在饥荒开始时结束的。同样，在590年至591年，当成群的蝗虫侵袭卡配塔尼亚〔（Carpetania），即西班牙的曼查（Mancha）〕、奥弗涅和意大利时，主教的职位几乎所剩无几。简而言之，除了阿奎丹和西班牙的大西洋沿岸地区，罗马世界所有的古代城市都遭到大瘟疫的荼毒，人口由此而锐减。由于柏柏尔人、巴斯克人和布立吞人从他们生活的山区迁移到空旷的平原，或者从他们自己的领土入侵到西哥特和法兰克王国，影响了移民人口的结构，因此干扰了正常的人口统计。此后，罗马文明的加速衰落对其疆土上的蛮族人十分有利。在不列颠群岛，人口的锐减对凯尔特人的影响比对盎格鲁-撒克逊人的影响更大，因而使后者得以恢复和发展。再者，因为事实上日耳曼人或日耳曼化的国家未受瘟疫传染，这就给伦巴第人在568年入侵波河平原创造了有利条件，因为当地人口的锐减，使他们轻而易举地占领了这一地区。在整个7世纪，斯拉夫人的各个部落在阿瓦尔人的援助下，占领了亚得里亚海西海岸和"那时一片荒芜的土地"的贝内文托公爵领地，并在此定居，保加尔人也迁移到潘塔波利斯（Pentapolis）定居。总之，整个7世纪期间，意大利半岛总体上呈现衰退趋势，由于伦巴第人的入侵而或多或少地使其与欧洲的其他地区相隔绝。与此同时，在加里西亚、阿奎丹、巴伐利亚和英格兰，尤其是在卢瓦尔河北部地区，由于自然原因而造成的人口锐减的趋势仍旧无法遏止。根据莱茵河与摩泽尔之间的科布伦茨（Coblenz）附近的鲁韦纳奇-克雷费尔德（Rúbenach-krefeld）公墓所提供的资料，6世纪至7世纪该地区居民的人口总数只增长了一倍。人口统计资料显示，这一时期人口重心的总体趋势呈现为从地中海沿岸向欧洲大陆北部未受大瘟疫感染的地区转移。

在墨兹河和莱茵河的下游地区，这种有利于日耳曼人的态势表现得愈发明显。除此之外，由于地域差异而引起的人口变化也值得重视。例如，在斯海尔德河以西地区，仍然人烟稀少。7世纪末，当两个爱尔兰人卢格勒（Lugle）和卢格利安（Luglian）从塞鲁安内城附近乡村地区经过时，那里依然荒无人烟。然而，自700年开始，波河平原的居民人数开始呈现增长趋势。再向南的一个移民热点地区是比利牛斯山区的纳尔榜和阿奎丹，其原因之一是犹太人遭到西哥特国王的迫害而向朗格多克低地平原地区大规模迁移；原因之二在于穆斯林占领了西班牙并横征暴敛。信仰基督教的西班牙西哥特人被迫向坎塔布连山地区迁移避难，后来他们由于749年至750年的大饥荒而再次从比利牛斯山北坡迁移到塞文山脉以南甚至更远的地方。这次移民浪潮并没有就此停止，事实上，它一直持续到查理曼时代以后。同时，在没有更多其他史料的情况下，我们可以认为，西班牙东海岸地区罗马城镇的遗弃导致了柏柏尔人对它们的轻易占领，由此必然引发对乡村地区的开发和横行肆虐于各地港口和海岸的海盗行为。在比利牛斯山以北的巴斯克人国家，从阿杜尔河（Adour）到加伦河之间广大地区的一系列城市相继消失，其原因很可能在于居民人口的锐减或缺少外来人口的补充所致。意大利中部沿海地区的情况也与此大致相同。拉丁平原地区在这一时期也很可能停止了引水灌溉，使得本都（Pontine）沼泽地得到发展。

7世纪首次人口增长高峰

之所以这样说是因为对一系列地区的调查证实了人口统计曲线图出现了向上增长的态势。这一人口增长的性质如果已经得到正确的分析评价的话，还需要对其做进一步的说明。就此而言，高卢罗马人以及此后的墨洛温时代的弗雷姆勒〔（Frénouville），即卡巴度斯（Calvados）〕公墓就能够提供特别的说明，3世纪至7世纪生活在该地的居民都埋葬在这里。鉴于高卢罗马人村庄的居民人数一般在250人左右，经过墨洛温王朝3个世纪的统治，人口数量达到1100到1400人之间——即便这里人口的最低数量也相当于原来的5倍！人们很难在盎格鲁-撒克逊人生活的地区找到有价值的证据，即所埋葬的战士人数很少。所以我们可以确认，在7世纪的这一段和平时

一位农夫于1858年无意中在瓜拉萨尔地下挖出了西哥特国王的财宝，其中有这件打算挂在祭坛上的里西绥什国王（7世纪中期）的王冠（藏于马德里国家考古博物馆）。

期，这些村庄的居民人口数量有了相当大的增长。但是，我们也应该注意到，这种情况与今天第三世界国家的情况十分类似。人口出生后的预期寿命很低，最多30几年。婴儿死亡率很高，达到45%。墨洛温时期，男人的平均寿命在40岁至50岁之间，妇女的平均寿命则在30岁至40岁之间。出生率和死亡率都很高，两项指标均达到45‰，并不断上下浮动。上述所有的情况都表明这一时期人口数量的恢复增长是不稳定的，虽然没有人不结婚，而且结婚大多发生在青春期。另外，近亲结婚生育在一定程度上加剧了这一危险趋势，这一点已经被脑发展迟缓和生理缺陷的高发率所证实。人口数量的增长产生了积极影响，这在7世纪就已经逐渐显现出来，到8世纪则更加明显。这样，人们开始为了一些无价值的琐事而身处不断的冲突和掠夺战争的危险中。

正如我们所看到的，查士丁尼大瘟疫冲击之后，人口的逐渐恢复对定居和土地耕作产生了重要影响。在莱茵河、摩泽尔河和艾菲尔（Eifel）之间地区以及波河下游平原地区，遍布大量弃耕农田的大片森林中新出现了一些垦荒地。而在另一些地区，如勃艮第高原，森林的面积仍然在不断地扩大，在欧塞尔（Auxerrois）山谷情况却相反。在高卢罗马人村庄的废墟上一度出现了三十个左右新建的教区。7世纪以后，其他教区也在卢瓦尔河流域沿岸相继建立起来，对高原森林地区形成了新的开发，有时甚至采取激烈进攻的方式。但是，通常被遗弃的荒芜土地一旦重新恢复耕种，开发速度必然放慢。通过对比利时中部和阿登地区花粉传播地点进行的分析也可以得出同样的结论。从5世纪初期开始，乔木、灌木和蕨类植物的面积随着草地和耕地面积的扩大而逐渐扩大。后者在6世纪至7世纪重新出现，但在700年前后出现了山毛榉和赤杨属植物的繁殖高峰，在此之后，耕作植物的花粉传播数量再次增多。花粉分析还说明，墨洛温王朝晚期的耕地面积很可能出现减少的趋势，这种情况一直持续到丕平统治时期。他对这些地区极富野心，在沿墨兹河沿岸开垦的90块农业大地产被确定为该王朝的产业。687年特尔特里会战胜利后，这些地产的开发使乡村的情况发生了根本性变化。

英格兰在经历了部分开垦罗马耕地的最初阶段和征服所带来的停滞状态之后，到8世纪也出现了新的垦荒地。早期移民开拓的各个盎格鲁－撒克逊殖民地的差别逐渐显现出来。根据某些英国历史学家提供的资料，在威尔德（Weald）、剑桥郡（Cambridgeshire）和东英格兰地区，偶尔可以发现以"inga"为结尾的地名，这符合上述情况。然而，对这里花粉分析的结果却与欧洲大陆分析的结果不符。另一方面，对弗里西亚地区的考古研究表明，尽管格罗宁根（Groningen）和弗里西亚逐年受到海洋的蚕食，但这一地区的人口数量仍然呈现稳步上升的态势并出现转折，而当地居民因缺少种植农作物和饲养牲畜的土地而从事海上贸易。在西班牙东海岸，情况则完全相反，突显出北欧人口和土地开发增长的情况。总之，在英格兰北部和波河平原人口数量首次增长的趋势和土地开拓热潮非常明显。

5世纪至6世纪的人口危机对地中海地区城市化国家所造成的破坏最为严重。此后，在7世纪期间，人口数量开始缓慢回升。8世纪，在日耳曼人和欧洲的日耳曼地区人口增长的速度明显加快。然而，这一恢复性增长仍然是不稳定的，其他方面也同样还不能说明奥斯特拉西亚或盎格鲁－撒克逊人取得的重大发展。

加洛林王朝的不平衡发展

9世纪期间，墨洛温王朝的人口发展相对比较有规律，我们对此的一个深刻印象就是：没有出现流行性瘟疫，瘟疫已经长时间消失了，饥荒仅仅发生在洪涝或干旱的年份。840年以前很少出现饥荒（我们已知在751年至840年之间仅发生过3次）。840年以后，随着内战爆发和外敌入侵，饥荒的次数也逐渐增多，此后50年中发生了8次有记载的饥荒。在意大利，859年、872年、940年曾多次发生饥荒，873年德国遭遇蝗灾的侵袭。然而，编年史家在记述以前所发生的饥荒时，往往喜欢夸大其辞，将其描写得与他们同时代发生的饥荒一样清晰。779年，安尼亚内的本尼狄克为了解决所谓的饥荒而向民众分发肉类，由此可以看出，人们没有理由怀疑人口增长的趋势一直持续到9世纪中叶。

随着盎格鲁－撒克逊殖民地的发展，基督教影响的地区继续扩大。这种银质压打花纹的胸针带有盎格鲁－撒克逊和基督教双重风格，9世纪制作（藏于伦敦大英博物馆）。

　　某些地区人口增长的另一个非常重要的因素就是移民的迁入。穆扎拉卜人，也就是西班牙基督徒，由于因反抗而遭受的778年萨拉哥萨惨败、850年至859年科尔多瓦镇压和850年至928年伯巴斯特罗（Bobastro）镇压而理想破灭，不得不迁居到阿斯图里亚斯王国、加泰罗尼西亚或阿奎丹王国南部地区。查理曼于802年颁布的诏令表示对外来移民的欢迎态度。844年秃头查理也颁布同样的诏令，允许移民在塞普提马尼亚的荒地定居，这次移民活动一直持续到9世纪末。在英格兰，山谷和丘陵坡地上修建了大量土木建筑，其中以奥法所修的堤防为例，其建筑规模浩大，证明这里有足够的人力在遍及全国的森林从事清理采集工作。弗里西亚人不断遗弃其土岗村落，清楚地表明他们的国家已经难以容纳如此多的人口。在北海的另一侧，盎格鲁－撒克逊和丹麦人模仿弗里西亚人抛弃旧村落的方法，使沃什周围的沼泽地和盎格鲁东部的沼泽地被开垦为耕地。最后，维京人的迁移无疑导致了实行丹麦法的地区和诺曼底（Normandy）地区人口的增加。在9世纪晚期的冰岛，包括从挪威的部落首领到来自爱尔兰的奴隶在内，总共两万余人参加了向这个当时荒无人烟的岛屿的移民运动。这些资料可以为乡村人口的增加提供有力的数字证据。

　　费迪南·洛特（Ferdinand Lot）根据普雷斯的圣热耳曼（Germain-des-Prés）多联文献所提供的资料估计：在巴黎盆地农业大地产上的人口密度可以达到每平方公里26人至29人。其他历史学家则根据圣伯顿的多联文献推断，在伊塞尔（Yser）和阿图瓦山麓之间的人口密度达到每平方公里34人，再向北每平方公里20人。在里尔（Lille）周围是每平方公里9人至12人，摩泽尔河谷为每平方公里4人。这样，人们可以再次计算，包括弗里西亚人土岗村落在内的海滨地区于800年前后，人口密度为每平方公里20人，在南德伦特省（Drenthe）的沙土地区人口密度为每平方公里4人。通过对兰斯的圣雷米吉乌斯的多联文本研究（收集了从845年至

882年间的资料），也可以得出同样的结论。像维圣雷米村（Viel-Saint-Rémi）这样的大村落每平方公里能容纳50人，而图尔牛尔村（Viller-le-Tourneur）这样的大农庄每平方公里有24人，苏圣雷米（Sault-Saint-Rémi）为45人，库尔蒂索勒（Courtisols）为15人。如果将这些坐落在荒地中心区可耕地的大部分所有附属地区都计算在内，则上述地区的人口密度顺次降为37人、13人、25人和15人。总之，在香槟的干燥地区，9世纪中叶每平方公里耕地上的人口数约为30人，每平方公里未耕地的人口数约为12人，这个估计比较保险。从地产经营文件中统计得出的这些数字不可能有很大出入，因为多联文献的错误大多是在计算农民数量时宁可出现遗漏也不愿出现多算，这也可以推断出我们对这些地区的调查是准确的。我们可以将这些毋庸置疑的文件与保存完好的古典时代晚期的圣雷米吉乌斯农庄（原来是家族遗产）的劳动人数相对比，5世纪时每平方公里8个农业劳动力的这一比率明显上升了。农学家科鲁麦拉提出的理想比率为每平方公里16人，是这一数字的2倍！他们最后得出结论，耕地（ager）人口密度是罗马时代未开垦的处女地的3倍。加洛林时期人口主要集中在被周围或大或小的荒地包围的人口密集的村庄中。

很明显，农耕地区对迁移人口更有吸引力。10世纪初期在比利牛斯山脉加泰罗尼亚地区一侧出现了绝对人口过剩，海拔1000米的地区人口密度达到每平方公里18人。同样，在伦巴第和皮埃蒙特高地（Piedmont）的居民就比亚平宁山区和波河下游流域地区密集。在9世纪末，利马涅（Limagne）旷野地区的人口就已经达到了饱和。学者们用人口统计学的方法计算如此多样性的地理范围内的人口扩张，其中表现最明显的是巴黎盆地、皮卡迪、弗兰德尔、墨兹河主河道和科隆附近地区，由此可以大胆推测出帝国全部人口的大致数目。假设总面积为120万平方公里，按照平均人口密度计算出总人口大约为1500万。费迪南·洛特认为帝国人口应在1400万至1500万之间，但这个数字只相当于今天法国地区的人口数字。另一方面，让·德宏特认为同一地区的人口数字不可能超过300万，德国和英格兰两国各自的人口也大约只有70万人。然而，我们不能忽略查理曼麾下的19,000名官员和52,000名士兵。最好的解决方法是，按未开垦地区（占总面积75%）为每平方公里10人、农耕地区（占总面积25%）为每平方公里30人来计算，由此得出的人口总数最少为1500万，最多为1800万。如果考虑到加洛林帝国领土比晚期罗马帝国要小些，而后者总人口据信为2600万人，那么加洛林帝国人口还是有少许增加。

必须再次强调，这一数字只是一个近似值，与一些英国人口统计学家统计的10世纪奥托帝国人口总数达到1000万人用的是同一种方法。但是有一点可以肯定，人口膨胀的趋势在840年以后停止了，很可能一直持续到950年以后再度增长。对于废弃村庄的研究表明，9世纪中叶艾菲尔附近地区的农业拓荒殖民也停止了。普罗旺斯东部农耕区因撒拉逊人的入侵而荒无人烟，直到972年。我们听说，867年在贝内文托有大概9000名基督徒被装入6艘穆斯林船只贩卖到非洲的的黎波里和亚历山大为奴，但他们在途中遭遇维京海盗劫掠，最后在冰岛、挪威和丹麦度过余生。匈奴征服士兵将他们劫来的妇女的头发系在马车上裸体押送到多瑙河平原地区，以便为那里增添人丁。同一时期，奴隶和其他的农业劳动人口在维京人侵袭前大批仓皇迁移到海盗袭击地区的边缘地带，以免被他们抓住；秃头查理的一道誓师令甚至建议臣民们最好躲到附近的森林里去。853年，由于布立吞人和丹麦人的入侵掠夺，在诺伊斯特里亚就出现了一次突如其来的移民浪潮。我们都对内战中的大屠杀记忆犹新。841年，在配撒耶的丰特努瓦（Fontenoy-en-Puisaye）据说有几千名士兵阵亡。923年，勃艮第的鲁道夫和弗留利的贝林加尔在波河平原地区横行无忌，据说有1500名出身上流社会家庭的重装骑兵战死沙场。弗洛多阿尔相当谨慎地告诉我们，每次维京人入侵时伤亡的准确数字：923年在克莱蒙特·弗兰德（Clermont-Ferrand）围城战中有1200名诺曼人牺牲，925年在埃唐普（Étampes）附近有1300人阵亡，926年在福康贝格（Fauquembergue）又有1100人战死沙场。这种大规模的阵亡不能不使人口增长的趋势骤然停止，就像对农业劳动力剧烈的干扰不能不严重影响农业生产水平一样。

富有而分裂的教士

9世纪至10世纪的基督教欧洲是一个复杂的世界，受到人口数量增长明显的和潜移默化的影响。在这样的世界里，人们到底希望社会如何塑造才能符合强调精神发展趋向的人类学？在理论上对社会阶层的划分以及教士、僧侣和俗人之间究竟有多大的差别呢？就教士和僧侣而言，确实存在阶层划分的某些真理，因为二者所代表的阶层明显相互对立，但是很难看出俗人阶层具有类似的特点，因为暴力随时会将他们分裂成两部分：一部分是有雄厚财力或政治地位的俗人，主要由奴隶主和贵族组成，另一部分俗人则是没有影响或没有保护者的自由人和未成年人群体。这种社会分类也同样适用于严格区分其职责的撒克逊、丹麦和瑞典人。分类即贵族的职责和义务就是统治，自由人和奴隶的职责和义务就是服从，这与当时的社会现实并不相符，因为这种社会地位的变化极为迅速：如果一个人想要改变自己最初的地位，或降低自己的地位，没有人可以阻止。

前文已经述及教士阶层所具有的惊人实力。816年的亚琛会议上，按照各教会拥有教士住房的数量对它们进行了排列。当时，拥有3000至8000个教士住房的是最高级别的大教会，其次是拥有1000至2000个教士住宅的中等教会，第三等级的小型教会规模在200至300个教士住宅之间。奥格斯堡（Augsburg）大教堂的神职人员住房数量超过1500个，雷根斯堡教堂拥有1100个。相比之下，像维森堡、洛尔施和圣高尔等修道院规模更大，每所修道院都拥有大约4000个修道士住房。富尔达修道院的住房数竟达到15,000个！丰特奈尔（Fontenelle）的圣旺德里耶

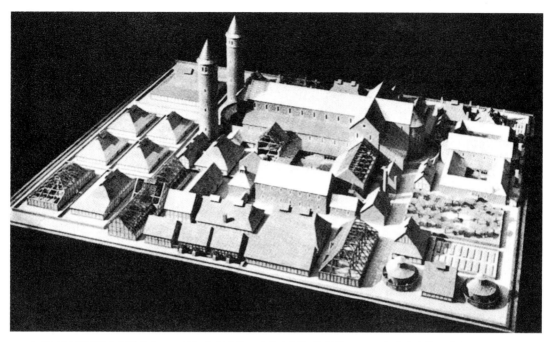

加洛林时期重要的修道院之一，圣加伦修道院，建于康斯坦斯湖附近，747年信守本笃派教规，院址遂迁至亚琛，830年开始扩建与重修（该图为在1965年亚琛举办的格罗塞卡尔展览中心展出的模型）。

（St Wandrille）修道院宣称加洛林王朝通过官方手段剥夺了他们4000多个教士住宅的房产。但是像圣伯顿这样的小型修道院所拥有的房地产可以供254名修道士居住，其占地面积超过10,000公顷。阿尔库因同时兼任费里耶尔、圣桑斯卢普（Loup of Sens）、圣若瑟（St Josse）、弗拉维尼（Flavigny）、拜尔莫里（Cormery）和图尔的圣马丁多所修道院的院长，他因为拥有20,000名奴隶而遭到指责。教会和修道院的财产由于前者完成的负担相当沉重而呈现出愈发明显的不均衡状态。僧侣要满足修道士和旅客的住宿要求，将门房作为穷人的避难处，或创办学校以招收志愿献身于教会事业的人，除此之外，他们很少从事教堂法规确定从事的慈善事业。所有在古典时代晚期和墨洛温王朝时期建立起来的制度都保留了下来，教堂救济院为已登记的穷人提供帮助，收容避难者，还要维持主教法庭，这些都落到了教堂的头上。一旦他们的地产拥有量不能满足他们的需要时，尤其是与修道士的情况形成鲜明对比时，两者之间财产的不平衡会更加明显。人们因此就可以理解为什么在当时的情况下加洛林时代的主教们会想尽办法不惜篡改法律以获得对修道院的控制权。其中最著名的案例就是勒芒（Le Mans）伪造文书案，主教煞费苦心但最终也未能获得圣加来（St Calais）修道院的控制权，这恰恰表明国王和显贵们经常争夺物质利益的斗争是相当激烈的。值得注意的是，事实上主教的地产几乎不足以维持开支，这就是辛克马尔为什么在书信中尽一切努力要恢复其地产的原因。很明显，在俗人和教规之间并不存在一致性。此外，我们还可以看到查理曼在阿奎丹的政策就是刻意使修道院与教会相互争斗。910年，克吕尼修道院获得免税特权，这是修道院在这场斗争中所赢得的一项胜利成果，它努力摆脱教区主教的控制而获得独立。

7世纪军事贵族的出现

一个被征服者所忽略的，但是在被征服地区却已经明显存在的事实是，8世纪早期形成了一支强大的力量，骑在马背上的贵族势力不断扩张。他们来自哪里？控制南部主教辖区的大元老院家族因为继承人数量不足而出现了式微的迹象，但因为他们富可敌国，所以得以与王室结盟，其财势也因此得以增强。在日耳曼人中，国王议事会的宫廷大臣（officium palatinum）逐渐取代了自由人大会或贵族会议，这表明这些被视为贵族的家族已经出现了。在伦巴第和盎格鲁－撒克逊人中，由于其风俗习惯最具古风，因此贵族都具有纯正高贵的血统。这类家族的成员，像肯特的酋长（aethelings）或其他地区的郡长（ealdormen），都可以提出当国王的要求。在伦巴第，公爵们能够共同遏制君主长达十年，而后又继续对其监控。如果说西班牙西哥特人和高卢墨洛温人并不看重贵族血统，其主要原因在于他们是在一系列服役活动中迅速崛起，这有赖于他们在宫廷中接受的那些"训练"，他们不再与国王平起平坐，而是处于国王之下。这些贵族一般都可以从国王的封赐中得到丰厚的土地，拥有大批骑士和臣属，他们被要求仿效前罗马帝国军团的方式向自己的主人宣誓效忠。但这一点小小的束缚根本无法抑制他们对土地和权力的欲望。辛达斯文德和埃布罗安砍掉了新王朝统治者们的头也没有真正解决这一问题，尤其在高卢，南部的高卢罗马贵族、勃艮第贵族与北部的法兰克人贵族这三个地区势力的结合，形成了一个背叛忠诚誓言的强大集团。早在614年，他们就公开违抗克洛萨尔二世关于禁止郡级地方居民出任公职的敕令。

国王经常赐予那些"亲兵"臣属高官厚禄以作为对其效忠的回报。在高卢，墨洛温国王是整个诺伊斯特里亚、勃艮第北部和奥斯特里西亚西部地区最大的土地主。然而在西班牙或南部高卢领地，所有权与占有权的分野仍然很明显，这在法兰克人中并非如此，他们往往将俸禄视为永久的赏赐，而将任何形式的官职都看成终身的职位。他们与盎格鲁－撒克逊和伦巴第人类似，都设法保留和经营已经获得的赏赐、战利品和一并得到的纳税土地。伦巴第国王不同寻常之处就是他在统治期间遏止住其国库税收的消耗，他通过其8世纪的征服使国库财富得以扩充。这使他的封臣数量大为增加，但他却不能限制诸如公爵等封臣的扈从。在墨洛温朝统治下的高卢，一旦达官贵人取得了土地，他们也就同时获得了免税权。这些地产受到特权保护，除皇室地产监督总管外（他属于宫廷总管管辖的官吏），任何国家公职官员不得干涉。这些地产不与国家发生直接联系，其各项特权在其被易手新主人后仍旧保持不变。而地产新主人在获得领地的同时也加强了自己与其奴隶和隶农（coloni）的依附关系，从而使大多数乡村人口脱离皇帝的直接控制。

当皇室国库财政税收吃紧不能满足所有需求时，情况就发生了变化。在600年前后，里卡雷德国王想出了一个解决国库空虚问题的办法。他承认教会土地早已被迫从公有土地中分割出去的事实，也愿意作为教会的保护者，因此将一部分属于修道院的土地划分出来，赏赐给一位公爵以作为对其军功的回报。630年，达戈贝特也采取同样办法将一定数量的修道院或主教地产划归国库财税体系中，以确保对麾下建立军功的将士进行封赏。随着公侯国的出现，这种方法逐渐被推广，丕平家族就曾采取类似的措施以保住其所拥有的地产。教会地产通过这种"不确定"的契约，经君主"祈祷人"担保这种形式，转移到了身居高位或军功卓著的俗人手中。查理·马特用这种办法聚集了一支规模相当可观的军队，但是他这种严重损害教会组织利益的行为引起了教士们的愤怒。这一时期，教会的危机与国家的危机并存。从克洛维以来的教会大地产都作为王室财产而归属于政府，这就可以解释为什么俗人也可以当上主教或修道院院长。

与此同时，其他因素如缺乏机制健全的政府、广泛存在的私人暴力、宗族仇怨和各类官员的贪婪都使人们比以往更希望得到一个拥有强权的庇护者的保护。在南部各国，人与人之间的契约束缚逐渐增多，其基础都是相互信赖的诚信、可以公平自由取消的契约以及双方保持的承诺。西哥特人的忠实扈从和伦巴第人的亲兵的重要性早就得到强调。在西班牙，埃尔维吉（Ervig，680~687年在位）国王允许扈从进入国王议事会。在意大利，亲兵变成了管家。所有这些家臣得到的土地报酬都获得了国家财政税收的免税特权。在墨洛温高卢地区，所有的上下级关系包括领主与家臣或国王与封臣（antrustions）之间的隶属关系更为牢固，相比之下，这种趋势在整个社会范围内并不明显，尽管家臣和封臣的地位很低，他们还是与上流阶层和贵族交往。同样，盎格鲁－撒克逊的扈从以亲兵身份逐渐崛起成为中层贵族，即小领主（the thegns），并以这种方式在国王和贵族周围形成了严密而集中的人身依附关系网。国王作为统治者和军事行动的组织发起者，在"赏赐"或"封赏"的名义下，每年都要慷慨地向其属下封授"封地"（beneficia，后来转变为"benefice"），同时给予属下不同形式的赏赐，作为他们为国家或对国王个人服务的回报，包括领主家臣的生活费、武器、经营领地产业得到的津贴以及作为赏赐礼物的地产，并带有全部或部分的土地所有权，等等。

加洛林"大发展"

为了全力重建国家，加洛林王朝君主们不仅不限制而且确信，他们能够像前文所说，通过不断扩展个人影响去构建社会的等级金字塔，并通过直通到社会底层的层层联系来扩大其权威。君主们为此采取了一个预防办法，就是将财产只赠给自己家族内部成员或有亲属关系的成员。事实上，人们对只有如此少数的贵族大家族及其宠臣与加洛林家族联姻这一事实一直感到惊讶，确实，这正是国王的意愿，以便可以自然而然地加以控制。

加洛林王朝本身就是两大家族传统联姻的产物，即奥斯特拉西亚的贝加（Begga）与梅斯地区的安塞吉塞尔（Ansegisel）两大家族，国王的父亲阿努尔夫是当地主教，其兄弟赫洛多夫（Chlodulf）后来也是梅斯的主教。同样，男修道院院长的职位也始终为君主的亲朋好友保留着，例如阿达尔哈德和其继任者瓦拉任科尔比修道院院长，他的朋友埃因哈德，即查理曼的传记作家，就是塞利根施塔特（Seligenstadt）修道院院长，他还是帕维亚的约翰受洗修道院、马斯特里赫特的圣塞尔维提乌斯（Servitius）修道院、根特的圣彼得和圣巴沃（St Bavo）修道院院长。当时，皇帝非常倚重奥斯特拉西亚的旧贵族，而在萨克森、伦巴第、巴伐利亚、西哥特人的西班牙或弗里西亚崛起的一批新兴贵族也得到重用。例如弗里西亚的一个家族在804年前后曾担任沙隆主教以及赫德格林（Hildegrin）修道院院长之职，后来又任芒斯特和圣留德格尔第一任主教，后者的叔叔或侄子（他们的关系不甚清楚）以及继承者担任格佛雷德（Gerfrid）教堂主教一职。我们还可以举另一个例子，即墨洛温晚期时埃提赫尼德的阿拉曼家族左右阿尔萨斯地区。在709年到746年间，埃提克的孙子留特佛雷德（Liutfrid）以查理·马特的名义征服了莱茵河东部地区。在查理曼和虔诚者路易时期，胡格是图尔的伯爵，他的一个女儿嫁给皇帝罗退耳一世，另一个女儿嫁给皇后朱蒂斯的兄弟、威尔夫家族的康拉德伯爵。他的儿子杰拉德成为巴黎和维也纳伯爵，最后成为普罗旺斯王国的摄政王。同样出身于埃提克家族的马特弗里德是奥尔良伯爵，他与虔诚者路易的劲敌胡格结盟。其后代一直担任艾菲尔地区伯爵，他的女儿嫁给了自立为王的博索，这个家族通过一系列联姻与安茹家族（Unrochids）结成联盟，一起卷入与奥斯特拉西亚另一个大家族，即"威廉"家族的争端之中。查理曼于790年册封威廉一世为图卢兹郡守，他是史诗式的英雄人物，是穆斯林的征服者，于804年进入其自己建立的一所修道院隐修。不久后，其子伯纳德担任塞普提马尼亚侯爵，后来成为虔诚者路易的心腹大臣，且为人行事老奸巨猾。胡格和马特弗里德告发他与皇后有染，他最终被秃头查理以谋反罪于844年处以死刑。其长子威廉也是一个叛国者，于850年在巴塞罗纳被处死。伯纳德的小儿子、绰号"毛脚"（Hairy-feet）的伯纳德却得到国王的宠爱，成为塞普提马尼亚侯爵和奥弗涅伯爵。最后，伯纳德的孙子虔诚者威廉于909年赢得阿奎丹的独立，并创立了克吕尼修道院。这个日耳曼家族的地产原本主要以米迪（Midi）为主，后来扩展到从奥斯特拉西亚到图卢兹，囊括了奥图诺伊斯（Autunois）、马孔（Mâconnais）和奥弗涅的广大地区。同样，贵多内斯（Guidones）和兰伯茨（Lamberts）的地产也从布列塔尼扩展到意大利。

所有这些家族都与加洛林王室联姻，在法兰克势力范围之外，他们也同样没有忽视古老家族的势力，同样与他们建立盟友关系，并以惊人的速度在这些伯爵或侯爵领地发展势力，就此而言，威廉和伯纳德的"南方化"表现得尤为明显。无论如何，这些大家族为了各自的利益必须进行合作，这样才能获得发展，但他们之间的关系并不和睦，经常发生争吵和冲突。最初"强者"罗伯特的萨克逊家族与加洛林家族联姻，其目的不仅是要挫败维京人，而且也是要拆散盖伊-兰伯特联姻（Guy-Lambert）。家族内部的争吵也在阿斯图里亚斯国王拉米罗二世（Ramiro II）和冈萨雷斯之间展开，后者两次反叛两次被捕。这些富有的贵族都是受过教育的人，根据弗留利侯爵埃伯哈德（Unrochid Eberhard）在865年起草的遗书，他将自己的大量藏书留给子女，足可证明这一点。令人费解的是，他们都应该读过《君王宝鉴》（Mirrors for Princes）这本书，应该知道如何做出选择，但他们却走上错误的道路。最具讽刺意味的是，由德霍达（Dhuoda）亲笔写下的忠于国王的效忠誓言，于841年作为母亲的遗产传给其子威廉，但后者却在850年因反叛罪而被斩首。但是，也有忠于国王的事例，如西哥特人加泰罗尼亚伯爵直到888年奥多当选为国王之前一直忠心耿耿，只是因为后来他们认为奥多身为私生子不能继承王位，才终止了对国王的效忠。撒克逊贵族对虔诚者路易和日耳曼路易的忠心也从未动摇过。

封臣的产生

对于贵族来说，封地是其荣誉、权力和官职的基础，但土地并不能解释他们放任不羁的行为和缺乏团结一致的精神。他们好斗尚武的倾向和良好的自我修养实际上与把整个社会紧密结合起来的层层隶属关系相矛盾。757年，丕平三世试图通过日耳曼式的委任方式与一位贵族建立起个人之间牢固的罗马式效忠关系。当时，巴伐利亚公爵塔西罗宣誓效忠的情形是这样的：

> 他（丕平）向其封臣伸出双手，后者把手放在圣徒遗物上，多次宣誓效忠于丕平国王和他的儿子查理和卡罗曼，以虔诚的愿望和矢志不渝的忠诚做他们的封臣，这是根据法律规定封臣应该对封主所尽的义务。

很明显，这是私人关系与公共法律的结合体，其目的是使契约更加牢固，直至双方中的一方去世。违背誓言者将被收回其土地使用权（巴伐利亚的情况就是如此），并将受到地狱之火的永远煎熬，因为他是在上帝面前立下的誓言。一旦封臣出现不满的苗头，领主就以建立养子关系这一日耳曼传统方式通过感情因素去约束封臣，这就可以解释为什么在许多情况下契约依然可以保持下去。这种观念是教会不断努力恢复罗马契约和罗马法的结果，但由于操之过急而难以真正被加洛林社会所接受。受封的封臣将通过履行军事义务换取附加的地产。国王或皇帝也因此获得权威或权力。从此以后，这种方式逐渐约定俗成并普及开来。伯爵可以拥有三种形式的土地财产：第一种是他个人或家族的地产，通过购买、嫁妆或遗产继承的方式取得土地所有权，因此称为"自主地"（allods）。第二种土地是其官职地产（honones），即是从国家取得土地使用权以作为其官职的俸禄。他占有这部分土地是以其担任官职为条件的，一旦调任他职，该土地的使用权就会转到其继任者手中。第三种土地是他作为封臣而得到的军役地产，在得到地产的同时还可以得到一个暂时的封号，这类土地可以出卖或转让。准确地说，在他（封臣）将双手放在国王或领主的双手之间发誓以及相配套的效忠誓言结束后，便进行封爵仪式以及封赐土地的象征性仪式：由领主授予封臣一把泥土或一枝挂满叶子的枝条，由此代表完成了土地交接仪式（还必须再次强调，封臣得到的不是土地的完全所有权）。查理曼鼓励贵族与自由人也建立封臣关系，这样他就可以拥有一大批间接的封臣，而直接听命于他的只是皇室封臣。通过这种方式便形成了一个庞大的分封网，所有的人都处在这个从基层到顶层的网络之中，社会因此被结合为一个整体，主教和修道院院长也不例外。此外，皇帝还宣称他们的契约是牢不可破的，除非领主犯罪或对封臣有不公平的行为。由此，从莱茵河到卢瓦尔河之间的土地都以这种方式成为封臣的军役土地。

皇帝和国王尽力将这些法规和约定俗成的惯例在各地推广，将其范围扩大到从北意大利到阿奎丹地区。844年，秃头查理曾鼓励西班牙的西哥特自由人加入他的封臣行列之中，但响应者寥寥无几。法兰克家族所控制的卢瓦尔河南部和波河平原以外的其他家族大多消极应对，继续坚持传统的受封形式。在西班牙和法兰克西南部地区，公职均已经以年俸的方式付薪，就是说他们的薪俸中包括一部分公有地的收入。在10世纪，人们用采邑（feo）或封地（fevum）两词来指称这种形式的俸禄。尽管这一词与南部首先出现的"采邑"相类似，与北方情况相比，人们还不能过高估计这种现象，把它当做封建社会的象征。在效忠关系和领地之间并没有什么直接联系。10世纪贵族与贵族之间的平等契约在朗格多克、加泰罗尼亚和伦巴第逐渐推广，成为一种平常现象。这种坚持罗马传统的做法完全符合对北来影响的抵制，也符合高级贵族中完全不同的态度。

英格兰和德意志依然局限于自身的传统中，加洛林王朝推行封赐效忠仪式或封建军役地产政策再次遭遇困难。英国贵族地主只对国王宣誓效忠以保持他们的贵族等级。在萨克森和东法兰克，允许奴隶也随主人的土地变更一并归属新主人的古代封赐效忠习俗此时依然颇为流行。因此，许多出身显贵家族的达官贵人不同于他们在法兰克西部的同时代人，他们拒绝履行被认为有损身份的习俗礼仪。另一方面，由自由人组成的武士团依然实行传统仪式，"同盟"成员不是以双手而是单手触摸领主之手，以示自己臣服效忠于领主，这是一种表示上下级关系的标志。在英格兰，从王室领地分得土地或自己保有领地的大乡绅根据契约必须支付金钱以代替各种形式的效忠服务。这样，他们这些同一阶层的社区就自然而然地形成了以领主为中心的不断扩大的家族群体，领主即为国王或更久以前的酋长。由于他们向领主宣誓效忠，所以要对领主履行军

秃头查理穿着拜占庭式的服饰，教、俗大臣围在他身边，接受《圣经》赠礼（《秃头查理版圣经》插图，巴黎国家图书馆藏书）。

役义务。在西班牙，军役土地被用来奖励忠诚的武士，而不是一种权利。在意大利，效忠仪式仍然与获得军役土地相分离。最后，在弗里西亚，村社依然保持原始阶段的状态，因此领主或主人这一阶层迟迟未能出现。这样，关于莱茵河和卢瓦尔河之间地区的上下级关系为什么最终停止发展这个问题到此就十分清楚了，这一地区是加洛林王朝行使权力最有效的地区。

总体来说，封臣可分为四种不同类型：在最上端的是皇室封臣（vassi dominici），包括贵族和大地主；其次，下一层封臣多为退役时拥有4至30曼苏地产的扈从，他们往往依赖于高官或教会大地主；第三种封臣没有固定的地位和收入，只是为有权有势的人充当侍卫，他们在斯堪的纳维亚地区，与同盟武士相似，这个骑士阶层被称为赫德（hird）；第四种封臣地位介于普通封臣和无户籍的封臣之间，其中包括随从（ministeriales），也就是主人从奴隶中挑选出来从事一些特殊工作的人——如圣伯顿的租赁人管理40公顷的地产，随同领主骑马出征。这种封臣主要存在于日耳曼国家，如弗兰德尔、罗退林基亚或德意志。只有第一种封臣才属于上层贵族的一部分，至于由第二种普通封臣形成的中等贵族，我们对他们的情况依然知之不多，第三种封臣的地位仅比奴隶高些，最后一种封臣本质上仍属于奴隶阶层。而在其他地区，只有高级自由人即忠心的属下或大乡绅的类型，这无须多言。

以改良方式持续存在的奴隶制

不经意之间，我们已经涉及在自由人和非自由人的世界里人与人之间的关系纽带。我们还是从权力欲望强烈的贵族转向另一些人——奴隶，他们在某种程度上享有另一种形式的物质安全，当然这仅限于和平时期。据说在晚期古典时代，奴隶拥有相当多的权益。我们知道，他们都拥有户籍——事实上就像家臣一样，这种相似性并非偶然。由于查理曼的征服才使奴隶贸易可以采取租赁的方式，只是强制禁止犹太商人将基督徒作为奴隶贩卖的禁令才使奴隶买卖再次衰落。事实上，自由人依然可以将自己卖身为奴，直至付清自己的债务为止，或者终身为奴。权贵阶层无人不知通过正式规定阻止穷人卖身为奴。与此同时，在845年召开的莫城（Meaux）会议上，不但禁止犹太人贩卖异教奴隶，也禁止异教徒贩卖奴隶。该会议通过的法规非常严谨。事实上，它很适合当时的情况，如一个奴隶在无意识或不知情的情况下与一名贵族妇女结婚，应该得到释放；奴隶主如果娶自己的女奴为妻又抛弃她与另一个人结合，这样的婚姻也是合法的。于是，基本上通过这些婚姻圣礼仪式和授圣职仪式，奴隶开始逐渐缓慢地获得了合法的身份。

事实上，释放奴隶并非普遍现象，教会地产上禁止释放奴隶，故而奴隶的数量仍在不断增加。一种新的形式因此应运而生，即通过用襁褓包裹婴儿这一仪式来释放奴隶的子女（albis），该婴儿必须是自由人与女奴所生的孩子并诞生在主人的房子里，这个婴儿自然就获得自由。一句

农民，《圣汪达尔伯特殉教史》的一份圣加伦手稿中关于11月天蝎座的插图（梵蒂冈图书馆藏书）。

话，除了像弗兰德尔、萨克森和巴伐利亚这样的日耳曼国家以外，其他地区奴隶的数量逐渐减少。在圣日耳曼周边地区的大地产上，奴隶在劳动力总数中所占的比例不到10%。在香槟、兰斯的圣雷米吉乌斯的三座农庄中，奴隶占总劳动力的比例分别为8%、7%和4%。晚期罗马帝国具有代表性的地产上，奴隶占总劳动力的比例为12%，我们对这些地产深入调查后，结果发现这一类型的地产正在走向衰落。加洛林王朝的奴隶拥有独立的经济地位和某种程度上的法人资格，他们往往还具有侍者、商人和保镖侍卫的身份，甚至有一些人成为主教，如奴隶埃伯（Ebbo）就是兰斯教堂的大主教，阿恩则是萨尔茨堡教堂的大主教。另外，还有的奴隶成了伯爵，这在其同时代人中曾一度引起了一场轩然大波。

这里的发展趋势再次与文明区域分道扬镳。在新欧洲，原有的自由人在皇室和教会那里找到了庇护。他们迫切希望寻找保护人，并认为这比拥有完全的自由更重要。为什么要为那些象征性的或其他意义上的义务而备受困扰呢？如我们所见，在大多数情况下，这些义务不再与个人相联系，而是与土地相联系。不仅如此，我们在仔细考察多联画屏时也得到这样的信息：农民们自己、"自由人和隶农"等都要在大地产主的代理人面前宣誓他们自愿尽一切应尽的义务。但是，领主的权力可能也不太大，否则农民就会逃走。但在加洛林时期北部欧洲的情况却发生了变化，当时，原来的自由人、隶农和其他地位不明确的农民地位下降，相当于后来人们熟知的农奴，当然他们的地位因地区不同而或多或少有些不同程度上的差异。941年，在康布雷地区奴隶和依附佃农依然有区别。在罗马化的欧洲这一演化过程并不迅速，在南部欧洲的房地产契据档案中，古典时代类型的奴隶一直保留到11世纪中期。当地还存在着将隶农（克罗尼）和其他的佃农当做从事各种工作的奴隶（Mancipia）看待的明显趋势。899年，欧里亚克的杰拉德心甘情愿释放了他拥有的100名奴隶，以遵守汇编到《查士丁尼法典》中的奥古斯都统治时期制定的法令，尽管他肯定还拥有更多的奴隶。如同此前一样，释放奴隶都要继续保持对主人的服从（cum obse-quio），即奴隶获得释放后，其先前的主人仍然拥有对他的全部庇护权。另外，严格的罗马法因在战争中被俘的穆斯林奴隶的出现而变得更加严酷。在某些地区，如加泰罗尼亚和拉丁姆地区，奴隶直至10世纪中叶才最终消失，当时，随着土地开垦拓荒的进行，最后一批奴隶逐渐融合成为自由农民，因为继续与其主人保持原有的密切联系已经无利可图。在南部意大利或阿奎丹，罗马类型的奴隶，即非斯拉夫人、非穆斯林、非外籍人奴隶，存在的时间更长一些，因为这些国家的法律更加保守。

自由与贫穷可以并存吗？

各个乡村领地中，存在一个自由人阶层，其地位处于有权有势的贵族庇护者及其所庇护的奴隶之间，这些人称为自由农（pagenses），后来这个词演变为农民和隶农。他们在社会发展中出现人数激增的势头，但很快这种激增就呈衰减趋势。840年以后，由于日益泛滥的暴力，自由人阶层只能在两条途径中选择其一：或者加入家臣的行列，从而避免自己的财产落入征服者手中，而且还可以稍稍提高自己在社会等级中的地位；或者成为社会不安定因素的源头，随时准备将自己的军役服务出卖给开价最高的人。另一方面，如果他们沦为权贵的附庸，那么其最好的出路是成为佃农，但也由此失去了自由人的身份，或到修道院中寻求庇护。自由人注定要承受所有社会变动时出现的动荡和压力，他们的命运就像笛卡儿玩偶一样，起伏不定，上下颠簸。

尽管涉及"克罗尼隶农"阶层的文献并不多，但他们依然是乡村社会中重要的组成部分，可以明确的一点是，虽然官方承认隶农是自由的，但实际上他们的地位并不比奴隶高出多少。事实上，他们承负的财税负担和加之于自由农民身上的负担都在减少，成为一种习惯性税收，或者被取消，或者摊派到其他各种苛捐杂税中。不久以后，土地税义务就变成了劳役义务，更有甚者，在日耳曼影响的地区税收全部被免除。这就可以解释为什么"法兰克"的形容词"franc"具有"自由"的含义。在整个7世纪和8世纪，从卢瓦尔河到莱茵河的广大地区，到处都可以发现在称为"农庄"（mansi）的小型农场里安心务农的农民。这个单词在620年前后使用时，或者指代一块自主地，即农民自由保有的地产，或者指有家奴（casatus）的租地，或者是附属于大地产主的隶农的租地（Tenement）。在米迪，这种情况随处可见。这个单词的同义词就是"隶农占据的租赁土地"，也与农民有着密切的联系。实际上802年牧野誓师法令已经申明，"米西"（missi）是指某些国库或教会地产上的隶农，他们成为领主的随从，担任一定官职并占有封地。由此可见，隶农的经济地位已经与以往截然不同了。

无论如何，他们这些人都会成为一个"农庄"、"农场"里的佃农，或在日耳曼国家中租种一"海佛"（hufe）土地的佃农。在英格兰他们租种一海得土地，这种租地的面积通常确定为"一户家庭的土地"，其产出大致能够满足一户农民家庭的衣食需要。在意大利，其面积相当于二牛一犁在一年中所耕种的土地。其实际范围根据地区和土地所有权的不同而不同，通常在12公顷至45公顷之间，在英格兰其数量介于16公顷至48公顷之间。每一户佃农的土地上都有一座小茅舍，通常以茅草为屋顶，居住着佃农全家。这些隶农每年都被召集到王室主人府邸和伯爵法庭中去。我们可以看到，如果他们中有人耕种的土地少于四个耕种单位，他们就必须占有其他人的土地以达到这个数量，这样其中一个人就不得不离开。一些人想方设法希望保有一小块自主地或一块不确定的土地，任由修道院院长或主教掌控支配。在奥托帝国，"农夫"（Leibeigne）就是指享有一定行动自由的农民，但他们似乎仍然依附于教会地主。领主往往从他们中抽调出一部分扈从补充到工匠和商业代理人中去。在英格兰，农民（gesith）与隶农身份相当，因为他也与地产紧密相连，并且没有权力将其耕种的土地传给后代。然而，自由民中最下层的人在生活上也享有完全的自由，和工匠、金匠、铁匠或商人这些受庇护者一样。他们必须服兵役或者履行某些特定的义务，受到控告时他们必须上法庭，在得到来自其社会阶层的三个陪审员发誓支持后才能洗脱罪名。他们的抚恤金（Wergild）高达到200先令，相当于33头牛。很明显，他们在经济上比较富有，对贵族阶层非常向往。在加洛林帝国，与他们地位相似的是自由人（franci）或自由农（pagenses）。一般来说，他们拥有4至12单位的自主地，但要成为富人与贵族可能至少要拥有100公顷以上的土地。805年的牧野誓师法令规定，任何拥有超过这个数目土地的人都必须提供一名重装骑兵。

但在这些中等的土地所有者，即50公顷土地的所有者的土地周边我们可以发现一些其他类型的自由人。其中有一种至今仍不清楚的类型，称为"流民"（hospitia），他们一般定居在农耕土地邻近未开垦的土地上。在意大利的伦巴第，自由农民与大土地所有者订立"特许状"（libellum）契约，它允许他们拥有可以更新的长达29年的租赁权，或者可以将土地使用权世袭二代或三代人。根据罗马法的规定，土地在耕种30年后可以自动转归耕种者所有，因此规定以29年为租赁期限以避免类似情况的发生。即使这样，这些租赁契约对于小经营者来讲好处也是很明显的。同样，主要针对种植葡萄的合作耕种合同为增加小经营者的数量提供了一个非常好的途径，因为在五年结束时，投入耕种的新土地被分成两部分。最后，大量的小土地耕作者通过出卖自己的劳动可以勉强维持日常生活。在科尔比，他们通过打理僧侣的园地来养家糊口。在普吕姆（Prüm）和圣伯顿，他们被称为受俸者，因为他们每天都能通过劳动取得定量的食物作为工作报酬。通过这些描述我们就可以了解到自由人中最贫穷的人，即日工的实物收入情况。

一场剧变的先兆

对于各种类型的农民来说，以村社或大家庭的形式进行农业生产无疑益处良多，因为这样可以在某种程度上调节贫富差距。由于农民们对共有牧场的经营和荒地的开垦，他们更加团结，这些农民的社区的安排也不同。在里昂和加泰罗尼亚，这类社区都有明显的发展轨迹可寻，它们一直完整地保存到11世纪。在普罗旺斯、朗格多克、勃艮第和意大利的伦巴第，农民通常聚集在牧师教区教堂门口活动。在北部的弗里西亚，农民社区的势力很大，甚至能够拒绝向丹麦人交税，而将缴纳给丹麦人的份额转给国王日耳曼路易，并策划驱逐丹麦人。在萨克森，古老的社区一直保存到奥托帝国时期，自由人称为"王室自由民"，从前的隶农依然依附于土地上，他们都接受"沃吉特"（Vogt，即加洛林王朝主持百人法庭的法官）的管辖，继续占有土地并交纳各种土地税和人头税。不久以后，当骑兵在战争中开始使步兵黯然失色时，自由农又要交纳一种根据军役折算的税款。在这种情况下，国王只是在形式上保护农民社区的地位，我们发现各地村社实际上自己保护自己。他们曾向圣高尔修道院院长要求得到自己的权利，甚至在864年拒绝摊派给他们用车运送泥土和谷物的任务。

然而，我们还不得不根据已掌握的材料把这个自由人的世界勾画成一幅混乱不堪的图画。在某些地方，尤其是在西班牙，这幅图画好像接近社会上层的地位，而在其他地方，其情况则非常糟糕。这是因为领主（Comital）滥用权力（比如命令他们超期服军役或频繁地传唤他们到领主法庭），或者因为大地主打算迫使自由农民屈从于其权力。因而，一个引人注目的情况是誓师法令中常把自由农民称为"穷人"。很明显，任何不听从领主的传召到庭的自由农自然要受到谴责，必须交纳60索里德的罚款，结果自由农必然陷入无可挽回的破产境地。晚期古典时代大土地主使用的将自由农变成隶农的方法依然大行其道，这可以从许多加洛林时代誓师法令和宗教会议决议严词谴责那些以权势强夺小土地所有者的情况中得到证明。在墨洛温时代，贫穷意味着自由但得不到上层社会的庇护。840年以后，担负着对这些新增贫穷人群进行物质救济任务的教会越来越多地要求恢复他们原有的地产以获取救济这些人的资金。尽管840年以前在卢瓦尔河北部也曾经为救助贫穷者而进行过一次较为彻底的努力，但随着侵略战争的爆发，形势愈发恶化。难以负担的债务、严重的灾荒、官员和贵族的疯狂掠夺、战争造成的危险形势以及对于匈奴人和强盗掳人为奴行为的恐惧使无数自由农民或者很快便投入到富人的庇护之下，或者义无反顾地走上外出逃亡之路。每天都有4000名穷人来到圣里奎耶修道院领取救济食物。在科尔比，每个领救济的人每天要领取一块半面包（相当于2.5公斤）作为一天的口粮或旅程干粮。如此沉重的负担使教会在9世纪下半叶就无法继续维持下去了。各地富人因担心被开除教籍或惧怕下地狱而被迫提供的救济品完全不能满足需要，所以包括穷人在内的各种类型的人都感到巨大的压力。在穷人和受欺诈的农民队伍里还有老幼病残者和背井离乡的朝圣者，例如被逐出祖国的爱尔兰人，还有逃避维京海盗四处流浪的异乡人。不难看出，面对着沦为奴隶的威胁，每个人都迫切希望找到一个庇护者，期冀获得一个拥有特权的地位。因此，形成领主政权的条件已经成熟。自由，这个在加洛林王朝扩张时期无可否认的社会优越性，现在成了不利因素，后来在11世纪成为农奴制形成的催化剂。

由此，我们再度看到一个具有典型意义的社会，它处于人口复兴造成的痛苦和扩张过程中突然引发的内忧外患交织的一系列矛盾中。事实上和平总是在一段长时间的暴力冲突后出现，这正解释了我们看到的在俗人与教士之间、大贵族家族之间的冲突，也说明了在自由人的世界里出现了一部分向社会上层发展，而另一部分相反向贫困化发展的趋势。奴隶阶层的逐渐消失是这一时代的另一个令人惊奇的特征。尽管不可避免地存在地区性差异，我们还是应该深入考察农业经济，以期弄清这一时期频繁的社会暴力究竟是由于国库空虚、政府贫困所导致的结果，还是奢侈浪费的恶果。

土　地

土地仍然是财富惟一的基本来源。大量资料显示这一时期的农业生产获得进步，可能是因为更好地耕种了荒地，或是因为耕种的大地产推广双圃制，还可能是因为生产技术的改良。然而，应该记住，我们所依据的大量材料都是来自于与贵族相关的史料，其说明的仅仅是全部土地的一小部分（大约占2%～10%）而忽略了其他部分，后者是我们最需要了解的。

农耕的发展

乡村的景色几乎没有什么改变，森林、沼泽、石楠荒原依然如故。莽莽苍苍、树木茂盛的山毛榉林和橡树林覆盖了查理曼大帝征服的各个日耳曼地区。值得注意的是政府开始采取更有效的方法开发这些地区的资源。皇帝们非常重视对小灌木林、"森林"和鱼塘的环境保护。《法令汇编》（De villis）中提供了一段关于围捕野生动物时对其加以保护的技巧的冗长记叙。5月份期间，捕狼者开始挖陷阱或投放毒饵以捕捉幼狼。秋天，军事行动往往因为狩猎季节的到来而停止。在这个季节每个人都充满热情，意外事故当然也就难以避免：卡罗曼国王就在884年的一次猎捕野猪的过程中受了致命伤。随着一年中斋戒时间的增加（从120天到130天），鱼的消费量大增，其中鳝鱼和鳟鱼最受欢迎。博比奥的僧侣每年从他们的佃农那里得到500条鳝鱼的供奉，圣热尔曼及其周围地区和科尔比的僧侣每年能得到200条。在沿海和河流中能够捕捞到大量的八目鳗、鲟鱼和鲑鱼。人们对动物资源的开发利用显然已经出现过度的迹象，因为在这一时期野牛消失了，很快在9世纪之后海狸也无处可寻了。

我们通常可以在多联画屏中发现"树林"（silva grossa）和"灌木丛"（silva minuta）之间的区别，后面这种小灌木类型的植物，可以用来制作农耕工作使用的林业产品，例如用于制作防护栅栏的木桩和葡萄藤木架，灌木叶子还可以做动物的饲料等等。意大利大量种植的甜栗子林，在地中海区域以外的地区也开始被种植。自然生长在河边的柳树也得到很好的看护，因为经过筛选的柳树枝可以用来编篮子或做他用。山毛榉和橡树丛林继续被经常用来提取树脂（沥青），因此禁止任意砍伐。事实上，常青绿叶树种的推广种植可以得到更多的收获，山毛榉的坚果和橡子都可以用来养猪。此时咸猪肉依然是农民的主食肉类。乡村社区也同样将公用荒地用来放牧，而且由于林地界限划分不明确，他们经常与邻近的大地产主发生法律争端。所有人都需要使用草场牧羊，而养羊是为了获取羊毛、奶酪、羊油和羊皮纸。牛则主要用来耕地，所以人们不常在牧场上看到牛群。这些林业和畜牧业产品最主要的作用是补充食物供应。除此之外，对荒野土地进行集中开发也相当必要，毕竟南欧地区这类荒地仍然还保留在公共土地的范畴内！查理曼针对那些允许将开垦的公共荒地变做私用地的行为，在其誓师法令中提出过如下警告："如果有些土地被清整出来，就让它们保持清整吧，但绝不允许使耕地侵占林地；现存的林地不许过度砍伐或遭到破坏。"这种对林地和耕地、荒地和农田之间保持平衡的担忧，特别是改变以往重视耕地的态度，确实显得有些奇怪。我们从中可以认识到：首先，林地资源非常重要，以至于在使用中忽视了保护；其次，开垦耕地一直对林地具有长期的侵害作用。

开垦耕地损害林地的趋势在加洛林时期的欧洲普遍存在，这是不可否认的事实。蒙捷昂代尔（Montier-en-Der）修道院的农民就曾被许可在森林中用篱笆圈占开垦出来的土地。在德意志，圈地（bifang）的习俗仍旧存在，在某些情况下农民要事先确定自己的选择。罗退耳二世在867年发布的一个特许状就承认了未开垦土地的所有权：其未来主人必须选择或者将其分隔出的100曼斯土地当做耕地，或者用来放养1000头猪。在意大利，类似于加洛林时期林地的共有林地（gualdi publici）也受到自由农民和前隶农的侵占，但在朗格多克、南部阿奎丹、加泰罗尼亚和阿斯图里亚斯这种趋势最为明显。加洛林国王就曾给予西班牙移民保有土地30年使用权的优惠条件以鼓励他们开垦荒芜的公共土地。这些享有优惠权（aprisio）的农民最终导致乡村自由小农

8月用镰刀收割。此图收录于809年至818年间在萨尔茨堡汇编的《天文学笔记》（维也纳奥斯特里兹国家图书馆藏书）。

阶级的产生，他们是小土地所有者阶级，完全靠自己的劳动自由独立地生活。这是由于山区人口过剩而逐渐转移到平原地区生活的一个范例。我们可以发现发生在奥弗涅的相反的例子，在9世纪晚期，由于肥沃的利马涅平原人口过剩导致了对干燥砂质地方的林区、索克西郎格（Sauxillanges）和布里尤德（Brioude）山坡荒地的开垦，这里是公认的远离这一时期冲突战乱的地区。我们在另一个人口过剩的坎塔布连山地区发现了同样的现象和同样形式的契约，这里称之为"约定"（presura，这个词就相当于契约），鼓励农民开垦"未驯服的荒野"（eremus squalidus），保证他们对林间空地拥有所有权。在加里西亚和葡萄牙北部，一千四百多个西哥特人新地名证明了这支人口大军的迁移，其间只因杜罗河的泛滥而一度被暂时中断，当时许多人都被泛滥的河水所吞噬。然而，一般来说，开垦林地和荒地仅发生在某些特殊地区，在另一些地区这种活动显得并不突出，甚至在加洛林时代，开垦林区荒地的活动也不明显，但这种活动　直存在，从未被忽视过。

深入调查得出的结论

我们是否可以因此得出这样的结论，即反复出现的林区和农田形成了足够的资源了呢？就此而言，我们还是应该提到已开垦的牧场，这里能够正常收割草料，就像按照加洛林日历的7月在今天的维也纳地区所见到的景象一样。这种情况在西法兰西亚的北部、弗里西亚和英格兰广泛存在，也就是说在那些放牧饲养牛、羊和马最发达的地区都明显存在。这一时期的弗里西亚通常被描述为：那里的牧场可以饲养16头母羊、15头母牛、12头公牛、40只绵羊，好像所有的牧场都是这样。当阿尔库因想要奉承乌特勒支主教时，就杜撰了一个奇怪的词"vaccipotens"，意思是"母牛一般强壮"。在皇家牧马场，马夫们被告知11月11日以前要在室内饲养马驹。一部有关兽医内容的著作《牧志》（Mulomedicus）就是关于如何饲养和治疗用来驮运的牲口的，这部书在许多修道院的图书馆都可以看到。

但是，开垦出来的土地基本上是用于种植谷物的。在地中海国家，大量种植的主要是小麦和大麦，而在西欧，由于气候潮湿，主要种植的是黑麦和小麦。在英格兰，更普遍种植的是大麦，通常还混合种植一些燕麦，尤其是用来制作一种酒精含量高的啤酒。廉价的谷物也得到大面积种植，波河和加斯科涅一带种植稷粟和蜀黍，法兰西亚地区也大量种植这些谷物。最后，因为种植各种豆类植物如豆荚、鹰嘴豆和扁豆有利可图，它们成了一种重要的种植物。

菜园、果园和葡萄园这三种需要精耕细作的种植区更需加大投入。农艺书中经常谈到不同种类菜园的规划，例如日用蔬菜菜园或房前屋后菜地，或占地不足一公顷的小菜园（setici）。在这里用普通的锄头和粪肥精心耕作，种植卷心菜、萝卜、韭葱、欧防风、大蒜、慈葱和其他蔬菜。在圣高尔修道院的仿制规划图上，菜园部分就是用不同种类的绿色蔬菜和推荐种植的烹饪用的草药做标志的。同时园艺学也应用于医药目的，许多皇室领地的僧侣或农民种植的植物主要用于祛病。《誓师令》所推荐的在皇室领地上种植的72种植物中，只有三分之一是用于烹饪的。关于果园的文献相对少，果园的面积也肯定很小。在圣高尔修道院，果园位于墓地里。文献中所提到的果树有苹果树、梨树、李子树、枸杞树、月桂树、栗子树、无花果树、温柏、桃树、榛子树、杏仁树、桑树和胡桃树，这些树可能全都少量种植，也许每种只种一棵。在这里，是否能够种植也取决于天气条件的限制，而修道院种的树似乎不是仔细盘算过的，惟一的例外就是橄榄树。虽然在加泰罗尼亚无人知晓这一树种，但在罗纳河到栋泽尔河（Donzère）之间的地区已经有人开始种植橄榄树。葡萄的种植，无论是葡萄树的高架藤品种还是低矮藤品种都得到推广，上至主教和贵族地主，下至自由农民，竞相开展了种植葡萄的活动，并尽可能地向北方拓展，以生产大量的葡萄酒供应消费。在安纳普斯（Annapes）属于王室国库的那些农场中，有个特雷奥拉（Treola）农场以葡萄酒生产为主业。特雷奥拉位于今天的里尔（该名依然保留其原有名称的痕迹"Notre-Dame de la Treille"），但现在这块土地已经不再适合葡萄种植了。在843年凡尔登条约签订时，葡萄园已经在农业经济中占据非常重要的地位，因此莱茵河左岸的葡萄园就划分给了日耳曼路易，因为在东法兰克地区根本没有葡萄园。从此边界线就是沿着一条难以划清的线路伸延。因为在那个年代葡萄酒是惟一可以对人产生兴奋作用的饮料，所以所有人都会尽最大的努力生产它。雷顿（Redon）修道院的葡萄园一直延伸到维莱纳河（Vilaine）。通格里斯的主教职位转给列日的主要原因就是因为墨兹河上游的山坡上种植了大量的葡萄树。佛兰芒和奥斯特拉西亚地区其他修道院也都采取了这种解决方案，购买了位于香槟地区的拉昂葡萄园，甚至还购买了意大利湖区岸边土地上的葡萄园。《誓师法令》第八条款涉及的全都是王室领地内关于葡萄压榨机、酒桶和其他制作葡萄酒设备的内容。总之，富人的地产上可以出产各种各样的生活必需品，加洛林王国史料中所包含的专制政治的思想并未超越其现实基础，但在现实中它是否能够真正实现呢？

无论大庄园农业和手工业两部分相互作用的情况如何，大地产事实上已难以实现其一直追求的自给自足的理想了，因为它被迫要支付我们现在称之为公共设施的费用。严格来讲，这里的盐和铁无法做到自给自足，必须到庄园外去购买。因此，大庄园被迫通过技术革新和提高生产率来增加产量，以便满足其农业经济生存所需的物资。在科尔比我们恰好发现了6个冶炼工匠和6个铁匠在生产铁块，而在巴德斯的科勒（Celle-des-Bordes）有32名奴隶要在一年内生产一吨铁，只有这样才足以制成1000个锄头。事实上冶炼铁主要是用来制造兵器，它本身就说明查里曼关于禁止出口刀剑的法令实质上完全是出于战略考虑。在安纳普斯属于国库的农场建筑中有5个磨坊和4个酿造厂。在普雷斯的圣热尔曼的那些庄园中有83座或84座水力磨坊星罗棋布。在科尔比也有多座水力磨坊，分别由3到6个水轮推动。伊米农（Irminon）就曾自夸拥有7座普通的和4座新式的水力磨坊。但是很不幸，这并不意味着人力磨坊就此消失了，而仅仅意味着人们是为了节省人力而使用水力磨坊，特别是那些由熟知当地所需并十分了解古典农艺作品的人负责管理的地方，他们千方百计使大地产运营良好，取得最佳效益。

目前已经证实了，在法兰西岛（Ile-de-France）地区的农业生产中已经使用装有犁壁并由6至8头公牛拉动的重犁。在弗里西亚，考古研究表明，这里发现的不对称和对称的两种犁沟畦痕证明当时人们使用两种不同的犁具耕地：一种是古式的较轻"牛犁"（aratrum），另一种是重犁。后者也许起源于斯拉夫人（根据与8世纪墨洛温时代的犁头相比推测），或者起源于日耳曼人（根据是在683年伦巴第的罗撒里法令中提到它的名字，在725年的阿拉曼尼法典中也提到它，"plum"就是日耳曼语"pflug"，即英语中的"犁"）。从这里再向北，干草地所占的面积逐渐增加，一般都与可开垦的耕地相邻，这就为耕牛提供了足够的草料。另外，如果重犁应用得当，就会加快卢瓦尔河北部的农业经济发展，因为这里的土壤多为沉淀冲积土或冰河泥土沉淀物构成的硬质土壤，而重犁是惟一一种可以翻耕这种土壤的农具。恰巧有个机会证明这一点，直到19世纪末才对重犁在北方地区限制使用的禁令，准确地标示出从这项革新中获利的国家，即加里西亚、法兰西亚、英格兰、德国和波河低地平原。最后我们还要谈到马蹄铁出现的资料，最早出现在855年，而在800年的《特里尔启示录》（*Trier Apocalypse*）中则对马轭笼头改进的情况做过描述。

人们注意到当时在农业生产中对土壤进行了一些养护和改善措施。根据维也纳日历的图例

农业日历：4月为果树剪枝，6月开始犁耕田地，9月进行播种（注意其无轮犁），10月收获葡萄（此图出处与前副插图相同）。

说明，当地开始耕种的时间是在6月，秃头查理要求农民向土地上撒泥灰土以提高肥力，并要求必须将这项任务作为一种公共义务来完成，但是我们发现其在执行过程中遇到了一定的阻力。另一方面，在圣雷米村庄园里服劳役的人（Corvées）使用手推车运输粪肥，格森（Gerson）的领主还要求佃农为牲畜准备好饲草。我们也发现查理曼曾下令在草地和耕地上施堆肥。我们还在研究763年圣高尔和783年图林根的特许状时发现，这一时期已经开始实行三年一次的谷物轮种以保持土壤肥力。这一点在《誓师法令》和蒙捷昂代尔多联画屏中也可以得到证实。这一耕作制度在9世纪至10世纪期间似乎还没有推广到法国和德国以外的地区。不过当地人也以氮肥保持土壤肥力以种植豆科植物。三年轮种的方法使产量提高了33%，这一改良措施可以大大减少土壤肥力的流失。除了西班牙和意大利边疆拓恳区外，其他地区土地开拓的进度极为缓慢，实际上在那些地方依然采用轻犁耕作，实行两年轮种制。笔者因而对于某些历史学家关于农作物产量很低的观点很难苟同。最悲观的估计平均产量也可达到收成与种子的比例为3∶1，我们今天从科鲁麦拉著作中得到的数字是4∶1，而这是最差年景的收成。我们提到的那些教会和世俗大地产主难道会认可如此糟糕的收成当做他们普遍的产量吗？他们私人图书馆里可是藏有科鲁麦拉和帕拉底乌斯的农书！需要强调的是这一悲观的估计数字是从安纳普斯的《简例》（Brevium exempla）一书中得到的，根据其中提到的谷物的数量可以了解到该比例在这一地区为1.6∶1。我们从《上缴清单》（Conlaboratus）这个涉及农业丰收的文件中可以清楚地了解当时的情况，不要忘记，这里所指的仅仅是地产全部收成的一部分。《誓师法令》特别规定管家将国库所属地产上的收获物分成几部分，其中第一部分上缴给国王（the conlaboratus），第二部分缴纳给军队将领，第三部分分发给日工，第四部分作为支付给在手工工场劳作的妇女们的工资等，并要求将每一部分都单独列出清单。在王室和教会地产上不时出现少报收获账目或故意将不同种类的作物列入不同标题下的例子，这些情况提醒我们不能将一些现成的数字作为反映整个地产全部产量绝对可靠的依据，而只是代表了地主实物收入的一小部分情况。就这份文件看，当地的农业产量肯定在5∶1或6∶1之间，这是参考了那些没有完全保存下来的文件涉及谷物产量计算出来的。根据这些数字我们可以得出结论，当时农业生产的平均收成在每公顷10英担至14英担之间，乍一看来，这个数量令人吃惊。农民们似乎拼命发狂地劳作以履行他们的义务，其实，我们可以肯定地说，农民的确热心地开垦、翻土和锄耕以增加产量，因为提高产量可以使他们获得实际利益。葡萄园就是一个很好的例子。在圣热尔曼·德普雷斯的葡萄园，僧侣们要求奴隶和隶农租佃耕种有葡萄园的土地，并交纳一定数量的收获物。这就激发了后者提高产量的积极性，因为这样可以获取更多的剩余农产品进行出售。在僧院领地上的葡萄酒平均产量为每平方公顷3000升，在租佃土地上葡萄园平均产量要高一些。每年在扣除当年消费之外，僧侣们还有60万升的葡萄酒可供出售，但农民的产量比这更高，总量达到100万升左右。

加洛林农民可以做到自给自足，此外还有多余的产品可供出售，因此大地产的经营者更加重视改进农田的一切工作。这一繁荣景象反映在僧侣们每日配额食品量明显的增加上，这当然受到他们的欢迎。在加洛林时代，根据圣本笃教会法规，每人每日定额量从330克面包、半升葡萄酒增加到1.5公斤面包、1.5升葡萄酒，此外每人每天还能得到100克奶酪，200多克豆类做豆汤。享用这样的食物也不再只是富人的特权了，住在像圣科尔比、圣丹尼斯和苏瓦松这样的大修道院里的普通信徒也可以得到同样的配额食物，此外还可以得到至少100克的咸猪肉或熏猪肉。需要解释一下，遭受灾荒饱受饥饿的人们是得不到如此丰盛的食物的。因为资源丰富，再加上大地产上高效率的农业生产，就使得某些地区处于优势地位，强加于农民身上的运送葡萄酒和谷物到河道码头或城市市场的义务就说明，有相当大数量的农产品用于出售，圣热尔曼·德普雷斯的一些农民还被迫运送农产品到更远的昆托维克。这无疑是农业产量提高的一个证明。这一时期农业产量远远高于晚期古典时代，为此做出的长期努力最终在市场经济发展中得到回报，这至少应被视为大范围出现的事物，我们应对这些闪现的现象加以注意和重视。

"领地制"的发展

领地制作为一种地产经营的方式，根据最初主张的8世纪大扩张理论，曾一度被认为是中世纪的产物，根据后来主张的更早时代的遗风理论，被认为首先出现于晚期古典时代。这种具有古代和中世纪双重性的开发利用土地的制度，即"领地制"，在整个中世纪的前半期产生了深远影响。无论我们如何看待这种制度，它归根结底是地产主为应对其奴隶劳动力开始崩溃以及其财产流失等问题所采取措施的结果。

在北部高卢和意大利伦巴第地区同时采取了三种解决问题的方案：第一种方案是把位于森林荒地中开垦出来的土地直接划给耕种者，佛兰芒语称之为"拓荒地"（akker，很可能是来自古拉丁语"ager"一词），意大利语为"拓荒农场"。第二种方案是将大块可开垦的土地通过出卖或交换的方式分租出去，土地主人也是租地的经营者，佛兰芒语中称为"经营者"（Kut-ter，源自拉丁文"Cultura"），他们的主要劳动力包括地主拥有的奴隶（mancipia）和每年按固定天数扛活的佃农帮工，这些土地多位于树林和沼泽地带，共同的习俗把他们联系起来。第三种方案将主人自留地（demesne）与租地之间的关系划分得更加清楚，这也是从第二种方案中发展而来的，在这里，农民耕种的土地离主人居所非常近，称为"农田"（Curtes，佛兰芒语称做"gewanne"）。地主耕种的土地为其私有领地，专用于耕种谷物，有时称为"主人地"（condamines，意即"属于领主的"），一般由奴隶耕种或佃农租种。这些劳动力要按规定的天数耕种，大多为每星期一至三天。采取最后一种方案的地方肯定是那些土质坚硬的地方，那里沉淀冲积土或黏土必须要使用带有铁刃的重犁才能进行犁耕。

另外，这种新的具有双重时代性的开发利用大土地的制度也在英格兰南部和西部同时得到推广。7世纪末的伊涅法律清楚地指出土地是属于喜欢佃农租种土地上的水果的世俗领主，而这些土地是由佃农们早先开垦出来的。佃农就是自由的隶农。人们经常将他们与农奴（ge-burs）相混淆，农奴是指与自由隶农一起进行耕种的奴隶，他们定居的土地称为"农奴地"（gesithland）、"付税地"（gaffoland）或者"边境地"，与内地领主的领地区分开来。目前还不清楚是否内地领主领地的农业劳动力需要佃农做补充，但他们要向领主交税服劳役，这是后来称之为"庄园制度"的明显特征。"庄园制度"这一名词在威塞克斯国王的伊涅法律宣言颁布之前不久就已经出现。

领主与佃农之间这种以提供一定天数的劳动为劳役形式建立起来的有机联系，是什么时候和怎样形成的呢？它最早应该出现在第二种大地产类型即大块的可耕种的土地上，似乎可以追溯到公元2世纪帝国的非洲领地，当时隶农和佃农每年都要在领主的自留地上劳动一至六天。6世纪末，在拉文纳教会的一处独立地产上，三个佃农被迫每周要有一至六天为他们的领主提供各种

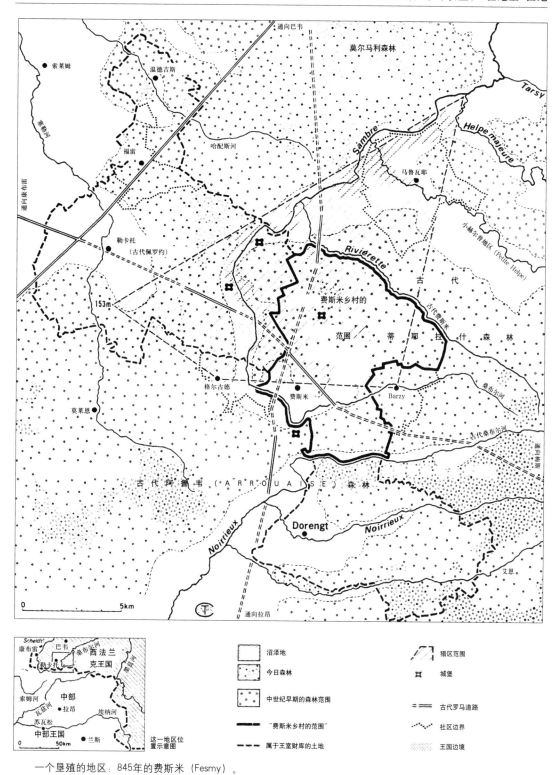

一个垦殖的地区：845年的费斯米（Fesmy）。

劳役，但这种情况似乎很少见。这个原则之所以得到普及可能还有赖于达格伯特一世（Dagobert I），他在623年至635年间宣布批准阿拉曼人和巴伐利亚人的法律，从而将这一制度最终固定下来。他宣称该法律规定，所有的国家所属和教会地产上的奴隶要在主人的领地上工作三天，而隶农，除了完成应尽的义务外，也必须在领主的田地、草地、葡萄园承担一些特别的工作〔后来称为"犁田"（riga）〕。给王室的奴隶多安排一些劳动没有什么可奇怪的，因为他们一直都是在主人的地产上劳作，而扩大隶农义务劳动范围则开始了一种新的开发土地的方法。为补充奴隶劳动的不足，必须寻求一种以被释奴隶、自由人、旧式和新式方法解放的自由人混合劳动的办法代替奴隶劳动。由于这三种可能的解决办法具有灵活性，它们在不同地区以不同方式得到了广泛采用，尽管奥斯特拉西亚的贵族从王权衰落中得到了好处，但由于在他们自己的领地上采用劳役义务制，因此第三种大地产在这里发展得最为迅速，幸运的是，当时军事将领与他们的随从（Servi ministeriales），即作为管家安置的半自由的随从人员之间的控制关系已经比较牢固。717年至719年重编的阿拉曼人法律和744年至748年重编的巴伐利亚人法律也证实了这些大规模地产的扩展证明了强加于隶农身上的劳役负担更加沉重。在威塞克斯，情况也大致如此。另一方面，在波河河谷和萨比纳（Sabina）流域，由于领主地与租佃地之间关系比较松散，所以第二种方案地产形式变得更为普遍，这是因为随着农耕垦殖用地不断拓展，新耕种的农田广为散布。在其他地区，如高卢南部、西班牙西北部和意大利中南部，第一种类型的地产，包括从林地中分离出来的土地，与晚期古典时代传统地产的区别最终也不明显。这种地产制度长期存在并得到很大发展，阿奎丹和加利西亚地区那些以"–herm"和"–hermas"结尾的地名就可以证明这一点。总体而言，这种带有两个时代特点的地产制度的"发明"在古代"罗马世界"以外地区产生出最佳结果。在这些地区，奴隶和自由人之间的区分变得更加模糊，特别是，这种制度在一些领主掌握军权的地区，如伦巴第、奥斯特拉西亚、法兰克和盎格鲁–撒克逊人控制的地区颇为盛行。

第三类型的地产在我们所研究的文献中称为"村社"（Villa），是一种通常由国王或教士经营的农业联合体，它们是通过相邻农田不断合并而形成的大地产单位，其租赁的土地尽可能地接近领地，便于强迫租地者履行劳动义务。这种类型的地产占地至少达到100公顷，在很多情况下占地达几千公顷。其中被称为"主人领地"（mamsun）的部分是由大面积的耕地、草地、森林和荒地构成，别忘了还有葡萄园。重要的地点还修建了农村建筑物（curtis），如粮仓、仓库、磨坊等等。领地上的劳动力主要由住在邻近领主庭院房屋里的奴隶构成，其他一些农奴在附近耕种他们自己的田地，经常应主人或监工的要求到领主农田里劳动。在农忙季节，由于奴隶人数太少，犁地、割草、晒草、收割谷物和酿造葡萄酒这样繁重的工作要忙得团团转，因此必需召集那些居住在自由农田上交纳租地租金的农奴来领主田里从事各种不同的劳役，比如让他们耕种领主地的某一部分，或者像在圣伯顿，让他们提供"耕作"劳役，即犁耕一定数量的田地。在一年的其他时节，他们也要抽出一些白天或夜晚在领主土地上劳动，如修补栅栏，往某地运送葡萄酒或谷物，妇女们则在女眷作坊里纺纱织布。我们最后要提到的是以交纳一定的实物或货币形式的租税，这在当时很普遍，并不限于第三种类型的大地产。上交的实物有鸡蛋、阉鸡、板条、木瓦、小猪、火腿等等，也可以用迪纳尔银币来交纳习惯税，或者将过去的强制性义务折算成银币交纳。我们对这一制度的了解主要来自于法兰西亚北部那些著名的多联文书：包括圣热尔曼·德普雷斯、圣伯顿、兰斯的圣雷米吉乌斯、蒙捷昂代尔和普吕姆这些位于塞纳河与莱茵河之间的地方文献。

在这个貌似简单的制度背后蕴涵着更加复杂的背景以及不同地产之间存在巨大差异的可能性。它们与理论模式存在诸多偏差，成为惯例而不是例外。早在9世纪绘制的圣热尔曼·德普雷斯多联文书记载，用犁进行耕种的农奴占用的面积从0.25公顷到9.25公顷不等，自由农占用的田地则在1.5公顷到15公顷之间。如果某些农奴土地真的只由一户家庭占用，那么就存在着由几户家庭共同分用几块地的情况，而几块土地也可能由一个自由农占用，同时也存在无主空地。此外，一些农奴土地占用权还控制在自由人的手中，当然也存在相反的情况，即自由人土地控制在农奴手中。因此，劳役义务逐渐变成以农奴占用土地的面积来计算，而不是按照土地实际占用者的身份来确定。这有助于解释与自由农身份相近的农奴的生存状态以及只能被说成是非自由依附关系的中间形态的情况。这些差别就发生在那些具有两个时代特征的地产以古典形式发展得特别繁荣的中心地区，它们只能用地产主人在经营地产过程中所遇到的一个问题来解释，它恰好推动了制度的发展，即领主说服一些农民或激励另一些人迁移到他们不愿意去的地方所遇到的麻烦，农民们宁可继续呆在祖传继承占用的土地上，也不愿意去那些条件更好的农田，农民对这种土地重新组合的抵抗是无数变化情况的根源。

这一"制度"发展得比较理想的地区是那些新近开发为农田的地区，那里的租赁土地和领主土地面积广阔，土地肥沃，容易种植，从一开始就采取密集型生产，例如西法兰西亚北部或巴伐利亚和法兰克尼亚的新垦土地。在其他地区，从来就不可能进行必要的土地重组，而那些专用语也只能用于以前的规划地，例如在博韦，我们无意中发现在领主土地上种植着大面积的日常食用菜的园地！尽管存在诸多困难，但整个加洛林王国都在效仿这种维持领主土地与农民土地之间天然联系的大地产组织经营方法，同时根据地方特点进行相应调整。在兰斯的圣雷米吉乌斯，被称为"籍外农"（Forenses）的农民就被无情地排斥在这一制度以外。在迈内（Maine）、安茹和都兰，那些过去由奴隶垦殖的土地都变成了农奴的农田。研究一下秃头查理时代颁布的王家特许状就可以了解，在其统治时期这种制度已经推广到塞纳河与卢瓦尔河之间地区了，但其扩展却在布列塔尼地区戛然而止，在卢瓦尔河以南也没有推行。尽管这种制度在罗退林吉亚的中部和北部表现得十分突出，但在科讷（Cosne）地方绕过卢瓦尔河和莫尔旺（Morvan）及其周边地区，而在勃艮第继续扩展，直到马孔。其覆盖地区恰好包括加洛林政府最能有效管辖的米萨提卡（Missatica）地区。显而易见，这种类型的大地产制度的扩展得到了政府的鼓励，很可能是出于协调财政税收和教会资源的目的，特别主要的是对加洛林王国服役贵族的资源进行调整。其显而易见的经济利益成为普遍推行这一制度的动力。然而我们不能假定这种制度在该王朝每一寸土地上都得到了实行，我们有足够的证据表明小土地所有者依然广泛存在，即使在那些受到强烈影响的地区仍然如此。一个简单的事实就是，这种类型的大地产对于政府来说具有政治价值，它们可以为军队提供补给，使封臣获得利益，使伯爵赢得荣誉，并为穷人提供食物，等等。

因此，当国王发挥其仲裁者的政治影响时，这一制度的作用就显得更为突出。英格兰的盎格鲁-撒克逊人就是一个很明显的例证，在他们反抗丹麦人的斗争结束之后，我们发现领地与租地之间的关系更加紧密。例如，在汉普郡（Hampshire）的一个大庄园，占有租地的最下层的自由民（ceorls）每年要向领主交纳每海德份地四便士的地租，还要向领主交纳一定数量的农产品，如麦酒、小麦和大麦等；他们还要犁耕两英亩的领主土地，使用他们自己的种子为之播种，要在同样面积的牧草地上割草，每周都要到领主土地上做农活，还必须随叫随到（每年只有三种情况除外）。在过去，只有定居奴隶和亲兵佃农才承担类似的强迫性劳动。反之，在王权薄弱的地方，如在臣属国中，这种加洛林大地产类型就让位于前述其他另一两种地产类型了。在阿奎丹，大地产称为领主领地或主人土地，一般是由分散的耕地构成的地产，有的彼此相隔很远，相互之间也没有什么联系。同样，在德意志，税收农舍就是上交税款的地方。在意大利的一些地方领地与租地共存的情况也很明显，以开拓耕地为特点，如波河流域和萨比纳地区。在其他地方，由奴隶耕种领主领地，而自由农民则耕种根据契约租赁的租地（Libellarii），他们要将收成的一部分上交给领主，并每年为领主义务劳动一至三天。在意大利，对大地产的经营比法兰西亚更加灵活，租佃农土地（casa colonica），即农民的租地，因为不会出现地产重新划分或集中的情况，所以不会出现劳动力过剩的现象。当时的状况是，一方面农民的抵抗十分顽强，另一方面当地的统治力量非常薄弱。

新 商 业

现在我们谈到的是地方商业经济出现复兴的发展趋势，尤其是在波河平原、法兰西亚、弗里西亚和英格兰这样的中心地区，大致遵循市场经济雏形时期的轨迹，随着城市中心的复兴而再次兴隆起来，或者由于货币体系的存在，加之与新的国际贸易商道相联系，成为整个已知欧洲世界商业发展的特点。

城市的再发展

矮子丕平登基之后的第一件事就是准备通过744年颁布的牧野誓师令，在每一个村镇（vi-cus）建立乡村集市。在这一思想的指导下，乡村集市以极快的速度迅速增加。基本的生活必需品都是用被称为迪纳尔的单一硬币购买的（per denarata，与现代法国"食品""denrée"一词同词根，即"一个迪纳尔所买的东西"）。这些乡村集市在秃头查理时代非常繁荣，以至于国王于864年曾试图限制急剧增加的市场数量。其他市场也伴随着各地城镇发展起来，尤其是在特鲁瓦、查普斯（Chappes）、塞纳河畔巴尔（Bar-Sur-Seine）和圣丹尼斯的葡萄酒集市，每年都在10月9日圣徒节举办。在德意志，国王慷慨授权兴建港口和集市。授权后在圆形土场或古镇或海滨旁，像斯拉夫人要塞（grody）一样，竖立木桩招牌。埃塔普（Étape）港口的名称就来源于这一习俗，因为在法语中，"étape"为木桩之意，其最初含义表示"交易的地点"。这种现象普遍存在，这是商品交易数量增加的一个旁证。

市场和港口的发展对城镇产生了极大影响。史料中记载了在8世纪和9世纪修建和重修的礼拜堂、修道院和大教堂的数量，亚琛会议之后，教士们的生活区需要进行重新改建，这就意味着要在每所大教堂城镇内选择修建修道院和居住区的地点。由此，古典城镇也随之经历了重建的过程，利用这一时机推倒了3世纪时修建的环形城墙，并且组织石匠兴建新的建筑工程。此外，对礼拜仪式进行改革，拆除了墨洛温时代沿路建立的大量神龛，以方便大批民众到同一大教堂去做礼拜。在里昂，莱德拉德（Leidrad）重修了圣约翰和圣斯蒂芬教堂，扩大了其主教宫殿，并修建了教堂回廊以举行弥撒仪式，重建了两座教堂和三座修道院。梅斯、阿拉斯（Arras）、兰斯、勒芒和维埃纳的教堂也都进行了扩建。古老城墙以外的郊区是商人定居和进行商贸活动的场所。梅斯有24座教堂，其中17座中都装饰有蔚为壮观的壁画。一时间，工匠们沉浸在扩建的激情之中。墨洛温时代的教堂长度一般不过20米，而724年在里森瑙所建的第一座教堂长度达到21米，746年其长度又扩展到43米。里昂的圣贾斯特（St Just）教堂，在阿格巴德重修之后，长度达到60米。800年开始兴建的科隆大教堂长94.5米；744年修建的富尔达教堂在842年重修时其长度扩展到98米。通过图纸和考古调查的结论表明，圣高尔教堂长度达102米。在820年至830年间，修建庞大建筑的热潮接近尾声。因为财政紧张，852年至872年间兴建的希尔德斯海姆（Hildesheim）大教堂，经测量其长度仅为60米。在这里我们也遇到了以往经常出现的物极必反的现象：扩建教堂之风在9世纪中叶达到鼎盛，随后慢慢地衰落下去。

但是我们应该记住这一点，古老的城镇都开始了新生活的时期。在哈德良一世和立奥四世时期的罗马，教皇装饰修建了20座教堂。在西班牙奥尔多诺一世时代和拉米罗二世时代，阿斯图里亚-莱奥奈塞（Asturian-Leonese）有24座城镇是从穆斯林手中夺回的。它们全部

TIBIQUARETRISTISINCEDO　IUUENTUTEMMEAM；　TAREUULTIUSMEIETDSMS
DUMADFLICITMEINIMICUS

进攻罗马风格的要塞：被围困者为大卫的臣民，插图引自《乌特勒支圣诗集》（乌特勒支古籍图书馆藏书）。《圣经·诗篇》的插图画家就是为虔诚者路易的图书管理员和兰斯大主教埃伯工作，在绘画体例上仿效希腊传统风格，但这并不影响他们在画法上的创意。

成为从高山上迁移下来的基督徒的居住地，其中比较著名的城镇有阿斯托加（Astorga）、布尔戈斯和阿维拉（Avila）。在英格兰，不列颠罗马人的城镇变成了坎特伯雷、罗切斯特（Rochester）、伦敦、温切斯特（Winchester）、多切斯特（Dorchester）、莱斯特（Leicester）和约克的主教管辖区，但他们很快就成为港口城市、码头和集市。从阿尔弗雷德统治时代起，这些集市城镇就兼有堡垒要塞和集市的双重性质。法国北部出现的新城镇也具有同样的特点。从阿河（Aa）河口的港口出发，在圣伯顿和圣奥默（St Omer）修道院的山脚下会看到一个正在扩展的商业社区，它在斯凯尔特、根特地区逐渐形成。这里最初只是环绕着布兰丁（Blandin）山上的圣彼得修道院和圣巴沃（St Bavo）修道院的一块地方，后来到900年前后逐渐扩建到城堡附近，溯流而上，国库出资兴建了瓦朗西安纳（Valenciennes）。在739年创立的雷根斯堡主教辖区，商业区与圣埃默兰（St Emmeran）的商业社区于917年扩展合并，形成了最初的商业中心。

很明显，正是由于斯堪的纳维亚人的入侵使城市复兴戛然而止。正在拆毁旧城墙的城镇居民被迫匆忙修补城墙以抵御外敌。869年，秃头查理命令各城市加紧防御。首先必须在郊区树立木桩，修建木堡，不久以后又围绕阿拉斯的圣瓦斯特（St Vaast）、兰斯的圣雷米吉乌斯以及利摩日的圣武修道院建起了石头墙。879年以后，圣奥默的两座修道院只有一道防护城墙，梅斯主教重修了该城罗马时代遗留下来的城墙，包括一座城外的教堂。特鲁瓦在887年大火以后，居民逐渐聚集到重修的高卢-罗马城墙堡垒内。相比之下，普罗旺斯的情况更糟。像弗雷瑞斯（Fré jus）和西米尔兹（Cimiez）这样的城镇郊区都荒芜了。日耳曼人用木头建立的港口，如汉威赫、昆托维克和多雷斯塔德，在遭受火灾和掠夺之后，留下了难以愈合的创伤，这三个港口码头尽管有过暂时的复苏，但那些木头只能生长蘑菇而无法经久耐用，最终还是被废弃了。它们都是城市扩张初期发展起来的类型。基于同样的原因，尽管海塔布（Haithabu）有坚固的防御工事，也在10世纪初开始衰败，从而使石勒苏益格（Schleswig）主教驻节地这个全新的城市发展起来。总之，城市复苏告一段落，但这并非说明所有已取得的成果全部付诸东流，此后出现的萧条也并不等于彻底的衰退。

淘汰金币

在城市短暂复兴、商业贸易复苏的最初阶段，货币发挥了决定性作用，因此我们需要对其进行细致研究。

首先应该指出的是，因为受到晚期罗马帝国货币体系的影响，那些身着紧身衫、主张通货紧缩的人早在7世纪时就开始与弗里西亚人和盎格鲁-撒克逊人有商贸往来。由于他们库存的商品多为大量常用的日用小商品，因此金本位制变得越来越不适用。事实上，在630年至650年之后，当多雷斯塔德的铸币者铸造墨洛温王朝特林特币（trientes）的仿制品时，法兰克人的影响日益衰落，并为弗里西亚人提供了革新的机会。几乎与此同时，他们的盎格鲁-撒克逊对手在650年至660年间开始铸造银币，称为斯西塔斯（Sceattas），此词来源于英语中的"Sceatt"（德语为"Schatz"，意为财富），其中一些银币上还铸有古代北欧地区的文字。在730年至740年前后，这些银币使用的地区恰恰就是弗里西亚人商业影响所达到的地区，包括英格兰、高卢北部、墨兹河和莱茵河流域、弗里西亚和丹麦。在卢瓦尔河和纪龙德河口，甚至在普罗旺斯也发现使用斯西塔斯的证据。应该说，由于伯伊图的枚勒（Melle）银矿恢复开采，墨洛温王朝的钱币铸造者们才得以铸造自己的银币，一种约重1.23克、被称为迪纳尔的银币。早在670年，迪纳尔已经开始使用并最终取代了古代金币。最后铸造的金币是690年至700年间在马赛铸造的，此后只有穆斯林的西班牙和伦巴第依然推行金本位制。在西班牙，金第纳尔在重量和纯度上都与拜占庭发行的金币诺米斯马相似；在伦巴第，铸币权依然由王室控制，因为该地区在与拜占庭的经济联系中继续使用金币。事实上，尽管人们在高卢不再发现670年以后的拜占庭窖藏钱币，但是在波河平原地区依然可以发现这类金币。

新出现的银币具有很多优点，金、银两种钱币的价格比率是1∶12，因此使用银币更便于购买少量的商品。过去为换取一些索里德或特林斯（triens，即三分之一索里德），农民仅仅为了交土地税就被迫大批出卖剩余的谷物，而他们用一个便士就可以买到一头猪或其需要的大量谷物。金币的使用使6世纪的价格暴跌，再加上一些经济上的偶然因素最终引发了灾难性的物价上涨。从7世纪开始，银币的使用减缓了价格的涨跌幅度，满足了不同时间和不同数量的要求，这些需求相对分散。最终，使用新货币的人数大幅度增长，很大程度上弥补了单位货币购买力较低的情况。事实上，因为没有发行小面额迪纳尔金币，所以当时这种货币无法用来购买一个鸡蛋或一块面包，但这并不是当时广大农民在家庭经济框架内进行交易或以物易物贸易时代社会所面临的主要问题。真正的问题是如何在广大的生产者和消费者之间打开货币经济的渠道，以满足他们的直接需要。因此，可以肯定，斯西塔斯和迪纳尔在大批商品交易中消费的数量、货币流通的速度等方面都发挥了重要作用。同样，这些货币的数量已经不能满足实际需要，正像它们在加洛林时代初期不断贬值一样，但这至少可以证明货币紧缩让位于通货膨胀，并且这种膨胀开始发挥作用了。

这里还要提到，查理曼的影响是决定性的，尽管他只是将以前的解决办法加以普及推广而已。在丕平三世以前，迪纳尔的成色不断贬值，每枚货币的重量降为1.10克。国王的首要目的就是重新控制铸币权，发行高质量货币。751年，出现了一种重1.23克的新迪纳尔银币，从此12个迪纳尔相当于1个索里德，不再实行以前的40∶1的比率。此后，国王为了与私人铸币者竞争，将迪纳尔的重量增加到1.30克。查理曼在征服意大利过程中，逐渐淘汰了金币。最后，在793年至794年颁布法兰克牧野誓师令中，明确决定仿效奥法铸造的重银币（奥法便士），将一种重1.70克的新型钱币投放市场，同时进行的是对度量衡体系的全面改造。日耳曼重量单位大麦格令（the barley-grain）为罗马重量单位小麦格令（the Wheat-grain）所取代，后者比前者重0.005克，这样就使每磅重量增加到409克。与此同时，发行了一种相当于半个迪纳尔的新货币奥伯莱（Obole）。829年至835年间（虔诚者路易时代）出现了另一次币值调整，将迪纳尔上调到1.75克。后来，在秃头查理时代，尽管国家完全恢复了对铸币的控制权，但为了打击伪造钱币的行为，国王于864年皮特雷敕令中宣布，为了限制货币铸造，只批准9个铸币厂可以生产钱币。与此同时，迪纳尔重新降到1.50克。这次改革招致失败，在其继任者统治时期，货币重量继续减轻形成趋势。10世纪秃头查理时代，迪纳尔的重量稳定在1.30克左右。早在884年至887年间，科尔比就已经出现私人铸币，900年至910年间，阿奎丹公爵开始铸币，其他地方统治者也纷纷效仿。另一方面，奥托帝国和盎格鲁-撒克逊王国继续保持对铸币权的控制，尽管他们仍然坚持加洛林货币体系。

银币占据主导地位

我们有必要对这一货币发展趋势做进一步解释。银币的成功推广并非偶然，它的低值购买力有利于乡村市场的发展，而且这些银质迪纳尔便于大量铸造。正如让·德宏特所指出的，在斯堪的纳维亚和俄罗斯发现的23万枚第尔汗银币相当于6个左右"瓦兰吉亚"或俄罗斯商人的资产，而秃头查理以交丹麦税的形式向维京人交纳的6万磅白银贡金相当于1440万个迪纳尔。此外，对于钱币铸模的研究更能给人以启发。根据已发现的麦西亚国王伯格雷德（Burgred，852年至874年）的铸币厂使用的5000个模具，可以推测出这里生产过超过5000万枚便士硬币。在尼德兰发现的伊德（Ide）钱币窖藏年代确定为850年，其中有112枚硬币，它意味着当时至少有1000万枚硬币在流通。由于货币数量的增加是与市场供应量的增加相联系的，因此这些发现表明当时出现了一段经济复苏期。但是为什么在这种情况下迪纳尔的币值会上涨两倍呢？为什么在经济复苏情况下会冒险推行明显的通货紧缩货币政策呢？恐怕我们应将此归结为国际市场上贵金属钱币价格变化的结果。在西部帝国，金银的比价是1∶12。在拜占庭和穆斯林东方世界依然还铸造和使用金索里德和金第纳尔。稍后在西班牙，从929年起银第尔汗被金第纳尔所取代，国家在大量使用白银的情况下不得不提高金锭的价格以平抑银价。银锭的价格在东部低于西部帝国。如意大利人和犹太人这类经常光顾亚历山大的国际贸易商贾因此可以通过两种方式从货币的投机生意中获利。例如，在794年改革之前，他们以1∶15的比价购买白银，然后在西部以1∶12的比价出卖给铸造银币迪纳尔的买主。此外，他们还可以低价买入银迪纳尔，然后制成银锭以国际市场价格高价售出，这样便可以以较高的欧洲价格卖出获利。在这种交易中，他们的利润来自于东部与西部银锭的差价。加洛林皇帝由于担心他们这种牟取暴利的投机生意，宁愿使有名无实的迪纳尔的价格与纯银的价值等同，以进行币值调整。这一政策在购买力增加的情况下未能限制交易，因为金币在大宗交易中重新恢复使用。

有理由相信金币曼库西（Mancusi，注意不要与814年或815年虔诚者路易铸造的少量高质量金币相混淆）在意大利、法兰西亚和英格兰流通。弗留利侯爵埃伯哈德在865年所立的遗嘱中将100个曼库西传给他的一个儿子，其中一些是奥法（757年至796年）铸造的，完全仿自穆斯林的第纳尔。这样做是有纪念意义的，因为阿拉伯语中"manqush"意为"铭记"。这种金币的流通很可能对帝国内最富有的人是一种限制，而且这种金币无疑更适合贮藏而不是流通。从所发现的文件和发掘分布情况判断，这些金币的发现大多与商业贸易最活跃的地区相联系，如意大利、弗里西亚和英格兰，但发现的数量并不多，在36枚硬币中只有6枚是属于750年至850年的。这种发现数量减少的情况就出现在我们所认可的繁荣时代，其商品贸易的数量之大使得在某些交易中必须使用黄金。另外7枚已发现的金币，年代属于从880年至950年之间，都是在沿海地区发现的，应该是维京海盗的战利品。因此可以说，穆斯林黄金对加洛林时代经济的影响很小，仅仅是一种附属现象，直至12世纪和13世纪才发挥了重要作用。而且当穆斯林白银停止向斯堪的纳维亚输送时，来自英格兰和加洛林的银币就变的越来越重要了，而在9世纪时它们还十分稀少（在斯堪的纳维亚发现了102枚，波兰发现了115枚）。由此我们可以证明，一个使用银币的区域已经形成，而且待机征服国外市场。

迪纳尔银币作为扩张手段还成为一种政治工具。查理曼和虔诚者路易都全面推行最早由达格伯特和圣埃利吉乌斯提出的政策，即把铸币权集中到王室，以杜绝伪造货币的现象。继任的国王包括奥多在内都继续推行控制铸币权的政策，奥多之后这一政策很可能还持续了一段时间。发现硬币的地区都是商业活动非常活跃的地区，例如法兰西亚北部、卢瓦尔河流域、弗里西亚和英格兰。秃头查理在864年的敕令中就宣布控制铸币权，除了王宫拥有铸币权之外，还在昆托维克、鲁昂、兰斯、桑斯（Sens）、巴黎、奥尔良、索恩河畔沙隆和枚勒（银矿所在地）设立了铸币厂。按此方式选择出的法兰克西部主要的经济中心地区中，还应该加上莱茵河和墨兹河诸港口。考察秃头查理时代货币流通的情况，事实上就整个王国而言可以看出，其主要特点还是地方性的，即整个法兰西亚地区从塞纳河到莱茵河之间的广大地区。鲁昂港、昆托维克港和多雷斯塔德港一般使用来自阿奎丹、英格兰和意大利的硬币。没有一枚货币是来自罗退林基亚或德意志地区，因为那里没有官方的铸币厂。另一方面，法兰西亚铸币的确流向了莱茵兰、诺伊斯特里亚和勃艮第地区。流通总量中有20%为奥伯莱银币，由此可以证明小宗贸易的大量存在。所有这些资料都进一步证实，这一地区经济的重要性还值得怀疑，而这里比其他任何地方都更接近加洛林帝国的政治、农业和商业中心地区。

最后，还有一些西班牙北部、爱尔兰、苏格兰和斯堪的纳维亚国家不能铸造货币。维京人也长期拒绝接受货币作为贸易交换的中介物，实际上他们最早使用的货币出现在10世纪，但这并不能说明其以物易物的习俗能够丝毫不受具有掠夺性的货币市场的影响。他们使用碎银（hacksilver），即切割为一定重量的银条或银片，或上面刻有一系列凹痕的银环，这样就可以根据需要将其轻易掰开，这可以解释他们为什么坚持要以银锭形式收取丹麦金，因为这样便于熔化后铸造，这似乎表明斯堪的纳维亚经济已经融入到北欧经济中了。那么为什么维京人更热衷于掠夺和袭击而不愿从事商业贸易呢？对于840年以后维京海盗袭击次数增加的惟一合理的解释就是：由于维京人缺少购买粮食和葡萄酒贸易的支付手段，他们后来变得只要发现白银就千方百计攫取。维京人与成功地在俄罗斯建立起和平统治的瓦兰吉亚人相比，他们掠夺的主要目的是为了克服他们无法控制贸易网所带来的困难。维京人通过武力夺取货物，他们的易物贸易伴随着掠夺和扩张的脚步而发展起来。事实上，864年以后，在维京人船货中，再也见不到黄金了，而迪纳尔大幅贬值，这反映出贸易下滑以及银锭价格走势的逆转，银锭开始再次升值。

7、8世纪的新商路

　　长期存在的地中海贸易在7世纪依然活跃，但其特点发生了变化，贸易范围也缩小了。奢侈品（丝绸、香料、调味品、香水）进口仍然不断，像木材、鱼子酱和奴隶这类基本商品的交易仍在进行。用于点灯的橄榄油被蜂蜡取代，纸草纸被羊皮纸取代。海上商路航线因伦巴第王国进入基督教世界和伊斯兰国家的阻断也有所变化：远绕过西班牙海岬的航路断断续续。迦太基不再是商船停靠港，纳尔榜和马赛也不再是拜占庭贸易的终点站。如果说与亚历山大的商业联系还没有中断的话，那么由于穆斯林的海上劫掠行为，西地中海航行大为减少，这对伊特鲁里亚海（Tyrrhenian Sea）和阿尔卑斯关口则大有好处，伦巴第人为此重新开放这些山口通道。自大约630年至640年后，从普罗旺斯取道罗纳河、索恩河、墨兹河和莱茵河的航路日益衰落，被从波河始发、取道阿尔卑斯关口到达莱茵河的路线所取代。盎格鲁-撒克逊商人和香客时常取道这一新路线。希腊和叙利亚商人逐渐消失，犹太人取而代之。正是犹太人保持了经西班牙到非洲的传统贸易联系以及通过意大利与东方的贸易。他们也开始设法在沿着墨兹河和莱茵河的城镇（其中有凡尔登和美因茨）立足，他们在此与法兰克商人就购买从易北河以东斯拉夫国家进口的奴隶和皮毛而讨价还价。

　　可以与这些陆上新商道相媲美的是活跃的海上商业活动，尤其是在伊特鲁里亚海，从680年以后，伦巴第人沿着海岸线驱逐拜占庭人的商业势力，为其国内商业的繁荣拓展空间。来自科马基奥的商人长途跋涉来到波河平原，用其盐泽所产食盐和鱼换取内地的谷物。他们也出售胡椒和油，这表明他们还从事远程贸易。6世纪末为躲避伦巴第人的城镇居民都与泻湖边的渔民生活在一起，在拜占庭人的保护下成功地建立了一些小城镇，其中威尼斯就建在利亚托（Rialto）岛上，显示出将成为最重要城市的苗头。此后不久拉文纳城建立，726年至727年间，威尼斯选出第一位总督，表明了反对拜占庭破坏圣像运动的姿态。共和国第一任总督保罗及其继任者奥尔索（Orso）迅即取得了海上商贸的控制权，其海船船长为拜占庭和穆斯林市场输送木材和斯拉夫奴隶。因为威尼斯只有一个方向与陆地相连，连接帕维亚和阿尔卑斯山路，而其另一个方向连接海岸，遂成为波河流域农业区对外商贸的主要出口地，由此该地区在5世纪至6世纪刚刚兴起便截然而止的商贸活动重新开始。拉文纳及其克拉西斯港口（Classis）的发展陷于停滞，这个港口被证明是更早时古代晚期罗马人设法建立的。而威尼斯则借助其坐落在更北些接近勃伦纳（Brenner）山口和日耳曼人国家的地理优势，再次努力发展并日趋繁荣。

　　在欧洲大陆另一端，商路的情况基本相同，虽然发展速度快些。随着法兰克人侵入弗里西亚及盎格鲁-撒克逊僧侣和商人的到来，商业中轴线的方向发生了改变。经过布洛涅、泰鲁阿讷（Thérouanne）、阿拉斯、康布雷、马斯特里赫特和科隆的古罗马商路已经废弃不用，

海路方向发生变化。《特里尔〈启示录〉》，9世纪上半叶（特里尔图书馆藏书）。

而墨兹河岸边的城市像凡尔登、穆宗（Mouzon）、迪南（Dinant）、那慕尔（Namur）和于伊（Huy）都发展成为商贸重镇，成为邻近加洛林地区物产的天然出口地而日益受到重视。最后，在8世纪，该地区的主教辖区最终确定在列日。墨兹河作为主要商道的作用因此变得更加重要。两大港口同时发展。卡什河畔昆托维克的撒克逊人在660年前后就皈依了基督教，该港口的贸易如同鲁昂港一样，越来越朝向英格兰发展，无论是经过汉威赫还是经过海峡诸港和伦敦，贸易增长迅速。爱尔兰、英格兰和直到伯伊图的北高卢沿海，因交通便利而越来越繁忙。交易的商品主要包括贩自岛屿的奴隶、大陆的葡萄酒、康沃尔郡的锡、伯伊图的梅勒的铅和卢瓦尔河口的盐。作为与盎格鲁-撒克逊世界进行贸易的中心，昆托维克具有无可比拟的竞争力，但是它面临着更强大的海上力量的竞争。这就是弗里西亚人，他们成功地控制着从斯海尔德到易北河的所有沿海地区和河口。虽然他们在734年被查理·马特打败并被迫屈服，但这并没有阻止他们扩张的脚步，主要从其重要商业中心多雷斯塔德开始扩张。多雷斯塔德很可能建立于7世纪早期，这座位于雷克（Lek）和莱茵河曲流之间的城市很快便成为所有来自英格兰、莱茵河或斯堪的纳维亚商船航行的中间站。这里建有大型的木质房屋、仓库和建在粗木桩上的码头，因此吸引了北海甚至波罗的海的大部分海洋贸易活动。考古挖掘证实了这里的贸易地位也很重要，除了我们已经提到的那些常见商品外，还包括出口到瑞典的莱茵河玻璃制品和被称为"弗里索尼卡大衣"（pallia fresonica）的毛织衣物，其所以出名就是因为它产自弗里西亚。涂有沥青的葡萄酒桶表明当地按照地中海方式进行葡萄酒贸易。弗里西亚人的商业活动形式多样。他们沿着莱茵河到美因茨和沃尔姆斯购买谷物，还沿着摩泽尔河航行到特里尔，或顺着塞纳河航行直到圣丹尼斯进行贸易。在英格兰的伦敦和约克也能看到他们的身影。他们的商业基地还包括斯堪的纳维亚半岛的里伯、日德兰半岛的海塔布和瑞典梅拉伦湖上的伯尔卡。这一刚刚形成的商业网说明，以莱茵河–莫桑河（Rhenish–Mosan）大河水系为基地的海上新商业区环绕着北海逐渐形成。

在这里有必要探寻一下商业贸易得以突飞猛进发展的原因。人与经济原因在前文已经阐述过了，而技术上的革命也是十分关键的因素。在8世纪初，弗里西亚人已经普遍使用直角帆为航行提供动力，这样可以为航行节省空间和人力。更重要的是在8世纪中期，弗里西亚人发明了一种称为"巨船"（hulk）的新型船，其外形更完美并装备有桅杆，这样的设计使船只既可以进行远洋航行也可以在河流中航行。从乌特勒支发掘的古船可以判断出这种船的运载量达到10吨。如果这一推断成立，它就是古代晚期船只排水量的首次突破。弗里西亚人强大的海上力量无疑表明，形成了北欧海上新贸易区，预示着超越前罗马帝国界限的新商贸中心的出现，连接意大利与尼德兰的欧洲经济大轴心已经得到确定。

9世纪早期：扩张的开始？

可以想象加洛林和奥托时代的欧洲商路环绕着两个巨大的经济中心，即南部的威尼斯和帕维亚，北部的昆托维克和多雷斯塔德，直到它们最终衰败为止。两者之间，阿尔卑斯山隘路的传统货站（以及北欧两个港口）是帝国境内最重要的商业点，所有过往这些关口的商人都要交纳十分之一的"过境税"（ad valorem）。此时欧洲的经济中轴已经形成，地中海最活跃的地区在亚得里亚海区域。威尼斯成功地驱逐科马基奥势力并取得了食盐贸易的垄断权。883年，威尼斯开始铸造钱币。这一举动导致了他们与异教徒斯洛文尼亚人、克罗地亚人和塞尔维亚人的战争。威尼斯人取得胜利并将大量俘虏贩卖给穆斯林为奴，这完全是对禁律的蔑视。除了出口奴隶外，威尼斯人也为埃及的海军造船厂提供木材和军需品。利用这一便利，两个威尼斯商人于828年从亚历山大偷走了使徒马可的遗骸，此后使徒马可便成为威尼斯新政权的保护者。威尼斯人也为拜占庭提供与埃及同样的产品，只不过又增加了谷物以换取丝绸和香料。香槟地区各城镇也从事此类贸易，他们更加公开地与邻近的穆斯林结成联盟。相比之下，沿着台伯河到埃布罗河一线地区，由于与伊斯兰国家持久的战争和海盗劫掠使正常的商业活动被迫停止。这里惟一的例外就是经过朗格多克和东部或西部比利牛斯山脉的陆上商路，这条商路可以与穆斯林西班牙进行正常贸易。犹太人和基督徒商人的重要贸易内容是奴隶和阉人。930年前后，阿卜杜勒·拉赫曼三世（Abd al–Rahman III）统治下的科尔多瓦建立起哈里发的私人卫队，由14,000名斯拉夫人组成。就连哈里发本人也是一位法兰克人俘虏的儿子，他继承了法兰克人的蓝眼睛和浅色头发。此外，西班牙穆斯林也购买皮毛、法兰克武器和布匹，他们为基督徒们供应香水、香料、丝绸和科尔多瓦的彩色皮革。相比之下，尽管人们发现了奥法铸造的第纳尔，但仍无法证明在西班牙和英格兰之间

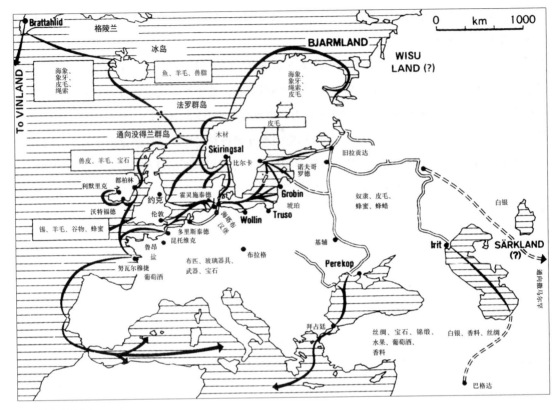

维京人的贸易路线。

存在着正常的海路商贸联系。

　　从东方进入欧洲的一条可行的路线就是从威尼斯取道波河直到国际贸易的要津帕维亚，由此进入法兰西亚和德意志。帕维亚是盎格鲁-撒克逊到罗马的香客和商人在通过阿尔卑斯山口之后的一个中转站和停靠点。威尼斯人到这里购买谷物和葡萄酒，盎格鲁-撒克逊人也带来了法兰克武器、皮毛、马、羊毛、亚麻布、帆布和锡。很明显，这些物产和威尼斯人贩卖的东方商品一起集散。这一地区的贸易活动在10世纪期间一直未被中断。越过阿尔卑斯山后，旅行者们会在三条路线中进行选择，即经由鲁昂、昆托维克和多雷斯塔德然后到达英格兰。如果沿着莱茵河全线航行，就会遇到弗里西亚人，他们通过人力沿河边拉纤的方法拉着船只逆流而上。他们到这里购买来自日耳曼低地的谷物和来自莱茵河坡地的葡萄酒，同时贩卖其"弗里索尼卡大衣"、染成各种颜色的毛织布和12世纪著名的早期佛兰德斯衣料。在路途中，他们还会从美因茨购买陶器和熔岩磨石到英格兰和海塔布出售，从科隆买进玻璃制品贩运到瑞典。多雷斯塔德的考古挖掘显示，许多手工工艺都传到了这个港口，如纺织以及对铁、铜、骨和琥珀的加工工艺。一定数量的法兰克钱币的发现则证明，商业活动从丕平三世到虔诚者路易时代稳步增长。而后，商贸活动在罗退耳一世时衰落下去，到9世纪晚期就完全消失了。

弗里西亚人开辟了以多雷斯塔德为起点的两条商贸主干线。第一条绕开弗里西亚山丘，进入丹麦地峡，到达另一个国际贸易中心海塔布。有证据显示，弗里西亚人通过这条商路出售丝绸、香料、葡萄酒和另一些西部帝国产品以换取皮毛、皮革、琥珀、蜂蜡、蜂蜜，甚至包括装在皂石容器中的黄油。从海塔布开始，就可以进行海岛间的跳跃，到达瑞典的另一个国际贸易中心伯尔卡，或到达挪威的高番格（Kaupang），这些都是斯堪的纳维亚人前往波罗的海南岸和俄罗斯的始发港口。但正如我们所见，是维京人导致了弗里西亚人的海外贸易在9世纪中叶衰落，考古发掘也证明了他们对这一片海域的控制权，其控制范围甚至扩展到英格兰和爱尔兰海岸。从约克和都柏林（Dublin）开始，丹麦人和挪威人的殖民地使一股对东方的丹麦和冰岛的贸易新潮不断高涨。都柏林成为10世纪贸易商品的集散地，商人们在这里出售奴隶、欧洲大陆的葡萄酒、北角和格陵兰的皮毛和海象牙、通过俄罗斯和波里的海中转来的丝绸和香料，爱尔兰羊毛布也从这里运到伦敦。

另一条商贸主干线包括经由多雷斯塔德和昆托维克到伦敦、鲁昂和汉姆维赫的商路也同样生机勃勃。主要的贸易活动是出售巴黎葡萄酒和卢瓦尔河口食盐，收购英国人的锡和布匹。我们可以观察到两个海上贸易区域的发展，其中批发贸易和奢侈品贸易同时进行。两个区域中更年轻的北欧贸易区在10世纪随着其主要港口昆托维克、汉威赫、多雷斯塔德、海塔布、伯尔卡和高番格的衰落而陷于停顿状态。但这一衰落也并不十分明显，因为10世纪中叶那些成熟的商业中心已相继出现。另一方面，随着威尼斯的崛起，地中海区域显示出强劲的发展势头，而且从未衰退或中断。

依然处于社会边缘的商人

哪里有贸易哪里就有商人。商人的特点各不相同，我们很难掌握他们的确切情况，因为我们所见史料的作者，即教士们，对商人都不感兴趣。除了稍早些出现的犹太人在朗格多克的社团持续发展外，在香槟地区也出现了新的犹太人社团。沿着商业干线可以发现许多颇具规模的商业群体，如在纳尔榜、阿雷斯、维埃纳、马孔、凡尔登、特鲁瓦和莱茵河流域的大城镇。胖子查理（Charles the Fat）曾将卢卡的犹太人社团迁至美因茨。另一个社团早些时候被安置在马格德堡这个大型洲际商路的出发点，沿这条路线取道布拉格和波兰可以到达基辅。10世纪初期，贩运奴隶的犹太人可以在恩斯河和多瑙河交汇点的拉非尔斯登（Raffelstetten）贸易站进入帝国，这种惯例已经存在很长时间。其他的称为"拉德哈尼特"的犹太商人在凡尔登阉割奴隶，并将他们卖到西班牙，或在萨拉哥萨或托莱多出售，或用船将他们贩运到埃及。皇帝们对这些专业商人用心保护，对他们青睐有加，有时还任命他们为使臣，因此他们肯定相当富有。在877年，秃头查理宣布向商人征收什一税，而向犹太商人征收十一分之一税，以示他们与其他商人有所区别。这些专业商人无疑具有不同的社会背景，但是必须承认弗里西亚人的商业活动最引人注意。他们的殖民地遍布从比尔滕（Birten）到斯特拉斯堡的莱茵河沿岸地区。从10世纪开始，沿德意志诸河流扩展到希尔德斯海姆、不伦瑞克（Brunswick）和马格德堡等一些城镇，其他的殖民区则在汉威赫、约克、海塔布和瑞典的伯尔卡，但是弗里西亚人的殖民年代仅限于9世纪上半叶以前。

　　由个体小商人建立起来的殖民地在各城镇内则形成了各自的商业区，其位置通常在靠近河流处。在伯尔卡和在约克一样，弗里西亚人已经享有所在领土以外获取利益的特权。惟一可以成为弗里西亚人商业竞争对手的就是盎格鲁－撒克逊人，但他们的主要兴趣是与法兰西亚人做生意。在鲁昂和圣丹尼斯以及在卢瓦尔河口处都发现了他们进行商业活动的证据。10世纪，他们越过阿尔卑斯山到帕维亚进行商业活动。伯尔卡和海塔布的瑞典和丹麦商人经常光顾约克和多雷斯塔德，但他们很少有人从事专业化水平的商业贸易。最后，当然还有意大利的，尤其是威尼斯的商人，那种认为"他们既不播种也不耕地"、完全以贸易为生的看法是完全错误的，因为一次偶然机会，我们从威尼斯共和国总督查士丁尼（Justinian Partecipiazo）于829年所立遗嘱中了解到，他从其地产为海上商业贸易提供了1200磅白银的投资。在840年，罗退耳一世与威尼斯人达成了一项商业协定，允许在意大利境内实行货币自由流通，这说明来自海上贸易运营资金积累的"委托"（Commenda）协定已经存在。无论如何，威尼斯人在这一领域并非一枝独秀，因为他们在国内市场与来自科马基奥、帕维亚、克雷莫纳以及其他地方的商人频繁交易，比肩而立。在南方，他们与拜占庭人保持商贸往来，萨拉米人（Salernitans）、阿马尔非人和拿波里人（Nea-politans）商贾也沿着同一商路从事海外贸易。我们还不能忽视大量朝圣者和定期或不定期的商人，其中大多是出卖廉价商品沿街叫卖的小商贩、赶车人、走乡串户的投资人，他们随同旅行商队和承担圣丹尼斯、阿拉斯的圣瓦斯特或欧塞尔的圣热尔曼（St Germain of Auxerre）使命的传教团。在这个将大、小商人聚拢在一起的商贸世界里，所有事情都依铸币者而定，他们作为钱币兑换商或放贷人，通常发挥非常关键的作用。

　　国王和皇帝们负责确定国际贸易的游戏规则。查理曼在794年就规定了食品的价格，并于805年禁止向斯拉夫人出口铠甲和高质量的法兰克刀剑。虔诚者路易在825年宣布，授予宫廷商人免服兵役，免缴军需品和在帝国境内免交各项税收的特权。我们可以看到他煞费苦心地压制和禁止与信奉基督教的斯拉夫人进行贸易。同时皇帝们千方百计保持罗马人的商业联系网。例如在《内政令》（missi dominici）中就命令重修、重建国家交通干道上的桥梁和小旅馆，821年要求农民重修位于塞纳河上特鲁瓦下游蓬特（Pont-sur-Seine）处的桥梁，以方便

　　阿马尔非，背靠陡峭悬崖，面朝萨莱诺湾，一度臣属于拜占庭，萨莱诺自6世纪起就是南意大利与拜占庭帝国的贸易据点。839年它宣布成立独立共和国，同时对抗拜占庭和穆斯林两大敌人。随着10世纪东部巨大的商业扩张运动，阿马尔非见证了威尼斯的崛起。阿马尔非的水手可以熟练使用罗盘针。《阿马尔非表册》被看做是第一部海洋商业法典。

旅行者们从莫城到桑斯，再从桑斯到特鲁瓦，进而顺利前往附近的集市。在853年，秃头查理提醒食国库俸禄者应该履行修路义务，我们因此就可以理解为什么在法兰西亚北部会存在以保存完好著称的"马路河堤"（Chaussées Brunehaut）。但是，丹麦人的入侵使这里的道路桥梁再一次遭到巨大破坏，因为狙击敌人的第一道防线就是破坏桥梁和淹没道路以阻止敌人的入侵。后来，当私人从国家获得了修路权时，罗马的公路系统完全陷于崩坏，建筑质量低劣的道路随处可见。9世纪后半叶，又一次出现了对贸易的限制，这种情况对我们已经并不陌生。这种限制并非完全彻底。尽管摩尔人出现在普罗旺斯，并不时地阻断阿尔卑斯关口，但欧里亚克的杰拉德仍曾七度设法取道伟大的圣伯纳德之路（the Great St Bernard）从里昂访问罗马。

此后，中世纪的经济和商业结构最终形成起来，只是经历了微小的变化和混乱。无论850年至950年间商业衰退对加洛林社会和经济会产生什么影响，早些时候出现的人口膨胀仍然在一定程度上促进了社会进步，例如奴隶制非常缓慢地消失，以及引进更为有效的组织和耕种土地的方法。至少在法兰西亚形成的两部分地产上，农业生产呈现良性增长，一方面是因为政府对利益的追求，另一方面因为出现了精确的土地核算体系。这使得一部分剩余产品可以抽出来成为商贸活动的一股初始动力，而这些活动从未缺少运营的货币支付手段。与此同时，帝国内外的战争和掠夺又积聚起日后经济发展至关重要的初始积累资产。整个社会都感觉到了这种初始发展的影响，但其表现最明显的地区就是加洛林政府能够进行直接而有效管辖的塞纳河与莱茵河之间的法兰西亚地区。就是在这里发现了已知最庞大地产的多联文献，它们得到整理汇编，也是在这里最重要的港口得到发展，罗马公路得到最精心彻底的重修。总之，查理曼和虔诚者路易的黄金时代并不是一个神话。我们可以说，只是由于和平与繁荣唾手可得来之过易，因面衰落迅速，随之出现的混乱痛苦更甚。"铁器时代"展现出一段黄铜时代，商贸活动的减少变成了完全的停滞，而在与西班牙或斯堪的纳维亚人开展的边界贸易中蕴含的活力恰恰证明了停滞的状况。

为加洛林人算总账

众所周知，漠视公众利益的人是最愚蠢的人，他追逐私利的疯狂野心极大地触犯了上帝，因此上帝便会动用一切手段抑制这种奢侈追求……查理曼已经去逝近三十年了，人们还沉浸在那个时代的快乐回忆中，因为人们都遵循着上帝的惟一道路，所以到处充满着快乐与和谐。但是，现在，每个人都按照自己的意愿走各自喜欢的道路，到处出现分歧，相互争吵。曾经是富足和充满欢乐的地方，现在却陷于普遍的贫穷和悲痛中。

这段忧郁的文字概括了历史学家尼萨德所写的《虔诚者路易之子的历史》一书，几个月后，他死于844年6月的一场战役。尼萨德是圣里圭耶修道院俗务院长，是安吉尔贝（Angilbert）和查理曼之女贝尔莎（Bertha）的私生子。他以个人和历史学家的双重角度对加洛林的历史进行描述，概述了这个徒劳无益地试图平衡一切的时代的种种矛盾冲突。

从406年到962年，即从第一帝国的死亡到第三帝国的诞生期间，乍看起来，似乎是一个凄凉而令人心碎的轮回，就是那些无止无休的侵略、屠杀、王国、内战、帝国、内战、侵略、屠杀、帝国……构成的轮回，第三帝国声称与第二帝国类似，而第二帝国鼎盛时期被视为第一帝国的复兴。从406年到751年，从751年到962年，两个邪恶的轮回突然开始又戛然而止。但它们反复出现，使人迷惑不解。如果我们仔细审视发生这些事件的历史环境，就会发现，从650年到750年和从850年到950年的这两段时期最好被看做是传统和变革交织成为前所未有的混乱动荡的时期。而每个轮回开始时，其背后都有着连贯的线索。

我们应该对这部历史戏剧中的三个主人公，即罗马人、日耳曼人和教会，进行逐一考察，以发现他们各自发展的方向。首先从罗马的秩序开始，其存在的目的之一就是要保持和平，为此它以公法和私法为手段，设立职业军队和一套服务于公众利益的官僚机构。在战争需求的压力下，它发展出贪婪的财政体系，征召日耳曼人入伍，将隶农固定在土地上，发展货币经济，寻求教会的支持。结果，由此产生的紧张状况导致了罗马世界的分裂，使社会仓促地摆脱帝国的控制，与此同时，新的权贵、将军、议员和主教则纷纷登上政治舞台。这个罗马世界到9世纪还留下些什么呢？罗马法还残存在欧洲部分地区；罗马官职体系中惟一得以保留的伯爵已经攫取了公众权力，绝大多数属于国库的公共土地都落入他们手中；罗马时期修建的道路依然畅通；犹太商人也没有消失；货币体系依然以磅重和索里德为单位。至于教会职权，它已经成为维持人与人之间固定关系的一种手段，成为维系地位相同者之间忠诚的纽带，成为以土地形式表现的薪俸体系，成为扩大庇护附近乡村农民的权力的手段。

日耳曼人将做出的贡献在于，法律的个人性质、战争领导者的首要权威、暴力的神圣化、公私之间界限的模糊以及通过封授仪式建立了封主与封臣之间的关系。他们提高了畜牧业的地位，扩大了其所在社区的兄弟友爱的范围，大量地解放奴隶。到9世纪，日耳曼人几乎与所有当时的欧洲居民融合在一起，他们组织的武装力量中，重装骑士在战争中的地位日益突出，扈从亲兵和部落法律得以保留，人与人之间建立起的封主-封臣制度也在整个社会普遍推广。

教会按照罗马国家机构的模式完善了自己的建构。僧侣和异教徒们各怀心事，从一开始就将教皇置于罗马，并由于使自身卷入世俗世界而招到谴责，而教会特别青睐现实世界。已经成为

9世纪早期兰斯学校的《辛克马尔〈福音书〉》手抄本中的这些三角装饰图案是神圣与怪诞思想的奇怪混合物（兰斯市政图书馆藏书）。

罗马遗产继承人的教会在9世纪确定了适合自身发展的计划。教会成为帝国的主人、君主和国家概念的代表者后，开始吸收本笃派僧侣，通过传教活动使所有凯尔特人和日耳曼人皈依了基督教。基督教最终成为可以令帝国东山再起的两个重要因素之一，罗马从此再度成为西部帝国的一个永恒首都。

实际上，这些差别只是纯理论层面的，因为罗马文明与日耳曼文明已经被基督教自下而上地融合在一起，而且基督教对双方都做出了让步。在两个阶段中都出现了友好和睦的景象，明显地表现在5世纪和6世纪蛮族王国的鼎盛和8世纪与9世纪法兰克王国的兴盛。这两次融合均导致重要的新发展，尤其是在蛮族王国陷于危机的关键时期。这种发展表现为：人口数量增长；国家和教会通过设立教区（Eigenkirchen）完成私有化；新统治者攫取政权；贵族及其家臣的崛起；领地公国的形成；西部世界两种大地产的不断发展；银币开始流通；威尼斯人和弗里西亚人出现于海上商路；最后是基督教新文化的出现。所有导致查理曼成功的要素在他刚刚登基时就已齐备，他的天分在于能够立即抓住它们并将它们转化为均衡发展的整体。

有人也许会将这一时期看成是中世纪早期的戈尔迪之结。严格说来，这个时期应该不包括750年至850年间发生的事情，因为尽管此时帝国受到了干扰，但是所有早期时代的特征很快就重新恢复了，只有一点除外，即斯堪的纳维亚人取代了弗里西亚人。这种看似重复的历史现象只是一种错觉。加洛林帝国并不是历史巨浪卷起的高潮，而是撞击岸边礁石后的退潮，留下了晚期墨洛温王朝遗存的几处平静沙滩。相反，它预示着深层次的社会重塑，并将罗马国家观念当做重整河山的有力工具，军队是国家权力和基督教道德伦理的附属品。

封授制度的推行对于国家来说是一个重要举措，其基本首要的意图是从最底层的自由人开始重建社会，正像教会通过其教区组织得以成功建立的体系。但加洛林国家只能通过无条件请求教会帮助来转变人们的观念才能实现目的，这样就必然使教士阶层实力不断增强。奥托一世在制定计划时就是效仿这种解决办法的，但虔诚者路易却偏离了查理曼原本设计的基本路线。这个被誉为非常"温和"的统治者（他因此得名"Louis le Débonnaire"）极力加速发展无人理解的集权政策，迫使他的臣属接受使各王国统一为一个帝国的政治制度。他致力于尽快恢复教会拥有而他尚未拥有的巨大影响力。他超前推行其同代人难于理解的计划，采取一种设法控制社会组织的措施。秃头查理也设法废止了在阿奎丹王国的独立政府，把后者分成几个部分。事情发展得过于迅速，加洛林人被迫留下一个未完成的结构。为了恢复重建工作，需要重新调整节奏，顺其自然。这种原动力只能来自于本性上就不愿视统一为理想的地方性小实体。从精神层面上讲，加洛林社会确实继续被血亲宗族世袭权力的道德价值与建立有秩序国家与受洗信徒组成的教会之间的对立思想所撕裂。氏族民众的完全顽冥不化仍停留在血亲复仇的阶段，彻底堵塞了以天下一统观反复教化的机会。古老的异教智慧依然有能力反驳难以令人信服的基督教思想。

然而，从社会和经济角度来讲，这一任务也并非不可能完成。假定我们按照5世纪西罗马帝国居民最低人口统计数字2600万计算，除了查士丁尼大瘟疫造成人数下降外，人口在"好国王达格伯特"时期再次上升。7世纪的一系列灾难迫使人口增长的势头停止。8世纪人口再次呈现增长趋势，查理曼帝国的人口达到了1500万至1800万。而后，850年至950年间人口增长再次停滞。我们把各种影响人口变化的因素加以比较，诸如农民负担的逐渐降低（用文气一点的说法，他们通过确立自己传统的习惯摧毁罗马赋税体系）、大地产生产率的提高、货币金本位制束缚的解除、金币的流通、佃农契约书面化的实行等，这些难道不就是马尔萨斯的两种主要的土地循环类型吗？

与传统理论相反，这一时期人口的增长似乎并不符合粮食产量决定人口数量的规律，人口增长的趋势在侵略和内战的环境下相当脆弱，这无疑减缓了经济发展的步伐。人口的增长确实需要有加洛林国家迫切需求的刺激，这些需求包括自由人服军役、已经私有化的国库地产为军队提供的补给以及正在进行中的大规模的土地开拓等。这可能是解释为什么这两个时期人口和经济发展刚刚起步便很快陷入停滞这一问题最令人满意的答案。文化投入从来也不适于用来完成强制当时社会接受政治计划、私有化和放弃与国家关系密切的义务这样的任务，但仍然是释放社会能量的惟一手段。在生产技术不断改进和财政支持下，生产力出现了实质性提高，发生了根本改变，

6世纪斯堪的纳维亚的金饰苞片，作为护身符佩带。苞片只有单面的装饰图案，从边缘的一个孔处可以将其悬挂起来。

特别是大地产失去了其存在的政治意义。农民尽管继续受到贵族地主的压迫，但也得益于中央权力的减弱，而后者却还在制定更为专制的统治制度，设法压制地方领主的强大势力，并致力于扩展新的疆土。

所有刚刚谈到的东西仅仅适用于前加洛林帝国中心地区。边缘地区如西班牙、英格兰和德意志的发展因为与伊斯兰、丹麦人和斯拉夫人的战争而受阻，那里依然生活在古代阶段，扩张

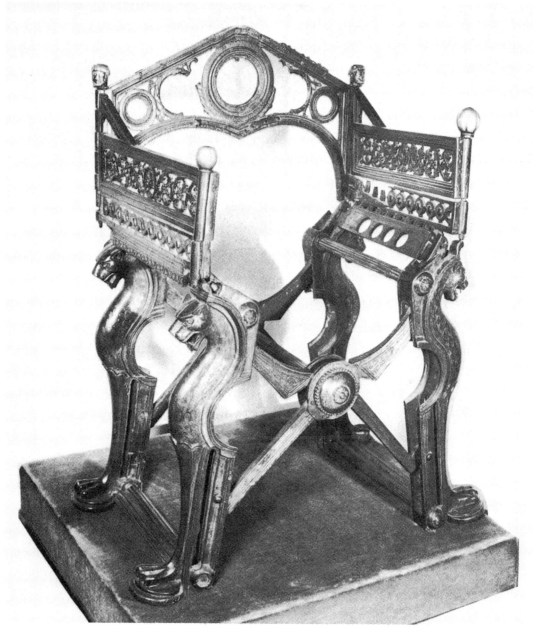

达格伯特的宝座，这是法国历史上一个最有影响的象征物。其年代确定为7世纪至9世纪，12世纪由修道院院长苏加尔（Sugar）发现并重新组装成型，恢复其用于皇帝加冕礼时原有的形状。拿破仑将其重新修复并于1804年在加冕时使用。其表面重新镀铜，只有最底部是原来的样子；其形状仿制罗马执政官的官座（藏于巴黎国家图书馆，纪念章陈列室）。

就意味着战争。典型的日耳曼尚武国家，如伟大的阿方索三世、阿尔弗烈德和奥托一世仍遵循查理曼的方式存在着。虽然人口数量因为战争而减少，但依然保持其原有的社会平等特点，同时逐渐向未开发地区缓慢拓展。但只有当和平真正实现时所有情况才会发生变化，就像950年在加泰罗尼亚和拉齐奥地区那样。通过与欧洲大陆其他部分的对比，加洛林帝国腹地在当时仍居于领先地位。

可以说5世纪的欧洲是以地中海为中心发展的。此后，南欧在与北欧的竞争中逐渐黯然失色，所有新的发展都有利于波河平原、卢瓦尔河和泰晤士河流域以北的法兰西亚。但是，古老的罗马欧洲与新的日耳曼欧洲之间的联系显然并没有被完全割裂。的确，这些地区受到战争和灾祸的蹂躏，伴随而来的却是大胆的革新和新的社会组织，它们产生发展，不断壮大。错误成为力量的源泉。从威尼斯，经帕维亚、阿尔卑斯山口、索恩河、莱茵河、墨兹河、塞纳河、英伦海峡、伦敦，到约克，形成的对角线，确定了新的文明区，并将旧古代文化纳入新文化之中。威尼斯取代了拉文纳、亚琛取代了特里尔的地位，布鲁日不久就因多雷斯塔德的衰落而获益。这些具有决定意义的中心已经转移到拥有最大活力的地区，这一点无疑具有非常重要的意义。与此同时，查理曼在奥古斯都曾经失败的莱茵河渡口处成功渡河，使其创建日耳曼人的罗马帝国的计划成为可能。在凡尔登条约之后，莱茵河发挥着联系通道和分界线的双重作用。西欧以其永久的扩张性，即将面对一个急于保持其古风传统的东欧。10世纪的欧洲基督教世界，从南到北，从东到西，已经形成了其保持至今的这副镶嵌画的面貌。

主要参考书目

注：以下书目主要是法文或英文著作，其中标注星号的英文书目由英译者所加，更详细的书目已被收在1977年版中。

晚期罗马帝国的世界

*P.R.L.布朗：《古代晚期的世界》（Brown, P.R.L., *The World of Late Antiquity*），伦敦1971年版。

A.卡梅伦：《古代晚期的地中海世界，395年至600年》（Cameron, A. *The Mediterranean in Late antiquity AD 395–600*），伦敦1993年版。

J.达尼埃卢、H.马罗：《基督教世纪》（Daniélou,J., Marrou,H., *The Christian centuries*），第一卷，《第一个600年》（*The first six humdred years*），英译本，伦敦1964年版。

*A.H.M.琼斯：《晚期罗马帝国，284年至602年》（Jones,A.H.M., *The Later Roman empire 284–602*），3卷（附地图），牛津1964年版。

J.马修斯：《阿米亚努斯·马尔西林努斯笔下的罗马帝国》（Matthews,J., *The Raman Empire of Ammianus Marcellinus*），伦敦1989年版。

"野族"的西方

中世纪西方的综合评述

M.巴拉尔、J.P.吉尼特、M.鲁谢：《文艺复兴时期的蛮族人》（Balard,M., J.P.Genet, M.Rouche, *Des barbares á la Renaissance*），巴黎1973年版。

R.福谢：《中世纪西欧社会史》（Fossier,R., *Historie sociale de l'Occident medieval*），巴黎1970年版。

B.哈米尔顿：《中世纪西方的宗教》（Hamilton,B., *Religion in the medieval west*），伦敦1986年版。

G.霍姆斯主编：《牛津插图中世纪欧洲史》（Holmes,G., *The Oxford Illustrated His-*

tory of medieval Europe），牛津1988年版。

N.J.G.庞兹：《中世纪欧洲经济史》（Pounds,N.J.G., *An economic history of medieval Europe*），第二版，伦敦1994年版。

有关400年至1000年间整体或部分时期的著作

J.东特：《中世纪早期（8至11世纪）》（Dhondt,J., *Le haut Moyen Age*），法译本，巴黎1968年版。

R.福尔茨、A.吉尤、L.马塞特、D.苏代尔：《中世纪世界的古代文化》（Folz,R., Guilou,A., Musset,L, Sourdel,D., *De l'antiqut é au monde médiéval*），巴黎1972年版。

G.富尼耶：《5至9世纪末的西欧》（Fournier,G., *L'Occident de la fin du Ve á la fin du iXe siècle*），巴黎1970年版。

P.吉里尔：《法国和德国出现前的历史》（Geary,P., *Before France and Germany*），纽约1988年。

F.洛特、C.普菲斯特、F.L.冈绍夫：《395年至888年西欧帝国的命运》（Lot F., Pfister,C, Ganshof,F.L., *Les destinèes de l'Empire en Occident de 395 á 888*），巴黎1941年版。

R.麦基特里克：《新剑桥中世纪史》（Mckitterick, R., *The new Cambridge medieval history*），第二卷，《7至9世纪》（c.700–c.900），剑桥1995年版。

P.里谢：《帝国和大规模入侵（4世纪末至11世纪初）》〔Riché,P., *Grandes invasions et Empires (fin Ive–debut XIe siécle)* 〕，巴黎1968年版。

*D.赖斯·塔尔博特主编：《黑暗时代：欧洲文明的形成》（Talbot Rice, D., *The Dark Ages :the making of European civilization*），伦敦1965年版。

*J.M.华莱士－哈德里尔：《蛮族时期的西方》（Wallace –Hadrill,J.M., *The Barbarian West*），第3版，伦敦1967年版。

入 侵

P.希瑟：《332年至489年间的哥特人和罗马人》（Heather,P., *Goths and Romans,332–489*），牛津1991年版。

L.马塞特：《日耳曼人的入侵：欧洲的形成，400年至600年》（Musset,L., *The Germanic*

invasions : the making of Europe AD 400—600），英译本，伦敦1975年版。

P. 里谢：《蛮族入侵》（Riché，P.，*Les invasions barbares*），第四版，巴黎1968年版。

C.R. 惠特克：《罗马帝国的边疆》（Whittaker，C.R.，*Frontiers of the Ronan empire*），巴尔的摩，1994年版。

加洛林王朝

*D.A.布洛赫：《查理曼大帝时代》（Bullough,D.A.，*The age of Charlemagne*），伦敦1965年版。

H.菲希特诺：《加洛林帝国》（Fichtenau,H.，*The Carolingian Empire*），英译缩写本，伦敦1968年版。

L.阿尔方：《查理曼大帝和加洛林帝国》（Halphen,L.，*Charlemagne and the Carolingian empire*），英译本，阿姆斯特丹1977年版。

卡尔·德尔·格罗塞：《全集和增补》（Karl der Grosse, *Lebenswerk und Nachleben*）四卷，迪塞尔道夫1965年至1966年版。

R.麦基特里克：《加洛林王朝统治下的法兰克王国，751－987年》（McKitterick,R.，*The Frankish kingdoms under the Carolingians*），伦敦1983年版。

后加洛林王朝时代

C.布吕尔：《德国－法兰西：两个民族的诞生》（Brühl,C.，*Deutschland–Frankreich : die Geburt zweier Völker*），科洛涅1990年版。

A.埃内恩斯：《诺曼入侵：一个灾难吗？》（Haenens,A.，*Les invasions nornandes : une catastrophe?*）巴黎1970年版。

*G.琼斯：《维京史》（Jones,G.，*A history of the Vikings*），第二版，牛津1984年版。

《10世纪的西欧和东方国家》（*Occident et Orient au Xe s.*），中世纪史学家协会第九届年会文件，第戎－巴黎1979年。

E.勒斯达尔：《维京人》（Roesdahl, E.，*The Vikings*），英译本，伦敦1991年版。

P.H.索耶：《维京时代》（Sawyer,P.H.，*The age of the Vikings*），第二版，伦敦1971年版。

特定地区研究

高卢和阿奎丹地区

R.福西耶：《13世纪以前皮卡第地区的土地和人口》（Fossier,R., *La terre et les homes en Picardie jusqu' á la fin du XIIIe s.*），巴黎－卢万1968年版。

G.富尼耶：《墨洛温王朝》（Fournier,G., *Les Mérovingiens*），巴黎1969年版。

《下奥弗涅地区的农村移民》（*Le peuplement rural en Basse-Auvergne*），巴黎1962年版。

P.吉尔里：《普罗旺斯地区的贵族》（Geary.P., *Aristocracy in Provence*），斯图加特1985年版。

*E.詹姆斯：《西南高卢地区墨洛温朝考古学》（James,E., *The Merovingian archaeology of south-west Gaul*），载《英国考古学报告集》，牛津1977年版。

* 《法国的起源：从克洛维到卡佩蒂安》（*The origins of France：from Clovis to the Capetians*），伦敦1982年版。

O.佩兰：《勃艮第人》（Perrin,O., *Les Burgondes*），纳沙泰尔1968年版。

M.鲁谢：《阿拉伯西哥特人的阿奎丹，418年至781年》（Rouche,M., *L'Aquitaine, des Wisigoths aux Arabes,418-781*），巴黎1979年版。

E.萨林：《墨洛温王朝的文明》（Salin,E., *La civilization Mérovingienne*），四卷，巴黎1949年至1959年版。

*J.M.华莱士－哈德里尔：《法兰克历史上的长发国王和其他研究》（Wallace-Hadrill,J.M., *The long-haired kings and other studies in Frankish history*），伦敦1962年版。

伊恩·伍德：《墨洛温王朝的王国，450年至751》（Wood,Ian., *The Merovingian kingdoms*），伦敦1994年版。

德国和斯堪的纳维亚地区

F.L.冈绍夫：《加洛林王朝时期的比利时》（Ganshof,F.L., *La Belgique carolingienne*），布鲁塞尔1958年版。

R.霍尔茨曼：《萨克森皇帝统治时代的历史》（Holtzmann,R., *Geschichte der sächsischen Kaiserzeit*），第三版，慕尼黑1955年版。

*K.莱泽：《中世纪社会早期的统治和冲突：奥托－萨克森》（Leyser,K., *Rule and conflict*

in an early medieval society：Ottonian Saxony），伦敦 1979 年版。

L.缪塞：《中世纪斯堪的纳维亚地区的民族》（Musset,L., *Les peoples scandinaves au Moyen Age*），巴黎1951年版。

C.E.佩兰：《843年至962年的意大利和德意志》（Perrin,CE., *L'Allemagne et l'Italie de 843 á 962*），巴黎1953年版。

T.路透《中世纪早期的德国》（Reuter,T., *Germany in the early Middle Ages*），伦敦1991年版。

P.H.索耶：《国王和维京人：斯堪的纳维亚和欧洲，700年至1100年》（Sawyer,P.H., *Kings and Vikings：Scandinavia and Europe*），伦敦1982年版。

不列颠群岛

C.J.阿诺德：《盎格鲁－撒克逊王国早期考古学》（Arnold,C.J., *An archaeology of the early Anglo-Saxon kingdoms*），伦敦1988年版。

S.巴西特主编：《盎格鲁－撒克逊王国起源》（Bassett,S., *The Origins of Anglo-Saxon*），莱切斯特1989年版。

J.坎贝尔主编：《盎格鲁－撒克逊史》（Campbell,J., *The Anglo-Saxons*），牛津1982年版。

W.利维森：《8世纪的英格兰和大陆》（Levison,W., *England and the continent in the eighth century*），牛津1956年版。

*H.迈尔－哈廷：《基督教传入盎格鲁－撒克逊英格兰》（Mayr-Harting,H., *The coming of Christianity to Anglo-Saxon England*），伦敦1972年版。

*P.H.索耶：《从罗马不列颠到诺曼英格兰》（Sawyer,P.H., *From Roman Britain to Norman England*），伦敦1978年版。

F.M.斯腾顿：《盎格鲁－撒克逊时期的英格兰》（Stenton,E.M., *Anglo-Saxon England*），第三版，牛津1971年版。

D.怀特洛克：《英国社会的开端》（Whitelock,D., *The beginnings of English society*），哈蒙兹沃斯1972年版。

D.M. 威尔逊:《盎格鲁－撒克逊人》（Wilson,D.M., *The Anglo-Saxons*),伦敦 1971 年版。

*D.M. 威尔逊主编:《盎格鲁－撒克逊时期英格兰考古学》（Wilson,D.M., *The archae-ology of Anglo-Saxon England*），伦敦 1976 年版。

地中海半岛

N.克里斯蒂：《伦巴第人》（Christie,N.,*The Lombards*），牛津1995年版。

*R.柯林斯：《中世纪早期的西班牙》（Collins,R.,*Early Medieval Spain*），伦敦1983年版。《巴斯克人》（The Basques），牛津1986年版。

*E.詹姆斯主编：《西哥特人的西班牙：新的探讨》（James,E.,*Visigothic Spain: new approaches*），牛津1980年版。

*P.D.金：《西哥特王国的法律和社会》（King,P.D.,*Law and society in the Visigothic kingdom*），剑桥1972年版。

*P.卢埃林：《黑暗时代的罗马》（Llewellyn,P.,*Rome in the Dark Ages*），伦敦1970年版。

T.F.X.诺布尔：《圣·彼得的共和国》（Noble,T.F.X.,*The Republic of St.Peter*），费兰德尔菲亚1984年版。

J.罗维拉·奥兰迪斯：《西哥特时期西班牙社会经济史》（Orlandis Rovira,J.,*Historia socialy economica de la Espana visigoda*），马德里1975年版。

J.佩雷斯·德·乌尔贝尔：《基督教的西班牙，711年至1038年》（Perez de Urbel,J.,*Espana Cristiana 711－1038*），马德里1956年版。

E.A.汤普森：《西班牙的哥特人》（Thompson,E.A.,*The Goths in Spain*），牛津1969年版。

*C.威克姆：《中世纪早期的意大利》（Wickham,C.,*Early medieval Italy*），伦敦1981年版。

经济和社会方面

综合评述

M.布洛赫：《封建社会》（Bloch,M.,*Feudal society*），英译本，第二版，伦敦1962年版。

* 《剑桥欧洲经济史》（*Cambridge economic history of Europe*），第一卷，第二版，1966年版；第二卷，第二版，1987年版。

M.道马斯：《技术发明史》（Daumas,M.,*A history of technology and invention*），第一卷，《技术文明的起源》（*The origins of technological civilization*），英译本，伦敦1980年版。

R.多伊哈特：《中世纪早期的西方：经济和社会》（Doehardt,R.,*The early middle*

Ages in the West: Economy and society），英译本，阿姆斯特丹1978年版。

R. 福西耶：《中世纪西欧社会史》（Fossier,R.，*Histoire sociale de l'Occident médiéval*），巴黎1970年版。

F.L. 冈绍夫：《封建主义》（Ganshof,F.L.，*Feudalism*），英译本，第三版，伦敦1964年版。

R. 拉图什：《西方经济的诞生》(Latouche,R.，*The Birth of Western Economy*），英译本，第二版，伦敦1967年版。

C.勒隆：《墨洛温王朝时代高卢地区的日常生活》（lelong,C.，*La vie quotidienne en Gaule á l'époque mérovingienne*），巴黎1963年版。

E.马纽－诺尔捷：《信用和忠诚：有关7至9世纪法兰克私人关系演变的研究》（Magnou-Nortier,E.，*Foi et fidélité:Recherches sur l'évolution des liens personnels chez les francs du VIIe au LXe siécle*），图卢兹1976年版。

P.里歇尔：《查理曼大帝时期的日常生活》（Riché,P.，*Daily life in the world of Charlemagne*），英译本，利物浦1978年版。

C.辛格：《技术史》(singer,C.，*A history of technology*），第二卷，牛津1956年版。

C.韦尔兰当：《中世纪欧洲的奴隶制》（Verlinden,C.，*L'esclavage dans l'Europe médié vale*），第一卷，《伊比利亚半岛－法国》（*Péninsule ibérique–France*），布吕热1955年版。

土 地

W.戴维斯：《小世界：中世纪早期布列塔尼村社》（Davies,W.，*Small worlds: the village community in early medieval Brittany*），伦敦1988年版。

G.杜比：《中世纪西方的乡村经济和乡村生活》（Duby,G.，*Rural economy and country life in the medieval West*），英译本，伦敦1968年版。

F.L.冈绍夫：《7、8、9世纪低地国家的庄园组织》（Ganshof,F.L.，*Manorial organization in the low Countries in the 7th,8th and 9th centuries*），载《皇家历史学会会刊》1949年。

K.兰斯堡：《第一个千禧年》（Ransborg,K.，*The first millennium*），剑桥1991年版。

P.H.索耶：《中世纪居住区：连续性和变化》（Sawyer,P.H.，*Medieval settlement: continuity and change*），伦敦1976年版。

《西欧农业和农村生活》（*Settimane...di Spoleto, Agricoltura e mundo rurale in Occidente*），斯波莱托1966年版。

A．费尔胡尔斯特主编：《加洛林和墨洛温王朝时代的辽阔疆域》（Verhulst，A．，*Le grand domaine aux époques mérovingienne et carolingienne*），根特1985年版。

城镇和贸易

G．杜比：《欧洲经济的早期发展》（Duby，G．，*Early growth of the European economy*），伦敦1974年版。

P．格里尔森：《加洛林王朝时期的欧洲和阿拉伯人：玛恩库斯的神话》（Grierson，P．，*Carolingian Europe and the Arabs：the myth of the Mancus*），载格里尔森：《黑暗时代的钱币学》，重印本论文集，1979年。

*R．霍奇：《黑暗时代的经济：城镇和贸易的起源，600年至1000年》（Hodge，R．，*Dark Age economics：the origins of towns and trade 600–1000*），伦敦1982年版。

R．霍奇斯、B·霍布雷主编：《西方城镇的复兴，公元700年至1050年》（Hodges，R．，Hobley，B．，*The rebirth of towns in the west，AD 700–1050*），伦敦1988年版。

A．R．刘易斯：《北部海域：北欧的航运和贸易，公元300年至1000年》（Lewis，A．R．，*The Northern seas：shipping and commerce in Northern Europe AD 300–1100*），普林斯顿1958年版。

R．S．洛佩茨：《中世纪早期的东方和西方：经济联系》（Lopez，R．S．，*East and West in the early Middle Ages：economic relations*），载《第十届历史学国际会议报告》，第三卷，《中世纪史》（*Storia del Medioevo*），罗马1955年版。

H．皮雷纳：《穆罕默德和查理曼大帝》（Pirenne，H．，*Mahomet and Charlemagne*），英译本，伦敦1939年版。

《中世纪初期的城市》（*di Spoleto，Città nell'alto medioevo*），载《斯波莱托周刊》，斯波莱托1959年版。

《中世纪初期的货币和贸易》（*di Spoleto，Moneta e scambi nell'alto medioevo*），载《斯波莱托周刊》，斯波莱托1961年版。

西方的文化

政治方面

G．H．伯恩斯主编：《剑桥中世纪政治思想史，350年至1450年》（Burns，J．H．，*The*

512

Cambridge history of medieval political thought c.350–1450），剑桥1988年版。

E.埃维希：《中世纪早期的居住区和首都》（Ewig,E.，*Résidence et capitale pendant le haut moyen Age*），载《历史杂志》，1963年版。

R.福尔茨：《查理曼大帝的加冕》（Folz,R.，*The coronation of Charlemagne*），英译本，伦敦1974年版。

R.福尔茨：《4世纪至14世纪西欧的帝国观念》（Folz,R.，*The concept of empire in Western Europe from the fifth to the fourteenth century*），英译本，伦敦1969年版。

F.L.冈绍夫：《加洛林王朝的君主和法兰克的君主政体》（Ganshof,F.L.，*The Carolingians and the Frankish monarchy*），伦敦1971年版。

《查理曼大帝统治时期法兰克的社会制度》（*The Frankish minstitutions under Charlemagne*），普罗维登斯1968年版。

*M.吉布森、J·纳尔逊主编：《秃头查理：宫廷和王国》（Gibson,M.，Nelson,J.，*Charles the Bald：court and kingdom*），牛津1981年版。

K.F.莫里森：《两个王国：加洛林王朝政治思想中的教会学》（Morrison,K.E.，*The two kingdoms：ecclesiology in Carolingian political thought*），普林斯顿1964年版。

J.纳尔逊：《中世纪欧洲早期的政治和礼仪》（Nelson,J.，*Politics and ritual in early medieval Europe*），伦敦1986年版。

*P.H.索耶、I.N.伍德主编：《中世纪早期的王权》（Sawyer,P.H.、Wood,I.N.，*Early medieval kingship*），利兹1977年版。

W.伍尔曼：《加洛林王朝的文艺复兴和王权观念》（Ullman,W.，*The Carolingian Renaissance and the idea of Kingship*）伦敦1969年版。

J.M.华莱士－哈德里尔：《英格兰和欧洲大陆的早期日耳曼王国》（Wallace-Hadrill，*The Carolingian Renaissance and the idea of kingship*），牛津1971年版。

文学艺术方面

C.R.多德韦尔：《盎格鲁－撒克逊艺术：新的观点》（Dodwell,C.R.，*Anglo-Saxon art：a new perspective*），曼彻斯特1982年版。

《西方的绘画艺术，800年至1200年》（*The pictorial arts of the west*），纽黑文1993版。

C.海茨：《宗教建筑》（Heitz.C.，*L'architecture religieuse*），巴黎1980年版。

C.休伯特：《黑暗时代的欧洲》（Hubert,C.，*Europe in the Dark Ages*），英译本，伦

敦1969年版。

J. 休伯特、J. 波尔谢、V. 福尔巴赫：《加洛林王朝的艺术》（Hubert,J.，Porcher,J.，Volbach,V.，*Carolingian art*），英译本，伦敦 1970 年版。

M.L.W.莱斯特纳：《西欧的思想和文学，公元500年至900年》（Laistner,M.L.W.，*Thought and letters in Western Europe AD 500–900*），第二版，伦敦1957年版。

* J. 马伦波恩：《从阿尔库因派系到奥塞尔学派》（Marenbon,J.，*From the circle of Alcuin to the School of Auxerre*），剑桥 1981 年版。

R.麦基特里克主编：《加洛林王朝的文化：模仿和创新》（McKitterick,R.，*Carolingian culture：emulation and innovation*），剑桥1993年版。

F.米特里希、J.E.歌德：《加洛林王朝的绘画》（Mutherich,F.，Gaehde,J.F.，*Carolingian painting*），伦敦1977年版。

L.尼斯：《毁坏的斗篷：赫拉克勒斯和加洛林王朝宫廷的古典传统》（Nees,L.，*A tainted mantle：Heracles and the classical tradition at the Carolingian court*），费尔德尔菲亚1991年版。

P.里谢：《中世纪早期的学校和教育》（Riché,P.，*Ecoles et enseignement dans le haut Moyen Age*），巴黎1979年版。

M.鲁谢：《法国的教育》（Rouche,M.，*L'éducation en France*），第一卷，巴黎1981年版。

M.绍特主编：《中世纪早期：文化、教育和社会》（Sot,M.，*Haut Moyen-Age：culture,éducationet société*），巴黎1990年版。

C.韦尔兰当：《法兰西古文明和比利时边境语言的起源》（Verlinden,C.，*Les origins de la frontière linguistique en Belgique et la civilization franque*），布鲁塞尔1955年版。

P.沃尔夫：《西欧语言学的起源》（Wolff,P.，*Les origins linguistiques de l'Europe occidentale*），巴黎1971年版。

拜占庭东方

综合评述

R. 布朗宁：《拜占庭帝国》（Browning,R.，*The Byzantine empire*），华盛顿 1992 年版。

《剑桥中世纪史》（*The Cambridge Medieval History*），第四卷，《拜占庭帝国》（*The Byzantine Empire*），第二版，二卷，剑桥 1967 年至 1968 年版。

A.迪塞利耶：《拜占庭人》（Ducellier,A., *Les Byzantins*），第二版，巴黎1970年版。

A.迪塞利耶、M.卡普兰、B.马丁：《中世纪的近东地区：突厥人中的蛮族》（Ducellier,A.、Kaplan,M., Martin,B., *Le Proche-Orient medieval:des barbares aux Ottomans*），巴黎1980年版。

P.吉尤：《拜占庭文明》（Builou,P., *La civilization Byzantine*），巴黎1975年版。

A.卡日丹、G.康斯特布尔：《拜占庭人民和权力：现代拜占庭研究导论》（Kazhdan,A.、Constable,G., *People and power in Byzantium:an introduction to modern Byzantine studies*），敦巴顿橡树园1982年版。

A.拉约、H.马圭尔主编：《拜占庭：一种世界文明》（Laion,A., Maguire,H., *Byzantium:a world civilization*），华盛顿1992年版。

C.A.曼戈：《拜占庭：新罗马帝国》（Mango,C.A., *Byzantium:the empire of New Rome*），伦敦1980年版。

G.奥斯特罗戈尔斯基：《拜占庭国家史》（Ostrogorsky,G., *History of the Byzantine state*），英译本，修订版，伦敦1968年版。

短时期研究

A.M.卡梅伦：《6世纪拜占庭的连续性和变化》（Cameron,A.M., *Continuity and change in 6th century Byzantium*），重印本论文集，1981年版。

《普罗柯比和6世纪》（*Procopios and the sixth century*），伦敦1985年版。

G.福登：《从帝国到联邦》（Fowden,G., *From empire to commonwealth*），普林斯顿1993年版。

J.F.哈尔东：《7世纪的拜占庭》（Haldon,J.F., *Byzantium in the seventh century*），剑桥1990年版。

J.穆尔黑德：《查士丁尼》（Moorhead,J., *Justinan*），伦敦1994年版。

地区和人民

西方和巴尔干地区

T.S.布朗：《绅士和官员：拜占庭所属意大利的帝国行政管理和贵族权力，公元554年至800年》（Brown,T.S., *Gentlemen and officers:imperial administration and aristocratic power in Byzantine Italy AD 554–800*），罗马1984年版。

　　*R.布朗宁：《拜占庭和保加利亚》（Browning,R.，*Byzantium and the Bulgaria*），伦敦1975年版。

　　F.德沃尔尼克：《斯拉夫人》（Dvornik,F.，*Les Slaves*），巴黎1970年版。

　　C.D.戈登：《拜占庭和蛮族人》（Gordon,C.D.，*Byzantium and the barbarians*），伦敦1972年版。

　　A.吉尤：《拜占庭帝国的地方主义和独立势力：以意大利五城邦联盟和行省总督为例》（Guilou,A.，*Régionalisme et indépendence dans l'Empire byzantin:l'example de l'exarchat et de la Pentapole d'Italie*），罗马1969年版。

　　R.F.霍迪诺特：《古代的保加利亚》（Hoddinott,R.F.，*Bulgaria in antiquity*），伦敦1975年版。

　　J.D.霍华德－约翰斯顿主编：《拜占庭和西方，850年至1200年》（Howard–Johnston,J.D.，*Byzantium and the west.c.850–1153*），阿姆斯特丹1988年版。

　　D.奥博连斯基：《拜占庭帝国：500年至1153年的东欧》（Obolensky,D.，*The Byzantine commonwealth:eastern Europe 500–1153*），伦敦1971年版。

　　R. 波塔尔：《斯拉夫人：民族和国家（7 至 20 世纪）》（Portal,R.，*Les Slaves:peoples et nations (VII–XXs.)*），巴黎 1965 年版。

东部地区

　　G.布拉蒂亚努：《奥斯曼帝国被征服者中大量黑种人的起源》（Bratianu,G.，*La Mer Noire des origines á la conquête ottomane*），慕尼黑1969年版。

　　《敦巴顿橡树园论文集》（*Dumbarton Oaks Papers*），1970年，1972年（与波斯的关系）。

　　P. 弗里曼、D. 肯尼迪主编：《罗马和拜占庭东部的防御》（Freeman,P.，Kennedy,D，*The defence of the Romans and Byzantine East*），牛津 1986 年版。

　　E.霍尼希曼：《363年至1071年拜占庭帝国的东部边界》（Honigmann,E.，*Die Ostgrenze des Byzantinisches Reiches von 363 bis 1071*），布鲁塞尔1971年版。

　　W.E.克吉：《拜占庭和伊斯兰早期的征服》（Kaegi,W.E.，*Byzantium and the early Islamic conquests*），剑桥1992年版。

　　I.沙希德：《伊斯兰教崛起前的拜占庭和闪米特人的东方诸国》（Shahid,I.，*Byzantium and the semitic orient before the rise of Islam*），伦敦1988年版。

皇帝和教会

皇帝及其权力

H.阿尔魏勒：《拜占庭社会和行政结构研究》（Ahrweiler,H, *Etudes sur les structures administratives et sociasles de Byzance*），重印本论文集，1981年版。

《拜占庭帝国的意识形态》（*L'idéologie de I'Empire byzantin*），巴黎1976年版。

阿兰·卡梅伦：《竞技党：罗马和拜占庭的蓝党和绿党》（Cameron,Alan, *Circus factions: Blues and Greens at Rome and Byzantium*），牛津1976年版。

A.格拉巴尔：《拜占庭艺术中的皇帝》（Grabar,A., *L'empereur dans l'art byzantin*），第二版，巴黎1971年。

K.G.霍勒曼：《塞奥多西王朝的公主们：古代晚期的妇女和权力》（Holum,K.G., *Theodosian empresses: Women and power in late antiquity*），伯克利1982年版。

M.麦考密克：《不朽的胜利：古代晚期、拜占庭和中世纪早期成功的统治权》（McCormick,M., *Eternal victory :triumphal rulership in late antiquity, Byzantium and the early Middle Ages*），剑桥1986年版。

N.斯沃罗诺斯：《拜占庭帝国的经济、社会和内部组织研究》（Svoronos,N., *Etudes sur l'organisation Intérieure,la société et l'économie de L'Empire Byzantin*），重印本论文集，1971年版。

A.J.汤因比：《君士坦丁七世及其世界》（Toynbee,A.J., *Constantine Porphyrogenitus and his world*），伦敦1973年版。

宗教问题

P.G.亚历山大：《君士坦丁堡大教长尼基弗鲁斯：拜占庭帝国的教会政策和圣像崇拜》（Alexander,P.J., *The patriarch Nicephorus of Constantinople: ecclesiastical policy and image worship in the Byzantine Empire*），牛津1958年版。

L.W.巴纳德：《毁坏圣像争论的希腊-罗马和东方背景》（Barnard,L.W., *The Graeco-Roman and Oriental background of the iconoclastic controversy*），莱登1974年版。

布朗、R.L.彼得：《古代晚期圣人的崛起和作用》（Brown.R.L.,Peter R.L., *The rise and function of the Holy Man in Late Antiquity*），载《罗马研究杂志》，1972年。

A.布赖尔、J.赫林主编：《毁坏圣像运动》（Bryer,A., Herrin,J., *Iconoclasm*），伯明

翰1977年版。

G.达格龙：《城市的僧侣：察尔西顿宗教会议（451年）之前君士坦丁堡的修道制度》（Dagron,G., *Les moines et la ville: le monachisme á Constantinople jusqu'au concile de Chalcédoine*），《拜占庭文明史研究中心》，巴黎1970年版。

F.德沃尔尼克：《佛条斯分裂：历史和传奇》（Dvornik,F., *The Photian schism: history and legend*），剑桥1948年版。

A.格尔巴尔：《毁坏圣像运动：考古学档案资料》（Grabar,A, *L'iconoclasme: dossier archéologique*），巴黎1957年版。

J.赫林：《基督教世界的形成》（Herrin,J., *the formation of Christendom*），牛津1987年版。

J.M.赫西：《拜占庭帝国的东正教会》（Hussey,J.M., *The Orthodox Church in the Byzantine empire*），牛津1986年版。

P.勒梅勒：《有关小亚细亚保罗派教徒史的原始资料》（Lemerle,P., *L'histoire des Pauliciens d' Asie Mineure d'apr̀es les sources grecques*），《拜占庭文明史研究中心》，巴黎1973年版。

R.马库斯：《古代基督教的终结》（Markus, R., *the end of ancient Christianity*），剑桥1990年版。

J.迈恩多夫：《帝国的统一和基督教的分裂，450年至680年》（Meyendorff,J., *Imperial unity and Christian divisions in the church, 450–680*），克雷伍德、纽约1989年版。

P.贝内：《私生活史》（Veyne,P., *A history of private life*），第一卷，《从异教的罗马到拜占庭》（*From pagan Rome to Byzantium*），英译本，剑桥、马斯1992年版。

经济和社会方面

人口和社会问题

M. 安勾尔德：《9至12世纪拜占庭的贵族》（Anpold, M., *The Byzantine aristocracy, IX-XII centuries*），牛津1984 年版。

P.沙拉尼斯：《拜占庭帝国的人口研究》（Charanis,P., *Studies on the demography of the Byzantine empire*），重印本论文集，1972年版。

《拜占庭的封建主义：拜占庭帝国的生产模式问题》（*Le féodalisme á Byzance: problé mes du mode de production dans I'Empire Byzantin*），马克思主义文化国际研究，巴黎

1974年版。

D.雅各比：《拜占庭和拉丁罗马的人口和社会》（Jacoby, D., *Société et démographie à Byzance et en Romanie latine*），重印本论文集，1975 年版。

M.卡普兰：《6至11世纪拜占庭的人口和土地》（Kaplan, M., *Les homes et la terre à Byzance du Vie au XIe siécle*），巴黎1994年版。

R.莫里斯：《10世纪拜占庭权贵和穷人：法律和现实》（Morris, R., *The powerful and the poor in tenth-century Byzantium: law and Reality*），载《过去和现在》，1976年。

G.奥斯特罗戈尔斯基：《对拜占庭贵族的探讨》（Ostrogorsky, G., *Observations on the aristocracy in Byzantium*），载《敦巴顿橡树园论文集》，1971年。

E.帕特拉让：《4至7世纪拜占庭经济贫穷和社会贫穷》（Patlagean, E., *Pauvreté économique etpauvreté sociale à Byzance, IVe-VIIe siécles*），巴黎1977年版。

《4 至 11 世纪拜占庭社会机构、家庭和基督教徒》（*Structure socials, famille, chrétienté a' Byzance, IVe-XIe*），重印本论文集，1981 年版。

城镇和乡村

C.阿巴迪-雷纳尔：《拜占庭帝国的人口和自然资源》（Abadie-Reynal, C., *Hommes et richesses dans l'empire Byzantine*），第二卷，巴黎1989年至1991年版。

H.阿尔魏勒：《7至15世纪的拜占庭和海洋》（Ahrweiler, H., *Byzance et la mer...aux VIIe-XVe siécle*），巴黎1966年版。

《拜占庭：国家及其属地》（*Byzance: les pays et les territoires*），重印本论文集，1976 年版。

G.达格龙：《一个都城的诞生：330年至451年的君士坦丁堡及其社会制度》（Dagron, G., *Naissance d'une capitale : Constantinople et ses institutions de 330 à 451*），巴黎1974年版。

E.艾克霍夫：《西欧和伊斯兰国家之间的海战和海洋政策》（Eickhoff, E., *Seekrieg und Seepolitik zwischen Islam und Abendland*），第二版，柏林1966年版。

P.格里尔森：《拜占庭货币》（Grierson, P., *Byzantine coins*），伯克雷1982年版。

M.F.亨迪：《拜占庭货币经济研究，300年至1540年》（Hendy. M.F., *Studies in the Byzantine monetary economy c.300-1540*），剑桥1985年版。

R.霍勒菲尔德主编：《拜占庭早期时代的城市、城镇和乡村》（Hohlfelder, R., *City, town*

and countryside in the early Byzantine era)，博尔德科罗拉多 1982 年版。

J.H.W.G. 利贝许茨：《安条克：晚期罗马帝国的城市和帝国的行政管理》（Liebeschutz, J. H.W.G., Antioch: city and imperial administration in the later Roman empire），牛津 1972 年版。

R.S. 洛佩斯：《拜占庭和周围的世界：经济和制度联系》（Lopez, R.S., Byzantium and the world around it: economic and institutional relations），重印本论文集，1978年版。

C. 曼戈：《君士坦丁堡及其外围地区》（Mango, C., Constantinople and its hinter-land），牛津1993年版。

N. 斯沃罗诺斯：《拜占庭农村生活的几种模式》（Svoronos, N., Sur quelques formes de la vie rurale á Byzance），载《年鉴、经济、社会、文明》，1956年。

G. 查朗克：《叙利亚北部古代村庄：罗马时代的贝吕高地》（Tchalenko, G., Les villages antiques de Syrie du nord: le massif du Bélus á l'epoque romaine），三卷，巴黎1953年至 1958年版。

J.L. 蒂尔：《拜占庭帝国谷物供应，330年至1052年》（Teall, J.L., The grain supply of the Byzantine Empire, 330–1052），载《敦巴顿橡树园论文集》，1939年。

拜占庭文化

*J. 贝克威斯：《君士丁坦堡的艺术》（Beckwith, J., The Art of Constantinople），第 二版，伦敦1968年版。

《拜占庭书籍和作者》（Byzantine Books and Bookmen），载《敦巴顿橡树园论文集》， 1975年。

*R. 科马克：《有关金币的著作：拜占庭社会及其货币》（Cormack, R., Writing in gold: Byzantine society and its icons），伦敦 1985 年版。

A. 格尔巴尔：《查士丁尼时代》（Grabar, A., L'âge d'or de Justinien），二卷，巴黎 1966年版。

《拜占庭绘画》（Byzantine painting），英译本，伦敦1979年版。

*E. 基青格：《形成中的拜占庭艺术》（Kitzinger, E., Byzantine art in the making）， 伦敦1977年版。

R. 克劳特海迈尔：《基督教和拜占庭早期的建筑》（Krautheimer, R., Early Christian and Byzantine architecture），第三版，哈蒙兹沃思1979年版。

*C.A.曼戈：《拜占庭建筑》（Mango，C.A.，*Byzantine architecture*），纽约1976年版。

P.皮特：《拜占庭圣徒传的东方渊源》（Peeter，P.，*Le tréfonds oriental de l'hagiographit Byzantine*），布鲁塞尔1950年版。

L.罗德利：《拜占庭的艺术和建筑：导论》（Rodley，L.，*Byzantine art and architecture: an introduction*），剑桥1994年版。

穆斯林世界

中世纪伊斯兰的综合评述

C.卡昂：《中世纪穆斯林世界历史导论：7至15世纪》（Cahen，C.，*Introduction a l'histoire du monde musulmand médiéval: VIIe–XVe siécle*），巴黎1982年版。

《中世纪穆斯林世界的人民》（*Les peoples musulmans dans l'histoire médiévale*），达马斯库斯1977年版。

《剑桥伊斯兰教史》（*Cambridge History of Islam*），第一卷、第二卷，剑桥1970年版。

A.迪塞利耶、M.卡普兰、B.马丁：《中世纪的近东地区》（Ducellier，A.，Kaplan，M.，Martin，B，*Le Proche–Orient médiéval*），巴黎1980年版。

N.叶利谢耶夫：《中世纪穆斯林的东方国家》（Elisseeff，N.，*L'Orient musulman au Moyen Age*），巴黎1977年版。

*《伊斯兰教百科全书》（*The Encyclopedia of Islam*），新版，伦敦1971年以后版。

G·E·万·格鲁内鲍姆：《中世纪的伊斯兰教》（Grunebaum，G.E.von，*Medieval Islam*），第二版，芝加哥1970年版。

P.K.希提：《阿拉伯通史》（Hitti，P.K.，*History of the Arabs*），第十版，伦敦1971年版。

M.G.S.霍其森：《伊斯兰教的冒险：一种世界文明的道德观和历史》（Hodgson，M.G.S.，*The Venture of Islam: conscience and history in a world civilization*），三卷，芝加哥1974年版。

A.米克尔：《伊斯兰文明》（Miquel，A.，*L'Islam et sa civilization*），巴黎1965年版。

*J.J.桑德斯：《中世纪伊斯兰教史》（Saunders，J.J.，*A history of medieval Islam*），伦敦1965年版。

J.索瓦热、C.卡昂：《东方穆斯林国家的历史介绍》（Sauvaget，J.，Cahen，C.，*Introduction á l'histoire del'Orient musulman*），第二版，1961年版。

*J.沙赫特、C.E.博斯沃思主编：《伊斯兰教传奇》（Schacht,J、Bosworth,C.E.，*The legacy of Islam*），牛津1974年版。

D.苏代尔：《中世纪的伊斯兰教》（*Sourdel,D.，Medieval Islam*），英译本，伦敦1983年版。

D.苏代尔、J.苏代尔：《古典伊斯兰教文明》（Sourdel,D，Sourdel,J.，*La civilization de L'Islam classique*），巴黎1968年版。

短时期研究

*H.肯尼迪：《阿巴斯王朝早期的哈里法》（kennedy,H.，*The early Abbasid caliphate*），伦敦1981年版。《先知和哈里发时代》（*The Prophet and the age of the caliphates*），伦敦1986年版。

M.隆巴德：《伊斯兰教黄金时代》（*Lombard,M.，The golden age of Islam*），英译本，阿姆斯特丹1975年版。

R.曼特兰：《7至9世纪穆斯林的扩张》（Mantran,R.，*L'expansion musulmane,VIIe-IXe siécle*），巴黎1969年。

M.A.沙班：《公元600年至750年伊斯兰教的历史：一种新的解释》（Shaban,M.A.，*Islamic history AD 600-750:a new interpretation.*），第一卷，剑桥1971年版；第二卷。《750年至1055年》（750-1055），剑桥1976年版。

《阿巴斯王朝革命》（*The Abbasid revolution*），剑桥1970年版。

地区问题和行政管理

东方地区

C.E.博斯沃思：《中世纪伊朗、阿富汗和中亚史》（Bosworth,C.E.，*The medieval history of Iran, Afghanistan and Central Asia*），重印本论文集，奥尔德肖特1977年版。

《剑桥伊朗史》（*Cambridge History of Iran*），第三卷、第四卷，剑桥1975年至1976年版。

M.卡纳尔：《近东的穆斯林和拜占庭》（Canard,M.，*Byzance et les musulmans du Proche-Orient*），重印本论文集，1973年版。

A.达塞利耶：《中世纪的东方、拜占庭和土耳其人中蛮族的伊斯兰教》（Ducellier,A.，*Le Moyen Age en Orient, Byzance et l'islam, des barbares aux ottomanx*），巴黎1990年版。

R.格鲁塞：《草原帝国》（Grousset,R.，*L'empire des steppes*），第二版，1969年版。

D.苏代尔：《阿巴斯王朝时代奥斯曼帝国的大臣职位》（Sourdel,D., *Le vizirat á l'époque abbasside*），两卷，大马士革1950年至1960年版。

E.沃纳（Werner,E.）、W.马尔科夫：《从古代到现代的土耳其史》（Markow,W., *Geschichte der Türken von den anfängen bis zur Gegenwart*），柏林1978年版。

西方地区

T.F.格利克：《中世纪早期伊斯兰教和基督徒的西班牙》（Glick,T.F., *Islamic and Christian Spain in the early Middle Ages*），普林斯顿1979年版。

C.A.朱利安：《北非史》（Julien,C.A., *Histoire de l'Afrique du Nord*），第二版，巴黎1968年版。

E.莱维－普罗旺萨尔：《穆斯林西班牙史》（Levi-Provencal,E., *Histoire de l'Espagne musulmane*），三卷，1960年至1970年版。

K.I.西曼主编：《伊斯兰教和中世纪的西方》（Semaan,K.I., *Islam and the medieval west*），奥尔巴尼，纽约州1980年版。

M.塔勒比：《阿格拉比兹埃米尔国，800年至909年》（Talbi,M., *L'émirat aghlabide,800–909*），巴黎1966年版。

W.M.瓦特：《伊斯兰西班牙史》（Watt,W.M., *A history of Islamic Spain*），爱丁堡1965年版。

《伊斯兰教对中世纪欧洲的影响》（*The influence of Islam on medieval Europe*），爱丁堡1972年版。

宗教信仰

R.布拉谢尔：《古兰经》（Blachére,R., *Le Coran*），巴黎1967年版。

H.科尔班：《伊斯兰哲学史》（Corbin,H., *Histoire de la philosophie islamique*），第一卷，巴黎1964年版。

A.迪塞利耶：《伊斯兰教宝鉴：中世纪东方的穆斯林和基督教徒》（Ducellier,A., *Le miroir de l'Islam: musulmans et chrétiens d'Orient au Moyen Age ,VIIe–XIe siécles*），（文献），巴黎1971年版。

A.法塔勒：《伊斯兰国家非穆斯林的法律地位》（Fatal,A., *Le statut légal des non–*

musulmans en pays d'Islam），贝如特1958年版。

M.戈德弗鲁瓦－德姆贝奈斯：《穆罕默德》（Gaudefroy-Demombynes,M.，*Mahom-et*），第二版，巴黎1968年版。

W.B.哈拉杰：《古典和中世纪伊斯兰教的戒律和律法理论》（Hallag,W.B.，*Law and legal theory in classical and medieval Islam*），重印本论文集，奥尔德肖特1995年版。

H.拉乌斯特：《伊斯兰教的分裂：穆斯林宗教研究导论》（Laoust,H.，*Les schisms de l'Islam：introduction á l'étude de la religion musulmane*），巴黎1965年版。

H. 雅菲－拉扎勒斯：《困扰的世界：中世纪伊斯兰教和〈圣经〉考证》（Lazarus-Yafeh,H.，*Intertwined worlds：medieval Islam and Bible criticism*），普林斯顿 1992 年版。

W.马德隆：《中世纪伊斯兰宗教和种族运动》（Madelung,W.，*Religious and ethnic movements in medieval Islam*），重印本论文集，奥尔德肖特1992年版。

M.罗丹松：《穆罕默德》（Rodinson,M.，*Mohammed*），英译本，伦敦1971年版。

H.瓦特、蒙哥马利：《穆罕默德、先知和政治家》（Watt,H.，*Muhammad, prophet and statesman*），牛津1961年版。

经济、社会和文化方面

经济和社会生活的综合评述

* E. 阿什顿：《中世纪近东社会经济史》（Ashtor,E.，*A social and economic history of the Near East in the Middle Ages*），伦敦 1976 年版。

C.卡昂：《阿巴斯王朝初期的税制、财产所有制和社会对立》（Cahen,C.，*Fiscalité,proprété et antagonisms sociaux aux temps des premiers abassides*），载《阿拉伯人》，1954年。

《中世纪穆斯林东方的社会经济史》（*L'histoire économique et sociale de l'Orient musulmane médiéval*），载《伊斯兰教研究》，1955年。

《12世纪之前基督教世界和穆斯林世界局势的社会演变》（*L'évolution sociale du monde musulman face á celle du monde Chrétien jusqu'au XIIe siécle*），载《中世纪文明杂志》1958年，1959年.

P.吉夏尔：《西班牙穆斯林统治下的东、西部社会结构》（Guichard,P.，*Structures sociales 'orientales' et 'occidentales' dans l'Espagne musulmane*），巴黎1977年版。

B.罗森贝格：《马格里布经济史》（Rosenberg,B.，*L'histoire économique du Maghreb*），载《伊斯兰国家史》，1977年。

L. 佳恩：穆斯林公法和社会制度》（Tyan, L., *Institutions de droit public musulman*），二卷，巴黎 1954 年至 1956 年版。

C. 瓦纳克：《阿拉伯人作品中北非的地理和经济》（vanacker, C., *Géographie économique de l'Afrique du nord selon les auteurs arabes* (IXe–XIIe)），载《年鉴、经济、社会、文化》，1973年。

城市生活和贸易

C. 卡昂：《中世纪亚洲穆斯林人民运动和城市自治》（Cahen, C., *Mouvements populaires et autonomies urbaines dans l'Asie musulmane du Moyen Age*），载《阿拉伯人》，1969年。

P. 吉龙：《伊斯兰教的崛起和麦加的贸易》（Crone, P., *Meccan trade and the rise of Islam*），牛津1987年版。

D.C. 丹尼特：《伊斯兰教早期的皈依和人头税》（Dennett, D.C., *Conversion and the poll-tax in early Islam*），剑桥1950年版。

J. 德维斯：《地中海和西非联系的商业路线和贸易》（Devisse, J., *Routes de commerce et échanges en Afrique occidentale en relations avec la Méditerranée, in Revue d'histoire économique et sociale*），载《社会经济史杂志》，1972年。

L. 加尔代：《穆斯林城市：社会和政治生活》（Gardet, L., *La cité musulmane: vie sociale et politique*），第二版，巴黎1961年版。

P. 格里尔森：《阿卜杜勒·马利克的货币改革》（Grierson, P., *The monetary reform of Abdal-Malik*），载格里尔森：《黑暗时代的钱币学》重印本论文集，1979年版。

W. 埃德：《中世纪利凡特地区商业史》（Heyd, W., *Histoire du commerce du Levant au Moyen Age*），第二版，巴黎1967年版。

A. 胡拉尼、S.M. 斯特恩：《伊斯兰城市》（Hourani, A、Stern, S.M., *The Islamic city*），牛津 1970 年版。

E. 特雷斯：《托尔德阿拉伯文明的发展》（Teres, E., *Le développement de la civilization arabe á Tolede*），载《突尼斯杂志》，1970年。

艺术和建筑

K.A.C. 克雷斯韦尔：《穆斯林早期建筑》（Cresswell, K.A.C., *Early Muslim*

architecture），第二版，牛津 1969 年版。

R. 埃廷豪森、O. 格拉巴尔：《伊斯兰教艺术和建筑，650 年至 1250 年》（Ettinghausen,R.,Grabar,O., *The art and architecture of Islam, 650–1250*），哈蒙兹沃思 1987 年版。

*O.格拉巴尔：《伊斯兰教艺术的形成》（Grabar,O., *The formation of Islamic art*），纽黑文和伦敦，1987年修订版。

《礼拜用品的媒介作用》（*The mediation of ornament*），普林斯顿1992年版。

索 引

注：P代表彩色图版。

passim：意为"各处"。与书或作者连用表明某种事物（如字、短语或概念）在同一书或作品中的许多地方都可以发现。

A

C

E

F

G

H

K

M

O

T

X

译 后 记

　　经过一年半的努力，这本《剑桥插图中世纪史》终于翻译脱稿。应该说，整个翻译工作比我们最初预料的难度大得多，虽然参加翻译工作的多是博士研究生，还有长期从事英语翻译和教学的教师，但是大家都感到难度相当大。我们普遍感到难的主要原因是这部书的内容和写作语言比一般的历史教材和普及读物都艰深得多。

　　首先，该书涉及的内容虽然是普通历史教科书所描述的重大事件，但是它对这些重大事件采取了论述的方式，也就是在叙述中突出作者的思想观点，因此常常触及最基本的史料和极其细微具体的史实，这是我们国内从事这一段历史教学和研究工作的人很少涉及的内容。一些人名地名对我们来说还相当陌生，甚至查遍手头工具书也不得其解（为向读者提供准确的信息，其中地图中这样的人名地名保留了原文）。

　　其次，本书英文是从原法文版本翻译而来的，英文翻译者采用的语言表达形式融合了史学论说和文学描述的特点，前者表现为句子很长，后者表现为用词丰富和灵活地表达。这对我们这些读惯了枯燥但却规范的历史语言的翻译者来说确实有一定难度。

　　最初，我们按照计划分别由吕丽蓉翻译第二章，吴舒屏翻译第三章，马巍翻译第四章，于红翻译第五章，金彩云翻译第六章，郭云艳翻译第七章，罗春梅翻译第八章，张振海翻译第九章，张春杰翻译第十章，崔艳红翻译第十一章，其他部分由陈志强翻译，后者还负责全书的校对统稿工作。初稿是按计划的进度完成的，但是校对工作由于各位翻译者的翻译质量不一而增加了中间环节，因此拖了更长的时间。不仅一些章节由最初的参译者修改甚至重译，而且个别章节不得不换人重译。为了使这些中间环节的工作做得更好，赵康英和李秀玲两位博士生也应邀参加了工作。这样，第五章的翻译者就增加了张春杰和金彩云，第十章就增加了赵康英等几位博士生。而李秀玲则协助陈志强完成全书的辅助性技术工作，包括翻译参考书目、全书索引，统一全书译名等。校对工作又用了大约半年时间。山东画报出版社的编辑非常宽容地允许我们推迟交稿时间，当她最终将本书厚重的清样寄来时，我们一方面感到欣喜，另一方面感到"丑媳妇见公婆"的压力，因为我们深知由于翻译者知识和能力有限，本书的最终翻译定稿还存在很多问题。

　　我们诚恳地欢迎广大读者对中文翻译本存在的问题和不足提出宝贵意见，以便在未来再版时加以改正，更好地保持这颗硕果的原汁原味。

陈志强

2005年

再版后记

    山东画报出版社决定再版《剑桥插图中世纪史》具有特殊的意义，因为今年是该书主编罗伯特·福西耶教授诞辰90周年。十多年前，本书中译本第一次在我国面世时，我们没有足够的时间充分介绍福西耶教授的生平和学术成就。如今乘再版之机弥补这一缺憾，以飨读者。他出生于两次世界大战之间动荡的法国，早年便接受了系统的历史学教育和训练，立志从事史学研究，22岁时在法国国立文献学院完成博士学业。作为第二次世界大战后走上工作岗位的一代新人，他担任过巴黎历史图书馆的工作人员、枫丹白露等中学的教师、巴黎索邦大学的助教等，在历史时空的探索中深受法国年鉴学派的影响。自1971年以后的20余年中，作为法国著名的欧洲中世纪史学家，他一直担任巴黎第一大学中世纪史教授，并执掌历史系工作，直到71岁退休。福西耶教授长期专注于欧洲中世纪社会史和经济史研究，特别对查理曼大帝至百年战争之间的西欧乡村社会史研究精深，其近40种著作中，大部分是这些领域的成果，也奠定了他作为欧洲中世纪史研究顶级学者的学术地位。他的治学理念和模式具有鲜明的法国年鉴学派的特点，被认为是马克·布洛赫的继承人，是年鉴学派新的领军者。

    读者面前的这套书自英译本问世后便产生了广泛的国际影响，主要在于主编及其作者们学术思想的敏锐、有关研究结论的新颖、史学教材撰写形式的独特等，在这个短小的后记中，笔者无法对此一一展开阐释，仅举一例说明问题。中世纪研究和编撰者首先遇到的难题是这个历史时期的开端问题，目前数十种相关书籍大多采取了西罗马帝国灭亡的标志性政治事件，或476年罗慕洛被推翻，或395年塞奥多西将帝国一分为二。福西耶跳出了这一思维框架和传统模式，明确提出，传统意见"现在仍然确信政治事件才是编年史不可更改的标志，这是公认的，而我们现在对此只是给予次要的关注"，因为"在任何方面都不存在突发的、界定分明的或彻底的变革"。在充分论证了自己的观点后，他提出了四、五世纪变革时代（或称为过渡时期）为中世纪史开端的观念，并以这样的学术原则确定了全书的基本架构。这一基本原则不仅体现在开端问题上，而且在中世纪史发展进程分期（350~950年、950~1250年、1250~1520年）和结束（1520年）上也充分展现出来。其中世纪史开端的重要观点经过一代人的教学科研实践检验得到充分肯定，目前已经为国际学术界所接受。细心的读者如果深入研读本书，就会很快发现这样的真知灼见在全书中比比皆是，而其论说式的语言表述又令人掩卷深思、回味无穷。由此看来，著名的英国剑桥历史丛书之一《剑桥插图中世纪史》选择福西耶这位法国教授是有眼光的，也反映出英国学者已经摆脱了狭隘的民族国家史学限制，而凸显其学术至上的理念，因而继续引领着欧洲中世纪教学科研的发展方向。

　　山东画报出版社再版《剑桥插图中世纪史》非常必要。笔者相信，新版的《剑桥插图中世纪史》中文本将继续得到广大读者的支持。

陈志强

2017年9月27日于南开园